李洵先生百年诞辰纪念文集

赵毅　赵轶峰——主编

人民出版社

责任编辑：杨美艳
封面设计：石笑梦

图书在版编目(CIP)数据

李洵先生百年诞辰纪念文集/赵毅，赵轶峰 主编. —北京：人民出版社，2022.11
ISBN 978-7-01-024214-9

Ⅰ.①李… Ⅱ.①赵… ②赵… Ⅲ.①李洵(1922-1995)-纪念文集
Ⅳ.①K825.81-53

中国版本图书馆 CIP 数据核字(2022)第 105541 号

李洵先生百年诞辰纪念文集
LIXUN XIANSHENG BAINIAN DANCHEN JINIAN WENJI

赵 毅 赵轶峰 主编

人民出版社 出版发行
(100706 北京市东城区隆福寺街 99 号)

中煤(北京)印务有限公司印刷 新华书店经销

2022 年 11 月第 1 版 2022 年 11 月北京第 1 次印刷
开本:710 毫米×1000 毫米 1/16 印张:32.5 插页:4
字数:548 千字

ISBN 978-7-01-024214-9 定价:168.00 元

邮购地址 100706 北京市东城区隆福寺街 99 号
人民东方图书销售中心 电话 (010)65250042 65289539

李洵先生（1922-1995）

李洵先生塑像（立于东北师范大学校园）

1979年11月，在辽宁省历史学会第二届代表大会期间应邀题辞

1985年5月，在大连中国古代城市史学术研讨会主席台上

1986年6月，哈尔滨师范大学邓中绵教授率其硕士研究生来东北师范大学举办毕业论文答辩会，这是答辩会后的合影。前排左起：陈作荣、李治亭、李洵、薛虹、邓中绵、姜守鹏；后排左起：战继发、罗冬阳、林乾、赵中男、张晓堂、孟玉磊、侯明

1986年，李洵先生与访问东北师范大学的日本著名明史学家山根幸夫先生合影

1992 年 6 月，牛建强博士论文答辩后合影

1992 年夏，东北师范大学明清史专业部分师生在校园合影。后排左起：刘厚生、姜守鹏、赵德贵、薛虹、李洵、赵毅、王建华；前排左起：路敦英、李秀华、曹力强、孔令奇、戚福康、牛建强、罗冬阳

1994 年 5 月 14 日，赵轶峰、赵毅与李洵先生在书房合影

1994 年 8 月 30 日，沈阳第七届全国清史学术研讨会期间李洵先生与部分学者合影

31 December 1990

Dear Professor Li,

On the 27th we laid a wreath at the site of my son's accident, and I wrote the enclosed as a way of reaching out to friends and doubtless also as some sort of expiation. I send it to you because of the kind concern you expressed.

I am pleased to learn from your colleague Xu Wang that the Chinese version of my Chinese city book is now in press. I appreciate your understanding in the matter of the preface and am delighted to learn that it will soon be published.

I have been trying to find a suitable opportunity for Professor Xu in the US. UC-Davis is not particularly appropriate since there is no US urban historian on the faculty. Perhaps the ideal university is The U. of Pittsburgh in Pennsylvania. U.S. History is strong there and two scholars in particular work on urban history: Sam Hays and Edward Muller. I have written to see if any

1990年12月31日，美国斯坦福大学施坚雅教授写给李洵先生的信

financial aid might be available for a Chinese post-doctoral fellow.

I will write Prof. Xu Wang as soon as I have anything definite to propose.

Meanwhile, let me wish you and your family and colleagues a New Year of fulfillment and joy. We all pray for peace.

Yours,

William Sears

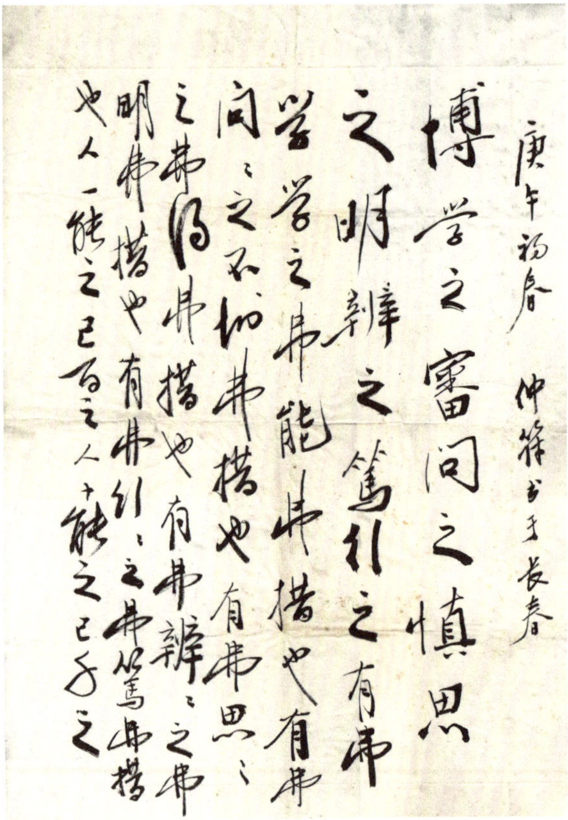

李洵先生手书《礼记·中庸》中的句子

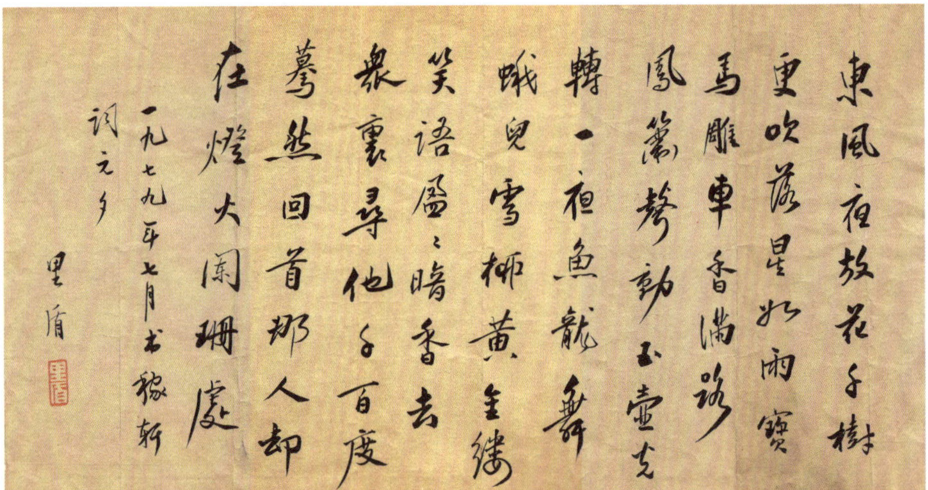

李洵先生手书辛弃疾词（里盾为先生别号）

目　　录

作者简介

（依文章顺序排列）

赵毅（**1948—　**），男，吉林省松原市人。东北师范大学历史学硕士。历任东北师范大学明清史研究所所长、历史系主任、副校长、教授、博士生导师，华南师范大学副校长、教授、博士生导师，辽宁师范大学历史文化旅游学院教授、博士生导师，国务院学位办第四届学位委员会历史学科评议组成员，教育部社会科学专家委员会历史学部委员，中国明史学会副会长。著有《明清史抉微》《明清史抉微续编》，合著有《多尔衮评传》《20世纪明史研究综述》《明英宗传》《晚明基层士人社会生活谫论》《空间转换与士人价值观念的塑造》等，主编《中国古代史》，发表论文近百篇。

南炳文（**1942—　**），男，河北省广宗县人。南开大学历史系毕业，曾任职于中国科学院近代史研究所，长期担任南开大学历史研究所所长、教授、博士生导师，兼任中国明史学会会长，日本东北学院大学、立命馆大学、东洋文库以及中国社会科学院历史研究所、故宫博物院客座研究员。现为中国明史学会学术委员会主席、廊坊师范学院特聘教授。著有《明史》《南明史》《清史》《中国封建王朝兴衰史》（明朝卷）、《清代苗民起义（1795—1806）》《明清史蠡测》《明清考史录》《明史新探》《明史续探》，主编《清史纪事本末》，出版《辑校万历起居注》《校正泰昌天启起居注》，主持国家社科重大项目"《明实录》整理与研究"。

罗冬阳（**1963—　**），男，湖南省平江县人。湘潭大学历史系本科毕业，东北师范大学历史系硕士、博士，曾赴日本东京大学从事博士后研究。现任东北师范大学历史文化学院教授、博士生导师、明清史研究所所长。主要研究明清史、中国古代经济史，代表作有《明太祖礼法之治研究》及论文数十篇，主持完成国家清史纂修工程项目“清史·传记　雍正朝　乾隆朝”，现主持国家社会科学基金项目“明代盐政变迁中国家与资本关系研究”。

赵现海（**1978—**　），男，河南省杞县人。东北师范大学历史文化学院学士、博士。现为中国社会科学院古代史研究所研究员、古代通史研究室主任，挂任武威市凉州文化研究院副院长，兼任中国地名文化遗产保护促进会专家委员会委员、韩国首尔大学奎章阁韩国学研究院客座研究员。著有《明代九边长城军镇史》《明长城时代的开启》《十字路口的长城》《十字路口的明朝》，合著有《中国通史大师课》等，在海内外发表相关论文90余篇。

赵轶峰（**1953—**　），男，内蒙古开鲁县人。东北师范大学学士、硕士，加拿大埃尔伯塔大学博士。曾任教于东北师范大学、布兰登大学、埃尔伯塔大学、华南师范大学、暨南大学，现为东北师范大学教授、博士生导师，亚洲文明研究院院长，《古代文明》杂志执行主编，首都师范大学特聘教授，中国社会科学院兼职研究员。著有《明清帝制农商社会研究》（初编、续编）、《明代国家宗教管理制度与政策研究》《明代的变迁》《在亚洲思考历史学》《克林顿总统弹劾案与美国政治文化》《学史丛录》《评史丛录》，主编《中国古代史》《中华文明史》及多部论文集，发表学术论文100余篇。

张明富（**1964—**　），男，四川省通江县人。东北师范大学历史学博士，西南大学教授、博士生导师，重庆市学术技术带头人（中国古代史），国家社科重大项目首席专家。曾任西南大学历史学院院长、长江师范学院副院长。著有《康乾豪门——福康安世家》《明清商人文化研究》《天潢贵胄的心智结构》，在《历史研究》等刊物发表学术论文60余篇，曾获教育部高校人文社会科学研究优秀成果三等奖。

常文相（**1984—**　），男，辽宁省朝阳市人。东北师范大学历史学博士，中国社会科学院古代史研究所博士后。现任中国社会科学院历史理论研究所助理研究员，主要研究方向为明代政治社会史、明代商人研究、国家治理史，著有《互洽共生——明代商人、商业与国家体制关系探研》。

冷东（**1953—**　），男，吉林省长春市人。东北师范大学历史系硕士，香港大学博士。曾任广州大学人文学院历史系主任、教授、副院长，广州大学十三行研究中心主任。现任澳门科技大学社会和文化研究所访问教授、博士生导师。主持国家社科规划重点项目“广州十三行与海上丝绸之路发展变化研究”、国家社科基金冷门绝学研究专项“广州十三行印章印迹整理研究”。著有《叶向高与明末政坛》《广州十三行与海上丝绸之路》《英国剑桥大学图书馆藏怡和洋行中文商业档案辑考》等,发表学术论文100余篇。

秦海滢(1975—),女,山东省兰陵县人。东北师范大学历史学博士。现任辽宁师范大学历史文化旅游学院教授、博士生导师,主要研究方向为明清史。先后主持多项教育部人文社科规划项目、国家社科基金项目、辽宁省高等学校杰出青年学者成长计划项目、辽宁省“百千万人才工程”资助项目。在《故宫博物院院刊》《东北师范大学学报》等刊物上发表学术论文30余篇,出版学术著作两部。

赵玉田(1968—),男,吉林省通榆县人。东北师范大学中国古代史硕士、博士。现为韩山师范学院马克思主义学院院长、教授,华南师范大学历史文化学院兼职硕士生导师,广东省历史学会理事、广东省马克思主义学会理事。主要研究明清史、环境史。著有《环境与民生——明代灾区社会研究》《丘濬经世思想研究》《文明、灾荒与贫困的一种生成机制——历史现象的环境视角》。

王雪萍(1976—),女,吉林省磐石市人。东北师范大学历史学硕士、博士。曾任《求是学刊》编审、吉林大学博士后流动站研究人员。现任福建师范大学社会历史学院教授、硕士研究生导师。主要研究明清妇女史、社会史。著有《16—18世纪婢女生存状态研究》《明代婢女群体研究》,主编《传统与现代:中国历史学研究十年》等。

牛建强(1963—),男,河南省孟州市人。东北师范大学历史学博士。曾任河南大学黄河文明与可持续发展研究中心副主任。曾赴日本大正大学留学,并任日本皇学馆大学、学习院大学客座研究员。现任黄河文明与可持续发展研究中心教授、博士生导师,河南省特聘教授,中国明史学会副会长,黄河文化研究会副会长。主要研究方向为明清史、明代社会史、黄河文化史等。著有《明代人口流动与社会变迁》《明代中后期社会变迁研究:社会风尚理论拟构及运用》《明代社会研究》《河南地域研究》《黄河文化概说》等。

梁曼容(1983—),女,山西省阳泉市人。东北师范大学历史学硕士、博士,东北师范大学世界史博士后。现为延安大学历史文化学院讲师、硕士生导师,中国古代史二级学科带头人。主要研究方向为明清史、明代贵族政治史。主持国家社会科学基金、陕西省教育厅等各级科研项目,著有《〈明史·诸王世表〉

校证》,发表学术论文十多篇。

胡凡(1951—),男,吉林省东丰县人。东北师范大学历史学博士。中国明史学会副会长,黑龙江大学黑龙江流域文明研究中心教授。主要研究明代政治史、明代北部边疆史。著有《嘉靖传》《中国古代文化史探研》《明代九边形成及演变研究》《黑龙江通史》(元明卷)等,发表论文数十篇。

赵中男(1960—),男,辽宁省沈阳市人。东北师范大学历史学硕士,北京大学历史学博士。曾任辽宁人民出版社编辑室主任、故宫博物院研究员、《故宫学刊》执行主编,兼任南开大学博士生导师。研究方向为明代宫廷史。著有《明朝的拐点》,主编"明代宫廷史研究"丛书,发表论文数十篇。

刘晓东(1972—),男,辽宁省凤城市人。东北师范大学历史学硕士、博士。曾任东北师范大学历史文化学院教授、博士生导师、院长,现任华南师范大学历史文化学院教授、博士生导师、院长,兼任中国明史学会常务理事、广东省历史学会副会长。入选国家特支计划哲学社会科学领军人才、文化名家暨"四个一批"人才、长江学者青年学者人才支持计划。主要研究方向为明清史、东亚史。著有《"倭寇"与明代的东亚秩序》《明代的塾师与基层社会》《明代士人生存状态研究》等。

刁书仁(1954—),男,吉林省怀德县人。东北师范大学硕士,吉林大学历史学博士。东北师范大学历史文化学院教授、博士生导师。主要从事东北区域史、中朝关系史研究。著有《东北旗地研究》《清代八旗驻防与东北社会变迁》《中朝疆界与民族——以十四世纪中叶至十五世纪末为中心》《古代中朝宗藩关系与中朝疆界历史研究》(合著)等,发表论文百余篇。

张士尊(1956—),男,辽宁省台安县人。东北师范大学历史学博士。现任鞍山师范学院国学中心教授。主要研究明清史、东北史。著有《明代辽东边疆研究》《辽河航运史与东北经济一体化研究》等,翻译《奉天国际鼠疫会议报告》《东北西医的传播者——杜格尔德·克里斯蒂》等著作多部,在《历史档案》《东北师范大学学报》《明史研究》《社会科学辑刊》等刊物发表论文数十篇。

石怡(1984—),女,辽宁省大连市人。东北师范大学历史学博士。现任教于长江师范学院政治与历史学院。曾于《西南大学学报》《史学月刊》《教学与管理》等期刊发表论文多篇。参与"民国时期璧山合会档案资料整理与研究”、“明清时期朝鲜、日本、越南‘家礼’文献的刊刻与影响”等多项省部级项目。

李媛(1980—),女,吉林省吉林市人。东北师范大学硕士、博士。美国旧金山大学访问学者,韩国韩国学中央研究院访问学者。现任东北师范大学亚洲文明研究院副教授、硕士生导师,《古代文明》编辑部编委。主要研究明代礼制史、明清政治文化、明清女性史。主持国家社科基金项目两项。著有《明代国家祭祀制度研究》,发表论文10余篇。

胡克诚(1981—),男,辽宁省沈阳市人。东北师范大学历史学博士。现任聊城大学运河学研究院副教授、硕士生导师、副院长,《运河学研究》副主编,香港中文大学访问学者,兼任中国商业史学会理事。主要研究方向为明清史、区域社会史。著有《逋赋治理与明代江南财赋管理体制的变迁》《何处是江南:论明代镇江府“江南”归属性的历史变迁》《明代漕运监兑官制初探》等,主持国家社科基金、教育部等项目3项。

丁亮(1985—),男,辽宁省朝阳市人。辽宁师范大学历史学硕士,东北师范大学历史学博士。2014年起,执教于辽宁师范大学历史文化旅游学院,副教授、硕士生导师。著有《明代浙直地方财政结构变迁研究》,在《中国史研究》《明代研究》(台湾)、《中国经济史研究》《古代文明》等学术刊物上发表论文10余篇。承担国家社科基金、国家社科基金重大项目子课题各一项,曾获辽宁省哲学社会科学优秀成果奖。

林乾(1959—),男,吉林省长春市人。东北师范大学历史学硕士,中国人民大学历史学博士。曾任职于吉林师范大学历史系、吉林省社会科学院历史研究所。1999年迄今任职于中国政法大学法律史学研究院,教授、博士生导师,兼国家清史编纂委员会典志组专家、中国法律史学会理事、西华师范大学地方档案与文献研究中心学术委员会副主任。主持国家社科基金、国家清史工程、教育部重大、北京市哲学社会科学规划重点项目等9项。著有《传统中国的权与法》《中国古代权力与法律》《康熙惩抑朋党与清代极权政治》《治官与治民:清代律例法研究》《雍正十三年》《嘉靖皇帝大传》等专著16部,主编《清代冕宁司法档案全编》等多部大型文献档案资料,在《民族研究》《中国史研究》《清史研究》等国内外专业期刊发表学术论文60余篇。

董铁松(1964—),男,吉林省辉南县人。东北师范大学历史学硕士、博士。现为东北师范大学历史文化学院副教授、硕士生导师。主要研究方向为中国古代史学史、明清学术史。在《东北师范大学学报》《古代文明》等学术刊物发表《对16—17世纪社会结构的基本分析》《论清代今文经学的历史作用》等论文多篇。

导　言

李洵先生，字仲符，1922 年 7 月出生于辽宁省北镇县。1946 年毕业于北平临时大学史学系，1948 年赴东北解放区东北大学（今东北师范大学）任教，1985 年创建明清史研究所，任所长，1995 年 9 月因病逝世。先生致力明清史教学科研近 50 载，是我国著名历史学家，以马克思主义的基本理论、观点、方法研究明清时代重大历史问题，自成一家；培养中国古代史专业博士、硕士人才数十名，桃李遍天下。先生去世虽已 20 多年，作为他的亲传与再传弟子，我们依然十分怀念他。2022 年 7 月 1 日是李洵先生 100 周年诞辰，饮水思源，感铭师恩，同门师兄弟聚首于东师，商议出版《李洵全集》和《李洵先生百年诞辰纪念文集》，东北师范大学对此积极支持并提供了出版资助。

本文集共收录文章 26 篇，分追忆与怀念、经济与社会、边疆与藩封、政治与文化 4 类文章。其中，《怀念史学大师李洵先生》为南开大学南炳文教授在 2004 年所撰，其余 25 篇文章的作者，皆为李洵教授亲传与再传弟子。因而此文集在某种意义上讲，可算作薪火传承的展示。

追忆与怀念类文章共 4 篇，南炳文教授《怀念史学大师李洵先生》原为罗冬阳、赵轶峰主编的《李洵先生纪念文集》序言，赵毅、罗冬阳《永远的思念》系李洵先生《下学集》再版序言，此不赘评。《世界史视野下的"明清学"倡导者李洵先生》作者赵现海，现任中国社会科学院古代史研究所研究员、明史研究室主任。文章主要参阅即将出版的根据李洵教授晚年讲稿汇编而成的《中国的明清时代》（《李洵全集》第 5 卷）一书，提出李洵教授是世界史视野下"明清学"倡导者的学术认知。作者认为，李洵先生始终站在马克思主义史学中国化的立场上，反对生搬硬套马克思主义，主张运用马克思主义的思维方式，揭示中国历史的内在逻辑，注意区分明清时代中国与同时代欧洲社会的差异，将中国的封建社会定位为“后封建制”形态。中国的后封建制与欧洲的中世纪相比较，有7大特点：(1)土地私有制和地主经济早已出现；(2)较早出现全国统一赋役制，地区割据封闭早已打开，而公元15世纪末法国、西班牙才完成封建统一，当时的意大利、德国还处于分裂状态；(3)大一统的郡县制和中央集权国家，在公元前中国即已确立，领主已不复存在；(4)中国直接农业领域的生产者早已不是农奴，租佃关系确立较早；(5)商业货币经济比较发达，地方经济的封闭割据状态早已清除，地区经济之间的局部阻隔不是社会制度原因造成的，而是落后地区经济发展滞后的结果；(6)科举制度使得步入政界不必有贵族身份，贵族已失去血缘地位；(7)宗教并不干预政治，官私学校承担社会教育功能。基于上述认知，先生认为中国与西欧拥有不同的发展道路，走向近代化的道路自然迥然有异，先生眼中的“明清时代”势必要与西欧走向历史分途。先生提出“明清时代”应该是中国历史上一个“独立”的概念。它是中国古代社会与近代社会的结合部。在这个时代发生了中国古代文明与近代文明接轨的尝试，中国与世界接轨的尝试，东西文明文化结合的尝试，以及新旧社会递变的尝试。在先生看来，明清时代是我国由封建社会向近代社会转型的时期，这一观点，与近年来学界主流观念相一致。但先生“明清时代”概念的独到之处，是他十分强调消除断代史的观念，将明清整合在一起。在明清资本主义萌芽、社会转型、前近代化研究中，尚少见如此注重与强调。在先生看来，“明清时代”处于我国社会性质即将发生巨变的“临界点”。中国近代的开端，似应从15、16世纪开始。先生认为研究明清社会转型既要注重典型性，更要注重全局性。选择江南为典型地区，重点突破是明清经济史界的主流研究模式。江南代表着中国几千年来经济发展水平，也代表着中国历史发展的一个方向，那是发展中与时代变迁关联最密切的地区，更是最先产生资本主义萌芽的地方，关注江南没有错，忽略中国辽阔的欠发展地区不可取，只研究发达地区，不研究落后地区，难以得识历史真相。中国历史发展“域差”显著，中国广大地区的经济并没有中原、江南那样发达，十分辽阔的边疆地区，一直拖拽着中国历史前行的脚步。不同地区历史力量彼此牵制，相互抵消，彼此互动，才是构成中国历史发展的最终合力。与热闹的江南相比，整个明代中国的国家面貌，并未实现整体变化。以江南一隅牵引庞大中国，和英国在资本主义崛起过程中全国实现整体动员相比，完全不可等量齐观。近代化在英国是惊涛骇浪，而在中国只是广阔大海的一片浪花。关注典型区域研究不可或缺，关注全局性研究更不可少。

《向李洵先生学习明清史》是赵轶峰之前所写的追忆文章，曾收入他所著的《学史丛录》，在此不赘述。

《〈明史食货志〉"叶淇变法"与商屯臆想的语境》，作者罗冬阳教授，现任东北师范大学明清史研究所所长。近年来，作者致力于明代盐法盐政与明代国家财政关系的研究，发表了数篇高质量的学术论文，这篇论文乃是系列成果的姊妹篇，多有新见解。《明史食货志》阐释明代盐政变化与绩效的两个相关叙事，其一是"叶淇变法"，其二是"商屯"，两者紧密相连。由于叶淇在弘治五年（1492）变边中纳粮开中为运司纳银开中，导致商屯崩坏，边地粮价暴涨，叶淇难辞其咎。这样的认知，清代以来成为信史。罗冬阳教授赞同藤井宏质疑"叶淇变法"出自明人杜撰的观点，也欣赏商传先生明初商屯盛行，"涉于理想"与事实相去甚远的认识。作者明确指出，所谓"叶淇变法"和"商屯"，都是嘉靖初年"议礼新贵"和所谓的"革新派"为特定政治目的而制造的说法。但由于其批判了有利于势要和"奸商"的运司纳银，为文人和具有文人根性的官员所偏爱而得播布。作者深入考察了"叶淇变法"与商屯文本背后的历史语境。《双溪杂记》是王瓊在嘉靖初年朝堂政治斗争中败给首辅杨廷和后，谪居绥德，伺机再起所写的杂记，对杨廷和一派的主张和施政多所指责和讽刺。其中记述年例银由来、变迁和停拨时，提到叶淇，但并没明确提出"叶淇变法"的概念。他提及叶淇奏准两淮运司纳银开中，没说是全国各运司、提举司普遍实行；没指出两淮运司纳银开中的具体年份；没有特别指出两淮运司纳银开中盐引或盐课类别，更没说明两淮所有盐课都用于开中。王瓊讲叶淇运司卖引的动机是照顾淮商利益和增加盐税收入；关于叶淇运司卖引的影响，王瓊没提商屯撤业，只说废商人赴边中报中之法，使"近边米豆，无人买运，价遂腾贵"，极力主张恢复边中纳粮开中。王瓊从政资历颇深，熟悉财政、军事，工于官场心计，作为杨廷和的老敌手，很快得到"议礼新贵"的追捧。张璁、桂萼、霍韬用事，首荐之，复出以兵部尚书兼右都御史，总督陕西三边军事，以实行边中纳粮和兴复军屯为治边要计。霍韬上疏言："昔我太宗皇帝之供边也，悉以盐利。盐一引输边粟二斗五升，是故富商大贾于三边自出财力，招游民垦边，地艺菽粟，岁时屡丰……户部以为实利，遂变其法，凡商人引盐，悉输银于户部。由是商贾耕稼积粟无用，遂辍业而归。边芜，米粟一石，直银五两，皆盐法更弊之故也。"桂萼上疏附和霍韬云："自弘治初，徐溥在内阁，叶淇为户部尚书，因与扬州盐商至亲，遂改此法，以致中国盐贵，而年例之银，尽归边官，其三边屯农、粮料为之大耗。”霍韬、桂萼一唱一和，推大、细化了王瓊说辞。经“议礼新贵”的宣传，“叶淇变法”败坏边储的说法遂流行开来，并为清修《明史》所采纳。实则叶淇变法，也可称为改革，只是将两淮都转运盐使司各场勤灶余盐、各批验所割没余盐、残盐等正额外盐引召商运司纳银开中，是增收盐税、利国利商的措施，也是明代盐政变迁的必然趋势。势要之家借此搀中，并非叶淇之愿，乃皇权纵容势要之家所造成之乱局。“议礼新贵”和所谓的革新派，将全面变乱祖宗朝盐法导致商屯崩坏罪名强加于无力辩驳的叶淇名下，以期彰显他们捍卫祖宗成法、政治正确之光环，是藏有私心的——这应该是作者未及明言的潜台词。作者指出，明代屯田，主要是明初军屯，商屯所占比重微乎其微。所谓“吾养百万兵，不费百姓一粒粟”是自夸其德的神话。商屯明确登上明代官方文献的年代，在神宗万历十四年（1586）。对商屯与边政关系，张大其词的议论，多系文人根性官员之一厢情愿，对其可行性毫无把握，作者称之为“商屯臆想”，切中要害。商屯的开中权保护，受制于九边地区边将——权贵主导的军事—经济社会；商屯开中收益的兑现，受制于明廷的兑付违约，盐引超发，使强而有力之内商——囤户也会成为牺牲者；这两个难题明朝无法解决。商屯绩效，迄无实绩可言。

西南大学张明富教授研究明清商人和明清商人经营之道已历数十年，颇多建树，自成体系，此次提交的论文是《明清商人的职业身份认同》。文章开宗明义指出，明清时期是中国古代商品经济发展的第三个高峰。商品经济的发展，市场的扩大，为人们营商提供了广阔的舞台。大批人弃农、弃儒经商，加入商人行列，商人队伍空前壮大。根据文献资料统计，有不少地方的商业从业人员占人口总比例达到60%左右。明清商人身份认同有多种类型，细分为价值型和工具型两大类，共含 4 小类。价值型 A 类商人群体对所从事的商业完全认同，将经营商业、积累财富当作实现人生价值的方式和途径，自尊自信，乐在其中，内心充满喜悦和满足。价值型 B 类商人群体对所从事的商业虽在总体上是认同的，但具有“迫不得已”的色彩，认为从商比业农更能体现价值，不失为自我价值实现的一种途径。但在他们心目中，业商只是“眼前的苟且”，业儒才是他们的“诗和远方”。工具型 A 类商人群体视经商为工具和手段。他们之所以经商，大部分都是为家庭经济窘境所迫，或为谋生，或用贫求富，既无人生价值实现的高度，也没觉得经商低贱,完全是为了满足世俗目的。工具型 B 类商人群体同样视经商为手段,但认为行贾是大丈夫贱行。在营经中,他们彷徨、空虚,无法找到快乐,归属感和幸福感缺失,内心充满紧张、焦急、忧虑和恐惧。明清商人职业身份认同特点是价值型和工具型兼具、工具型认同远多于价值型认同。作者推测工具型认同者占商人总数 80%以上。明清时期是中国古代社会向近代转型时期,新旧并存是转型期社会的普遍特征。明清商人的职业身份认同价值型与工具型兼具,正是对转型期社会特征的反映。作者认为明清商人价值型职业身份认同所蕴含的价值判断和价值期待,与新教伦理中的"天职"观念相类似,即对商业的价值充分肯定,士商异术同心,儒商互通,"良贾何负闳儒","贾何负于农",业商是自我价值实现的途径和方式。明清商人工具型职业身份认同所蕴含的价值判断和价值期待,即是对商业不"好之",也不"乐之",甚至"耻之",经营仅是谋生手段,缺少经商的持续性原初动力。如果说他们还有价值期待和追求的话,那就是"去商人化"。作者讨论了"去商人化"5 种路径:由商而仕,跻身官宦之林;潜心为学,以义行经术济世;尽最大努力为子孙业儒创造条件,多方督促后代走上业儒之路,获取功名,扬名显亲;将营商所得投入家乡公益事业,成为乡贤;商业资本回流土地,购置田园,农商兼资。很难寄望工具型职业身份认同之商人能够开辟新的社会发展道路,发端于 15、16 世纪的商业大潮在近代落幕已成为必然。

中国社会科学院历史理论研究所助理研究员常文相,是明清史界后生才俊,他提交的《明代商人对财富的认识、利用及转化》是篇很有新意之作。文章首先讨论了商业财富刺激下的竞利风习对晚明社会秩序的冲击。明代商品经济的长足发展,社会商业化程度提高,商业关系扩展,一般民众从商趋利表现越加明显,明中期以降商业财富的增加和竞利观念的蔓延给整个社会带来巨大冲击与长远影响,从中可以窥见资本扩张势头日益迅猛活跃,传统社会的演变越发充满变数。晚明呈现的种种末世图景似乎表明当时社会已无法完全把控商业资本而不得不放任其发展,但当我们把目光投射到明代商人对财利取用的认识考量及他们对自家财富优势的利用转化上时,依然能够看到其时商人财富在同既有国家社会体制的错杂互动中,彼此仍有深刻契合。明代许多商人不把求利当成唯一的根本宗旨,在更高层级的"天道"思想统合下,只把经商行为看成实现人生和社会价值的别样手段,"人事"始终与"天道"对应,并须接受"天道"的规范批判。接受"天道"思想的约束,一些商人会更多关注自身行为是否合乎社会公理公义,而非把过度营求财富积累当作人生指南,知足、知止、知节观念普遍流行。“取贱以义,用财以德”是明代商人的财用观念,不仁不义之财莫取,“独饶于赀”时,勉力施德济众成为处世旨归。依据“天道”盈亏得失之理,作为上天意志在社会现实投影,长久流行于世的“积而能散”的财富观亦得到解释,作者分析了金瑶的《义利辩》,认为在明代许多商人的认知中,财富生于天地,取于天地,非一人一户之私产,“善用其盈”遍养百姓,符合“天道”—“人事”之考量。关于明代商人财富优势的利用转化,作者总结归纳为 3 项:赈灾救济与助工营建、担任职事与居间解纷、建言献策与出仕为官。作者认为,明中叶以降日益繁荣的商品经济和开放的社会风气促使民心趋贾逐利,拜金盛行,财富势力的膨胀与竞利风气的泛滥给全社会造成巨大冲击,商业资本同既有体制间复杂纠结关系也给当时社会演变带来变数。然而,在世风向利的同时,大量文献可证明代商人通常在获取现实利益诉求之上,内心普遍存有根植传统伦理思想的“天道”观念。受此影响,他们很多时候可能并未把追求个人财富作为人生终极目标,而是形上层面将“天道”与“人事”对接,并认可后者受前者的规范与评判;尽管明代商人的财利取用之道未尝突破、颠覆传统商人伦理认知,并同典型西方式现代社会转型历程中资本积累运作总体表现差异明显,然而他们基于财富的持续增长并恰当利用此一优势所达到的对地方和国家事务深有成效的参与,仍旧具有独特的社会变迁意义。诸如此类的议论,文中尚有多处,均发人思索。

《海盗、行商到公司——明清历史发展的几个视角》,由广州大学冷东教授提交。冷东教授是“文革”后恢复高考和研究生学位制度后,李洵先生招收的第一批及门弟子之一。他研究潮州海盗、粤海关、十三行及所关联的外国公司(含在华分支)多年,卓有积累与识见。这篇文章对明代海禁政策与潮州地区海盗的产生、潮州地区海盗的性质和特点、潮州地区海盗的结局和原因、海盗问题对潮州地区的影响;广州十三行产生的原因、广州十三行管理制度、广州十三行的影响;公司(外国)的到来、公司的道路、公司的力量进行分别述论。文章涉及重点问题很多,若非研究有素,绝难以此有限篇幅交代明白。文章可以作为深入全面研究十三行之巨制的引论,更可视为对海盗、行商及外国公司了解偏少的史学工作者的知识普及。海盗、行商、公司皆是大航海时代到来后 16—18 世纪中国面临的新问题、新挑战,其来临既因为国际关系格局的变化,也与中国政府应对国内、国际变局的政策因素相关。它们都可成为研究明清历史发展演变的新课题、新视角。作者在一篇文章中观照了诸多重要历史问题的同时,还忆及自我的学术成长历程,从初入师门求学问学,到访学江南、北京,再到毕业后任职潮汕、调入羊城,将甘苦、喜悦、求索、成长的经历讲给了后学。作者“海盗:区域社会的梦想与哀愁”立题文思巧妙,认为明朝严厉的海禁政策与潮州地区经济利益完全背道而驰,自然引起潮州地区的极大不满和强烈反抗,海盗集团从而成为潮州地区人争取自身利益和权益的一种特殊表现形式。明代潮州地区的海盗集团,是以国内形势为基础,以国际关系格局为背景而发生的,是16世纪中国海盗现象的缩影。潮州海盗的首领人物,大都诱倭为乱,“亦商亦盗”的商业活动行为逐渐减弱,盗的色彩越来越重。这些认识是发人深省的。作者还指出,广州区域社会族群在特定地理环境中的努力奋斗,推动了地区发展,并创造了独特的区域文化,成为十三行诞生的基础;历代王朝在广州设置外贸管理机构市舶使、市舶司为十三行积累了丰富的管理经验,这是十三行出现的背景。分析到位,认识允当。作者论述了在“以官治商,以商治夷”观念指导下,十三行涉及外商、外贸的管理制度逐渐完善绵密,包括粤海关管理制度、十三行贸易制度、澳门居留地制度、黄埔港港务后勤制度、十三行商馆区制度、信息文书传递制度。文章对此一一开列,不遗锱铢。其中,有关十三行贸易活动中的总商、承商、保商、揽商、行佣职责、程序、权限及在商贸活动中的相互关系等,多含具有深入研究价值的资讯。

《抵押物与明代民间借贷》由辽宁师范大学秦海滢教授撰写,属于民间私债研究范畴的重要选题。依据常理,为回避风险和达到借贷目的,债权人和借债人往往会采取先抵押后放贷的方式完成借贷。作者把民间借贷抵押物划分为4大类:田地、房屋、房基地、山场等不动产;米谷、衣饰、骡马;妻妾、子女;文武俸禄、军兵月粮。田、房、山场、米谷、衣饰、骡马牲畜做抵押物是常见的。而以妻子、俸禄为抵押物,明代律例有禁,然而在民间借贷中禁而不绝,时有发生。在民间借贷过程中,为降低借贷风险,除了约定俗成先抵押后放贷实行抵押物制度外,为一进步保护债权人和债务人双方利益,衍生出了抵押物担保制度。借贷双方签订书面契约。无论官契还是私契,签订时必须有借贷双方、中人、见人等在场,并在契尾摁上红色手印。契约内容必须写明借贷数额、借贷用途、利息、归还期限、抵押物品、履行方式、保人是谁等项。如有可能,还可在契约骑缝处加盖官印,以防民间债务纠纷。明代当铺以典押借贷为主营业务,借贷双方在进行典当活动中,也都签订契约文书,契约内容与上述大体相同。明代典当业是民间应急借贷的主要平台,朝奉往往嗜利成性,对抵押物压价十分手狠,兑、勾、换等是其昧心取利的常用手段。社会底层百姓若无金银宝器、良田美宅,很难向典当行借贷。作者利用许多明代法律文书、档案史料和小说故事,探讨了抵押物与明代民间借贷纠纷问题。以经营物品为抵押物,价值虚高虚低不易准确衡量,以米谷为抵押物,市场粮价变动较快缺少稳定性,以妻妾、俸禄为抵押物,主体所属模糊且律令不准,此外还有恶意抵押和强制抵押,以上种种原因,造成明代成化以后民间借贷诉讼逐渐增多的局面。甚至有借贷双方受利益驱使,置亲情、乡谊、信誉、道德、法令于不顾,或借债不还,或强索人妻女房产,“大小词讼,经年累月,未得结绝”。为应对民间借贷纠纷,明朝政府颁布了多项法规,重点对利率、利息、债务抵押等加强管理。但问题仍不见好转,民间私债始终是影响明代社会和谐安定的重要因素。

《明代“灾害型社会”研究——环境史视角》,是篇生态环境史论文,作者韩山师范学院赵玉田教授 20 年来致力于明清生态环境史研究,研究方向十分稳定,不断有学术成果推出。文章开篇解释“三荒现象”与“PPE”怪圈。所谓“三荒现象”系指“灾荒”、“人荒”和“地荒”三者在空间上耦合、在时间上相继发生的一类乡村社会极端化自然现象。所谓“PPE”怪圈系指贫困(poverty)、人口(population)和环境(environment)之间形成的一种恶性循环怪圈。“三荒现象”是“PPE”怪圈的产物。具体说来,在传统农业生产中,区域性人口增长导致农民为获取更多食物而尽可能地扩大耕地面积,乱垦滥伐,造成农业生态环境持续破坏恶化,环境恶化必然加速环境灾变,最终造成农业产量降低,贫困问题随之加剧,形成人口、环境与贫困三者的恶性循环。这是文章的理论架构。作者依据《明实录》、明代方志、明人文集中的史料并参考自然科学界的研究成果,分别探讨了明代中前期的“三荒现象”、“三荒现象”的环境机制、晚明的“灾害型社会”、“灾害型社会”与明朝覆亡等问题,步步深入,直逼结论。明前期“三荒现象”仅见于北方,并不十分严峻。明中期气候持续转冷,环境灾变频率加快,各地水旱灾害明显增多,宪宗成化年间因灾荒而致“人相食”的惨剧频现于方志之中。可以肯定明中叶的成化年间“三荒现象”已成为北方的普遍社会问题。作者论断天灾频繁、生态脆弱是明中叶北方中国最主要的农业环境区位特征,脆弱生态与贫困乡村恶性互动是“三荒现象”的主要生成机制。作者认为,“赤地千里，井邑空虚，尸骸枕藉，流亡日多”的“灾害型社会”景象在成化朝已经出现，嘉靖末至万历时期是明代“灾害型社会”的最后阶段。乡村社会在农业中国的明代是左右社会治乱和国家安危的决定性力量。明代中前期频现的“三荒现象”累积叠加，催生了成弘、嘉万的“灾害型社会”。由于灾民汇聚成冲击乡村社会秩序的强大破坏力量，“灾害型社会”造成的动荡、破坏、对抗、冲突，使以乡村农业为基础的城镇“早期商业化”失去了必要的经济与社会支撑，发展难以为继。社会震荡不可避免。从环境史维度观察明代社会，明非“亡于神宗”，实亡于“灾害型社会”。这何尝不是考察明代社会变迁的新视角呢！

《女性著述与明代妇女史研究》，是福建师范大学王雪萍教授撰写的社会史论文。王雪萍自读博开始迄于今天，一直以妇女史为主要研究方向，著述多种，是有一定影响力的妇女史研究专家。作者指出，胡文楷《历代妇女著作考》统计，明代“名女子”作家有 250 人，作品为 371 部，这些女性著作皆是独立成卷、成册，并已结集出版的作品。如果把平民女性、妾婢、名妓作家勾索统计，明代女性作家人数可达 438 位。将无名气而有著述（散见于各类文集、辑录、文学、戏曲中的一诗一文）进行统计，作品数将多出胡氏统计的数倍。由著作到著述考据，一字之差，别似天壤。作者呼吁扩大明代妇女史文献搜罗范围，是明代妇女史研究的当务之急。扩大史料搜集范围，可以收到女性书写主体扩大、女性书写内容扩大的效果，并可扭转明代妇女史料整理相对于清代的劣势。明代女性著作的搜罗整理研究能够改变明代妇女史研究的认识范式，走出晚明走出江南是明代妇女史研究时空的新面向。晚明与江南“才女”研究已经取得众多成就，应该适时走出晚明和江南，重新勾勒明代女性著述的整体图景；注重非官宦妻女作家群研究，解构明代妇女史研究的阶层结构。官宦妻女作家生活舒适、奢华，过于风花雪月，不切知人间冷暖，而占女性作家群体半数的平民妻女、婢妾、妓女作家生活于社会下层，是被凌虐被歧视的一群，研究她们的著述，聆听她们的声音，感受她们的困窘，体知她们对美好生活的期望，应该是明代妇女史研究的另一重要取向。作者通过辑佚后明代女性著述研究发现，固守女德与践行贞节等女教观念一直是明代女性著述的主流；与此同时，个体情欲追求在各阶层女性著述中亦普遍存在。前述情况透露出，明代女性受到外在伦理教化和内在情感本真的双重影响，形成矛盾的纠葛体。这反映到女性著述中则是践行女教与情欲追求的一体两面，那种过于强调正统女教束缚或极力凸显女性情欲追求恐怕都有悖史实。这样的议论很精彩。文章的第三部分“论从史出:女性著述助推明代妇女史研究理论取向的落实”,直指明代妇女史研究存在“理论预设”与“史料填充”的错误路径。中国的研究路径遵循“被压迫”、“需解放”的单一模式,西方则从两性对立到多元性别观、从性别平等到性别中立,再到性别差异和女性独立性的“女性视角”研究明代妇女史;两者有局限,预设意识先行。解决的办法唯有回归史料原典,论自史出,实事求是,从社会整体中认识明代女性,从女性整体中认识明代社会。

《宗族、村落和国家——清代河南西北部地方事务中的角色参与》,由河南大学牛建强教授撰写提交。牛建强教授是李洵先生师门出道较早的博士,多年来在明清经济史、社会史和文化史多个领域均有创获,为明清史界所推重。这是一篇特色十分鲜明的社会史论文,作者没有使用出自正史、政书、实录、方志、档案、文集的一条史料,就连公开出版的碑刻、墓志、家谱的史料也没使用,而是纯然用社会调查所获得的豫西北怀庆府碑刻、家谱、讼案抄单、社首公立合同、告示等第一手民间文献完成论文写作,其中甘苦作者自知。利用这批难得的宝贵史料,作者对清中叶至民国时期豫西北怀庆府基层地方事务,诸如赋税征解与杂差应对、水利设施的兴修、地方治理措施的推行、民间信仰设施的营建中宗族、村社、地方政府(作者称其为国家在基层的代言人)三者的不同角色、不同作用,尤其是不同程度的参与进行考察对比。作者认为,“在清代河南西北部地缘社会的运转和日常生活中,村落、具有某种共同志趣的社团组织,以国家代言的地方政府,是发挥作用的经常性和主导性因素。在诸如赋税征收解纳、水利设施修建、地方社会秩序维系和民间信仰设施营建等方面,村社、保甲等基层组织作用明显,地缘性社团活跃,而血缘性宗族只是副角和陪衬”。作为华北区域组成部分的河南西北一隅的情况,能否反映近世中国宗族的总体走向,可否具有更大区域的代表性,当然现在还不敢断定。但至少可知清代豫西北怀庆府宗族在地方事务中的参与程度、扮演的角色,是有别于江南、八闽和岭南某些区域的,作者的研究成果,为我们提供了豫西北地区比较研究的重要参照系。我们更期待作者能全面调查清代不同府州的同类问题,推出系列成果。

《明代西域经营方略》,作者赵毅,曾供职东北师范大学、华南师范大学,现为辽宁师范大学教授。文章考察的明代西域,与《明史》西域、法国史学家鲁保罗的西域概念有差别,主要包括嘉峪关以西的撒里畏兀儿地、天山北路伊犁河流域的蒙兀斯坦、天山南路喀什噶尔、疏勒、龟兹和于阗，以及葱岭以西地处中亚的河间地、撒马尔罕、哈烈、天方等地。在这广袤地域因缺少强大统一王权控制，匈奴、吐谷浑、柔然、突厥、吐蕃、回纥、契丹、蒙古都曾破门而入，东罗马、波斯、拜占庭、大食帝国及晚出的沙皇俄国都曾染指西域，中国的中原王朝自张骞"凿空西域"之后，在西域事务中就从没缺席。作者指出，在不同的历史阶段（17世纪民族国家理论产生以前），西域对不同国家、部族而言都是一片移动的边疆。它的最终所有权（不是西域全部而是局部）的归属取决于介入国家的经济辐射力、文化渗透力和军事威慑力。如何经营西域？建立河西诸卫为西域经营的后方基地，设立关西七卫为拱卫嘉峪关的羁縻卫所，设哈密卫作为掌控与交往西域的前哨阵地，三级梯次组织遥相呼应。派遣使团出使西域各国家和地区，积极招徕，宣示威德；积极接待西域各国来华朝贡使团，厚往薄来，加强经贸联系。这几项是明朝经营西域方略的主要内容。怎样评价明代西域经营方略？作者总结如下几点认识：(1)明王朝缺少开拓精神，西域经营思想偏于保守。洪永时期尤其是永乐时期广为招徕，积极进取，仁宣以后战略收缩，政策渐趋保守。天顺朝以后就很少有出使西域使团的差遣。(2)明王朝对西域经营仅限于西域一隅的撒里畏兀儿地，未曾向哈密以西推进半步。明王朝在关西七卫和哈密卫不设流官、不驻一兵一卒、不设衙署，哈密卫三立三绝，在正德八年（1513）终被蕞尔小邦吐鲁番攻占，关西七卫也被冲击得七零八落，明王朝不敢放手一搏，兴复哈密，却完全收缩到嘉峪关内，放弃关外的政治存在。(3)明王朝对哈密以西地面的基本情况和信息知之甚少。对各部族、国家宗教信仰及演变，邦交向背敌友关系等缺少准确了解。(4)明王朝对西域放弃主动派遣使团和闭关绝贡政策出台，即是放弃以邦交手段、经贸交流对西域的影响力和管控力。嘉靖八年（1529）闭关绝贡（不是绝对绝贡），来朝使团绝对锐减，此乃西域经营方略之一不智选择。明王朝对西域之经营根本无法与汉唐和清王朝相比，有人把明代在西域设立哈密卫的意义与汉代所置设的西域都护、戊己校尉、西域长史，唐代的安西都护府、北庭都护府乃至清代设置的伊犁将军相提并论，当为过誉之评。总体而言，明代的西域经营方略，缺少开拓进取精神，极少成就，颇多失误。

《明代宗藩研究的问题意识》，由延安大学梁曼容讲师提交。这是一篇明代宗藩研究的学术史和研究展望的文章，作者强调的是对宗藩这个老问题在新时代应该秉持的问题意识。20世纪80年代以前的研究，基本循着阶级对立、阶级斗争、阶级压迫、阶级剥削的理论和现代性、早期启蒙观念完成的，宗藩的寄生性、腐朽性、反动性已成不可逃避的标签，成为时代“弃物”势所必然。西方史家“典范中心”理论也无法圆通诠释明代宗藩的多种难解问题。理论和方法困境使一度热络的明代宗藩研究陷于沉寂。作者带着浓厚的问题意识，凭借对学术史较全面的把握，提出了一系应该深入研究的问题，下面择其大者扼要叙述之。王府庄田、牧马草场的地亩数额、经营与管理方式、地租构成与额度、地方互动与影响等具体细节，仍模糊不清，自王毓铨、郑克晟之后，研究处于停滞状态；明中后期宗禄实际数额、构成形式、折支比例、发放方式等，较洪武朝已大相径庭。宗室分封不同于司府州县，各王府宗禄实际执行情况千差万别，学界对这些细节史实梳理都不尽如人意，对宗禄的时代性和区域性及其演变明显缺乏关注；明代宗室奏讨盐引，贩卖私盐，对盐法盐政造成诸多弊端，王府染指盐政报中支盐、掣验、运输、销售诸环节具体情形有待细致梳理；明代王府为奢华生活，大兴土木，擅增服侍人手，曾大量征用地方徭役，名目繁多，目前对此研究仅浮光掠影而已；明代宗室分封，遍及8个布政使司近百府州县，宗室人口规模庞大，与地方的紧密程度和互动关系远远超出目前学界的认知，他们应该成为“地方社会”视角的区域研究的重要群体，而这样的研究数量少，质量也不高。江南、华南基本是无藩区域，近几十年区域社会史研究风生水起，颇有成就，有藩区域的研究应当急起直追，将宗藩视为区位特色，推出区域社会史研究重大成果；要从社会变迁的视野研究明代宗藩问题，宗藩问题一定程度显示出明代政治体系的“变”与“不变”。从贵族政治与士大夫政治、皇权政治的消长考察，宗室失去某些政治军事权力，是为之变。从血缘身份和经济特权考量，是为之不变。变是必然的发展趋势，但却是被动的。嘉靖时《宗藩条例》的推出，万历时开四民之业、出城和入仕之禁，政策出台皆为时已晚，效果不大。研究明代宗藩，当把明代宗藩系列政令、法规与唐宋和清代全面比对，发现异同，可能会产生认识突破。另外，研究明代为数不多但很有影响的贤藩，探讨他们在书法、绘画、诗词、律吕、荒政、生物、医学等方面的贡献，当是明代宗藩研究问题意识的应有之义。

《论明代永乐时期明蒙朝贡体制的建构》，由黑龙江大学胡凡教授提交。明代九边、明蒙关系是胡凡教授数十年关注并不断探讨的课题，围绕这两个题目已推出多种学术论著，为学界所称道。在本篇论文中，作者细致地梳理、辨析了《明太宗实录》中明蒙关系史料，并借鉴和田清、拉施特、贾敬颜、曹永年、薄音湖、达力扎布等多位专家的研究成果，对明代永乐年间蒙古兀良哈部、瓦剌部、鞑靼部与明王朝朝贡体制建构进行了深入研究，研究的重点在明王朝与三部蒙古交往过程，循时间顺序的推进环环紧扣，不断深入探索双方关系的变化。作者对兀良哈名称的由来及演变，北元皇位的传承、明王朝对三部蒙古的军事打击和政策招抚、三部蒙古的内部不同集团的对立与冲突都做了详尽考证，足见功力与学养。作者认为，永乐二年(1404)四月，帝命脱儿火察为左军都督府佥事、哈儿歹为都指挥同知，掌朵颜卫事；安出及土不申俱为都指挥佥事，掌福余卫事；忽剌班胡为都指挥佥事，掌泰宁卫事，标志明王朝与兀良哈部的明蒙朝贡体制完成建构。作者强调指出，永乐朝的兀良哈三卫乃重新构建，已非洪武时期的被元辽王降而复叛打乱的兀良哈三卫，传统认为明与兀良哈部的明蒙朝贡体制在洪武时期已经建构的观点难成立。此颇有见地。作者认为，永乐七年(1409)五月，封马哈木特进金紫光禄大夫、顺宁王，太平特进金紫大夫、贤义王，把秃孛罗特进金紫大夫、安乐王；并特赐诰印，标志明与瓦剌部明蒙朝贡体制建构完成。鞑靼部内部派系较多，对立严重，互相掣肘，与明王朝朝贡体制建构完成较晚，文章对此着墨最多。作者认为，永乐十一年(1413)七月，封鞑靼太师阿鲁台为和宁王，赐金印、金盔、鞍马，同年十二月，和宁王遣使贡马并贺明年正旦，这是鞑靼部第七个赴明朝贡使团，至此，明与鞑靼部的朝贡体制正式建构完成。明王朝与三部蒙古的明蒙朝贡体制的构建有何意义？作者是这样论说的：蒙古三大部首领先后接受明廷的封号，标志着蒙古族对明王朝政治上的认同。特别是三大部各级首领(次中下级)也陆续接受封赏，均纳入了明朝职官体系，更是明王朝主权在蒙古地区实现的标志。明蒙朝贡体制建构过程，皆在朱棣精心谋划下次第展开，既有"五出三犁"的军事威慑打击，更有运用娴熟天命观和丰富的历史知识经验对三部首领的开导劝诱，彰显了明太宗卓越的政治智慧和才能。

《弘治时期的藩王赏赐及其影响》，由北京故宫博物院赵中男研究员撰写提供，主要依据《明孝宗实录》的史料、数据完成写作。明孝宗基于"家天下"的理念赏赐藩王，赏赐的内容主要有土地、盐引、岁课钞贯、之国费用、造府第价银等。赏赐的特点之一是频率高，终弘治朝几乎无岁不赏、无月不赐；其特点之二是数额大，土地赏赐动辄超越千顷，盐引赏赐千引为常额，多则越过万引。出现这种严峻局面的原因有多种，作者归纳出下列几点：孝宗刻意维护藩王等权贵群体总体利益；经济发展，特别是商品货币关系发达，社会奢华风气滋长，刺激了藩王物欲崇拜;士大夫集团势力较弱,缺少对宫廷贵族政治胡作非为的抗争;孝宗本人政治才干平庸,对无限度赏赐藩王的恶劣影响和巨大危害认识不够。这种无节制的巨额赏赐极大地纵容了贵族的贪欲,对奢华生活的追求,直接或间接地鼓励和助长权贵对社会财富的掠夺;极度加重地方百姓的社会负担,破坏了正常社会秩序;更为严重的后果是给中央和地方财政造成巨大压力,甚至引发财政危机。面对藩王赏赐带来的一系列严重后果,明廷曾出台一些措施进行补救,但总体观之,收效甚微。孝宗大量赏赐藩王的活动,导致国家财富被藩王大量鲸吞,当时国家财政已是入不敷出,这种情况在弘治以前未曾有过。弘治朝是明代国家财政状况恶化的重要转折点,其无限度赏赐藩王构成原因之一。从这个意义来说,"弘治中兴"说很难成立,"中兴",不过明朝部官僚的政治空想、粉饰之词。

《壬辰战争出兵与乞师言说中的政治伦理》,作者刘晓东教授,曾长期供职东北师范大学,现在华南师范大学任教。刘晓东多年来潜心明清社会史、明清东北亚国际关系史研究,创获颇多,俨然20世纪七八十年代出生的明清史工作中的拔尖人才。这是一篇学术质量较高、创作难度较大的好文章。"壬辰战争"是涉及16世纪末期中、朝、日三国的东北亚地区大规模的局部战争,影响巨大,相关研究较多,突破难度大。前近代东北亚区域的华夷秩序体系中,基于彼此权利与义务的"事大字小"之政治伦理,是这一体系得以维系的重要支撑之一,并成为对关系各方进行道义评判的重要标尺。"壬辰战争"中各方分别对自己出兵、乞师的正当性进行阐释与解说。明朝从"恤远字小"与"守在四夷"的角度出发,出兵与否都具有政治伦理的正当性,但最终还是基于"恤远字小"的伦理义务,尽宗主国责任,决定出兵朝鲜。朝鲜方面则通过对自己"事大以诚"的强调,不断遣使赴明以请兵、内附等方式,希望明朝履行"兴灭继绝"的职责,力挽国家危亡。日本方面则对自己"一超直入大明国"的真正目的不断进行掩饰,并形成了本欲朝贡天朝却被朝鲜所阻,因朝鲜"交邻无信"与"通贡见拒"才不得已兴兵相向的政治诡辩。这些政治言说的叙述逻辑,还都没有超出"事大交邻"的基本政治伦理范畴,但其中所呈现出来的一些特殊现象,也在一定程度上反映出华夷秩序体系的潜在裂隙及其渐趋解构的趋向。文章逻辑严谨,说理清晰,结论平实,很有新意。关于"壬辰战争"的研究成果,把日、朝、韩、中四国学者的作品放到一起,可能汗牛充栋,避开一般性选题,信手拈来"政治伦理"这一题目,角度独特,选题新颖,这可能是发前人所未发。文章称引史料丰富翔实,这样评论并不为过，但又难免套话之嫌。作者在史料搜寻、辨析、考订上下了很大功夫，举凡《李朝实录》《明神宗实录》《明史》等常见文献外，多种不经见的朝鲜、日本及明代中国文献均纳入作者搜求视野，并从中获得明朝议论是否出师朝鲜原始记载、李朝君臣请兵请内附之朝堂庙议、日本国主及交涉使臣对入侵朝鲜修饰之词，特别是朝鲜国王给明神宗、明神宗给朝鲜国王、明神宗给日本国主、日本国主给朝鲜国王的书信及中日交涉使臣沈惟敬、玄苏等对相关史事之记载的获得，需要很多时间，而提取其中有关“政治伦理”的主张言说，需要较强的史识眼光。

《王阳明从祀孔庙与朝鲜王朝的应对》，由东北师范大学刁书仁教授撰写。刁书仁耕耘于明清东北地方史、明清中国与朝鲜关系史领域数十年，成果丰硕，是已成名的专家。明代孔庙祀典变更，始于正统年间，嘉靖九年（1530）变化重大，孔子不称“文宣王”，改称“至圣先师”，新建启圣祠，专祀孔子、颜回、曾子、子思之父，两庑从祀历代名儒有增有撤，变动很大。但未见明朝将变动通告朝鲜要求仿行。而王阳明从祀孔庙之事则在朝鲜君臣中引起轩然大波。明朝王阳明从祀孔庙，在隆庆元年（1567）由耿定向提请，两种意见相持不下，议题被搁置，直到万历十二年（1584），明朝批准王阳明从祀孔庙，仍不见明朝要求藩属国景从。作者披沙拾金，在浩瀚的《李朝实录》、李朝文集中搜求朝鲜君臣有关王阳明可否从祀孔庙的不同言说，从李朝宣祖、光海君、仁祖、孝宗、显宗，到肃宗六朝实录均加检索，近百年时段参加该议题讨论的数十种李朝文集中的记载也要披阅，唯翔实占有原始资料，才能把朝鲜君臣历次关于王阳明从祀孔庙的讨论意见、过程、结果交代清楚，这种功夫可能是许多中青年学者尚不具备的。文章的“王阳明从祀明孔庙争议引发的朝鲜的讨论”和“朝鲜孔庙厘正之议与王阳明不予从祀”两部分是偏于考证的主体，非绵密严谨的思维也是难以胜任的。作者的结论为：王阳明得以从祀明孔庙与15世纪后期至16世纪明代社会，特别是明代社会思潮多元化有密切关联。王阳明从祀，反映阳明学说适应明中叶社会思潮多元化的需要；朝鲜将阳明学视为“异端”，不允王阳明从祀李朝孔庙，所反映出的也非学术之争，其深层次的原因是关涉朝鲜国家意识形态建构与社会稳定问题；朝鲜最终在康熙二十一年（1682）明确宣示不准王阳明从祀朝鲜孔庙（从来也没准许），与明清易代清朝推崇理学有直接关系。此三者乃有识之见。我们从文章可知，明王朝从没将孔庙祀典变更强加于李朝，虽然祀典变更写入了《明会典》也不要求藩属必须实行。明朝对朝鲜孔庙祀典不尽从明制，从无国家层面的强干涉，最高层次的干预来自万历二十八年（1600），“壬辰之役”后奉命留守朝鲜的钦差军务右佥都御史万世德拜谒朝鲜孔庙后，提出4点建议，朝鲜君臣对此不予理会，是把“再造之恩”忘于脑后吗？朝鲜君臣敢于如此，关键在于明王朝不强干预藩属国的意识形态。王阳明是否“惑世诬贤”，阳明学是否“异端”，从学术上可以探索，可李朝使臣面对中国官员指斥明朝孔庙祀典，当视为其“小中华”意识过度膨胀的表现。

《清朝入关前“西北边”的拓展和“北边”的收缩》，系鞍山师范学院张士尊教授撰写提交。张士尊在东北流人、东北瘟疫、东北开发等诸多领域皆有创获，是东北史地研究专家。这篇文章所论述的“西北边”和“北边”是后金政权的边疆，并非真正意义上的明清边疆，严格准确评论，这是清入关前史范畴内一篇历史地理考据作品。“西北边”的拓展出于对察哈尔部斗争的需要。作者从天命八年（1623）努尔哈赤两次沿辽河中上游视察和渔猎活动谈起，对其所经历的达岱塔、石佛寺塔、都尔鼻山岗、布尔噶渡、大池等地地名的满汉文词意、古今所在地之演变，引经据典并参照田野调查，进行细密考证，用去了文章绝大部分的笔墨。作者对屏城、藩城、都鼻山的考证也颇下功夫。经过太祖、太宗20余年的努力，清入关前西北边境防御设施完成体系化，建起3道防线：一是老边，即明朝的辽东边墙、墩台和城堡。二是辽河北岸新边及其边墙和边门设置。三是边外新建的屏城、藩城及附属烽火台。清入关前“北边”的收缩，指的是后金为怀柔归顺蒙古诸部，将铁岭以北开原地区赐敖汉、奈曼部驻牧，尽管敖汉部首领人物与后金关系曾有重大变化，但是终天命、天聪两朝任其在开原驻牧政策不变。作者详细勾索史实，向读者讲述了一段尘封的历史秘事。万历二十七年（1599），努尔哈赤攻灭哈达部，捉住并杀掉酋长猛骨孛罗，却将其第三女莽古济嫁给猛骨孛罗的儿子吴儿户代为妻，人们称莽古济为哈达公主，吴儿户代为努尔哈赤三大额驸之首，不幸于天命末年病死。蒙古敖汉部一直活跃在辽西塞外，臣服于察合尔部任其驱使。琐诺木杜棱兄弟为酋长时，与林丹汗矛盾加剧，双方反目。敖汉部、奈曼部投奔后金。天聪元年（1627），皇太极与两部酋长盟誓结好。寡居的哈达公主莽古济下嫁琐诺木杜棱，成为敖汉部的第一夫人，又是后金三大贝勒之一的莽古尔泰的同胞姐姐，她的长女为代善长子贝勒岳托妻，次女为皇太极长子贝勒豪格妻，多重亲属关系之故，其地位十分显赫。莽古尔泰在与皇太极的权力角逐中失败而死去，对哈达公主莽古济是个沉重打击，但皇太极仍然保持对这个同父异母姐姐表面上的尊重。最终导致皇太极对哈达公主痛下杀手的事件是豪格再娶。经皇太极批准,豪格迎娶林丹汗伯奇福晋为妻,哈达公主极为气愤,表达强烈不满。天聪九年(1635),哈达公主仆人冷僧机向皇太极告发此前大贝勒莽古尔泰、哈达公主莽古济、敖汉额驸琐诺木济农、贝勒德格类结党谋反,皇太极穷追不舍,哈达公主等千余人被杀,莽古尔泰势力被彻底铲除。琐诺木仅撤去济农头衔,敖汉、奈曼驻牧地不改。作者还考证了法库边门的最初位置。

《"官夺民田"之争与清嘉道间广西土司官田秩序的重塑》,选题很新,具有较高学术价值。文章由长江师范学院讲师石怡提供。清代自雍正年间鄂尔泰在西南少数民族聚居地区大规模开展"改土归流"以来,对西南边疆地区的社会治理日臻深化。降至嘉道时期,原已存在的"官夺民田"问题却日渐发展,土官与土民,汉民与夷人间矛盾纠纷激化,讼案剧增,多数案件结而复讼,进皇城告御状的京控时有发生,社会秩序混乱,到了非严肃治理不可的程度,清仁宗、清宣宗二帝不得不对此问题给予高度重视。第一部分"广西土司官庄田亩典卖之禁",叙述广西土司为奢华生活,典卖所辖官田,引发土官土民、汉民夷人间的纠纷,为消除纷争,厘清汉夷田亩边界,出台土司官庄田亩典卖禁令。第二部分"官夺民田之争与国家司法调适",虽然出台了禁止典卖之法令,谁都清楚法令是滞后社会存在的,法令出台前土司典卖官田的情况虽被清查,落实追还难度很大。官夺民田引发的讼案仍在发酵,结而复讼十分常见,京控不断,各级官僚苦于应对,国家相关司法非调整不成。第三部分"京控程序与督抚重审的积极意义",依法律程序讼诉,其次序应该是县、道、府、藩臬衙门,再到北京的步军统领衙门,循级而讼,不许越诉。要求不许越级京控并进一步明确封疆大吏总督、巡抚在"官夺民田"案件处理中的责任与担当。为维护王朝边疆秩序,使各土司不致因田土典押殆尽而生计口蹙,无力管理境土,清廷着力强化边地土司官管理,积极立法,并于司法实施中细致操作,厘清产权,消减土官土民纠争,重塑西南边地土司官田产权归属的民事法秩序。在嘉道间广西土民"官夺民田"诸讼争中,经过京控与督抚重审的多次博弈,土民的利益诉求被充分展现,而国家亦公正地厘清当事各方的田土产权关系,并能在确保各土司对域内有效管理的同时,使国家立法同土民利益诉求相适应,彰显出清廷在西南土司地区司法治理的不断深化。

《礼制与仪式:明代国家政治研究的文化维度》,由东北师范大学李媛副教授撰写提交。多年来,李媛在明代礼制、明代妇女史领域潜心耕耘,学术研究方向十分稳定,所承担的科研项目和发表的论著,均直指明代礼制课题。文章指出,历史学研究是受到现实影响最为明显的学科之一,历史学家的研究既需要置身历史之外,又不可避免地身处历史之中。明清是距离现代社会最近的传统社会的两个王朝,是中国历史从传统走向现代的过渡和转折期。礼制与仪式,肇端久远,内容繁复,影响巨大,上至帝王将相,中至官僚士大夫,下至庶民百姓行事做人皆不同程度受其约束指引,举凡国家政治体制、职官设置、军政、外交、重大典礼,甚至细小到士相见、乡饮酒等活动,无不遵循礼制而行。对明代礼制研究的兴起和发展脉络加以总结和反思,探讨不同历史阶段明代礼制史研究的特点、取得的成绩以及存在的问题,进而阐明其对于拓展明代政治史的影响和推进作用,加深对明清历史理解具有重大意义。20 世纪 80 年代以前,礼制研究在很长一段时间,没有被学者重视,是被忽略的重要历史面相。以梁启超为代表的新史学,批判旧史学,呼吁史学革命,对旧史学观念和思想冲击巨大,但对传统礼制研究缺少建树。陈独秀、胡适引领的新文化运动,几乎把礼制等同专制,大加挞伐。“五四”史观更把代表中国传统社会和专制文化特点的礼教树立为批判的靶心。为学者们普遍接受的马克思唯物史观主张关注生产力与生产关系、经济基础与上层建筑的关系,尤为重视生产力和经济基础及阶级斗争的决定性作用。在其指导下的著述,重点侧重国家机构、生产力和经济发展、社会阶层、农民运动等,礼制几乎没被纳入研究主题。《明太祖实录》《明世宗实录》《明史·礼志》《明会典·礼部》《大明集礼》《礼部志稿》等文献中极其丰富的明代礼制史料只能在图书馆中昏昏长睡。礼制研究状况的改变始于 20 世纪 80 年代以后。作者认为,随着全球化进程的不断深入,社会史、文化史兴起,微观史学抬头,微观史学不再满足对人类发展进程的宏大叙述,而是主张更加注重地方知识和区域文化。这种文化转向思考的是如何在传统研究对象和文化解释之间建立起桥梁,礼制不再被作为落后的需要被批判的传统制度,也不再被看作形式化的条文,而是充分注意到其展示的中国传统文化的精神内涵。明代礼制研究不仅拓展了传统明代政治史研究的范畴,也深化了原有国家政治研究的维度,增强了对明代国家权力运作的政治文化含义的解释力。作者提出明代礼制研究推进拓展的 4 个维度,即时间维度、结构维度、空间维度和符号维度的解读。

《明代应天巡抚创设轨迹考》,由聊城大学副教授胡克诚撰写。明代江南史、漕运史是其主要研究方向。“应天巡抚”，亦称“苏松巡抚”或“江南巡抚”，是明代仁宣以降统辖南直隶应天、苏州、松江、常州、镇江、徽州、宁国、池州、太平、安庆、广德等十府一州，兼管浙江杭州、嘉兴、湖州三府税粮的江南实际最高长官。江南是明代人才、财富之渊薮，江南巡抚自然地位、权势显赫。但是“应天巡抚”在明代究竟设于何时？职权在不同时期有何异同？江南巡视官员的演变轨迹如何？原始材料和当代学人有不同言说。作者参酌了当代研究成果，勾索古代文献史料，对明代应天巡抚创设轨迹做出详尽可信之考证。向江南差遣大臣，负责治水和督农，始于永乐年间，户部尚书夏元吉等多次赴江南治理水患，催督农作，并以户部侍郎李文郁、大理少卿袁复、右佥都御史俞士吉等佐理之。洪熙元年（1425）正月，特遣广西右布政使周干、广东按察使胡概、四川右参政叶春巡视应天、镇江、苏州、常州、松江、杭州、嘉兴、湖州八府，考察军民安否，何弊当去，何利当兴，触及了江南官田重赋及民逃地荒问题，回京复命，如实上奏。洪熙元年八月，胡概、叶春再度领命出巡江南，工作任务变化较大，主要负责打击江南富户豪民、重构江南税粮征解、推进江南逋赋改折、奏请江南分县。这时首次出现“江南巡抚”之称号。宣德五年（1430），以越王府长史周忱为工部右侍郎，巡抚江南诸府，“总督税粮”，并被赋予一定的诉讼处置权等巡抚职能。可同时派往江南巡视的还有刑部右侍郎成均。周忱为“督粮巡抚”，成均为“督农巡抚”，实则是一地二巡抚。直到宣德七年，成均还朝，周忱将督粮、督农、巡抚之权集于一身，“应天巡抚”之制最后敲定。景泰四年（1453）前应天巡抚皆身兼侍郎，其后皆兼都察右副或右佥都御史，驻地为苏州，也曾迁驻句容，抗倭战争期间，提督军务抗击倭寇曾是增加之职能。

《“宸濠之叛”中的娄妃形象——读李洵先生〈明武宗大传〉札记》，作者是辽宁师范大学丁亮副教授，他参与《明武宗大传》校订工作，重读《大传》及《明武宗与猪禁》等文章，对宁王宸濠王妃娄氏一族在“宸濠之叛”的遭际和相关记载很感兴趣，搜集《王阳明全集》《明史纪事本末》《明史·费宏传》《明武宗实录》《国朝列卿纪》《皇明大政记》《东岩集》《王阳明年谱》中相关记载，撰成这篇中规中矩的学术短文。娄妃是叛逆首恶宁王之妃，娄氏家族是叛逆首恶宁王之妻族，罪在十恶不赦之列，可娄氏却与宸濠泾清渭浊，始终反对宁王谋叛，保住了“贤妃”形象，娄氏一族中妃弟娄伯亲自出马在进贤、广信为宸濠募兵，反迹昭彰，被“执而戮之”，妃叔娄怀被逮，瘐死狱中，到嘉靖改元大赦，“娄氏皆得原宥”，从宽发落，娄星等戍边，娄愉削籍为民。娄氏家族中最有影响的妃祖娄谅、妃父娄性保住了清誉令名。娄妃“贤妃”形象和娄谅、娄性清誉令名得以维系，作者认为与此时权力影响巨大的王阳明和内阁辅臣费信的曲为回护有关，二人与娄氏家族或为世交，或为姻亲，渊源有自，这层关系也是朱宸濠心知肚明的。宸濠兵败被执，一见阳明，辄诧曰：“娄妃，贤妃也。自始事至今苦谏未纳，适投水死，望遣葬之。”阳明为之打捞尸身厚葬。原来王守仁之父王华，与娄性“举进士同年，又生同甲子，非泛然一日之交，情则厚矣”。王守仁曾拜“娄一斋谅，语宋儒格物之学”，得娄谅点拨，黄宗羲著《明儒学案》，认为姚江之学发轫实在娄一斋。娄王交谊匪浅。娄妃贤妃形象写入了《明武宗实录》：“及兵败，濠泣与诀。娄曰：‘不用吾言，以至此，尚何道？’濠既就执，见守仁无他言，惟以葬娄为属。居囹圄中，每饭，必别具馔祝之，言及辄叹曰：‘负此贤妃。’”能够做到这点，恐怕与嘉靖初年以内阁首辅兼《明武宗实录》总裁官的费宏有关了。原来娄性有两个女儿，一配宁王，另配费家，费家与宸濠连襟，与费宏同胞兄弟。费氏兄弟在宸濠蓄谋造反时，坚拒拉拢利诱，严厉反对宁王恢复护卫与屯田的请求，被诬陷去职。宸濠败亡，费宏复出，嘉靖初“加少保，入辅政”。费宏虽然始终反对宁王所为，但娄氏一门毕竟是费家至亲，维护娄家形象同样关涉自家声誉，故将娄妃无辜和贤德形象写入实录。嘉靖三年（1524）娄氏刊刻重修族谱，费宏、王守仁分别作序，绝非偶然。

《清初迁海在粤东》，由东北师范大学教授赵轶峰撰写。赵轶峰以明清史和史学理论研究为职志，著述丰硕，创见颇多，是贡献卓著的历史学家。他长于形而上的抽象理论思维，是同行的共同评价，细品此文，你会确信他也不拙于形而下的实证考据功夫。清初迁海，行之于冀、鲁、苏、浙、闽、粤 6 个滨海省份，目的在于阻断大陆民众与郑氏集团的经济与信息联系。官方文献对迁海记载支离破碎，前人虽有多项迁海研究成果，但研究不够系统不够深入也是实情。作者站在民生视角，详细考订了清初粤东迁海时间节点、迁海方式、迁海期间民众伤亡及民生灾难、展界的缘起、清人所持态度等历史实态等内容，是篇超越前人同类研究的力作。作者考证粤东迁海期间拼死反抗的倡导者周玉、李荣系生于舟船、长于江海、终生以渔业为生，在海上讨生活的疍户，船只被焚毁，内迁 30 里，完全丧失了生存基本条件，其反有因。作者研读《台湾外记》《东南纪事》《广阳杂记》《清史列传》等文献，梳理出首倡迁海者郑氏降清将领黄梧，但诸书记载稍有异词,作者为慎重起见,留言"待考"。实际作者考实,黄梧所上应对郑氏集团"五策"之议,除迁海没被立即实行外,余四策皆被实行。后来施琅再度建议,迁海之策得以落实,始作俑者必黄梧无疑。作者还考证了首位反对迁海之人李之芳的"八不可"说。在黄梧"五策"之后,湖广道御史李之芳上反对迁海"八不可"奏疏。李之芳指出,"山贼海寇"历代都有,朝廷应为之事,是以适当方式加以制驭,以保人民安宁,"未闻堂堂天朝,迁民避贼者也",已触及民生视角。接下来讨论广东巡抚王来任康熙七年(1668)呼吁展界遗言,用墨尤多。王来任冒死陈言,力主展界利国利民,虽获在粤东试行,但很不彻底,直到10余年后台湾郑氏集团解决后才得以认真执行。王来任也因此不被朝廷赏识,只好自陈去职,沉寂数十年。直到雍正年间才得洗去"人品不堪的贪官"污名,成为功在社稷的模范官僚。前贤研究清初粤东迁海基本两个视角。一是将之作为征服者的罪恶史,二是将之纳入国家统一宏大叙事的必要牺牲。忽略了审视明清鼎革巨大社会变动在地方社会造成的民生体验,以及当时以不同身份亲历、参与或者观察了这灾难变迁的心态。迁海对切断郑氏集团与沿海人民的联系,行之闽省会有些实效,行之粤东则是过当举措。李之芳"八不可"说代表当时坚决反对迁海的意见,王来任的展界奏疏直陈迁海军事作用不大而民生危害过多亦乃实情。清朝最高统治者不顾民生后果,坚持实行迁海令。降至清世宗雍正年间,时移世易,庙堂之上关于迁海的评论发生深刻改变,一些官僚奏疏直称其为"因噎废食"之举,呼吁展界的王来任被树立为模范官僚,粤东迁海的民生灾难却是无法补偿的。与王来任相比,坐镇广东的平南王尚可喜,强制迁海,残酷镇压屠杀反抗民众,根本不把民生放在心头,对他的历史评价应该考虑他的这些作为。依民生视角研判鲁、苏、浙、闽之迁海,也应能得到一些新的认识。

《包世臣游幕经世初论》,由中国政法大学林乾教授撰写。林乾教授是法律史和清史两栖专家,著述富赡,影响较大。嘉道时期上承雍乾以来社会转型加剧的压力,言路逐渐放开,诸多危机逐步显现,同时也孕育着时代变革的强大动能,这是作者交代的包世臣游幕经世的时代背景。包世臣是生不逢时知识人,他六上秋闱才获恩科举人,十三上春闱皆名在孙山之外,嘉道年间有近50年游幕生涯,其间任新喻县令不及一年,坐馆谋生时间也不长。嘉庆元年(1796)开始,他先后入幕近20家,长者数年,短者数月,虽尽心尽力为幕主谋划,有些建议得到激赏而实行,但却很少获得幕主提携举荐,多获抑压甚至落井下石,终其一生,各种经营改新之设计皆不能付诸实行。包世臣介于官民之间、体制之外的幕友身份,既深知民间疾苦,又了解官场黑幕,基于对国计民生问题的深入调查、敏锐思考所提出的"包世臣方案",具有特殊的"第三方"价值,他的旨在解决社会危机的经世方案,在当时受到某些封疆大吏的高度重视。与同时代的"思想者"龚自珍、魏源不同,包世臣的"经世"偏重于如何解决"危机"的实际操作层面设计。正因如此,探讨其游幕经世生涯及个人遭际,无疑是观察近代前夜中国诸多问题的一个独特视角。包世臣对国家大政改革的尝试涵盖官制、司法、农政、税收、盐政、河道、漕运、货币等多方面。他把自己的主张意见陈述幕主,或将自己的建议以书信形式寄相关重臣,希望引起重视、采纳、实行。并将"包世臣方案"广为传播,扩大影响。包世臣之才能超过其众多幕主,作幕期间除完成幕主交办之杂务,还撰写许多经世作品,《畿辅形势论》《密云税口说》《策河四略》《海运十宜》《中衢一勺》《闸河日记》《小倦游阁杂说》等,对河盐、漕关注尤多。他在新喻县令任上,亲自主持一县漕政改革,革去陋规万余两。他还是改河运漕粮为海运的最早呼吁者。包世臣所言,凡不便权贵而便于民者,必不能行,"已经深刻触及嘉道社会危机的根源,即权贵阶层为维护其既得利益而阻碍任何改革"。

《章学诚学术论思中的心学色彩——对学术个体性、主体性的自觉关切》,由东北师范大学董铁松副教授撰写。董铁松长期从事中国古代史学史、明清学术思想教学和科研工作,基础很好,有述而不作之风习。这是篇从学术史角度切入思想史领域,探讨章学诚学术论思心学色彩的学术鸿文,选题难度大,史料解读更难,作者迎难而上出色完成了论文创作,难能可贵。学界对"六经皆史"命题意涵的辨析和评价,或盱衡以重,或淡然视之,大多要将这一命题与包括王阳明"五经亦史"说在内的以往类似观念加以比较,客观上启发了作者对章氏学术思想与王阳明心学关系的思考。章氏《文史通义・浙东学术》篇,直接将陆九渊到王阳明作为浙东学术的重要传统,《朱陆》篇就程朱理学与陆王心学异同,表达对学术门户之争的态度。以性理之学的相关逻辑为鉴镜,章氏学术思想既摇曳着程朱理学的影子,也呈现出陆王心学的色彩。程朱理学与陆王心学在章氏心中并无轩轾吗?章氏不同的学术义域思考中,诸如道与器、理与事、经与史、学问与功力、性情与风趋、高明与沉潜、学术与事功之关系、关联个体、主体与普遍性原理法则时,章氏在对这些关系的具体分析评论中,表现出对学术个体性、主体性的自觉关切。而强调个体性原则和主体性原则,恰恰是以“心即理”、“致良知”为标识的陆王心学区别于以“性即理”、“存理灭欲”为旨趣的程朱理学的重要表现。文章第一部分“契性情以持风趋:为学个体性根基的强调”,论证章氏反复强调个体自得之学在明道上所具有的“一致而百虑”的价值,以此来纾解自我偏于义理的学术性向与经学考据风趋之间的紧张,与心学以关涉个体性的良知本体对普遍原则、道德理性压迫感的消解相比较,其境遇更有相似性。第二部分“‘撰述’去取‘记注’:主体精神的发挥”,作者强调章学诚是极具自信心和强调学术自得的人,看重自家“神解精识”、“别识心裁”的本领,重视学者主体精神及创造性的发舒。章氏要史家对史事的“抉择去取”,“得所凭藉,有以恣其纵横变化”,所言“恣其纵横”、“抉择去取”,破泛心学“意义世界”建构色彩。在“‘学私’达于‘道公’:学术的一致而百虑”、“道论及经史关系论:与心学的委曲关联”两个章节中同样详辨史料,分析勾索,揭示章氏学术论思中的心学色彩,紧扣主题的学术观点。章学诚阐发“史德”、“文德”说和“据事言理”、“即器明道论”,对于“学私”达于“道公”构成内外两种加持,前者属于学者内在学术人格修养,后者属于学者究理明道的方法论。史德是史家自我批判和选择的尺度,是史家心中的良知。它虽表现出程朱理学的性理逻辑,关联着历史的客观性,但毕竟是自我省察的标准,是“我心”对于客观性的自觉自愿。从这个意义说,仍不免心学色彩。章学诚“六经皆史”说,是要继承三代史学传统,关切当代典章制度及日用伦常,发挥史学明道经世功能。将当代史学的明道、经世的大知与大行视为一个统一过程,三代有道,则继承之;三代道断,则续绝之;道为三代所昧,则创化之。与王阳明“五经亦史”旨趣相差很大。但却与阳明后学以工夫说本体或悬置本体的“致良知”意趣取向相近。章学诚视道渐行渐著,三代之道非道之完型,经世明道相统一,应该说是对阳明后学超越本体先验趋向的继承和发展。

导言写到此处,须向读者说明,此序言不同常规导言,篇幅较大,习惯的套话很少,将收入文集的20多篇文章一一予以评介,目的在于向读者群展示李洵学门两代传人的学术风采。这当然并未包含李门两代传人的全部弟子,更不是他们代表性论文集萃,而是一时间新作之结集。评论同门之文章,笔者已经感到自己见识不广,学力不够,若有错释妄断,尚乞海涵。文集稿件编辑过程中,刘波、王慧明、宋兴家协助主编查阅、核对资料并帮助通读了部分文稿,付出了时间和精力,在此,致以谢忱。

我是在李洵先生身边学习、工作时间最长的及门弟子，常得先生耳提面命，不断提携奖掖，而驽钝如吾者，学识成就远不及先生一二，“先生在日曾青眼，弟子如今已白头”，是我人生之慨叹。好在尚有师门近百名弟子，追寻先生学术理路，在明清史界探索前行，先生之学发扬光大，目标可期。

及门弟子　赵毅

2021 年 8 月 13 日

追忆与怀念

怀念史学大师李洵先生*

南炳文

李洵先生是我非常尊敬的前辈和史学大师。近日赵轶峰教授来电，邀我为李洵先生的诸位弟子所编《李洵先生纪念文集》作序。浅陋如我，实无为此皇皇大著作序的资格，但为了寄托我对李洵先生的无限怀念之思，遂不嫌露怯，勉为此文，回忆我从李洵先生所得的种种教益，叙述我对李洵先生学术贡献的粗浅认识，简谈这部文集的学术意义。限于学识浅薄，我的看法难免有欠妥之处，谨请李洵先生的众位高足以及史学界同行惠与教正。

一

我知道李洵先生之名始于 1962 年下半年在南开大学读历史系本科二年级课程之时。这时，我们的中国通史课程进入明清史阶段，任课教师是王文郁先生，他一开始便把李洵先生撰写的《明清史》作为指定参考书之一。几位要好的同班同学读过这本书后也把它推荐给我。于是，我便从图书馆里借出阅读，仅读了很少一部分，它就像磁铁吸铁屑一般把我深深地吸引住了。起初我只打算与王文郁先生讲授明清史课程的进度相配合，分部分慢慢读，但实际上一开始便再也放不下去，一口气读了约一个星期，从头一直读到尾。当时它给我的印象是，中心十分明确，逻辑非常严密，读起来易于掌握。短短的十几万不到 20 万字的篇幅，竟将明清时期 500 多年头绪纷繁的历史，分析述说得清清楚楚，头头是道，

* 此文为南炳文先生为 2004 年出版的《李洵先生纪念文集》所作序言。

读后大有豁然开朗之感。关于这一时期历史特点的阐述，根据充分，准确深刻，具有极强的说服力。它不像某些史书那样只罗列若干历史现象，缺乏分析，肤浅平庸，而是透过现象，直抓本质，眼光深邃，使人深受启迪。它也不像某些史书那样与史脱节地大讲“规律”，硬为历史加上并不相干的标签，而是史论结合，顺理成章，令人心悦诚服。由此，“李洵”两个字深深地刻在了我的脑海中，他成为我由衷崇拜的一位史学大家。

由于种种原因，我在大约大学二年级学习明清史课程时便立下了力争毕生从事明清史学习和研究工作的志愿。从此，先生的《明清史》一书成为我的重要伴侣。直至大学毕业，我不仅在学习明清史课程阶段反复阅读，课程结束后阅读其他有关明清史的原始文献和论文著作时，也经常翻检出它的相关章节以作比照。毕业后除了很少几年的动荡曲折外，我得以如愿在母校南开大学从事明清史教学和研究工作，这部书仍是我的案头必备之物。1971 年至 1973 年，我被借调到中国革命历史博物馆中国通史陈列部帮助工作，与刘如仲研究员共同担任明清部分的内容设计工作，我主管明，刘先生主管清。其时，我编写陈列大纲、选择布展文物以及撰写陈列说明文字的重要参考书之一就是这部《明清史》。这段借调帮助工作结束后，我回到南开大学，开始了校内正常的教学和研究工作。此后我向一届又一届学生推荐的学习明清史的参考书名单，这部《明清史》总是名列其中。1979 年，郑天挺先生受教育部的委托，在南开大学举办全国高校明清史骨干教师进修班。在开班前，为了使进修班的学员届时能够掌握有关明清史的原始文献和近代以来的研究成果，由我协助郑先生组织南开大学明清史研究室的全体教师合编一本《明清史资料》，分专题选录原始资料、论著，并编写论文索引和大事年表。为了广泛地介绍国内外的有关专家，论者部分对某一史家的作品，尽量控制只选录一处，只有极个别的史家有所突破，李洵先生便是这“极个别”中的一位。除了“满族的兴起及其统一东北”部分节录了其《公元十五世纪到十七世纪中叶建州女真族社会性质问题的探讨》一文约 4000 字外，还在“明代的对外关系”部分节录了其《明清史》一书中关于“天主教在中国的传播”和“西方科学文化的输入及其意义”的论述约 1500 字。这一做法得到了郑天挺先生的肯定。有一天，我到他的家中送审编选目录。他认真地看了一遍，然后作出评论，提出修改意见。在评论论著选录部分的选目时，除了对适当选入了一些资历不深者有见解的代表作表示赞赏外，还特别对多选史学名家李洵先生的论著表示赞同，并兴致勃勃地对我称赞李洵先生的《明清史》一书：这部书很简明，对理解明清时期历史演变之迹颇有裨益。

1980年8月，郑天挺先生在天津宾馆举办了一次有7个国家和地区120多名明清史专家和学者参加的明清史国际学术讨论会。这是中国改革开放后在中国大陆较早举行的哲学社会科学方面的大型国际讨论会，李洵先生应邀参加。先生带到会上的论文是《公元十六世纪的中国海盗》，这篇论文因其独到的见解和严密的论证在会上引起强烈的反响，会后被全文收入1982年7月由天津人民出版社出版的《明清史国际学术讨论会论文集》中。由于这次会议的召开，我得以第一次见到钦佩已久的李洵先生，很想与他多谈谈，以聆听难得的教益。但由于我是协助郑天挺先生举办这次会议的主要助手，一切会务都需我具体操办，晚上两点以后会务组作当天总结并安排明天的会议。结束后，我回到自己的房间时，床上、椅子上坐等的媒体记者还要提出种种问题对我进行采访，每天的睡眠时间不到3小时。这使我除了与李洵先生简单打个招呼表示敬意外，整个会议期间一直没能坐下来交谈。至今想起此事，我还深感遗憾。

我与李洵先生在一起面谈较多的第一次机会是1982年在北戴河召开的清史讨论会。这是南开大学明清史研究室与中国人民大学清史研究所、中国第一历史档案馆等单位合作发起的第一次全国清史讨论会。李洵先生应邀与会。由于这次会议的主办单位较多，我的会务负担不重，因此能多次抽出时间前往先生的房间拜访。这次会议，我从先生那里取得很多收获：许多学术问题得到李洵先生的当面指教；先生还把他的刚刚由中华书局出版的大作《明史食货志校注》亲自题字赐我一册，使我如获至宝。尤其使我难忘的是，这次会议使我进一步了解了先生的高尚人品。这次会议的参加者中有不少人兼搞明清而尤偏重于明，鉴于其时国内各断代史的研究者纷纷成立或酝酿成立全国性的学会，李洵先生兼治明清而对明代建树尤多，并且眼界开阔，对明代总体状况，包括政治、经济、民族、文化、史料等各个领域都有精深的研究，其《明清史》一书是大学历史系学生所必读者，堪称名副其实的中青年史学工作者的共师，享有崇高的威望，因此大家希望他出面组织成立全国性的明史学会。但是当他听到这一消息后，当即表示拒绝，表现出难得的不图名利、谦逊自处的高尚品格。这种大家风范使我受到深刻的教育。此前我多次听到过某些学会成立过程中出现争当会长、理事等职位的消息，将之与李洵先生的表现相对照，真感到云泥之别。从此我对李洵先生更加敬重了。

北戴河会议之后，我与李洵先生见面的机会多了起来，或者在关于明史的学术讨论会上相见，或者在其博士生的毕业论文答辩会上相逢，直至他于 1995 年仙逝，每次相见的间隔最多不超过两年，这使我得到了更多请教的机会。当然，我这一时期向他学习的主要办法仍然是读他的论著。在这一期间，他几乎年年有论文发表，凡我见到的都如饥似渴地细细阅读，吸收其营养。这些当面、不当面的学习使我受益匪浅，成为他的编外学生。我对他的了解也因此在原有基础上有所加深。毋庸讳言，对于先生的道德文章，迄今为止，我的了解仍很不够，但他作为一代史学大师的形象，在我的心目中越来越牢固地树立起来，并越来越丰满，越来越高大。

二

李洵先生长期从事明清史教学和研究，除出版有《明清史》《明史食货志校注》外，还主持点校过《钦定八旗通志》，整理过清代阿城副都统衙门汉文档案，撰写过数十篇论文和《正德皇帝大传》《清朝全史》（第一卷，系合著）等著作，在学术上作出了重大的贡献。总括其学术成就，我以一孔之见，有如下 5 点感受最深。

第一，建立了明清史学的新体系。这个体系以 1956 年《明清史》一书的出版为初创成功的标志，而后先生一系列学术专著、论文的发表，包括为 1985 年 2 月出版于辽宁人民出版社的大学历史系自学丛书《明清史》撰写的前言、为 1986 年 1 月书目文献出版社出版的第 7 辑《中国当代社会科学家》撰写的自传等，则是这一新体系的不断充实、完善和深化。这一新体系的中心是，认为明清史为“包含着中国一个历史时期的历史”，它与其前后历史时期的不同，在于它是“中国资本主义萌芽历史时期的历史”。这一体系的理论基础是，“公元 15、16、17 这 3 个世纪，是全世界资本主义萌芽、发展、确立的历史时代。世界的先进地区、重要国家几乎同时发生了相同的历史运动，明清时期的中国也并不例外。只是后来的归宿不同了，有的国家建立了资本主义，有的国家沦为殖民地、半殖民地。这种不同结局的出现并不奇怪，在人类历史上，各国家各民族的奴隶制和封建制的变革,也曾产生过不同方式的奴隶制和封建制。在由封建制到资本主义的变革中,也会如此”(以上带引号的文字皆见于先生的自传)。这种不同结局出现的原因,“和不同历史条件、历史机遇有关,但更有关系的应是其自身的前资本主义社会形态的特征”(《下学集·自序》)。这一体系的基本内容,既包括关于资本主义萌芽的正式开端(以具有原始积累性质的15世纪中叶后大流民运动为标志)、曲折发展过程、基本特征等若干方面的论述,也包含关于明清时期政治制度、经济制度、军事制度、社会阶级构成、政局演变、文化思想、国内民族关系、中外关系诸领域所具有的资本主义萌芽历史时期的种种特点及其与资本主义萌芽的相互影响的论述,还包含着通过对明清472年(指1368—1840年)历史的综合分析而提出的5个阶段的历史分期法(其中第二阶段和第三阶段的接续年代,先生在20世纪80年代曾对自己的最初说法作过修正)。李先生创立的这个明清史学的新体系,高屋建瓴,博大精深,见解独到,抓住了明清时期历史的关键所在和本质特征,把明清史研究提高到了新阶段,并为其继续深入发展奠定了坚实的基础,开辟了广阔的道路。

第二,倡导以纵横联系为特点的治学方法。这种方法体现在中国断代史研究上主要有3个方面:一是要将这一代历史与其前、其后的历史以至整个中国历史联系起来加以考虑,在联系对比中,发现其在中国全史所处的地位,抓住其特征;二是要将这一代中国的政治、经济、军事、文化等各个领域联系起来加以探讨,在联系对比中发现其相互间的内在联系,抓住其共同特点,以便加深对整个时代的认识;三是要将这一代的历史与同一时期的外国历史联系起来加以观察,在联系对比中发现与外国的差异,找出造成差异的原因,从而把对这一代中国历史的了解提高到更高水平。对这种纵横联系的治学方法,李先生既身体力行,又无私地将之总结出来向学界介绍。他曾说:“明清史研究中几乎每一个问题都不是孤立的,它们往往和其前史和后史发生联系,同时它们之间也互相发生关系或影响。”“研究明清史的每一历史事件发生、发展与变化固属重要,但研究每个历史阶段内各种历史问题之间的内在联系,更为重要。这种横断面的研究方法,对于深入研究某些具体问题,尤为重要。纵的研究或分类研究,往往会忽略某些发生在同一时期各种事务之间的内在联系。而横的研究往往会补充这种不足,而且会因为由于纵横交错的研究,把比较复杂的问题搞清楚。分阶段历史问题综合研究的方法是我在50年代中写《明清史》一书的基本方法。”他还曾说:“研究明清史不能仅囿于中国史和中国地理的范围，要突破这些束缚，把明清史的研究放入世界的范围。”（以上带引号的文字皆见于先生的自传）先生倡导的这种纵横联系的治学方法是一种胸怀全局的科学方法，表现出开阔的视野，与那些沾沾自喜于只见树木不见森林的瞎子摸象式的研究不可同日而语。他之所以能创立高屋建瓴、博大精深的明清史学新体系，其重要原因之一即应在此。

第三，倡导历史研究要以马克思主义为指导。李洵先生 1946 年大学毕业后两年，来到解放区的大学任教，有幸得到大量接触马克思主义新史学的机会，深感马克思主义的指导对于搞好史学研究的重要意义，从此如饥似渴地学习马克思主义的经典著作。特别是 1951 年比较稳定地担负起明清史教学任务之后，他更是有针对性地认真阅读了《共产党宣言》《政治经济学批判》《德意志意识形态》《资本主义生产以前各形态》和《资本论》第一卷等马克思主义经典著作。这种学习使先生的治学思想发生了根本性的变化，找到了最先进的治史指导理论和方法。他在所写的自传中，将“学习马克思主义的方法论，武装了自己的头脑”一事作为新中国成立后对其“治学有很大影响”的两件事之一，并盛赞马克思主义使之“进入了一个新的史学天地，真正解放了思想”，“可以凭借马克思主义理论指导，去重新估价前人对明清史研究的成果，探索一种新的研究途径与方法”。其晚年在为自己的学术论文集《下学集》撰写的自序中，也深有体会地写道：“我读马克思的《资本论》，对他研究资本主义历史的方法，得益最深。”先生的这一总结是非常正确的。在体现先生所创明清史学新体系的专著和一系列其他论著中，极少见到直接引自马克思主义经典著作原文之处，但是毫无疑问，其每篇每部都在遵循着马克思主义基本原理的指导，到处闪耀着马克思主义唯物史观的光辉。可以断言：先生所以能创立高屋建瓴、博大精深的明清史学新体系，其最根本的原因，就在于他在治史中坚持了马克思主义的指导；其《明清史》一书之所以一版再版，受到普遍重视，其原因集中到一点，就是由于它是用马克思主义作指导而写出的第一部明清史专著。先生在治史中努力贯彻马克思主义的理论指导，并一再赞扬马克思主义对自己治史有成的贡献，这正是以言传身教倡导历史研究要以马克思主义为指导。这一倡导对于后人沿着正确的方向把历史研究深入进行下去具有极为重要的意义。

第四，整理基本史料，为后人的科学研究铺路。先生在这一方面的最主要成就就是对《明史食货志》进行校注，出版了《明史食货志校注》一书。此书草创于

20 世纪 60 年代初，当时写出了 10 多万字的初稿，“文革”期间丢失。“四人帮”垮台后，恢复了停顿达 10 多年的这项工作，两易其稿，终成定本，于 1982 年 1 月由中华书局出版。此书为《明史食货志》校字、校史约 70 条，改字、补字达百余条，据其所据史料作注 1500 多条。王原《学庵类稿》为《明史食货志》形成过程中的原稿之一，多保存史料之原始性，以之校《明史食货志》甚有益处，但前人校注《明史食货志》者皆未采用。李洵先生之《明史食货志校注》首次使用王原此书，从而有利于提高校注的质量。先生校注《明史食货志》的目的，“在于使读者得一比较可靠之读本”，即为后人利用《明史食货志》进行科学研究提供方便。先生之所以选择《明史食货志》加以整理，当与其重视《明史》一书的价值有关。他曾说：“我想读史料要有少而精的精神。”“我常劝青年同志读熟《明史》，我认为这是学习或研究明史的最重要‘基本功’。《明史》的某些志、某些传写得很有特色，资料也丰富，值得仔细读。根据明清史料太多的实际情况，我主张对史料的研究要精，不宜粗。要对基本的常见的史料多下点工夫，在前人或今人还未理解的字里行间，发现新的问题和深度。”“我也不主张在读史料中的抱残守缺态度”，但要“在精通基本史料的基础上去利用更广泛的史料。因为只有这样，才能有能力去研究史料，运用史料，乃至发现史料或鉴别史料”（见先生所撰自述）。可见，先生之选择校注《明史食货志》是有其深意在的，是为了首先给人们提供一种最有价值的基本史料的好版本。这充分反映了先生为发展学术所下的苦心。在撰写此校注初稿时，先生是在骨伤腿断、卧床不能活动的困难条件下进行的，这种为发展学术而献身的精神实在令人感动至极。

第五，培养了一批又一批优秀的明清史专家，为明清史研究的长盛不衰作出了卓越贡献。先生多年工作在东北师范大学，培养了大量的本科生、硕士研究生和博士研究生；其学生也有一些人继续工作在高等学校，使先生又有了许多从事明清史研究的再传弟子甚至三传弟子。这些弟子、再传弟子和三传弟子，或直接或间接地得到先生的教诲，其中不少人成为优秀的明清史专家，为繁荣明清史研究发挥了重大作用。如与我在学术上交往较多的，有在铺户商役、宗室政策、历史人物等方面研究上有重要贡献的赵毅教授，在财政、晚明社会、史学理论等方面研究上有重要贡献的赵轶峰教授，在明代政治（尤其是明初政治）、明代督抚制度等方面研究上有重要贡献的罗冬阳教授，在清开国时期八旗制度等方面研究上有重要贡献的王景泽教授，在清代今文经学等方面研究上有重要贡献的董铁松副教授，在明代士人生存状态等方面研究上有重要贡献的刘晓东副教授，在明代北方农业开发等方面研究上有重要贡献的赵玉田副教授，在明代宦官、潮汕史、城市经济等方面研究上有重要贡献的冷东教授，在明代政治制度等方面研究上有重要贡献的李渡教授，在明代人物等方面研究上有重要贡献的赵中男先生，在明代社会生活等方面研究上有重要贡献的牛建强教授，在满族史等方面研究上有重要贡献的韩世明教授，在明清商人文化等方面研究上有重要贡献的张明富教授，在明代文化等方面研究上有重要贡献的胡凡教授，在女真族经济等方面研究上有重要贡献的栾凡副研究员等。他们都已在学术界产生了一定影响，有的甚至已经成为明清史同行中少数最受人瞩目的大牌专家中的一员。这些弟子、再传弟子和三传弟子，一部分留守在东北师范大学大本营，一部分分散在全国各地的高校和科研机构中。由于学风的互相接近，他们很自然地形成了一个在明清史界影响很大的学派，以自己颇具特色的不懈研究，与明清史界的其他同行团结协作，互相学习，共同推动明清史研究的不断深入，受到同行的广泛好评。这个学派的基本特色，就我之观察，起码有如下数端：继承李洵先生创立的明清史学新体系，并在其师在世时不断充实、完善、深化的基础上，继续进一步充实、完善、深化之，不断开拓研究的新领域；重视理论素质的提高；重视挖掘历史现象背后具有时代特色的本质特征；学风踏实，立论皆以翔实的资料为基础。从这样的一个学派中，我们不难看出李洵先生治学风格的遗存和发展，也看到了中国明清史研究前程似锦的一个重要根据。

李洵先生在仙逝前，自编了学术论文集《下学集》，1995 年 8 月由中国社会科学出版社出版。全书 40 万字，从先生治学 40 多年撰写的学术论文中选收了 31 篇，另有自序一篇。大部分文章的共同主题是围绕公元 16—18 世纪的中国社会进行研究。细分起来，31 篇文章分为 7 组，反映了作者关于明清的资本主义萌芽与明代的基本制度、明代的社会经济与社会构成、明代的政治集团与政局、明武宗及其所代表的封建贵族阶级、明代的知识分子及其思想、明清之际的中国政治和社会、史籍及人物等 7 个领域的研究成果。自序介绍了先生的治学略历，并结合文集中所收论文涉及的一些问题，说明了先生的有关学术见解。这部自选集选得很精，读过它之后，可以大大加深对先生在专著《明清史》中所创立的明清史学新体系的理解，并发现那部专著出版后先生的有关学术见解的深化和部分修正。这是一部学习先生高明的学术思想和其在明清史研究领域所取得的具体成果的好教材。

在《下学集》出版9年后的今天，李洵先生的弟子和再传弟子从先生的遗物中寻获未曾公开发表的遗稿9篇，共17万余字。为了纪念先师，决定将此遗稿，配以同门学兄学弟的新作10多篇，汇编为《李洵先生纪念文集》一书，予以出版。此举不仅表达了先生的弟子们尊敬先师的高贵品质，对于学术的发展也是一件大好事。先生的9篇遗稿，最早者写于1946年，最晚者写于20世纪90年代。内容约略可分为5组：关于明代政治制度和社会政治史的研究；关于明清东北史和清入关前史的研究；关于清史的概括性论述；关于钓鱼岛的研究；《辽宋金三史纂修考》。由此看来，此纪念集之出版，将对大家进一步了解先生的治学经历，进一步理解先生所创立的明清史学新体系，进一步学习、继承先生的宝贵学术思想及其治学的具体成果，提供一部好教材，必将大大有利于将明清史研究更加推向深入。

在这部文集中，所收先生的弟子和再传弟子的10多篇新作，都是功底深厚、内容丰富、见解深刻的好文章，并且对其先师涉及的研究领域多有继承，论述有所深化和拓展。这部文集中所收录的只是先生的部分弟子和再传弟子的文章，尚有不少高足的大作因故未能收入。即便如此，也可以从中看出李洵先生所创的这一明清史学派具有强大的阵容和极强的战斗力，令人鼓舞。看到这个敬师、敬业、大有作为、蒸蒸日上的学派，李洵先生当会含笑九泉。除了有幸在实际上和名分上都拥有李洵先生弟子这一称号者外，世上还有数不胜数的明清史研究者其名在李洵先生学生花名册之外，实则多从李洵先生之处得到教益，衷心奉李洵先生为恩师。他们也在以自己的刻苦钻研与所有的同行共同致力于发展明清史研究之宏业，写出了一篇篇掷地有声的佳作。李洵先生在九泉之下倘能念及于此，当会同样笑逐颜开。

永远的思念

——李洵《下学集》再版序言

赵　毅　罗冬阳

2005年9月,是业师李洵先生逝世10周年忌辰。8月中旬,业师的部分同事、弟子和遗属聚首长春,举行学术研讨会,切磋学问,绍继遗愿,缅怀业师深恩厚泽。会议期间,中国社会科学出版社总编室主任王昊先生承诺再版业师生前自选自编《下学集》。应王昊先生和师母王玉珍女士之邀,为《下学集》再版作序。我们李洵先生的及门弟子、学界的小字辈本没资格膺此荣耀,惶恐之际又不好推辞。心里惴惴者怕道不出业师学术之真谛和人生之磊落,充溢胸间流诸笔端的,唯有思念、思念、永远的思念。

一、学术渊源

业师李洵,字仲符,著名历史学家。1922年7月1日生于辽宁省北镇县,青少年时代生活在北京。1946年毕业于北平临时大学文学院史学系。1948年赴东北大学(后更名为东北师范大学)历史系任教,历任副教授、教授。1985年创建明清史研究所,任所长。1986年加入中国共产党。同年经国务院学位委员会批准获得博士生导师资格。1995年9月2日,因病与世长辞。

业师出生于知识分子家庭。他的父亲早年毕业于京师大学堂,后入北京大学国学门继续攻读,就学于著名古韵学专家黄侃先生,毕生从事古声韵学研究。受家学熏陶,业师少年时代就奠定了宽厚的文史基础。业师的小学和初中教育是在家中完成的。当时家里藏书颇富,其中以文字学、语言学、古声韵学图书和清代考据学家的著作最多。其次是历史典籍,二十四史、通鉴、三通、续三通一应俱全。再者就是清朝人注经释子的著作,当时流行的梁启超、王国维、孟森、刘半农、夏曾佑的书也布列其间。17 岁之前,业师几乎每天都和这些书打交道,觉得钻书堆是件愉快的事。一般家庭的孩子启蒙教育通常使用的教材是《三字经》《千字文》《百家姓》,而业师的启蒙教材却是《文字蒙求》。除了接受文字、音韵方面的严格训练外,对其后来学术研究影响较大的就是研习梁启超、王国维、孟森等名家的史学著作和点读局本二十四史。先从两唐书点起,《宋史》点了一部分列传,点完了《元史》和《清史稿》,《明史》则是上大学后点读完毕的。

业师的高中生活是在北京的一所天主教教会学校度过的。在那里,他接受了现代西式教育。这所学校英语和化学教学独具特色,设有可与大学化学系媲美的化学实验室,每年都要向辅仁大学化学系输送几名高才生。因此,业师对化学产生了强烈兴趣,希望将来能读辅仁化学专业。但是业师的父亲却希望他能从事自己的专业。高中毕业,业师报考了两所大学,一是辅仁大学化学系,一是北平临时大学文学院,结果收到两份录取通知书。业师属意辅仁化学系,但辅仁的学费、书费、试验费之高,令人望而却步。自从七七事变后,业师的父亲失业,家中经济拮据,靠出卖书物度日,实在无法负担这笔经费。不得已,只好去学不大情愿学的历史学专业。

业师走上治史一途虽属偶然,可是少年时家教中的文史训练,加上大学时亲受多位名师的指点,为日后史学建树做了充分的前期积累。

先后为业师授业的有冯承钧、瞿兑之、谢国桢、刘盼遂、容庚、陈垣等学术大师。冯承钧先生早年留学法国,师从伯希和,为业师授课时,已患半身不遂,便坐着轮椅,由女儿推送并代写板书。冯先生是国内有数的中西交通史专家,学问渊博,贯通中西,治学严谨,对其从事的专业热爱尤深,把一生的精力全部倾注其中。这种精神对业师影响巨大。业师曾说:“我对历史学产生情感,是和接受冯先生对学术的坚韧不拔精神的影响有关系”。

瞿兑之先生曾给业师讲授秦汉史,很有见解。对青年学生,有问必答,答必详尽。

谢国桢先生是业师进入明清史研究领域的启蒙者。1943 年下半年,系方公布选修课科目,供学生选择。业师选中了谢国桢先生的“史部目录学”。几天后,教务科通知,选修这门课的只有业师一人,要求重选别的课程。谢先生得知此事后,坚持只要有一个学生选课就得开。于是,业师成了谢先生这门课的唯一学生。鉴于一师一生占用一间教室浪费教育资源,谢先生就主动约业师到他西城家中授课。谢先生是梁任公之高足，著名的历史学家、目录学家和藏书家，学识博洽，尤长于明清史研究。先生之藏书，不少是外面难得一见的珍本、善本。业师每周四到谢先生家中上课，史部目录学倒成了最次要的内容，主要内容一是聆听谢先生讲述中国古代史专题，从东汉的党锢之祸，到明代的东林党、复社及南明历史，娓娓道来；二是阅读谢先生私人藏书，侧重明清文集、笔记、杂抄；三是向谢先生请教读书做学问的各种问题。一学期下来，收获特别丰富。业师回忆说："这一学期，不但看了谢先生的宝藏，也亲聆了谢先生关于明清史研究的一些见解和方法，这对我来说，影响是很深的。"

容庚先生是著名的古器物学专家，曾给业师讲授金文课。容先生的敬业精神和冯承钧先生对事业的执着一样，给业师留下极深的印象。业师曾回忆说："容先生生活清苦，每次都穿长衫骑自行车来沙滩红楼上课，自行车后货架上捆着一大堆书，都是些古铜器图录。"

陈垣先生是在日本投降后来北平临时大学讲课的，讲的是二十四史的编纂、读法、考证、特点等史籍评论课。陈先生把自己多年研究的心得和盘托出，精当深湛，一些疑难迎刃而解，很受同学欢迎。陈先生的史料学方法让业师受益匪浅。业师说："他的治学方法，对我的启迪最深。"

刘盼遂先生是业师大学毕业论文的指导教师。刘先生是文献学专家，讲授史料选读课。业师毕业论文题目是《辽宋金三史纂修考》，本来由谢国桢先生指导，后来谢先生离开了大学，改由刘先生指导。刘先生要求很严，业师坐了 10 个月图书馆，几乎阅遍所有相关文献，抄录了 20 万字资料，完成 5 万多字的论文。刘先生看稿子很仔细，字斟句酌，不放过任何问题，论文原稿上保留着刘先生很多一丝不苟的蝇头小楷眉批。刘先生说过一句话，业师铭刻心田，那就是"无一字无来历"。业师曾说："这句话，我每次写文章时都会自然想到它。"并经常以此面命我等后学。这就是师风、师训。

1946 年夏，业师以优异成绩大学毕业。

二、少年史家

20 世纪 40 年代末是中国历史巨变的年代，也是中国知识分子两种命运抉择的年代。从抗战胜利后国共两党的作为中，业师认识到了国民党政府的腐朽，也认清了只有共产党才能救中国、才能使中国人民摆脱百年屈辱，并为北平地下党组织散发、张贴宣传品。在1947年春天，业师毅然决然地做出了人生中最重大的决策：到东北解放区去，投奔共产党，为人民革命的胜利和新中国建设效力。1948年，业师在吉林市迎来了解放，到刚刚从佳木斯迁来的东北大学（东北师范大学的前身）历史系任教。由此开始，业师为新中国的高等教育事业和马克思主义史学的发展贡献了毕生心血和才智。

业师刚登上解放区大学讲坛时年仅26岁，将全副精力都投入到了马克思主义经典著作的学习和中国通史的教学中。这种学习是如饥似渴的，而备课则常常通宵达旦。中国通史，业师完整地讲了三遍；这期间，业师认真研读了《共产党宣言》《政治经济学批判》《德意志意识形态》《资本主义生产以前各形态》和《资本论》，提高了马克思主义理论水平，较好地实践着历史唯物主义理论和方法与中国具体历史实际问题的结合。业师后来回忆说：解放后有两件事对自己治学有很大影响。一个是学习马克思主义的方法论，武装了自己头脑；另一个是从事多年中国通史教学，使我对中国史的全貌有了基本的实感。我常常把这种实感称作通史感或叫做全史感、整体感。这种通史感是研究断代史、专门史的主要学术思想基础。所以说，一个理论学习、一个教学实践，就构成我从事明清史专业工作的新的基础。前者使我进入了一个新的史学天地，真正解放了思想。我可以凭借马克思主义理论指导，去重新估价前人对明清史研究的成果，探索一种新的研究途径与方法。后者使我认真考虑明清史在整个中国历史长河中的实际地位和作用。

业师后来又开设过中国原始社会史、宋元史、中国史、目录学、史学名著选读等课程。1951年后稳定在明清史教学与科研方向上。当时一些年龄稍长的先生都愿意轻车熟路教先秦史、秦汉史、南北朝史或隋唐史，而明清史是尚待开拓的学术领域。业师对明清史素有兴趣和修养，遂下决心用两三年工夫重新全盘检讨明清史。业师一边系统重温历史唯物主义理论，一边研读明清史基本史料。业师用了两年多时间将《明实录》与《明史》对照通读一遍，《清实录》研读到康熙朝，此外还查阅了近千种明清政书、私家史著、文集、方志和笔记小说，做了大批学术卡片和读书笔记。在这些基础上，于1956年完成《明清史》写作，同年由人民出版社公开出版发行。

《明清史》并非时下意义的“教材”，而是开创性的学术专著。从史料上讲，该书比以往明清史诸大家都有更广阔的搜求和开拓，而最重要的是其理论建树。它是我国第一部有关明清两朝断代史的马克思主义史学著作，是创建明清史独立学科体系的首次尝试。在该书中，业师明确将1368年至1840年的中国历史划分为5个时期10个阶段，以君主专制中央集权的消长和资本主义萌芽发生滋长迟滞为主线，对明清两代重大历史问题均有论列，颇多创见。此书出版时，业师年仅34岁。此书属于早年作品，以现在的目光衡量，虽有很多不足，但毕竟建立起了明清史独立学术体系，为明清史研究提供了强有力的“范式”，当然也奠定了业师在史学界的地位。该书为几代有志研究明清史的年轻人指明了入门路径，又流传到中国港台地区和国外，成为国际明清史学术界必读的参考书，嘉惠学界可谓甚大。业师曾反复告诉我们，此书是他的“少年之作”，问题很多，已到了非修订不成的时候了。正是这部学术著作，奠定了业师少年史家的学术地位。

正当业师准备乘春光年少，对明清史系列课题开展深入探讨之际，一场政治风暴席卷中国，中断了少年史家的学术研究计划。从此，业师在学界沉寂了20余年。

三、历尽劫波

1958年，业师被错划为“右派”，赶下讲坛，发表学术论著的权利也被褫夺。无休止的批判斗争、劳动改造和思想汇报，更让人身心疲敝。但是，对事业执着追求驱动业师在极有限的自主支配时间内坚持阅读明清文集、野史和诗文之类资料，坚持科学研究。

因祸得福，业师在劳动中跌断了右腿，手术卧床一年左右，自主支配时间增多了。业师忍受了常人难以忍受的剧痛，在病床上开始了张廷玉《明史食货志》的校注工作。业师首先厘清了张氏《志》的史料来源、编纂方法和过程，然后取王原《明史食货志》及王鸿绪《明史稿食货志》与张氏《志》对勘，并以《明实录》《明会典》为主，兼采明人文集、笔记数百种，为张氏《志》校字、校史70余条，改字、补字百余处，作注1500余条，使该《志》确乎成为信史。《明史食货志校注》杀青后，在箧箧中沉睡了十余年，无人问津，在业师沉冤昭雪后的1982年，由中华书局出版。这是二十四史食货志校注的第一部,在明史界、经济史界反响很大。著名经济史学家傅衣凌先生评价该书“材料丰富,考订详尽,颇能补日人和田清《明史食货志译注》一书之阙漏,有利学者”,“此种工作我们认为堪称明史功臣”。

20世纪80年代中期,业师回忆这段经历说:现在回想起来,也想象不到,当时在那种困难的情况下是怎样坚持了这种校勘工作的。被错划“右派”和后来的“文化大革命”动乱,一共夺去了我20多年工作时间。但是在这几年中,毕竟算是夺回来三四年的时间。我总觉得这几年是我学习明清史在史料学习上的一次大补课。《明史食货志》的校注工作使我重新读《明实录》,读《明史》,读《明会典》。清代潘耒等人从《明实录》中摘录有关史料做经济史料长编的工作,我在这时又几乎重复做了一次,感到收获很大。业师在坎坷岁月没有沉沦、没有荒废学术,而是积累了功力。待到党的知识分子政策重新落实,便焕发出无比的学术能量。

四、老年学问

1978年,业师重返高校讲坛。1979年,被错划“右派”问题得到彻底平反。此后十数年,发表论文数十篇、出版专著多部,培养了一批博士、硕士研究生,为当代中国历史学发展和高等教育作出了巨大贡献。《下学集》所收30篇学术论文,皆为20世纪80年代后业师年逾花甲的作品(仅一篇除外),故谓之“老年学问”。

其中《明代流民运动——中国被延缓的原始资本积累过程》《公元十六世纪的中国海盗》《公元十六、十七世纪的北京城市结构》《明清时期资本主义萌芽发展的阶段性及其特征》等一组论文,是业师研究资本主义萌芽专题的系列成果,也是对完善明清史学术体系的进一步尝试。

业师认为,发生在公元15世纪中叶到17世纪中叶这一特定历史时期内的流民运动,“实际上是对直接生产者的剥夺运动,也就是原始资本积累的过程”。业师指出,“流民运动在相当大的程度上破坏了封建劳役制”,“给社会各生产部门提供了易得的雇佣劳动力,农业上就有可能出现为包租主之类的经营地主所雇佣的农业雇工”;流民运动影响了社会的阶级关系,使“逐末”人口增多,城市浮居人口增多,市民基础扩大,17 世纪出现了市民运动。但是,由于小农经济发达,小农业与家庭手工业的顽固结合,各地区经济发展的不平衡及统一的专制主义中央集权国家体制诸因素的阻碍,这一资本原始积累过程并没有完成,显得“虎头蛇尾”。然而,这一过程毕竟产生了影响。如果认为公元 16 世纪以后,中国社会中某些地区某些行业中产生了资本主义生产关系,并有新发展的话,那么这种具有原始积累性质的大流民运动,就应视为中国资本主义生产关系萌芽的正式开端。

业师认为,公元 16 世纪的中国海盗是流民运动的组成部分,它和西方海盗、日本海盗一样,是国内的原始积累过程所伴生的海外殖民活动。“尽管中国海盗的最终命运与西方海盗不同,但是它的历史活动的意义,不容忽视。”

公元 16、17 世纪的中国社会,除发生了原始资本积累和自由雇佣劳动形成的历史运动外,生产力、生产关系乃至社会习俗、人的观念都发生了不同程度的变化。因此,这一时期是中国资本主义萌芽的发展阶段。业师认为,这一时期的社会阶级结构也发生了某种程度的变化。“其中颇引人注目的是江南地区的集团和城市的市民的活动。两者都应该属于资本主义萌芽时期的社会等级。他们同贵族大地主之间的斗争,尤其是城市的反矿监税使的斗争,时代特点是鲜明的。这种社会阶级结构的变化,标志着当 16、17 世纪时资本主义萌芽不但存在,而且应当说有所发展。”

17 世纪下半期到 18 世纪后期则是资本主义萌芽发展被延缓的时期。这便涉及清军入关在中国历史上所造成的影响这一聚讼纷纭的问题。《四十天与一百年——论明清两王朝交替的历史对中国社会发展的影响》是讨论这一问题的代表性文章。文章认为,16 世纪以后,中国社会是向着封建制解体、资本主义萌芽发生发展的总趋势而变迁的,与当时世纪范围的资本主义发展的总趋势是同步的。明末农民战争推翻了贵族大地主的残暴统治,扫清了中国进一步发展道路上的一大障碍。但是,在多种因素的作用下,农民军失败了,清军入主中原,又将野蛮的封建专制和民族统治强加于中国人民,破坏了社会经济,尤其是破坏了江南的社会经济,使资本主义萌芽的发展陷于停滞,延误了中国社会的发展。“17、18 世纪正是欧洲资本主义大发展的时期,而中国此时正处于资本主义萌芽的被延缓发展的时期。中国就是在这个关键的时候落后了”。18 世纪后期到 19

世纪后期，则是中国资本主义萌芽道路被扭曲，形成半殖民地半封建社会的时期。总之，“只有资本主义萌芽时期，而没有资本主义确立的时期”是中国资本主义发展史的最主要特征。

造成这一特征的原因是多方面的。一是由于中国的封建地主经济历史悠久而根深蒂固，不易破坏，“起了一种维护封建生产关系的作用。第二个原因，应当是中国封建社会生产力的发展水平，始终没有形成对旧生产关系突破的条件。第三个原因是全国经济发展的不平衡状态，造成全国性的民族统一市场不易出现”，经济落后地区拖住了经济发达地区的后腿。第四个原因是人口压力，“人口的压力实际上吃掉了社会生产力增长的部分，使社会生产力长期停滞不前，而难于突破旧的封建生产关系”。“第五个原因是中国的封建专制主义制度对经济活动的强有力的干预和影响”。“第六个原因是西方殖民势力的干涉、限制、压迫和侵略，使中国资本主义正常发展的道路被堵塞了”。

20 世纪 80 年代中期以后，业师在不断探索新的研究方法开拓明清经济史研究领域的同时，开始了对明清政治史的系统探讨，发表了一系列论文。

收入该集的《论明代江南地区士大夫势力的兴衰》《明代政界的地域性从政限制》诸文探讨了中央集权与地方势力的关系问题，尤其是讨论了明朝政府对江南势力的限制、压抑政策，这一探讨是业师 20 世纪 50 年代对东林党研究的继续与深化，旨在揭示政治上专制主义的中央集权体制是如何使旧的、落后的社会政治势力遏阻了新的、先进的社会政治力量的壮大成长。

《读〈明武宗实录〉条记》《明武宗和他所代表的封建贵族阶级》《明武宗与猪禁》诸文，是业师研究明代以皇帝为中心的贵族集团特性的系列成果，均编入该集。几篇文章皆以明武宗为典型进行个案研究，揭示了 16 世纪明朝贵族处于没落找不到出路无可奈何的生存状态。

《论顾炎武在“郡县”等七篇政治论文中提出的社会问题》《明嘉、万、天启三朝禁毁书院之政治文化背景》《说“卢柟之狱”》等文章，集中代表了业师对 16、17 世纪中国知识分子问题、思想界状况、政府文化政策及其相互关系的思考。业师认为，虽然这一时期的知识分子本身存在许多弱点，但资本主义萌芽发生发展的社会现实已经在知识分子和思想界有所反映。进步的知识分子在寻求为新的社会因素发展扫除障碍。但是，这种进步的思想探索遭到了专制政府的镇压，特别是在清朝专制统治下，明末的一些进步思想在 19 世纪以前的中国成为绝响。

《"大礼议"与明代政治》《论明末政局》《孙嘉淦和雍乾政治》是研究16世纪到18世纪中国社会重大政治事件和政治格局发展变化的重要成果。业师指出,16世纪到17世纪40年代的中国政局是以皇帝为核心的贵族大地主专政为主,在这种背景下,各派政治势力,特别是反对贵族大地主专政的各派势力在政治上都很活跃,两种势力斗争十分激烈,但并没有消除贵族大地主专政这一阻碍中国社会历史进一步发展的障碍。这一障碍是由明末农民革命铲除的。但是,清朝势力的胜利使中国的政治格局又回到原来的老路,专制政体较明代更加牢固。

《明代内阁与司礼监的结构关系——明代官僚政治研究专题之一》《论明代的吏》《论明代的官和吏》是研究"九五"国家社会科学基金规划项目"中国封建社会晚期官僚政治研究"的阶段性成果。文章以别开生面的方式,以严谨科学和独到的见解,分析明代中枢政制和官僚机器运作机制,构成业师对明清政治史的最新探索框架。由于业师长逝,这一研究的最终成果没能完成,令人惋惜。

业师的学术研究方向稳定,涉猎广泛,极注意历史的时空联系。业师曾经多次强调:明清史是断代史,但这种断代史并不是机械地依王朝时间顺序来分割历史时代,因为明清时期的中国历史有自己的时代特点,这一特点就是中国资本主义萌芽的发生、发展、停滞和扭曲。研究明清史,不但要有中国通史的眼光,而且也不可囿于中国历史和地理的范围,"要冲破这些束缚,把明清史的研究放入世界的范围"。正是这种恢宏高远的学术气概,使业师的断代史研究既充满着中国历史的通史感,又不乏世界历史的全球意境,在微观上建树宏观理论认识。这一特点贯穿了业师整个学术生涯。不论是"少年之作"《明清史》,还是晚年论文《论公元十五、十六世纪明代中国若干历史问题》,都体现了这种学术主旨。

五、磊落人生

业师的一生是光明磊落的一生,是坚信马克思主义的一生。业师真诚信奉马克思主义,在学术研究上表现为坚持马克思主义基本原理指导地位不动摇,创造性地将马克思主义理论与中国历史研究的具体实践紧密结合，提出自己的学术论断。业师曾这样总结个人的学术经历：中国历史和世界历史有着统一性，同时又有自己的特点。公元15、16、17世纪这3个世纪，是全世界资本主义萌芽、发展、确立的历史时代。世界的先进地区、重要国家几乎同时发生了相同的历史运动，明清时期的中国也并不例外。只是后来的归宿不同了，有的国家建立了资本主义，有的国家沦为殖民地、半殖民地。这种不同结局的出现并不奇怪，在人类历史上，各国家、各民族奴隶制和封建制的变革，也曾经产生过不同方式的奴隶制和封建制。在由封建制到资本主义的变革中，也会如此。这是明清史研究中的一个很重要的理论问题。同时也要以这样的理论为基础，来建立明清史的科学体系。30年来我个人的明清史体系就是建筑在这理论基础之上的。业师的学术研究的理论体系，是完全符合马克思主义经典作家的观点的。马克思主义求真、创新的科学精神贯穿了业师全部学术生涯，他虽然创建了自己的明清史科学体系，但并不认为已经尽善尽美。他说："这种理论目前还不成熟，还必须继续探讨，使它逐步完善起来"。在晚年，在病床上，业师也没有停止对明清史科学体系的再探索。他拟订了庞大的研究与写作计划，包括"顾炎武评传"、"东林党史稿"、"中国封建社会晚期官僚政治研究"及对明清历史提出通盘新解释的"中国明清时代"。就在死神步步逼近的时刻，业师还在同研究生一起探讨"后封建主义"等问题。

业师真诚地信奉马克思主义，表现在政治上，成为一名合格的共产党员，为共产主义理想奉献终身是他一生不懈的追求。从其早年投奔解放区，献身人民革命和新中国建设事业起，就立下了为共产主义奋斗一生的人生坚定志向。尽管由于历史的误会，曾被错划为"右派"，赶下讲坛、剥夺从事科研的权利，但是人生的坎坷和劫难，没能让业师消极、颓丧和沉沦，他的信仰不变、追求不变，1986年终于成为正式的中共党员。这是65岁的老年新党员。业师不仅在组织上入党，更做到在思想上入党。组织交办的事情，他一丝不苟地完成；组织的活动，他从不缺席。要知道，这是一位腿有残疾，年近七旬，手执拐杖，走路十分困难的老人啊，顶着风、冒着雨，甚至还踏着厚厚的积雪，去参加一次普通的组织生活会，怎不叫人感动！业师对事业孜孜追求，对个人名利却淡泊超然，体现了共产党人的高风亮节。20世纪80年代中期以后，国家经济生活出现了些不良现象，如体脑倒挂、分配不公等等，一些学问人抵御不住金钱的诱惑，纷纷下海经商。同时,学术的商品化也愈演愈烈。以业师的声望和地位,只要表示同意别人使用他的名义,无须亲自动一笔写一字,便可获得高额报酬。业师对此类邀约不屑一顾,皆婉言谢绝。

生死观最能反映一个人的人生价值观。业师的病其实早在1994年8月就已发作,症状是腹泻。医院诊断为肠憩室,不是什么大病。这显然是误诊,以致丧失了宝贵的治疗时间,既然不是大毛病,大家也就没引起重视。尽管症状愈来愈严重,身体日益消瘦,业师只是吃些治腹泻的药,仍然坚持给博士生上课,每天还要工作6小时,编订《下学集》。到1995年5月,感到难以忍受,便到医院再次检查,结论是无情的:直肠癌晚期。这一消息对于业师的亲属、学生和所有爱戴关心他的人来说犹如晴天霹雳。大家遵循习惯做法,对患者封锁病情。但是,业师很快就从症候、治疗、用药情况综合判断了自己病情真相。业师非但没有悲戚、没有恐惧,反而平静地劝告大家不要为他的病过分操心,不要耽误了学习和工作。住院期间的护理一直由师母王玉珍一人独任。业师对学生说:"人到头来都免不了一死,只不过早些和晚些罢了。可是,人生的意义却不同。一个人要是在有生之年能恪尽职守,尽了自己所能,做了有益于社会的工作,生命虽然短暂,却远胜于尸位素餐、行尸走肉般的苟活。我早已过了古稀之年,一生中也尽了自己的所能,并不怕死,至于是否有意义,那是后人评价的事。"

在生命最后的3个多月中,业师除了与病魔搏斗外,抓紧分秒做了三件十分重要的工作:一是向党组织汇报思想并坦诚地指出党建工作中亟待解决的问题;二是向学校有关部门陈述有关学科建设的意见;二是整理自己未完成的课题,向学生阐述有关一些重大问题的新构想、新认识。这是业师十分负责的人生最后交代。

古人云,不朽有三:立德、立功、立言。此三者,业师兼而有之。著书立说,论著丰厚,此立言之谓;敬业爱岗,淡泊名利,信仰不移,此立德之谓;耕耘教坛,教书育人,桃李芳菲,不正是为国家高教事业立功吗!

业师离开我们已经10年。死生分两界,学术薪火共传承。我们的思念如绵绵溪水,在胸臆淙淙流淌,永不停歇,永不绝响。

世界史视野下的“明清学”倡导者李洵先生

赵现海

李洵先生，字仲符，1922年7月出生于辽宁省北镇县，1946年毕业于北平临时大学文学院史学系，1948年赴东北师范大学历史系任教，1985年创建明清史研究所，任所长，1995年9月因病去世。先生是我国著名历史学家、明清史专家，自幼受到家学的良好熏染，进入大学后，得到包括谢国桢先生在内的众多名家指导，学术博大精深，研究自成一家。

先生在为研究生授课时提出，我国的明清史研究路径，凡分两种，一为“汉学传统”，由孟森先生所开创，以实证为主；一为“社会学传统”，将社会科学理论引入研究之中。至于先生，在我看来，则融合两种传统，游刃其中。先生一方面著有《辽宋金三史纂修考》《明史食货志校注》等书，并主持点校《钦定八旗通志》，合作整理《清代东北阿城汉文档案选编》；另一方面在1956年，年方34岁时，便运用马克思主义，撰成《明清史》一书，开始建立明清史研究理论框架与学术体系。先生的学术考证嘉惠学林，绵泽延长，理论阐述更是影响深远，余音绕梁。赵毅、罗冬阳老师在《李洵先生的生平与学术业绩》(《明史研究》第5辑)一文中便指出，先生的研究充满了“通史感”“全史感”“整体感”和鲜明的理论特色。

先生在马克思主义指导下，从中国本土立场出发，建立起一套具有很强解释力的学术体系，对明清史众多重大问题展开了深入探讨，对明清中国与欧洲的历史分途作出了自己的解释，奠定了他作为明清史研究开创者、奠基者之一的地位。现结合本人对先生著述，尤其晚年讲稿汇编而成的《中国的明清时代》一书的阅读感受，谈一点粗浅认识，敬请各位方家批评指正。文中引用的先生论述，除特别注明外，皆引自《中国的明清时代》一书。①

一、马克思主义史学中国化的研究典范

马克思主义传入我国后，推动了我国学术研究的极大发展。在史学领域，虽然在特殊时期，一度陷入“以论代史”的困境，存在僵化、教条化的弊端，但整体而言，推动我国史学研究进入全新的局面。老一辈的马克思主义史学家，在历史唯物主义的指导下，结合我国历史实际，积极推动马克思主义史学中国化，展开对我国历史上重大问题的全面研究，推出了一系列重要成果。在这一学术思潮中，先生也站在马克思主义史学中国化的立场上，反对生搬硬套马克思主义，主张运用马克思主义的思维方式，揭示中国历史的内在逻辑。

> 中国史的问题，中国史的理论问题，马克思跟恩格斯都没有多少研究，这是实际。即使有研究，也不一定完全符合实际情况。因为中国古代史研究中有它本身的理论问题，这些理论问题在任何经典著作当中你都找不出来。马克思给你做现成的结论？没有。你学习马恩理论的意义在什么地方？这正是我们通常所说的，是掌握其观点、立场、方法，这个很重要。但它仅仅是一个武器，去指导你怎么样进行研究，应该研究什么问题，哪些问题是典型的、应该进行研究的。

先生推动马克思主义史学中国化的诉求与旨趣，通过论文集《下学集》所收篇目，便可见一斑。《从王祯〈农书〉到徐光启〈农政全书〉所表现的明代农业的生产力水平》一文应受到了马克思关于生产力论述的启发。《从明代商品种类和价格变动看商品生产的发展》一文应受到了《资本论》一书的影响，先生在《下学集》自序中就自承：“我读马克思的《资本论》，对他研究资本主义历史的方法，得益最深。”《公元十六、十七世纪的北京城市结构》一文应受到了马克思关于市民社会的研究的启发。《论明代江南地区士大夫势力的兴衰》《明末东林党的形成及其政治主张》二文应受到了马克思关于政党理论的启发。《明武宗和他所

① 该书由赵轶峰教授基于李洵先生晚年研究生课程授课录音及讲义整理而成，全名《中国的明清时代——李洵明清史讲义》，列为《李洵全集》第5卷，将由人民出版社于2022年出版。

代表的封建贵族阶级》《公元十五世纪到十七世纪中叶建州女真族社会性质问题的探讨》《明末农民战争历史作用初探》等文，马克思主义史学的色彩跃然纸上。而先生集多年之力，苦心孤诣，所撰成《明史食货志校注》一书，显然是在马克思主义影响下，尝试从经济角度，从整体上审视明代历史。由此可见，先生深受马克思主义影响，生发出众多极为重要的问题意识，推动了明清史众多重大问题的研究进展，许多主题至今仍是当前明清史研究的热点问题，比如关于明代火器、“倭寇”的研究，无论从研究视角还是研究结论来看，至今仍然具有启发意义。

但另一方面，先生的著述，无论从问题切入、叙述方式、研究结论，都是完全从中国本土出发，揭示中国历史固有脉络。比如先生晚年结合我国的具体历史实际，对马克思主义的社会形态论，进行了一定的调适，将中国的封建社会，定位为“后封建制”形态。

> 但是欧洲与中国孕育资本主义因素的封建制母体有很多的差异。中国历史上如果曾经存在过封建社会的话（中国的中世纪），那么它应该叫做“后封建制”（大约在秦汉以后逐渐形成的）。中国的后封建制区别于欧洲的中世纪，有如下特点：1. 土地私有制和地主经济早已出现，土地家庭（私人）继承制已经确立。2. 全国较早出现统一的赋役制，地区割据封闭早已打开，与之相比，公元15世纪末法国、西班牙才完成了封建统一，当时意大利、德国还分裂为许多小国。3. 大一统的郡县制和中央集权国家在公元前即已确立，领主已不存在。4. 直接农业领域的生产者早已不是农奴，租佃关系确立较早。5. 商品货币经济比较发达，地方经济的封闭、割据状态早已清除，地区经济之间的局部阻隔不是社会制度原因造成的，而是经济发展滞后的结果。6. 科举制度使得步入政界不必有贵族身份，贵族已失去血缘地位。7. 宗教并不干预政治，有高度发达的文化、艺术、文学、人文（哲理、哲学），有四大发明、医学、天文学，有唐诗、宋词、汉文章，有官私学校承担教育功能。后封建制=发达封建制≠欧洲的中世纪≠所谓五种社会形态学说中的封建制。后封建制自身的历史发展趋向，应该是什么样的社会形态？1. 完全西方式的资本主义社会？2. 日本式的资本主义？3. 有中国特色的资本主义？4. 发展成新民主主义或社会主义社会？5. 半殖民地半封建社会？

由此可见，先生认为中国与西欧拥有不同的发展道路，虽然都可以运用马克思主义进行阐释,但在历史内涵上既大相径庭,相应走向近代化的道路也就迥然有异。因此,先生眼中的"明清时代"势必要与西欧走向历史分途。

二、"明清时代"的提出与历史的"临界点"

在世界范围内,关于马克思主义史学的争议仍然存在,但不可否认,马克思主义史学倡导从世界史的立场,审视不同文明之间的内在联系与不同命运,从经济基础的角度出发,考察社会的整体变迁,无疑极大地拓展了史学研究的宽度、深化了史学研究的深度,推动了世界范围内史学研究的开展。伴随时代的变迁,马克思主义仍然有很强的生命力,这不仅表现在中国的马克思主义研究、西方马克思主义仍然不断推陈出新,而且20世纪众多的史学思潮,比如年鉴学派、全球史观,都与马克思主义具有千丝万缕的联系,在学术旨趣上具有相当的共通性。

马克思主义本身所蕴含的多学科性、整体性、辩证性,无疑十分有助于推动理论框架与学术体系的建立。先生在《下学集》的自序中,自承在撰写《明清史》之后,便开始"逐渐形成自己的一种理论体系"。这个理论体系具体而言,便是将明清作为一个时代,即"明清时代",将之放到世界近代史的视野中,审视明清中国与西欧文明的历史分途。

先生十分注重"时代"这一概念,将我国古代历史分为:春秋战国时代、秦汉时代、南北朝时代、隋唐时代、两宋时代、明清时代。但明清时代与此前的时代,在先生的定位中,内涵具有本质的不同。在他看来,明清时代是:

> 晚期(16世纪)中国型封建制时期,资本生产形态萌生时期,中国近代社会的雏形,不完整的封建制时期。明清时代应该是中国历史上一个"独立"的概念。它是中国古代社会与近代社会的结合部。在这个时代发生了中国古代文明与近代文明接轨的尝试,中国与世界接轨的尝试,东西文明文化统合的尝试,以及新旧社会相递变的尝试。这个时代的历史不应该仅仅被理解为明清两个朝代的历史,也不是习惯上常说的那种"断代史",而是一个特殊的作为一个整体的时代的历史。历史上的朝代兴亡是一回事,具有特定历史过程内涵的时代是另外一回事。

简而言之,在先生看来,明清时代是我国由封建社会向近代社会转型的时期。他的这一观点，与近些年来学界的主流观念相一致，但先生“明清时代”概念的独到之处，是他十分强调消除断代史的观念，将明清整合在一起。这在明清资本主义萌芽、社会转型、前近代化研究中，尚未见到如此的注重与强调。在先生看来，明清时代处于我国社会性质即将发生巨变的“临界点”。

> 明清时代是中国古代社会到近代社会的一个“临界”时期，是中国古代社会解体与中国近代社会孕育的时期。“临界”指由一种状态或物理量变为另一种状态或物理量的点或角。临界不等于转折点。在明清时代可能找到这个临界点或者临界角的具体内涵。这个临界点至关重要，它可以帮助我们理解中国近现代社会诸特点形成的历史根据。长期以来，史学界流行一种观点，认为中国古代史和近代史的分界线是鸦片战争。这是一种革命或政治角度的看法，而非学术或科学性的论点，是有偏颇之处的。中国近代史的开端，似应从15、16世纪起始，几乎与欧洲同步。

而“临界点”不同于转折点的深刻判断，蕴含了先生对于明清中国历史道路具有自身的内在逻辑，与西欧存在明显差异的独特领悟。而在明清时代中，先生又把16至18世纪作为核心的时间段与研究的重心。

> 我又为什么在明清时代研究中把公元16至18世纪作为重点？从方法论角度说，这是从人类历史的总体趋势和新的阶段性特征角度来审视中国历史发展的同期状况。公元16世纪前后是人类社会历史的一个转折点。人类发达的生产力社会（近代社会）在这个时期诞生，表现为所谓资本主义的出现。这是一种带有普遍意义的历史过程和趋势。其后来的发展表明这场变化是意义深远的：几乎全世界所有的国家、民族都要主动或者被动地卷入这一历史趋势中。顺应这股历史潮流的地区、国家、民族依据自身的条件，发展程度大有不同。

他之所以将这一时期作为核心的时间段，是由于资本主义发生在这一时期，世界历史也因此而发生根本改变。而中国正是在这一时期开始落后，因此要重点研究。

> 在这场世界性的变化中，中国历史的所有值得研究的问题，集中在16至18世纪这200多年中。这既是世界资本主义制度由出现到确立的时期，也是中国近现代社会的前奏。我们有责任研究它，搞清它。

在此基础上，先生提出了“明清学”的概念。“汉学应该有所革新了。新汉学应该是中国学。中国学当中应该有民族学、秦汉学、隋唐学、明清学,秦汉、隋唐、明清都应该成为专门的学问。"虽然他只是将"明清学"作为我国古代断代史研究的一个环节,并未进一步展开论述,但从上面他对"明清时代"的独特界定来看,"明清学"在他的定位中,应该也不同于其他断代的学术,而是对明清中国社会转型的深入研判。

三、明清社会转型中的典型性与全局性

在先生看来,中国是一个大国,比欧洲还要大,存在着明显的地区性差异。相应地,在研究中,应该选择典型地区,重点突破。他首选的典型地区是江南。"江南代表着中国几千年来经济发展的水平,也代表着中国历史发展的一个方向,那是发展中与时代变迁关联最密切的地区。"而江南也是最先产生资本主义萌芽的地方。这一观点也符合自资本主义萌芽研究以来,明清经济史界的主流研究模式。但这种研究模式存在很大的问题,那就是中国疆域辽阔,只研究发达地区,而不研究落后地区,难以得出历史的真相。

与在西欧诞生出来的近代民族国家不同,古代中国是世界上唯一一个长期保持了广疆域、多族群、多文化的"王朝国家",具有辽阔的疆域与庞大的体量,相关制度都是基于这一体量之上,综合、统筹考虑而设定。相应地,对于古代中国的研究,不仅应从时间维度上审视不同时代的"时差",还应从空间维度上从具有不同生态环境、历史道路的区域社会分别出发,审视不同区域的"域差"与互动,而非单纯地从某一区域社会出发,这样才可以得出完整而客观的历史图景。以往的中国历史研究,在审视中国历史时,大都并非是从中国整体地理空间出发,而是从仅占中国一小部分空间,经济、文化较为发达的中原、江南出发,强调这一核心地区对于中国历史的引领、推动作用;事实上,中国广大地区经济并未有中原、江南那样发达,甚至十分辽阔的边疆地区,一直在拖拽着中国历史发展的步伐。不同地区历史力量的彼此牵制,相互抵消,彼此互动,才构成了中国历史发展的最终合力。

对于明后期中国近代因素的历史审视,也应该从当时中国的整体背景,加以考量。十分显然,这一历史变化基本发生在经济、文化最为发达的江南地区,而

不是普遍存在于其他更为广阔的地区,尤其边疆地区。与热闹的江南相比,整个明代中国的国家面貌,并未实现整体变化。以江南一隅牵引庞大的中国,和英国在资本主义兴起的过程中,全国实现了整体动员相比,完全不可等量齐观。近代化在英国是惊涛骇浪,而在中国只是广阔大海的一片浪花。而先生便十分难能可贵地提出在地方史研究中,应充分注重全局性问题。

> 但是搞典型研究要避免以偏概全的做法。因为典型不等于全体,典型研究也不能代替整体研究。比如对中国经济的研究,你光有江南地区经济的研究,而没有其他地区经济研究的对比,你不会得出中国16、17世纪经济发展水平的整体概念,也不能说明江南经济发展还要受到怎样的一些限制。

不应以偏概全,以局部代替整体。

> 因为中国很大,不能说中国当时整体上是一个资本主义已经发展的社会,或者是整体性地进入资本主义萌芽阶段的社会。一个国家的经济发展是有整体性的。用江南地区的某些东西来说明全国,那会差得很远。

结　　语

先生在马克思主义的指导下,结合我国历史实际,积极推进马克思主义史学中国化,从世界史的视野下,打破断代藩篱,提出了“明清时代”的概念,倡导对明清中国,尤其16至18世纪的中国,展开整体考察,从经济、政治、军事、社会、文化各方面,寻找明清中国与西欧产生历史分途的根源,这种研究被称为“明清学”。虽然百年来,明清史研究领域研究成果十分丰硕,也有一些理论探讨,但李洵先生从世界史视野出发,站在明清史全局的基础上,通过全方位、整体性、专题性的深入研究,对于明清历史问题的揭示,仍然有空谷足音之感。他的相关研究理念将会极大地推进明清史研究的开展,并为理解当前的中国,提供十分有益的启示。

向李洵先生学习明清史*

赵轶峰

第一次见到李洵先生是在 1978 年秋季。那时我是一个 25 岁的 77 级大学生，下过乡，作为工农兵学员上过两年中专后有两年工作经历。李先生已经年近花甲，“文革”后期和许多老教师一样，下放到“五七干校”，这时刚刚返回长春并恢复了教师资格。当时还有一些老先生虽然从干校返回城市，却没有马上恢复教师资格。他和薛虹、陈作荣老师很快就开始在学生中选人，组织了一个规模很小的明清史学习小组。赵毅、冷东、我，还有另外三四个人，是这个小组的基本成员。学习小组的人都算是同学中基础较好的，但大都是“文革”期间自学的底子，没有真正的根基，对学术研究的理路都是茫然无知。当时主要是读先生布置的一些书，隔一段时间到一起进行讨论，李、薛二先生时时做些点评。因为不能理解先生学术的高深之处，所以那几年先生说过的话，后来印象都变得模糊，记忆中留下的，主要是向先生请益时的一些情节。

记得那时系里几位老教师在家门上贴了门禁揭帖，原话记不清了，大意是：本人时间有限，需得专心科研，来访者恕不接待。他们痛惜“文革”十年岁月蹉跎，如今恢复工作却年事已高，珍惜光阴，想要在晚年集中精力做些学术研究的事情。对于这种做法，有些人赞叹其潜心学术，也有人说老先生放不下师道尊严。我却不曾多想，想找先生聊时就到他家里去，先生也总是放下手里的事情，和我交谈，仿佛门禁与我无关。其间有一次去时，赶上先生用饭，他放下碗筷就和我聊起来，许久方竟。几年以后，我才在回想往事的时候意识到自己当时不晓事理，不能体谅先生，还曾用半文言写了一篇短文，说到先生师道，有吐哺之德。

---

* 此文曾收入赵轶峰：《评史丛录》，北京：科学出版社，2018 年。

那篇短文在师生中一度颇为流传，可惜后来失落了。

我的本科毕业论文是先生指导的，内容是从周忱《与行在户部诸公书》看宣德时期江南的社会流动性。就主题而言，这是先生当时最关注的明中前期社会结构变化问题的一部分。但我只是就文本做分析，其他文献涉及不多，也没有开阔的视野和深度，这是学力不足所致。后来理解到，先生对明清社会变迁的认识，在基本理路上是当时的主流研究视角，即以中国资本主义萌芽的历史命运为主线索，但多数研究者在研究这个问题的时候集中关注资本雇佣劳动关系，基本从经济方面看问题，李先生则在注意雇佣劳动关系之外，把 15 世纪的流民问题视为理解明清社会变迁的关键，这就多了一重社会史的视角。从经济、社会双重视角来考虑问题，明清社会大变迁的发生，要略早于东南地区资本雇佣关系大量证据呈现的时间，其样貌也更宏阔，更具有立体性。李先生在这方面发表了一些重要的文章，后来师弟牛建强——现在是河南大学教授，以明代流民为主题完成了博士论文，发表了专著和许多论文，成为在这个方面领悟先生学术思想最深而且能将之发展丰富的专家。

先生讳洵，字仲符，人如其名，宁静平和，端正严谨，平时不会猜度别人心意说话，也很少夸奖学生。我在本科时期呈交先生而获得表扬的只有一篇习作，是写中国历史上的行会的。当时其实是仔细阅读了傅筑夫先生的一部打印的经济史论稿，对其中所讲行会问题发生兴趣，就把他引用的文献尽量查找再看，又看了一些关于西方行会的研究著作和有关明清会馆、公所的碑刻资料，综合起来之后，在一些角度尝试提出一些个人见解。先生认为文章透露出一些梳理问题的能力，但指出文献不能靠追查，而要有系统的原始文献根基。因为文章的新意只是在议论中，原始文献没有自己的新发现，后来只在东北师大学生论文集上刊登，没有正式发表。

考取研究生之后，逐渐体味了先生学术的一些特点。先生在治学和培养学生中，都注重明清断代史的整体性，同时强调通史意识。他把明清时代看作中国历史上一个具有多方面特色的特殊时代，曾说过，研究明清史仅有中国古代史研究的一般理论和方法不够，要有与这个特殊时代相适应的专门的方法论，应该用一种“明清学”的意识来思考明清史。这些话，我到现在也不敢说已经完全领悟，更不能对先生说到的“明清学”做出清晰的阐释，但从未忘记尽量体察其中深意来做自己的研究。因为如此，我后来对世界史、中国通史、史学理论都保持关注,这对我研究明清史产生了扩展视野和深化思考的作用。在明清史领域本身,我则基本坚持断代治史的原则,把政治、经济、社会、思想各方面的问题交错关联地考虑,大的判断,总要综合各个侧面的情况说话。断代治史是许多老辈学者的路数,在很大程度上趋于社会科学化的当下史坛,是一种传统色彩偏浓的理路。很多很有成就的明清史学者,紧紧抓住专门线索或采用某一相关学科的专门方法来研究。我也能看到这类社会科学化和专门史化的明清史研究有许多长处,但是却依然留恋断代治史的概念。一是因为这是先生的心法,另外也由于治史之法本来无须拘于一格,方法、视角有不同,才可以相互补充。断代治史的优点,主要在于对一个特定时代有整体的概念。有人可能会认为,朝代是以政治统治为框架的,断代治史容易过分强调王朝统治作为历史演变的支配线索。其实这种可能发生的偏差可以通过许多方法来控制。这些年无论国内还是国外的史学,都有为了克服以往的过度强调政治问题而把政治问题研究等同于旧式或者过时的研究的倾向。我则一直有所保留。研究政治问题与单纯研究政治问题,以及主张政治决定论,这是 3 种不同的观念。研究政治问题是非常必要的,对于中国史研究尤其如此——因为中国的政治史中还有太多重大问题没有得到深刻透彻的阐述,明清政治史研究空间甚大,未来必有空前厚重的成果出现,而且政治史与其他线索的历史如能结合研究,就不会拘泥于国家权力支配和政治支配的阐释;单纯研究政治史可以是一个学者选择的治学路径,从术业有专精的意义上说,与一个学者选择研究思想史、经济史、社会史是一样的,也没有什么问题,主要看研究得是否坚实深入;主张政治决定论才是一种偏差。李先生从来不是政治决定论者,我也不是。

明清史文献资料浩如烟海,任何人穷其一生精力也无法尽读,所以要形成明清历史的整体概念,仅有些意识远远不够,必须要辨识出一些最基本的文献,做比较系统、细致的阅读。先生不要求我们在读书期间很早选出研究的具体题目,也没有布置我们专攻的具体方向。研究生前两年,我们多数时间用来研读文献,从《明史》《明会典》《明史纪事本末》《国榷》这些内容通贯的基本文献入手,扩展到笔记、奏疏、档案等其他门类。先生授课,一类是带着我们讨论明清政治史、经济史的基本问题,另一类是和我们一起对一些文献进行精细研讨,其中印象最深刻的,一是《明史食货志》,一是《明夷待访录》。那时先生花费多年完成的《明史食货志校注》即将出版,他带着我们对该志逐句分析,使我们对明代经济史形成了基本的了解,也提出了许多明清经济史领域还没有研究清楚的重要问题。我的以明末财政危机为题的硕士论文,就是在这样的基础上选题和完成的。这篇文章主张明末财政危机不仅是王朝衰落期都会发生的统治危机,而且是中国帝制后期经济结构深刻变化与传统国家运行模式之间矛盾造成的危机,体现出一些具有时代特异性的变化。该文的核心部分,在研究生毕业后不久就在《中国史研究》发表,对我后来的学术进步,是很大的鼓励。其中的基本见解,我至今坚持。当时先生还负责撰写《中国历史大辞典》明代经济史部分一批词条。我们帮助先生做资料长编,并撰写一些词条草稿。我分工的是货币部分,由此形成了对明代货币制度的基本理解,积累了一个很大的相关资料长编。在此基础上,我才能完成并发表《试论明代货币制度的演变及其历史影响》一文。《明夷待访录》篇幅虽然不长,但却是明清政治思想史研究的重要文献,而且涉及大量明代制度史问题。在先生的课堂上,我体悟出原始文献的精细阅读与一般的"读过"是有巨大差别的,并对这一文献产生了浓厚的兴趣。稍后,骆兆平先生在《文献》上公布了新发现的《留书》——《明夷待访录》编定时因为回避时忌而摘出单独存留的部分文稿。我因为在对《明夷待访录》研读时形成的问题意识,很快撰写并发表了《黄宗羲思想三议——读〈留书〉札记》,这其实是国内外关于《留书》的第一篇研究文章。后来我自己带研究生的时候,也多次开设"《明夷待访录》讲读"这门课程。去年,河南大学李振宏先生邀我为他主编的"国学新读本"丛书写《〈明夷待访录〉注说》,把我多年讲读这部文献的心得综合地呈现在该书之中,现在书稿已经交付出版社等待付梓。

为了拓展我们的学术见识,1983 年早春时光,先生与陈作荣先生一起,带领赵毅、冷东和我 3 个即将毕业的研究生到北京、江南拜访名家,走访明清历史文化遗迹。这对于我们这几个在北方长大的青年人来说,有特别的意义。昔日的历史无法亲历,但可以从遗迹中感悟一些书本上读不到的东西,建立一些直接的关联感。而且,北方辽阔旷荡,其人心性,也易偏于疏朗而乏精致,江南山水精雅温婉,别有一种心境陶冶的意味,投射到治学,对追求的境界,也有启迪。明清史研究相对兴起较晚,当时的许多名家是现代明清史研究的拓荒者,向他们求教时间自然有限,但片刻交谈也可以约略感受大家气象风采,于后来的进步裨益良多。我们拜访了人大清史所戴逸、王思治、马汝珩、王俊义、郭松义先生,人大档案系韦庆远先生,北大许大龄先生,社会科学院商鸿逵先生,南京大学洪焕椿、罗仑先生，浙江省社会科学院沈嘉荣、季士家先生，杭州大学徐明德先生，苏州大学吴奈夫先生，等等，并且在此行期间旁听了在无锡举行的明史学会年会，在会上见到了当时明史界几位声望隆重的学者，包括王毓铨、伍丹戈、南炳文等，以及当时许多活跃的明史学者。其间，利用可能的机缘，与他们攀谈，再将心得与先生交流印证，不仅澄清了一些疑点，而且明史学界在自己的心中，也清晰明朗起来，此后再读那些学者的论著时，竟然感觉晓畅了许多。也是在此行期间，结识了柏桦、范金民、夏维中等同龄的学友，成为终生的朋友。后来，我又代替先生，领着我的师弟、妹赵中男、罗冬阳、侯明重走这一访学路线，他们也觉得受益不浅。这些年来，已经不兴访学，但我在东北师大每年至少要举办一次学术会议，除了共同研讨一些问题，也为了让东北师大的研究生增加与研究有素的学者直接交流的机会，其中有心者，从中收获也很多。

毕业之后，赵毅和我留校工作，冷东南下广东。我的家人在那时来到长春。东北师大条件很差，给我这个新留校的青年教师提供的是学生宿舍楼地下室的一间房。这一层没有学生住，基本空置，黑暗潮湿，零落地住着几户工人家庭。冬天暖气不足，在室内架起一个铁炉烧煤取暖、做饭，热气上来，在冰冷的墙上挂满水珠，高高在上的东向扁窗在上午才能透进一缕阳光，不久就只剩下微弱散射的明亮。我下过乡，肯吃苦，但每当打着手电到走廊去找出去玩耍的女儿时，心中不免五味杂陈。我们读书的那些年，先生从来不到学生宿舍去，某天却和师母一起来地下室看望我们，给我们许多安慰和鼓励。好在几个月之后，我们升迁到了地面上一间 18 平方米的筒子楼房间里，感觉重回人间。不久之后，东北师大成立明清史研究所，先生为所长，命我为秘书，协助做些事务性的工作。我不谙人情世故，没有在这个岗位做什么能够记住的事情，依旧专注于学术研究。当时有些锋锐，写了一本名为《千秋功罪——君主与中国政治》的小册子，又因为追溯明清资本主义萌芽问题的理论根源，在史学理论方面下了不少功夫，写了些论文。当时，李先生在负责东北师大中国史领域的第一个国家社科基金项目，题目大约是“明清中国社会结构研究”。他并没有要求我们参加该项目的研究工作，但有时与我们讨论他对这一课题的思考。“社会结构”这一概念，并没有公认统一的界定。一种取义，是将之作当时通常采用的广义政治经济学的概念，指包括生产力、生产关系在内的社会经济生产方式。另外，也可以偏重社会学含义，指所有社会群体、阶层一起构成的社会组织方式。此外，也可以偏重广义政治学概念，指权力的社会配置格局。我在那之后不久出国，没有当面听到先生对这一课题的系统阐述。但他对这一课题的注意，促使我后来不断思考这一问题。我在后来的研究中是采用广义方式，即将前面所说三者综合起来的方式，来把握社会结构的。在这种视角下，我主张明清时代中国社会并没有停滞——这与先生的思想是一致的，其演进的趋势不是发达的西式资本主义社会体系，而是一种“帝制农商社会”——这与先生思考的路径已经有许多差别，这里不能用简略的方式说清，等到专书出版之后，由大家来评价吧。我不敢声称自己完全继承了先生对明清社会结构的思想，但他对于明清社会结构的关注本身，却是我一直研究这个问题的起因。那些年，我和赵毅还参加了先生与赵德贵老师一起主持的《钦定八旗通志》校点工作，我负责礼仪部分，受到了校勘文献方面的锻炼。当时研究经费缺乏，出版补贴更难以筹措充足，所以这部文献在我们交稿大约 20 年后得以出版时，我们这几位当时刚近中年的参与者都已年届半百，而李先生竟在那之前数年去世，没有在有生之年看到书的出版。

先生 1995 年去世时，我正在加拿大撰写博士论文。当时奖学金已经停止，需要勤工俭学来维持学业，没有能够赶回为先生送行，引为终生憾事。不过，其先一年，我回国省亲，去看望先生，当时他亲自下厨，为我和同去的赵毅、赵中男做了一桌饭菜，席间嘱我学成回国，因有一诺，我也在 1999 年底回到东北师大，算是没有食言。先生故去之后，赵毅、冷东、罗冬阳、牛建强、李渡、胡凡、赵中男、张明富、我及其他几位先生的学生，都一直努力治学，也培养了一些做出成绩的年轻学者。

先生与世无争，是一个纯粹的学者，与当下的主流学者颇不相同。如今他的塑像端正地矗立在东北师大校园中，默默地向着东方，不知所望者何，所思者何。

经济与社会

《明史食货志》“叶淇变法”与商屯臆想的语境*

罗冬阳

明朝盐政史弘治五年的“叶淇变法”，由于被堂堂载入《明史食货志》，清代以来，一直被视为信史，成为明代盐政由边中纳粮向场中纳银变迁并导致九边地区商屯崩溃、粮价暴涨的重大事件。藤井宏 1943 年的论文始质疑“叶淇变法”出自明人杜撰，并且认为边中纳粮向场中纳银的制度变迁并非由某个政治家的“变法”所促成，而是伴随成化以来社会经济变化而逐渐演化的结果。① 本文作者赞同藤井的看法，也认为将边中纳粮向场中纳银的变迁归结为“叶淇变法”是不准确的，是“虚”的。但作为叶淇户部尚书任期间重要盐政措施的“叶淇变法”，其“实”是两淮运司大规模的残盐（余盐）开中，处于明朝盐法变迁的余盐开中轨道上，对成化、弘治、正德年间的盐政混乱、开中的场中银纳化变迁、盐商分化有着重大影响。② 在《明史食货志》的文本中，“叶淇变法”与九边商屯又是紧密相连的，并将商屯崩坏、边地粮价暴涨归咎于此。学术界对明初商屯是否存在早就存疑，商传在 1982 年撰专文指出关于明初商屯的记载皆出于弘治之后，只是“涉于理想的”。③ 本文作者在此基础上，就明初开中目的、九边土地产权制度方面做了补充论证，进一步证明《明史食货志》所述影响巨大的明前期九边商屯

* 本文为国家社会科学基金项目“明代盐法演变中国家与商业资本关系研究”（20BZS054）成果之一。

① ［日］藤井宏：「明代塩商の一考察（一）——辺商・内商・水商の研究」、『史学雑誌』第 54 編第 5 号、東京、1943、頁 77—111。

② 参见拙作：《叶淇变法与明代两淮余盐开中》，《史林》2016 年第 5 期，第 91—99 页。

③ 商传：《明初商屯质疑》，《中国古代史论丛》1982 年第 1 辑，福州：福建人民出版社，1982 年，第 102—123 页。

说只不过是一种臆想。[①] 但是,仍有一个问题值得深究,就是"叶淇变法"与商屯文本的背后,到底存在着怎样的历史语境。

藤井已详细梳理过"叶淇变法"说的文本演变。他认为明清时期史籍所有关于"叶淇变法"的纪事,都源自王瓊的《双溪杂记》和霍韬的《哈密疏》;并且指出,相关文本,几乎都持"叶淇变法"破坏边储的负面评价,唯独龙文彬所撰《明会要》为其辩护,认为明朝边储日匮,在于屯政不修、势要占中,而变法乃救弊之策,便商利国。[②] 但是藤井没有进一步追问,如此众多的记载为什么人云亦云,并且评价几乎一边倒? 换言之,王瓊和霍韬提出"叶淇变法"说的具体语境究竟是什么,本文拟就这一课题做探讨。

从时间上看,王瓊笔记《双溪杂记》记载"叶淇变法"的说法早于霍韬的《哈密疏》。该笔记为正德末嘉靖初王瓊谪居陕北绥德时所作,记述明朝开国至正嘉之际的掌故见闻。[③]《四库全书》纂修者评价说:"所载朝廷故事,于宏(弘)治以前颇有稽核,足与正史相参,即是非取予,亦不甚剌谬。至正嘉之间,则自任其私,多所污蔑,不可尽据为实录。"[④]不论是否可以尽据为实录,对王瓊关于"叶淇变法"的记载,起码不能只做字面上的解读,而必须揭示该说产生的实际背景、与正嘉之际政治的关联,以及该说之流行所反映的明代以来相关的知识问题。

一、"叶淇变法"说与《双溪杂记》的文脉

从该记的前后文可以看出,王瓊对正嘉时期内阁和各部门的主政者,尤其是对他的政敌杨廷和一派的主张和施政,多有讽刺和批评。具体到该记载,其目的是为了说明各边年例银的由来,以证明户部尚书顾佐(正德元年十二月至三年八月在任)谋国不尽心。正德初,司礼监太监刘瑾整顿边储,问及年例银,顾佐不提年例银的由来,仅指出年例银非祖制,致刘瑾据此停拨各边年例银,导致边

① 参见拙作:《〈明史〉商屯臆想补论》,《史学集刊》2019 年第 3 期。

② 参见前引藤井宏论文。其实龙文彬的评价是混淆了场中纳银与"叶淇变法"。

③ 王瓊:《双溪杂记》不分卷,载《王瓊集》,太原:山西人民出版社,1991 年,第 1—40 页。

④ 永瑢等:《四库全书总目》卷 143,北京:中华书局,1965 年,第 1219 页。

军与藩王造反。①

在年例银的由来和变迁里面，王瓊提到了叶淇，②但该叙事与后来的“叶淇变法”甚有不同。

1. 王瓊的原意是叶淇奏准运司纳银开中，是在两淮运司办理，并没有说成是全国各运司、提举司普遍实行的政策。

2. 并没有指出叶淇奏准两淮运司纳银开中的具体年份。

3. 王瓊既没有特别指出两淮运司纳银开中的盐引或盐课种类，也没有说明两淮所有的盐课都用于开中。他只指出，叶淇奏准运司纳银开中后，两淮运司所积累的盐价银达一百余万两。

结合《明孝宗实录》诸文献的相关记载，其实不难明了王瓊所记叶淇运司纳银开中的实际情况。两淮年额盐课是 705180 小引，除掉南京各衙门等处的食盐，每年大约有 69 万引可用于开中，若两淮的额定盐课全部用于运司纳银开中，且盐价以每引 4 钱计，则连卖 4 年便可得银 110.4 万两。叶淇任户部尚书是在弘治四年二月到九年四月，假设他一上任就在两淮实行运司纳银开中的政策，则此项政策之执行时段绝无可能超越其任期。考《明孝宗实录》有关开中记载，叶淇任期中在两淮运司大规模纳银开中的事例，只有弘治八年十二月定议的自弘治九年始，出售正统八年到成化二十三年两淮“中剩见在并消折等盐”，每年卖 60 万引。但这一政策似乎并没有得到严格执行。弘治十年两淮出售风雨消折盐 90 引，超过了 60 万的计划。③ 后在弘治十三年又出售淮北所拖欠的残盐 21

① 《双溪杂记》云：“刘瑾因户部奏送各边年例银两，瑾以为祖宗朝无此例，命户部尚书顾佐查天顺年以前年例银数。佐以天顺前无年例银回报。瑾大怒，曰：‘此户部官通巡抚边方都御史，共盗内帑银两之明证验也。’悉追问致罪，革罢送银之例，边储至是缺甚……盖六部政本，少有差错，贻弊如此。使顾尚书当刘瑾查问之时，答曰：‘昔盐课在各边上纳，故无年例银之送，后改盐课纳银解京，故不得不分送各边。’如此，瑾不必怒而反正盐法，必不受其祸矣。”见王瓊：《王瓊集》，第 22—23 页。

② 内称：“盖自成化八年开设榆林卫，余子俊巡抚增置城砦，陕西民供不继，奏送江南折粮银补不足。然初亦以江南原折银例，每米一石，折银二钱五分，放支军士。其后大同等边缺乏，亦暂送银补足，数皆不多，未有以万计送者。弘治初，户部尚书叶淇与内阁徐溥同年最厚。淇，淮安人，盐商皆其亲识，因与淇言：‘商人赴边纳粮，价少而有远涉之虞，在运司纳银，价多而得易办之便。’淇遂奏准两淮运司盐课于运司开中，纳银解户部，送太仓银库收贮，分送各边。盐价银积至一百余万两，人以为利，而不知坏旧法也。”见王瓊：《王瓊集》，第 22 页。

③ 《明孝宗实录》卷 130，弘治十年十月壬午条，第 2304 页。本文所引明代各朝实录，俱为台北“中央研究院”史语所 1962 年校印本。

万余引。① 再往后到弘治十六年,两淮的风雨消折盐等残盐成为势要占窝的对象。考虑到王瓊关于叶淇在两淮运司纳银开中的叙事,其目的之一是为了说明正德初刘瑾禁拨年例银之前年例银的由来和演变,那么笔者将"盐价积至一百余万"看成弘治年间叶淇任户部尚书时直到末年两淮出售风雨消折等项残盐的总收入是合理的。也就是说,此后诸文献将叶淇在两淮运司实行的残盐纳银开中,看成明朝盐法由边中纳粮向场中纳银全面转变的标志,是曲解王瓊记载本意、背离历史实际的。

4. 王瓊之叶淇叙事所涉及的运司卖引动机有两个,一是照顾淮商的利益,免其"远涉之虞";二是"价多",增加国家的盐税收入。其动机是公私兼顾。但是,此后的文献却演变出一种解除商人"困守支"的说法。② 这一说法基本靠不住。因为"叶淇变法"的内容是在两淮运司大规模开卖"残盐",实际上只会照顾到能投托势要的"奸商"利益,不仅不会解决普通商人"困守支"的问题,而且只会促使其益发恶化。

5. 关于叶淇运司卖引的影响,王瓊的叙事并没有提到盐商商屯撤业的问题,而只是说行运司纳银开中后,废商人赴边报中之法,"近边米豆,无人买运,价遂腾贵"。这句话,用今天经济学的知识看,是不符合供求关系常识的。照常识看来,近边米豆无人买运,价格应该一落千丈才对,怎么反而会"腾贵"呢?或许后来读者觉得此现象于理窒碍难通,才选择了用商屯撤业、恶化了粮食供给,来解释边地粮价上涨的现象。但是,"商屯撤业"说却与王瓊此段叙事的原意相去甚远。紧接着叶淇叙事的"价遂腾贵"之后,王瓊举了一个事例来证明米价的腾贵。这个事例讲的是正德五年户部侍郎丛兰整理陕西边储时,以每石米二两五钱的价格折征税粮。③ 这个折纳价格相当于成化十三年河南起运榆林粮米折银价格的 3.125 倍,当然是腾贵的。而这个特殊高的折银价,在王瓊的叙事里,并非盐引在运司召商纳银的副作用,

---

① 《明孝宗实录》卷 158,弘治十三年正月壬午条,第 2846 页。

② 如《明史食货志》云:"商无守支之苦。"这一说法,如果说残盐在场开中解决了"投托"势要的奸商守支之苦,倒是可以成立,如说解决了普通盐商的守支之困,则有悖于历史事实。弘治末正德初,文臣批评势要借开中残盐占窝、垄断开中、挤对普通商人、侵夺国课,《明孝宗实录》《明武宗实录》的记载甚多。

③ 王瓊:《王瓊集》,第 23 页。

而是由于刘瑾擅权的不当政策及势要占窝恶化了边中商人"困守支"所致。该年九月,户部左侍郎丛兰受命督理宁夏、延绥、甘肃三镇粮储,实录记载其缘由说:

先是,总制都御史杨一清以宁夏中东西三路粮草匮缺,请发银十万,召商上纳,并给还旧所欠诸商价。户部议从其请,且言:自刘瑾专政以来,查盘之狱大兴而有司不敢预收,招纳之价不还而商人不敢报中,加以粮料常与折银,不支本色,以致公私匮竭,上下嗟怨,不独宁夏为然。宜遣大臣一人,督部属三人整理。乃有是命。①

按照户部的说法,折银导致了边镇粮食储备的减少,而刘瑾的不当政策造成了发银召商采购的停摆,两者共同造成了边镇粮食供给的紧张。但后者是主要原因。所以,将正德五年陕西边镇的粮价腾贵归因于盐引运司纳银开中,是以偏概全的说法。

另外,综合来看,边镇粮价腾贵是由临时需求激增造成的,而非屯田的破坏。对于复兴军屯能否解决边镇粮价腾贵的问题,王瓊是予以否定的。在批评刘瑾听信户部不负责任言论、停送各边年例银后,他继续叙述道:

刘瑾既止各边送银,又禁商人报纳边储,遂大匮乏,因询国初如何充足。浅识者以为国初屯田修备,故军食自足,后为势家所占,以此军不自给。瑾遂慨然修举屯田,分遣胡汝砺、杨武、周东、严颐寿等往各边丈量屯田,以增出地亩甚多及追完积捕(逋)者为能,否则罪之。又命散银于近边州县百姓,买米赔脚耗,运送边仓交纳。奉行苛刻,人不聊生。伪增屯田,每至数百余顷,悉令出租。周东在宁夏,与都御史安惟学比较屯粮尤严,加刑于军官妻子,人心愤怨。指挥何锦等遂与安化王谋起兵,传檄以诛瑾等为名,瑾祸自是起矣。②

仅就这一段叙事来看,王瓊认为清查军屯、严督屯粮征收,不仅不能让边镇军粮充足,反而会引发重大政治问题。其背后边镇军饷供应构成的实际和逻辑则更值得深究。其实,依靠军屯,"养兵百万,不费百姓一粒米"的说法本身就是一个神话。即使在洪武末到宣德中明朝北边军屯最兴旺的时期,北边军饷来源

---

① 《明武宗实录》卷67,正德五年九月庚申条,第1474页。

② 王瓊:《王瓊集》,第23页。

各渠道的重要性排位是:民运粮为主,军屯次之,开中补充余缺。① 后来军屯虽然相当程度私有化了,但并不会影响开中法。因为私有化的土地经营效率应该高于国有的军屯,同等耕地面积能够提供更多的粮食,换言之,军屯的私有化式瓦解,能够为边镇粮食市场提供更多的供给,而与政府是通过纳粮开中还是输银采购无关。

二、王瓊的边中纳粮主张

正德元年十月至二年二月,王瓊曾以右副都御史,同工部右侍郎兼佥都御史张宪,分行清理两淮两浙长芦等地盐法。② 据霍韬为其所撰神道碑铭,王瓊清理两淮盐政时,曾"议输粟法、议量课中盐之法、议商人买余盐之法,皆未行。君子曰:'输粟法行,边卒可以无饥也。'"③可见,王瓊对于当时的盐法有一通盘见解和主张。现存孤本《户部奏议》卷上收有王瓊的长篇题本《整理盐法疏》,即为其正德初年奉命清理盐法之后的复命之作。④ 从该疏看,他主张边中纳粮的理由主要有两个。

1. 运司纳银后,所获得的银两,并不能做到全部用于边镇军饷。反过来说,继续执行边中纳粮的制度有助于落实以开中保障边镇军饷的财政目标。他说,弘治元年"[校尉]胡余庆[反对运司纳银中盐]之言既未及行,其后开卖滋甚,年年卖银解京,贮之太仓银库,虽曰解边备籴,而别项支用实多,取目前之近功,忘

① 参见张金奎:《明承元制与北边供饷体制的解体》,载《明史研究》第7辑,合肥:黄山书社,2001年,第88—105页。

② 《明武宗实录》卷18,正德元年十月乙卯条,第541页;《明武宗实录》卷23,正德二年二月乙酉条,第640页。

③ 霍韬:《渭厓集》卷6,《赠少保兼太子太保吏部尚书谥恭襄前少师王公神道碑铭》,《四库全书存目丛书》集部第69册,济南:齐鲁书社,1996年,第112—115页。

④ 王瓊:《户部奏议》两卷,明正德嘉靖间刊黑口本,存台北"国家图书馆"。周颂伦教授代笔者求得该孤本复印件,谨致谢忱。按《户部奏议》所收《整理盐法疏》有缺页,但基本完整。该疏共9条,[嘉靖]《宣府镇志》(明嘉靖四十年刻本,台北:成文出版社,"中国方志丛书"影印,1970年)卷16《军储考》以《议处盐粮疏》为名,录有该疏的第一条;朱廷立《盐政志》(《续修四库全书》,上海:上海古籍出版社,2002年,第839册)卷7载有该疏第一条和第五条的摘要,系于正德二年。藤井宏曾提示。

久远之大计，榷盐不用于边，不异于桑、孔之聚敛，遂使商人废弃趁熟沿边籴买之规，习惯坐守运司纳银之例”①。

2. 边中纳粮可以保障粮食储备，应付急需。王瓊指出：“或谓边方卖盐得利少，运司卖盐得利多，若以运司所卖之银解送边方，趁时籴买，亦无不可。但边方官自和买，不若通商转买，事体既便，收利亦广。况有各处折粮折草年例解边银两，自可召籴，何待盐价！”②

王瓊这段文字的开头引述了当时赞成运司纳银开中者的主张。该主张认为，运司卖盐，所得盐价既然比边中多，那么将所得价银解送边方，“趁时籴买，亦无不可”。对这个主张，笔者以现代知识加以阐释。在平时条件下，边镇粮食需求都是一个常数，又假设市场机制运作正常，有需求就会有供给，那么边镇粮食的供给水平也不会随边中纳粮向场中纳银的转变而改变。由于有等值白银投入到边镇粮食市场，对粮食生产的积极刺激并未改变，即便发生了商屯撤业的情况，因此而留下来的供给缺口，也会被其他供给者所填补(如势豪)。

既然如此，为什么王瓊还是主张边中纳粮呢？他说：“但边方官自和买，不若通商转买，事体既便，收利亦广。”他这么说的根据何在呢？难道发银召买粮草的“官自和买”就不需要“通商”了吗？

王瓊在说了上面的主张之后，举证了弘治末正德初年的事例。他说：

> 近因各边本色粮草素无蓄积，一遇虏贼大举入寇，命将出师，整理军饷，仓卒无措，或逼大户运纳本色，或遍行州县富民空运，河南、山东、山西、陕西、北直隶畿内之民，深被骚动不宁，多致失业。幸而不久虏贼北遁，官军罢归，事稍宁息。设使半年住扎，在边不敢班师，转输必急，加以中原凶荒，内变将作。势至于此，虽有智者，不能为谋。虑及于此，然后知边饷不可不预为之备。欲备边饷，不可不开中本色粮草。秦人三十钟而致一石，诚以远致为难，不论其费也。况盐乃天地自然之利，取之无穷，捐之于商而得之于边，又何惜也。③

可见王瓊所说的“通商转买”指的是常年利用边中纳粮机制，利诱商人采购近边之地的粮草，充实边镇粮草的平时储备，以供战时急需，以免去大户和富民

① 王瓊：《户部奏议》卷上，页5a-b。
② 王瓊：《户部奏议》卷上，页6b。
③ [嘉靖]《宣府镇志》，第157页。

运纳本色的巨大运输成本(所谓“秦人三十钟而致一石”)。九边地区的民运粮,曾是北方各省纳粮户的沉重负担。其负担之重,不在于粮额的巨大,而在于运费的昂贵。成化年间北方各省民运粮折征白银后,大大减省了这一昂贵运费。①民运粮折征,对边地粮食储备的不利影响,无疑超过仅起辅助作用的开中银纳化。但是,民运粮折征,并没有造成边地平时粮价的腾贵,只是无法应付战时的特需。王瓊希望通过保留盐引边中纳粮的制度,以保障边镇粮食储备,应付战时特需,而不是临时恢复民运粮。所以,王瓊边中纳粮主张也有为北方各省纳粮户和地主利益代言的客观效果。

但是,“边方官自和买”也是需要招商的,为什么它却起不到与“通商转买”一样的作用呢?

上面王瓊已经指出了其重要原因之一,是“榷盐不用于边”,开中纳银易于挪用。这在嘉靖初期不仅是王瓊自己的认识。如嘉靖五年,给事中管律也进言:“商人逯俊等自请开中,又皆折收价银,缓急无备。”②再一个原因是招商开中纳粮与发银招商和买对鼓励就地发展粮食生产的作用不同。嘉靖七年,大学士杨一清指出,以他多年任职陕西的经历,发现河西(黄河以西)粮储匮乏,朝廷发银济之,“亦不过即粜所在之粟,入所在仓廪而已。而境内布种不广,别无辇致,虽有官银,无从粜入,以故谷价腾踊,日异月殊”。因此,他建议“凡开中盐引,务令商人上纳本色”,并广兴屯种。③ 第三个原因是,白银由京解边,存在运输费用(脚费),就地开中就节省了。④

第四个原因,则与王瓊边中纳粮主张为边商利益代言的目的有关。他说得很清楚:“况盐乃天地自然之利,取之无穷,捐之于商而得之于边,又何惜也。”所谓盐利可以“取之无穷”的观念是存在问题的。从天地永恒的角度看,作为自然

---

① 参见张廷玉等:《明史》卷185,《李敏传》,北京:中华书局,1974年,第4894页。

② 《明世宗实录》卷61,嘉靖五年二月乙丑条,第1433页。

③ 《明世宗实录》卷84,嘉靖七年正月丙申条。(万历)《明会典》载:“[嘉靖]八年议准,今后各边开中淮、浙等引盐,俱要查照旧例,召商上纳本色粮料草束,不许折纳银两。其商人自出财力,开耕边地,上纳引盐者,听。”申时行等:《明会典》卷34,《盐法通例·开中》,上海:商务印书馆,1935年排印本,第9册,第954页。

④ 如嘉靖十一年,南京督察院右都御史万镗言:“且就边上纳,不待运司收解,户部转发,而脚价之虚费也。”见万镗:《应诏陈言时政以裨修省疏》,载陈子龙等:《皇明经世文编》卷151,北京:中华书局,1962年,第1512页。参见《明世宗实录》卷144,嘉靖十一年十一月癸酉条,第3355—3359页。

之利,盐利或许可以取之无穷,但盐课的多少却受到生产和消费两个限制,尤其是消费的限制。因此,在一定人口规模条件下,盐课的数额,可用于开中的盐课总归有限。当然,这个道理,王瓊不可能不懂,不然《整理盐法疏》中也就不会有"量开中以通盐法"的条款(第四条,中心内容是根据行盐地人口多少和各边可供采购的米豆量来确定开中规模,控制盐引发行)。那么,他为何要强调盐利"取之无穷"?其用意其实不外乎呼吁皇帝将盐利"捐之于商"从而"得之于边"。从王瓊批评两淮运司场中纳银是偏袒淮商来看,其所谓"捐之于商"的"商"不能当作一般的商人来理解,而只能理解为边商。"边方官自和买"的时候,边商挣的只是粮食贸易利润,而由边中纳粮"通商转买"边商还可以挣得食盐贸易的利润。这一点,霍韬也曾明确指出:"输粟于边,则利归边民。若输银于户部,则利归于户部。今户部之征盐银也,计银一万两,加耗千两,下自吏胥皂卒,上而郎署卿佐,俱蚕食饵利焉。若行输粟之令,则户部失耗银之利矣。"①

总之,王瓊边中纳粮主张,既有保障边镇粮食特需供给的国家利益目的,同时也有保障旧体制下边镇地主和商人等群体既得利益的用意。

三、王瓊盐政主张与正嘉之际军事政治的关联

成化到正德朝,开中法变迁中与运司纳银相伴随的一个重要变化是正额外盐课和无课盐引的征收和发行,尤其是正额外盐引和无课盐引的独立发行,如割没余盐这一以正额外盐产为开中对象的盐引,还有无现课作支付保障的"残盐"。此类直接在场开中的盐引,成为皇帝亲贵占窝和大商人投机的重要对象,盐引运司纳银开中的收入大量流入势要和投托势要的奸商腰包,妨碍了边中正额盐引的兑付,从而损害平民商人和国家财政。弘治十七年,户科给事中刘茞谏止敕许外戚庆云侯周寿、寿宁侯张鹤龄家人中买两淮等运司残盐,斥其五大害:

> 今之皇亲下侵商利,为朝廷敛怨于民。盖把持行市,逼买灶盐,则害灶丁;残盐行则正课亏,商人经年坐守,则害商人;不附卷籍,不搭别场,任其所

① 霍韬:《渭厓文集》卷2,《夷情疏》,《四库全书存目丛书》史部第68册,济南:齐鲁书社,1996年,第534页。

之,皆得贸易,则害运司;生事扰民,莫敢谁何,则害有司;或遇兵荒,素无厚积,召商不至,何以为谋,则害国计。①

当时虽经户部、科道力谏,明孝宗仍固执不受。而大臣们也没有放弃谏诤。到第二年五月,孝宗崩逝,阁部科道与督抚相继利用遗诏、疏谏甚至以辞职相逼,经过马拉松式的抗争,终于迫使张鹤龄、周寿家人及新近夤缘获得敕许残引的商人谭景清等人相继以原价退回盐引。②

弘治正德之际,这一场围绕盐业利益分配,文臣与皇帝及其亲贵间展开的抗争,王瓊可以说是一位亲历者。他正德二年所上的《清理盐法疏》中第一条"重边饷以防大患"的中心议题就是建议取消场中纳银,恢复边中纳粮旧制;第二条"复旧制以清盐法",主张全面贯彻洪武祖制,取缔盐引转卖和残盐等名目;第三条"因民情以收盐利"(即霍韬所谓"议商人买余盐之法"),建议将商收余盐制度化,以补充正课、救济贫灶、消弭私贩,一举三得;第四条"量开中以通盐法"(即霍韬所谓"议量课中盐之法"),主张根据行盐地人口和边地粮食产量确定开中盐引发行规模,防止滥发盐引。可见,王瓊的盐法整理措施都是针对当时盐政中皇室、亲贵和投托奸商利益膨胀、侵害国家和普通盐商利益的弊端。

虽然这些建议在当时都没被采纳,却并非仅为王瓊的一己之见,就如霍韬为其所撰神道碑铭所言,王瓊的建议获得了同道的好评,称赞说:"输粟法行,边卒可无饥也。"其实,正德年间,"输粟法"和"商买余盐"的办法一度得以实行。如正德五年规定:"盐课不许于腹里地方中卖,亦不许奏开残盐,以遂商人奸计。待各边奏有缺乏,户部开送各边,报中本色粮草,不许折纳银两。"③另外,正德十四年规定:"各运司今后割没余盐,不拘多寡,俱令本商照依时估,纳银中卖,量加火耗,以资解人路费。"④但是,正德后期敕许占窝的盛行,让上面的规定成为具文。

---

① 《明孝宗实录》卷219,弘治十七年十二月甲子条,第4118页。

② 参见《明武宗实录》卷6,弘治十八年十月丁巳条,第193—194页;《明武宗实录》卷13,正德元年五月癸未条,第392页;《明武宗实录》卷40,正德三年七月庚申条,第947页。其他各卷与《明孝宗实录》的相关记载,不具列。

③ 申时行等:《明会典》卷34,《盐法三》,第9册,第953页。

④ 申时行等:《明会典》卷34,《盐法三》,第9册,第958页。据朱廷立《盐政志》,割没余盐,"就令本商纳价,类解本部",始于正德十一年御史卢楫之题准。见朱廷立:《盐政志》卷7,《秦钺禁开余盐疏》,《续修四库全书》第839册,第292页。

王瓊于正德二年九月至三年正月任户部右侍郎，正德六年十一月至八年六月，历户部右、左侍郎，升尚书。十年四月转兵部尚书。十五年十二月，改吏部尚书。十六年三月，武宗崩逝，王瓊与内阁首辅杨廷和争权，失败，五月下狱，谪居绥德。正德一朝，内地有百姓起义、藩王造反，边地有蒙古鞑靼部的侵扰、吐鲁番的不臣，而武宗的荒嬉、权贵的贪婪、内阁的因循，使得大明王朝左支右绌，穷于应付。王瓊作为当事大臣，尤其是在正德朝后期，其兵部尚书任上的权力和影响力，超压吏部，直逼内阁，不仅亲历其事，且力图振作、著有政绩。虽在政争中失败，绥德的谪居，却给了王瓊反思与寻机再起的时间。《双溪杂记》就是在这种背景下作成的。其中关于成弘正时期盐法演变的叙事，除多出叶淇与阁臣徐溥听信亲识淮商之言、奏准两淮运司纳银开中的情节之外，其主张边中纳粮的立场，与正德二年上疏相比，没有任何变化。

谪居时的王瓊追加这么一个情节，可信吗？其动机何在？王崇武和藤井宏都认为叶淇与徐溥都是品德高尚的人，不可能做徇庇亲识盐商的下作事。其实，这种主观的动机，在没有直接史料依据的情况下，是很难断定的。况且，王瓊熟知本朝典故，做过户部的主管，又以做事细致严密，享“敏练”之称，目前为止，又没有找到当朝人否定其说法的根据，因此，要断定该说法为凭空捏造，也会失之武断。

《双溪杂记》并没有指明叶淇奏准两淮运司纳银开中的时间，而《皇明泳化类编》却系于弘治五年八月。其依据何在呢？依笔者的理解，这是因为弘治五年八月刘吉致仕，徐溥成了内阁首辅(直到弘治十一年七月致仕)。而这时恰好叶淇在户部尚书任上。明代内阁票拟的决定权掌于首辅之手，所以邓球估计该事应该发生于此时。但邓球并没有细考叶淇任户部尚书时两淮运司纳银开中的事例。

王瓊之所以在《双溪杂记》中要把叶淇和徐溥特别标识出来，结合当时明廷权力争斗的形势和正嘉之际明朝政治的变化，就可以明了，是为了给他们的政治主张贴上一个可以从否定面来界定的符号。

绥德谪居，是王瓊争权失败的结果，同时也是他伺机再起的蛰伏期。从这个意义上看，《双溪杂记》就是他的“伺机”之作。他的主张，以及熟习财政、军事的资历，作为杨廷和政敌的资格，其实很快得到了“议礼新贵”的追捧。《明史·王瓊传》云：

> 张璁、桂萼、霍韬用事，以琼与廷和仇，首荐之，不纳。至嘉靖六年，有边警，萼力请用琼，不果。帝亦悯琼老病，令还籍为民。御史胡松因劾萼谪外任，其同官周在请宥松，并下诏狱。萼复言琼前攻廷和，故廷臣群起排之，帝乃命复琼尚书待用。明年（嘉靖七年二月），遂以兵部尚书兼右都御史，代王宪督陕西三边军务。①

王琼在陕西三边总督任上有两项重要政绩。一是实际促成了吐鲁番通贡的恢复，解决了延续将近60年的哈密危机。二是整饬和强化边备，有效打击了扰边的鞑靼部，安定了西北，缓和了北边的压力。而王琼的这两项政绩，又构成"嘉靖革新"在边防和军事上的成就。②

在解决哈密危机、强化西北边备过程中，"议礼新贵"和革新派在后勤事务上的主张主要有两个，一是主张实行边中纳粮，二是兴复军屯。如嘉靖七年正月，大学士杨一清在建言中就提出用开中盐引令商人上纳本色、优价籴买二法积聚粮储，又提出复兴军屯，进一步做到"以本土之所出共（供）本土之所需"。③同年十一月，詹事府兼翰林院学士霍韬上疏言兴复哈密的困难时，将甘肃粮价的昂贵归因于户部对盐法的改变。其文云：

> 昔我太宗皇帝之供边也，悉以盐利。盐一引输边粟二斗五升，是故富商大贾于三边自出财力，招游民垦边，地艺菽粟，岁时屡丰。至天顺、成化间，粟石银二钱。时有计利者曰："输粟二斗五升，支盐一引，是以银五分得盐一引。请更其法，课银四钱二分，支盐一引，银二钱得粟一石，盐一引得粟二石，是一引之盐得八引之例（利）。"户部以为实利，遂变其法，凡商人引盐，悉输银于户部。由是商贾耕稼积粟无用，遂辍业而归。边芜，米粟一石，直银五两，皆盐法更弊之故也。然则欲足边粮，其复太宗盐法乎！④

随后，桂萼亦上疏附和霍韬的说法。其疏云：

> ……故近日霍韬所论，惟言边盐当复旧法一节，则是实事。臣尝考之，

---

① 张廷玉等：《明史》卷198，《王琼传》，第5233页。

② 参见田澍：《嘉靖革新研究》，北京：中国社会科学出版社，2002年，第213—229页；及张廷玉等：《明史》卷198，《王琼传》。

③ 《明世宗实录》卷84，嘉靖七年正月丙申条，第1903页。

④ 《明世宗实录》卷95，嘉靖七年十一月辛酉条，第228页。霍韬该疏原文见《渭厓文集》卷2《夷情疏》，《四库全书存目丛书》史部第68册，第534—535页。

宣德、正统间，天下盐商尽在三边输纳本色草料米粟，其价甚轻，而户部并无收银转解之法。此所以边粟益多，边农益增，而天下盐价亦贱，中外咸受其利，所以三边安固，而居民充实。自弘治初，徐溥在内阁，叶淇为户部尚书，因与扬州盐商至亲，遂改此法，以致中国盐贵，而年例之银，尽归边官，其三边屯农、粮料为之大耗。臣尝建言于灾异本中①，而韬之所访，则与臣合，为得其实。今日所欲议拟兴修，莫有大于此者。而复之亦有渐，则在户部得人计处而已。②

嘉靖八年，王瓊在论哈密疏中举出不能对吐鲁番轻易动武的五条理由，其第一条是“我之军额空存百无一补而兵不足，屯田满望十有九荒而食不充”。为解决“食不充”，他提出两个解决办法：“专官运粟河东以济乏籴之急，募民广屯塞下以浚足食之源。”③

将霍韬、桂萼、王瓊三人奏疏中说法以及王瓊正德二年奏疏、《双溪杂记》中的相关说法综合起来分析，可以发现以下几点：

第一，霍韬与桂萼的奏疏、王瓊《双溪杂记》有一个共同点：都认为叶淇改变盐法是边储短缺的主要原因。

第二，霍韬疏与王瓊《双溪杂记》有两处不同。(1)霍韬认为场中纳银造成边储短缺，其内在的逻辑是造成了盐商边地商屯的撤业，恶化了边地的粮食供给。而《双溪杂记》则认为场中纳银造成边储短缺的内在逻辑是“近边米豆，无人买运，价遂腾贵”。所谓“近边”指的是靠近边镇的州县。也就是说，王瓊认为场中纳银让盐商的资金从近边州县的粮食收购市场抽离，导致近边州县的粮食不能有效运送到边镇，从而造成边镇粮价上涨。所以，对于王瓊来说，场中纳银阻碍了近边和边镇间的粮食贸易，因而造成边镇粮价上涨，而霍韬则认为场中纳银造成了边镇粮食生产的衰落，故而造成边镇粮价上涨，两者虽然都认为场中纳银造成了边镇粮价的腾涌，但实际的因果逻辑却迥然相异。而且从王瓊嘉靖八年的奏疏也可以看出来，他虽然主张“募民广屯塞下”，但并没有将商屯撤业与开中

① 见桂萼：《应制条陈十事疏》之“复边粮”，载陈子龙等：《明经世文编》卷179，第1828—1829页。

② 桂萼：《文襄公奏议》卷5，《进哈密事宜疏》，《四库全书存目丛书》史部第60册，第132—133页。

③ 《明世宗实录》卷100，嘉靖八年四月戊子条，第2381页。

法的变化联系起来。(2)霍韬并没有明确将场中纳银与“叶淇变法”联系起来,只是笼统称之为“户部”。而王瓊《双溪杂记》则明确提出了“叶淇变法”的说法。

第三,桂萼把霍韬说及王瓊说糅合起来,将边中纳粮向场中纳银的转变等同于“叶淇变法”,并且将“叶淇变法”造成边镇粮价腾贵的原因归结于变法导致的“三边屯农、粮料为之大耗”。

因此,可以说,后来被众多明清文献奉为经典叙事的“叶淇变法”较为完整的文本,其实是嘉靖朝“议礼新贵”桂萼的创制。经过“议礼新贵”的宣传,“叶淇变法”败坏边储的说法遂流行开来。到《明史食货志》遂定格为两段文本。

其一:

> 明初,招募盐商于各边开中,谓之商屯。迨弘治中,叶淇变法,而开中始坏。诸淮商悉撤业归,西北商亦多徙家于淮,边地为墟,米石直银五两,而边储枵然矣。①

其二:

> 明初,各边开中商人,招民垦种,筑台堡自相保聚,边方菽粟无甚贵之时。成化间,始有折纳银者,然未尝著为令也。弘治五年,商人困守支,户部尚书叶淇请召商纳银运司,类解太仓,分给各边。每引输银三四钱有差,视国初中米直加倍,而商无守支之苦,一时太仓银累至百余万。然赴边开中之法废,商屯撤业,菽粟翔贵,边储日虚矣。②

四、商屯的梦想与实绩

嘉靖“议礼新贵”和革新派杜撰永乐商屯神话以及“叶淇变法”与商屯崩溃之间的因果关系,其最为堂皇和最为引人注目的政策目的,在于透过边中纳粮,用简单的市场激励办法,复兴九边屯田,刺激当地粮食生产的发展。嘉靖七年正月,大学士杨一清在提出盐法回归边塞纳粮开中的同时,提出了复兴陕西屯田方案:1. 选补军屯屯丁。2. 招募陇右关西之民,以屯塞下,授地之外,任其开垦,俟

---

① 张廷玉等:《明史》卷77,《食货一·田制》,第1885页。

② 张廷玉等:《明史》卷80,《食货四·盐法》,第1939页。

三稔,乃征其租,一切徭役皆复之。3. 官以万金买牛及田器,审屯丁系贫窭者,及清解屯军与招募初至者,人给牛牝牡各一只,犁铧各一具,种子五石,每年所获,自输租外,即偿原借种子,以备春作更给。4. 屯地之埋没者,听人首告,占种于官豪者,谕令吐退而不追其往。5. 春种秋获时,各地守臣晓谕约日并作,大发兵卒为之守望,以防虏寇。6. 选任称职管屯官,贪婪侵克者罚无赦,三年以上屯粮无负者赏之,五年以上无负及有赢积者荐举擢用。

从以市场机制复兴屯田的角度看,杨一清的六条建议,有三点值得注意。第一,招商(原文为民,从政治身份讲,商与民可以等同)兴屯,只是军屯的补充,复兴军屯是重点。第二,商屯"授地"之外的垦地仍要征收赋税。第三,鼓励检举揭发,迫使官豪吐退所隐占的屯地。

杨一清的建议被嘉靖帝采纳,令提督陕西三边军务兵部尚书王宪、专理甘肃粮饷修举屯政督察院右佥都御史刘天和"如所奏用心区画,身亲督课,务底成效"。[①] 刘天和召集肃州卫丁壮及山陕流民4500人,择其中矫健善战者,密筑墩台、增其垣埤楼堞,使居其中,平时耕牧,遇警保塞,并逐步推广到甘州、凉州、山丹、永昌、庄浪诸卫。[②] 又先发银1万两购置耕牛,续发银2万两购置种子,散发给屯军。[③] 据说刘天和整顿屯田颇有成效,"屯政悉举"。[④]

同年十一月,刑部尚书胡世宁接受兵部尚书任命时,条陈兵务十事,建议以"广屯种"、"兴盐利"、"预收籴"而"足边储"。"广屯种"的内容是"请令各屯原额地土有抛荒及空闲者,无论土豪、官民、军舍,尽力开垦,永不起科"。"兴盐利"的主要内容是边中纳粮。嘉靖帝批复曰:"所奏悉经国筹边至意。事关兵政者,待卿逐一审处,具奏定夺。在别部者令各详议以闻。"[⑤]其基本主张,与杨一清相同。不同的是,将"官豪"加入了鼓励开垦的对象。而这一点,并未得到"革新派"的赞同。

嘉靖二十一年十二月,礼科都给事中管见上奏曰:

---

① 《明世宗实录》卷84,嘉靖七年正月丙申条,第1906页。

② 《明世宗实录》卷99,嘉靖八年三月丁未条,第2340页。

③ 《明世宗实录》卷105,嘉靖八年九月己亥条,第2478—2480页。

④ [雍正]《甘肃通志》卷30,《名宦·刘天和》,《景印文渊阁四库全书》第558册,台北:台湾商务印书馆,1986年,第155页。

⑤ 《明世宗实录》卷95,嘉靖七年十一月庚申条,第2225页。

（前略）祖宗以来，军士月粮取给山陕诸路，而客兵与赏赐费皆藉屯盐之利。其后夷虏日肆，屯田渐荒，而将帅有力者，尚（尝）号集家丁，与盐商巨贾，连结堡寨，居常则屯种自营，虏至则阖众备御。岁久，守臣恶其专利，遂为厉禁。于是家丁散流，富贾亏损，膏腴之地，弃为虏牧，屯盐二利俱废，而边陲荒落，兵力不振矣。今欲实边，必兴盐法。欲兴盐法，必复屯田。臣请严敕沿边总督抚按官，令将帅军民，凡有力者，听其招集流亡，开垦土田。力不赡者，官给牛具，俾有成业，即为己产，永不起科。（后略）

嘉靖帝批复云："屯田、盐法，实足边至计。近因各官建白，阻挠不行。今屯田未可顿复，便敕督抚、巡按榜谕地方将帅军民人等，将各边堪种地土，开垦成业，永不起科。其余下该部再议以闻。"①

嘉靖帝批复中所说"近因各官建白，阻挠不行"云云，并未明确指出什么人具体阻挠屯田盐法建白中的哪项建议，但结合管见上奏的内容，不难窥见，所谓阻挠者即"守臣"，可以视为执行杨一清方案的边镇督抚。除将"将帅有力者"列入鼓励开垦的名单外，与杨一清的方案相比，管见建议还促成了垦荒永不起科政策的颁布。但这一政策并未明确界定"荒田"，仍存模糊。

尤为值得注意的一点，是管见上奏揭示了明朝特定政治权力结构下边镇屯田开垦资源配置和产权激励的困境：杨一清的方案，无疑更倚重政府资金在耕牛、种子和水利上的投入，然而，在"南倭北虏"压力下的明政府，缺少的正好是资金。在产权保护（所有权、耕作权和收益权等）上，杨一清更重视国有地权和租税收入，而不是对实际开垦者的鼓励；不时面临"虏"掠的边镇田地收入保障，仰赖于有力的军事保护，而将帅有力者出于切身利益而号集家丁提供的保护力无疑优于为国而战。因此，杨一清方案能收效于一时而难收效于长久。

杨一清方案推行的典型地区甘肃镇，据嘉靖二十五年甘肃巡抚杨博的奏报，"臣自入境以来，见所至荒田，不下万顷"。可见，在该方案推行 18 年后，在甘肃取得的成效远逊预期。杨博"逐一踏勘，召人承种，不见有响应者。会集父老问之，咸以为往年兴复屯田，或种未入土，名已入册；或人已在逃，粮犹如故。不知虏至，则不得耕牧，水淤则不能灌溉，其从来抛荒之地，虽节奉事例，永不起科，官司一概追征，更无分别。未受富饶之利，先罹剥肤之害。以故宁甘贫窭，不敢承

① 《明世宗实录》卷 269，嘉靖二十一年十二月丁酉条，第 5308—5309 页。

认"。针对性的解决办法自然就是保护垦荒的收益权。因此,户部重申各边垦荒永不起科,原系起科今荒芜者,免税十年。① 比嘉靖二十一年的"永不起科"政策细化了。

由不系统的史料(数据),无法确切评估垦耕额外荒田"永不起科"政策此后到嘉靖末年的绩效,也无法评估边中纳粮的维持对商屯展开是否真有作用,但根据此后盐法的演变,可以就开中对九边地区的粮食生产的影响作出大致的推测。

嘉靖以后盐法演变的总趋势是借场中纳银扩大户部的白银收入,尽管这种扩大表面上以保障边中纳粮的实现为前提,盐课正额一直用于边中纳粮,但实际上从事边中纳粮的边商利益日益被挤压,有实力的商人放弃边中而逐利于盐场。因此,边中纳粮的维持,对商屯无法收到积极推动的功效。但是,由于包括盐课收入在内的白银投入不断增加,九边地区的粮食需求市场非但一直没有萎缩,而且随着客兵驻留的长期化,在边境秩序尚能维持的前提下,粮食需求有相当幅度的增长。因此,边地粮食生产的需求激励是趋于强化的。从这一需求强化激励中获益的,当是军屯和官豪势要,尤其是具有高权力构成的官豪势要。在万历初期,内阁首辅张居正推动和主持的土地清丈中,九边地区的军屯耕地面积都有不同程度的增长,②而商屯则无法查到确切的会计数据。

商屯明确登上明代官方文献记载的年代,是万历十四年(1586)。这年七月,户部议复南京礼部尚书袁洪愈条陈慎边防书中的"屯田盐法一款":

> 先年屯政修举,故沿边士马之费,取诸民运、盐课、屯田而自足。自屯政坏于因循之既久,田额紊于旧籍之无存,将领全无劝相之方,士卒习于游惰之风,间有贫军开垦尺寸之地,粒米尚未入口,而增银已先报官,且不才将领,将膏腴者公然隐占,坐夺田亩之利,无惑乎屯田荒芜,兵饷不充,盐法壅滞,商人受困也。合咨各边督抚诸臣,共图长计,将屯田、盐法悉心区画,清

① 杨博:《查处屯田计安地方疏》,[雍正]《甘肃通志》卷45,《艺文》,《景印文渊阁四库全书》第558册,第593—595页。《明世宗实录》载:"户部议覆巡抚甘都御史杨博所奏屯事宜,言:经略河西,莫先于兴复屯田。而屯政所以不举者,催征扰之也。种未入土,名已在册,人已在逃矣。请令诸边臣召民垦辟,永不征赋。其故尝征赋而复荒芜者,并许佃种,一体蠲免。抛荒地土,任民开垦,永不起科。原系起科,今复荒芜者,蠲赋十年。边臣敢有变乱屯法者,巡按御史参奏处治。"见《明世宗实录》卷317,嘉靖二十五年十一月辛巳条,第5919页。

② 参见樊树志:《万历清丈述论——兼论明代耕地面积统计》,《中国社会经济史研究》1984年第2期。

> 查屯地，随宜开垦，旧额者照旧征税，新垦者永免起科。招抚商人，愿备工本赴彼开垦屯田中盐者，听其募人垦种，输纳本色，以为飞挽之利。不许将领势豪专利占引，阻坏盐法。庶屯盐相济，而疆圉攸赖矣。①

明神宗批准了户部的议复。户部议复，明确了三条具有操作性的政策。第一，各边新垦土地永远免税。第二，招商自备工本开垦。第三，垦商义务是缴纳粮食中买盐引，将商屯与边中纳粮制度化。

翌年，明廷再次颁布敕谕，令各边清查耕地上报。《明神宗实录》载：

> 户部题：臣惟国家大计在边储，而屯田、盐法则皆边储之最要者。近日各边年例增至三百一十五万九千四百余两，视弘治初且八倍。方今诸虏款贡，疆圉宁谧，欲举屯额而垦复之，将抛荒屯田随宜开垦。至于陕西、宁夏、甘肃等镇，地方孤远，果有商人愿备工本，赴彼开荒中盐者，听其垦种输纳。合通行各边督抚诸臣，备查原额屯田，今失额抛荒，或额外尚有堪种余地，尽数清出，限本年十月内各具数造册。如前地无人承种，有商人愿备资本赴彼开垦者，听。巡抚衙门随其报认，籍名于官，计垦田之分数，为中盐之多寡派（"派"为衍文），籍垦田所入，以资中盐之费，杜今日占窝之奸。
>
> 上曰：召商垦田事宜，着该督抚官着实举行，以济边储。②

十五年的政策无疑比十四年的更为具体。检索《明神宗实录》，落实商屯者仅有大同与宁夏两镇。据宣大总督郑雒与大同巡抚王基的联衔奏报，大同有抛荒地 3287 顷，该粮 14129 石，草 24562 束，"应督令士（土）、运二商，并所在居民开垦。商人议给盐引，居民俟三年成熟起科。如民贫无力，官给子种，秋熟征还。"当时大同每年招纳本色的盐引是 113800 余引，该价银 45600 余两。③ 当时的粮价，若以每石 1.5 两白银计算，④假设大同的抛荒地全部招商，则商屯可以消化 46.48%（14129×1.5÷45600×100%）的盐引，或者说为其提供开中粮食保障。次年又增加 80.7 顷，除按照亩数中引外，每亩须纳杂粮 5 升。⑤ 宁夏则商

---

① 《明神宗实录》卷 176，万历十四年七月辛丑条，第 3237—3238 页。

② 《明神宗实录》卷 186，万历十五年五月癸卯条，第 3484—3485 页；《明神宗实录校勘记》，第 816 页。

③ 《明神宗实录》卷 206，万历十六年十二月壬寅条，第 3859—3860 页。

④ 大同当时确切粮价不明。《明神宗实录》载俺答封贡前后粮价变化，"昔各边斗米值银二三钱，今则仅值钱许"。见《明神宗实录》卷 67，万历五年九月庚午条，第 1647 页。

⑤ 《明神宗实录》卷 211，万历十七年五月己未条，第 3953 页。

人认中淮浙盐 84568 引，认种荒地 27.209 顷。另有余丁、商人认垦的荒田 1080.41 顷。[①]

万历二十一年(1593)，明神宗感叹：“屯田盐法，节经申饬，并未见着实遵行。”[②]

其实商屯展开面临两个关键问题，明廷都难以解决。

一是商屯的开中权保护，受制于九边地区边将—权贵主导的军事—经济社会。在此边镇社会里，身份为民的边商，其资本的权力构成[③]远远低于边将—权贵所持有资本的权力构成。

万历十八年(1590)冬，明廷遣京卿与给事中阅视九边。翌年回京后，阅视辽东吏科左给事中侯先春上《安边二十四议》，其中第十八款“定盐商”等建议被采纳。[④] 关于边中纳粮中的势要占窝，其中有这么一段话：

> 辽东外商绝少，惟是势豪霸占，商人不能与之亢(抗)，至有岁兼万引者。又有阿事谄媚，分讨引目，争相投献者。计全辽之引，不过一十一万，而势豪将领，顾得其十之六。以是土商一名，仅得一二十引，或不及十引者，而土商之病甚矣。欲躬致之扬州，则引少而不足以往；欲转卖之豪贵，则势压而卒为彼乘。有中盐之糜费，无中盐之实利，宜其恐惧思逃也。[⑤]

所谓“土商”，指的是边镇当地商人，相对于“外商”而言。而“外商”亦称“运商”(如上引万历十五年宣大总督与大同巡抚联衔奏报中所提到者，指自近边运粮开中的商人)。在明朝嘉靖以后的文献中，与运司开中的内商相对应，合称为“边商”。由于辽东镇世豪将领利用特权霸占了开中盐引的百分之六十，当地开中商人无法获得足够赢利规模的盐引数量，陷入困境。

二是开中收益的兑现受制于明廷兑付违约。

为了解决土商开中受制于“世豪霸占”的问题，侯先春提出一个对策：

---

① 《明神宗实录》卷 209，万历十七年三月乙卯条，第 3911—3912 页。

② 《明神宗实录》卷 261，万历二十一年六月辛丑条，第 4845 页。

③ 西方古典经济学和新古典经济学以及马克思主义经济学，都未曾将权力作为分析厂商的内生要素，其实经济史的观察屡屡表明，权力是内在于厂商行为的。所谓“资本的权力构成”，是仿照马克思“资本的有机构成”而提出的概念。资本的权力构成＝P(权力)×C(资本)。

④ 遣侯先春京官阅视九边事，见《明神宗实录》卷 230，万历十八年十二月甲申条，第 4262—4263 页。侯先春条议被采纳情况，见同书卷 241，万历十九年十月己酉条，第 4494—4495 页。

⑤ 侯先春：《安边二十四议疏》，载陈子龙等：《明经世文编》卷 428，第 4687 页。

为今日计，合无比照宣大事例，逐一清查编审，禁革势豪占窝。大略以土商九分，外商一分为率，各分为上中下三等，定以引数多寡，造册题请钦依。每年可省开派之烦劳，可绝富商之请托，可免势豪之霸占，而商人亦且乐于轮纳。①

据此，所谓“宣大事例”当是上文所提到的万历十六七年宣大总督郑雒和大同巡抚王基在清查大同屯田后为保障土商和外（运）商的开中权而采取的办法。结合此两份史料，大致可以推断大同对开中商人的编审有几个做法：1. 将大同从事开中的商人分为土商、运（外）商两类，又按照经济实力各分为三等。2. 大同开中引额按照类等在开中商人间分配相应引数多少。3. 开中商人分配相应商屯地，作为开中纳粮的保障。

编审边商的目的，在于“禁革世豪占窝”，也就是防止边镇将领和权贵利用手中掌握的军事政治权力垄断开中的特许权，以保障边商的开中特许权。边商通过编审获得的开中特许权保障，类似万历四十五年（1617）两淮内商通过纲法获得的“窝权”（盐业经营特许权）。

但是，祸福相依。政府对商人开中权的保障，对应的是商人的纳粮义务。在盐法运作良好的时候，保障与义务的履行顺畅，两利双乐，就像隆庆二年（1568）总理江北盐屯都御史庞尚鹏所言，“权贵之家属，嘱托夤缘，欲染指于其间，犹恐不入手”。嘉靖后期以来，盐引超发，兑付严重愆期，“今商人之散，招之不来，而逼勒富民代之”。为了完成开中筹粮任务，边镇督抚“遂督责沿边有司，或报殷实富户，或提原日（旧）商人，驱逼上纳，如捕重囚。其间鬻田宅、刮资财、破家以奔命者，饮泣呼天，无从吁告，可胜叹哉！”②

与内商，尤其是与内商中的囤商相比，边商处于弱势（没有足够财力经受政府愆期、预征等形成的债务压力、无法有效影响盐引勘合的兑付），一旦盐引超发，他们就成为第一批牺牲者。纲法施行后数年间，盐政运作顺畅，但随着明廷搜刮的加重，到天启后期，两淮“又以浮课横行，官盐壅滞，年来大工（北京宫殿因灾修复）搜刮，正供逋至百万，而内商困矣”。内商困，必至边引难售，崇祯元年（1628），户部尚书毕自严了解到“秦晋各边，多拘土民以纳盐粮，号曰边商，如

---

① 侯先春：《安边二十四议疏》，载陈子龙等：《明经世文编》卷428，第4687页。

② 庞尚鹏：《百可亭摘稿》卷2，《清理盐法疏》，《四库全书存目丛书》集部第129册，第164页。

蹈汤火，而边商困矣”。[①]

崇祯初年，朝臣上章言屯田、盐法者纷纷，有引用“商屯臆想”者，建议废除场中纳银全额开边招商纳粮以鼓励商屯。户部尚书毕自严分撰“屯田”、“盐法”两疏答复，结论是发展商屯根本在于政府自我约束盐引超发，保障盐政顺利运作、边引能及时兑付，边商利益获得保障。所以，崇祯皇帝批复：“今日正宜修明累朝见行旧制，以疏盐为第一义，盐法既通，商人乐于趋利，赴边开垦，粮储自然充足，不必纷纷条议，改纳银为输粟，徒滋口说，无裨实用。”[②]

由于崇祯年间的明朝，已陷入财政危机、军事危机、社会危机恶性循环的亡国轨道，一切的条议，其实皆为“徒滋口说，无裨实用”。

五、结　论

总结全文，可获如下结论：

1. 王瓊在嘉靖初年完成的《双溪杂记》里最早提到“叶淇变法”，其目的是为了显示自己主张的正确，彰显他人的错误，给他自己作为杨廷和反对派的政治主张一个可以从否定面来标识的符号，从而为自己的复出张本。虽然他指出盐课场中纳银导致了边储空虚的流弊，但是他并没有将“叶淇变法”等同于边中纳粮向场中纳银的转变，也没有指出“叶淇变法”导致了商屯撤业。相反，他认为边中纳粮向场中纳银的转变是成化以来的一个倾向，他反对两淮的这一倾向，但赞成其他课额较少的盐司实行场中纳银。

2. 嘉靖初年，“议礼新贵”霍韬在讨论哈密问题时，为了申述其有关边储的主张，描述了太宗时期利用盐课边中纳粮机制、引导商人沿边兴屯、边储充足的理想图景，批评天顺、成化以来的场中纳银导致商人撤屯、边地粮价腾贵。

3. 另一“议礼新贵”桂萼，糅合王瓊说与霍韬说，描绘了宣德、正统时边中纳粮带来的“边粟益多、边农益增”的景象，将边中纳粮向场中纳银的转变等同于

① 毕自严：《度支奏议》之《山东司》卷1，《题复诸臣条议屯田疏》，《续修四库全书》第487册，第553页。

② 毕自严：《度支奏议》之《山东司》卷1，《题复诸臣条议盐政疏》，《续修四库全书》第487册，第559页。

弘治初"叶淇变法",并且将"叶淇变法"造成边镇粮价腾贵的原因归结于变法导致的"三边屯农、粮料为之大耗"。这就完成了后来被众多明清文献奉为经典叙事的"叶淇变法"的最初完整文本。

4."叶淇变法"说,是嘉靖初年"议礼新贵"和"革新派"为了宣传自己的政治主张、凸显以往政治缺失而刻意创制的符号。

5.由于"叶淇变法"与"商屯臆想"说批判了有利于势要和"奸商"的场中纳银,因此一直受到文人和具有文人根性官员的偏爱,而不愿顾及其影响边储的有限性,也不愿全面正确地认识场中纳银转变对增加国课的积极意义。

6.虽然在"商屯臆想"和费用节省(只要边镇管粮官不是腐败到完全不顾上仓粮食质量,则边中纳粮较发银招商纳粮省费)算计的驱动下,嘉靖以后,明廷屡有鼓励商屯之方,但商屯实绩非常有限,其原因有三。第一是商屯只是军屯的补充,实际地位并非"商屯臆想"所描绘的那么重要。第二是商屯的开中权在边将—权贵主导的军事—经济社会中不易获得切实保障,而在获得了政府的"编审"保障后,又遭遇了第三个原因中所提到的障碍。第三是嘉靖以后的明政府屡屡超发盐引,引发周期性的大规模违约,导致边商破产。

尽管"叶淇变法"和明初商屯兴盛的臆想,都属于嘉靖时"议礼新贵"和"革新派"为特定政治目标而制造的符号,但在一定程度上鼓励了政府内部顺应市场机制的努力。这种努力在于抑制权贵利用特权与民争利、蠹蚀国益,以运用市场机制刺激盐商在边地开展粮食生产。虽然由于多种因素,此努力收效甚微,也未能实质上改变商人与政府的关系。① 边商的"编审"也好,两淮盐场的"纲法(以及在长芦等其他运司的推广)"也好,都是"无限责任承包制"。然而,"无限责任承包制"却较为有效地保障了盐商资本的权力构成,限制了"势要占窝",与官僚机构直营相比,也提高了盐政效率。②

---

① 如卜永坚认为,纲法下的盐商人对政府承担的是无限责任,纲法不过是商役的承袭、是商业里甲制,纲法确立的是盐商"无限责任承包制"。参见卜永坚:《商业里甲制——探讨1617年两淮盐政之"纲法"》,《中国社会经济史研究》2002年第2期。

② 本文第二节论述过边中纳粮较发银招商纳粮效率高,而清代内务府拥有21州县行盐地的长芦运司"永庆号"盐局的经营,多年经验证明,"与其派令官人经理,不如招募民商为便"。参见《署理长芦盐政丽柱为天津永庆号盐局招募民商承办缘由事奏折》,乾隆十五年二月十五日,宫中朱批奏折,载中国第一历史档案馆编:《清代长芦盐务档案选编》,天津:天津人民出版社,2014年,第61页。

明清商人的职业身份认同

张明富

明清时期是中国古代商品经济发展的第三个高峰。商品经济的发展,市场的扩大,为人们营商提供了广阔的舞台。大批人弃农、弃儒经商,加入商人的行列,商人队伍空前壮大。根据方志、文集的记载,有不少地方的商业从业人员占总人口的比例达60%左右。如明代蒲州,“土陋而民伙,田不能以丁授,缘而取给于商。计坊廓之民,分土而耕菑者,百家不能一焉。其挟轻资,牵车牛走四方者十而九。”①清代山西,民俗勤俭,有唐魏遗风,赋税缴纳如期,“不烦追比,农贾相半”。② 徽州地处皖南,汪道昆估计,“新都业贾者什七八”;③王世贞说:“大抵徽俗,人什三在邑,什七在天下。”④民国《歙县志》载:徽州地区,“商贾居十之七”。⑤ 另如山东临清,“服贾之民,恒居十之六七”。⑥ 福建福清,“什三治儒,什七治贾”,⑦等等。那么,明清时期的商人对自己所从事的职业是否认同呢?认同度又如何呢?这一问题关乎对明清商人心理与行为模式的理解,更关乎对明

---

① 张四维:《张四维集》卷21,《海峰王公七十荣归序》,上海:上海古籍出版社,2018年,第558页。

② 徐继畬:《松龛先生全集》奏疏卷上,《请整顿晋省吏治疏》,载沈云龙主编:《近代中国史料丛刊》续编第42辑,台北:文海出版社,1987年,第16页。

③ 汪道昆:《太函集》卷17,《阜成篇》,合肥:黄山书社,2004年,第372页。

④ 王世贞:《弇州四部稿》卷61,《赠程君五十叙》,《景印文渊阁四库全书》第1280册,台北:台湾商务印书馆,1986年,第92页。

⑤ 《歙县志》卷1,《风土》,《中国地方志集成·安徽府县志辑》第51册,南京:江苏古籍出版社,1998年,第39页。

⑥ 孙葆田等:《山东通志》卷40,《风俗》,台北:华文书局,1969年,第1506页。

⑦ 叶向高:《苍霞草》卷14,《林参军传》,《四库禁毁书丛刊》集部第124册,北京:北京出版社,2000年,第382页。

清商人群体历史命运的认识，具有重要的研究价值。然目前尚无专门、系统的成果面世。兹不揣谫陋，作一尝试性的探讨。不妥之处，祈请方家教正。

一、明清商人身份认同的多种类型

认同(identity)，在汉语词汇中，即是认可、赞同之意。身份认同即为个体对其社会身份的自我确认。人在社会上的身份是多重的，要充当多种角色。职业身份认同就是指个人对其所从事职业的认知和感受。明清商人地域分布广，人数众多，其职业身份认同必然多样，不可能划一，大致可分为两大类型，即价值型和工具型。如果再进一步细分，价值型又可分为价值型A和价值型B；工具型也可分为工具型A和工具型B。共两大类，四小类。

（一）价值型A

此类商人群体对其所从事的商业完全认同，将经营商业、积累财富当作实现人生价值的方式和途径，自尊自信，乐在其中，内心充满了喜悦和满足。这方面的例子从史籍中可以见到不少。许侔先，正统至嘉靖间歙县人，继承父业从商，“营运于荆楚之间”，常常讲，士农工商四业无高下、贵贱之分，“人之处世，不必拘其常业，但随所当为”。既然选择了商业这一职业，即应勇往为先，“苦其心志，劳其筋骨，以致富有”，[①]裕身肥家。吴肖甫，万历至崇祯间歙县人，与父亲吴正模一道，贾于楚地，极富经商才能，“间划一筹，巧出若翁上”。信心满满，理直气壮，敢于与儒士较高下，他说：“岂必儒冠说书乃称儒耶！”[②]言外之意，商人只要践履儒家学说，也可称儒，认为商贾的价值不在儒士之下。吴良儒，歙县人，生九岁而孤，娶妻后，请受经为儒，母曰：“儒固善，缓急奚赖耶？”命之业商，“深惟之，三越宿而后反命”，经过数晚的思想斗争和审慎的思考，决定听从母亲的安排。他说：“儒者直孳孳为名高，名亦利也。藉令承亲之志，无庸显亲扬名，利亦

---

① （歙县）《许氏世谱·西皋许公行状》，载张海鹏、王廷元主编：《明清徽商资料选编》，合肥：黄山书社，1985年，第238页。

② 《丰南志》第5册，《光裕公行状》，载张海鹏、王廷元主编：《明清徽商资料选编》，第240页。

名也。"[①]东走松江贸易,后以"泉布"起家。他认为,读书做官扬名显亲,光耀门楣,其实质仍是给家族带来利益;经商追逐利润,兴旺家业,也同样能给家族带来荣耀。名利相通,儒贾具有同等的价值,业儒者并不能占据道德的制高点。王文显,成化至嘉靖间山西蒲州人。业儒不成,弃而为商,"善心计,识重轻,能时低昂",家致饶裕。前后经商 40 余年,足迹半天下。尝训诫诸子曰:"夫商与士异术而同心,故善商者处财货之场而修高明之行,是故虽利而不污;善士者引先王之经而绝货利之径,是故必名而有成。故利以义制,名以清修,各守其业,天之鉴也。如此则子孙必昌,身安而家肥矣。"[②]他认为,高明的商人应该是身处货利之场,以义制利,保持道德高洁,不做金钱的奴隶;高明的士人应该是潜心钻研先王之道,不生货利之心,趋炎附势。商与士虽职业不同,但对道德的坚守是一样的,商人与儒士在道德上是平等的。梁玉成,广东顺德人,兄弟三人,玉成为长,代父营商,支持二弟业儒,他说:"吾营产业,汝勤学业,各肩厥任以承考志,勉矣,勿以尘务撄心。"[③]将营产业、勤学业并列,认为此两者皆是家族兴盛的支撑,同等重要,不可或缺。持此种职业身份认同的商人在徽商、晋商、粤商以外的其他商帮中皆有存在,他们都把业商与业儒置于同等重要和具有相同意义的地位。

(二)价值型 B

此类商人对所从事的商业虽在总体上是认同的,但具有"迫不得已"的色彩,认为从商比业农更能体现价值,不失为自我价值实现的一种途径。但在他们的心目中,业商只是"眼前的苟且",业儒才是他们的"诗和远方"。汪弘,弘治至嘉靖间休宁人,"幼失恃",家计多艰,及长就学,在"疏通闻见"后,即弃儒经商,经营盐业,北跨淮扬,南游吴越。尝自谓:"生不能扬名显亲,亦当丰财裕后。虽终日营营,于公私有济,岂不犹愈于虚舟悠荡,蜉蝣楚羽者哉!"[④]在他的价值认知里,业商"于公私有济",对社会有益,但与读书做官相比,是第二位的选择。

① 汪道昆:《太函集》卷 54,《明故处士谿阳吴长公墓志铭》,第 1143 页。

② 李梦阳:《空同集》卷 46,《明故王文显墓志铭》,《景印文渊阁四库全书》第 1262 册,台北:台湾商务印书馆,1986 年,第 420 页。

③ 《梁氏支谱》卷 3,《貤封奉直大夫内阁中书梁公传》,载广东省社会科学院历史研究所中国古代史研究室等编:《明清佛山碑刻文献经济资料》,广州:广东人民出版社,1987 年,第 359 页。

④ 《汪氏统宗谱》卷 116,《弘号南山状》,载张海鹏、王廷元主编:《明清徽商资料选编》,第 440 页。

许秩,弘治至嘉靖间歙县人,商游江湖20年,下闽广,入湖湘,抵鲁豫,“致息数倍”。他认为,大丈夫“安能效农家者流,守镃基,辨菽麦”,与土地打一辈子交道?“非锐意经史,即寄情江湖间,各就所志,期无忝所生而已”。① 人生的价值体现在精研经史、治国平天下和经商谋利两个方面,但前者居于优先的地位。杨继美,嘉靖至万历间山西代州人,读书喜博综群籍,涉猎大义,“挟数千金,游贾江淮”,自信满满,充分肯定业商的价值,他说:“念四民之业,各有所托以成名,今纵不能殖学以显,自托于士林,幸藉先人遗赀,修其业而息之,犹贤乎!”②认为士农工商四业各有其社会价值,他继承家业经商,发扬光大,也可称贤!贤与圣在以儒家为主流意识形态的传统社会中合称圣贤,泛指道德才智杰出的人,是儒家最高的理想人格。继美以此自况,足见内心的充实与强大。但这并不是他的终极价值目标追求,“殖学以显,自托于士林”,助天子以致唐虞之治,才是其最高理想。席铭,成化至嘉靖间山西平阳人,幼攻举子业,不售,遂泛舟江湖。他说:“丈夫苟不能立功名于世,抑岂为汗粒之偶,不能树基业于家哉!”③大丈夫人生价值目标的首选应是“立功名于世”,治国平天下。第二的选择方是经商致富,建立家业。“为汗粒之偶”,从事农业是断断不可的。在席铭的职业身份认同的序列中,最高是儒,其次是商,再下是农。他对商贾的认同是以业儒理想的幻灭为前提的。张景发,字秀实,清西安府北圪塔村人。为人忠厚和平,业商也不是他的初衷,只是因业儒未成而“寄迹市廛”。因此,一生重道崇儒,每遇读书人,“必诚敬尽礼”。④ 身居市廛,对儒士充满无限钦羡。无疑,儒士占据着其内心的最高位置。

(三)工具型A

此类群体视经商为工具和手段。他们之所以经商,大部分都是为家庭经济

---

① (歙县)《许氏世谱》第5册,《平山许公行状》,载张海鹏、王廷元主编:《明清徽商资料选编》,第216页。

② 王家屏:《复宿山房集》卷26,《封刑科给事中杨公墓志铭》,载沈乃文主编:《明别集丛刊》第3辑,合肥:黄山书社,2016年,第66册,第595页。

③ 韩邦奇:《苑洛集》卷6,《大明席君墓志铭》,载沈乃文主编:《明别集丛刊》第2辑,合肥:黄山书社,2016年,第8册,第380页。

④ 《续修醴泉县志稿》卷7,《人物一》,《中国方志丛书》华北地方第314号,台北:成文出版社,1970年,第489页。

窘境所迫,或为谋生,或用贫求富,既无人生价值实现的高度,也没有觉得经商低贱,完全是为了满足世俗的目的。如尹元,明永昌府人。父殁,事孀母戚氏至孝,“贸易奉养,备极甘旨”。后家境日渐殷实,慷慨好施,“埋尸济贫”,当道旌其家曰“孝义”。① 曹汝珍,与尹元同为明永昌府人,天性纯孝,以家贫,昼则贸易,夜则读书,“事二亲备极甘旨”。② 李治西,清同州府人,“性孝家贫,贸易千里外”。③ 雷廷兰,与李治西同籍,“善事母,家贫如洗,贸易山东。母老,手足不能自举,乃辞归奉养”。④ 王大利,凤翔人,“艰于甘旨,赴蜀商贩”。⑤ 祁之芹,字乃勤,东莞棠梨涌人。少习举子业,“父事盐筴,耄年犹货于外”,见父辛苦万状,慨然弃儒服贾于衡桂之间,勇敢地挑起家庭生活的重担。俟积有盈余,即杜门课子,礼聘名士为其讲解,早夜不倦。⑥ 祁上樟,字仲木,广州府牛眼石人,“赋性孝友,重然诺”,家道中落,“无以为养”,遂弃儒业行贾,“以营甘旨”。⑦ 蔡兴嘉,澄海县詹莱人,七岁丧母,“哀毁如成人”。事继母,能得其欢心,“常挟赀游暹罗、波斯”,经商海外。既而,以父亲老迈,杜门不出,承欢膝下。⑧

(四) 工具型 B

他们同样视经商为手段,但认为行贾是丈夫贱行。由于这一观念的作用,在业商中,他们彷徨、空虚,无法找到快乐,归属感和幸福感缺失,内心充满紧张、焦急、忧虑和恐惧等负面情绪,形成严重的身份认同焦虑。如慎元庆,江苏吴兴潞溪人,倜傥奇伟,小时候便不满家庭经济现状,“思亢其家”,18 岁即渡江北上,涉

---

① 《永昌府志》卷 44,《孝友》,《中国地方志集成 · 云南府县志辑》第 38 册,南京:凤凰出版社,2009 年,第 252 页。

② 《永昌府志》卷 44,《孝友》,《中国地方志集成 · 云南府县志辑》第 38 册,第 252 页。

③ 《同州府续志》卷 11,《列传上》,《中国方志丛书》华北地方第 291 号,台北:成文出版社,1970 年,第 572 页。

④ 《同州府续志》卷 12,《列传下》,《中国方志丛书》华北地方第 291 号,第 650 页。

⑤ 《重修凤翔府志》卷 7,《人物》,《中国方志丛书》华北地方第 292 号,台北:成文出版社,1970 年,第 277 页。

⑥ 《东莞县志》卷 65,《人物略十二》,《中国方志丛书》华南地方第 52 号,台北:成文出版社,1967 年,第 2575 页。

⑦ 《广州府志》卷 134,《列传二十三》,《中国方志丛书》华南地方第 1 号,台北:成文出版社,1966 年,第 3 册,第 374 页。

⑧ 《澄海县志》卷 18,《孝友》,《中国方志丛书》华南地方第 62 号,台北:成文出版社,1967 年,第 193—194 页。

淮泗,游燕冀,"射时以徇","称良贾焉"。商业经营已获不小的成功!但心中仍对商贾充满鄙薄之情,觉得低人一等,内心备受煎熬。已而叹曰:"行贾,丈夫贱行也。吾闻末业贫者之资,吾其力本乎!"遂归乡"耕于苕霅之间",[①]回归农业。方彬,"用盐筴起家","车马田宅,庶几素封"。晚年,喜黄老,筑舍七宝峰下,"与双鹤道人俱",有人劝告说:"处士以贾豪,奈何近方士?"方彬笑曰:"吾仆仆锥刀之末,终不欲老市井中!诚愿卒业玄同,幸而蝉蜕于污渎足矣,恶用窃刀圭翔白日为也。"一生经商,都没有建构起对所从事的商业的认同,以"污渎"视之。[②]吕麒,江苏太仓州人,万历五年(1577)卒,经商清源,市不二价,息辄倍称。致富后,即弃商为农,督课家人耕作。他说:"吾奈何以末富耶!"[③]以经商致富为耻辱。金璋,江苏太仓人,卖席为生。生子金朗,数岁即能"诵书占对",聪颖异常。祖父满心欢喜,对金璋说:"儿姣,不复代若贾乎?"金璋曰:"吾安忍复弃儿贾也。"言辞间,对父亲让其经商多有怨气,心怀不满。怎么会再让自己的儿子经商呢!在他的心目中,让子经商就近乎把这个孩子抛弃一样残忍。这一个"弃"字透露出了他对商贾决绝的拒斥态度。于是,命金朗"从师肄经术"。[④]同样的例子还有不少。丁兖,儿时聪明超群,"有气概"。父"器爱之",授之书。然在丁兖甫弱冠之时,不幸降临了这个家庭,父亲去世,诸弟尚幼,不得已经商养家,"不竟治博士家言"。由此造成的心理阴影,终生挥之不去。常沉痛地说:"少孤夺治生,不能终博士家言,以为恨!吾有三子,安忍弃之农若贾乎!"[⑤]发誓再也不能把自己的遗憾和惆怅延续到下一代身上。张珏,弘治、隆庆间长洲人,出身商贾世家。生育八子,长子元卿生而颖敏。张珏兴奋异常,似乎看到了跻身世宦家族、走出商贾这一屈辱沟壑的希望:"勉哉,吾贾赖尔而脱!"[⑥]似乎商业是一种

---

① 文徵明:《文徵明集》补辑卷30,《南槐慎君墓志铭》,上海:上海古籍出版社,1987年,下册,第1529页。

② 汪道昆:《太函集》卷14,《赠方处士序》,第295页。

③ 王世贞:《弇州续稿》卷105,《太医院冠带医士竹逸吕翁暨配钟孺人合葬志铭》,《景印文渊阁四库全书》第1283册,台北:台湾商务印书馆,1986年,第495页。

④ 王世贞:《弇州续稿》卷93,《金君夫妇合葬志铭》,《景印文渊阁四库全书》第1283册,第340页。

⑤ 王世贞:《弇州续稿》卷105,《封文林郎句容令怀丁翁墓志铭》,《景印文渊阁四库全书》第1283册,第493页。

⑥ 王世贞:《弇州续稿》卷109,《仙居簿累赠兵科都给事中子心张公暨配周太孺人合葬志铭》,《景印文渊阁四库全书》第1283册,第544页。

不光彩的职业，急于“洗白”身份的愿望跃然纸上。杨安贵，字爵初，清大荔长安屯人。幼年家贫，读书未能卒业，改习商务，经营布庄以谋生计，旅居泾阳五十余年，“商业骎骎日盛，家亦渐裕”。晚年，雅好诗书，与同邑孝廉马立山、学官雷秀夫相友善，研讨经史，久无倦容。年届八十，犹每日临池习字，读书不辍，“恒以幼贫未克卒读为憾”。① 少年的经历在他的心里留下了终身的阴影。董仲惠，字象敏，揭阳在城人，性格浑厚宽和，“少慕学而困于贫”，长大后，跟随祖父懋烈、父亲孟光“服贾业”，以忠信勤俭起家。生平无他嗜好，独喜购书，一有闲暇，即往坊肆检索书目。或谓：“子非士，好书何为？”曰：“积以供后人用耳。”当时有人笑其痴呆，答曰：“树人犹树木，百花蓓蕾，惟赖培植之功耳！”时刻未忘让后人读书。54岁时，疾病缠身，身体每况愈下，“将易箦，犹谆谆以读书振家声为嘱”。② 终身以家贫失学为恨，把希望和梦想深深地寄托在下一代身上。谢起凤，字葆直，同州府人，嗜读书，因家贫业贾，暇即开卷，吟诵不辍。后得程朱之书，遂杜门诵读自乐，“屡空不恤”，不以生意为骛。尝曰：“人只有为学一事，不学便不足为人。”又曰：“学须有二资，一书籍，一师友，无此二资，义理安得不日消，私欲安得不日长！”又曰：“养之于慎独，致之以无间，教人之能事毕矣。”又曰：“人之高下，均由学养真伪纯驳所致，可不慎哉！”喜读《周易》，尤嗜周敦颐《太极图说》、张载《西铭》，谓“终身于此，少有所得，不虚生矣”。③ 终身痴迷宋代理学，以读书明理为追求的最高目标。惜其年甫四十而卒，贫不能葬。刘汝功，字锡祉，华阴县北姚村人。幼年丧父，家因中落，赴甘肃贸易，遂至失学，引为终身憾事！常告诫子侄要珍惜读书的机会，不负光阴，曰：“汝等须勤力学问，勉继书香家声，勿如吾之后悔无及也。”本人更是身体力行，为子侄树立榜样，虽居阛阓，深恶市井气习。一有余暇，“恒披程朱诸书潜读”，尤酷嗜李二曲、吕新吾遗集，好学不辍，“诸老宿均乐与过从”。④ 周恕，字推己，明凤翔文昌里人。少时业儒，“以家计弗赡”，遂经商维扬，历数年，获利万金。恕虽货殖，谓子孙曰：“商而富，不如儒

① 《大荔县志稿》卷11，《耆旧传下》，《中国方志丛书》华北地方第315号，台北：成文出版社，1970年，第190页。

② 《揭阳县续志》卷3，《人物志·贤能》，《中国方志丛书》华南地方第188号，台北：成文出版社，1974年，第234页。

③ 《同州府续志》卷11，《列传上》，《中国方志丛书》华北地方第291号，第568—569页。

④ 《华阴县续志》卷5，《人物志·乡耆》，《中国地方志集成·陕西府县志辑》第25册，南京：凤凰出版社，2007年，第330—331页。

之贫。"对业儒充满向往，遂延师以课子孙。其后，科甲相继，为凤翔望族。① 黎光弼，字从辉，广州府市桥人，少时家贫，"随父贾于市"，将对科举的向往潜藏心底。弱冠后，开始读书，温习经史。嘉庆六年辛酉科，中乡举。② 黄乔松，字苍厓，"少以家累，混迹盐筴"，经商余暇，"仍手一编"，手不释卷，究心经世之学。学问造诣甚高，博学多才，满腹经纶，"为诗文援笔立就"，常与诗人如郑棻、陈晃等诗酒唱和，家中座客常满，而"制艺尤工"，醉心科举，惜"屡踬于乡闱"，③抱负未酬。黄乾正，在城人，"家贫业贾"，"常恨无力读书"，在具有一定经济能力后，即精心培育子弟，其子锦标不负所望，逾冠即"游庠食饩"，自己"亦捐纳九品职衔"。④ 黄维珪，字俞特，号执轩，明晋江安平人。"好义乐施，耻屑屑竞锥刀，凡名贤书画、金石款志、方外服食，靡不讲究，尤精于琴，工佩兰调，又自号佩兰。"多才多艺，倜傥儒雅。后以食指渐繁，代父服贾，往来于吴越粤峤间，风雅依旧，遍交名士。尝训诸子曰："贾非吾志也，吾嗤世之贾竖，往往猨攫溪藏，丧心昏智，故托于琴，镕砭而涤荡之。方吾鼓琴，踌躇满志，不知天地高下，形骸有无，况区区盈绌多寡？有知吾琴心者，贾可也。"⑤虽然不得已走上了经商之路，但在他的心里对商贾持一种蔑视、拒斥的态度，心灵备受煎熬。只有在拨弄琴弦之时，在悠扬的琴声中，心灵才能得以舒展，精神才能得到升华，与天地为一，物我两忘。刘宗泰，字学和，少贫，壮年业商，居积渐裕，"顾不愿终其身以垄断而获贱丈夫之称"，因慨然曰："世间事业，商不如农。"⑥遂出资购荒地数处，招人从事开垦事业，且躬自督理，历十余年，工程方才告竣，田畴因之广辟。卢特懋，幼业儒，因次兄患"痈疾"，遂服贾赡养父母、供给次兄衣食。然"居恒抑抑，憾不得卒业"，心情十分抑郁，闷闷不乐。在积累起一定资财后，遂将全副精力和心思放

---

① 《凤翔县志》卷 6,《人物 · 义行》,《中国地方志集成 · 陕西府县志辑》第 29 册,南京:凤凰出版社,2007 年,第 463 页。

② 《广州府志》卷 131,《列传二十》,《中国方志丛书》华南地方第 1 号,第 3 册,第 323 页。

③ 《广州府志》卷 131,《列传二十》,《中国方志丛书》华南地方第 1 号,第 3 册,第 325 页。

④ 《揭阳县续志》卷 3,《人物志 · 贤能》,《中国方志丛书》华南地方第 188 号,第 249—250 页。

⑤ (乾隆)《泉州府志》卷 60,《笃行》,《中国地方志集成 · 福建府县志辑》第 24 册,上海:上海书店出版社,2000 年,第 345 页。

⑥ 《闽清县志》卷 7,《独行传》,《中国方志丛书》华南地方第 101 号,台北:成文出版社,1967 年,第 197 页。

在“置书田，延名师”等文教公益事业上，“日以振兴鼓舞为事”。[①] 郑寿年，字葛如，安平里夹漈村人。幼聪颖，入塾读书，日课数千言，过目三遍，即可背诵如流。11 岁时，“从父远贾”。逾二载，父亲归乡，十三岁就“独任肆务”，独当一面。少闲，则博涉群籍，穷探义理，躬行实践，“尝以不终儒业为憾”。积聚渐丰，欲以子侄学有所成弥补内心的遗憾，因延聘宿儒教授诸子侄，复开办夹漈小学，“以课族人”，非常重视子侄、族人的教育。效果也很显著，“子若孙多人，仕商学各擅专长，后起方兴未艾也。”[②]王心普，字济之，号慧庵，以家贫故，幼习商贾业，常随父贾客泾阳。及长，家道渐充，以未得读书为憾。尝手执《孝经》一帙，终日披吟，又延名师督课子侄。“易箦时”，犹手写“读书”二字以“诏后裔”。[③] 对儒学的向往已深入骨髓。

上引资料涉及徽州、山西、陕西、福建、广东、云南等地的商人，地域分布不可谓不广。类似资料在其他各地都有，且数量不少。这说明，明清时代的商人对其职业身份认同的四种类型是客观存在的。

二、明清商人职业身份认同的特点及其形成原因

从上面的论述可以看到，明清商人对自身的职业身份认同具有鲜明的特点。第一个特点是价值型与工具型兼具，而价值型、工具型又分别可划分为两种类型：价值型 A、价值型 B、工具型 A、工具型 B，认同类型和程度存在较大差异。第二个特点是工具型认同远多于价值型认同。明清商人分布地域广，且人数众多，其记载散见于各类史籍，要准确地计算出价值型认同的商人与工具型认同的商人的比例确有相当的难度，但可以做一大致的估算。兹以明清徽商和晋商为例做一粗略的统计。张海鹏、王廷元主编的《明清徽商资料选编》共收有名有姓的

---

① 《南平县志》卷 21，《孝义传第廿八》，《中国方志丛书》华南地方第 217 号，台北：成文出版社，1974 年，第 1902 页。

② 《永春县志》卷 22，《孝友传》，《中国方志丛书》华南地方第 231 号，台北：成文出版社，1975 年，第 772—773 页。

③ 《稷山县志》卷 6，《孝义志》，《中国方志丛书》华北地方第 424 号，台北：成文出版社，1976 年，第 582—583 页。

商人约 965 人,能确定认同类型的商人 943 人。其中,价值型认同商人 247 人,工具型认同商人 696 人。价值型认同商人约占能确定认同类型的商人总数的 26. 19%,工具型认同商人约占能确定认同类型的商人总数的 73. 81%,高出价值型认同商人总数 47. 62 个百分点。再看看晋商。张正明等主编的《明清晋商资料选编》共收有名有姓的商人约 191 人,能确定其认同类型的商人共 185 人。其中,价值型认同商人 28 人,工具型认同商人 157 人。价值型认同商人约占能确定认同类型的商人总数的 15. 14%,工具型认同商人约占能确定认同类型的商人总数的 84. 86%,高出价值型认同商人 69. 72 个百分点。由此可见,不论是徽商还是晋商,工具型认同商人皆远多于价值型认同商人。也就是说,明清时期的绝大部分商人都是把经商当作一种谋生,或求富,甚至是隐遁的手段。第三个特点是从价值层面对业商完全认同,以业商为人生价值最高体现,并认为它不输业儒的商人所占比例极低。在我们的认同分类中,价值型 A 是完全认同业商的,但不论在徽商还是晋商中都占比很低。本文还是以《明清徽商资料选编》《明清晋商资料选编》为统计范围的数据来说明这个问题。根据《明清徽商资料选编》的统计,认同类型为价值型 A 的商人约 156 人,占能确定认同类型的徽州商人总数的 16. 54%。在《明清晋商资料选编》中,认同类型为价值型 A 的商人仅约 20 人,占能确定认同类型的山西商人的 10. 81%。不论是徽商还是晋商,认同类型为价值型 A 的商人都没有超过 17%的比例。基于这两部商人资料集所做的统计,可能不无缺憾,但时至今日,它们仍应是较权威的商人资料集,且根据这两部商人资料集所做的统计而得出的结论又是那么一致。因此,我们觉得对明清商人职业身份认同内部结构的分析是有相当依据的。

人是一种社会性的存在。人们对自身职业的认识,是在特定的社会环境中形成的,不可能不受到社会环境的影响。那么,明清商人职业身份认同的形成原因是什么呢? 明清时期是中国古代社会向近代转型的时期。新旧并存是转型期社会的普遍特征。明清商人的职业身份认同价值型与工具型兼具,正是对转型期社会特征的反映。明清社会经济结构的核心无疑依然是小农经济,但这一时期的小农经济与此前已有很大的不同,即市场化趋势明显,小农与市场的联系日趋密切。他们根据市场的需要调整农业生产结构,以获利的多寡确定经营的方式和品种,农商兼具,农商一体。这方面的例子不少。广州望县,人"多衣食荔枝、龙眼”,不仅“矶围堤岸”皆种荔枝、龙眼,“或有弃稻田以种者”。每亩田可种荔枝20余株,龙眼40余株。荔枝、龙眼成熟季节,“若丘阜堆积”,大批“估人”前往购买,形成颇具规模的荔枝、龙眼产业。并且产业链不断向下延伸,制作装载荔枝、龙眼栲箱者,装运打包者,“各数百家”。除此,还有不少的“舟子车夫”皆以运送荔枝、龙眼为生。南海、番禺等县也多种龙眼、荔枝,“龙眼叶绿,荔枝叶黑,蔽亏百里,无一杂树参其中,地土所宜,争以为业,称曰龙荔之民。”[①]福建泉州的气候适宜甘蔗的生长,“为稻利薄,蔗利厚”,遂大面积种植,“磨以煮糖”,泛海销售。受厚利的吸引,“往往有改稻田种蔗者”,以此“稻米益乏”,“仰给浙直海贩”。[②] 在福建,烟草的种植面积比甘蔗还要大,“闽地二千余里”,烟草“耗地十之六七”,[③]粳稻菽麦种植寥寥!更加剧了粮食的紧张,不得不“仰食于江浙、台湾”。[④] 实际上,明中叶后,江浙的粮食也不能自给,多来自湖广。福建经济作物的广泛种植拉动了长江流域的粮食市场。湖州之民“以蚕为田”,[⑤]“凡蚕一斤,用叶一百六十斤”。桑叶除自栽桑树解决外,多从市场获取,“预租别姓之桑”。“蚕佳者,用二十日辛苦,收丝可售银一两余。”养蚕好处多多,既可“为绵为线”,出售换银,蚕粪还可以肥田,“皆资民家切用”。[⑥] 郫县所产烟草“特佳”,质量上乘,“业者最伙”,种烟所得利润“过稻麦三倍”。[⑦] 河坦、山谷广为种植,与五谷争地。在小农家庭的收入结构中,非农收入的比例显著提高。青浦盘龙镇,“俗务纺织”,“织者率日一匹”,“东乡日用所需都从此出”。[⑧] 松江遍地皆种棉花,“农家赖其利,与稻、麦等”。[⑨] 无锡乡民“食于田者,惟冬三月”。“春

---

① 屈大均:《广东新语》卷25,《木语·荔枝》,北京:中华书局,1985年,第626页。

② 陈懋仁:《泉南杂志》卷上,《四库全书存目丛书》史部第247册,济南:齐鲁书社,1996年,第842页。

③ 梁章钜:《退庵随笔》卷8,《政事三》,扬州:江苏广陵古籍刻印社,1997年,第204页。

④ 郭起元:《论闽省务本节用书》,载贺长龄辑:《皇朝经世文编》卷36,《户政十一·农政上》,沈云龙主编:《近代中国史料丛刊》第74辑,台北:文海出版社,1973年,第1305页。

⑤ 《湖州府部艺文二》,《古今图书集成》方舆汇编职方典第974卷,成都:巴蜀书社,1987年,第14册,第16447页。

⑥ 朱国桢:《涌幢小品》卷2,《蚕报》,上海:上海古籍出版社,2012年,第39页。

⑦ (嘉庆)《四川通志》卷75,《食货》,嘉庆二十一年(1816)木刻本。

⑧ 金惟鳌:《盘龙镇志》,《风俗》,载谢国桢辑:《明代社会经济史料选编》,福州:福建人民出版社,2004年,下册,第9页。

⑨ 褚华:《木棉谱》,《续修四库全书》子部第977册,上海:上海古籍出版社,2002年,第121页。

月，则阖户纺织，以布易米而食”。五月，开始忙于农事。“及秋，稍有雨泽则机杼声又遍村落，抱布贸米以食矣。”①小农离开了市场、不走商品化经营的新路，就无法保证再生产的顺利进行。不少士人、政治家、思想家敏锐地捕捉到了这一现实的变化，并深刻地形塑着他们的农商观。庞尚鹏（1524—1580）说：“民家常业，不出农商。”②张居正（1525—1582）提出了著名的“商农权衡观”：“商通有无，农力本穑，商不得通有无以利农，则农病；农不得力本穑以资商，则商病。故商农之势常若权衡然。”③朱国桢（1558—1632）在观察湖州小农经济运行实态的基础上，认为“农桑为国根本，民之命脉也”。④ 把商业提高到了与农业同等重要的地位，突破了自战国以来占据着社会主流的农商对立的思维模式。不仅如此，更有不少人认为，士商之间也非高下悬绝，皆是治生之事。如王守仁（1472—1529）提出了“四民异业同道说”：“古者四民异业而同道，其尽心焉，一也。士以修治，农以具养，工以利器，商以通货，各就其资之所近，力之所及者而业焉，以求尽其心。其归要在有益于生人之道，则一而已。士农以其尽心于修治具养者，而利器通货犹其士与农也。工商以其尽心于利器通货者，而修治具养者，犹其士与农也。故曰：‘四民异业而同道。’”⑤不论士农工商的职责有何不同，但皆为社会发展、文明进步所必须，在这一点没有什么不同！海瑞（1514—1587）认为，士、商皆为王道，皆为孔门事业：“今之为民者五，曰：士、农、工、商、军。士以明道，军以卫国，农以生九谷，工以利器用，商贾通焉而资于天下。身不居一于此，谓之游惰之民。”⑥“纵商贾、佣工、场圃、夫脚，嗣往兴来，莫非王道，亦莫非孔门事业。”⑦赵南星（1550—1628）从社会发展的维度提出了“士农工商皆本”的思

① 黄印：《锡金识小录》卷1，《备参上·力作之利》，《中国方志丛书》华中地方第426号，台北：成文出版社，1983年，第53页。

② 庞尚鹏：《庞氏家训》，《丛书集成》初编本，北京：中华书局，1985年，第2页。

③ 张居正：《张文忠公全集》卷8，《答赠水部周汉浦浚还朝序》，上海：上海古籍出版社，1984年，第99页。

④ 朱国桢：《涌幢小品》卷2，《蚕报》，第39页。

⑤ 王守仁：《王阳明全集》卷25，《节庵方公墓表》，上海：上海古籍出版社，2011年，第1036页。

⑥ 海瑞：《备忘集》卷8，《乐耕亭记》，《景印文渊阁四库全书》第1286册，台北：台湾商务印书馆，1986年，第203页。

⑦ 海瑞：《海忠介公文集》卷1，《复欧阳柏庵掌科》，载陈子龙等辑：《明经世文编》卷309，北京：中华书局，1962年，第3267页。

想:“士农工商,生人之本业……岂必仕进而后称贤乎?”①“农之服田,工之饬材,商贾之牵车牛而四方也,其本业然也。”②冯应京(1555—1606)的观点很明确:“士农工商,各执一业……皆治生之事。”③至清初,黄宗羲对“世儒”抑商进行了猛烈的抨击,“此古圣王崇本抑末之道,世儒不察,以工商为末,妄议抑之。夫工固圣王之所欲来,商又使其愿出于途者,盖皆本也。”④发出了“工商皆本”的呼喊。其后,类似的看法,若隐若现,不绝如缕,贯穿于明清时期的大部分时段。经济的变动通过观念的革新对商人的职业身份认同的影响不可小觑。社会意识的变化为商人的价值型职业身份认同的形成提供了有力的文化支撑。在这方面,最典型的例子莫过于山西商人王文显,其“士与商异术而同心”的理论简直就是王阳明“四民异业而同道”的思想的翻版。许侔先对业商合法性的阐释亦与王阳明的“四民异业而同道”异曲同工。吴肖甫叫板儒士的底气、语气和赵南星言论的气势相互辉映。他们理直气壮地视业商为人生价值实现的重要方式和途径,欲与儒士试比高。制度层面的变化也应是明清商人价值型职业身份认同形成的原因。如商业政策,明清时期的商业政策经历了一个从抑商与通商并存,再到通商全面确立的过程。明洪武到万历,抑商与通商并存;至明万历年间,抑商体系坍塌,通商政策确立。入清,延续不断。⑤ 但我们对这种新的变化所产生的影响不能估计过高,如小农经济市场化主要还是在东南沿海地区更为明显和普遍,在广大的内陆以及北部、西部地区,小农经济的市场化还很不充分;新的观念虽产生了不小的冲击力,但远未成为主流社会价值观;万历以后至清,虽通商政策确立,但抑商政策在中国历史上实行了1000多年,人们的抑商心理和行为还具有很大的惯性;⑥虽经时间的淬炼,“工商皆本”已破土而出,但“商末”的

---

① 赵南星:《赵忠毅公诗文集》卷10,《寿仰西雷君七十序》,《四库禁毁书丛刊》集部第68册,北京:北京出版社,2000年,第255页。

② 赵南星:《赵忠毅公诗文集》卷10,《贺李汝立应乡举序》,《四库禁毁书丛刊》集部第68册,第265页。

③ 冯应京:《月令广义》卷2,《岁令二·授时》,《四库全书存目丛书》史部第164册,济南:齐鲁书社,1996年,第596页

④ 黄宗羲:《明夷待访录》,《财计三》,北京:中华书局,1981年,第40页。

⑤ 参见拙作:《明代商业政策再认识》,《历史研究》2018年第6期;《清前期的商业政策与多民族国家的统一与巩固》,《古代文明》2016年第6期。

⑥ 参见拙作:《明代商业政策再认识》,《历史研究》2018年第6期。

观念仍在流行,并在某种程度上支配着人们的行为。这些因素既是明清商人价值型职业身份认同与工具型职业身份认同兼具的原因,也必然决定在明清商人的职业身份认同中价值型认同处于很低的比例。

工具型职业身份认同是固有的经济结构、文化结构与个人生计困境对立、调和的结果。在明清时期,由于原有的经济结构、文化结构尚未发生根本性的变化,大部分商人之所以选择商业作为一种职业,是因为外在环境的逼迫,而非发自内心的自愿选择。这在前引材料中已多有提及。前引方志、文集记载,山西、徽州外出经商者众多,不少人是因为人地矛盾尖锐,人多田少,单单从事农业无法维持生计,不得不远离故土,与市场风浪搏击,以养家糊口。江西、吴江洞庭山以及福建等地的情况也与此类似。也有不少人是因为家境贫穷,经济状况不足以支持其力学,才被迫从商的。这种情况在明清时期的各个商帮中都不乏见。[①]还有不少人之所以经商是受赋役繁重的驱迫。何良俊(1506—1573)说,松江府在正德以前,"逐末之人尚少"。嘉靖以后,"赋税日增,徭役日重,民不堪命,遂皆迁业","去农而改业为工商者,三倍于前矣"。[②] 人们经商是在外在的压力下而采取的谋生手段,而非出于一种超越世俗的精神价值的追求。工具型职业身份认同的商人高出价值型身份认同的商人几十个百分点,其原因就在于此。总之,人的身份认同是在与他人的互动中形成的,明清商人的职业身份认同是历史与逻辑的统一。

三、明清商人的职业身份认同与明清商人的历史命运

职业身份认同无疑是对社会意识、社会结构的能动反映。但一经形成,个人的价值判断和价值期待就蕴含其中,并对个人行为和社会产生影响。那么,明清商人的职业身份认同对明清商人群体自身产生了什么样的影响呢?它与明清商人群体在近代的整体衰落又有何关联呢?

---

① 张海鹏、张海瀛:《中国十大商帮》,合肥:黄山书社,1993 年,第 323、366—367、303、374 页。

② 何良俊:《四友斋丛说》卷 13,《史九》,北京:中华书局,1997 年,第 112 页。

明清商人的价值型职业身份认同所蕴含的价值判断和价值期待，与新教伦理中的“天职”观念有些类似，即对商业的价值充分肯定，士商异术同心，儒贾相通，“良贾何负闳儒”，“贾何负于农”，业商是自我价值实现的途径和方式之一。商人的这种职业身份认同应该是有利于商业的发展和商人群体自身的成长的。他们把经商当作一种事业去经营，敬业、自信，有利于商业管理智慧的积累以及整个商业文明的进步和发展。明清时期的经商大潮跌宕起伏，历时数百年而不衰，惊艳世界，应与此有一定的关系。但极为可惜的是，持此种职业身份认同的商人数量很小，即使是在徽商、晋商中也没有达到20%。据此推算，在其他商帮中也不会高于此数。由于数量太少，这部分商人的职业身份认同对明清商人群体的历史命运不会产生太大的影响。

明清商人的工具型职业身份认同所蕴含的价值判断和价值期待，即是对业商既不“好之”，也不“乐之”，甚或“耻之”，将营商仅仅视为一种谋生，或用贫求富的工具和手段。他们在致富或基本目标达到后，经商的原初动力立刻或渐渐消失。这时，如果说他们还有价值的期待和追求的话，那就是“去商人化”。所谓的“去商人化”，就是不再为商业规模的扩大和商业资本的增殖费心劳神，而是竭尽所能地扮演非商人的社会角色，重塑社会形象，商业资本迅速转化为社会资本、政治资本。持工具型职业身份认同的商人“去商人化”的路径较多。

第一种“去商人化”的路径就是由商而仕，立于官宦之林。明清时期的许多工具型职业身份认同的商人进入仕途的路径有二：一是参加科举考试。“学而优则仕”是中国传统社会各阶层民众的普遍追求，深入到了人们的骨髓和血液。权力成为人们无法摆脱的魔咒。明清时期的许多商人也无法例外。他们是因为不得已走上业商之路的，业商并非其所好，常常因为没能业儒而遗憾，生活于无限悔恨之中，对官场充满向往，欲通过科举考试取得功名，光耀门楣。明清两朝人口大幅度增长，而科举名额并未相应增加，科举考试竞争激烈，成功率不高，“士而成功者十之一”，然知其不可为而为之，有多参加科举考试而不中者。广东顺德县志就记载这么一位。梁炜，字震科，清顺德碧江人。母亲李氏“精熟诸史”，有见识，明大义，世称“菉猗女史”。梁炜自幼即受教于母。然“以孤贫不能竟学，去而事贾，走豫章吴会间，遂致巨富”。物质的富裕并未抚平幼年的贫穷带给他的创痕，“自伤失学”，于心不甘，乃率其子“习举子业”，希望能平步青云之上,但“三赴棘闱不售”,父子俩3次参加乡试皆未考中,名落孙山,愿望未能达成。[①] 这绝非个案。当然,凭借过硬的本领奋进科场,参加科举考试,博取功名,进入官僚队伍的行列的也是不少的。孙枝蔚,字豹人,陕西三原县人。状貌魁梧,性情刚直,“世业盐筴”。崇祯甲申年(1644),“走江都学贾”,三致千金。一日,他忽自悔曰:“丈夫当读数千万卷书耳,何至龌龊学富家为!”于是,折节读书,以诗名世。其为诗沉雄奇古,兴至即书,不事雕饰,“而意致洒如,自命在杜韩苏陆诸公间,余子不屑也”。清初杰出诗人王士祯(1634—1711)对其诗歌成就评价亦甚高:“古诗能发源十九首汉魏乐府,兼有温储之体,以少陵为尾闾者,今惟先生一人。”康熙十八年(1679)时,举博学宏词科,授中书舍人。[②] 李湜,字湛源,清云南嵩明州城人,家贫,白日“售盐于市”,夜晚执卷,苦志灯窗。天道酬勤,继而“游泮登科”,官马龙州学正。[③] 金光辉,字溶文,清晋江人,跟随伯兄迁居厦门港。母亲患有神经系统疾病,筋肉萎缩,家境贫穷,17岁辍学,托身市廛,然一有时间即手不释卷,坚持学习。十年之后,“籍学食饩”,再次走上业儒应试之路,嘉庆二十四年(1819),选充贡生,升入国子监读书。[④] 初步取得入仕资格。在科举入试之路上艰难地攀缘。二是捐输入仕。不具备参加科举考试条件的,则以经商积累的资财捐得官职。郭廷元,字辅臣,清陕西华州罗纹里人。8岁丧父,幼年曾入私塾读书,每遇师傅讲到“孝弟”二字,“恒三复不置”,反复玩味。16岁时,因家窘废读,奉母命就商。母亲年近六旬之时,辞归奉养,捐从九品官衔。在心理上满足了做官的夙愿。生育二子,次子耀奎较有读书禀赋,送入州庠读书。[⑤] 汪楷,字南有,一字皆木,清浙江萧山人。少学举子业,屡试不利,弃儒研习法家言。既而感慨“刻深者不祥,惧损吾福”,又弃法

---

① 《顺德县志》卷27,《列传七·国朝三》,《中国方志丛书》华南地方第187号,台北:成文出版社,1974年,第2579—2581页。

② 《三原县志》卷9,《人物》,《中国地方志集成·陕西府县志辑》第8册,南京:凤凰出版社,2007年,第381页。另见《三原县新志》卷6,《人物志第六中》,《中国方志丛书》华北地方第539号,台北:成文出版社,1976年,第346页。

③ (民国)《嵩明县志》卷25,《人物》,《中国地方志集成·云南府县志辑》第16册,南京:凤凰出版社,2009年,第220页。

④ 《厦门志》卷12,《列传上》,《中国方志丛书》第80号,台北:成文出版社,1967年,第265页。

⑤ 《三续华州志》卷6,《人物志上一·孝友》,《中国地方志集成·陕西府县志辑》第23册,南京:凤凰出版社,2007年,第407页。

为贾，颇得赢余。除以余羡置薄田百亩，嘱弟收租以养父母外，纳赀为官，选得河南淇县典史。[①] 儿子汪辉祖，乾隆四十年（1775）中进士，为清代廉吏、学者、藏书家。

第二种"去商人化"的路径是潜心为学，勤学苦读，以文行经术、渊博知识济世。赵秉乾，字健堂，清咸宁县人。好读书，"不喜帖括"，酷爱临池习字。然"家不中资"，且三个兄弟皆"专力于学"，家计益艰，遂毅然服贾，奔走四方，但仍读书习字不辍。尝舟泊芜湖，机缘巧合，邂逅著名书法家钱泳（1759—1844）。钱泳，一号梅溪，工诗词、篆、隶。秉乾与之畅谈书法，得其指点，颇获教益，技艺大进。40岁后，杜门不出，"惟临摹汉碑苏帖以自娱"。性好菊花，工书、画菊，款门求书画者络绎于途。闲暇光景，则与二三故旧友朋，把酒论诗，评书读画，颇有"林下之风"，[②]极具风度和才华。马居敬，清陕西盩厔县遇仙里人，家世业农。至居敬，始"奋然力学"，读书业儒，或劝其参加科举考试，他说："吾两亲皤然，而甘旨不给，何以名为！"乃远贩营商，逐什一之利，以供菽水。后父母相继逝世，弃贾而儒。康熙三十年（1691）、三十一年（1692），关中饥馑，携带家眷就食汉南。晚年，尤好《周易》，著有《二水集》。[③] 丘兆祥，字吉菴，清大荔县大壕营人。世代力农，读书数岁，家父令其服贾，店中掌柜对其器重有加，多有照顾，但内心确实不愿业商。一次，故意打破店中之甑，因"被摈归"，终得解脱，一意读书，不曾稍有懈怠。以县试第一名的成绩考入县学。后学有所成，设帐授徒，循循善诱，赖以成名者数十人。尝云："士不能出而治世，亦当处而励俗。"民国十六年（1927）卒，著有《三国演义节要》《处世格言》。[④] 他们在经学、诗歌、绘画、书法等领域取得不菲的成绩，成为名噪一时的学者、诗人和书画家，为艺术的百花园增添了醉人的芬芳。

---

① 《番禺县志》卷33，《列传二·寓贤》，《中国方志丛书》第48号，台北：成文出版社，1967年，第464页。

② 《咸宁长安两县续志》卷20，《艺术传》，《中国方志丛书》华北地方第229号，台北：成文出版社，1969年，第865—866页。

③ （乾隆）《盩厔县志》卷8，《人物·孝友》，《中国地方志集成·陕西府县志辑》第9册，南京：凤凰出版社，2007年，第104页。另见《盩厔县志》卷6，《人物》，《中国方志丛书》华北地方第237号，台北：成文出版社，1969年，第438页。

④ （民国）《大荔县新志存稿》卷10，《耆旧传·孝友》，《中国地方志集成·陕西府县志辑》第20册，南京：凤凰出版社，2007年，第561页。另见《大荔县志稿》卷10，《耆旧传上》，《中国方志丛书》华北地方第315号，第605—606页。

第三种"去商人化"路径是寄希望于后代,尽最大努力为子孙业儒创造条件,多方督促子孙后代走上业儒之路,获一官半职,扬名显亲。不愿意让他们的子孙继承父祖之业继续经商。徐应中,江西人,万历年间,到楚雄贸易,遂落籍楚雄,安家此地。楚雄有青龙河,夏秋季节,河水泛滥,"行人多溺"。为方便行旅,出千金建成石桥一座。两年后,一次河水暴涨,不幸将桥梁冲塌,应中"回籍鬻产",筹集二千余金,重新修建。他不仅广行善事,而且子孙后代的教育也颇重视,生养三子,皆登仕籍,其孙达乾更是出类拔萃,康熙十二年(1673)中进士,任吏科给事中。权财并盛,成为当地巨族。① 萧瑶,字篠庄,明福山县中前所人。先世为江西太和人,明初,始祖茂远以军功授总旗,戍登州卫中前所,后隶县籍,世代承袭军职,至萧瑶已传七世。萧瑶幼业儒,以家贫去而治生,仍嗜学不辍,出入往来,循循儒者少年。好为义举,明季曾于宁海州,设典铺一座,资本巨万,经盗贼劫夺,所余衣物大约尚值数千金。州人夙服其义,争为守望,萧瑶命贫民随意取之。时值严冬,海乡风紧,路人披棉,由衷感激,曰:"此萧公赐也。"一生喜施与,所遇不吝,而自遗甚薄,每训诫其后人曰:"吾少贫,不得已废学,去为商贾,未尝作一欺罔事,往来南北都会,谨饬自好,从未屈膝公庭,尔等一志读书循理,好自为之,他日凭藉有基,当不在此余产之几微也。勉之,勉之!"②勉励后人读书向学。王鲲吉,清永济县城里人,幼业儒,稍长,随父服贾于外。父亲虽以业贾致富,然最重儒,临终嘱鲲曰:"四民以士为首,农次之,至于商末道耳!教子弟务以读书、力农为业,商非所急也。"父殁,"哀毁骨立,葬祭如礼",恪遵遗言,择子弟之秀慧者,为之延聘名师课读。厥后,弟弟萧煜及子侄相继入庠。③ 读书以求仕进,蔚成风气。李争艳,幼年失恃,亲生母亲早逝,侍奉继母史氏以孝闻。年十五,从师读书,寻以亲老,力耕以养。康熙三十年(1691),岐山发生饥荒,奉养无资,嘱咐季子照看双亲,而自己与长子炳生贩米汉中。虽身处艰难困苦之中,必督促炳生力学以显亲。炳生不负父望,康熙四十四年(1705)

---

① (康熙)《楚雄县志》卷7,《人物志·孝义》,《中国地方志集成·云南府县志辑》第59册,南京:凤凰出版社,2009年,第138页。

② 《福山县志稿》卷7之3,《行义》,《中国方志丛书》华北地方第55号,台北:成文出版社,1968年,第1182页。

③ (光绪)《永济县志》卷13,《孝友》,《中国地方志集成·山西府县志辑》第67册,南京:凤凰出版社,2005年,第276页。

中乡试。[①] 周恕，字推己，明凤翔县文昌里人。少业儒，“以家计弗赡”，遂商于维扬。不数年，获利万金。但对业儒未曾一日忘怀，谓子孙曰：“商而富，不如儒之贫。”似对业商的价值选择怀有悔恨之意，遂延师教育子孙。其后，周家科甲相继，为凤翔望族。[②]

第四种“去商人化”的途径是成为乡贤。在他们经商成功后，回归乡里，热心公益，广行善事，扶危济困，兴修堤堰，筑路造桥，修建学校，回报桑梓，并凭借财富的优势地位获取社会声望，进而掌握乡村治理的话语权，教化村民，调解纠纷，以及组织村民抵御匪患，整顿乡村社会秩序，保障村民的生命财产安全，成为乡村社会治理的重要一极。李景文，字仰山，清槐园村人。幼失怙，事母至孝，性格沉毅，胸怀远大志向，读书不屑于章句。年十二，慨然自奋曰：“大丈夫不效法名将，封侯万里外，负此七尺躯矣！”师从叔父李吉菴练习骑射，“技力超迈”。年十八，“冠童军”；十九岁，举于乡，中武举。会试时，以足疾未能“终场”，时论惜之。“嗣以世业羖皮生理”，乃躬赴蒙古、陇北经商，并借以考察西北边防情势。年逾不惑，喟然叹曰：“不获作一朝名将，当勉为一乡善士。”于是，凡属义举，无不力为，亲友待以举火者十余家；遇婚葬等红白喜事，尤佽助无吝。光绪二十六年(1900)，发生饥荒，自动散粟十余石以济乡里及亲戚之贫乏者。[③] 翁宏庆，明楚雄府人，家庭极贫，天性孝顺，贸易养母，“隔日必竭力具酒肉”。母亲病故后，孑然一身，倾力行善，诸如“募化修桥，买物放生，检方救人”之事无不为之。财物散尽，“自甘冻馁”。[④] 黄嘉祥，字启祥，清下外人。天性孝顺，四岁失怙。稍长，“就学母族”，依外祖父读书。因思家贫，恐母亲生计不逮，遂废学业贾。稍足自给，即为外祖父修建祠屋。居乡好义，赈荒筑堤，“恒为之倡”；人有负其金，度力不能偿，“即破券与之”。[⑤] 李永

---

① 《岐山县乡土志》卷2，《耆旧录》，《中国方志丛书》华北地方第252号，台北：成文出版社，1969年，第29—30页。

② 《凤翔县志》卷6，《人物·义行》，《中国地方志集成·陕西府县志辑》第29册，南京：凤凰出版社，2007年，第463页。

③ (民国)《大荔县新志存稿》卷10，《耆旧传·义行》，《中国地方志集成·陕西府县志辑》第20册，第563—564页。另见《大荔县志稿》卷10，《耆旧传·义行》，《中国方志丛书》华北地方第315号，第614—615页。

④ (康熙)《楚雄府志》卷7，《人物志·孝义》，《中国地方志集成·云南府县志辑》第58册，第483页。

⑤ 《澄海县志》卷19，《义行》，《中国方志丛书》第62号，台北：成文出版社，1967年，第209页。

橘,字端成,清广东儋县王五墟人。初与人合伙经商,招来远近,颇获巨赀。即作急流勇退之想,"遂分伙归",泊然寡营,不置田,不构屋。恬退知足,好善乐施。亲友婚丧,穷者皆赒给不索值。① 杨懋,字季芳,清连城县人,容貌魁伟,辞色温恭。壮岁懋迁货殖,若不经意者。五十即传家长子,自以芒履、羽扇优游林谷间,有人以田还债者,令其子坚辞之,宁让息不受田。② 许元旺,号德正,清大麻甲人。少读书,屡试不售,弃而业商。家少有,遂隐于耕。为人朴诚谨厚,乡人多爱之。凡睦族敦宗,息争解忿诸善行,咸乐为不倦。③ 张升鼎,字羡曾,号毅立,清广东大埔县东文部人。性孝友,因家贫弃儒就商,公正不欺。稍有赢余,乐善好施。赈穷恤乏,尤敬儒士,乡试各赠资斧,人多感之。其子承源继鼎志,倡议造茶阳公所,买义山建厉坛回春馆,以便旅客。及黄塘水永济桥,凡渡田平梁,皆有赠助,以从九封鼎为登仕佐郎。④ 王之林,清潼关县人,少家贫,卖菜为生。好施济,有以饥告者,虽持一日粮,必分给。后稍足衣食,常以不读书为恨。病革,命其子长庚捐金,引周公渠水入凤山书院,作池注焉。长庚好义如其父,有负债不能偿者,召之给其券,其人感谢而去。⑤ 李坤元,字厚菴,清陕西大荔县杨村人。幼贫困,艰苦备尝,酷嗜读书,负薪歌吟,不计鄙夷。兵乱旱荒,终未辍学。事母诚孝,屈己营商,惟恐养有不逮。同治五年(1866),以府试首名入庠,饬躬授徒,里人钦其品,举以办公,热心公益。凡筑城堡、办赈捐,无不集思广益,洁己奉公,建多公祠以报生,成立文昌阁以进文化。每一义举,必为文字以刊石垂后。又为村中严立条教,俾循礼法之中。所居与朝邑邻,以地界蔓讼,两邑宰均谕令解和,卒能无偏无党,彼此悦服,官为赠以"风度端凝"匾额。岁戊戌(1898),刀匪劫掠行旅,杨村设鸿义局,举坤元为总绅练团防剿,匪闻之,相戒以无入李先生辖境。事讫,以余款设鸿义学塾。性和敏,判事曲直,数言立决,凡忠义、节孝事,为文详

---

① 《儋县志》卷16,《人物志七·卓行》,《中国方志丛书》华南地方第191号,台北:成文出版社,1974年,第1247页。

② 《连城县志》卷22,《乡行列传上》,《中国方志丛书》第239号,台北:成文出版社,1975年,第904页。

③ (民国)《新修大埔县志》卷28,《列传十一·耆德》,《中国地方志集成·广东府县志辑》第22册,上海:上海书店出版社,2003年,第513页。

④ (民国)《新修大埔县志》卷28,《列传十一·耆德》,《中国地方志集成·广东府县志辑》第22册,第512页。

⑤ 《续潼关县志》卷中,《人物志》,《中国方志丛书》华北地方第247号,台北:成文出版社,1969年,第123—124页。

细录记，裒然成帙。①

第五种“去商人化”的途径是回归土地，购置田园，农商兼资。时人普遍认为，土地是最安全的财富形式，它不怕贼偷，不怕火烧。因此，许多商人奉行“以末致富，以本守之”的观念，将在商业领域积累的资本用于购置土地，收取地租。这在论及明清商业资本流向的论著中，多有述及，在此不赘。

上面我们把明清商人“去商人化”的路径划分五种类别，只是为了论述的方便。实际上，这五种类别是互有交叉的。如培育子孙业儒的，其目的也是做官，也购置有土地，也热心公益，利人济物；另如一心向学，以文行经术济世的，也具有仁爱之心，急公好义；乡贤也培育子弟奋进科场，占有土地；等等。但由此可以看出一个大的趋势，“去商人化”是该商人群体目标价值追求的总体特征。持工具型职业身份认同的商人在“去商人化”以后的社会角色主要是学者、文学家、艺术家、官员、慈善家、乡村社会精英、地主。他们有时候可能是多种社会角色兼具，然商业资本向工业资本转化的极少。按照对徽商、晋商的粗略统计，持工具型身份认同的商人约占到商人总数的70%—80%以上。他们的“去商人化”使该商人群体从整体来看缺少一种持续经商的动力，市场经济的洗礼没能塑造他们的新的商魂，大多数又回到了出发时的体制，这就难以希冀其开辟新的社会发展道路了，发端于15、16世纪的商业大潮在近代的落幕似已成为必然。如将明清商人群体在近代的整体衰落仅归咎于封建主义的压迫，帝国主义的挤压和战争的破坏等因素的影响，则会遮蔽对明清商人群体自身特质的清晰认识。

① 《大荔县志稿》卷10，《耆旧传上》，《中国方志丛书》华北地方第315号，第155页。

明代商人对财富的认识、利用及转化

常文相

明中叶以降商品经济繁荣兴盛，商业财富的持续增长无疑是一重要表现。商人在财富的获取、保有、使用过程中，不仅透显出他们的经营理念、价值倾向与利益诉求，且尤为关键的是，财富优势亦可转化为一种广泛存在的支配性权力以对社会发展造成切实影响。因此，考察并揭示当时商人阶层依托经济、社会活动而于历史演进意义上展露的独具内涵的角色地位和功能作用，一直都受到学界强烈关注。先前关于明清商人、商业及与之相应的社会变迁问题研究，大致可归纳为中西比较视野下探寻传统中国能否成功通往现代社会的学术取径。这种研究方式习惯把近代以来西方历史经验当作具备"标准"、"常态"含义的参照尺度，一般带有视商品经济与帝制体系对立冲突，并同现代社会构成直接关联的预设。在此语境下，明清中国往往被看成行将被新兴资本主义替代的"封建"社会末期，内中代表先进属性的商人、商业本该发挥瓦解和改造旧有体制的功用，却因种种局限未能完成历史赋予的使命；理论上体现变革社会要求进而为资本主义产生准备前提的明清商人前景黯淡，受制于专制权力，他们对财富的认识利用反倒维护巩固了旧式政治秩序与生产关系，长远来看延缓了传统中国的现代转型。

这样的研究所遭遇的学理困境，症结乃在只将中国的历史发展放在印证西方道路普遍意义的对象位置，实际缺少对自身社会结构特征、演进脉络的充分体察与正面论述。近年来，中国史学界力求转换范式，于多维度诠释中国古代史并就自主创设学术话语体系方面展开了一系列有益探索。① 其中，赵轶峰先生提

---

① 参见李治安：《多维度诠释中国古代史——以富民、农商与南北整合为重点》，《中国社会科学评价》2016 年第 4 期；薛政超：《构建中国古代史主线与体系的新视角——以王权、地主、农商和富民诸话语为中心》，《史学理论研究》2017 年第 4 期等。

出明清“帝制农商社会”说，认为当时帝制政体与商品经济间达成了一种自洽格局，双方互适共生，从而推动中国社会在保持既有帝制体制态势下又呈现出进一步商业化延展潜能。[①] 该说不仅重视明清社会商业化特征显著和程度增强的诸多表现，更着力理析内里透露的商品经济与帝制体系耦合错杂的关联。反观以往研究，这一论说不仅为全面阐释帝制晚期中国社会演化的独特形态与趋势建立起一种认识框架，亦为充分考量彼时商人社会角色及其同既有体制关系拓开了一条新路径。笔者此前曾发表过一篇题为《明代商人的社会参与》的文章，梳理了明代商人对地方乃至国家公共事务的参与情况，并对由此反映的社会变迁意涵做出一点尝试性分析。[②] 本文则打算以此为基础，将讨论思路适当向上推展，在凸显商人通过社会参与而把财富优势转化为地位与权力优势的同时，也注意到他们财利取用的社会背景和行为动机，以期能对当时商人角色及其与国家体制关系问题有更深一层的理解把握。

一、商业财富刺激下的竞利风习对晚明社会秩序的冲击

明代中国的商品经济取得了长足发展，特别是明中叶以来，商路四通八达，贸易昌荣兴旺，所谓“极盛之世，滇南车马，纵贯辽阳；岭徼宦商，衡游蓟北”[③]，“燕、赵、秦、晋、齐、章、江、淮之货，日夜商贩而南；蛮海、闽广、豫章、楚、瓯越、新安之货，日夜商贩而北”[④]。转运贸迁的商人由此积累了巨量财富，其资力雄厚已为世人注目，且尤以徽、晋两地最著。如万历时人谢肇淛曰：“富室之称雄者，江南则推新安，江北则推山右。新安大贾，鱼盐为业，藏镪有至百万者，其它二三十万则中贾耳。山右或盐，或丝，或转贩，或窖粟，其富甚于新安。”[⑤]其后宋应星

① 参见赵轶峰：《明清帝制农商社会研究：初编》，北京：科学出版社，2017 年。

② 参见常文相：《明代商人的社会参与》，《中国史研究》2019 年第 3 期。

③ 宋应星：《天工开物》序，广州：广东人民出版社，1976 年，第 2 页。

④ 李鼎：《李长卿集》卷 19，载张正明、薛慧林主编：《明清晋商资料选编》，太原：山西人民出版社，1989 年，第 56 页。

⑤ 谢肇淛：《五杂组》卷 4，《地部二》，北京：中华书局，1959 年，第 108 页。

也称:“商之有本者,大抵属秦、晋与徽郡三方之人。万历盛时,资本在广陵者不啻三千万两,每年子息可生九百万两……各商肥家润身,使之不尽,而用之不竭,至今可想见其盛也。”①

获资取盈是商业活动的重要目的,伴随社会商业化程度提高与商业关系扩展,当时一般民众从贾趋利的表现就愈加明显。如嘉、万时人温纯谈及杭州民情,“近世舍本逐末,散朴成鄙,于是商通难得之货,工作无用之器……富商大贾,操奇赢逐利,阛阓齐民,一切刺绣文,倚市门,仰机利而食”。② 其家乡陕西三原之状,同样“大小贾甚夥,然少有辄盛宫室裘马,以明得意”。③ 后如谢肇淛讲到苏州吴地:“三吴赋税之重甲于天下……而闾阎不困者,何也? 盖其山海之利,所入不赀,而人之射利,无微不析,真所谓弥天之网,竟野之罘,兽尽于山,鱼穷于泽者矣。”④再李维桢尝道:“自陪京而北,江都一都会也。贾人煮海者赀巨万,仰机利而食……自陪京而东,歙一都会也。其民行贾四方,唱棹转毂,以游万货之所都。”⑤彼时人心嗜财重货,逐末求利,在小说中也有生动揭露。《二刻拍案惊奇》云:“却是徽州风俗,以商贾为第一等生业,科第反在次着……徽人因是专重那做商的,所以凡是商人归家,外而宗族朋友,内而妻妾家属,只看你所得归来的利息多少为重轻。得利多的,尽皆爱敬趋奉。得利少的,尽皆轻薄鄙笑。犹如读书求名的中与不中归来的光景一般。”⑥王世贞也曾指出“徽俗之月旦人,往往用赀甲乙”,⑦当地人“视贾赢缩为隆杀”,商游挫资者,不仅自觉羞愧,即家人亦薄之。⑧

---

① 宋应星:《野议》,《盐政议》,上海:上海人民出版社,1976 年,第 35—36 页。

② 温纯:《温恭毅集》卷 9,《仁和钱塘二县桑园记》,《景印文渊阁四库全书》第 1288 册,台北:台湾商务印书馆,1986 年,第 609 页。

③ 温纯:《温恭毅集》卷 11,《明员伯子墓志铭》,《景印文渊阁四库全书》第 1288 册,第 643 页。

④ 谢肇淛:《五杂组》卷 3,《地部一》,第 73 页。

⑤ 李维桢:《大泌山房集》卷 94,《赠知州李公张宜人墓志铭》,《四库全书存目丛书》集部第 152 册,济南:齐鲁书社,1997 年,第 672 页。

⑥ 凌濛初编著:《二刻拍案惊奇》卷 37,《叠居奇程客得助　三救厄海神显灵》,北京:中华书局,2009 年,第 415 页。

⑦ 王世贞:《弇州四部稿》卷 95,《明故征仕郎仁斋程君墓表》,《景印文渊阁四库全书》第 1280 册,第 539 页。

⑧ 王世贞:《弇州续稿》卷 69,《节孝汪吴传》,《景印文渊阁四库全书》第 1283 册,第 33—34 页。

如此情形，可谓“风移俗易，浸淫于贸易之场，竞争于锥刀之末，民且不自知，其习于浮而风斯下也”。① 今昔比照，时人常发世情尚利、众心浇漓之慨。如万历时人顾起元追怀正、嘉以前南京醇厚风尚，坦言：

> 荐绅以文章政事、行谊气节为常，求田问舍之事少，而营声利、畜伎乐者，百不一二见之。逢掖以呫哔帖括、授徒下帷为常，投贽干名之事少，而挟倡优、耽博奕、交关士大夫陈说是非者，百不一二见之。军民以营生务本、畏官长、守朴陋为常，后饰帝服之事少，而买官鬻爵、服舍亡等、几与士大夫抗衡者，百不一二见之。②

而后士庶纷纷慕荣华，喜富贵，权钱交易，拜金盛行。正德时人张原一针见血指出，“成化、弘治年间，人尚节义，士知廉耻，公道昭明，风俗淳美”，然今天下“凡可以得货者，无不为也”，盖因“非取之民不足以聚货，非聚乎货不足以媚灶，苟媚乎灶则可以逭罪，可以得官，无所往而不利矣”。③ 时复有吕柟批评学风不古：“自弘治末年以来，媚师以势教，鄙师以利教……夫惟以势为教也，士固有青衿居而奔竞心者矣；夫惟以利为教也，士固有诗书诵而金帛志者矣。”④与之类似，唐顺之又称古今人家爱养子弟之道迥异：“古者贵义而贱利，爱之必以其所贵者，则固日夜望其子弟之趋于道德仁义也……后世贵利而贱义，爱之必以其所贵者，则固日夜望其子弟之趋于富贵利达也……盖风俗之靡，而古道之缺，然也久矣。”⑤

正、嘉以降，更多有识之士愈感当世钱能通神，为祸匪浅。黄省曾直指“金钱之神，莫甚于今之时矣”，故“金钱愈神则贪夫愈昌，贪夫愈昌则民生愈蹙，民生愈蹙则天心必变，而国祸斯成矣”。⑥ 海瑞表示对“财帛世界，今不如昔”之说，“始闻而疑之，以为此特市井小人自为风俗”，继而经历既多，“乃知我辈出没

---

① 任弘烈：《泰安州志》卷1，《舆地志·风俗》，《中国方志丛书》华北地方第10号，台北：成文出版社，1968年，第23页。

② 顾起元：《客座赘语》卷1，《正嘉以前醇厚》，北京：中华书局，1987年，第25页。

③ 张原：《玉坡奏议》卷3，《清吏治疏》，《景印文渊阁四库全书》第429册，第379—380页。

④ 吕柟：《泾野先生文集》卷3，《送李新安序》，《四库全书存目丛书》集部第60册，第550页。

⑤ 唐顺之：《唐荆川先生集》卷12，《薛翁八十寿序》，载王德毅主编：《丛书集成续编》第144册，台北：新文丰出版公司，1989年，第353页。

⑥ 黄省曾：《五岳山人集》卷21，《语苑·拟诗外传六十一章》，《四库全书存目丛书》集部第94册，第693页。

于声色货利之场，不得不已；奔走于富贵利达之际，老死不休……视市井辈反为过之”。[①] 李贽亦痛斥天下尽以市道交友：“以利交易者，利尽则疏；以势交通者，势去则反……吾独怪夫今之学者以圣人而居市井之货也……比之市交者又万万不能及矣。”[②]商业财富激增、商业关系泛滥致使举世趋名务利，此又被万历时人伍袁萃道破：“古语云：‘争名者于朝，争利者于市。’自今观之……利之可争者，不独在市，而且在朝；朝之共争者，不复在名，而惟在利。古语亦不尽然哉？世变江河愈趋而下也，不有砥柱，谁挽颓波？”[③]晚明人叶向高也感叹彼时官商勾结，唯利是图：“余出而行长安市，熙熙攘攘，非服官则服贾，无他途也。官市于朝，贾市于廛，白首营营，竭蹶而不休。”[④]

是见受金钱魔力蛊惑诱导，晚明社会上下汲汲追求财富的异化之势似成必然，难可挽回。明末人宋应星云：“有钱者奢侈日甚，而负债穷人，亦思华服盛筵而效之，至称贷无门……缙绅素封之在太平之世也，稍有羡金，必牢藏，为终身与子孙之计。其在今日有钱闲住者，惟恐子息不生……终朝俵放，以冀子钱。”[⑤]甚有更贴切形象者，如《天下郡国利病书》所载万历《歙志·风土论》，将当地明中叶以来的世道堕落、俗尚变迁比拟成四季交替循环，透露出时人的敏锐体察及深深无奈：

> 国家厚泽深仁，重熙累洽，至于弘治，盖綦隆矣。于时家给人足，居则有室，佃则有田，薪则有山，艺则有圃。催科不扰，盗贼不生，婚媾依时，闾阎安堵。妇人纺绩，男子桑蓬，臧获服劳，比邻敦睦。诚哉！一时之三代也。岂特宋太平、唐贞观、汉文景哉！诈伪未萌，讦争未起，芬华未染，靡汰未臻，此正冬至以后、春分以前之时也。寻至正德末、嘉靖初，则稍异矣。出贾既多，土田不重，操资交捷，起落不常。能者方成，拙者乃毁，东家已富，西家自贫。高下失均，锱铢共竞，互相凌夺，各自张皇。于是诈伪萌矣，讦争起矣，芬华

① 海瑞：《海瑞集》下编，《赠序类·赠蒙生德范还遗金序》，陈义钟编校，北京：中华书局，1962年，第343页。

② 李贽：《续焚书》卷2，《论交难》，北京：中华书局，1975年，第76—77页。

③ 伍袁萃：《漫录评正》前集卷1，《北京图书馆古籍珍本丛刊》第70册，北京：书目文献出版社，1998年，第545页。

④ 叶向高：《苍霞草》卷4，《林处士偕配八十序》，《四库禁毁书丛刊》集部第124册，北京：北京出版社，2000年，第91页。

⑤ 宋应星：《野议》，《风俗议》，第40—41页。

> 染矣，靡汰臻矣，此正春分以后、夏至以前之时也。迨至嘉靖末、隆庆间，则尤异矣。末富居多，本富尽少，富者愈富，贫者愈贫。起者独雄，落者辟易，资爰有属，产自无恒。贸易纷纭，诛求刻核，奸豪变乱，巨猾侵牟。于是诈伪有鬼蜮矣，讦争有戈矛矣，芬华有波流矣，靡汰有丘壑矣，此正夏至以后、秋分以前之时也。迄今三十余年，则敻异矣。富者百人而一，贫者十人而九，贫者既不能敌富，少者反可以制多。金令司天，钱神卓地，贪婪罔极，骨肉相残。受享于身，不堪暴殄，因人作报，靡有落毛。于是鬼蜮则匿影矣，戈矛则连兵矣，波流则襄陵矣，丘壑则陆海矣，此正秋分以后、冬至以前之时也。①

以上大致论说了明中期以降商业财富的增加和竞利观念的蔓延给整个社会带来的巨大冲击与长远影响，从中可知资本扩张势头的日益迅猛活跃。因财富力量的强劲介入，传统社会的演化嬗递越发充满变数，晚明呈现的种种末世图景似乎亦表明当时社会已经无法完全把控住商业资本而不得不放任其发展。事实果否如此，当然还需全面深入讨究。但是，我们假若稍微调整一下观察方向，把目光投射于明代商人对财利取用的认识考量及他们对自身财富优势的利用转化上，则主要就明人文集记载所见，依然能够看到其时商人财富在同既有国家社会体制的错杂互动中，彼此间显示出深刻契合性。

二、基于“天道—人事”观念的财利取用之道

（一）依循“天道”践行“人事”

商业活动固然以追求利润为首要目标，然而明代商人的惯常表现，却是在获取经济利益的现实诉求之上，内心里往往存有一个根植于传统伦理的“天道”观念。也就是说，求利很多时候并非当时商人的唯一或根本宗旨，在更高一层的“天道”思想统合下，他们多可只把经商行为看成实现自己人生和社会价值的别一种手段，“人事”始终既与“天道”关联对应，又须接受“天道”的规范评判。此一含义在明中期山西蒲州商人王现的一段自白中表达得十分明显，其言：“夫商

① 顾炎武：《天下郡国利病书》，《风宁徽备录·歙志·风土论》，上海：上海古籍出版社，2012年，第1025—1026页。

与士,异术而同心。故善商者处财货之场,而修高明之行,是故虽利而不污;善士者引先王之经,而绝货利之径,是故必名而有成。故利以义制,名以清修,各守其业,天之鉴也。如此则子孙必昌,身安而家肥矣。"①在他看来,如能真正做到"利以义制,名以清修",那么"天鉴"观照下的士商两者,显露出的就仅仅是择业术途的表面差异,其内在本心实则一同,且制利修名之人身家亦得安昌。②

在日常行事中持有此类"天道"、"天理"、"天命"观的商人,尚可举出多例:如明中期陕西扶风人樊现耕商立业,尝谕诸子:"谁谓天道难信哉?吾南至江淮,北尽边塞,寇溺之患,独不一与者,天监吾不欺尔。贸易之际,人以欺为计,予以不欺为计,故吾日益而彼日损,谁谓天道难信哉?"③时徽商查道大才识超群,中年业益殷盛,却"幡然归来,独捐一室曰'慎斋'",且言:"天道忌盈,可不慎乎?"④复如嘉、万时徽商胡山素著信义,名其堂曰"居理",因提命子孙道:"吾有生以来,惟服膺'天理'二字,五常万善,莫不由之。仰不愧天,俯不怍人,南面而王天下,乐何逾此?"⑤南直隶宣城商人胡世冕不乐习举仕进,恒亦自称:"天命靡常,日鉴在兹,所行事必可对越在天。"他承父故业而益赢,又舍财好施,"比闾族党,沐浴膏润为多"。⑥ 上述诸商时时依循"天意"自勉自省,动行居处,对天应人,终问心无愧。

商人若奉行天理人心之大道,则自可以谦逊诚信表见于世。如成、弘时苏州商人赵时宪居市卖酒,人或误有溢值,遂追归之。子治《易》经,他取书读至

---

① 李梦阳:《空同集》卷46,《明故王文显墓志铭》,《景印文渊阁四库全书》第1262册,第420页。

② 与王现及其墓志作者李梦阳生活于同一时代的"心学"大儒王守仁,就曾提出"四民异业而同道,其尽心焉,一也",此论不仅颇为当时社会接受,且对后世亦影响深远。参见王守仁:《王阳明全集》卷25,《外集七·节庵方公墓表》,上海:上海古籍出版社,1992年,第941页。

③ 康海:《康对山先生集》卷39,《扶风耆宾樊翁墓志铭》,《续修四库全书》第1335册,上海:上海古籍出版社,2002年,第438页。

④ 《休宁西门查氏祠记》,《城西善士世宏查君墓志铭》,载张海鹏、王廷元主编:《明清徽商资料选编》第253条,合肥:黄山书社,1985年,第84页。

⑤ 李维桢:《大泌山房集》卷73,《胡仁之家传》,《四库全书存目丛书》集部第152册,第263页。

⑥ 李维桢:《大泌山房集》卷70,《胡赠公家传》,《四库全书存目丛书》集部第152册,第210页。

"谦",瞿然而悟:"谦之理如斯乎? 吾见人卑牧者,恒契于怀,今幸窥大道指归,吾敢不服膺,终身诵之?"①与"天"之品格息息相关的是"德",诚信本身即代表了遵天道而行德的意涵。如嘉、万时徽商吴伯举任授掌计经营,然"掌计侵母钱,无所出,阴借伯举名,贷盐策累万六千缗"。事觉,他客以掌计擅作主张,理应自担债务,吴伯举却言:"诸长者挈累万而贷不知者何? 人信吾名也。吾党因而为僭,而吾以僭乘之,其曲在我,是曰倍德,倍德不祥。"②再万历时袁中道有见徽商吴文明由淳诚昌家,乃于其传后阐发拙巧得失之论:"太史公之传货殖也,则曰'巧者辐辏,拙者瓦解'。夫盈诎决于巧拙,是其柄在人,而不在天矣。而以予观之,往往有失之巧,而得之拙者。巧以诈,拙以诚。诚之所在,能转造物者也。贾为机变六薮,而亦以诚得之,人可不诚欤?"③正因"人事"与"天道"相符,以故"廉逊"、"拙诚"等操守才能感化人心,进而转动天意。

受"天道"思想的导向或约束,明代一些商人通常更多关注自身行为是否合乎社会公共价值层面的公理公义,而非把过度营求利润积累财富当作人生指南,其主要表现,就是"知足"、"知止"、"知节"观念的普遍流行。如明中期陕西杜陵商人张通贾冠关中,但"性惮厚利",自云:"苟可以给日用,则生道所关,如是而已,夫何以厚为哉?"④又嘉、万时徽商朱模持理家政,获称素封,年岁既老,一日慨然道:"吾闻之,得而不止,无义也;失而不止,无命也。炫于得失,欲止而不能,吾不为也。今止矣。"遂归居筑园,后以仲子贵而受封,父老为贺,称其"乐施好义,而急困为德",至"起饿人于死,且掩骼埋胔,恩及枯骨"。⑤ 时再有徽商潘季友虽富资财,然收放自制,尝叹曰:"俭德之共也,吾乐受其名。第窃自念,周游万里,交天下士;贷诸贫乏数千金,不责偿;蜀楚吴越当卢倚市门者,吾无所惜费。傲天幸不败,然自有节制,早暮未尝不长虑却顾也。假令一切以纤啬从事,

① 祝允明:《怀星堂集》卷19,《赵君墓表》,《景印文渊阁四库全书》第1260册,第637页。

② 汪道昆:《太函集》卷37,《吴伯举传》,《续修四库全书》第1347册,第238页。

③ 袁中道:《珂雪斋集》卷17,《吴龙田生传》,钱伯城点校,上海:上海古籍出版社,1989年,第739页。

④ 康海:《康对山先生集》卷37,《明故封承德郎刑部主事张公墓志铭》,《续修四库全书》第1335册,第415页。

⑤ 焦竑:《澹园集》卷25,《上园朱封公传》,李剑雄点校,北京:中华书局,1999年,第363—364页。

宁渠若是?”①

(二)取财以义,用财于德

基于以上认识来看明代商人的财利取用之道,明中期人祝允明曾撰《刘介翁墓志铭》,述及其示子曰:“利害二言,皆非义所校,然临世不可不特慎于是。苟利颛于己,害必归于人,惟应以义公好恶,则寡过矣。”②虽然墓志未明言刘介翁从业若何,不过他所讲的“私利”与“公义”间的损益关系,尤其是“以义公好恶”的衡量尺度,应为当时社会士庶的广泛共识。后再如陆深给徽商郑敬伟作传,称赞其尝舍资助人脱难:“夫财货于人至薄也,苟当其急,亦足以免患而全其大……《易》曰‘利者义之和也’,不其然哉?所贵乎人之丰其财者,正以其能脱贤人君子于患难,而其倡义也,乃先众人而办耳。”③联系前文,可见利既以信制,复由义和,营财之道,实在足用救急,非以贪多竞盛为务。且此中透露出的缘义取用财利之意,又因有“天道”的烘托加持,愈显正当无疑,诚谓“以义为利,利莫大焉”。④

明中叶以来,确有商人能够秉承这样的认识而多所表见。如徽州人吴佛童以农余兼营贾业,赴义若渴,不求非分之利。墓表载:“会岁恶,处士以露积倾里中。人言:‘任氏窖粟,以待不赀,此其故智也。’处士笑曰:‘使吾因岁以为利,如之何?遏籴以壑邻,是谓幸灾,天人不与。’乃尽发仓廪,平贾出之。”⑤与之相类,杭州商人卓长公世受货居,岁恶减市价平粜,“其不能籴者,则设糜粥饲之,殍则槥而掩之,多全活”。自言:“某有天幸,岁赐我赢,即损岁之赢与邻里共,非诎也;又因以为利,其若沟中之瘠何?”⑥杭州商人李秀亦“轻财慕义,振人之急,自

---

① 李维桢:《大泌山房集》卷48,《赠潘季友序》,《四库全书存目丛书》集部第151册,第513页。

② 祝允明:《怀星堂集》卷18,《刘介翁墓志铭》,《景印文渊阁四库全书》第1260册,第626页。

③ 陆深:《俨山集》卷61,《晚逸居士传》,《景印文渊阁四库全书》第1268册,第387页。

④ 李维桢:《大泌山房集》卷36,《吴翁寿序》,《四库全书存目丛书》集部第151册,第261页。

⑤ 汪道昆:《太函集》卷62,《明故处士新塘吴君墓表》,《续修四库全书》第1347册,第491页。

⑥ 汪道昆:《太函集》卷67,《明赐级卓长公配朱氏合葬墓碑》,《续修四库全书》第1347册,第546页。

天性也”。嘉靖年间“临安大饥,谷价腾贵”,时“有贷粟于公者,约丰岁倍偿”,他不以为然:“使吾欲射利,则数岁之偿,犹不足以当时值。夫有余不以济乏,非仁也;因而利之,非义也。”①这些经营者身处财货之场,行事却一遵天道仁义,相比于乘时徇利,他们往往还会在意普通大众共同利益的实现,从而完成自己社会价值的提升。

另一方面,正因将“天道”思想作为超越性的评价参照,明代也有商人可不把争财竞利的目标表面化和绝对化,而是辩证以观,顺势以待,如此则其所倡行之“公义”,又扩展出探寻商业活动隐含的人情事理及合理把握市场规律的内涵。如明中期徽商佘育对经营之道有自己的独到见解,他既睹世间“商非剧廛不售也,非交豪官势人,即售受侮压;夫售未有不赊者也,非豪势人力,赊鲜有还也”,乃“寓剧廛则治静屋,日闭关苦诵吟,弗豪势人交”,待“终岁算息,盈缩则顾与他商埒”。其尝言:“夫价之昂卑,岂一人容力哉?君既靡力,吾随其昂昂卑卑焉已,是以吾身处剧廛,而心恒闲也。夫争起于上人,吾既随其昂昂卑卑,息与诸埒也,侮压又胡从至矣?吾是以弗势豪交,而息罔独缩。”②时再如徽商鲍光宇,甫冠即“往来汴中,积十余岁,赀累巨万”。众贾不及,请教其道,他以“惟无竞心”答之:“方货之集也,竞者市之惟恐尽,吾俟其尽取之,而吾从而取焉;及其售也,竞者发之惟恐不尽,吾俟其尽发之,而吾从而发焉。夫市竞焉,价必涌;售竞焉,货必壅,是皆非物之理也。吾惟无竞焉,而以物之理为理,故吾之贾也常居人后,而操其赢也常先。”③通过这一番深刻阐发,是知经商无射无逐,竟也事半功倍。

在“天道”或隐或显衬托下,明代商人取财于义,临财有识,言谈举措很多时候并未与既有社会体制和观念背离。同样,就财以致用方面说,他们不少人“非独饶于赀,且优于德”,④亦能跳脱开对个体私利的专注,勉行施德济众的处世旨归。此间与“天”相配的“德”得到突出强调,如明中期徽州盐商黄鉴“闻诸贾人

---

① 张居正:《张太岳集》卷17,《处士方田李公行状》,上海:上海古籍出版社,1984年,第207页。

② 李梦阳:《空同集》卷48,《潜虬山人记》,《景印文渊阁四库全书》第1262册,第446页。

③ 陆深:《俨山集》卷61,《鲍处士小传》,《景印文渊阁四库全书》第1268册,第386页。

④ 归有光:《震川先生集》卷13,《东庄孙君七十寿序》,上海:上海古籍出版社,1981年,第337页。

设智巧、仰机利”，乃叹：“此辈卑卑取富，益目前耳，大贾顾若是耶！当种德也。德者，人物之谓也。”①嘉靖时南直隶江阴商人史汝器弃学与兄治生，“豁落有大度，不事纤啬”。家境渐裕，兄持筹自喜，他则劝之：“伯兄而仅陶朱已耶？财者，所贵行德也。”②彼时商人既然重视“种德”、“行德”，自会在经营内外不欲斤斤计较一己得失，而显露出利民益世的取向与情怀。明中期徽商方锁即弗为利害所动，甚且厚国赈民，惠济一方。墓志称：“钱塘饥，某子甲者请公钱贷之，已而有劝公勿贷者。公曰：‘不然，天灾流行，何国蔑有？吾惧不能厚国，谓厚身何？’于是卒贷之。明年复饥，贷者不能举其券，人言公当责券。公曰：‘不然，天灾流行，何国蔑有？吾纵不能厚国，谓厚身何？’于是卒折其券。”后方锁再至，当地人感戴，“终不以无券故负公”。墓志作者有感于兹，也表示此前后际遇，恰应和了那句“飨其利为有德者”的古语。③ 又正、嘉时浙江宁波商人陈武“居常虽托之贾余，务及人之缓急”，有子“举进士，令万安”，将奉同往，其特以“诸负勿收”为辞，子惑曰：“大人故务树德以遗后之人，即释负，亦大人志也。”他遂正色教谕道：“与吾树丘里之德，其能济者几何？而果能德百里而迈种之，其济众矣。”④

由上述事例以观当时商人财利取用的义利之辨，可知他们中不仅确然有人认同个人财富与体现公义公德等含带普适价值意涵的“天道”密为关联，且较大程度还能做到集私成公，使自身利益同公共利益之间保持相对充分的融通余地。于是，义利二者互离不如相合的识见应势而生。如嘉、万时南直隶无锡商人倪珵勤俭操劳，墓志叙其“为人分忧恤患”云：“环公居数十里间，饥者待食，寒者待衣，有叩必应，或不能偿，置不问。岁戊子，道殣相望，公恻然悯之，损粟千石应募，退复私为粥，以活老稚者无算。”墓志作者顾宪成就此于文尾论道：“以义诎利，以利诎义，离而相倾，抗为两敌。以义主利，以利佐义，合而相成，通为一脉。

---

① 歙县《竦塘黄氏宗谱》卷5，《黄公鉴传》，载张海鹏、王廷元主编：《明清徽商资料选编》第330条，第114页。

② 王世贞：《弇州续稿》卷117，《封承德郎南京兵部车驾清吏司主事蓉泉史公墓志铭》，《景印文渊阁四库全书》第1283册，第643页。

③ 方扬：《方初庵先生集》卷10，《族大父以钥公偕孺人程氏墓志铭》，《四库全书存目丛书》集部第156册，第595页。

④ 汪道昆：《太函集》卷52，《明故赠文林郎歙县知县东泉陈公暨赠孺人林氏合葬墓志铭》，《续修四库全书》第1347册，第386页。

人睹其离，翁睹其合，此上士之所不能訾，而下士之所不能测也。”①义主利辅，和合会同，这一观念明清延承，越发深入人心。②

（三）对积而能散的“天道—人事”考量

依据“天道”盈亏得失之理，作为上天意志在现实社会的投影，长久流行于世的“积而能散”财富观亦由是以获合理解释。且看嘉靖时人金瑶在其《义利辩》中言：

> 民以财为命，人知财之为利，而孰知有积而不能散之害……盖财者，天生而地阜之，以遍养斯人者也，岂独为一人厚……若其人有此财，遂视此财为己物，私之为家计，为子孙计……则天意必转而之他，而此财非复此人有矣。何也？天地生财，只有此数，此肥则彼必瘠……天何以瘠百家千家之产而肥一人，为此一人之能庇百家千家也。今既不能庇百家千家，天意之转而他也固宜。天道亏盈而益谦，彼既盈矣，而又不善用其盈，岂有不亏之理？此天人相与之实，人事得失感召之常，可以烛照数计而的然不爽者。

在他眼中，财富生于天地，取于天地，本非一人一户私产，而应“善用其盈”以遍养百姓，普惠众民。即若推有余补不足，“或施之贫，或恤之孤，或拯之人之急难，或修理之圮桥败路以便人往来”，如此方合“天人相与”、“人事感召”之意。倘违逆“亏盈益谦”的“天道”行事，“有积而不能散”，或“当用不能用”，天意必转而他向，反致灾祸。金瑶还就钱财物货固有的流通属性继续阐论曰：“夫泉之质，流动而不居，与货财之流通同；泉之用，多蓄而久则腐秽，与积货之生灾同。周公以是名府，正以示货财之理之主于流通，非一人一家所能独蓄。君子而知泉之义，于是而有财则惟义之裁，而不求其居；于是而积有多财则惟义之散，而不求其久。”这再度说明，由“天道”权衡，则钱货财利不仅本质在于流动不居，且其取用积散仍须一决于义，是谓“义所不当用则不用，而义所当用，则慨然捐已以与之”。③

参诸文献记载，此类积散有道的商人可谓不乏。如嘉靖时浙江嘉善人丁衮

---

① 顾宪成：《泾皋藏稿》卷17，《明故处士景南倪公墓志铭》，《景印文渊阁四库全书》第1292册，第195—196页。

② 如康熙末年的《创建黄皮胡同仙城会馆记》，由“会”字意旨谈起，周详透彻阐释了“利同义洽”的主题。参见李华编：《明清以来北京工商会馆碑刻选编》，北京：文物出版社，1980年，第16页。

③ 金瑶：《金栗斋先生文集》卷10，《义利辩》，《续修四库全书》第1342册，第641页。

持家治生,“既以羸闻,诸缓急告贷者辄得所欲”,里中环居人家,“衣食凶吉之费,多于公乎取”,他且云:“钱者泉也,又通宝也。是安能虏守我?”[①]徽商金弁亦识财货常用常新、疏源通流的道理,乃言:“钱者,泉也,弥汲则弥新。彼壅以为有者,如窒其源而冀流之增,不可得已。”尝遇岁祲,饿殍载道,其“计活之,而托之修垄墓,兴工作,散者累千金”,以至“乡人称金为德门,谓善积又善施也”。[②] 又徽商许可进“生平见有义举,辄赴之惟恐后”,其也曾曰:“受而能施,积而能散,天之道也。吾安能效里俗,龌龊钱刀,视义则靳不肯拔一毛,视利则走死地如骛哉?”[③]时复有徽商吴次公兄弟五人,“大之以诗礼发家,次之以勤俭作业,而次公者,以末致富,用本持之,虽所操术不同,其于以保世滋大一也”。他尝道:“我何以富为哉?吾以为有涯者知也,无涯者时也。人皆争知,我独争时,吾不以有涯废其无涯,此吾所以治生之经也……我何以德为哉?吾以为财者所用养者也,人者所养也。吾聚财于天地,散财于天地,固其所也。吾闻之也,君子不以所用养易所养。”[④]吴次公持盈守虚,居仁施义,既深解顺随时情、道法自然之理,又晓明“富”、“德”缘由所系,因而能透过本末表象差别,超然于财利之外,站在资养天下众生的高度看待并践行自己的事业。

同时不能忽视的是,商人尽力捐资散财,内中也包含着他们念及贫富无常、盛衰靡定而为自己尤其是子孙后世求福禳灾的实际用意。如明中期南直隶通州商人凌鉴自幼携资贾游,日渐温裕,居常乃叹:“富而弗施,是失富也。”遂“丧予棺,病予药,婚嫁予财贿,即贫不能偿,辄焚其券无吝色”,桥梁祠庙“一遇废圮,亟为葺治”,会岁饥,又“输粟于官四百斛”。墓志作者赞云:“余读汉人扑满之论,知多财之贾祸也。公积而能散,虽以养德,亦以辟咎,其才识过人远矣。”[⑤]时山西绛州商人赵紞贸易茶马,赢利不菲而佐国赈民,行贾四十余年,“积而能散,

---

① 王世贞:《弇州续稿》卷105,《封文林郎句容令怀梅丁翁墓志铭》,《景印文渊阁四库全书》第1283册,第493—494页。

② 焦竑:《澹园集》卷30,《太医院吏目面山金公暨配江氏墓志铭》,第464页。

③ 鲍应鳌:《瑞芝山房集》卷11,《处士顺斋许季公行状》,《四库禁毁书丛刊》集部第141册,第225页。

④ 方扬:《方初庵先生集》卷7,《寿吴次公双塘处士七十序》,《四库全书存目丛书》集部第156册,第521页。

⑤ 陈尧:《梧冈文正续两集合编》卷9,《处士逸庵凌公墓志铭》,《四库全书存目丛书》集部第101册,第518页。

至家之日,囊篋萧然”。人目之以迂,他却道:“吾岂迂哉？昔司马温公有言,积金积书不如积德。吾财虽散,而所积以为子孙长久计者,实多矣。”[①]陕西凤翔商人张时言亦因多行施助而“身或就窘,人嘲其愚”,他笑对:“人寿几何,吾安能长守无失？人失之,人得之,在彼犹在此也。夫守钱虏为子孙计,子孙贤,何须于我;子孙愚不肖,是贻之祸耳。”[②]再徽商郑于荥继承父业,与兄并力经营盐策,用廉致裕,其母则教:“蕴利生孽,积而能散,所以长守富也。”于是兄弟二人首事修缮宗祠,继以“宗人毁室者,为室居之;不葬者,予之地助之费而窆之;不给朝夕者,为义田赡之;夫妇治田暴烈日中者,为亭以休之;或肱其箧以去,为弗闻也者而置之;号寒啼饥有所知,必为之衣食之”。[③] 也即是说,在这些商人看来,钱财得此失彼,移盈补亏,不仅具有流动特质,且体现两面性征,善用能生利保富,败用则集怨招患。个中真意又正如明末南直隶天长商人崇真甫所言:“货财如流泉,未有积而不散者。吾见富家,或以讼破,或以声色狗马败,其怙侈作非者,或至失门户。多财而不善用之,适以招祸,吾欲遗子孙以安,莫若及我身而散之!”[④]且这种对财富积散的认知其实并未超出传统商业伦理范畴,故亦表明既有体制下当时商人资本的出路尚且有限。

三、对财富优势的利用转化

从资本投向来讲,商人对财富的利用大体可包括保有并增殖财富的土地投资、扩大经营生产的商业投资及为塑造形象、提高地位、谋求权益进行的社会性和政治性投资等方面。本节拟以明代商人主动参与地方和国家公共事务为中心,考察他们凭借财富的持续增长,利用这一优势有效实现了财富与权力之间的转化,从而得以和士大夫阶层一道,共同成为当时基层社会的主要支配群体。

---

① 薛应旂:《方山薛先生全集》卷28,《赵溪翁墓表》,《续修四库全书》第1343册,第310页。

② 李维桢:《大泌山房集》卷73,《张处士小传》,《四库全书存目丛书》集部第152册,第267页。

③ 李维桢:《大泌山房集》卷41,《郑母寿序》,《四库全书存目丛书》集部第151册,第385页。

④ 归庄:《归庄集》卷3,《赠崇真甫序》,上海:上海古籍出版社,1984年,第237页。

（一）赈灾救济与助工营建

面对水旱灾情，明代多有商人能迅速行动，捐资施助不遗余力。如山西襄陵人高瓒嘉靖初贾游江淮，“值岁大祲，父子相食，目击心怆，兴言拯救”，然病重未行，遗言于子：“死无所嘱，惟出金买粟，赈此饥饿，九原瞑目。”其子于是“踵行前志，籴稻千石”，都宪请加冠带，谢奏云：“前项赈济，臣父本心，臣止奉行遗言，以成先志。况臣父病不忘国，死且为民，乞移加父阶，照例褒谕。”朝廷称义，特赠高瓒指挥使。[①] 陕西三原人马仲迪始则力田，继而贾蜀，值“嘉靖乙卯，关辅间地震”，他“恻然以数百金易粟输归，减其值以出，且分给戚党之无告者”，乡众赖以全活，无不念德。[②] 灾歉年岁，这些商人以雄厚财力作支持，乐善好施，多行义举，用自己的实际行动，赢得了官府旌扬与士庶感戴。

当时商人不但于灾荒年景救饥解困，平日里还往往捐助工程营造，积极承担地方公共建设。如嘉靖时湖广兴国人徐廷诤农商并营，积饶乐施，尝赈饥荒，修学校，“凡州牧下令举大事，君辄居先”，暮年“犹能以余力助城工，筑东南二门，并建层楼其上，岿然为一郡壮观”。[③] 时陕西三原商人师从政赢金数万而“激于义不吝”，曾“输金百助泾阳赈，二百助三原城，二百助清谷桥，其他析券、食丐、施谷种、葺梵宇琳宫诸善状不一，泾阳、三原令累多其义高”。[④] 嘉、万以来，明代商人因义舍财，表现愈加突出。如湖广崇阳商人刘缙小贾起家，旁通农牧，“至中年而积千金者再，辄散而行其德”。乡属大饥，他减谷价之半而粜，“弗及者人予谷一斗，毋责息”，以是里居乡邻皆得衣食，“三族不自知难，以取翁若寄”。[⑤] 同样，徽商汪丈人徽寿抚子侄，立家庙，供祀事，置社田，举宗仰赖。传续载：

> 里南度丰乐水为新桥，故宗人玉所构，忌成中止，为之代终其修……郡

---

① 吕柟：《泾野先生文集》卷31，《明怀远将军潞州卫指挥同知高公墓碑》，《四库全书存目丛书》集部第61册，第398页。

② 温纯：《温恭毅集》卷10，《明处士马公暨配硕人景氏墓志铭》，《景印文渊阁四库全书》第1288册，第615页。

③ 吴国伦：《甔甀洞稿》卷36，《明荆府典膳徐君墓志铭》，《四库全书存目丛书》集部第123册，第143—144页。

④ 温纯：《温恭毅集》卷11，《明寿官师君墓志铭》，《景印文渊阁四库全书》第1288册，第646—647页。

⑤ 王世贞：《弇州四部稿》卷90，《封兵部员外郎龙溪刘公墓志铭》，《景印文渊阁四库全书》第1280册，第470—471页。

治河西之浒，故有太平桥，岁久浸圮。郡县下其议完缮，计八百缗，岁洊饥，议遂寝。丈人躬诣郡县，请受功……里中故凿渠通水利……迄今淤塞不治，浸以病农。在昔德翁首倡之，则先世也。丈人务修祖服，兴农功，财用悉取诸橐中，为闾里率。于是聚石鸠工，操畚荷锸，淤者浚，壅者疏……浸假与万户三农共之，庶几乎百年之利也。①

彼时商人顾念国计民生，多行赈济捐施之善举，凸显了自身的经济实力与社会地位，他们也因此肩负了更多基层公共职能，越发为地方民众倚赖，有时连士大夫都自愧不及。如嘉、万时徽商郑君梦圃营产治生，家埒素封，“而以尽之周贫振乏间，闾里戚党无弗沾润者”。寿序载：“客岁，新安与金陵苦旱且潦，问之饥者曰：‘微郑君无以食也。’问之寒者曰：‘微郑君无以衣也。’问之病苦者曰：‘微郑君无以有起色也。’于是学士辈咸曰：‘吾白首铅椠，曾不得少效之民，而君饶为之，儒何为哉！儒何为哉！’”②时徽商金钰遇岁祲“出重糈哺饥人”，邑有大役亦独任不辞，又值“黉宫圮，怆然若恫于身，捐橐庀材，为义者倡”。太史张公叹云：“濯不期江汉，期于去垢。乘不期騕褭，期于千里。如君之为人，何贾非儒？”③这些商人依靠财富优势，以一己之能充当了乡族间扶危济困的中坚力量，甚至发挥出相对主导作用。再如嘉、万时陕西泾阳商人张巍周急赈穷，不吝施予，“士无以游学行贽，里无以冠婚丧祭，于公乎资”，且“田则治渠，宅则革故鼎新，每以时诎举赢，使隐民就食焉”。墓志复载：“关中岁恶不入，谷价翔贵……官振廪不给，公输粟而助之赈，饥者悉起。又三年，饥倍甚……邑令忧之，诣公门，贷千金。公谢曰：‘民固已办此，第不敢先邑贤豪长者而独任德……敢不共命。’”④时徽商金甫弃儒业贾，同样“耆义如渴，赴人之难，振人之困，一呼即应，不避水火”，所历南北，“或为粥以食，或予榇以敛，或立阡以葬，无处无之”。值岁饥，他以工代赈，“师范文正遗意，兴茔墓之役，持畚锸者日数百人，寓赈于佣，三岁乃罢”，复曾“仿义仓为贷谷法，里中人至今赖之”。⑤

---

① 汪道昆：《太函集》卷38，《乡饮三老传》，《续修四库全书》第1347册，第249—250页。

② 焦竑：《澹园集》续集卷3，《寿郑君梦圃六十序》，第805页。

③ 焦竑：《澹园集》续集卷10，《金光禄传》，第921页。

④ 李维桢：《大泌山房集》卷97，《张仲公杨孺人墓志铭》，《四库全书存目丛书》集部第152册，第739页。

⑤ 焦竑：《澹园集》卷30，《广西桂林府全州同知金君子公墓志铭》，第468页。

实行工赈的同时,明代一些商人也有意识建立起比较完善的乡族资赡体系,能够根据亲疏关系、年齿伦序、疾困境况等次第帮扶。这种颇具组织规模与制度规范的赈济形式强调以宗族为重心,突出办设并维持宗产的必要性,推惠所及,达至四邻,内中财厚力强的商人自然成为乡族事务的实际主持者。如嘉、万时徽商许和弃举而贾,积产饶裕逾昔,即慷慨施散。其捐金新家庙、设祀田、拓道路既毕,再置义田义舍,"以居许之贫老孤独靡恃者而食之,月受米五斗,孟冬以量受衣絮,年五十加薪炭",已复"计岁入缗钱可三十千,以五千资不能婚者,二千资不能葬者;治义塾邸之右,待不能束脩者;义阡郭之东,待不能窀穸者"。规制甚备,风范里中。① 时又如徽商吴思沐与人共事贸迁,得息数倍,因"欲所识穷乏者兼利,而第施由亲始"。他不仅博施广济,且更因势利导,务使受施者自力为生,尝言:"与其待我分给,不若因我使人得自给。待我分给,所给几何,人不周而已先竭;因我自给,所给不乏,而我可以常因于不穷。"他所规划醵金之法,乃"合数人权子母而息之,以先后受母而息子,岁满子完,而人居然有与母",至于鳏寡孤独无力自营者,则"月有糈,岁有帛,就外傅有束脩"。② 自上可知,明代不少商人凭借优厚财力,不仅在荒年饥岁赈乏解难,救死殓亡,平居同样乐善好施,捐贷不倦,他们倾资营建各项公共设施之余,一并致力于创置稳定完备的资赡规制。这些商人由此逐渐扩大了自身的社会影响与地位,甚至在宗族乡邻间扮演了拥有一定主导性权力的关键角色。

（二）担任职事与居间解纷

除赈济捐施外,明代商人还屡屡利用其财富实力及信誉声望,以多种方式直接参与到地方和国家公共事务的处置中,在产生良好而广泛的社会示范效用的同时,也更加突显并强化了自身的优势地位。当时商人时有接受官府任命成为乡长里正,且能秉公办事者。如成、弘时河南信阳人樊懋昭行贾无欺,以里中"首善"被推为乡长,虽勉强就职,然亦屡屡扶贫安困,替民请命。墓志云:"民富者持千钱,贫者持百钱密遗之,求免役。懋昭怒骂,弃之地。已,乃竟役富者,而贫者缓焉。官有取,尝争之数日,必抑其半。弗得,则拂衣起,直

① 王世贞:《弇州续稿》卷73,《许本中传》,《景印文渊阁四库全书》第1283册,第80页。

② 鲍应鳌:《瑞芝山房集》卷12,《光禄寺署丞乐庵吴公传》,《四库禁毁书丛刊》集部第141册,第254页。

出不顾。"①后如江西吉水人周宪商归居家,"或值里正,即独为里正,夕敛朝赍,人无所苦"。适逢乡间寇起,众推约长,又"即独为约长,缉奸释枉,人莫敢私",并"宗族或构语,彼此诣门取平,徐出一言折之,听者敛服"。② 同样,徽商许柏少贾吴越,有义声,"既归子舍,里人宗乡之凡有哄阋,得片言立解"。后"郡大夫署为乡约正,不发人隐,不强人力所不任,有患负责而贫不能举者,代之偿",或"有相殴而讪者,将赴诉于邑,为治其偿而解之"。③ 再如徽商程处士居芜阴,"为贾人祭酒,即诸贾人持议不相下,幸处士居其间,议遂平"。且当地"多羁旅,少土著",而"县长吏籍羁旅者起丁夫,久之,践更者皆不平"。有见于此,他"诣县长吏,请以身平之",役籍遂定,郡大夫多称服。④ 与之近似,徽商长公汪海晚年居乡,"里族有违言,必长公居间而解"。墓志复载:"会有诏治经界,曾令君择殷厚驯谨者一人为党正,长公与焉。比履亩,张弓者弓,握算者算,典书者书,长公第心计之,不失尺寸。或讼疆事,令君辄以两造属长公,片言各当其心,乃报命。"⑤ 可见,以上诸商以平民之身尽心任职,积极参与同民生密切相关的地方诉讼调解、赋役差审等庶政,收获显著成效。而这些劳绩的取得,既离不开他们过人的才能与服众的威望,更少不了其背后雄厚财富的强力支撑。

明代商人参与社会公共事务,还表现为他们常可利用自身优势地位,在乡民商众间调解纠纷,平息争讼,其评裁公允,以至信义所孚,无烦官断。如明中期徽商汪通保传曰:

> 徐令居上海,系朱氏子毙狱中,朱氏诣阙下上书,持令急。上海诸士大夫、三老、豪杰争赴令,愿为令货朱氏千金,乃相与谋,必处士来乃解。既而处士出,朱氏听之……处士乃出千金,卒脱令……朱方、堨田私斗,连千人。有司谕祸福百端,不相下,乃属处士。处士遗咫尺书,平之……中外皆曰

---

① 何景明:《何大复集》卷 36,《樊懋昭墓志铭》,李淑毅等点校,郑州:中州古籍出版社,1989 年,第 625—626 页。

② 罗洪先:《念庵文集》卷 16,《董岭周君松冈墓志铭》,《景印文渊阁四库全书》第 1275 册,第 359 页。

③ 李维桢:《大泌山房集》卷 105,《许处士墓表》,《四库全书存目丛书》集部第 153 册,第 142 页。

④ 汪道昆:《太函集》卷 10,《寿程处士序》,《续修四库全书》第 1346 册,第 630 页。

⑤ 汪道昆:《太函集》卷 55,《明处士兖山汪长公配孙孺人合葬墓志铭》,《续修四库全书》第 1347 册,第 420 页。

“处士解纷排难，慷慨有国士风”。①

再如正、嘉时徽商次君潘仕贾陶銮江，曾率诸陶贾约，毋杂苦恶，至岁祲萌乱，“诸陶家佣而掠食，居民聚族为御，率相格斗而启兵端”，其又从容布置，晓谕情理，独力稳定局势，化解危机。墓志载：

次君脱身，间道归，贷母钱数千缗，无所问。寻襁千金授用事者，阴戒之曰：“诸佣无它，独望屋糊其口耳，有司之白挺在，今散矣。若往而觇之……召诸贷者俱来，能偿则缓为之期，不能则焚其券。诸以陶器售者，无良苦悉居之。”后三日，复遣人赍千金授向者戒；又三日，次君亲行，诸失业者匍匐而归。②

此类以财富实力和信誉威望为基础，能够为官长商民谋划便宜、居中解纷的商人领袖往往被推任以“纪纲”，尊称为“祭酒”，他们介于官民之间，发挥着不可替代的重要作用。即如嘉、万时徽商汪庆与弟贩木浙江，为众举为“商纲”，一时浙中名士，“皆与翁为忘势交”。传载：“凡商之聚而大，有专官治者，必推一人为首以领众务，谓之纲……东南之木聚于浙，工部岁遣榷官一员驻南关。翁之为纲也，洗心奉公，而不敢一毫自便。由是历来诸南关，皆以翁为蓍龟，至必先问公事体，将有行，必先召翁议可否。”③同样，徽商金应奎继承祖业，邻府获盗诬本地二商，他“倡市人亟以情言县”，二商得免，“民情大畅”。由是县官署其为“市长”，自后“市有争言，皆先诣奎，奎亦克自砥砺，不以长为市，大为市人所尊服”。④

进言之，明代某些商人能够成功将经济优势转变为地位和权力优势，他们上取信于官，下施惠于民，从宜从便操执地方事务，表现出对基层社会所具有的一定程度的组织领导及支配控制力。如嘉、万时徽商吴荣让“以里俗奢溢相高，非所以示子孙”，故而“奉母帅妻子徙桐庐，卜焦山居焉”。他于该地“部署土著，以身先之，度原隰使田，度山林使种树”，又因林中多柴木，虎时出为害，辄议伐薪驱虎，“于是易以茶漆楂栗之利，积薪水浒，以十岁市之，民利视昔有加，虎患乃

---

① 汪道昆：《太函集》卷28，《汪处士传》，《续修四库全书》第1347册，第129—130页。

② 汪道昆：《太函集》卷51，《明故太学生潘次君暨配王氏合葬墓志铭》，《续修四库全书》第1347册，第383页。

③ 金瑶：《金栗斋先生文集》卷7，《百滩汪翁传》，《续修四库全书》第1342册，第574—575页。

④ 金瑶：《金栗斋先生文集》卷8，《侄应奎行状》，《续修四库全书》第1342册，第610页。

已”。不仅如此，其还制定乡约，主动担纲宗族乡里间的各项职任，又立义田义塾义仓，“皆仿古人遗意，诸所建置，即缙绅学士自以为不如”。[①] 时再如南直隶旌德人王守玺“行贾江阴，涉江至平宁沙”，熟视良久，欲称豪沙间，“乃决策构庐舍，买犊治器，择田而授之”。幸值连岁丰稔，他“复请于令，立十家法，间以意行之，如乡三老故事”，进而“摘其非良者，力护其良而见连者，沙民帖然”。此后“至徭赋践更，一切无所规免，桥梁廨宇，非时缮兴，县令以属君，取一切办”。[②] 从吴荣让、王守玺等商人主持乡族事务的个案中，似乎可窥见当时个人财富向社会地位权力转化流动的真实状态。

此外，嘉靖年间倭寇侵扰，生灵涂炭，一些商人挺身而出，或参军献策，或结守自保，或固城犒师，展示出超众的行动力和组织力。仅举二例，徽商阮弼面对兵乱临危不惧，组织乡众奋起抗御，坚城完守。当时“岛夷自越突新都，且薄芜湖”，长官束手无计，他乃“倡贾少年强有力者，合土著丁壮数千人”，刑牲以誓，结果“寇侦有备而宵遁”。后议城芜湖，他复应诏，“身为版筑先，城完而坚，如期而告成事”。[③] 徽商长公程锁遇警同样能整饬步伍，竭力布防。墓表称：

> 时吴越奉倭，旁及吾郡。郡中故无备，警至，率襁负入山。长公宣言曰：“吾以岩郡阻上游，寇未必至，至则境内皆倭也，何避焉？”乃勒里中少年，召三老豪杰，分据形胜，列五营。长公军中军，营立一强干者为之长，乃分部伍，聚糇粮，诹日为期。长公执牛耳，盟忠壮祠下……既歃，法不用命者一人，乃归伍；明日再至，法失伍者一人，乃归伍；又明日三至，法哗者一人，乃归伍。由是悉遵约束，人人幸自坚。顷之，寇略郡东，寻遁出境。县大夫召长公为植城休宁，长公区别诸巨室受工，莫不唯唯。[④]

这些商人以惠安民生为念，行事堪称坚毅果敢，忠勇无畏，其社会形象因此愈加丰满起来。

---

① 汪道昆：《太函集》卷 47，《明故处士吴公孺人陈氏合葬墓志铭》，《续修四库全书》第 1347 册，第 337—338 页。

② 缪昌期：《从野堂存稿》卷 5，《仰峰王君传》，《续修四库全书》第 1373 册，第 472—473 页。

③ 汪道昆：《太函集》卷 35，《明赐级阮长公传》，《续修四库全书》第 1347 册，第 215—216 页。

④ 汪道昆：《太函集》卷 61，《明处士休宁程长公墓表》，《续修四库全书》第 1347 册，第 479 页。

（三）建言献策与出仕为官

通过提供建议顾问的方式与官府保持互动沟通，无疑也是明代商人参与地方政务的一种有效方式。如在改善征税管理方面，商人可自行向官府申诉意见，有时确能收到积极回应，立见成效。明中期徽商曹演就尝“贾浙南关，诣水部陈告缗便宜状”，而“主者籍闻之上，絜为令，勒石布之”，遂使“上下称平，迄今飨其利勿绝”。① 嘉、万时江西丰城商人李万清家乡地处诸河下流，“故多水患”，然有司均田“合高腴下淤为一则”，他认为不妥，乃“持其议，请分则为三”，终“所部并受其言，境内迄今称便”。② 当遭遇饥馑灾年，尚有商人依据实情主动为地方守令献言救荒，提供应对之计。徽商汪通保传即载：“嘉靖中，岁大旱，太守议发仓，处士则以不便于民，乃以策干太守：‘饥民自百里外待命郡中，即无留行，犹惧无及于死。假令坐毙以待升斗，如沟壑何？请易粟为金，就而散之四境；富民各输金以助不足，某请以百金先。’太守用其言，民大称便。”③又明中期南直隶靖江人朱习之因讼废举，愤然经商，而宗亲闾左多待以起。墓志称：“邑令始举君医训科，而稍亲近之。君能精心为令识察民隐，前后二十年。令所莅，恃公益熟，而即有不得于理者，君亦为左右之，俾脱民口。”④时苏州洞庭商人翁参亦弃儒从商，浮游南北，业称上贾。墓志载：“郡邑课赀以役，处士遂得最剧役。然以勤力筹算，更用是中上官指，蔡守国熙、曹令自守时时有所咨访。”⑤更有甚者，个别商人对于地方吏治的表态，竟会影响到官员的升黜去留。如正、嘉时徽商程沂转毂河西，其间“雅游诸名公”，持论公正。有“乡大夫洪公官御史”，与其相善，会“郑度支主河西告缗，憾者中之御史”，御史问以情状，他亟称度支处事平允。御史叹曰：“微公言，将不利于廉吏。”⑥

---

① 汪道昆：《太函集》卷33，《赠奉政大夫户部贵州清吏司郎中曹公传》，《续修四库全书》第1347册，第194页。

② 汪道昆：《太函集》卷33，《李封君传》，《续修四库全书》第1347册，第190页。

③ 汪道昆：《太函集》卷28，《汪处士传》，《续修四库全书》第1347册，第129页。

④ 王世贞：《弇州四部稿》卷91，《赠登仕郎鸿胪司宾署丞古沙朱君暨配王孺人迁葬墓志铭》，《景印文渊阁四库全书》第1280册，第486页。

⑤ 王世贞：《弇州续稿》卷92，《处士春山翁君暨配吴姥合葬志铭》，《景印文渊阁四库全书》第1283册，第322页。

⑥ 汪道昆：《太函集》卷58，《明故南京金吾卫指挥佥事歙程次公墓志铭》，《续修四库全书》第1347册，第449页。

盐法运行既为政府财政收支提供了重要支持，又同民众切身利益紧密相关。明代商人向官府建言画策的一类颇具代表性事项，便是他们对国家盐政的有效参议。如明中期徽商黄崇德以资雄于淮海，他博览故典，通晓历代食货，“凡盐法有议，必正于公，是是非非，得公一言而决，上官亦莫之夺”。① 行状复载：“公博览多通，上自春秋管子之书，东汉盐铁之论，唐宋食货之志，明兴大明会典讲求周悉。乃监司下询，则条陈利害，言论侃侃，监司辄可其议，下其法于淮之南北。夫淮海诸贾，多三晋关中人，好唾奇画策，见公言论，皆削稿敛衽从公，推公为纲。”②再如正、嘉时徽商程正奎治盐吴越间，“以才取重当时”。墓志云：

诸盐场皆按籍坐支，顾泽卤递增损，若户口逃亡，额课大减。处士请毋失课额，令得通融取盈，于法便。人谓：“高皇帝法，迄今数十百年，安敢议纷更？”处士笑曰：“高皇帝法，迄今数十百年，法穷矣。穷则变，变则通，庶可为长久计。故变则法在，不变则法亡，是在经国者。”有司以便宜请，诏从之，且令勒石盐官，著为令甲。既又议升水乡、足课额诸便事，盐政至今赖焉。③

至于其时长芦鹾务，则有山西蒲州盐商海峰王公“相地计宜，审时观变，究览鹾政所以斁败颠末，并所以疏通兴建之目，洞洞乎胸中有成筹矣”。他为官府指画缕析，最终法举利丰，“沧盐遂大有裨于度支，视先岁所入不啻三倍”，且“沿海之滨待而举灶者若干户，其间里子弟受钱本、持缗券以化居于郡国者，肩相摩趾相接也”。④ 上述几位盐商领袖处于官府和商众之间，既替盐司出谋画策，又为商人纾困代言，对改进榷政起到了应有助裨。而事实上，明中叶以后盐税收益在国家财政中占据的比重渐次增大，愈发成为政府开销的紧要财源。故可认为，伴随明代国家对盐业资本倚赖程度的日益加深，拥有丰厚财力的盐商对于盐政事务也获得了越来越多的话语权，他们自觉参与其中，在彰显明敏务实才干的同

① 歙县《竦塘黄氏宗谱》卷5，《黄公崇德传》，载张海鹏、王廷元主编：《明清徽商资料选编》第232条，第75页。

② 歙县《竦塘黄氏宗谱》卷5，《明故金竺黄公崇德公行状》，载张海鹏、王廷元主编：《明清徽商资料选编》第231条，第74页。

③ 汪道昆：《太函集》卷47，《明故处士程长公孺人方氏合葬墓志铭》，《续修四库全书》第1347册，第333页。

④ 张四维：《条麓堂集》卷21，《海峰王公七十荣归序》，《续修四库全书》第1351册，第600页。

时,更加巩固了自身在既有体制内的地位。

与此同时,随着明中叶以降士商融合步伐的加快,不仅很多商人早年本就有读书求学的经历,且内中个别颖秀卓异者还可进一步以廉能干济之才入仕为官,从而预地方之事,参朝中之政,直接掌握一定的公共权力。这些人身份亦商亦士,不仅通货营财措处裕如,其参与社会事务也常能挂念国计民生,展露出较强的现实关怀。如嘉、万时徽州人潘侃一身儒贾兼任,起先“雅游大人,率以经艺取重”,后其弟早逝,乃“不释业,代贾真州”,有子可授贾,再复归儒,晚岁“谒天官,受光泽令,既以令最,始迁秩判汀州”。他经商“独与时逐”而“务协地宜”,决策委使,诸贾受成;为学则“儒术益治,诸学士过真州者,辄屏刀布,相与挟策论文”;做官又精勤职守,布义施恩,屡屡捐私利公,泽被一方百姓。① 时再如徽商吴伯举尝就选河南布政司副理问,筹措供应,条划明晰。传云:

> 戊子秋,当大比士。凡诸修葺供亿,则檄藩从事董其成,从事递以倚办诸贾人,分责于旁郡邑。官价浸损,私征浸烦,袭以为常,历岁滋甚。部使者、藩大夫才伯举,檄如前,伯举直任之,曰:“是不难,愿无阑及诸贾人若旁郡邑。”乃核度支,袪冗冒,平市价,悉遣诸驯谨者分办之。出入必析秋毫,诸吏民无所预……按部喜曰:“从事得民心矣,安得如从事也者若而人,遍置之有司乎?”②

又徽州人方烨虽早年屈志从贾,然不释经卷,“知交皆有名公卿”。嘉靖末,他弃贾游京师,得荐举,“锡冠带,列侪荐绅”。据传载,此后其扬历内外,先后任职于大盈库、山东滕县、浙江丽水、关中监司、陕西宜川等部门和地区,精明干练,所至政声显著,以是传记结尾称,“居库则工兴,主籍则赋举,宾监司而关中无冤民,守边隅而宜水无暴政”,实足令人叹服。③ 由上是知明代某些商人于地方乃至国家政务中扮演了具有较大影响力的角色,他们对人生价值的认同取向,或可说与秉持儒家安民成治理想的士大夫并无本质差别。

值得注意的是,彼时商人为士绅大夫推重,还在于自他们看来,商人因其职业所长而益能有效发挥理财经世的才干,相比拘泥文辞章句的士人,资厚力强的

---

① 汪道昆:《太函集》卷 34,《潘汀州传》,《续修四库全书》第 1347 册,第 201—203 页。

② 汪道昆:《太函集》卷 37,《吴伯举传》,《续修四库全书》第 1347 册,第 238—239 页。

③ 方承训:《复初集》卷 32,《从弟宜川丞烨君传》,《四库全书存目丛书》集部第 188 册,第 200 页。

商人对国家社会事务的参与似乎更具有先天优势与切实助裨。如嘉、万时人张四维尝为凤原裴君任职秦州撰序，表示“钱谷之吏，所以出纳邦赋，节缩军国，其职任为最难”，然出身富商家庭的裴君却恰恰习其事，善其职，故可“使以赋政临民”，足胜“边郡钱谷之任”。且他还被期许就职后能化家于国，“以习于家之心图之”，是为“以心于国，则公家之利，将万亿不赀”。[①] 时再有徽州人吴士奇于从子吴彦先行状中称：“七世业盐策，客于淮海。贾集而嚚，每惟才能者为长，而群受成焉，则咸长彦先。彦先能货之重轻，揣四方之缓急，察天时之消长，而又知人善任，故受指而出贾者，利必倍。今天下方窘于度支，使得胜算于彦先其人者，握筹量出入，何至公私皆困？”[②]又如南直隶无锡人倪理货殖兴家，既富而有礼好德，不仅“里有不平事，就公质，务百方晓譬以解，甚而阴割己赀从中调护”，且“县官编役，知公长者，辄问公云何”，他“具以对，多所纵舍，及役不满数，又不难以身任”。如是则墓志作者顾宪成赞云：“予以为国家得若人而用之，必有裨于会计；即不然而一乡有若人，可备一乡缓急；一方有若人，可备一方缓急。”[③]在这些士大夫眼中，此类精于财计、熟于度支、习于民情的商人更为当时社会急需难得，他们若能卓有成效将自身经营致富之才施用于国，那么即便与谙习政理、练达事体的官员相比亦可谓不遑多让。

综合以上所述，可知明代商人基于财富的不断增长及与其关联的声望、地位的日益提高，他们社会参与的能力正逐步加强，对地方官民的影响亦持续扩大。这些身居优势的商人由此掌握了一定的公共权力，承担了之前属于士大夫阶层的部分公共职能，进而两者得以一道，共同成为当时社会的主要支配群体。

结　语

明中叶以降日益繁荣的商品经济和开放的社会风气促使民心趋贾逐利，拜

① 张四维：《条麓堂集》卷23，《送秦州三守凤原裴君理储姑藏序》，《续修四库全书》第1351册，第647页。

② 吴吉祜：《丰南志》卷6，《艺文志下·明处士彦先吴公行状（吴士奇）》，《中国地方志集成》乡镇志专辑第17册，南京：江苏古籍出版社，1992年，第390页。

③ 顾宪成：《泾皋藏稿》卷17，《明故处士景南倪公墓志铭》，《景印文渊阁四库全书》第1292册，第195、193页。

金盛行，财富势力的膨胀与竞利风气的泛滥给整个社会造成巨大冲击，商业资本同既有体制间的复杂纠结关系也给当时社会的演进变迁带来变数。然而，与世风向利的同时，从大量文献又可见，明代商人通常在获取现实利益的诉求之上，内心中普遍存有一个根植于传统伦理思想的“天道”观念。受此影响，他们很多时候可能并未把追求个人财利作为人生的终极目标，而是于形上层面将“天道”与“人事”对接，从而在彼此相互关联确认中使后者接受前者的规范和评判。这样一来，在更高一层的“天道”观念统摄下，彼时商人往往一定程度跳脱开私利的牵绊，致意于遵循“天理”、“天命”行事。他们服贾廉信无欺，处世谦逊悬诚，对己多会知足知止知节，对众则倾向关注并践履“公义”，即群体公共价值的实现，由是而与既有国家社会体制保持了相当一致的契合性。具体讲来，明代不少商人都能明晰“私利”与“公义”之间的损益关系及钱财源通流远、随用随新的本质属性，同时做到富好行德，善积能散，其缘义取利、集私成公的结果，最终又推动了义利“和合会同”、财用“保世滋大”等体现“经世”内涵理念的发展成形。当然，明代商人以持盈守虚、仁聚义散的态度对待财富，内里也包含着他们顾及贫富无常、盛衰靡定而为自己尤其是后世子孙守福除祸、避嫌去怨的用意。且基于对“天道”循环的认同，当时社会有关财富得失有数、移满补亏识见的广泛流行，又从侧面反映出那个时代个人或家庭财富长期保有传承渠道的相对匮乏，而将商业资本投用生产领域以完成自身的周转增殖，其出路亦尚非畅达开阔。

尽管明代商人的财利取用之道未尝突破、颠覆传统商业伦理认知，并同“典型”西方式现代社会转型历程中资本积累运作的总体表现差异明显，然而他们基于财富的持续增长并恰当利用此一优势所达至的对地方和国家事务深有成效的参与，仍旧具有独特的社会变迁意义。可以看到，在赈救灾民、营建工程、赡养族亲、惠恤乡众等方面，当时商人能够屡屡倡行义举，捐产施助不遗余力，肩负起地方上扶危济困的中坚角色。更有商人依仗一己财力，建立比较完善的宗族资赡制度，由而逐渐成为乡族事务的实际主持者，越发被地方民众倚赖。与此同时，明代商人依靠自身财富和声望，还经常以领差任事、调停解纷、建言顾问等方式同官府展开良性互动，不断扩大社会影响。其中，较多财力雄厚的商人担职乡长里正并市廛纪纲，他们取信于官民，或裁断争讼，或厘定赋役，或平息构乱，或议论盐策，甚者从宜从便操持部署一地庶务，展现出对基层社会所握有的一定程度的组织领导及支配控制能力。随着士商融合的加快，还有个别商人以廉干之才入仕参政，直接掌执了部分公共权力。他们不仅虑念国计民生，且又因职业所长而精擅会计理财，乃至令士大夫刮目相看。此外，明代商人在面对危害地方民生安全的盗劫兵扰特别是倭寇入侵时，也能投身其间，奋起抗御。以上成就的取得，固然与商人的才能威望、器识气魄等密切相关，但归结到底，其实都离不开财富力量的背后支撑。总而言之，明代商人通过对地方和国家公共事务的积极主动参与，突显并强化了自身的经济实力及社会地位，他们因此得以在财富向权力接轨转化过程中承当起更多公共职能，进而和士绅阶层一道成为基层社会的主要支配群体。这不仅说明当时商人凭借财富优势与既有帝制体系已然结成深度互洽关系，同时又意味着其按照商业规则、围绕资本运行而独立构建新型社会体制的可能性，亦被极大程度削弱了。

海盗、行商到公司*

——明清历史发展的几个视角

冷　东

笔者从小在东北师范大学(原名吉林师范大学)校区环境里长大,母亲工作的艺术系就在师大附小的对门——该系后来独立出去成为吉林省艺术专科学校即现在的吉林艺术学院。住的是师大宿舍自由七舍,小学就读的师大附小,与师尊李洵先生的长公子李蒙是同班同学。经历了"文革"、3 年知青和 6 年铁路工人生涯,1977 年冬季一个大雪纷飞的日子,我忐忑不安地走进高考考场,阴差阳错地成为东北师范大学历史系 77 级的一员。① 1982 年考取硕士研究生,投于李洵先生门下,与赵毅和赵轶峰同届。当时虽然已经历了 4 年本科学习,但还是处在死记硬背的程度,没有领悟研究的能力。记得 3 个人一起到先生的家中上课,聆听先生对明清社会变迁的认识,除了关注在世界史的范围内考察中国资本主义萌芽,也把 15 世纪的流民问题视为理解明清社会变迁的关键,并把海盗评价视为社会体系变化的重要一环。为了提高我们的文献阅读和学术研究能力,先生会布置大量的阅读书目并讨论交流。看到二位师兄不断进步,能够侃侃而谈自己的观点,心里很是着急,不知何时能够在学术研究的漫漫探索中豁然开朗。硕士毕业之际,适值吉林大学李时岳先生到汕头大学任职,希望在吉林大学和东北师大带去几位骨干力量组建汕头大学历史系。我征求李洵先生意见,得到支

* 本文是 2020 年度国家社会科学基金冷门绝学研究专项"广州十三行印章印迹整理研究"(20VJXG005)阶段性成果。

① 受"文革"影响,我上大学时只是初一文化程度,没学过数理化,理工科不能报;家庭出身不好,政经法等专业也不便报;只填报两个志愿:第一志愿吉林师大中文系,第二志愿吉林师大历史系。后来得知,由于报考中文系的考生人数过多,把部分历史单科成绩较好的考生划给了历史系。

持后也南下汕头,没想到从此个人学术生涯会与先生的研究始终密切相关。

一、海盗:区域社会的梦想与哀愁

1985年我来到汕头大学历史系任教,是到校的第一个有硕士学位背景的青年教师。当时学校有时任副校长兼任历史系主任的李时岳先生把舵领导,系里有吉大历史系调来的赵锡元教授、王致功教授,西北大学杜经国教授、赵春晨教授、钟文教授等学界翘楚,同辈中有同门师弟李渡、范卡先后调来工作,赵轶峰也曾来讲学一次,也是人才济济,欣欣向荣。1988年,我得到李嘉诚奖学金的资助,在香港大学赵令杨先生门下攻读博士学位,1991年毕业,博士论文题目是《叶向高研究》,选择这个题目也是受到李洵先生有关东林党人研究的影响。

到了汕头大学,研究领域也随之调整,开始接触潮汕历史文化,其间几次前往南澳岛考察。这是当时中国唯一的海岛县,曾经因为面对台湾而成为军事禁区,改革开放后成为一方经济热土。南澳岛风光绚丽,海产丰饶,历史上是著名的海盗巢穴,联想到先生的教诲,我开始关注明代海盗的产生及其影响。

(一)明代海禁政策与潮州地区海盗的产生

潮州地区位于广东省东部,明代隶属广东潮州府,管辖揭阳、普宁、惠来、潮阳、南澳、饶平、澄海等县及海陆丰和梅县部分地区,现包括汕头、潮州、揭阳三市。唐宋以来,潮州地区的经济日趋繁荣,逐步形成了区域经济、文化的特色。潮州地区自古以来就是海上贸易的活跃之地,随着明朝朝贡贸易的衰落,东南沿海在经济上追求高额利润、到国外进行自由贸易,以牟取利润为目的的私人海上贸易迅速崛起,成为海上贸易的主体。这是符合经济发展趋势的事情,表现了中国16世纪以来对外贸易经济的变化和经济发展规律。因此,明朝严厉的海禁政策与潮州地区的经济利益是完全背道而驰的,自然引起潮州地区的极大不满和强烈反抗,海盗集团从而成为潮州地区一种争取自身利益和权力的特殊表现形式。也正是这种情况,使潮州地区海盗集团有着较为广泛的社会基础。这种情况一直延续到清朝初期。如林国显、林凤、林逢阳、吴平、萧雪峰、林朝曦、诸良宝、林道乾、许栋、张琏等人,皆是明朝著名的海盗首领,潮州地区成为明代沿海军事活动最多的地区之一。

（二）潮州地区海盗的性质和特点

潮州地区的海盗实质和形式上都有特殊之处，他们不是取得国家特许权力的海商贸易集团，也不同于以抢掠屠杀武装斗争为唯一手段的倭寇和海盗，而是处在不断的转化之中。随形势的发展，明朝的海禁政策和海盗势力的本身都在不断发生变化，海禁政策时张时弛，海盗集团也必然显现"亦商亦盗"的特征。

潮州地区海盗集团的性质如何？有截然不同的观点。一种观点认为，海盗现象实际上是一场反对海禁政策的斗争，是一场国内人民正义的人民起义战争，反映了资本主义萌芽与封建制度的矛盾冲突和正义斗争。① 潮汕地区的学者多持相同的观点，将海盗集团称之为"海上武装海商集团"。② 与之截然对立的观点认为，这一时期战争的性质，不是海禁与反海禁的斗争，也不是国内战争，而是中国人民反对日本封建领主与海盗掠夺的战争。倭寇和海盗对于明代刚刚发展起来的资本主义萌芽的发展，起了极坏的破坏与阻碍作用。③ 本文认为，明代潮州地区的海盗集团，是以中国国内原因为基础，以国际关系变化为外部环境而发生的，是16世纪海盗现象中的重要组成部分。在以特有的形式和方法代表和争取潮州地区自身利益的活动内容中，不单单采取了掠夺和杀戮的残暴行为，也包含着商品经济和海外贸易等其他要素；既充满了野心与阴谋，也反映了潮州地区地域社会文化的梦想与哀愁。

（三）潮州地区海盗的结局和原因

认识潮州地区海盗的结局，首先要确定的是：区域社会的发展是不能单独考察的，它总是与国家整体的社会政治、思想文化乃至外部环境处于相互作用中。

---

① 戴裔煊：《明代嘉隆间的倭寇海盗与中国资本主义的萌芽》，北京：中国社会科学出版社，1982年，第36页；陈抗生：《嘉靖"倭患"探实》，《江汉论坛》1980年第3期；林仁川：《明代私人海上贸易商人与"倭寇"》，《中国史研究》1980年第4期。

② 陈一粟：《谈明末清初揭阳兵事三十年》，《汕头方志通讯》总第11期；陈翔：《一个神秘而又复杂的人物——浅谈明代海上武装力量首领林道乾》，《澄海县志通讯》第5期；祝秀侠：《明代海上英雄林凤》，《饶平文史》第4辑。

③ 陈学文：《明代的海禁与倭寇》，《中国社会经济史研究》1983年第1期；郝毓楠：《明代倭变端委考》，《中国史研究》1981年第4期。

因此，潮州地区的海盗摆脱不了失败的结局，其主要原因如下：

1. 国际形势的变化

自16世纪始，西方殖民者也驾驶多桅的大帆船，纷纷东来，在印度洋上与中国及亚洲的海上贸易势力进行激烈的角逐。尽管早期殖民主义势力还未有力量占领中国，中国被瓜分的危险不是客观的现实，然而殖民主义势力既然已经到来，就一定会接踵而至。当中外两种不同社会制度从最初相遇的时刻，进一步巩固和发展多民族统一国家、抵御外国殖民主义，就成为不可避免的历史使命。而与西方殖民主义和倭寇交织在一起的国逆海盗，也必然成为严厉镇压的首要目标。①

2. 16世纪中国发展的趋势

考察16世纪中国的历史，我们不难看到，无论是封建小农经济的强大韧性、封建专制主义的束缚禁锢、地域广大造成的不平衡、人口众多造成的压力、商人和商业资本与封建政治和经济千丝万缕的联系、乃至封建政治、经济、思想协调平衡的一体化功能，都是中国晚期封建社会的主导特征，都有悠久的社会和历史渊源。也因为西方殖民主义势力和日本倭寇的威胁，进一步巩固和发展多民族统一国家、抵御外国殖民主义的入侵，就成为不可避免的历史使命，促使中国走向一个以内陆性农业经济为基础的更大规模的多民族的空前巩固的统一封建帝国。而中国内部一直存在的由地理环境而造成的经济、政治和文化的不平衡，也因此改变了以往的性质和内容，导致与潮州地区的区域利益和发展道路尖锐的矛盾。代表潮州地区利益的海盗集团只能在强大的封建专制国家力量的镇压下最后被消灭或流散于海外。

3. 潮州地区海盗的自身弱点

从潮州地区海盗的发展过程来看，潮州海盗的首领人物，大都曾诱导倭寇为乱。如许朝光会倭攻海门，略黄岗、蓬州；林国显导倭寇上里；吴平导倭陷大埔所，据南澳；林道乾、曾一本等无不挟倭以自重，失败则远遁外洋，倭寇和海盗已合流。从潮州地区海盗组织来看，虽然也有成群结党结为团伙者，但只是为了在海上进行武装自卫或兼掠他船，并非组织严密的经济实体，也不具有本国政府赋

① 王思治、李鸿彬：《明清之际的历史必须置于世界范围来考察》，《史学集刊》1985年第3期。

予的特权，而且常常被视为海盗受到围剿，势力单薄。从潮州地区海盗的活动来看，“亦盗亦商”中的商业成分逐渐削弱，盗的色彩越来越重。或杀人放火，抢劫子女玉帛，邀劫商船，或“买水”抽税。一些海盗深居大舶之中，命令往来商船接受他们发给的通行证，代价是按货抽取一定税钱，实质是一种掠夺方式。这也是潮州海上武装力量容易蜕化为以抢劫为主的原因。因此在当时的条件下无法走上正常的发展道路，最后成为真正的海盗，给包括潮州地区在内的人民生命财产和经济的正常发展都造成了巨大的损失，因此被平定也是完全正义的。

（四）海禁对潮州地区的影响

明朝的海禁之令和因此而加剧的海盗之乱，对明代潮州地区的社会状况、经济结构至文化风俗等等方面的变化，产生了深刻的影响，主要有以下几点：

1. 破坏了潮州社会发展的正常进行

潮州地区在唐代尚是开发程度很低的蛮荒之地，经济的起步从宋代才真正开始，而海上贸易活动在整个社会的发展方面起着举足轻重的作用。同时在海上私商贸易刺激下，造船、矿冶等行业也相当兴旺。由于民间贸易日益活跃，商人的社会地位提高，商业网络的扩展又使市集的数量大增。然而明代严厉的海禁政策，使宋元以来潮州地区人民努力建立的与海外通商的传统，陷于停顿状态，妨害了工商业活动的正常进行。

自韩愈莅潮后，潮州地区的文教事业有了很大提高，儒家文化影响日益深广。在经济发展的推动下，文化教育领域改变了落后面貌，出现了俊彦辈出，社会彬彬于文学的风尚。北宋有“海滨邹鲁是潮阳”的诗句，自此“海滨邹鲁”便成为人们对潮州地区的美称。及寇乱迭起，社会动荡，百姓流离。动乱使教育之功效大不如昔日，风俗也日渐浇薄。故仕潮地方官多有“邹鲁之风陵替”、“而邹鲁为之一变矣”①的感叹。

2. 海禁政策促进了海外移民

由于严厉的海禁政策，潮州地区的海盗集团国内既不可归，国外又没有开疆辟土的能力，导致必然的失败下场。但是潮州地区的地理条件为之提供了逃避海外的条件，使海盗集团成为潮州地区海外移民的先驱。万历二年（1574），海

---

① 蓝鼎元：《鹿洲初集》卷14，《潮州风俗考》，广州：广东人民出版社，1996年，第295页。

盗首领林凤亲率战船62艘,士兵2000名,其中多为农民和工匠,水手2000名,妇女儿童1500名,装载大量的农具、种子、牲畜向菲律宾进发。登陆以后,遭到西班牙人的阻击,经过激烈的战斗,久攻不下,只得北撤至彭家施兰。在彭家施兰被西班牙军队围困了4个多月的林凤,利用彼此僵持的局面,全力伐木造船,终于完成30艘船只,于1575年8月(万历三年六月)突围而出,扬帆逃逸。西班牙人对林凤脱围而出很感惊讶:“似乎他的军人,都是很好的工匠。”①而要造成一条能横风阻浪的洋船,一定要有相当水准的木匠、铁匠、漆匠,以及一些织工与测量师,可见林凤一群人已经具备了形成一个社会聚落的起码条件。虽然他们是迫于中国官府的追剿而流落海外,但对早期濒海居民移外的风气而言,未尝没有促进的作用。

潮州海盗首领林道乾,嘉靖年间在闽粤两省海面从事海上走私,然后到台湾、越南等地贸易,活动足迹几乎遍及东南亚。后为明朝军队打击,在大陆无法立足,辗转于台湾和东南亚各地。万历元年(1573),林道乾奔投柬埔寨。明朝行文暹罗及安南发兵助剿。林道乾于万历元年,率领部下2000余名,遁逸于北大年(今之泰国南部北大年港)。②

张琏于嘉靖三十七年(1558)与大埔的萧雪峰、程乡的林朝曦拜结联盟,自号“飞龙主人”,先在闽粤交界经商。嘉靖三十九年(1560)率众攻占闽粤江西三省多个县城,聚众10万,纵掠汀漳、延建、连城及宁都、瑞金,攻陷云霄、镇海卫、南靖诸城,三省骚动。嘉靖四十年(1561),明朝以都督刘显,总兵王宠,参将俞大猷、钟坤秀为统领,征调三省官兵76000人平定。张琏逃避海外后,在万历初年又与林朝曦在南洋称雄一时。

吴平的结局则说法不一。有称其失败后“窜海外,莫知所往”;有称其僵尸海岛,抱枯树而死;有称其被杀于交趾;有称其以小舟得脱,变姓名浪迹江湖,人无识者,后复归至旧友处,掘取所藏金而去,不知所终;等等。虽然争议很大,但吴平将逃避海外作为退身之路,与东南亚地区的密切关系是不容置疑的。

潮州地区的民间移民,素与对外贸易紧密联系在一起。由于违背封建政府的有关法令,往往又转化为非法移民。明朝实行海禁政策,断绝内地和外洋的交

---

① 转引自张增信:《明季东南中国的海上活动》,台北:学生书局,1988年,第110页。

② 温雄飞:《南洋华侨通史》,郑州:河南人民出版社,2016年,第235页。

通,正常的贸易已不可能,但是潮州地区海岸曲折,港汊众多,岛屿密布,对外的商贸活动是无法控制的。进入明朝后,沿海各地商品经济空前发展,对外贸易逐渐繁荣,人民出国侨居的风气日盛,人民大量流向海外,成为中国著名的侨乡。

3. 海禁政策加剧了潮州地方势力的割据性

海禁与海盗也加剧了潮州地方势力的割据性。① 对潮州地方社会这种特点,明清潮州士大夫的文集中保留了许多记述。这种延续了数百年的潮州地方社会的动乱现象,是与嘉靖年间“倭寇”、“海盗”等问题紧密联系在一起的。由于这种社会动乱,加剧了地区大村寨的建立。因其时倭寇海盗,往往群以万数千计,肆行杀戮,而剿寇之兵也恃势劫掠,乡民不堪其苦,于是高墙深堑,武装自保。其后本地乡村多仿效之,或一村筑一堡,或数村合一寨。这种做法,使潮州地区农村形成一批人口高度密集的大聚落。大型村寨的形成和自立,导致官府对地方控制力的削弱,引起了明末直至清代潮州地区地方一系列的宗族械斗、会党造反等事件。潮州地区社会特点的形成有地理的、历史的、经济的、政治的等诸多因素,另外由于语言文字的障碍,使潮州地区较少受到政府统治思想的影响,又由于其僻在一隅,远离政治中心,又使其社会发展较少受到干扰从而形成了颇具特色的潮州地区民俗及社会文化观念。②

明代的海禁政策从一个侧面显示出 14 至 17 世纪中国最高统治者在处理中央与地方关系上的基本思路,昭示了以牺牲地方利益作为代价继续强化专制主义中央集权的大趋势。明朝的海禁政策反映了受传统的政治体制和文化观念的制约,中央决策活动缺乏法制化、民主化和科学化,从一个侧面反映了旧的政治体制已丧失了活力。但是不管出于何种理由,禁海一而再、再而三地定为国策,也有其深刻的历史根据,③仍是一种历史的必然。

中国与周边诸国的贸易往来历史悠久,而大规模的海禁政策是从明朝开始的。直到鸦片战争被西方殖民主义的坚船利炮轰开国门之前,海禁政策虽然在范围、程度上多有变化,但一直是明清中央政权的基本决策。明代海禁政策所导

---

① 刘志伟、陈春声:《明末潮州地方动乱与“民”“盗”界限之模糊》,《潮学研究》第 7 辑,第 112—121 页。

② 黄桂:《蓝鼎元所见之潮汕社会》,《潮学研究》第 7 辑,第 143 页。

③ 郭成康:《康乾之际禁南洋案探析——兼论地方利益对中央决策的影响》,《中国社会科学》1997 年第 1 期。

致的中央与区域社会的矛盾冲突，从本质上讲是东南沿海地区与全国主体部分经济结构差异所致。地方利益绝不能与国家根本的、长远的战略利益发生冲突，一旦发生冲突，为了达到至高无上的国家利益，地方利益是可以被牺牲或局部牺牲的。而东南沿海地区经济利益的丧失，也自然引起极大不满和强烈反抗，海禁与反海禁的争抗，与整个明王朝相终始，潮州地区的海盗现象，就是一个例子。

二、行商:外贸体制的设计与实践

2000 年我离开汕头大学，调到广州大学历史系。2009 年，广州大学成立了“广州十三行研究中心”，我成为中心兼职副主任，同时承担人文学院本科和硕士研究生的教学工作，还要担负人文学院教学副院长的管理工作；在 2012 年至 2019 年期间，又担任了广州十三行研究中心主任一职，可谓身兼多职，工作很繁忙。但是广州十三行却引发了我这个外乡人强烈的研究欲望，从此把所有的科研精力都献给了广州十三行。我曾经开玩笑说，是广州十三行研究带给我学术的第二个春天，也开启了继海盗之后的又一个研究领域，与李洵先生关注的明清社会变迁有着密切联系。

（一）广州十三行产生的原因

清朝建立之初，清政府为了切断沿海地区与郑成功的联系，封锁、消灭沿海人民抗清斗争，以断绝大陆对台湾郑成功的支援，一直施行海禁，直到收复台湾。

评价清朝初期的海禁政策，不能简单称为是弱者和缺乏自信的表现，或者是一种极端反动落后的慢性自杀政策，清初海禁实际有着深刻的历史和社会根源。海禁政策的根本原因，是出于防范反抗力量和海外势力相结合以颠覆封建政权的目的。以少数民族入主中原的清朝，既对占国民绝大多数的汉族臣民怀有猜疑和防范之心，又对西方海盗式商人的凶残暴虐深怀警惕和隐忧。正是从大清帝国长治久安的政治高度出发，清朝君主们决定构筑一道坚实而绵密的藩篱，把内地与越洋东来凶狠强悍的西洋人及留居海外心怀叵测的汉人隔绝开来。这种政治决断尽管是错误的，却不能说没有现实的根据。可见，国内形势特别是台湾郑成功割据政权问题，是制约清朝政府国策的根本因素，只有国内外形势的变化，才能使清朝统治者调整海外贸易的管理政策，重开海外贸易才会成为可能。

中国传统海上丝绸之路肇始于秦汉魏晋，发展于隋唐，繁荣于宋元明，衰落于清代中期。广州是伴随2000年海上丝绸之路发展的重要枢纽，在交通路线、商贸内容、人员流动、文化交流、城市发展诸方面，与外部世界开展和平交流、互惠贸易的交融，成为传统海上丝绸之路的重要枢纽，在国际商贸和文化交流活动中扮演了不可替代的角色。

周振鹤教授指出："在中国历史上广州始终是一个异数。不管国家是处于开放或封闭状态，广州都是对外开放的，从秦汉到现代都是如此。""广州濒临南海的地理坐标一方面使其成为海外贸易枢纽，远离统一政权都城的地理位置又使其在任何时候都可以开放而不影响国家的根本政策。所以在任何时代，即使是最封闭的时期，中央朝廷也不惮开放广州作为一扇窗口。"①

在地理环境影响下，从秦汉至清代，广州一直长盛繁荣，是中国最大的综合性商贸中心、世界知名大港。从世界各地到达广州港经商的商人不断增多，货物品种日益丰富，港口规模也越来越大，成为历代王朝从事海外贸易暨后来清朝制定海外贸易政策的基础。

生活在广东区域社会地理空间的族群是创造并实践区域社会经济文化的主体。人民是历史发展的重要动力。正是广东区域社会的族群在特定地理环境中的努力奋斗，推动了地区的发展并创造了独特的区域文化，成为广州十三行的基础。

军事防御永远是对外口岸的基础。广州作为中外交流的中心，西方的武器装备"佛郎机铳"、"红夷大炮"等自明代就从这里传入中国并且影响到中国内地，使得广州在军事领域具有思想基础和技术条件；毗邻海外尤其是澳门的地理河道特点，为军事建设提供了方便，耗资巨大的炮台建设成为十三行体系得以建立的重要军事考量。

由于广州在中外贸易中的重要地位，历代统治者均在广州设置外贸管理机构市舶使、市舶司，并且不断强化其职责功能，注重商务管理和商业利益的追求，这为广州十三行积累了管理方面的基础和经验。

---

① 李庆新：《濒海之地——南海贸易与中外关系史研究》，北京：中华书局，2010年，第6页。

（二）广州十三行管理制度

16世纪世界开启了“海洋时代”，地理大发现和远洋贸易把世界连在一起。中国丰饶物产和巨大市场吸引西方国家凭借坚船利炮携商品、货币从海路蜂拥而至。在世界与中国的商贸交流中，海外贸易管理机构和管理制度发展到新的高度，由此在“以官治商、以商治夷”理念指导下产生了一整套管理制度，包括粤海关管理制度、广州十三行贸易制度、澳门居留地制度、黄埔港（村）港务后勤制度、广州十三行商馆区制度、信息文书传递制度等。

1. 粤海关管理制度

粤海关者，源于海也。始于周朝并成熟于唐朝的“关津”制度，体现了海关职能的萌芽。唐代到明朝的市舶制度，开创了国家直接管理或控制外贸管理的机构，具有海关的职能，但还未出现海关的概念。16世纪世界开启了“海洋时代”，康熙二十四年（1685），清政府在广州、厦门、宁波、云台山设粤海关、闽海关、浙海关、江南海关四海关，是中国历史上真正以“海关”命名的中外贸易管理机构，又以粤海关最为重要。

粤海关者，国之门也。虽然各国政治、经济情况不尽相同，历史发展各有差异，但是粤海关根本性质和职能仍是依据清朝的法律、行政法规行使进出口监督管理等职权的国家行政机关。

粤海关者，管理者也。小关兴城、大关兴国。粤海关诞生和发展的历程，无不刻上中国社会鲜明的时代烙印，反映出中国清代到近代社会各阶段的变迁。1757年，清政府实行“一口通商”制度，规定从海路而来欧美国家的中外贸易在广州进行，标志粤海关垄断贸易体制的确立。1834年英国等东印度公司解体，英美个体商人和广州行外商人力量壮大，散商贸易体制对粤海关体制冲击不断增大，至1842年欧美诸国凭借武力迫使中国开放，契约贸易体制成立。1859年任中国海关总税务司的英国人李泰国抵达广州，设立粤海关税务司署（官函称“粤海新关”，俗称“洋关”）。从此，粤海关的性质与职能发生变化，在传统中国与西方资本主义的影响下曲折发展，直至1949年新中国成立，海关权力重新回归。

经过清政府的精心策划和逐步完善的粤海关，一方面体现了中国作为主权国家对中外贸易的管理，另一方面又产生了封建末世吏治腐败的种种弊端，充分暴露了当时封建官僚政治的腐败，且加深了中国官方与外国商人，特别是英美商人之间的矛盾，成为中外冲突的症结之一。

2. 广州十三行贸易制度

由粤海关监督率领下的笔帖式、委员与杂职、胥吏、家人、长随与差役等成员构成的行政组织，人员仅有数十人，却能在百余年间在辽阔辖区内处理清代重要海关庞杂的关务，最重要的政策是创建了广州十三行体制，承担了粤海关的主体事务和相关延伸功能，得以顺利进行清代与世界的贸易，构成了具有中国特点的封建外贸体制。

总商制度是清朝广州十三行的组织形式，以保证行商队伍的领导权。外洋行创设之后，粤海关监督于各行商中择其身家殷实，居心诚笃者，选派一二人，令其总办洋行事务，并将所选总商名姓，报部备查，亦为总商制度之始。统领各行商与外商进行交易，还负有为新洋商联名保结的权力。

承商制度在于保证行商队伍的稳定持续。清政府认为“商得其人则市易平而夷情洽，商不得人，则逋负积而饷课亏”。巩固封建秩序，保证税收，是选择行商的目的。挑选商人的条件则是要“身家殷实”，同时“洋商承揽夷货，动辄数十万两，承包税铜自数万两至十余万两不等，责成纂重，非实在殷实诚信之人，不克胜任”。还特别规定，“除遇十三行内有歇业者，准其联保承充外，不得无故添设一商”。①

保商制度也是中国保险制度的雏形，以保证海外贸易的顺畅稳定。为了加强对外贸易的垄断和对外商的管制，乾隆十年(1745)，清两广总督兼粤海关监督策楞决定实行“保商制度”：“于各行商内选择殷实之人，作为保商，以专责成，亦属慎重钱粮之意”。

揽商制度以保证进出口商品销售及购买渠道的顺畅稳定。根据清政府的规定公行承揽茶叶、生丝、布匹绸缎等大宗出口货的贸易，只有皮靴、瓷器、牙雕等小宗货物方许散商、铺商承揽。外商带来的货物由行商代为销售，外商需要购买的货物也由行商代购。在中国，一般不允许外商和商人以外的人直接接触。

行佣制度就是设立以保证十三行商会得以维持运转的基金。始征于乾隆四十年(1775)。公所的每个成员要将其贸易的十分之一交作基金，在必要时用来

---

① 梁廷枏：《粤海关志》，广州：广东人民出版社，2002 年，第 492 页。

应付官吏的勒索以及用于破产行商债务的赔偿。到乾隆四十五年(1780),公所基金始公开并正式规定向外国进口货征收百分之三的规礼,这是一笔附加税,名义上是要保证行商能偿还外商的欠款,虽规定比例有所下降,但由于各种原因,数额实则十分巨大。

在广州十三行对外贸易的经营过程中,除了征缴税银和贸易实务,还延伸出信息传递、债务纠纷、外交事务、语言翻译、生活服务等职能,成为广州口岸得以运转的重要内容。

3. 澳门居留地制度

西方列国初到中国,无不曾尝试在世界其他地方屡试不爽的殖民手段,企图以舰炮打开中国大门,在遭受挫折后又无不选择以商业利益为重,服从于中国的外贸管理制度。鸦片战争以前中西贸易的一个显著特点,就是按照中西双方均能接受的制度安排,西方各国被中国纳入到朝贡贸易体系之中。"广州—澳门"体制则是这一制度的关键组成部分。对中方而言,划澳门为葡人定居区,并接纳他国西人在非贸易季节在澳居住,系效汉唐"蕃坊"遗意,抚驭外人而限制"中外勾串",无损"天朝"尊严。对西人而言,在广州的贸易活动遵循朝贡贸易的有关规则,并须接受对其人身的诸多歧视性限制,①仅发展商业关系而不谋求国家间平等的政治关系,因而不致动摇朝贡体制的理论基础,但其同时又得在澳门享受司法、行政等诸多自治权。澳门的存在正是双方相安贸易近300年之久的基石。

此外,明清统治者有限度开放外贸通商口岸的政策,使得澳门在广州独揽中国出口贸易,特别是在接收西方输入商品的进口贸易中的地位无可替代。而由于澳门的转口贸易,广州在东南亚及日本等地国际贸易的中转地位也日益重要,②成为龙思泰口中16至19世纪东亚国际贸易港口中3个"看得见的城市"之一。③

澳门在中外关系史上占有重要的地位,是清代前期宗教传播中心、中外贸易

---

① 参见中国史学会主编:《中国近代史资料丛刊·鸦片战争》第1册,上海:上海书店出版社,2006年,第22页。

② 参见[瑞]龙思泰著,吴义雄等译:《早期澳门史》,北京:东方出版社,1997年,第83—153页。

③ [荷]包乐史著,赖钰匀、彭昉译:《看得见的城市:东亚三商港的盛衰浮沉录》,杭州:浙江大学出版社,2010年,第3页。按:包乐史以"看得见的城市"指称广州、长崎和巴达维亚,系因这3座城市在18世纪后因国际贸易的繁荣而在各国的文献史籍中得到大量的文字甚或图像描述。

中心、外籍人士生活中心、苦力贩卖中心等等。作为中国近代化的发轫之地，澳门的发展演变对于整个中国适应世界潮流、迈向近代化起到了关键性的作用。与广州十三行相互联系，澳门从此在中国连接世界的大航海时代扮演了重要的角色，成为中国对外开放的重要港口以及西学东渐、东学西传的重要枢纽，成为不同文明相互运动并产生新型文明的重要平台。

4. 黄埔港(村)港务后勤制度

港口及后勤基地是海外贸易的保证，黄埔古港与黄埔古村合而为一，黄埔古港是清代广州十三行的主枢纽港，黄埔村是清代广州十三行与海上丝绸之路的后勤基地，相伴相生，长盛不衰，为广州十三行发展作出巨大贡献。

黄埔古港隶属粤海关管辖，在官府的管理下，黄埔古港形成一套属于自身独特的运营模式。当其时，“洋船到日，海防衙门拨给引水之人，引入虎门，湾泊黄埔，一经投行，即着行主、通事报明，至货齐回船时，亦令将某日开行预报，听候盘验，如有违禁夹带，查明详究”。[①] 由上述官府的明文规定，可以看出黄埔古港在接待外商贸易的一系列流程中，与当时的行商“保商”制度有密切联系。作为中外贸易的第一站，黄埔古港承担着丈量船只、检查货物、收取关税登记办理等多项繁重的业务，只有经过这一系列烦琐的程序，外国商人才能顺利进入十三行商馆区，开展贸易工作。因此，当时形成了“洋楼建在省岸，海船聚停黄埔”的盛景。

黄埔古村原名凤浦，依水而建，自宋代以后，黄埔古村长期在海外贸易中扮演重要角色。南宋时此地已是海舶所集之地，明清以后逐渐演变为广州对外贸易的外港。广义上的黄埔古村是指整个琶洲岛，狭义上的黄埔古村是以对外贸易的酱园码头为中心东西分布的现黄埔村与石基村之总体。既是黄埔古港的所在地，也成为清代广州十三行与海上丝绸之路的后勤基地，沟通了中西贸易，促进了中西文化的交流，也促进了黄埔古村的热闹繁华。

5. 广州十三行商馆区制度

广州十三行商馆区是中国行商商馆和外国商馆的所在地，是清代前期“一口通商”的中心所在，大清帝国土地上罕有的对外开放的特殊区域，是广州十三行管理制度中的重要组成部分。作为一个在当时享有世界声誉的城市地标，是

① 梁嘉彬:《广东十三行考》，广州:广东人民出版社，2009年，第91页。

当时中外贸易的集散地、西人在华活动的主要场所和中西文化的交汇点,同时它也为整个广州城市的发展提供了新的动力与元素,直接带动了广州的繁荣发展,并产生强大的辐射作用,影响波及整个中国。

6. 信息文书传递制度

广州在鸦片战争前是清朝最重要的通商口岸,成为中外贸易和政治、文化交流的信息中心,并产生大量商贸、外交、司法等领域的交流、纠纷和交涉。清政府主要依靠中国传统邮政体系和十三行行商作为中介,转达官府对外商的谕令、告示和传达外商的意见要求,以中外邮政文书制度为中心,建立起清廷与行商、行商与外商、外商与外国广泛而又错综复杂的信息传递网络。在长达100多年的一段历史时期,中外邮政文书制度是清代中期对外交涉体制的核心因素,是十三行中外联系的基本形式,是十三行商社会活动的具体记录,是中西文化交流的载体,是鸦片战争爆发的导火索,是广州十三行与海上丝绸之路体系中的重要组成部分。

(三)广州十三行的影响

我在整理《天宝行海外珍稀文献汇编》中的国外最新发现的资料时,发现天宝行专用信纸上的背景图案为“周佛万国”,①这颇能反映封建国家设计广州十三行从事海外贸易的理念。

广州是伴随两千年海上丝绸之路发展的重要枢纽。广州十三行在国际商贸和文化交流活动中扮演了不可替代的角色。乾隆二十二年(1757)清朝实行“一口通商”政策,通过粤海关组建“以官制商、以商制夷”的行商队伍,十三行商馆区成为海外贸易和文化交流的中心。海外贸易空前繁荣,达到传统海上丝绸之路的鼎盛时期。西方侵略者长期以来不断破坏这一管理体制,最后通过鸦片贸易和鸦片战争摧毁了这一管理体制。清政府签订中英《南京条约》等不平等条约后,中国历史从古代向近代过渡,对外关系的主要对象从亚洲藩属国向西方国家过渡,对外贸易方式从朝贡体系向条约体系过渡,改变了中国长期以来依托海上丝绸之路与外部世界开展和平交流、互惠贸易的局面,给中华民族留下

① 公元690年,武则天称帝,改国号为“周”,改年号为“天授”,自尊号为“圣神皇帝”,同年铸行特殊钱币,上有祥瑞四兽和“周佛万国”四字,寓涵登基和招抚天下之意,用于赏赐和宗教活动。《天宝行海外珍稀文献汇编》由广东人民出版社于2019年10月出版。

惨痛的教训。

1. 建构了中外商人群体

广州十三行行商与徽商、晋商和淮商同为清代著名的封建商业资本集团，是粤商发展的重要阶段而又具有浓厚的官商性质，它的浮沉更受“夷务”的牵制，具有显赫悲凉的独特面貌。作为清代中期从事海上丝绸之路的商人主体，已经有了较为丰富的研究成果，但是仍有广阔的发展空间，近年来通过发掘海外档案文献，已经新增了一些新的成员，也对部分行商及部分中外商人有了更多的了解，得以对 18 至 19 世纪以广州十三行为平台、活跃在海上丝绸之路中商人群体的特点、贡献和不足之处进行更为详尽的补充和研究。

2. 进行了国际商品贸易

广州十三行达到中国传统海上丝绸之路鼎盛时期，其海外贸易的内容涉及茶叶、丝绸（布匹）、瓷器、钟表、鼻烟与鼻烟壶、雕刻、家具、银器、扇子、广绣、花旗参以及其他商品的中外贸易，对世界及中国的经济领域，经济组织、经济制度等领域作出了重大贡献。

3. 丰富了中外文化交流

在长达近百年的岁月里，广州十三行以其得天独厚的地理环境、开放的人文意识和悠久的商贸传统，不仅吸引着来自世界各国的商船，也与经历了文艺复兴和思想启蒙运动的西方各国进行了丰富的文化交流，在宗教交流、近代报刊、语言文字、体育、音乐、美术、医学、旗帜文化等领域取得了丰富的成果。

4. 促进了广州城市发展

城市是海上丝绸之路的平台和枢纽，广州依托浓郁鲜明的地方风情、物质文明与精神文明相协调的特色，内陆性与海洋性相结合的个性，成为广州十三行外贸体制的中心，见证了广州作为“千年商都”和海上丝绸之路发祥地的辉煌。对广州的城市建筑、会展业发展、教育、商标广告、城市生活、慈善事业、凉茶、花船、燕窝鱼翅、城市文化等领域产生了广泛而深远的影响。

5. 保留了丰富文化遗产

广州十三行与海上丝绸之路历史进程中所形成、至今仍留存的原始性文件、凭证、记录等，以中英文为主，另由多种语言构成，分布于国内外众多档案馆、博物馆、图书馆之中，数量十分巨大。这些档案文献既是广州十三行与海上丝绸之路的历史见证，也是研究广州十三行与海上丝绸之路重要的资料依据，具有珍贵的文献价值。

6. 影响了中国近代变迁

中国近代史自鸦片战争而始，鸦片战争缘广州十三行而起。世界性的近代化进程，构成了广州十三行与海上丝绸之路时代背景和基本趋势。在世界与中国的商贸交流中，经过清政府的精心策划和逐步完善的广州十三行，一方面体现了中国作为世界近代资本主义体系与中国晚期封建社会制度产生了全方位的交流与碰撞，体现了中国作为主权国家对中外贸易的管理，另一方面又产生了封建末世吏治腐败的种种弊端，中外矛盾不断发展激化。西方国家长期以来不断破坏这一管理体制，最后通过鸦片贸易和鸦片战争摧毁了这一管理体制，并通过清政府签订中英《南京条约》等不平等条约，中国历史从古代向近代过渡，对外关系从亚洲藩属国向西方国家过渡，对外贸易从朝贡体系向条约体系过渡，改变了中国长期以来依托海上丝绸之路与外部世界开展和平交流、互惠贸易的局面，给中华民族留下惨痛的教训。

三、公司：西方列强的冲击与影响

1983 年夏季，同届师兄弟 3 人有幸与李洵先生一起到北京、江南拜访各方明清史大家，实地考察著名明清历史遗址，拜访的有商鸿逵、韦庆远、戴逸、王思治、洪焕椿等各位先生。记得拜访韦庆远先生时，天气已经炎热，韦先生手摇蒲扇，逐一询问我们 3 人的硕士毕业论文题目及进展。作为后学晚辈，心情非常紧张，喏喏汇报以“临清漕运”为题。韦先生娓娓谈起原始档案的重要性，细数在外国收集档案的体会意义。李洵先生亦嘱托研究漕运当注重实地考察和档案收集两个重点，自此将先生们的嘱托告诫牢记于心。

毕业工作后受条件限制，虽偶有出国开会机会，但是来去匆匆，没有机会收集外国原始档案。开始广州十三行研究后，有计划访问了与广州十三行有经贸文化往来的英国、美国、法国、意大利、西班牙、葡萄牙、德国、比利时、荷兰、瑞典、丹麦、澳大利亚等国家及港澳台有关高校和文博单位，收集到大量未被发现利用的原始档案，满足夙愿之余，也深刻理解了昔日改变中国的西方国家，促进了广州十三行的研究及对明清历史发展的理解。

(一)公司的到来

公元1500年前后的地理大发现,开启了全球化的海洋时代,拉开了不同国家相互对话和相互竞争的历史大幕,相继出现了9个世界性大国,它们是葡萄牙、西班牙、荷兰、英国、法国、德国、日本、俄国和美国。在这9个国家竞相登上世界舞台中心的历程中,皆与广州十三行有着密切关系。

1. 葡萄牙

在葡萄牙国王若昂一世第三个儿子恩里克的带领下,葡萄牙启动了征服海洋的征程,一跃成为欧洲人开拓新世界的支点。在坚船利炮的猛烈攻击下,一个个海上交通战略要点相继成为葡萄牙的囊中之物,正是利用从大西洋到印度洋的50多个据点,葡萄牙垄断了半个地球的商船航线,成为当时的海上贸易第一强国,最终抵达澳门。葡萄牙是第一个在海洋时代与中国直接贸易的西方国家,为日后与广州十三行的密切关系奠定了基础。①

2. 西班牙

西班牙与葡萄牙同处利比里亚半岛,是第二个崛起的海洋大国,依靠哥伦布带领的船队发现了美洲大陆。倚靠麦哲伦占据菲律宾,与潮汕海盗首领林凤直接交锋,通过剿灭中国海盗为筹码与明朝政府谈判,谋求与中国开展更多的贸易,成为明清中国新的西方邻居,成为与广州十三行进行贸易的先声。并通过与葡萄牙签订的《托尔德西里亚斯条约》确立了大国瓜分殖民地的先例。1730年(雍正八年)西班牙在广州设立商馆,代表的是菲律宾公司,②以菲律宾的马尼拉为据点。③ 1785年成立王家菲律宾公司(Royal Philippines Company),取得西班牙与菲律宾之间的贸易垄断权,并向广州商馆派出常驻管理人员,一直到1835年才结束对华贸易的贸易垄断权。

3. 荷兰

荷兰17世纪的时候将自己的势力几乎延伸到地球的每一个角落,他们在亚

① 莫世祥:《近代澳门贸易地位的变迁——拱北海关报告展示的历史轨迹》,《中国社会科学》1999年第6期。

② [美]亨特著,冯树铁、沈正邦译:《广州番鬼录·旧中国杂记》,广州:广东人民出版社,2009年,第35页。

③ 陈国栋:《东亚海域一千年——历史上的海洋中国与对外贸易》,济南:山东画报出版社,2006年,第224页。

洲建立的第一个殖民据点——巴达维亚城,构成了今天雅加达的雏形。凭借舰炮优势,荷兰舰队攻打澳门,强占澎湖,直至盘踞台湾。而明郑政权收复台湾,成为影响清初海禁乃至迁界政策的根源。荷兰方面则力图通过协助清朝政府收复台湾而卷土重来,成为解除海禁、广州十三行制度确立的关键因素。其后荷兰立即加入与清朝的国际贸易,始终参与着与中国历届王朝错综紧密的政治经贸活动。荷兰东印度公司(Dutch East India Company)成立于1602年3月20日。1762年,荷兰商馆在广州建立,1822年解散。

4. 英国

18世纪的英国已经成为世界上最重要的近代化海洋帝国,其后工业革命、商品经济、议会制度更是不断发展,科学昌明、商业文化和权力制衡气氛浓厚,西方社会种种观念扎根于心。而中国的茶叶及其他商品,成为茶为国饮英国与中国开展直接贸易的根本动力。在西方国家中力量最为雄厚的英国东印度公司(British East India Company),1715年在广州首设商馆,直至1834年都垄断着英国与中国的贸易。中英贸易在18世纪50年代以后,占有大部分与粤海关的贸易总值。

5. 法国

19世纪的法国曾经凭借路易十四的强大王权称霸一时,拥有的海外殖民地仅次于英国,曾经孕育出影响近代世界的启蒙运动,进行过各种社会理想的实践。千百年来,无论世界格局如何变幻,总是能够听到它在大国舞台上发出的声音。作为一个西方大国,法国必然会在风云变幻的广州口岸发挥重要的作用,并将风云变幻的国际矛盾带到广州。

6. 瑞典

瑞典在16世纪的几次战争中打败了丹麦、波兰的军队,成为北欧的军事霸权。在三十年战争期间,瑞典加入新教阵营参战,并派兵深入神圣罗马帝国腹地。1648年法国与瑞典联军战胜神圣罗马帝国皇帝,签订了《威斯特伐里亚和约》,瑞典在波罗的海的势力达到顶峰。虽然是个北欧小国,但是却把眼光和贸易的宏图伸向遥远的东方。瑞典东印度公司(SOIC)于1731年在港口城市哥德堡成立,在本国国王颁发特许状后进行运作,广州口岸由此迎来一个“蓝旗国”。①

① 因瑞典国旗颜色而得名。

7. 丹麦

丹麦，同样位于北欧的一个国家。在《海录》中对丹麦介绍为“盈黎吗禄咖国与绥亦咕同一海岛，盈黎吗禄咖国，在绥亦咕西北，陆路相通，而疆域较大。人稍粗壮，风俗、土产同。即来广州黄旗船是也”。① 是早期国际贸易一个活跃的角色，在17世纪时就开始了与中国贸易的计划。1616年3月17日，丹麦亚洲公司（丹麦文：Asiatische Compagnie，英文：Danish Asiatic Company）得丹麦及挪威国王克里斯蒂安四世（Christian Ⅳ）授权创立，模仿荷兰东印度公司的组织形式，力求在与广州十三行的贸易中获得商业利润。

8. 美国

以波士顿倾茶事件成为北美独立战争的导火索，1776年7月4日，美利坚合众国宣告成立。英国采取各种经济手段对其报复，法国、西班牙等国在贸易上也采取歧视做法。面对着内忧外患各种危机的美国，迫切需要与中国确立直接通商关系，但美国一开始就以散商贸易为主，没有欧洲各国东印度公司一类的垄断机构，这成为美国与广州十三行贸易的特点。美国散商追求发挥自由贸易体制的最大能量，最终发展成为改变广州十三行乃至世界格局的重要因素。

此外，德国、日本、俄国、奥地利、意大利、亚美尼亚、印度等国家也以各种形式加入这一进程，使得广州十三行的国际贸易更加波澜宏阔。

（二）公司的道路

面对海洋世界蜂拥而来的西方国家，中国作为以农业为主、君权至上和天朝体制的大陆帝国，朝贡式贸易管理和外交观与欧洲国际贸易和外交观存在很大差异，来到广州口岸的西方公司也会受自身条件的制约，呈现出不同的态度和分化。

1. 葡萄牙

随着清朝开放海禁，形成了广州—澳门为中心的贸易体制，澳门成为在满清官府有效管理下的外人居留地，朝廷先后发布了相关的澳夷管理条例，加强对澳门贸易和防务的控制。这些做法符合清朝在传统对外关系制度的允许下，维持对外交往的需要。尽管面临全球化的贸易形势，清廷仍旧保持仁厚、威严的姿

---

① 谢清高、杨炳南：《海录校释》，北京：商务印书馆，2002年，第260页。

态，达到既控制中外贸易又控制来华外夷的目的。①

随着对外局势和贸易形势的变化，清代官府对澳门采取了越来越严格的管辖措施，怀柔与防范相结合，加强了对澳葡的限制，其中以乾隆十三年（1748）澳门同知张汝霖制定的“筹善后事宜”十二条最为全面具体。该文件以汉文和葡文颁布，澳门中葡居民共同遵守，充分体现出中国对澳门的主权管辖。“面对高度依赖中国政府的现实，澳葡当局不得不一切以商贸利益为重，对中国官府采取调和让步的态度，澳门市政议会在他实际上所受的中葡二元化领导下，更多地倾向于接受中国政府的领导。”②这种被认为卑躬屈膝的做法，受到了包括葡萄牙国王和印度总督在内的西方人的责难，但就实际情形而言，他们面临的选择只有一种：退让，否则饿死。

类似的态度还如荷兰。自荷印公司成立以后，对华贸易便成为该公司亚洲贸易的重要组成部分，始终参与着与中国历届王朝错综紧密的政治经贸活动，以便获取一个稳定、丰厚的利润回报。为了开展与中国的贸易，先后三次派遣外交使团前往北京直接向中国皇帝争取自由贸易。几乎没有一位欧洲国家使者愿意接受三拜九叩的苛刻规矩，荷兰人却毫不犹豫地答应了，他们不想为了所谓的尊严而丧失重大的利益。

2. 瑞典

瑞典东印度公司商船于雍正十年（1732）才首航广州。与美洲国家相比，虽然瑞典对华贸易早于美国，但贸易规模不大，贸易时间也不持久，嘉庆二十五年（1820）即退出广州贸易。与葡萄牙、英国、美国相比，瑞典反映了另外一种颇有特点的形式。不仅包括与对华贸易相关的制度、理念以及市场知识等方面的内容，还详细提供了航行过程中每天必须处理各种矛盾、广州口岸出现的各种日常问题以及具体解决办法，留下了 18 世纪上半期中瑞贸易非常翔实的第一手资料。③

正如变幻莫测的国家关系使瑞典每艘远航的商船在航行时候都会选择带上

① 江滢河：《英国的全球战略与澳门——以 1816 年阿美士德访华为中心》，《广东社会科学》2013 年第 2 期。

② 王昭明：《鸦片战争前后澳门地位的变化》，《近代史研究》1986 年第 3 期。

③ 参见江滢河：《〈科林·坎贝尔日记〉初探——早期瑞典对华贸易研究》，《学术研究》2011 年第 6 期。

几乎所有欧洲国家的旗帜，遇到不同的船只或者抵达不同的港口、殖民地的时候就悬挂适当的旗帜以求保全平安。这种贸易情况在当时被称为“戴着旗帜面具的贸易”。在广州口岸则采取灵活的手段，在欧洲，旅馆、酒馆以及咖啡馆、茶室是交换信息和分享经验的重要场所，瑞典商人聪明地把这种经验搬到了澳门和广州游走于外国人、行商、买办通事等社交场所，获取宝贵的贸易信息，对于不理想的经商环境，也敢于直接或者在背后挑动西方人士一起抗议和要求。

3. 英国

就在瓦特和博尔顿对蒸汽发动机进行最后完善的同时，亚当·斯密的《国富论》问世，“自由竞争”这个今天已经被人熟知的概念，成为贯穿亚当·斯密经济学说的基石。他最著名的观点就是：人类经济活动主要的动机，就是谋求个人的利益，谋求私利使自己的需要得到满足。在市场经济中，个体间的自然交易将会创造出高效的资源分配模式，并有利于促进市场经济，创造出更高水平的收入。根据这种市场供求规律，亚当·斯密提出了一个影响深远的对外贸易战略，即自由贸易和自由主义经济模式。持续的海外扩张和殖民贸易，带动了对商品的需求；科学意识和市场意识，提高了英国人普遍的认识水准。在各种合力下，英国成为世界上第一个工业化国家，开创了影响深远的自由主义经济模式，在18世纪中期到19世纪中期，引领着世界的发展。与之同行的是英国海军的飞速发展。英国海军的任务定位便是拓展大英帝国海权，维护英国海上霸权和殖民利益，为英国在全球的侵略扩张服务。正如查理二世所言，海军是其“财富的基石”。① 因此，英国始终着力于打造一支规模庞大、作战能力优越、能够击败任何其他海上强国的海军力量。这就推动英国海军不断建造更大、更强的作战舰只，从而促进了其舰船制造业的发展壮大和海战军事技术的提升。到了19世纪，英军拥有全世界最强大的海军舰队，其主力战列舰队的总吨位在1840年达到了257000吨，比法国、美国、荷兰、西班牙、丹麦、瑞典等几个海上强国的海军战列舰总吨位加起来还要多②。为了实施自由贸易政策，英国用武力迫使一个又一个国家打开了大门，迅速扩张成为一个“日不落的帝国”。

---

① Angus Konstam, Tony Bryan, *British Napoleonic Ship of the Line*, London: Osprey Publishing Ltd., 2001, p.3.

② ［英］安德鲁·兰伯特著，郑振清、向静译：《风帆时代的海上战争》，上海：上海人民出版社，2005年，第214页。

4. 美国

美国是最后一个加入粤海关贸易的西方国家,1786 年在广州设立商馆,但贸易量与其新兴国家的上升力相呼应,很快就与英国并驾齐驱,但美国一开始就以散商贸易为主,没有东印度公司一类的垄断机构,成为影响粤海关体制的另一股主要力量。

虽然各国东印度公司与粤海关时有矛盾冲突,但双方都是本国政府授权的贸易特许机构,经济上具有垄断性和排他性,为保证国家的财富来源,保持了相互承认、有效控制贸易垄断体制之间的合作关系。但进入到 19 世纪后,这个持续了超过 100 多年的贸易体制突然遭到来自散商的挑战。

1833 年之前,欧洲各国东印度公司相继结束,而决定性的是 1833 年英国东印度公司的结束,英国散商"港脚商人"崛起。美国对华贸易没有东印度公司的模式,也更加热情地投入这种自由贸易,逐渐控制了对华贸易,并表现出追求自由贸易体制上的极大能量,最终发展成为能改变粤海关乃至世界格局的跨国贸易公司,例如怡和洋行、颠地洋行、旗昌洋行、同孚洋行等,皆从散商中发展而来。

(三) 公司的力量

广州十三行的辉煌昌盛是建立在清廷一口通商的基础上的。从国家管理的角度,清政府把西方国家来华贸易严格限定于广州,而不定在外贸物质主要出产地的长江下游地区,违背了西方国家自由贸易的目的,因此以英国为首的西方资本主义国家进行了一系列的努力,力图冲破清朝贸易体制的约束。

乾隆五十二年(1787),英国政府第一次派遣喀塞卡特为使者,准备就中英贸易同中国协商,力求在中国扩大英国的特权,修改现行危害英商利益和体面的一口通商外贸体制。① 但使者喀塞卡特在赴中国的途中病亡,英国政府的努力随之落空。

5 年后即乾隆五十七年(1792),英国政府再次派遣马戛尔尼使团来华,向乾隆皇帝递交国书的主要内容是:1. 请中国允许英国商船在珠山、宁波、天津等处登岸,经营商业;2. 请中国按照从前俄国商人在中国通商之例,允许英国商人在北京设一洋行,买卖货物;3. 请于珠山附近划一未经设防之小岛,归英国商人使

---

① 姚贤镐:《中国近代对外贸易史资料》,北京:中华书局,1962 年,第 148—149 页。

用,以便英国商人到彼即得收歇,存放一切货物,且可居住商人;4. 请在广州附近得一同样的权利,且英国人自由来往,不加禁止;5. 凡英国商货,自澳门运往广州者,请优待或者免税;6. 英国船货,按照中国所定税率交税,不额外加征,请将所定税率公布,以便遵行。① 这些要求的目的仍是要解除清朝外贸体制的约束,实现中英之间的自由贸易,这与清王朝的国策和居高临下的姿态相差太大,乾隆皇帝驳斥并拒绝了英国的全部请求,马戛尔尼出使中国没有取得丝毫进展。

嘉庆二十一年(1816),英国第三次派遣使者阿美士德来华,递交英国摄政王致嘉庆皇帝的国书,向中国政府交涉下列条款:1. 为避免广东地方政府的不公,求详细规定英公司利益;2. 为保障商业的继续,求给英大班有与闲散商人贸易往来自由;3. 为免除中国官宪侵犯商馆,求许商馆人员雇用中国仆役,并禁止中国官吏任意轻蔑及傲慢无礼的举动;4. 另辟英商馆人员与中国公衙或礼部往来途径,求允许英国遣使驻扎京师,或准其直接用中国文字陈诉地方政府,并保证任何文牍亦可用中国文字。②

这些请求比马戛尔尼来华所提条件的语气温和了许多,但阿美士德本人越过广东当局,径直赴京师,及至天津又因觐见礼节与清廷发生争论,清政府认为他傲慢无礼,嘉庆帝怒而不见,下旨逐其回国。阿美士德此行目的没有达到,英国希望同中国就通商谈判且改革清朝外贸体制的愿望再度落空。

而英国发现清政府越来越严的禁烟运动大大妨碍了其利益时,惯于穷兵黩武和铤而走险的英国资本家政府便不惜诉诸武力,发动了鸦片战争。1842 年,在鸦片战争中战败的清政府,被迫与英国政府签订了不平等的《南京条约》,中方在条约中不得不改称“英夷”为“大英国”,称夷人头领为“大英国君主”。还有清朝政府开放广州、厦门、福州、宁波、上海等 5 处为通商口岸(史称“五口通商”),准许英国派驻领事,准许英商及其家属自由居住。清政府向英国赔款 2100 万银元,其中 600 万银元赔偿被焚鸦片,1200 万银元赔偿英国军费,300 万银元偿还商人债务。废除清政府原有的公行自主贸易制度,准许英商与华商自由贸易。以口头协议决定中英民间“诉讼之事”,“英商归英国自理”;中国的司法主权开始受到侵害。还有形式上用中英两国文字写成、近代照会成为外交文

---

① 戴逸:《简明清史》,北京:人民出版社,1984 年,第 532 页。

② 萧致治、杨卫东:《西风拂夕阳——鸦片战争前的中西关系》,武汉:湖北人民出版社,2005 年,第 297 页。

书等等。广州国际贸易中心逐渐被香港、上海等地所取代，清朝的外贸体制就此发生了根本变化，广州十三行也从此退出历史舞台。

1984 年 12 月在长春站辞别送行的东北师大同学，从此浪迹天涯。虽然才疏识浅，愧对江东父老，但不敢蹉跎岁月，始终未忘师尊教诲，努力前行，用了近乎一生的时间去体会思索先生的教诲和思想体系。适逢筹备《李洵先生百年诞辰纪念文集》和纪念会议，谨以肤浅体会告慰师尊在天之灵。

抵押物与明代民间借贷

秦海滢

明代民间借贷过程中，士、农、工、商等不同借贷主体为了获得借贷资金，往往以契约文书、口头协议等正式或非正式形式，并通过抵押等担保方式，向官员、商贾、豪强等放贷主体进行借贷。其中借债一方以其所拥有的谷、绢、田、屋等作为抵押，成为借贷关系确立的保障。但是，由于抵押物属性的模糊性、地域性和随意性，以及借债一方的生产、经营、诚信等原因，容易造成民间借贷纠纷的产生，在一定程度上影响了明代民间借贷市场秩序的良性循环。

一、明代民间借贷中的抵押物类型

通常而言，为了降低放债者的风险，人们往往会采取先抵押后借贷的方式。就明代民间借贷抵押物而言，不同阶层的抵押物也不尽相同，如农民往往以自身所拥有的田、屋等实物作为抵押，商人常以田宅或经营资产等作为抵押，而官吏则以俸禄作为揭借条件。具体来说，包括以下类型：

（一）以田、屋、山场等作为抵押

首先，以田地为借贷抵押，在《盟水斋存牍》中多有记载，“审得卢象复与李佐朝、曾斯和俱为肺腑之戚，佐朝以官事急用，将四十八亩之田按贷卢氏银一百四十两”①。

① 颜俊彦：《盟水斋存牍》目录二刻，《谳略二卷署府·争债李佐朝等二杖》，北京：中国政法大学出版社，2002 年，第 713 页。

该史料中,李佐朝将其所拥有的48亩田作为抵押而贷卢氏之银两以缓急。但是,也有一些借债者因自己无所抵押,却将他人之物用于抵押,“侯于汉因逋粮锁押无措,从何宪武贷银十两以宽其眉睫,盖计无复之而出于此也……宪武乘其急而要之,谓暂以其嫂之田按,及期而纳其银。聊以示信,无伤耳？乃契一入手,便欲据田而管业之矣”①。可见,民间借贷中,土地成为能否获得借贷机会的重要保障。《醒世姻缘传》中亦记载:“有了地土顶着,问人借银子,也有得借与;或将地转卖与人,除了还的仍有许多剩下。”②

其次,《盟水斋存牍》中因抵押房屋用于借贷而发生的诉讼案例,亦不在少数。“李茂登将伊男绍贵仓边街屋按抵周孝廉之银,契载一百五十两,确有明证。”③王启公因负债于商人余明,“写屋一所抵偿”。④ 甚者,还将同一房屋用于重复性抵押,“朱国翰止屋一间,先按李锦寰、何卓宇银四十两,后又按梁悦聪银二十二两九钱,合子母计之,则已不啻两倍之矣。”⑤

此外,从《闽南契约文书资料》中可以看到,闽南乡村社会中百姓所签订的契约,大多是由于纳粮欠银、贫难以葬等原因,不得已而以地作为抵押,由中人进行见证的借贷关系。

郭天德立卖契　正德三年十月(即公元1508年10—11月):

> 立契人郭天德,承租有民田一段,坐落雍溪村,土名起墘,大小共一拾一丘,受种子一斗,官年载租谷三百斛;又价买得巍成伍厝地基一所,坐落草埔头,东至高岭,西至岭菜园,南北至邹家田。今因欠银纳粮,托中送典邓宅,价银十两正,其银即日收讫,其田即付耕掌,其厝地任听起盖房屋,及左右护厝菜园,俱听掌管,其厝地门口有大池一口,亦付养鱼。日后并无异言,亦无重典他人为碍,亦无叔兄弟侄争占。如有此情,系郭出头抵当,不干邓宅之事。其苗米依照坊均帮贴完纳,有能约不拘远近取赎,盖屋议价,邓不得刁难。恐口无凭,立契为照。

---

① 颜俊彦:《盟水斋存牍》目录一刻,《署香山县谳略一卷·讼债侯于汉杖》,第430页。

② 西周生:《醒世姻缘传》第22回,《晁宜人分田睦族　徐大尹悬扁旌贤》,长沙:岳麓书社,2004年,第179页。

③ 颜俊彦:《盟水斋存牍》目录一刻,《谳略四卷·讼债李茂登杖》,第171页。

④ 颜俊彦:《盟水斋存牍》目录一刻,《署府谳略一卷·债负王启公杖》,第397页。

⑤ 颜俊彦:《盟水斋存牍》目录二刻,《谳略二卷·讼债李锦寰等杖》,第523页。

计开：又有茶仔林一片，载民米二分一勺，俱买与邓家掌管，收过银一两正，日后无言。

一段起𡺸，东西南北俱至邹田。

一段厝地基东西四至载在契内。

一段茶仔林，东至墙沟，西至厝，南北俱至田。一段门口池窟，东至邹家田，西亦至邹高岭，北至厝地底埕，南至邹田，其顶大顶银水九成色。

正德三年十月　日

立契人郭天德号

中人邹世清号①

从上述契约中可以看出，其所典押的厝地和房屋之拥有权多无争议，一旦借贷关系确立，契约签订，厝地即付耕掌，甚至任其盖房屋等所用。可见，上述闽南契约中田地的使用权也实现了转让，就不再仅仅停留在抵押层面了。至清初闽南民间借贷中，依然在延续以田为胎的借贷方式。

蔡能公立字　康熙二十七年五月（即公元1688年5—6月）：

立字人堂弟蔡能公，承父阄分有苗田乙段，坐落洋中央，受种子二斗。今因乏银使用，自情愿将田为胎，借出堂兄银三两三钱三分三厘。面议每两银每月利息二分五厘，限至明年四月终，备母利乙足送还，不敢少欠。如欠，将田付银主起佃掌管为业，不敢阻当。今欲有凭，立字乙纸，付执为照。

另，又曾借七两，利息照贴，批照。

实收过契内银三两三钱三分三厘，再照。

代书人侄子若押

康熙二十七年五月　日　　　　立字人堂弟能押②

值得注意的是，受地域性影响，明代南北区域的抵押物也略有不同，南方多以山场等作为抵押。

（二）以谷、衣、骡等作为抵押

对于一些经营者来说，往往以其所经营物品如铁器等作为抵押物。明万历

① 杨国桢：《闽南契约文书综录》，《中国社会经济史研究》1990年增刊，第87页第270条。

② 杨国桢：《闽南契约文书综录》，《中国社会经济史研究》1990年增刊，第123页第412条。

年间徽州程氏染店因经营所需，融资条件所限，存在赊欠布匹的情况。①《盟水斋存牍》中，“苏茂业以贩锅来广，凭店郭奉宇交银二百三十四两七分与霍来鸣、何华生。华生陆续交明来鸣，尚欠五十二两三钱，赤贫无措，将别项铁器家伙物件央亲抵，已立收数付执”。②

还有一些借债者因生活所迫，以衣、物等作为抵押。“成化十年(1474)八月初八日，礼部等衙门题，为建言民情事。计开：万全都司永平卫守备隆州后千户所老幼军晏言一件势豪放利债事，臣见在京，近年以来，米价高贵，营运无活，度日艰窘，不能趁食，只得将衣服、物件，当借铜钱，籴米度命。又被奸顽之徒，倚财为势，互相设计欺行。凡遇当物，估值银一两，止借银三钱；值银一钱，止当银三分。每银一钱，自起利息二三分者有之。备还不敷，未及二三月，被算本利，对合日逐取，当原卖物件好者，至被百般刁蹬措匿。物件低者，被其公然变卖。当物之人，又被势豪凌辱，欲行告理，缘因贫窘无力，只得含含，有屈无伸。以此，当放之徒，愈加得计，恣意利中生利，贫者转加贫苦。”③由此可见，在京势豪放债取利，百般凌辱借债者，有时会将抵值较低的物件公然变卖，无所畏惧。

京城如此，地方社会的借贷抵押物更是呈现出多样化。四川成都府资县龙水上乡民邓嘉仕，“嘉靖二十七年六月内，奉‘预处钱粮接济紧急边饷’事例，纳充前役。因缺少盘缠银两，凭在官胡一之、包二在内三起约借朱環白银共一十五两，限次年六月相还，共加利银四两六钱……(嘉靖二十八年)九月十八日，朱環令伊在官男朱文林来与嘉仕说取前借银两，嘉仕当借别卷相存今监故袁尚宽骡子一头，值银一十一两，大猪一只，值银二两二钱五分，凭姜廷惠在内，准还朱環收讫。”④

(三) 以妻、子等作为抵押

明朝从法律上对各种抵押形式进行管理，“凡放债取利，俱依大明律，不许

---

① 王钰欣、周绍泉：《徽州千年契约文书》卷8，《万历程氏染店查算账簿》，石家庄：花山文艺出版社，1993年，第89、93、97页。

② 颜俊彦：《盟水斋存牍》目录一刻，《谳略四卷·讼债苏茂业等杖》，第171页。

③ 戴金：《皇明条法事类纂》卷20，《户部类·债主关俸问不应》，北京：科学出版社，1994年，第873—874页。

④ 佚名：《四川地方司法档案》，北京：中国社会科学出版社，2005年，第236—237页。

故违多取。敢有以利债强夺人孳畜、产业,及准折人妻妾、子女者,依律问断。其典当田地、器物等还。欺赖者,不并无利。赎取者,亦听便。再种或加价绝卖,俱如所拟。违者,许告官惩治。若奸顽之徒诓借钱米,昏赖不还,或诬债主,欺奸妇女、打死人命者,许债主告官,究问如律,所借钱米,官为追给。庶使巨室不敢肆其侵凌,刁徒不得逞其凶狡,贫富而俱得安矣。"①可见,放贷者强夺借债者之妻妾子女是被禁止的,但是有些豪强却熟视无睹。

成化十年(1474)八月,"吏部听选同知毛琼奏:……前件,节该伏睹《大明律》内一款:若豪强之人,以积债强夺蓄产业者,杖八十;若估价过本利者,计多余之物坐赃论,依数追还;若准折人妻妾、子女者,杖一百;强夺者,加二等,私债免追。又一款:若以威力制缚人,及于私家拷打,因而致死者,绞。钦此。今豪富官民之家,举放私债,逼取害人,或因致死人命,事发到官,各坐以应得罪名,情法允当。若依前例,既问以罪,又罚取家资赈济,用法偏行,有乖律意,可革。"②

弘治元年(1488)十月初二日,"户部尚书李等题,为陈言便民事。山东清吏司案呈,该鲁府镇国将军阳鉴奏……臣看得近年以来,各处食禄势要之家,往往听信下人,诱哄无知军民,放与私债,自立苛限,十个月要取本利,滥使下役,三五成群,狼虎下乡,违禁生取。纵有凶灾,亦难免此追债。少有拖欠,辄拿锁拶逼追,或准折其子女田宅,或牵夺其牛具头匹,或卖青苗器,家业荡空,债尚未完。甚者,累死人命有之。以致贫以致贫,民揭借还债,居无安身之地,去无还乡之志,深为未便。如蒙……今后如有仍前故违律禁,诱引举放私债、滥取重利、虐害贫民者,许被害之人指实赴巡按、分巡官处告理。务将诱之人问以重罪。其间但有致伤人命重情者,亦将听信放债之人依法参究。如此,则势要知惧,而民安业矣。"③可见,民间借贷中,军民一旦拖欠势豪之债,往往以子女田宅、牛具头匹、青苗器等准折,以致旧债未完,愈加贫困。

(四)以俸禄等立约借贷

与实物抵押不同,这种以官俸作为借贷前提的立约,实质上也具有口头承诺

① 戴金:《皇明条法事类纂》卷20,《户部类·禁约违禁取利准折财产及借债不还及行图赖例》,第882页。

② 戴金:《皇明条法事类纂》卷20,《户部类·奏建言民情事》,第884—885页。

③ 戴金:《皇明条法事类纂》卷20,《户部类·禁约势豪放债害民例》,第886—887页。

性质。明代京城之中,有些富室专门放债,成化十年(1474)四月初八日,“刑部尚书王等题,为处置条例事。计开:一、在京官军,多有艰难。预先将本身俸粮,揭借官军人等银两铜钱等物使用,立约议将按季该得俸粮、银两、绢匹等物抵还。及关俸之际,本身欠债数多,不敢赴委官处领。以致债主不得已,自赴委官处,依约领讫。却被无籍之徒,辄告债主盗关俸粮,行提到官。为因不系本主关领,往往债主问拟常人盗仓库钱粮绞罪,发遣立功做工等项,甚是有乖律意。合无今后但系军职负欠私债,而债主依约于官处领出俸银等项,事发止问不应杖罪,照例发落,庶几用刑允当。”①

弘治年间,各卫所指挥、千百户等官,“各因家道贫难,预将俸粮立约,与人揭借使用,且如今年春季,俸钱每一两止得银八钱,秋季止得银七钱,冬季止得银六钱,若明年春季止得银五钱。又如预揭俸绢,每绢一匹,月日近者,得银四钱,远者得银三钱。如违迟,利上加利,有揭银一两,还至五七两者。因是俸银不得,难以度日,止是在逃。切缘放债,多取利息,律有明条,虽得折俸银绢,于内府关领,就在中途还债,才得径自就归别手。一官俸钱能有几何?遭此耗损,更无指望,以致衣食褴褛,有同乞丐。至于达官,尤其狼狈,在逃益多。似此徒费训练,岂能得其死力?其放债之家,每季关领俸银,少则三五百两,多则七八百两,一家数卫,而一卫之利皆为网尽。利归私门,莫此为甚。”②针对在京各卫所指挥、千百户等官立约借贷,致其生活更加贫困等问题,弘治元年(1488)五月丁亥,工科给事中夏昂以灾异言十二事,其一为:“京师富室专事放债,各卫指挥等官用度不足,辄往借之,名曰捐俸钱。关俸之时,悉为债主所有,乃复借与,俟后偿还,岁月相延,以致军职日贫。乞敕户部将在京各卫军职折色俸银,按季关与,不致愆期,仍将放债及借债者一同究治。”③

此外,京债产生的本息往往在官吏上任之后偿还,这就使得一些官员上任后试图捞回其前期用于仕途之投资。早在成化六年(1470)三月己亥,“吏部尚书姚夔等言:铨选考课之法俱有定制,第缘年久或至乖违。况近年仕路多歧,人才

---

① 戴金:《皇明条法事类纂》卷20,《户部类·债主关俸问不应》,第873页。

② 戴金:《皇明条法事类纂》卷20,《户部类·军职债主多取俸利,问罪追还枷号一月例》,第889—890页。

③ 《明孝宗实录》卷14,弘治元年五月丁亥条,台北:台湾“中央研究院”历史语言研究所校勘本,1962年,第327页。按:本文所用明代各朝实录皆出此版本,不再一一注出。

壅塞,奔竞偷薄之风益甚,非因事厘正随事修革,则弊日以滋,政罔用。又今取旧制及时宜利病,请下申明禁约:一访得听选官吏监生人等中间贤智之士固多,然亦间有无知不才之徒蝇营狗苟以图侥幸,遂致小人窥伺乘机哄诱,或假说浼托求讨某官某处,巧捏情状诓骗财物,幸而偶中,需索无厌,若或不成亦侵其半。又有选后寻访好处官员,凿空驾说、勒取财物、沮坏选法、污累官府;又有恣行无赖浪费己资,囊箧空虚,多方举贷,拟约选后措还,及选榜一出,三五成群,夺收文凭,索要本利,只得又于有钱之家立约借偿,赎取文凭,甚者被其拘留不得赴任;又有一等京城小人专在部门打听举放官债,临行,债主同到任所,以一取十。少者累年不足,多者终任莫偿。今宜出榜申明禁约,有假托姓名诓骗财物者,事发问罪枷号部门三月,发烟瘴地方充军。若官吏监生人等,请托营求致被人诓骗财物者,一体治罪。其有借人财物费用及与债主同赴任所取偿者,官与债主并发口外充军。仍乞令锦衣卫密切访察挨捕,所冀选法澄清,宿弊禁绝,诏悉从之。"①可见,官场上这种以预支为前提的借贷形式,为官员仕途留下了诸多隐患,具有一定的风险性。

总之,就明代民间借贷抵押物来看,构成了以田、屋、山林、店铺等为抵押的信贷市场。因士、农、工、商借贷主体不同以及地域、民族差异,其借贷中的抵押物具有多样性和随意性特征,这也在一定程度上影响了抵押物的抵值。此外,因借贷抵押物隶属者属于不同的社会阶层,有些抵押物是借贷双方知情且自愿的,但也不排除一些豪强威逼利诱之下所产生的抵押关系,以至于抵押物的所有权发生了转移。因此,抵押物的担保尤为必要。

二、明代民间借贷中抵押物的担保

明代民间借贷过程中,为了降低借贷的风险,保护借债双方的利益,滋生了契约等担保形式以及中人等担保人,以期对抵押物进行管控。有时,因借贷双方及中人较为熟悉,也存在无证人或担保,借贷双方私自签订契约或抵押的情况。

---

① 《明宪宗实录》卷77,成化六年三月己亥条,第1496—1497页。

（一）契约

通常而言，为了保证契约的真实性和有效性，无论官契还是私契，其签订时，必须有借贷双方、中人、见人等在场，并在契尾摁上红色手印。签订内容必须标明借贷数额、用途、利息、归还期限、抵押物品、履行方式、保人，有时甚至对契约防伪，如在契约的骑缝处加盖官印，这对于防范民间借贷纠纷有一定的作用。

如前所述，李佐朝贷卢象复银两之时，“斯和实作中佥契，议每年听卢租收田租作息。”这份契约也成为日后官员判定其纠纷的主要依据，“今佐朝以收租多年，欲一笔勾抹，象复所以不干而上控也。三面对质，斯和证之凿凿。夫斯和与佐朝为嫡甥，渭阳之谊岂不更胜于象复哉？不能以有为无，则良心之不可昧也。”①《廉明奇判公案传》中则出现了勒写契书的情况，范忠放贷，“违禁取利，逐月翻算。领仆三五，坐并蚕食，意图吞业，勒写契书。当限，彼不允从，立有赎约。业吞虎口，一家绝食，粮税累赔，国朝重事。妻儿男女，如鸟摘毛，告恳亲提斧断。如虚一字，斩首甘罪。”②而实际借贷中，因借贷双方与中人较为熟悉，大多在签约前就已经明确了借贷利率、借贷抵押物等事项，民间借贷中契约的签订往往简化了。在《闽南契约文书资料》和《徽州千年契约文书》中，我们可以看到诸多契约文书，很不符合规范，有的债务人、债权人和中间人会在契尾摁上红手印，有的仅有印章，还有的只有签名无其他证明形式，甚者只有中介人和借贷双方在场，其他参与证人较少，一旦出现问题，契约的真实性很难辨析。《杜骗新书》就记载了因契约不正规，无证人做证，而佃户之母狡猾赖账，不但没有还欠苗和本息，还设计以儿媳哄骗主人，主人被迫重新签订契约。结果是：佃户不仅没还本息银，还空套田地与白银 20 两，主人也百口难辩的事实。③ 因此，以抵押物为借贷前提的契约，必须明确抵押物的所属主体，尽量避免借贷纠纷和诉讼的产生。

---

① 颜俊彦：《盟水斋存牍》目录二刻，《谳略二卷署府 · 争债李佐朝等二杖》，第 713 页。

② 余象斗：《廉明奇判公案传》下卷，《债负类 · 孟侯判放债吞业》，《古本小说集成》第 1 辑第 65 册，上海：上海古籍出版社，1994 年，第 255 页。

③ 张应俞：《杜骗新书》卷 3，《妇人骗 · 佃妇卖奸脱主田》，上海：上海古籍出版社，1994 年，第 278—284 页。

（二）典当

明代当铺经营方式主要为典押借贷，按照现代法律意义来理解，明代的典当业务已存在借款合同关系和抵质押法律关系。

借贷双方在进行典当业务时，虽然在契约文书中明确了抵押物的抵值，但实际操作中却存在放贷者故意压低借债者所当之物的现象，隐藏着不平等的借贷关系。《初刻拍案惊奇》中记载了陈秀才因没钱使用，不得不去解铺借钱的过程，“众人撺掇他写了一张文契，往那三山街开解铺的徽州卫朝奉处，借银三百两。那卫朝奉又是一个爱财的魔君，终是陈秀才名头还大，卫朝奉不怕他还不起，遂将三百银子借与，三分起息。陈秀才自将银子依旧去花费不提，却说卫朝奉平素是个极刻剥之人，初到南京时，只是一个小小解铺，他却有百般的昧心取利之法，假如别人将东西去解时，他却将那九六七银子充作纹银，又将小小的戥子称出，还要欠几分等头，后来赎时，却把大大的天平兑将进去，又要你找足兑头，又要你补勾成色，少一丝时，他则不发货，又或有将金银珠宝首饰来解的，他看得金子有十分成数，便一模二样，暗地里打造来换了，粗珠换了细珠，好宝换了低石，如此行事，不能细述。那陈秀才这三百两债务，卫朝奉有心要盘他这所庄房，等闲再不叫人来讨，巴巴盘到了三年，本利却好一个对合了。”①由上可见，卫朝奉经营当铺，通过兑、勾、换等非正当方式昧心获利，侵害了借债者的利益。

虽然明代典当业存在一定的风险性，但是由于它满足了借贷者的燃眉之急，操作方便，因此其亦成为民间应急借贷的主要平台。当然，我们也应该看到一些处于社会底层的百姓，若无金银、田宅契约等抵押物作为前提，是很难向典当行等机构借贷的。

总之，明代民间借贷中，为了保障抵押物的权属，双方会央求彼此熟悉的亲邻或朋友进行出面，作为证人共同签订契约，有助于保护借贷双方的利益。但是由于中人、抵押物等都具有流动性，以至于不法之徒肆意侵欺，甚至会出现违法积利、契外掣夺诸种不良现象。

---

① 凌濛初：《初刻拍案惊奇》卷 15，《卫朝奉狠心盘贵产》，南京：凤凰出版社，2005 年，第 142 页。

三、抵押物与明代民间借贷纠纷

明代民间借贷抵押物种类繁多,因其所属主体模糊、抵押物值虚高等原因,出现了恶意抵押和强制性抵押等问题,以至于明成化以后因抵押借贷而产生的诉讼逐渐增多。

(一)抵押物的模糊性

其一,如果以经营物品作为抵押,其价值不易衡量。因此,并非所有抵押物都能物有所值。《盟水斋存牍》中,“审得方礼以衢州纸客居广有日,自货自卖,并代客作牙,有各散铺店家赊取,完欠不一。如倪心源之兄启源逋欠礼银六十余两,经县断结未清。”但是,心源只认还二十七两,以启源房屋两间质抵,“止值二十二两,年久而不与决绝。”①

其二,若以谷物为抵押,其抵值还应考虑受明代货币政策和市场上粮价等因素的影响,具有不稳定性。“崇祯三年(1630)庚午,年荒谷贵,民多菜色,郡县施粥赈济……然越二载壬申夏,白米每斗价钱一百二十文,值银一钱,民间苦其贵。则庚午之米价概可知也。迨秋成,早米每石价钱止六百五六十文耳。自是而后,米价大约每以千文钱内外为率。至十一、二年间,钱价日减,米价顿长,斗米三百文,计银一钱八九分,识者忧之,然未有若十五年春之甚者。时价钱日贱,每千值银不过四钱几分,白米每石纹银五两,计钱十二千有奇。自此以往,米价以二三两为常。”②

同样,借债者若以田地和宅基地、住宅等作为抵押,亦会出现转鬻贬值的现象,“前件审得:宋祐原与徽商孙懋银米交易,负懋银七百两,其子宋元另借约贷懋银五十四两。然宋祐无还,众议劝懋让祐三百两,仍四百两则以房一所作价三百,外银一百偿之。徽商侨居,势不得终有此房,转鬻之钱元,则减价一百五十六两矣。”③由于上述借贷关系中抵押物的抵值无法放在市场中准确估量,致使因

① 颜俊彦:《盟水斋存牍》目录一刻,《署府谳略一卷·逋账倪心源杖》,第397页。

② 叶梦珠:《阅世编》卷7,《食货二》,北京:中华书局,2007年,第176页。

③ 毛一鹭:《云间谳略》,载杨一凡、徐立志主编:《历代判例判牍》第3册,北京:中国社会科学出版社,2005年,第503—504页。

抵押而产生的诉讼案件不断出现。

为了防止一些借贷者以宗族共有财产作为抵押物，成化十九年（1483）十二月十二日，“礼部尚书周等题，该山东济南府滨州知州唐福奏一件：申明遵奉事例。窃见成化六年（1470）正月内，该兵科给事中官荣题内开：各处刁徒健兴词讼，搅扰官府，诈欺良善，不得安生。原其所由，多因争分家财田地等项细故，遂成大狱。如有告争家财等项词讼，务要从公勘理，验其分书、文契。如果分居五年，及田已经绝卖，过割年远，悉照原立合同文契及原契，断令照旧管业，不许重分、再赎。已通行遵守外，今照问刑衙门官员，因见行事例称分居五年之上，及过割远年字样在内，遇有刁徒告争远年家财、田产，畏惧捏词排陷，至五年之上，不系远年等情，多不照例施行。往往将分居已定、分书明白及田产已经买卖过割者，不照原立合同、契书问断，仍令重分、再赎者有之；信凭刁徒辗转告害官府，搜寻事情增价者有之；令被告补贴刁徒奏事不实钱米者有之。似此徇情枉断，非惟被告无辜受害，亦将事例视为虚文。乞敕该部计议，再行申明。今后遇有告争家财、田产等项，合无照依年远者问断，惟复不论年月远近，悉照原立合同、分书、卖契，断令照旧管业，不许重分、再赎，庶良善得以安生而刁风息矣。”①

其三，以妻妾等作为典借之押，因所属主体模糊，更易产生诉讼纠纷。“前件审得：严文贵一游冶之徒，素以嫖荡为事。有乐户叶怀南者，挟妓吴氏以治生。淫棍张堂则为鸨妇宋氏帮闲，视氏若家室者也。先是，文贵因嫖狎吴氏情浓，用价三十余两为之赎身。妓入帷而家日零落，费日不支，遂以吴氏典借陆云、杨煜各十金。后杨煜索债，文贵窘不能偿，遂鸣之县。县断欠银给主。文贵如扫之室无以办，复将吴氏包与宋氏倚门觅利，乃始得银以偿前负。虽约月为期，而既入复出，既良复娼，亦足羞矣。后陆云又复索银，则以妓在宋氏，即索之宋氏。而宋氏亦恃妓在即为代偿。无何，贵谓期约已满，欲索妓归室，而宋氏执前银为辞，谓必偿银乃肯出氏。文贵计无复之，遂约恶党张怀江为攘抢计。偶吴氏为客携别居，而反掳宋氏以去。夫子夜兴戎，不辨鹿马，幻妓蝉脱，老鸨席卷，良足捧腹。故张堂以劫杀控县，文贵以杀妻诳府，乃反欲捏词取胜，借积年盐蠹为名，且摭烧劫抢诈诸事，欲鼓众吠以乱真听，何不经之甚也。夫一么么文贵耳，敢以典妓逼债细故，号召比恶之党，诪张满纸之词，株连盈庭之众。上溷宪牍，下妨民业。刁

① 戴金：《皇明条法事类纂》卷12，《户部类·分定家产重告者立案不行例》，第517—518页。

悍如文贵世无两矣。尽法反坐何辞。至于张党挟私昵而添诬，始祸陆思达、程国珍，修旧怨而聊名妄呈，均应从重。第念抢妇原思还楱，捏呈仅同吠影，姑各末減，论杖。王和倚役生衅，致讼有因，张怀江助党为虐，抢妇无惮，与吴氏朝东暮西，以从良之娼妇，同向火之乞儿，亦并论杖量断。文贵吐银十六两给还宋氏，以偿夙逋。吴氏方准领回完聚。”①

由上述可见，借贷一方在不能按时偿还债务的时候，往往以物、人等作为偿还方式，虽在民间社会中较为常见，但由于抵押物的属性模糊，致使物、人、钞等实际折合过程中不易衡量。因此，借贷者有时则徒劳无功，得不偿失。

（二）恶意抵押和强制性抵押

1. 恶意抵押。在明代民间借贷中，一些借债方明知不能及时归还债务，就一而再再而三地故意拖延归还日期，在不得已的情况下甚至还会产生恶意抵押的行为。

《杜骗新书》中就记载了牙人翁滨二欺骗客商施守训，偷骗客人物品抵债而终无法还清钱债，以女许配抵债的故事。福建大安人施守训，“家资殷富，常造纸卖客。一日，自装千余篓，价值八百余两，往苏州卖，寓牙人翁滨二店。滨乃宿牙，叠积前客债甚多，见施雏商，将其纸尽还前客，误施坐候半年。家中又发纸五百余篓到苏州，滨代现卖。付银讫，托言系取旧帐者，复候半年。知受其笼络，施乃怒骂殴之。滨无言可应，当凭乡亲刘光前议，谕滨立过借批银八百两，劝施暂回。次年，复载纸到苏州，滨代现卖。只前帐难还，施又坐待半年。见其女云英有貌，未曾许配，思此银难取，乃浼刘光前为媒，求其女为妾，抵还前帐。滨悦许之。其女年方十五，执不肯从。滨与妻入劝曰：‘古有缇萦愿没官为婢，以赎父罪。今父欠客人银八百两，以汝填还；况福建客家多巨富，若后日生子，分其家财，居此致富，享福非小。’女始允诺。时施已六十余矣。成婚近四载，施后回家身故。未及周期服，滨将女重嫁南京溧水县梁恩赐为妾，重收聘礼一百两。守训男施钦知之为，本年亦装纸到苏州，往拜翁家，呼翁为‘外祖’。翁不瞅睬他。请庶母出见，亦拒不出。众客伙皆怒而嗾曰：‘你父以八百两聘礼，止成亲四载，未期服又重嫁他人。今一出见何害？情甚可恶！汝何不鸣官？’钦乃告于巡街蔡

① 毛一鹭：《云间谳略》，载杨一凡、徐立志主编：《历代判例判牍》第3册，第423—424页。

御史。时翁滨二得施为婿，复振家风，又发资金千余，见告，毫无惧意。两下各投分上，讦讼几二年。各司道皆纳分上，附会而判。后钦状告刑部，始获公断曰：‘翁滨二以女抵偿八百两，几与绿珠同价矣。但守训自肯，其财礼勿论。今夫服未满重嫁梁客，兜重财物，是以女为货，不顾律法。合责三十板，断身资银一百两，并守训为云英置衣资首饰银五十两，共与施钦领之。’因此积讼连年，滨二之家财尽倾，仍流落于贫矣。”①此则故事中，牙侩翁滨二因积客债太多，强行窃盗施守训的货物明卖，据为已有用以偿前债，后被施发现，借批银八百两，以女相抵债，施故又将女再嫁骗取聘礼，终被施之子告于有司。可见，翁滨二“贪心不满，再致倾家，真可为欺心负义之鉴”。

有些军士则采取盗正粮等借债的方法，“近有预防旗甲之欠粮，先扣二项以待完纳者，故军士愈贫不得不侵盗于正粮之中，及赔偿既完，向之所扣者竟不复发……其行粮一节，南京江西等司府俱随正粮兑与官军，各得济用。惟南直隶、浙江司府十数年来，分拨多非近仓，催征又违原限，故军士有卒弗获升斗之用者，因而窃取耗米，盗食正粮，交纳亏折，掛筹借债，实由于斯。乞令户部申明事例，将各轻赍银两，同正粮派征，并行直隶苏松等府及浙江布政司，以后年分行粮……而军士得沾实惠，盗米借债之患，亦可除矣。”②

此外，明代民间借贷中还出现了多重抵押等现象。“朱国翰止屋一间，先按李锦寰、何卓宇银四十两，后又按梁悦聪银二十二两九钱，合子母计之，则已不啻两倍之矣。国翰避债远遁，听锦寰等之自争。翰兄生员朱国藩任其处分，而三人必欲偿还原额，亦何从踏破铁鞋而觅避债之人乎？据称此屋仅值百金，应断国藩专卖，以六偿寰与宇，以四偿聪。三人者尚咨嗟不已。则听国翰或有穷极而富之日，偿之而已，亦无别法也。悦聪、锦寰、卓宇嗜利各执，均杖之，招详。提学道批：李锦寰等依拟赎发，余如断，库收缴。”③

2. 强制性抵押。无论京债还是私债，对利益的追求是放贷者的终极目的，为了获利，他们不惜采取一些不当手段。尤其是明中叶以来豪民私债的盛行，使借债者深受其扰，如果借债者不能及时归还本息，就会受到放贷者对其利上加利、

---

① 张应俞：《鼎刻江湖历览杜骗新书》卷1，《牙行骗 · 狡牙脱纸以女偿》，第71—75页。

② 唐龙：《儹运粮储疏》，载陈子龙等编：《皇明经世文编》第3册，卷189，北京：中华书局，1962年，第1953页。

③ 颜俊彦：《盟水斋存牍》目录二刻，《谳略二卷 · 讼债李锦寰等杖》，第523页。

强占资产等欺压，甚至倾家荡产，不得不流离失所，逃亡异乡。弘治十七年(1504)五月辛卯，刑部奏上革弊弭灾事宜:“一、京城势家或邀夺解户而兜揽钱粮，或威执小民而追逼私债，或受人投献地土，或用强平治坟茔，或乘势侵夺田园，或低价强买物货，或殴死平人而恣意焚毁，或窝藏盗贼而坐地分赃。至于事发，则又抗拒官司，使受害之人经年系累。今后有犯此者，令锦衣卫执送所司，从重究治……一、近岁京城奸民包揽钱粮，勒取贷财代为关节，而各仓监局厂库内外管事并势要之人交通受纳，事发止坐揽头而得财之人略不穷究，请令缉事衙门今后缉获揽头，须追究得财之人，并送法司明正其罪，议入，俱从之。”①可见，在利益的诱惑之下，众多投机者铤而走险，一些职业揽贷人作为借贷的中间人本应公平做事，但他们却为了追求私利，不秉公办事，干扰了民间借贷的正常运转。

有时一些农户因生产所需而贷，在风调雨顺之年，尚且能够归还。但是，如若因自然灾荒影响了其收成，不能按时以粮食或其他财物形式偿还，债主往往就会变本加厉地勒索，进行强制性抵押，成化十年(1474)八月初八日，“礼部等衙门题，为建言民情事。计开:万全都司永平卫守备隆州后千户所老幼军晏言一件势豪放利债事。臣窃见山东、河南、湖广等处，因递年水旱灾伤，军民徭役被累消乏，多有贫难军民，将资畜、产业、人口、典卖尽绝，无从生活，只得揭债富豪势要之家银两稻谷救济。或借银一两，不过五六个月，逼要本利银二两;或借稻谷一石，不过半年，加要一石。偿还不及，逼累重换文约，利上加利，逼勒贫苦。有恃豪债主，用强逼准妻小、男女、房屋、田地、山场，致累贫民逃窜。”②由此可见，山东、河南、湖广等处军民本因贫而贷于富豪，因不能及时偿还债务，往往会被豪强逼迫以妻小、房屋、田地等作为抵押，利上加利，长此以往就会使借债者陷入愈来愈贫的境地。

(三) 词讼渐多

随着民间借贷的发展，有些借债双方往往受利益驱使，置亲情与道德于不顾，借债不还，却以讼取。“审得梁栋材一贫无赖，负罗伯初二十金之债，手书现存。材为初妹夫，当日之贷，原至亲相缓急耳。今索之不还，而初以讼取，犹是常

① 《明孝宗实录》卷 212，弘治十七年五月辛卯条，第 3959 页。

② 戴金:《皇明条法事类纂》卷 20，《户部类 · 债主关俸问不应》，第 873—874 页。

情。材遂应之以毒药谋财之词,不唯无其事。并所谓徐养溟者从无一面,何弥天造谎白日见鬼至此,人间赖债之局不一,而此其最幻最新者也。债断还本,姑免其息。杖惩其诬,余人免拟。"①

如前所述,李佐朝贷卢象复银两之时,虽当时签订了契约,但"今佐朝以收租多年,欲一笔勾抹,象复所以不干而上控也。三面对质,斯和证之凿凿。夫斯和与佐朝为嫡甥,渭阳之谊岂不更胜于象复哉?不能以有为无,则良心之不可昧也。但象复租息所入近十年,始断减本数之六还象复银八十两,田还佐朝管业,处人骨肉之间,不得不为调停之术。象复佐朝俱有身家有体面人,亲者无失其为亲,所全不既多乎。各杖之,以为见利忘义之戒,招详。布政司批:李佐朝田按卢象复之银,既券证凿凿,乃以收子粒多年,遂欲并母银而抹杀之,见利不顾至亲,静焉思之,直当愧死耳。今念年久酌减,幸矣。卢象复不善调停,并杖,赎发,库收领状缴。按察司批:田按多年,子钱已倍,量断本银十分之六,可谓善处人骨肉之间矣。李佐朝、卢象复各折杖发落,通取库收,领状缴"。②

南陵县吴亘亦状告范忠,"状告为磊债吞产事:腴田八亩,价值百金。"范忠诉曰:"状诉为刁骗事:枭恶吴亘,借银三十两,越限不还。前月内止将硗田八亩,立契捺债。身不肯受,写有赎约。岂恶捏诬图骗,不思债有定利,民何敢磊;业有定主,民曷敢吞。乞准详审,不遭欺骗。上诉。"孟侯审云:"吴亘原借范忠银三十两,虽越三年,已还十五两矣。范忠乃叠创磊算,遂吞吴亘田八亩,此亦非仁者也。虽然,债负不斩,终为祸孽;田产不吐,竟是怨丛。为亘者可以还过银作利,再偿范忠三十两之银。为忠者毋得执契照田,而吐还吴亘八亩之业。庶放债者无沉债之冤,而有恒产者因有恒心焉。"③

总之,由于借贷双方及中人利益保护的缺失,民间借贷往往会处于争吵、斗殴、调解、诉讼等循环往复的纠纷之中,"大小词讼,经年累月,未得结绝……"④成化以来,由于土地兼并日益严重,对于以田地作为抵押的借债者而言,在数次

① 颜俊彦:《盟水斋存牍》目录二刻,《谳略二卷署府·负债梁栋材杖》,第713页。

② 颜俊彦:《盟水斋存牍》目录二刻,《谳略二卷署府·争债李佐朝等二杖》,第713—714页。

③ 余象斗:《新刊皇明诸司廉明奇判公案》卷4,《债负类·孟侯判放债吞业》,《古本小说集成》第1辑第65册,第255—256页。

④ 刘海年、杨一凡总主编:《中国珍稀法律典籍集成》乙编第2册,《明代条例》,《皇明弘治六年条例》,北京:社会科学出版社,1994年,第165页。

的田土与借贷产生交易之后，一田二主或一田三主已经成为普遍的社会现象，以至于以田地作为抵押借贷而产生的词讼日渐增多。成化二年（1466）八月初二日，“太子少保、户部尚书马等题，为陈言事。该本科给事中丘弘建言事件，开坐具题……一、息纷争。臣惟事之至繁，莫甚于词讼，词讼之难办，莫甚于田地。田地有消长，故听民买卖，以通其变。奈何人之刁诉者多，质直者少？有恃豪势而强占人产业者；有因接连而妄争人田地者；有倚财富而重买人已卖田宅者；有卖时价贱，以后价贵而称价不敷者；有将粮米飞派别户，及诡作畸零逃亡，以避差徭者；有恃尊属欺凌卑幼而霸占财产者；有已卖已换，见其成业，而妄取者；有已卖已典，买嘱中见人，揽告虚钱实契者；有将远年田地牵告混争者；有将他人田地朦胧投献势要者；甚至聚众相殴，图赖人命，反复争辩而搅扰官府……若不痛为禁革，天下效风，将来词讼不胜其繁矣。”①

为了应对民间借贷纠纷，明朝政府不断颁布法律法规，对利息利率、债务抵押等加强管理。成化四年（1468）九月二十日，都察院右副都御史林等题，为禁约私债扰民事规定，“常川张挂，晓谕内外放债之家，不分文约久近，如系在京住坐军匠人等揭取者，止许在京原揭之人名下索取，不许前去原籍逼扰。果系原揭借户丁带来取讨应还钱债，亦候丰年照例一本一利归还。原籍借之人，敢有似前通同讨债之人，诈称皇亲家人并权贵官舍，赍执私约，前去原籍，倚恃豪势，嘱托有司，强逼各人户丁及佃地、里邻人等名下，一概追取，打搅官府，扰害人民……许被害之人，赴所在官司陈告。在内拿送法司，在外拿送巡按御史及按察司官处，究问如律。原债不追，中间若有碍官豪险要，及听从嘱托代为追理官员，应拿问者，就便拿问，应奏请者，奏请提问。如此，庶可杜侵渔之源，革扰害之弊。”②

此外，为了加强对民间借贷抵押的管控，成化十年（1474）八月初八日，“礼部等衙门题，为建言民情事……严加禁革。私债及当放物件，每月取利不得过三分，遵为定例。今后敢有仍前故违禁例取利，在外许被害之人赴合干上司告理；在京赴锦衣卫、巡捕官处，并五城兵马司具告，提拿究问禁革。就将所当物件，官估价值，除每月起利三分外，余物给主。将所犯之人，参送法司，法以治罪。”③

---

① 戴金：《皇明条法事类纂》卷13，《户部类·禁约纷争田产例》，第551—552页。

② 戴金：《皇明条法事类纂》卷20，《户部类·禁约私债执当印信关单勘合及诈称权贵扰害官民例》，第865页。

③ 戴金：《皇明条法事类纂》卷20，《户部类·债主关俸问不应》，第873—874页。

《明代条例》还专门规定了以田土等作为典当的相关事项,“刑部等衙门会议开题:查有见行事例,近年以来,各处问刑衙门不察条例本意,但因告争典当田地,不问原约限期,不计利息多寡,一概断□□坐,于律相悖。合无申明前例,通行内外衙门:凡有军民告争典当田地,务照所约年限,听其业主备价取赎。其无力取赎者,算其花利,果足一本一利,此外听其再种二年,不许一概朦胧归断,则财□适均,而人心服矣。”①同时,明律也规定:“凡将妻妾受财典雇与人为妻妾者,杖八十。典雇女者,杖六十。妇女不坐。若将妻妾妄作姊妹嫁人者,杖一百,妻妾杖八十。知而典娶者,各与同罪,并离异,财礼入官;不知者不坐,追还财礼。”②但是,因民间借贷市场的诸多需求,典当活动在明代也非常频繁。

明代民间借贷过程中,债务抵押作为一种担保方式,本是为了降低借贷双方的风险,但却依然有些借债者和放贷者置个人诚信等道德于不顾,恶意抵押、欠债不还、强制抵押等现象屡有发生,明朝虽然也意识到了规范借贷市场的重要性,并从法律上予以制约。但是,不同阶层、不同区域在契约制定、还贷方式等方面具有很大的随意性,令执法之官也十分为难,“奈何掌法之官,不知有此弊端,每怜贫而轻宥,情法何堪?”③

---

① 刘海年、杨一凡总主编:《中国珍稀法律典籍集成》乙编第2册,《明代条例》,《大明律直引所附问刑条例和比附律条·典卖田宅》,第279页。

② 怀效锋点校:《大明律》卷6,《户律三·婚姻》,北京:法律出版社,1998年,第60页。

③ 程春宇:《士商类要》卷2,《船脚总论》,载杨正泰:《明代驿站考》附录,上海:上海古籍出版社,2006年,第359页。

明代“灾害型社会”研究

——环境史视角

赵玉田

早在1986年，历史学家赵毅先生研究得出，15世纪中叶以来，中国传统社会经济正在发生巨大变化，主要表现为商品经济前所未有的繁荣。① 近年来，更多研究证明，明代成化、弘治时期，开启中国由古代社会向近代社会的转型。②如历史学家万明先生指出：“晚明社会变化是一个动态的发展演变过程，大量史料表明，明前期和明后期的社会具有迥然不同的面貌，分水岭即在成、弘年间。成、弘以后，社会显示出明显的变迁迹象，晚明社会变迁的特点也逐渐彰显出来。”③事实上，明中后期传统社会有变迁迹象，最终未能“转型”。如何解读明代社会变迁现象？本文从环境史维度予以检视，检讨明代“三荒现象”与“灾害型社会”，剖析生态环境与民生关系，尝试建构明代社会变迁现象的一种解释模式。

一、概念说明：“三荒现象”与“PPE 怪圈”

中国历史上，“三荒现象”时或出现。所谓“三荒现象”，系指“灾荒”、“人荒”、“地荒”三者在空间上耦合、在时间上相继发生的一类乡村社会极端自然化

---

① 赵毅：《明代盐业生产关系的变革》，《东北师大学报》1986年第4期。

② 如牛建强：《明代中后期社会变迁研究》，台北：文津出版社，1997年；万明主编：《晚明社会变迁：问题与研究》，北京：商务印书馆，2005年；赵轶峰：《明代的变迁》，上海：上海三联书店，2008年。

③ 万明主编：《晚明社会变迁：问题与研究》，北京：商务印书馆，2005年，第2页。

现象。① 其中,“灾荒”是指天灾频发,饥荒严重;“人荒”是指饥民逃荒,灾区人口锐减;“地荒”是指耕地抛荒,土地荒芜。“三荒”发生次序为:“灾荒”肆虐,“人荒”随之出现,“地荒”接踵而至,最终造成灾区地荒人稀,灾区社会遂呈自然化倾向,千村凋敝,万户萧疏,村落荒弃,田地荒草弥漫。“三荒现象”主要发生在乡村,实际上是乡村社会与生态环境恶性互动而造成灾区社会自然化现象。“三荒现象”非明代所独有。然而,它对明代社会与历史的影响较大。

“三荒现象”是“PPE 怪圈”产物,但并非其必然产物。所谓“PPE 怪圈”,系指贫困(poverty)、人口(population)和环境(environment)之间形成的一种恶性循环怪圈。具体说来,在传统农业生产中,区域性人口增长导致农民为获取更多食物而尽可能地扩大耕地面积,乱垦滥伐。凡此,造成农业生态环境受到持续破坏而趋于恶化;环境恶化又加速环境灾变,农业灾害增多,最终造成农业产量降低,贫困问题随之加剧,形成人口、环境与贫困三者之间恶性循环。②

二、明中前期的“三荒现象”

明前期,各地业已零星出现“三荒现象”,尤以北方一些原本农业生态环境恶劣、农民较为贫困的地区最为突出。林金树据《明实录》所载洪武二十四年(1391)至正统十二年(1447)的 22 次流民事件统计,是时,山东、山西、北直隶、河南、陕西等处已复业和“累招不还”逃移之民约 898673 户,约有 4493365 人。③如正统五年,时人称:“山西平定、苛岚、朔、代等州,寿阳、静乐、灵丘等县人民,往往车载幼小男女,牵扶瞽疾老羸,采野菜、煮榆皮而食;百十成群,沿途住宿,皆因饥饿而逃者。”④由此可见,是时,一些州县因为人逃地荒,村落人口减少,一些

---

① 赵玉田:《明前期北方土地开发与“三荒”问题——生态环境史视角》,《贵州社会科学》2008 年第 8 期。

② 刘燕华、李秀彬主编:《脆弱生态环境与可持续发展》,北京:商务印书馆,2001 年,第 141 页。另见李周、孙若梅:《生态敏感地带与贫困地区的相关性研究》,《农村经济与社会》1994 年第 5 期。

③ 林金树:《明代农村的人口流动与农村经济变革》,《中国史研究》1994 年第 4 期。

④ 《明英宗实录》卷 66,正统五年四月乙丑条,台北:“中央研究院”历史语言研究所校勘本,1962 年,第 1273 页。本文所用明代各朝实录皆出此版本,不再一一注出。

地区或余下荒弃的村落或村落中余下“补丁”一样的荒弃的土地。

至明中期，气候持续转冷，①环境灾变频率加快，各地水旱灾害明显增多。据鞠明库研究：“明前期年均发生自然灾害约为15.5次，中期年均24.2次，后期年均19.1次。明后期的灾害频度虽高于明前期，但低于明中期。然而，频度并不是衡量灾情轻重的唯一因素，波及范围、持续时间、为害程度也是衡量灾情轻重不可或缺的条件。明代最严重的自然灾害多发生在明后期，不仅波及范围广，而且持续时间长，危害非常大。”②此论不虚。如天顺元年（1457），官员奏报：“今山东、直隶等处，连年灾伤，人民缺食，穷乏至极，艰窘莫甚。园林桑枣、坟茔树砖砍掘无存。易食已绝，无可度日，不免逃窜。携男抱女，衣不遮身，披草荐蒲席，匍匐而行，流徙他乡，乞食街巷。欲卖子女，率皆缺食，谁为之买，父母妻子不能相顾，哀号分离，转死沟壑，饿殍道路，欲便埋葬，又被他人割食，以致一家父子自相食。皆言往昔曾遭饥饿，未有如今日也。”③至成化年间（1465—1487），农民贫困化、乡村社会脆弱性加剧，灾荒破坏性增强，明代“三荒现象”越发严重。其中，山西、陕西、河南三地“三荒现象”较多，甚至出现灾区人吃人惨剧（见表1）。

表1　成化年间部分“食人”事件一览表

地点	灾况	出处
东明县	成化二十年，岁大旱，人饥，相食。成化二十三年，岁大饥，人相食	清修《东明县志》卷7“灾异”
扶沟县	成化十九年旱荒，人相食	清修《扶沟县志》卷15“灾祥”
新乡县	成化二十年春，饥，人相食	清修《新乡县志》卷28“祥异”
南乐县	成化二十年及二十三年大饥，人相食	清修《南乐县志》卷7“祥异”

① 竺可桢先生指出：历史上，我国的气候一直处在冷暖交替之中。公元前3000—公元前1100年仰韶至殷商时代为温暖期；公元前1000—前850年为西周寒冷期；公元前770—公元初年为战国秦汉温暖期；公元1世纪到公元600年为东汉至魏晋南北朝寒冷期；公元600—1000年隋唐至辽、北宋之际为温暖期；公元1000—1200年为两宋、辽、金寒冷期；1200—1300年为元代温暖期；1300—1900年明清时期进入严寒期。见竺可桢：《中国近五千年来气候变迁的初步研究》，《考古学报》1972年第1期。笔者认为，明代旱灾多于水灾，尤其是北方地区，旱灾尤为严重，饥荒频发，与明清时期的“寒冷气候”分不开。

② 鞠明库：《灾害与明代政治》，北京：中国社会科学出版社，2011年，第68—69页。

③ 《明英宗实录》卷278，天顺元年五月丁丑条，第5953页。

续表

地点	灾况	出处
浮山县	成化二十一年,民大饥,人多相食	民国修《浮山县志》卷37“灾祥”
翼城县	成化二十一年,民大饥,人相食	民国修《翼城县志》卷14“灾祥”
大名府	成化二十年,大旱,饥,人相食。成化二十二年,大旱,饥,人相食。成化二十三年大饥,人相食	民国修《大名县志》卷26“祥异”
莘县	成化二十一年,莘县等处旱,人相食	正德《莘县志》卷6
商城县	成化二十三年大水,岁大饥,人相食	嘉靖《商城县志》卷8“杂述”
兖州	成化二十一年春至秋不雨,蝗蝻满地,人相食	万历《兖州府志》卷15“灾祥”
鲁山县	成化二十年大旱,岁荒,人相食	嘉靖《鲁山县志》卷10“灾祥”

注:表中“灾况”文字在原文基础上略加删减,内容不变。

明中叶以来,“三荒现象”成为北方地区普遍性的社会问题,甚至京畿附近一些村落也难逃此等“厄运”。如成化六年(1470)京畿等地闹饥荒,至成化八年(1472)仍未有效控制,大量饥民涌进京城乞讨。成化八年底,光禄寺寺丞郭良奏:“迩来,近京饥民比肩接踵,丐食街巷,昼夜啼号,冻饿而死者在在有之。”①灾荒还在继续。成化九年(1473)八月,“直隶清丰县知县汤滌奏,本府地方连年荒歉,今又大水,时疫盛行,死者无算,而预备仓粮放支已尽,救荒无策,莫甚此时。”②又,成化九年八月,“巡抚北直隶右副都御使叶冕奏顺德、广平、大名、河间、真定、保定六府赈济过饥民六十九万一千七百三十六户,用粮七十五万三百石有奇。”③而且,灾区不断扩大。如成化九年,都察院司务顾祥奏:“山东地方人民饥荒之甚,有扫草子、剥树皮、割死尸以充食者。又有黑风之异,思患豫防,不可或缓。”④等等。成化时期,为了救荒,政府甚至还同灾民一起收集“野菜”,以为民食。如成化二十年(1484)七月,陕西秦州知州傅鼐奏陈救荒事宜:“陕西连年被灾,人民逃亡,存者无几……民间小儿遗弃道路者,乞令所司给与民家收养,

① 《明宪宗实录》卷111,成化八年十二月癸酉条,第2158页。

② 《明宪宗实录》卷119,成化九年八月癸酉条,第2296页。

③ 《明宪宗实录》卷119,成化九年八月丙子条,第2299页。

④ 《明宪宗实录》卷119,成化九年五月壬辰条,第2299页。

月给官粮三斗，赎者还之，不许留为奴仆，或附籍当差，亦听其便。”①再如成化二十年，山西连年灾荒，平阳一府逃移者约30万人，其中的安邑、猗氏两县饿死男女就多达6700余口。蒲、解等州与临晋等县饿殍盈途，不可数计。②

灾荒背景下，灾民汇成冲击传统乡村社会秩序的强大破坏性力量。成化时期，民众聚众“暴乱”抢劫之事屡屡发生。如成化十三年(1477)，兵部奏：“近闻通州、河西、务南抵德州、临清，所在盗起，水陆路阻。加以顺天、河间、东昌等府岁饥民困，不早为扑灭，驯致滋蔓，贻患实深。”③饥荒所迫，劫掠公行，杀人而食。成化二十二年(1486)，“陕西武功县民王瑾等因岁饥荒，行旅就其家憩息者辄杀食，虽妇人亦执刀杖相助。甚至杀一家三人，所得行囊粟麦才数升耳，前后死者甚多。巡抚官奏发其事，命皆依律处决，仍枭首示众，其妇人俱配给边军。然是时，民饥无聊，如瑾等者比比，不能悉奏也。”④成化以来，“三荒现象”又何止于北方，南方许多地区的乡村社会也不断出现“三荒”。是时，江南等地，灾荒也很严重，亦频现“三荒现象”。如成化二十二年初，“兵部尚书马文升等言：南直隶凤阳、庐州、淮安、扬州四府，徐、滁、和三州俱腹心重地，比年荒旱，人民缺食，流离转徙，村落成墟”。⑤

要言之，明中前期，从地域分布看，“三荒现象”发生地由“点”而“面”，点面结合，“三荒”程度日益严重，“三荒现象”地域扩张迅速，遍及南北。其中，北方“三荒现象”具有普遍性特征。

三、“三荒现象”的环境机制

按照系统论及灾害学理论解释，灾害系统与环境系统之间，各个灾害系统之间存在着相互联系，并发生着相互作用。自然灾害系统是随着自然生态系统的

① 《明宪宗实录》卷254，成化二十年七月辛亥条，第4299—4301页。
② 《明宪宗实录》卷256，成化二十年九月己丑条，第4334页。
③ 《明宪宗实录》卷167，成化十三年六月癸卯条，第3023—3024页。
④ 《明宪宗实录》卷282，成化二十二年九月乙卯条，第4776—4777页。
⑤ 《明宪宗实录》卷275，成化二十二年二月甲申条，第4624—4625页。

演化而形成的，即灾害系统与自然生态系统是协同进化关系。① 论及明中前期“三荒现象”生成机制，灾害系统与自然生态系统“协同进化”不可或缺。换言之，环境机制是明中前期“三荒现象”的重要生成机制之一。

（一）天灾频繁、生态脆弱是明中前期北方最主要的农业环境区位特征

有明一代，处于“明清小冰期”笼罩之下，气候变冷，许多地方的冬季气温变幅达2.0℃。② 气候异常，造成环境灾变频繁，农业灾害也随之增多，灾害次数可谓空前。据陈高傭统计，明代灾荒共计1224次。其中，水灾496次，旱灾434次，其他灾害计294次。③ 鞠明库则据《明实录》《明史》《古今图书集成》等资料相关记录统计得出，明代共发生自然灾害5614次。④

在天灾频发背景下，明前期以北方为重点的土地开发运动（即奖励垦荒、大兴民屯军屯等举措），实为片面追求粮食总产量的乱垦滥伐运动，实则加速生态环境恶化进程。史载，明初“北方地土平夷广衍，中间大半泻卤瘠薄之地、葭苇沮洳之场，且地形率多洼下。一遇数日之雨，即成淹没，不必霖潦之久，辄有害稼之苦。祖宗列圣盖有见于此，所以有永不起科之例，有不许额外丈量之禁。是以北方人民虽有水涝灾伤，犹得随处耕垦，以帮助粮差，不致坐窘衣食”。⑤ 而北直隶威县，“地土自国初承胡元之乱，积兵火之余，类皆荒弃不治，兼以沙碱不堪。永乐间，募民尽力开种，并不计亩起科”。⑥ 再如河南“彰德、怀庆、河南、南阳、汝宁五府山多水漫，卫辉一府沙碱过半，军民税粮之外，仅可养生。开封一府，地虽

---

① 张建民、宋俭：《灾害历史学》，长沙：湖南人民出版社，1998年，第17—19页。

② 张德二：《中国南部近500年冬季温度变化的若干特征》，《科学通报》1980年第6期。

③ 陈高傭：《中国历代天灾人祸年表》卷尾附《历代天灾人祸统计表》明代部分，上海：上海书店出版社，1986年。

④ 鞠明库：《灾害与明代政治》，北京：中国社会科学出版社，2011年，第65页。另，鞠明库认为：“明代共发生自然灾害5614次，即使扣除统计中存在的重复部分，其绝对数字也是非常大的，远远超过以往学者统计的数字，称‘旷古未有之记录’实不为过。在主要的自然灾害中，水灾是第一大灾害，达到惊人的1875次，年均6.77次。地震总数为1491次，年均5.38次。旱灾总数为946次，年均3.42次。雹灾总数为446次，年均1.61次。蝗灾总数为323次，年均1.17次。疫灾总数为170次，年均0.61次。风沙灾害总数为273次，年均0.99次。霜雪灾害总数为90次，年均0.32次。”见鞠明库：《灾害与明代政治》，第65页。

⑤ 夏言：《勘报皇庄疏》，载陈子龙等编：《明经世文编》，北京：中华书局，1962年，第2107页。

⑥ （嘉靖）《威县志》卷4，《天一阁藏明代方志选刊续编》本，上海：上海书店出版社，1990年，第731页。

平旷,然河决无时。洪武间,蒙太祖高皇帝恩例,除常税外,荒地许民耕种,永不起科”。[①] 至明中期,原本生态脆弱地区,以及农牧交界的边际土地,由于长期乱垦滥伐,水土流失加剧,环境灾变频发,生态环境破坏最为严重。

(二)脆弱生态与贫困乡村恶性互动:“三荒现象”主要生成机制

研究表明:“越是贫困的地区,其对自然资源与环境的依存度越高……贫困本身并不一定必然导致生态环境脆弱,它取决于贫困人口拥有多大的选择余地以及他们对外界压力和刺激的反应方式。然而,由于时间限度的短暂加上可行的选择极少,贫困又剥夺了穷人作出反应并采取行动的能力。这两方面促使现有农村贫困人口的生存方式与当地生态环境的脆弱性有着密切的联系。”[②]又,“在生态系统良性循环阈值被突破和缺乏现代生产要素投入的双重约束下,随着人口继续增长,只能靠土地利用数量扩张满足需求;土地数量扩张进一步加剧生态系统破坏,使其赖以生存的土地质量下降,产出减少。土地利用变化的这种生存型驱动作用使贫困与生态环境陷入互为因果的恶性循环之中。”[③]事实上,明代农业生产与生态环境正是演绎了这种“关系”。

明代粮食亩产量约为245市斤,北方仅为170市斤。[④] 粮食亩产量较低,是时,“痴农贪多,以为广种无薄收。”[⑤]有明一代,在气候变冷、环境灾变增多前提下,明初以来大规模垦荒运动促成生态环境与乡村社会陷入恶性互动怪圈,多地农业陷入这种“恶性循环之中”,并成为“三荒现象”主要生成机制。即:长期乱垦滥伐,人口增多,粮食需求量增加→继续扩大耕地面积与提高复种指数,地表植被严重破坏,生态环境恶化→自然灾变增多→农业经常性歉收或绝收,政府加重盘剥→农民贫困化加剧,沦为灾民、饥民,持续外逃→部分乡村再度地荒人稀。至明中期,这种“恶性互动关系”愈演愈烈,灾民只能四处逃荒,“三荒”村落越来越多,“三荒现象”频繁发生。

---

① 原傑:《黄河自古为患疏》,载陈子龙等编:《明经世文编》,第823—824页。

② 刘燕华、李秀彬主编:《脆弱生态环境与可持续发展》,北京:商务印书馆,2001年,第140页。

③ 刘燕华、李秀彬主编:《脆弱生态环境与可持续发展》,第144页。

④ 姜守鹏:《明清北方市场研究》,长春:东北师范大学出版社,1996年,第30页。

⑤ 《吕坤全集》卷2,《民务》,北京:中华书局,2008年,第944页。

四、晚明的“灾害型社会”

成化以来,“三荒现象”愈加普遍,“三荒”村落随之增多,有些地区的“三荒”村落连成一片,进而造成部分地区陷入“灾害型社会”状态而最终形成区域性的“灾害型社会”。所谓“灾害型社会”,系指在传统农业社会里,一定时期内,自然灾害成为左右社会安危与民生状态的决定性因素的一种社会存在。换言之,“灾害型社会”里,相对于自然灾害破坏力而言,政府的社会控制能力与民生保障能力明显不足,甚至缺失,社会经济生活状态完全受制于自然状况与自然灾害程度。明代“灾害型社会”由“点”而“面”,继而使大明帝国陷入“灾害型社会”陷阱。笔者认为,成化以来,以“灾害型社会”为经济社会基础,明代开启早期商业化进程,也就开启了覆亡之旅。

(一)“灾害型社会”景象:“赤地千里,井邑空虚,尸骸枕藉,流亡日多”

成化二十一年(1485)左右,中原等地持续发生罕见灾荒。如成化二十一年初,浙江道监察御史汪奎等奏:“陕西、山西、河南等处连年水旱,死徙大半。今陕西、山西虽止征税三分,然其所存之民,亦仅三分,其与全征无异……陕西、山西、河南等处饥民流亡,多入汉中郧阳、荆襄山林之间,树皮草根食之已尽,骨肉自相噉食。”①又,是年,吏科都给事中李俊称:“陕西、河南、山西之境赤地千里,井邑空虚,尸骸枕藉,流亡日多。假使一旦盗起不虞,岂不深可虑乎?”②同年,明宪宗亦下诏:“岁竟不登,而河南、山东、畿内率多饥馑,陕西、山西尤剧。至有弃恒产家室不相顾者,元元何辜?罹此危厄。”③明宪宗“困惑”,灾民更“困惑”。一些灾民徘徊于饥饿与死亡边缘,其社会属性让位于动物属性,在生存第一原则驱使下,竟相吃人。凡此,灾区及灾民都笼罩在人伦道德底线崩溃、人人自危的惶恐不安之中。研究表明,成化以前,灾年“人相食”事件不多;成化以后,不绝于书。特别是成化二十年至二十三年(1487),“人相食”事件频繁发生(见

① 《明宪宗实录》卷260,成化二十一年正月己丑条,第4409—4410页。

② 《明宪宗实录》卷260,成华二十一年正月己丑条,第4405页。

③ 《明宪宗实录》卷260,成华二十一年正月己丑条,第4411页。

表1)，表明“三荒”问题异常严重程度。如成化二十年七月，“巡抚陕西右副御史郑时等奏：陕西连年亢旱，至今益甚，饿殍塞途，或气尚未绝以为人所割食。见者流涕，闻者心痛，日复一日。”①

由弘治(1488—1505)而正德(1506—1521)而嘉靖(1522—1566)，各地水旱相仍。由于政府财力日蹙，救荒多为空谈，造成饥荒连年，“灾区”蔓延，以至于自然灾害程度成为左右灾区社会状态的重要因素。如弘治三年(1490)，大臣马文升称：“北方之民别无恒产，止是种田，既要完纳粮草，又要备办料征。收成甫毕，十室九空，啼饥号寒，比比皆是。即今河南、山东、陕西、山西及南直隶扬州等府，俱被旱灾，又多蝗蝻生发，加以官府追征递年拖欠钱粮及买办等项。小民变卖田产已尽，计无所出，逃亡数多。”②正德十五年(1520)初，户部官员奏称：“淮、扬等府大饥，人相食。”③正德十六年(1521)初，大学士杨廷和等言：“今各处地方水旱相仍，灾异迭见，岁用钱粮，小民拖欠数多，各边军士月粮经年无支，该镇奏讨殆无虚日，欲征之于民，而脂膏已竭；欲取之于官，而帑藏已空。闾阎之间，愁苦万状，饥寒所逼，啸聚为非者在在有之。其畿内州县及山东、河南、陕西等处盗贼，百十成群，白昼公行劫掠，居民被害，商旅不通。”④

历史上灾年“人食人”悲剧之“病理”，有学者称：“在遭受灾害之后，个别人失去了正常生活信念和行为规范，发生了理性、理念、心理的回归，即向原始的、本能的、生物的本性的回归，无视社会规范和行为准则，将自身活动降低到仅仅求得生命延续即生物学意义上的生存层次上。”⑤可以说，成化时期的明代进入灾年“人相食”的恐怖历史时期。成化以来，灾年“人相食”致因至少有二：一是连年灾荒，灾民贫困至极，饥饿至极；二是政府救济不力，灾区社会控制失措而失控。事实上，正统以来，明代农民贫困程度不断加剧，特别是北方生态环境相对较差、灾害频繁的地区，农村与农民的贫困程度更为严重。“人相食”本身及其影响对于传统伦理道德的冲击具有颠覆性，造成民众的心理创伤是长期而巨大

① 《明宪宗实录》卷254，成化二十年七月庚寅条，第4289页。

② 马文升：《恤民弭灾再奏疏》，载清高宗敕选：《明臣奏议》卷7，王云五主编：《丛书集成初编》第0914册，商务印书馆1935年版，第118页。

③ 《明武宗实录》卷185，正德十五年四月己未条，第3547页。

④ 《明武宗实录》卷196，正德十六年二月乙巳条，第3637页。

⑤ 王子平：《灾害社会学》，长沙：湖南人民出版社，1998年，第261—262页。

的，对于灾民心理恢复及灾区社会道德重建的负面效应是无可估量的。

（二）“灾害型社会”最后阶段：嘉靖末年至万历时期

至嘉靖时期，许多灾区处于灾民激变边缘，灾区民生甚至达到令人恐怖的程度，一些灾区社会“景观”有如“地狱”。如嘉靖初，江南闹水灾。是时，大学士杨廷和等奏称：“淮扬、邳诸州府见今水旱非常，高低远近一望皆水，军民房屋田土概被渰没，百里之内寂无爨烟，死徙流亡难以数计，所在白骨成堆，幼男稚女称斤而卖，十余岁者止可得钱数十，母子相视，痛哭投水而死。官已议为赈贷，而钱粮无从措置，日夜忧惶，不知所出。自今抵麦熟时尚数月，各处饥民岂能垂首枵腹、坐以待毙？势必起为盗贼。近传凤阳、泗州、洪泽饥民啸聚者不下二千余人，劫掠过客舡，无敢谁何。”①又，史载“嘉靖三年，南畿诸郡大饥，人相食。巡按朱衣言，民迫饥馁，婺妇食四岁小儿，百户王臣、姚堂以子鬻母，军余曹洪以弟杀兄，王明以子杀父。地震雾塞，弥臭千里。时盗贼蜂起，闽广青齐豫楚间，所在成群；泗州洪泽，江洋盗艘，动以数千”。② 是时，一遇灾荒，人心惶惧。由于朝廷与地方政府的灾荒控制能力殆尽，实则等同于听任灾荒蔓延。如嘉靖三十二年（1553）六月，“南京科道祁清、徐栻各奏言：迩因山东徐邳岁荒，特轸圣慈，遣重臣赈恤，第今天下被灾之地，不独山东徐邳为然。若南畿、山西、陕西、顺德等府及湖广、江浙所在凶歉，或经岁恒阳，赤地千里；或大水腾溢，畎甽成川；或草根木皮掘剥无余，或子女充飧，道殣相望。其归德、滕、沂诸处，则盗贼公行，道路梗塞；大江以南，苏、松滨海诸处，则倭夷狂噬，井邑丘墟。饥馑、师旅交兴沓至。非破格蠲赈，不足以苏民穷而延国脉也。”③

嘉靖末年至万历时期，“三荒”问题普遍化，“灾害型社会”进入最后阶段，即传统社会大动乱进入倒计时，“灾害型社会”区域扩大化，社会动荡加剧。是时，“蒿莱之地不耕，流移之民不复。”④如时人林俊称：“近年以来，灾异迭兴，两京地震……陕西、山西、河南连年饥荒，陕西尤甚。人民流徙别郡，京、襄等处日数万计。甚者阖县无人，可者十去七八，仓廪悬罄，拯救无法，树皮草根食取已竭，

① 《明世宗实录》卷34，嘉靖二年十二月庚戌条，第867—868页。

② 陈仁锡：《荒政考》，《中国荒政全书》（第一辑），北京：北京古籍出版社，2002年，第543页。

③ 《明世宗实录》卷399，嘉靖三十二年六月戊寅条，第6997—6998页。

④ 《明世宗实录》卷538，嘉靖四十三年九月壬寅条，第8714页。

饥荒填路,恶气熏天,道路闻之,莫不流涕。”①“灾害型社会”进入覆亡最后阶段还表现在“灾害型社会”区域扩大化,灾荒问题全国化,社会动荡加剧,以致人心思乱。如万历二十七年(1599),大臣冯琦上疏,揭示了当时足以摧毁大明王朝的各种危机:

> 自去年六月不雨,至于今日三辅嗷嗷、民不聊生,草茅既尽,剥及树皮,夜窃成群,兼以昼劫,道殣相望,村突无烟。据巡抚汪应蛟揭称,坐而待赈者十八万人。过此以往,夏麦已枯,秋种未布,旧谷渐没,新谷无收,使百姓坐而待死,更何忍言?使百姓不肯坐而待死,又何忍言?京师百万生灵所聚,前,居民富实,商贾辐辏;迩来消乏于派买,攘夺于催征。行旅艰难,水陆断绝。以致百物涌贵,市井萧条……数年以来,灾儆荐至。秦晋先被之,民食土矣;河洛继之,民食雁粪矣;齐鲁继之,吴越荆楚又继之,三辅又继之。老弱填委沟壑,壮者展转就食,东西顾而不知所往……自古天下之乱阶,皆始于民心之离逖。离而后有怨咨,怨而后有愤恨,愤恨而后有流言,流言不已而鼓噪,鼓噪不已而反叛。今之民但未反耳!于前数者,已无所不有矣!陛下亦可以省而杜其渐矣!即如湖广一省,激变已四五次,而独近日武昌为甚……今闾阎空矣!山泽空矣!郡县空矣!部帑空矣!国之空虚,如秋禾之脉液将干,遇风则速落;民之穷困,如衰人之血气已竭,遇病则难支。以如此事势,而值大旱为灾,赈济无策,河流梗塞,边饷匮乏,是岂可不为长虑哉!民既穷矣,既怨矣,亦有穷极怨极而不思乱者否?②

“灾害型社会”最后阶段,大明帝国“灾区”此起彼伏,“灾害型社会”已呈常态化、扩大化及严重化趋势,灾民生存无法保障,灾区及灾民之社会属性因缺少必要、及时之强化而造成灾区“社会”规范灾民之功能损伤乃至丧失。如河南部分地区,由于滥垦,成化以来生态环境呈恶化趋势。至晚明,“彰德、怀庆、河南、南阳、汝宁五府山多水漫,卫辉一府沙碱过半,军民税粮之外,仅可养生,开封一府地虽平旷,然河决无时”。③ 又如嘉靖年间,淮河流域灾区“一望皆红蓼白茅,大抵多不耕之

---

① 林俊:《扶植国本疏》,载陈子龙等编:《明经世文编》,北京:中华书局,1962 年,第 767—768 页。

② 冯琦:《为灾旱异常备陈民间疾苦恳乞圣明亟图拯救以收人心以答苍天戒疏》,载陈子龙等编:《明经世文编》,第 4817—4819 页。

③ 《明宪宗实录》卷 79,成化六年五月辛卯条,第 1539—1540 页。

地。间有耕者，又苦天泽不时，非旱即涝。盖雨多则横潦弥漫，无处归束；无雨则任其焦萎，救济无资。饥馑频仍，窘迫流徙，地广人稀，坐此故也”。[①] 再如隆庆时期(1567—1572)赵州，“州东一带，地土甚瘠，频岁不登”。而宁晋县，编户二十里社，“社近大陆泽者，洿下土疏，不可堤防。濒水之地，又多碱卤”。隆平县，编户十三里社，“高阜去处与唐山交界者仅袤四五里，余则水泉洼下，十年九潦”。柏乡县，“承平日久，生齿渐繁。今增至十有二矣。但俗多游手，家无素蓄，为可悯也”。替皇县，编户十四里社，“县广一百一十里，袤一百三十里……今和流尽湮，一遇夏秋暴雨，山水冲击，膏腴之地变为沙砾。虽设有户社，亦萧索过甚。由是士失恒产，民无良心”。[②] 也就是说，隆庆时期，赵州很多地方已经无法从事农业生产。人口增加，耕地面积减少，只能造成区域内粮食紧张及农民贫困化。未有天灾尚勉强度日，一旦发生自然灾害，饥荒随之。此等情况又何止赵州。

研究表明，灾害中，灾区社会功能一旦遭到破坏，它本身将成为灾害进一步扩大、延伸、加重的原因，成为新的灾因。[③] 明代“灾区”亦如此。是时，以农民为灾民主体、以乡村为主灾区的“灾区社会”成为刺激并加重整个明代社会“灾变”的“新的灾因”，成为新的“灾区”及“灾民”的主要策源地，成为左右明代社会安危的重要“因素”之一。毋庸置疑，仍为乡村制导的明代社会，“乡村社会”一直是左右其社会治乱及政权安危的决定性力量；晚明时期，天灾则成为左右明代乡村社会治乱之要素。

五、“灾害型社会”与明朝覆亡

历史上，未有跳出“历史周期率”[④]的王朝。亡国之恨大致相同，亡国原因千

---

① 张瀚：《松窗梦语》，北京：中华书局，1985 年，第 72 页。

② (隆庆)《赵州府志》卷 1，《地里·里社》，《天一阁藏明代方志选刊续编》本，第 4—5 页。

③ 王子平：《灾害社会学》，长沙：湖南人民出版社，1998 年，第 152 页。

④ 这种“周期率”下的王朝兴亡不是简单的“循环”。正如宁可所论：“历代王朝兴亡，乍看起来不免周而复始的循环，但并非单纯的回归，不是像一个不倒翁一样，一推一歪再一摇，又回到原来的位子，它应该像螺旋形一样，在不断的循环之中，不断上升，不断发展，这种上升发展到宋朝以后势头受到阻碍，不如欧洲。”见宁可：《中国封建社会的历史道路》，北京：北京师范大学出版社，2014 年，第 269 页。

差万别。究其所以然,人们多从“政治”原因分析,如政治腐败、统治集团残暴统治而“仁义不施”等,论述亦深刻。如20世纪60年代,章士钊在《柳文指要》里称:“自生民以来,中国一治一乱,循环不已,不论何代?开国以后,迟或百年,少则数载,政治必趋腐朽,积渐以至于亡。其所以然,乃在不解防微杜渐之术,此固不廑中国然也。”①然而,“政治”并非王朝更迭全部原因。若从环境史视角加以检讨,“灾害型社会”则是一些王朝覆亡的重要机制。

明朝覆亡与“灾害型社会”有着内在关联。

(一)早期商业化:“灾害型社会”一种面相

所谓“早期商业化”,系指传统农业社会里,经济社会生活初步商业化时期,主要表现为民众商业意识增强、工商业从业者人数相对较多,社会商品经济活跃及商业城镇增多等。明中期以来,与农民及农村贫困化形势不同,城镇积累大量物质财富,财富也越来越多地集中在少部分人手中,社会贫富分化加剧,及时享乐与奢侈之风已成。是时,从宴饮到服饰,从服饰到民歌时调,从上层社会到下层社会,从市井到乡里,竞奢风气成为当时城乡社会的普遍现象,社会等级制度及规范受到冲击。如徐泓教授与林丽月教授较早提出:“嘉靖以后,社会风气侈靡,日甚一日。侈靡之风盛行,消费增加,提供人民更多就业机会,尤其是商品贸易质与量的增加,更促进商品经济的发达。奢靡之风盛行,又影响明末社会秩序的安定,僭礼犯分之风流行,对‘贵贱、长幼、尊卑’均有差等的传统社会制度,冲击甚大。尤其奢靡之风,刺激人们欲望,为求满足私欲,乃以贪污纳贿为手段,破坏嘉靖以前淳厚的政治风气,使贪污成风,恬不为怪。而贪黩之风,又倒过来刺激社会风气,使其更趋奢靡。”②

其实,早在天顺元年,社会上已出现奢靡现象。是年,刑科都给事中乔毅等疏请“禁奢侈以节财用。谓财有限而用无穷。近来豪富竞趋浮靡,盛筵宴,崇佛事,婚丧利文僭拟王公,甚至伶人贱工俱越礼犯分,宜令巡街御史督五城兵马严禁之”。③ 成化以来,拜金主义与奢靡之风日炙。如时人丘濬所言:“今夫天下之

---

① 章士钊:《柳文指要》(下卷),上海:文汇出版社,2000年,第1002页。

② 徐泓:《明代社会风气的变迁》,载邢义田、林丽月主编:《社会变迁:台湾学者中国史研究论丛》,北京:中国大百科全书出版社,2005年,第318页。

③ 《明英宗实录》卷277,天顺元年四月己丑条,第5916—5917页。

人，不为商者寡矣。士之读书，将以商禄；农之力作，将以商食；而工、而隶、而释氏、而老子之徒，孰非商乎？吾见天下之人，不商其身而商其志者，比比而然。”① 且“凡百居处食用之物，公私营为之事，苟有钱皆可以致也。惟无钱焉，则一事不可成，一物不可用”。② 又如时人何瑭称：“自国初至今百六十年来，承平既久，风俗日侈，起自贵近之臣，验及富豪之民。一切皆以奢侈相尚，一宫室台榭之费，至用银数百辆，一衣服燕享之费，至用银数十两，车马器用务极华靡。财有余者，以此相夸，财不足者，亦相仿效。上下之分荡然不知，风俗既成，民心迷惑。至使闾巷贫民，习见奢替，婚姻丧葬之仪，燕会赙赠之礼，畏惧亲友讥笑，亦竭力营办，甚至称贷为之。官府习于见闻，通无禁约。间有一二贤明之官，欲行禁约，议者多谓奢僭之人，自费其财，无害于治。反议禁者不达人情。一齐众楚，法岂能行。殊不知风俗奢僭，不止耗民之财，且可乱民之志。盖风俗既以奢僭相夸，则官吏俸禄之所入，小民农商之所获，各亦不多，岂能足用？故官吏则务为贪饕，小民则务为欺夺。由是推之，则奢僭一事，实生众弊，盖耗民财之根本也。”③

嘉靖以来，以两京、各省都会及江南、华南、大运河沿岸等地为核心区域的城镇繁兴，城镇社会商业化趋势尤为强劲，奢靡之风愈演愈烈。而且，奢侈成为一种生活“习惯”与身份地位象征。如万历年间，时人称：“中州之俗，率多侈靡，迎神赛会，揭债不辞，设席筵宾，倒囊奚恤？高堂广厦，罔思身后之图；美食鲜衣，唯顾目前之计。酒馆多于商肆，赌博胜于农工。乃遭灾厄，糟糠不厌。此惟奢而犯礼故也。”④万历二十一年（1593），礼科都给事中张贞观疏请禁奢：“今天下水旱饥馑之灾，连州亘县。公私之藏，甚见溃绌，而闾巷竞奢，市肆斗巧，切云之冠，曳地之衣，雕鞍绣毂，纵横衢路。游手子弟，偶占一役，动致千金。婚嫁拟于公孙，宅舍埒乎卿士。懒游之民，转相仿效。北里之弦益繁，南亩之耒耜渐稀。淫渎无界，莫此为甚。”⑤“竞奢”也促进了“奢侈品”加工业发展。如万历年间，时人称：“今也，散敦朴之风，成奢靡之俗，是以百姓就本寡而趋末众，皆百工之为也。”⑥

---

① 丘濬：《重编琼台稿》卷10，《江湖胜游诗序》，上海：上海古籍出版社，1991年，第205页。

② 丘濬：《大学衍义补》卷21，《制国用》，北京：京华出版社，1999年，第208页。

③ 何瑭：《民财空疏之弊议》，载陈子龙等编：《明经世文编》，第1440页。

④ 钟化民：《赈豫纪略》，《中国荒政全书》（第一辑），北京：北京古籍出版社，2002年，第283页。

⑤ 《明神宗实录》卷263，万历二十一年八月庚戌条，第4892页。

⑥ 张瀚：《松窗梦语》，北京：中华书局，1985年，第97页。

与奢侈之风相伴生的，以“阳明学”为导引，以“百姓日用是道”说为抽绎，宣扬个性解放、反传统及“工商皆本”①等思想为潮流的早期启蒙思潮兴起。事实上，竞奢风气和社会生活中的僭越行为结合起来，形成一股横扫社会传统价值及行为的变异力量，加剧社会失范。民众热衷于奢靡，却对国家赋役不肯、不愿承担。奢靡风俗背后，并未形成商品生产条件下对于旧有观念的真正冲击，而只是更突出地表现了拜金主义与对于享乐的追求。因此，成化以来明代竞奢之风也就很难显现出对于社会发展的推动作用。

早期商业化是“灾害型社会”的一种面相，也是加速“灾害型社会”崩溃的一种经济社会生活机制。概言之，晚明频繁灾荒加剧了原本生活贫困而倍感迷茫的农民的躁动心理；城镇生活日渐奢靡与及时享乐风气亦催生市民的浮躁情绪；拜物教在整个社会中弥漫扩张。社会风气为之一变：节俭不再是为人所看重的美德，贫穷反倒成为令人嘲笑的事情；世人以追逐奢靡生活为时尚，金钱至上，享受第一。至此，明初以来的传统价值观念和道德伦理规范渐已模糊，走样。无论贫苦还是奢靡，失去“规则”与“常态”的现实生活充满迷茫和变数，民众自觉或不自觉地游离于原有“规矩”和“框框”边缘，实则在否定传统、否定社会及否定自我中寻找着传统、寻找着社会、寻找着自我，最终受制于“早期商业化”的社会不成熟事实而陷于思想混乱、无所适从，茫然自失。凡此种种，“灾害型社会”同时也就呈现出一个人心迷失的畸形商业化时代，造成整个明代社会处于急剧变化、躁动不安之中。是时，嗷嗷待哺之灾民及渐次萧索之乡村，商业风气浓郁的城镇及文化自觉中的市民，连同日趋奢靡与浮躁的民众心理等同体异质诸元素耦合变异，一并把明王朝拖进一个波谲云诡、危机与生机并存的“灾害型社会”叠加早期商业化的时代。

（二）“灾害型社会”遭遇：时代否定与否定时代

万历时期，大臣冯琦上疏称：“自古天下之乱阶，皆始于民心之离逖。离而后有怨咨，怨而后有愤恨，愤恨而后有流言，流言不已而鼓噪，鼓噪不已而反叛。今之民但未反耳！于前数者，已无所不有矣！陛下亦可以省而杜其

① 关于晚明“工商皆本”思想具体内容，详见许敏：《商业与社会变迁》，载万明主编：《晚明社会变迁：问题与研究》，北京：商务印书馆，2005年，第130—142页。

渐矣。”①就成化以来而言，也是一个“民心之离逖”的过程，是朱明统治集团无视时代而“否定”时代，终归为时代否定的过程。

时至晚明，明初积极求治精神不再。国势惟艰，官员大多提出勤政事、纳谏言、重将才、修边备、汰冗官、设仓储、崇圣道等主张，借以化解统治危机。客观说来，这些主张不过是对朝政小修小补而已。为了救时，丘濬从政治高度检讨国是，在其著述中，他提出对现实中“颠倒”之君民关系及“私化”之君主权力予以匡正，并实现政府“职能”转变，即由“厉民以养己”转为“立政以养民”，明确提出“养民”救时理念，其中，“为民理财”为丘濬“养民”救时理念核心内容。然而，丘濬在政治上是孤独的思考者。嘉靖、隆庆以来，与丘濬侧重于“经济”、主张“立政以养民”及“为民理财”之救时理念相去甚远，“为国理财”及“正人心”则成为士大夫救时主张的核心内容。

晚明最高统治者逆时而为。万历十四年后，大权独揽的万历帝开始了漫长的“隐士”生涯。时值国家多事之秋，他却厌倦于政务，沉溺于酒色，痴迷于金钱。为了“厉民以养己”，万历帝竟向全国各地派出大批矿监税使，公然掠夺民财。万历以降，朝廷“内讧”愈演愈烈，至天启年间，太监魏忠贤当道，“正直派”与“邪恶派”斗争越发血腥。当此之际，李自成等农民起义军纵横于中原腹地，满洲八旗兵丁杀掠于北疆。明后期国势不堪，再次引发士大夫救时运动。先有东林党人以“道德责任心”为政治原动力、以“公天下”为治政精神、以程朱理学为思想规范、以“士大夫政治”为治国手段、以端正朝廷与人心为宗旨之“学术”救时努力；后有复社以“兴复古学”为抽绎、以政治集会及控制朝政为手段、以“致君泽民”为目的的救世之举。其间，徐光启、李之藻等开明士大夫也掀起一场以译著、传播西学及天主教义为主要途径及内容，以端正人心、富国强兵为依归的“西学救时运动”。一言以蔽之，万历以来，一些“学者”及政治精英多把“学术”视为救时良方。然而，大明帝国大厦已倾，“学术”已经鞭长莫及。

（三）“灾害型社会”与“严复定律”

如果放宽我们的历史视域，不难发现，“环境机制”在传统社会治乱与王朝

---

① 冯琦：《为灾旱异常备陈民间疾苦恳乞圣明亟图拯救以收人心以答苍天戒疏》，载陈子龙等编：《明经世文编》，第4818页。

兴衰历史中一直存在并时而活跃。如明代何瑭认为:“国初乱离初定,人民鲜少,土地所生之物供养有余。承平既久,生齿繁多,而土地所生之物无所增益,则供养自然不足。今惟有尽辟地利以资生养,法尚可行。方今地窄之处,贫民至无地可耕,而江北、山东等处,荒田弥望。”①中国近代启蒙思想家严复则从政治高度构建环境与社会关系谱系,如他所论:“(一个王朝)积数百年,地不足养,循至大乱,积骸如莽,血流成渠。时暂者十余年,久者几百年,直杀至人数大减,其乱渐定。乃并百人之产以养一人,衣食既足,自然不为盗贼,而天下粗安。生于民满之日而遭乱者,号为暴君污吏;生于民少之日而获安者,号为圣君贤相。二十四史之兴亡治乱,以此券矣。”②严复关于中国历史上治乱相仍及王朝更迭现象的成因剖析,笔者称之为“严复定律”。严复所论虽非全面,却也道出一种历史事实,即土地承载力状况与社会治乱有着直接关联。当然,传统农业社会“地不足养”不仅表现在人均耕地数量不足,还表现在耕地质量(地力)下降与环境灾变频发等方面。地利与生态环境往往形成恶性互动关系,当然,还有土地兼并加剧人地矛盾。不过,若从环境史视角审视,不难发现,我国历史上“乱世”之后的“地荒人稀”往往成为“治世”基础和前提。由乱而治,人口翻几番而耕地总量少有增加,加之土地兼并严重及地力下降,农业生产技术未有质的提升,环境灾变频发。人口问题最终在自然灾害裹挟下而膨胀起来,灾荒蔓延,流民遍野,“乱世”生成。

事实上,明代人地关系历史及“三荒现象”、“灾害型社会”生成演变历史,“环境机制”难脱关系。明代中后期,由于乱垦滥伐、气候变冷等诸多原因,生态环境严重恶化,环境灾变频繁,灾荒严重。尤其是明初重点开发的华北之地,许多地方再度地荒人稀,社会经济也衰败不堪,土地因不堪耕种及农民不敢耕种而造成弃耕、撂荒现象普遍。如明中期的官员林俊所述:是时,北方一些地方,“荒沙漠漠,弥望丘墟。间有树蓺,亦多卤莽而不精,缓怠而不时。至于京畿之间,亦复如是,往往为之伤心饮泣,抚掌深叹。计此度之,虽边郡应屯之地,目所不击、足所不到之处,夫亦是耳。大抵官非其人,里非其要,膏腴之区贪并于巨室,硗确之地荒失于小民。而屯田坏矣,务贪多者,失于鲁莽;困赋

① 何瑭:《民财空虚疏》,载万表:《皇明经济文录》卷2,北京:全国图书馆文献缩微复制中心,1994年,第35页。

② 严复:《严复集》,北京:中华书局,1986年,第87页。

税者,一切抛荒而农业隳矣。所谓地有遗利、民有余力,此之谓也。”①又如,成化十三年,林俊在《扶植国本疏》称:“陕西、山西、河南连年饥荒,陕西尤甚。人民流徙别郡,荆襄等处日数万计。甚者阖县无人,可者十去七八,仓廪悬磬,拯救无法,树皮、草根食取已竭,饥荒填路,恶气熏天,道路闻之,莫不流涕。而巡抚、巡按、三司等官肉食彼土,既知荒旱,自当先期奏闻,伏候圣裁。顾乃茫然无知,恝不加意,执至若此,尚犹顾盼徘徊,专事蒙蔽,视民饥馑而不恤。”②地荒民穷问题,愈到后来愈严重。如嘉靖后期,为官山西的官员王宗沐疏称:“臣初至山西,入自泽潞,转至太原,北略忻代。比将入觐,又东走平定,出井陉。目之所击,大约一省俱系饥荒,而太原一府尤甚……三年于兹,是以人民逃散,闾里萧条,甚有行百余里而不闻鸡声者。壮者徙而为盗,老弱转于沟瘠。其仅存者,屑槐柳之皮、杂糠而食之,父弃其子,夫弃其妻,插标于头置之通衢,一饱而易,命曰人市。”③嘉靖时,如官员赵锦疏称:“臣窃见直隶淮安府至于山东兖州府一带地方,人民流窜,田地荒芜,千里萧条,鞠为茂草。其官吏则相与咨嗟叹息,或遂弃职而逃,其驿传则相与隐匿。逃避或至沮滞,命使其仅存之民则愁苦憔悴,而若不能为之朝夕。日甚一日,莫可底止。”④有明一代,实行重农主义,但是,农业生产要素与前代相比并没有实质性变化,缺少技术革新及制度创新,农田水利建设明显不足,农业经营方式仍处于“传统农业”阶段,靠“天”吃饭。明代传统农业同样受制于“环境机制”,“灾害型社会”也是“环境机制”的一种表现。

“灾害型社会”并非明代所独有,它深藏于中国传统农业社会深处,一旦条件成熟,便会“粉墨登场”,参与历史创造。明代“灾害型社会”之所以于晚明便匆匆形成,并成为明朝解不开的死结。具体说来,以“脆弱生态环境+脆弱乡村社会”为主要特征的区域环境与社会实际是“灾害型社会”生成与“三荒现象”的前提条件;而掠夺性的土地开发使脆弱生态环境与脆弱乡村社会二者恶性互动,土地开发变为“灾害性村落”进而“灾害型社会”主要发生机制。所谓脆弱生态是一种对环境因素改变反应敏感而维持自身稳定的可塑性较小的生态环境系

---

① 林俊:《务政本以足国用疏》,载陈子龙等编:《明经世文编》,第 766 页。

② 林俊:《扶植国本疏》,载陈子龙等编:《明经世文编》,第 768 页。

③ 王宗沐:《山西灾荒疏》,载陈子龙等编:《明经世文编》,第 3674 页。

④ 赵锦:《计处极重流移地方以固根本事》,载陈子龙等编:《明经世文编》,第 3648 页。

统。“地荒人稀”是明前期主要开发地区的表面现象，真实面容应该是“脆弱的生态环境与乡村社会”。以北方为例，元末以来，战乱、饥荒与瘟疫横行，经济衰敝，农民贫困而民生社会保障缺失。另一方面，盲目的、掠夺性的滥垦行为又遭遇了“明清小冰期”，加速了环境灾变频度与灾荒严重性。至此，明朝已经陷入覆亡境地，再无转圜机会。

六、余　论

晚明“三荒现象”与“灾害型社会”之间，还有一个重要环节，即“灾害型村落”。所谓“灾害型村落”，系指生态环境较差，自然灾害频发，生产力较低，农田水利设施基本缺失，农民靠天吃饭而基本生活在贫困状态，“自然灾害”成为经济社会与农民生活状态的决定性因素的一类农业村落。正是众多“灾害型村落”构成区域性“灾害型社会”。明代“三荒现象”与“灾害型社会”发生并非偶然。概要说来，晚明以“脆弱生态环境+脆弱乡村社会”为特征的区域社会环境是“三荒现象”与“灾害型社会”发生前提条件；掠夺性土地开发使脆弱生态环境与脆弱乡村社会二者恶性互动，成为“三荒现象”与“灾害型社会”一个主要发生机制。小农社会通过“三荒现象”与“灾害型社会”等方式（或者途径）实现短期“休克”或“失范”，生态有所恢复，人地关系再度缓和，为土地占有关系洗牌和重新分配提供了可能。如果由明王朝向后望去，我们还会看到许多和明王朝相似的“故事”——“治乱相仍”。如果我们继续从环境史视域探寻，我们还会发现，无论是王朝更迭，还是“灾害型社会”生成，既是社会现象，也是自然现象。它们的表演不过是自然界面对“异化物”采取的一种自我“生理”机制调节与身体“修复”而已。经过以“灾害型社会”途径或战争手段等短暂调整与修复，人地紧张问题得以缓解，部分地区生态环境再度符合农业生产与农业社会正常运行的客观需要，慢慢开启新一轮的农业社会构建。所以，“灾害型社会”也是小农社会得以长期延续的重要原因之一。

“灾害型社会”作为小农社会“死去活来”间隙的一种特殊的社会状态，是社会极端自然化现象，是自然界对人类破坏生态环境“报复”的结果。正如恩格斯所言:“我们不要过分陶醉于我们对自然界的胜利。对于每一次这样的胜利,自然界都报复了我们。每一次胜利,在第一步都确实取得了我们预期的结果,但是在第二步和第三步却有了完全不同的、出乎预料的影响,常常把第一个结果又取消了。”[1]晚明历史便是明证。

---

① 恩格斯:《自然辩证法》,《马克思恩格斯选集》第3卷,北京:人民出版社,1972年,第517页。

女性著述与明代妇女史研究

王雪萍

中国古代女性著述最早可上溯到《诗经》,随之在朝代更迭和历史变迁中逐步累积、沉淀,然而囿于女性书写不断被“边缘化”,致使绝大多数女性著述通常隐没于浩如烟海的史籍中,被束之高阁。这些女性著述是研究中国古代妇女史和社会史弥足珍贵的史料,亟待挖掘和整理。女性著述在中国古代整体上呈现为逐步递增趋势,尤其至明代,可谓跨越式增长。据胡文楷《历代妇女著作考》统计,目前可知汉代到元代的女性作家为117人,作品数为164部,而明代女性作家达到250人,作品数为371部。也就是说,立朝不足300年的有明一代,女性作家数量却是由汉到元近1500年时间段的2.1倍,作品数则为2.3倍。不过值得注意的是,胡文楷统计的明代女性作家中,上层官宦妻女占主体,美国学者高彦颐还依据这一结果提出了明末清初的才女文化现象。那么,明代女性著述是否仅限于上层官宦妻女或才女呢?揆诸事实,胡文楷统计仅是拥有成卷、成册著作的女性作家,如果将其扩展至可发现散篇诗文著述的女性作家,则明代女性作家远不止250人,可达到438人之多,女性作品更趋丰富,且下层女性作家数量不啻上层女性。由此观之,辑佚后的明代女性著述不仅有助于检讨或改变有关明代妇女问题的已有认识,对明代妇女史研究的视角与方法也会大有助益。目前,中国妇女史研究已持续30年,当我们一方面要担负起“赋历史以性别”与“赋性别以历史”①这一宏大历史任务时,另一方面也不可回避地面对“(妇女史)已然成为人们口中的‘显学’,实际上仍未脱离学术边缘甚至孤芳

① 杜芳琴:《从赋历史以性别到赋性别以中国历史——妇女/性别史30年回顾与省思》,《山西师大学报(社会科学版)》2020年第6期。

自赏的境遇”。[①] 笔者于21世纪初，妇女史研究正处于方兴未艾之时，在导师赵轶峰先生引领下，懵懂地涉足这一领域，深刻感受着妇女史研究所处的现状与个人研究“瓶颈”之间的共振状态。如何开拓中国妇女史的新局面，始终是困扰笔者并努力探索的课题。鉴于此，本文不揣浅陋，拟在分析明代女性著述研究成果的基础上，探讨其对明代妇女史研究认知和理念上的变化，希望能对明代女性史乃至中国妇女史研究有所助益。

一、由女性著作到女性著述：明代妇女史研究文献的拓展

无论是胡文楷《历代妇女著作考》，还是西方学者烘托的才女文化，关注点皆为女性著作，即独立成卷、成册，并已结集出版的女性作品。然而，明代能够独立结集出版的女性著作毕竟少数，若欲推进明代女性研究，必须拓宽史料范围和研究视野，由女性著作转向女性著述正是对这一研究理念的践行。

女性著述在中国古代的分布状态呈现逐步递增趋势，即朝代越久远，保留下来的女性著述印记相对越少；反之，距今越近的时代所保留下来的女性著述印记就相对多些。特别是前文所述，女性著述成果在明代出现跨越式增长。由此可见，明代是中国古代女性作家和著述跨越式发展的重要时代。特别需要提及的是，还有一些无名气、无著作的知识女性，也留下了大量的文学作品，多散见于各类文集、辑录、文学、戏曲等。阅读这些文字，能够让人感受到出身不同的各色女性群体，彼此之间跨越了社会阶层的鸿沟，在许多问题上的共鸣与差别。

（一）女性著述扩大明代妇女史料范围

明代的女性著述，并非仅仅指女性著作而言。从包容度来看，女性著作是包含于女性著述之内的。女性著述与女性著作虽仅一字之差，但其所涵盖的研究范围则有明显扩大之处。

---

① 林丽月：《从性别发现传统：明代妇女史研究的反思》，《近代中国妇女史研究》2005年第13期。

其一,女性书写主体的扩大。以往研究中的女性著作指向的都是一些“名女子”,女性著作比书写女性所研究的对象范围更窄,毕竟明代女性著作者本身数量就不多,能够独立结集出版的就更少之又少了,大部分女性作品都是附刻于家人文集之后的。[①] 时至今日,女性著作抑或书写女性研究范畴上的局限性已经显现,它阻碍了关于明代女性部分问题的研究,尤其是明代女性受教育程度层级化分布的深入探讨。而女性著述恰恰是对这一局限的修正,其搜罗、考察的对象包括那些只要有文字作品的,哪怕是仅有一首诗文留存的明代女性及她们的作品。除了那些“名女子”,这些女性中的绝大多数不属于某一家族,也不局限于某一区域,而是分散于千千万万家庭中。许多女性著述者并无什么丰功伟绩,有的也许只是通过文字书写反映其生活过程中某个瞬间,也许偶尔的一两个普通女性,似乎难以唤起研究者的注意。然而,这样数以百计的明代女性作品累积在一起,足以说明女性受教育程度在明代的普及性。可见,只有正视并重视这些普通女性的书写活动,才有可能进一步加深对所谓“才女”们的认识。

其二,女性书写内容的扩大。这是由女性著述者群体的扩大所决定的。随着女性著述者数量的增多,其反映自身生活情态的书写内容必将从各个方面有所增加,在一定程度上修正了仅由“名女子”现象形成的关于明代女子生活情态的某些固定认识,排除因人为割裂而形成的干扰因素。比如人们通常提起明代才女,往往想到的都是名媛或名妓们是如何的风花雪月,伤春悲秋,或与文人墨客的香艳交往,这类情节描写最为常见。但在女性书写文字中,则还包含更多内容。像关于名妓薛素素的记载,时人更多关注的是薛素素的特异行为,钱谦益《列朝诗集·薛素素》条专门描写了她与名士交游引来人们围睹的场景。[②] 而同为“名女性”的徐媛在写给薛素素的诗中则分别描写了她非凡的诗情、骑射、风姿、韬略、眼界五个层面:

① 张宏生、石旻:《中国古代妇女文学研究的现代起点——胡文楷〈历代妇女著作考〉的价值和意义》,《江西社会科学》2008 年第 7 期。该文亦收入胡文楷编著:《历代妇女著作考》,上海:上海古籍出版社,2008 年。

② 钱谦益:《列朝诗集》闰集卷 4,《薛素素》,北京:中华书局,2007 年,第 6654—6655 页。薛素素其人事迹亦见于盛枫:《嘉禾征献录》外纪六,《薛素素》,清钞本;陶元藻:《全浙诗话》卷 39,《明杂录·薛素素》,清嘉庆元年怡云阁刻本;朱彝尊:《静志居诗话》卷 23,《薛素素》,北京:人民文学出版社,1990 年,第 765 页。

赠薛素素五首

其一

连城声价旧名姬，养纸芙蓉香粉奇。彩笔挥云夸濯锦，谁言蜀女擅称诗。

其二

幽兰九畹墨华淋，走马章台弹扑金。却买轻车驾油壁，西陵松下结同心。

其三

双弯娇衬步莲生，一束蛮腰舞掌轻。乍倚东风力不胜，素华纤雾月中盈。

其四

花神侠骨气纵横，学写蛮妆向魏城。手把龙文谈虎略，胸罗十万薛嵩兵。

其五

重开别院贮文君，宝络千金换翠裙。非雨非云香满路，前身应是薛灵芸。①

从文字记载中可以看出，同为女性的书写者，徐媛对薛素素的勾勒要比男性书写者更为全面，这种描写差异的产生大概率为：男性往往从其猎奇心理出发，其笔下的薛素素就是一个行为乖张的“异女子”，也就是说，薛素素越离经叛道越为男性瞩目；而女性则不同，也许最开始是受对方特异行为所吸引而产生关注，但同为女性的身份令女性书写者少了一分猎奇，多了一分了解，徐媛更愿意看到并展示薛素素身上所包含的被那些特异行为所掩盖的女性特质与优长。存留下来的明代女性著述中类似这种文字记载较多，都是从女性个体认知层面对外部世界的揭示。

（二）弥补明代妇女史料整理相对于清代的劣势

目前，致力于明清女性研究的学者们所依托的文献，主要包括官方修纂的正

① 徐媛：《络纬吟》卷8，《赠薛素素五首》，《四库未收书辑刊》，北京：北京出版社，2000年，第7辑第16册，第369—370页。

史、方志，文人士大夫编撰的女性碑传、家训、文集、笔记、小说等，其中明清两代女性自身撰写的文字文献显得尤为珍贵，因为这是女性发出的自己的声音。相对于官方正史节妇烈女的典范追求和文人士大夫规范女性行为的文本建构，这些女性著述更多的是其对个体生活的感悟和个人思想的阐发。

但近些年，国内外在整理研究清代女性著作方面用力颇多，成绩亦很瞩目。如胡晓明、彭国忠主编的《江南女性别集》①系列丛刊，方秀洁、伊维德的《美国哈佛大学哈佛燕京图书馆藏明清妇女著述汇刊》，②收录的几乎都是清代女性作家的作品集。关于《历代妇女著作考》的补充、订正只有张清华的一篇《胡文楷〈历代妇女著作考〉明代妇女著作补遗》③是关于明代女性的，其他的都集中于清代，如石吉梅《清朝江西女性作家作品考论》、④许红霞《〈历代妇女著作考〉清人著述拾补——江浙部分》、⑤高春花《清代山东地区女诗人著作知见录——〈历代妇女著作考〉订补》、⑥张清华和李振聚《〈历代妇女著作考〉订补》、⑦李豫《〈历代妇女著作考〉订补十二则》、⑧庄新霞《〈历代妇女著作考〉订补六则》。⑨

与之相较，虽然学者都意识到整理研究明代女性著述工作的必要性，但此项工作一直未能有效开展。明代女性著述仍是散见于明代各种文集、诗集和丛刊之中。很明显，这些未见和散佚的女性著作全集已经很难找到。但不容忽视的是，散佚女性著作全集中某些诗文会被保留在其他著作中。如呼文如《遥集编》就属于未见著作，然而在《晚晴簃诗汇》中有她“闻邱生罢官有寄”、《题亭中安石

---

① 胡晓明、彭国忠主编：《江南女性别集·初编》，合肥：黄山书社，2008 年。之后，陆续出版了“二编”“三编”“四编”丛刊，都是由黄山书社出版发行。

② 方秀洁、［美］伊维德：《美国哈佛大学哈佛燕京图书馆藏明清妇女著述汇刊》，桂林：广西师范大学出版社，2009 年。

③ 张清华：《胡文楷〈历代妇女著作考〉明代妇女著作补遗》，《南华大学学报（社会科学版）》2007 年第 6 期。

④ 石吉梅：《清朝江西女性作家作品考论》，江西师范大学文学院 2007 年硕士学位论文。

⑤ 许红霞：《〈历代妇女著作考〉清人著述拾补——江浙部分》，南京师范大学文学院 2011 年硕士学位论文。

⑥ 高春花：《清代山东地区女诗人著作知见录——〈历代妇女著作考〉订补》，《湖北社会科学》2013 年第 10 期。

⑦ 张清华、李振聚：《〈历代妇女著作考〉订补》，载庄立臻主编，宁波市天一阁博物馆编：《天一阁文丛》第 14 辑，杭州：浙江古籍出版社，2016 年，第 76—83 页。

⑧ 李豫：《〈历代妇女著作考〉订补十二则》，《文献》1992 年第 3 期。

⑨ 庄新霞：《〈历代妇女著作考〉订补六则》，《图书馆理论与实践》2007 年第 4 期。

榴》诗，而《列朝诗集》中除这两首诗外，还保存了其他珍贵的诗作。① 此外，有些女性著述文字未集成著作刊刻，但有诗文留世，这类女性也很多，如明末比较著名的董白（字小宛）等。这些诗文虽被目录学和版本学所忽略，然而却是明代女性史研究的重要资料。把这些仍然处于分散、无序状态的明代女性著述内容集中整理起来，可能推动明代女性史研究的持续发展。

二、打破认知藩篱：女性著述改变明代妇女史研究的认识范式

著作与著述两者虽一字之差，但却扩大了女性书写主体，尤其是对下层女性书写者的观照。就明代女性著述者而言，很多下层女性书写者可能仅有一两首诗文留存，所书写的抑或是其生活中沧海一粟的瞬间，但若将这样数以百计的明代女性著述累积在一起，就会产生规模效应，足以改观并挑战当前有关明代知识女性固有观念与女性生活的刻板认知。

（一）走出晚明与江南：明代妇女史研究时空的新面向

目前，学界已经注意到晚明和江南在明代女性著述中的特殊地位。胡文楷《历代妇女著作考》统计，明初和明中期可考的女性作家为 54 人，晚明则达到 154 人；笔者从著述角度进一步辑佚到明初和明中期女性作家 40 人，晚明女性作家 99 人。总体而言，抛却年代不明的女性著述者，明初和明中期可考女性作家 94 人，晚明女性作家 253 人，是明初和明中期的 2.5 倍。就地域而言，江浙地区女性作家最为众多，在可考的 438 位女性作家中，江苏地区有 126 位，浙江有 94 位，上海有 20 位，超过总人数的一半。可见，晚明和江南的确是明代女性著述时空分布的明显特征。但也恰恰如此，导致学界过于凸显晚明和江南，而弱化了晚明以前近 200 年明代女性著述的沉积，以及江南以外地区明代女性著述的发展。

实际上，明初皇族女性作品一度兴盛，至明中期则开始式微，而下层女性，特

① 钱谦益：《列朝诗集》闰集卷 4，《呼文如》，北京：中华书局，2007 年，第 6550—6553 页。

别是名妓类女性著述却在明中期异军突起,这种发展态势对晚明女性著述的繁荣有直接影响。故这是一个连续的过程,割裂了明初和明中期女性著述的孕育和积淀,势必会导致片面的认识。同时,也应注意到明清之际的历史特殊性,王朝更迭、家国情仇也促发了女性作家的不断涌现,但这一点往往被晚明处于大变局时代或启蒙时代所消解。

江浙地区为明代女性作家渊薮,不过这一特征不唯晚明,明初就如此。究其原因,恐怕要上溯到宋代以降的历史积淀。宋代,尤其是南宋,经济重心完成南移,农业经济和市镇经济都得到充分发展,社会文化也走向繁荣。这种局面被明代所延续,进而推动了明代女性著述的繁荣。但需要清醒认识到,江浙地区相对于大明王朝来说仅是一隅,而其他地区女性作家亦广泛分布。据笔者统计,除江浙沪外,安徽、福建地区各为 21 名,江西 19 名、北京 18 名、山东 14 名、广东 14 名、湖北 14 名、湖南 8 名、陕西 7 名、四川 5 名、河南 4 名、山西 4 名、云南 3 名、海南 3 名、河北 2 名、广西 1 名。虽然这些地区女性作家人数相对江浙地区逊色,但它是明代女性著述整体发展的反映,是其他地域社会经济文化推动的结果。如果对这些地区女性著述情况缺乏深入探析,则以江浙沪为主的江南女性著述研究将缺乏定位,其研究价值也势必受到影响。

故在目前晚明与江南"才女"研究已经取得众多成果的情况下,应该适时走出晚明和江南,重新勾勒明代女性著述的整体图景。

(二)非官宦妻女作家激增:明代妇女史研究阶层的新解构

胡文楷《历代妇女著作考》所收集的 250 位女性作家中,多为官宦妻女。笔者在胡著外再做钩沉,找到明代女性作家 188 位,这些人则主要为平民女性。总体分析,在可考的 438 位明代女性作家中,皇室女性 14 人,官宦妻女 215 人,女官 3 人,平民妻女 75 人,妓女 63 人,婢女 12 人,难妇 9 人,方外女性 7 人,其他身份不详者 40 人,但也多为下层女性。可见,由皇室女性、官宦妻女和女官构成的上层女性达到 232 人,占了明代女性作家的近 50%。

尽管上层女性身份的女性作家占了一半,但若转换视角也不难发现,下层女性作家亦达到一半的数量,而且很多下层女性因身份低下,其诗文作品被湮灭而疏于记载的肯定也大有人在,因而下层女性作家的数量所占的比例可能会更高。

从上层女性构成来看,包括母仪天下的皇后、太后、妃嫔、宗室女、女官、官宦女眷等,皇室、女官在明初女性著述者中比较多,但明中后期士大夫家庭的官宦女眷成为主体,说明士大夫阶层作为文化和教育承载者,对其家庭女性著述者有深厚的影响。下层普通女性作家包括平民妻女、妓女、婢女、侍儿以及方外女性等。名妓群体在明中后期女性著述者中颇为凸显,这与服务士大夫的特殊社会取向有关;而婢女、侍儿因其跻身士大夫家庭,其著述实践应是士大夫家庭女性著述向下层女性的拓展,故这两类女性著述者都有其特殊性。而最值得关注的是平民妻女,在整体社会文化高度发展的氛围下,普通家庭也开始注重文化教育,耕读传家,市井亦不乏书香,正是这些平民妻女的诗文创作,拓展了明代女性著述的普及面。

厘清明代女性著述者阶层构成,有利于对已有女性著述研究对象进行反思。学界一度热衷于研究上层的品官命妇和才女,尽管不乏研究价值,但这些女性毕竟是有闲阶级的代表,相对于下层普通女性而言,她们的生活过于风花雪月。故聆听下层女性的声音,感受她们生活的困窘,感知她们对美好生活的期许,应该是明代妇女史研究的另一取向。同时,对品官命妇和才女的推崇一度催生明代大部分女性受教育程度低、不具备书写能力的认识,明代女性著述者阶层新解构昭示我们,这一"常识性"认识不仅割裂了社会普通女性群体文化底蕴亦是培育、滋养"才女"土壤这一事实,而且也忽视了晚明社会文化教育长足发展下普通女性热衷著述的繁荣场景。故补充中下层普通女性著述活动的缺环,是还原明代女性著述整体图景的关键。

(三)践行女教与情欲追求的纠葛:明代妇女史研究内容的趋向

通过对辑佚后的明代女性著述研究能够发现,固守女德与践行贞节等女教观念一直是明代女性著述的主流;与此同时,个体情欲追求在各个阶层女性著述中亦普遍存在。如上层官宦妻女,她们既有践行当时主流女性理念的自律,又有满足自身精神世界充实的追求,她们经常勇敢"发声"。在她们身上,混杂着社会理想性别秩序规范与个体女性意识发展两种特质,伴随着时代变迁的脉搏而时隐时现。而"名妓"类著述者作品所呈现出的冲突性要更强烈些,无所归依的漂泊感令她们在作品中直白地抒发了对"情"的渴望,尤其是对两性之间痴情、专情的执念。下层女性作品则多具个性,追求女性鲜明的自我意识,内容上相对更贴近现实,对家外空间事物的描写最为熟稔,但仍不乏对女子践行贞节观的认同。故践行女教与情欲追求是明代女性著述的内在趋向,尽管存在时间和内容上度的差异,但二者始终是无法分割的整体。这种情况在某些特定领域或特殊时期表现得更为明显,如难妇诗,女性在这类诗作中既有自我情感表达的空前释放,也有践行贞节毅然赴死的壮烈;难妇诗作者身份也不唯上层官宦女性,还包括妓女、婢女、平民妻女等等;又如类男性的追求,在各阶层作品中都有体现。同时,下层女性在践行女教与情欲追求中,常常突破等级藩篱,效仿上层闺阁女性的作品等。这些都透露出明代女性受到外在伦理教化和内在情欲本真的双重影响,形成矛盾的纠葛体,反映到女性著述中则是践行女教与情欲追求的一体两面,那种过于强调正统女教束缚或极力凸显女性情欲追求恐怕都有悖于史实。

立足"著述"视角,挖掘明代女性著述活动中被忽视的内容,对夯实明代女性史研究尤为必要。明代女性著述虽凸显于晚明、凝聚于江南,但明初和明中期女性著述的奠基与推动,及其他地域女性著述发展亦是整体研究不可或缺的部分,故走出晚明和江南是重塑明代女性著述整体认知的必由之路。明代女性著述并非局限于上层官宦妻女或者典型的才女,而是有着深厚的大众基础。不同角色的下层女性共同推动了明代女性著述的繁荣,而"才女"文化仅是社会普通女性群体文化底蕴滋养的结果。下层女性著述是明代女性著述的重要组成部分,甚至是女性更重要"发声"。明代女性著述中既有践行女教的伦理彰显,也有追求情欲的本真吟诵,二者共同构成了明代女性著述的真实语境。这些认识凸显了明代女性著述的复杂性,传统女性受压迫的认知思维将明代女性著述都诉诸为上层女性的风花雪月之作,域外女性主义理论支撑下的研究则过于强调女性独立意识和个体自由,这些都与历史实际存在一定的差距。

三、论从史出:女性著述助推明代妇女史研究理论取向的落实

明代才女文化、晚明与江南女性凸显以及女性自我解放等认知都不同程度存在对传统认识的颠覆,或者说是以颠覆原有中国历史传统知识架构为终极目的。而女性著述则蕴藏着女性群体在明代社会结构中的复杂与多元面相,它促使学界重新对明代妇女史研究理论的反思。

（一）明代妇女史研究中存在的"理论预设"与"史料填充"

明代女性一直是中国古代妇女史研究的热点，这主要是由明代特殊历史时段造成的。程朱理学主导着明代主流社会观念，社会性别秩序尤其是女性贞节观念得到了进一步强化，由此明代女性便成为深受封建旧势力压迫的典型代表。陈东原先生在《中国妇女生活史》中明言："三千年的妇女生活，早被宗法的组织排挤到社会以外了。妇女总是零畸者！妇女总是被忘却的人……你细看看她们被摧残的历史，真有出乎你意想之外的"，"贞节观念经明代一度轰烈的提倡，变得非常狭义，差不多成了宗教，非但夫死守节，认为当然；未嫁夫死，也要尽节；偶为男子调戏，也要寻死；妇女的生命，变得毫不值钱。"①贾伸《中华妇女缠足考》、王书奴《中国娼妓史》，主旨大体与陈著相似。受此研究理念影响，关于"贞节烈女"、"女性地位降低"的讨论在明代女性史研究领域中从未间断过。而明代妇女史研究则是在中国古代妇女生存状态与变迁趋势的整体研究下进行的。其问题提出的背景则是参照"现代"妇女"形象"生发的，而"现代"妇女又一直被预设为以"解放"为标准模式，这就意味着其研究路径只能遵循"被压迫"、"需解放"的单一模式展开，进而寻找与之相契合的现象要素和社会、家庭结构因素，最终判断其趋势性意义或者属性，这几乎成为所有该问题研究的基本取向。

这种阶级压迫观念下的女性史成果在20世纪90年代之后，受到了来自西方妇女学的挑战与批判。这一时期，西方妇女学的关注中心由政治运动转到学术界的理论探索，其内容包括从两性对立到多元的性别观、从性别平等到性别中立，再到性别差异和女性的独特性②。在西方学者的妇女史研究中，对中国妇女史的考察始终是热点之一。他们着重于中国妇女史研究的理论重建工作，在质疑阶级压迫研究模式的基础上推出"女性视角"的研究理念。持"女性视角"的西方学者极力主张要站在女性自身立场，倾听女性自己发出的声音，以发掘女性积极参与其生活的一面。也就是说，相对于阶级压迫理论下的中国妇女都是受压迫者的认识，女性视角更多地注重女性发挥自主生存策略的能力和女性在有效控制的生活空间中的自主活动。

---

① 陈东原：《中国妇女生活史》，北京：商务印书馆，2015年，第1、187页。

② 杜芳琴：《妇女学和妇女史的本土探索——社会性别视角和跨学科视野》，天津：天津人民出版社，2002年，第76页。

毋庸置疑,这种研究方式自有其所见,但本质上却是一种"预设"意识先行的研究。换句话说,中国古代妇女生存状态与变迁趋势的大框架已然大致圈定,相关研究工作者只需往里面填充能够验证结论的细节性内容。这种研究取向发展的结果是理论创新的僵化和停滞。与这种预设相暗合的是明清妇女史史料记载和整理中存在的"选精"与"集粹",即史料一方面因政治史传统倾向于记载明代上层的品官命妇或闺门才女,另一方面反映社会底层贱民中的倡优妾婢,而学术界在史料整理中也顺应了这一趋势,如前述胡文楷《历代妇女著作考》对上层女性著作的辑佚,还有农民战争史料中对奴婢史料的挖掘,这些无疑对已有妇女史理论的实践起到了推波助澜的作用。

(二)明代妇女史研究理论上的"拨乱反正"与女性著述的契合

表面上看,阶级压迫模式和女性视角是两种完全不同的研究理念。然而,就其实质而言,二者都是依据各自的价值判定而具有普遍意义的抽象理论模式。由于是抽象的,所以每种理论模式都容易忽略某一方面的大量细节,而对原有理论模式包含的细节进行反复强化。这种研究模式可以成为追寻具体对象个性情态时的必要线索,但难免存在单纬度认知事物的缺陷。并且,不能将任何理论模式提高到绝对法则的地位,不能指望它能够自动地解释一切纷杂的历史,因而不能盲目地依从女性视角理论。因为女性视角对阶级压迫模式采取了彻底否认的态度,无限夸大了阶级压迫和女性视角这两种抽象理论模式之间的不相容性,不免过于彰显女性的个人自主成分,结果在摆脱一种极端的同时,又走向了另一个极端。如果说阶级压迫模式影响下的妇女观走上了过于突出古代妇女遭受阶级压迫的极端,忽视了主体能动性的存在;而女性视角则走向了过于强调古代妇女个人主动性的极端,忽视了阶级压迫的存在,二者互有长短。

理论之间的对立与矛盾促使学者回归史料原典。如对西方女性视角的冲击,李伯重批判其"未能从史料出发,实事求是地看待中国妇女的过去"。① 郭松义也认为应该着重于"对具体史实的研究"。② 台湾学者林丽月也主张,"重视史料的搜罗与分析是台湾史学界的特色,明代社会史与妇女史研究亦不遑多让,

---

① 李伯重:《问题与希望:有感于中国妇女史研究现状》,《历史研究》2002年第6期。

② 郭松义:《开展性别史研究需要做大量基础性工作》,《历史研究》2002年第6期。

这也是反思'五四'妇女史观之后，此地学者应予坚持的传统"。[①] 实际上，进入新世纪后，中国妇女史研究领域已经开始注意理论与史料的结合，正如高世瑜所言："中国的妇女史研究既对国外理论方法有所借鉴，也承袭了实证史学的传统，立足于史实史料，服膺论从史出，研究成果已受到史学界的广泛认可。由于研究者们在研究实践中大多注意将二者结合起来，使得妇女史既有一定的理论方法与独特视角，又对传统史学方法有所承袭，可以说，作为一个学科已然成形。"[②]应该说，近些年来妇女史研究领域史料拓展还是取得了很大成绩的，"简帛、卜辞、方志、州县档案、族谱、契约、神话传说、民族资料、考古遗存、器物、墓志、碑铭、出土文书，以及民歌、诗赋、小说、绘画、图像等文学艺术作品无不受到关注"。[③] 不过，对传统文献的整理和挖掘仍需加强，毕竟这是妇女史研究依赖的主体史料。从这一角度而言，明代女性著述的挖掘是超越传统女性著作的努力的，其史料拓展所反映的明代女性复杂的生存面相，足以检讨原有的阶级压迫模式和女性视角，为重新审视明代妇女的理论建构提供了理论支撑。

同时，中国古代社会是一个超大型社会，广土众民，而中国历史代有更张然而长期延续，社会阶层等级多样且身份复杂，要想正确反映中国历史的实际，就必须超越选集与精粹，将女性群体面相整体嵌入中国社会结构中，从而实现从社会整体中认识明代女性，和从女性整体认识明代社会。而从女性著作到女性著述的转变，无疑是将这一认识运用到史料原典领域的实践，这也是中国古代治史传统的回归。

另外，由于明代女性史料相对匮乏和史料本身的限制，明代女性研究课题仍然局限在传统选题内，如女性地位、贞节观念。即使是最初倡导女性视角的西方学者们在研究中国古代女性时也将视线停留在以才女、名妓为代表的"名女子"群体上。也就是说，明代女性史的研究进入一个新的"瓶颈期"，即这个时段内女性视角理念的提出给人们带来的冲击已经趋于平静。若想突破此种困境，令女性史研究焕发出生机的切实途径便只有依靠史料发掘。而明代女性著述研究

---

① 林丽月：《从性别发现传统：明代妇女史研究的反思》，《近代中国妇女史研究》2005 年第 13 期。

② 高世瑜：《中国妇女史研究百年回眸》，《山西师大学报（社会科学版）》2020 年第 4 期。

③ 高世瑜：《从妇女史到妇女/性别史——新世纪妇女史学科的新发展》，《妇女研究论丛》2015 年第 3 期。

的开展正是对此的回应与努力,希望对此研究不仅有助于进一步认识明代知识女性群体,而且对整个明代妇女史研究也能起到重要的推动作用。

总之,无论在史料拓展、认知纠偏抑或理论落实层面,女性著述都对明代妇女史研究具有重要推动作用。以往明代妇女史研究不乏鲜明的理论色彩,它为认识这一特殊的性别群体提供了固有的路径。然而,在具体研究中也形成了路径依赖。“解放”与“颠覆”色彩固然烘托了张扬的问题意识,但也在偏颇中遮蔽了整体图景,从而走入理论瓶颈难以突破。女性著述让明代妇女史研究回归本真,以平和的心态拓展女性著述史料,进而勾勒明代妇女生存的整体画卷,然后检讨史识,重新审视理论视野与方法工具,进而重构议题,拓展领域。故女性著述在明代妇女史研究中的价值应当被特殊重视。

宗族、村落和国家

——清代河南西北部地方事务中的角色参与

牛建强

题目中的清代河南西北部，是指河南怀庆府的主体范围，包括河内县（今沁阳市）、济源县（今济源市）、孟县（今孟州市）、温县、武陟县、修武县（今焦作市也属于其本来范围）等。在具体研究中，并非涉及所有县份。出于时段的贯通考虑，个别问题的论证材料也会突破清代，延伸至民国。

地方事务繁杂，大致包括赋税征解、灌溉水利、地方治安、民间信仰、灾赈救助等内容。作为国家代言的地方政府、村落和宗族在其中扮演着不同角色。下面利用多年来的田野调研材料，借助相关实例铺陈，探求究竟是哪些因素在地方事务中经常性地发挥主体作用，宗族因子在什么场合显露出来。换言之，通过比较的视角，考察宗族力量在地方事务中发挥作用的实态。

一、赋税征解和杂差应付

清代河南丁粮的征解，通常采用本色（通过卫河运输一定数量的漕粮）和折银兼有的方式。到了晚清，则变成了单一的征银方式。为了革除征税过程中衙役的勒措弊端，曾推行过所谓“自封投柜”的缴银方式。其实，这在操作上是有难度的。试想，住在远离县城数十里的村子，常年不入城郭，又无太多应接知识，要克服如此遥远的路程，还要排除和衙门交接时的心理障碍，其为难之处可以想象。也就是说，这种表面上看似乎公正、透明的做法，其实并不现实、合理，因此只具短暂性。据我们掌握的材料，晚清怀庆府仍采取村落代征的方式。如咸丰六年(1856)发给河内县利上乡三图三甲户名田致璧的缴税告知《地粮由单》中,列举了田家所有的上、中、下等田地共3.61亩;应缴地丁银3.03钱,实征银2.767钱。并附:收田孝海上地1亩3分、中地2亩4厘5毛[毫];收田孝文下地2亩6厘5毛[毫]。“收”的意思表明,赘附在他人户头下的散户田孝海和田孝文的地税,是由地亩相对较多的田致璧代征的。同治、光绪时,为了确保赋税征解的顺利,许多村落成立了所谓“大粮会”,也应算是民间组织的性质。即共同出资,购买数量不等的土地,以其所收地租用作填补赋税催解中的缺额。如河内县义庄村胡姓集中的第十甲,购买八亩水浇地作为“公会地”,就是这样的例子。河内县清上乡四图苏家作村五甲毋元仁和孙子毋观光,嘉庆年间因年景不好,到豫东归德府鹿邑县贸易,因而在当地入籍。祖孙两户该缴粮银7钱6分9厘,屡年皆系催头垫补。偶尔催头到鹿邑讨取,也曾付给钱文。但路途遥远,确实不便。合甲商议,公拨钱文赴鹿邑面议善策。道光九年(1829),毋元仁的孙子、毋观光的堂弟毋德光,捐钱110千,令合甲“置地收稞,以赡赔粮之费”。合甲买村南刘寡地5亩,公立户头毋四服,每年收租钱7500文,用以支付该地应纳正粮和祖孙两户的赔粮,由每年当值的催头收取,彻底解决了催头苦恼的毋元仁祖孙的赔粮问题。为保证后续催头对毋氏祖孙赔粮征收方法的延续,以合五甲人的名义共同刻石,以垂永久。① 这个例子反映了道光年间该地由催头征缴合甲税粮的事实。苏家作村以毋姓占据绝对比重,对待毋元仁、毋观光祖孙的税粮拖欠,催头要么垫补,要么不嫌远途到鹿邑讨账,还很有耐心地出公费亲到鹿邑与税粮拖欠者商讨两全之策,最终由孙子毋德光出钱购地使问题得到圆满解决。可以推想,若非毋姓而是异姓,是否会是这样的处理方式。显然,毋姓的亲族关系在其中起着潜在作用。而以地缘性合甲名义刻石立碑,或出同姓避嫌,或为表明公正。当某个姓氏和村落叠压的时候,两者的作用纠结裹缠,难以区分。

河内县万北乡二图有大小陈巷二村,共分4幅。其中一幅为“杂姓幅”,其名称显系和单姓幅对言,表明该幅以多姓构成。光绪二年(1876)正月,为保证漕粮的顺利征收,合幅议定以下幅规。每年报接的幅催,“照以[依]地亩多少依

---

① 《清上四图五甲毋德光置买公地以补赔粮碑》(道光九年三月)。按,原碑无题,据内容拟定。碑照由魏美智先生提供。

次转流”，也就是说，每年承当征粮任务的幅催的轮值顺序是依照地亩多少确定的。每年完粮的时间截至二月十五日。每两银兑钱四千文，这个银钱比价明显偏高，应该包含了多收的或用以垫补的部分。每年算账止于十一月初一日，这个时点应是上下幅催交接的时间。在轮转时例应算账，烧香誓神，以示公正清廉。还有其他花费。这些额外费用的摊派标准，大抵为每两银缴工食钱 1000 文。这个共议的幅内条规一旦确定，合幅幅催皆需遵循。“以后倘有不遵，合幅人各执合同为证，禀官究治”。[①] 看来，幅内制定规条的权威性获得，是以官府的解释和授权为后台和最终决定因素。合幅幅催的名字有：张成香、李福义、康明昇、张凤歧、张士林、张成德、张凤桐、李福林、陈大本、赵福崇、张恒文、张恒书。这个幅的杂姓定位，排除了某一姓氏在其中发挥主导作用的可能。清光绪三年（1877），河内县宽平乡二图十甲葛万村（今属沁阳市崇义镇）的丁粮征解，也同样采用按幅轮征的方式。全村被分成若干幅，每幅若干人，然后按顺序交接，每年轮充一幅。幅催姓氏全为孙氏。因该村属于孙姓的单姓村，所以才出现幅催皆为孙姓的情况。赋税征收主要是以村落的名义，若说有孙姓的作用，也应包裹在村落作用之中。

赋税征缴是通过各幅幅催完成的，而幅催受制于村落大粮社首事的统管。大粮社首事同样存在交接问题。之前，曾出现过大粮社首事在交接时“屡次推[拒]充”的现象，“不惟启讼呈词，实足以误公也”。为了化解这一问题和强化社首的功能，光绪二十二年（1896）正月，大小陈巷四幅共同议定，以人家粮银达到 1 两以上为标准，选择充任社首者十余家“轮流周办”。“倘有妄逞口辩，不遵合同者，四幅等一并以抗大粮社首事禀官究治”。如果地产增购，粮银达到一两的人家，“亦当续（入）合同办公”。“至于四幅幅催，由社首拣择，亦不许争办[辩]”。“因立合同四章，次续[序]账壹本。四幅等各执壹章，以为信照。次续[序]账轮流相交，不准损坏”。四幅社首（称“率”，即率领之意）的次序和姓名依次为：一率陈大本、二率张恒贵、三率黄可成、四率陈学敏、五率陈长顺、六率康名义、七率赵光先、八率买孚印、九率陈守兰、十率张风枝、十一率陈怀礼、十二率李树山、十三率许永吉、十四率陈朝风。约定每年十一月初一日交领。届时办理

---

① 《万北二图陈巷村杂姓幅议定幅规合同》（光绪二年正月廿九日），合同由牛永利先生提供。

公席二桌,合同内的社首一并受邀。[1] 杂姓幅幅催的轮序和征粮方式无疑是以体现为幅的街道为单位而展开的。大小陈巷村四幅社首的选定及其对所辖幅催的拣择,皆是基于整个村落的基础。这里虽然还有聊称大姓的陈、李的存在,但它们的作用似可忽略。

河内县东王贺、西王贺以及扒庄和王庄(后两小村合为一村)等三村,原本有所谓的飞车役。所谓飞车役即是签选有骡马之家“注名”,衹应地方差遣和挽输任务。最初这种做法基于一般有骡之家为富室的前提,有其运作基础,然随着时间推移,“贫富不常”,财富消长,原有的应役富户有的走向衰微,仍无法脱役,“有骡者屡次倒毙,仍不得不支,甚至赔累不起”。而新生富户“虽家殷实亦不肯买骡,以图躲避差事”。这样,飞车役因为骡马倒毙而难以维持下去。作为基层组织领导者保地必须面对整改的现实。保地带有职役性质,类似基层诸役的编签属于其日常负责事务。其素养的清正抑或昏浊,直接关系着基层管理的效果。骡户的签派便是如此。“狡猾者或买嘱保地,或买嘱书役,彼此蒙混,以致结讼经年,而倒毙者理不得伸”,事情无由解决。到了嘉庆二十三年(1818),刘奎章接任保地,情况发生逆转。刘氏正直且有心计,“慨然欲革其弊”。将东、西王贺村之间的玉泉寺作为三村公所,保地预备大户地亩账簿一本,存放寺内和尚处。“每年腊月初一日,邀请三村大户到寺报地注账。以四十亩为率,多者多报,以凭按地亩摊钱”。每年腊月初一日,寺内设立马王神位。“三村大户,或有添地者,或有去地者,俱以神前报明注账,不得欺瞒。倘有实系窘迫不足四十亩之数者,神前炷香,许其不支;有本非窘迫,故卖三二亩以图规避者,亦许其誓神自便,毫不攀扯”。根据大户土地增减的变更,随时作出是否摊钱或分摊数目的调整。这样的改革等于将此骡马差役耗费作为独立支付的预算类目,突破了原先只是骡马户承担的狭隘范围。每年三村设首事四人:东王贺二人,西王贺一人,扒庄、王庄一人,按照应支之家收取各村钱文。遇到差遣时,每车一辆除官发车价外,每日从账目中帮钱 800 文,五日一兑,不得短少。如有大差,每车一辆除官发车价外,每日帮钱 1200 文。从表面上看,依然是骡户应役,但实质已生变化,“虽云支差,实同雇觅”,即用雇募付酬代替了强制签充,实现了“有骡者不致赔累,无骡而殷富者亦不得规避”的改革设想。“上不误公,下不妨农,讼端亦无自而

① 《万北二图大小陈巷四幅社首公立合同》(光绪二十二年正月二十日)。

起”。立碑是在新制推出12年后的道光十年(1830)底。如撰者所云,“谋定章程,举而行之,已数年矣”,说明此制经受了检验,证明是合理的和可靠的,因此撰记立碑,使之发挥持续效力。[①] 地方政府为减轻负担,将财政“包袱”扔给了基层百姓。三村飞车役的协同改革过程表明,村落及其组织者保地、社首等在地方事务中发挥着关键作用,地缘力量在地方事务中的作用是常态化的和重要的。

二、水利设施的兴修

一般来说,水利设施营建、道路铺设等地方事务均由县政负责。然在不同时期,因为地方政府财政拮据,此类事情常推与民修,官府所做的只是协调利益攸关方的关系而已。在怀庆府孟县境内,发源于济源县,经由河内县流入的溴水,在县城东不远,自北而南穿境而过。水流旺季时常决溢,沿岸田地淹没,财产遭损。在溴水中游东岸,有个村落叫下段渠村,分为东西二社。两社在空间上是分开的,西社(今段西村)离河岸甚近,只有几百米。东社(今段东村)距堤较远。两社距河道远近不同,受害程度有别。两社皆为张姓,系共同始祖繁衍。因为皆为同族的关系,所以两社对待堤工能够较好协调,“历来堤工委系西社承修。东社距堤极远,向止帮以人力,并无捐助钱文”。可见,以往堤工和款项凑集皆由西社承担,距离较远的东社系出道义,只是“帮以人力”而已。光绪二十四年(1898)夏秋之交,因雨水过多,溴水漫口。东西二社就修堤筹款之事互相推诿。署理孟县县事的林柽藩,下令西社族长张建功、首事张春峰与东社生员张子敬共同查核,落实旧章。当查明旧章后,当即谕饬“西社筹款,东社帮工,并力堵筑。将堤培厚增高,仍照旧式以八尺宽为度。统计用款千金,均由西社四百家酌量离堤之远近、家道之贫富分为上中下三等均匀摊派”。首事人等恐日后或有纠葛,公同请示定章勒石。于是,署理县事林某以告示形式,将章程刻立碑石,竖立东社,以垂永久。[②] 两社虽皆为张姓,且为同族,当涉及修堤、筹款等利益付出时,

---

① 李天歆:《三村公役碑记》(道光九年十二月初一日),此碑立于东王贺村汤帝庙。碑拓由庞满军先生提供。

② 《告示:为晓谕承修溴河两社章程事》(光绪二十四年十一月初五日),碑拓由千集堂牛军同志提供。

血亲关系则降到其次，博弈和纠纷却在村社之间展开。也就是说，这里显示的不是宗族关系的温情，而是利益关系的冰冷。在地方政府的协调下，通过宗族首领的介入，问题得到妥善解决，两村重归旧好，不能不说宗族因素在其间还是起到微妙作用的。

孟县西约18里有村张凹村（今槐树乡张洼村），属于丘陵地带。岭区村落都有共同的特点：地面高低不平，周围深涧大壑。为缓冲大雨对街道和田地的冲蚀，往往在村落地势较低的一隅建立水口，以便雨季雨水的排泄。这种工程既不是风水意义上的村落水口，也不是围堵雨水的浇灌设施。在张洼村的西南隅，旧有水口一道，乾隆五十五年（1790）曾修过一次，当时是与村中二仙堂一起兴工的。然经历30多年后，到道光八年（1828）时，二仙庙“庙貌依然”，而作为防闲的水口则岌岌倾覆。村人担心七八月雨季来临时“大雨淋漓，悬崖颓隳。道路之车轨马迹竟滞碍而难通，烟村之此往彼来苦阽危而莫济”。于是，张百龄、梁国材、张心庚等人出面号召，作为工程首事人捐资最多，阖村百姓踊跃捐钱，共捐169440文。共修大、小水口两个。其中，大水口花费占4/5，铺底石长8尺有余，足见工程之巨。组织严密，分工细致，有监工、买办、催车、管账、管人工、借物件、催钱等角色，因此颇有效率。春上一月，工即完竣。需注意的是，3名首事人中有2人姓张。包括首事人在内的捐款者共69人，除去外村南社村一人外，本村68人。其中张姓58人，约占总数85%。① 在这一个案中，村落的主导作用是可肯定的。张姓是本村的主姓，因工程与每个村民利益攸关，自然张姓在捐资名单中呈现较多，所以恐怕不能据此得出宗族作用的判断吧。

灌溉水利纠纷通常是在村落间或者更大的区域间发生，而非宗族间的行为。或许宗族间的水事矛盾也有，只是规模太小，资料保存下来的太少，不易被发现而已。河内县薛家屯与邬庄和唐村（今属博爱县界沟乡）“接壤而居，共相守望，兼多姻娅”，本应和谐相处，只因境内有泉河一道，“屡为争水，累年兴讼，未有定断”。到康熙六十年（1721），又形讦争。经怀庆府知府梁霈杞（号近源）、河务公府赵溥（号敏庵）的协调，薛家屯与另两个村庄达成协议：“薛家屯用北来之水，架木槽以渡灌南田，毋犯东西。邬、唐二村用西来之水以溉东亩，毋侵南北”。既经定断，宜各遵行。在上游不得别开引河以启衅端。三村公立碑

① 蔡文超：《重修水口碑记》（道光八年三月），碑拓由千集堂牛军同志提供。

石,世世遵守。[①] 这是薛家屯与郇、唐二村发生的水泉之争。尽管壤土相接、相互婚姻,仍不能跨越这种隔阂,可见地缘关系的硬核程度远超出了亲缘关系。

河内县丹河东西,各修渠道(西三东六)以为灌溉之资。丹东的万北乡,旧有白沽、老武二渠,灌田甚多,数十余村得沾利泽。可是,到了乾隆年间,因河源淤塞,下游"遂成涸辙"。源头的枯竭,也与丹河东、西利户的水资源争夺有关,所谓"诸渠利户争水堵截,以致争讼不休"。及至光绪初年的数十年间,执政的知县无有过问者。到同治末年,欧阳霖来任知县,他"性禀仁厚,政尚严明",以兴利除弊为己任。在兴水利方面,有疏浚泉河至李洼村的举措。当他发现白沽、老武等渠无水灌溉的情况后,下令二渠利户、堰长(或埝长)具禀请示,按程序提出诉求。这样,自然引发丹西利户的不满,生怕将他们的水资源分去。欧阳氏了解到这种长期积累的矛盾,颇有耐心,对丹西利户反复开导,并不惮烦劳,数次到堰脑调研。当西河利户得知系源头取水而非截留丹西渠水时,无不涣然欣然,自觉理亏,决定"赔挑自赎"。丹河两岸利户关系的协调是工程开展的前提。河渠挑挖由二渠首事和各堰堰长组织,由广大利户参加。"所有白沽、老武二渠应分之水,仍于堰脑取口,左右各一。每口各宽一尺五寸,各得积水九寸四分五厘二毫,恰符应得八厘之数。放水至独河磨,取一总口,受水入渠",然后进入各堰分灌。各种关系疏通后,仅光绪元年、二年之交的一年时间内,二渠便得到修复。"河源既开,河流亦长,自狄家林以至刘村、蔡庄等村,灌田一百",百余村落得到灌溉,田地复为沃壤。知县让举人朱我山、廪生许征棠、生员王超然等备办酒席,邀同丹河东西两造"彼此相见,言归于好,以释数十年争讼之嫌",饬令各渠首事出具保证。至于二渠的用水规则,向有章程,可以遵循。"该二渠各利户得水时刻、分寸,亦由该首事查照向章秉公办理。嗣后永守成规,不得再行扰讼"。各渠首事及埝长、利户人等公立合同,各执一纸,仍将章程刊立碑记,以昭信守。[②] 这项工程的实施,远超出某个宗族、村落的范围,而是一个在更大的区域单元内的协同行动。水利渠道和分支所构成的网络把这一区域联系在了一起,通过分

① 《本府正堂梁讳需杞号近源太老爷、河务公府赵讳溥号敏庵太老爷爱民均利万民感恩》(康熙六十年六月),此碑置于唐村李氏祠堂。

② 娄肇:《欧阳公德政碑》(光绪二年十一月);《无疆之休》(光绪二年十一月)中所载知县欧阳霖给巡抚所上禀文,河南巡抚、布政使、按察使、河北分守道和怀庆府知府批文。按,此两碑置于狄林村学校。

水、用水和维护的关系结成了利益共同体。作为国家代言的地方政府,依靠其凌驾辖区之上的威权,投入精力调查、摸底,并用智慧、耐心,说服和协调地方不同利益体之间的矛盾,虽非钱财投入,但对地方当政者来说确为必需。最终将计划付诸贯穿和落实,则离不开地方首事、堰长等精英群体的谋划和广大利户的执行。这些因素的互动耦合,应是明清时期特别是晚清时期地方社会运作和活动开展的基本状况。

三、地方治安措施的推行

地方盗匪、械斗、嫖娼、赌博等都是危害地方治安秩序的因素,因此为地方基层组织所关注。如孟县城西部岭区西孟庄(今属槐树乡),嘉庆年间村里有赌博现象。赌博为害,破产败家。既违禁犯刑,也毁坏家庭。即便聪敏狡狯,一旦陷入其中,便难幸免败家结局。嘉庆十五年(1810)正月,合村地保、约正、耆老、绅士共同商议,制定罚则,请示张知县的认可并以知县名义示禁。罚则规定,"犯赌者分上、中、下户定罚。不任受者,地方送官究治","有闲地基者不许留异言异服人。如不遵,量主罚钱"。"如有犯者,决不宽贷"。将条文刻碑,立于村庄南庙拜殿之前。① 显而易见,为保证地方秩序安定,戒赌和防闲的发起者正是绅士和作为村庄精英的基层领导者。

大约同期,在县城北梧桐村(今属城关镇)也出现类似问题。原来民安耕凿,俗尚淳良,"人安物阜,乐处尧天。父老有敦庞之气,子弟无巧诈之行"。然世风日下,人心浇漓。"迩来赌窃诸弊,种种不堪枚举"。"耕耘者不勤其业,织纺者不守其分。以致竞奇立异之徒逞乃巧、诡乃诈,遂皆设其赌厂,愚诱良家子弟诬[误]入围中,以图胜负。内期利己,外贻祸人"。及至事情败露,"父兄责无所逭,一时激怒,非争斗于乡党内,即滋讼于有司庭"。嘉庆二十二年(1817),进行整顿,"赌具败毁,按家重罚",合村悦服。党姓为该村大姓,迄今依然,占全村人口90%以上。约副党振武、约正党永通、地方党朝瑞,皆为党姓。他们既是乡村头人,也是族中领袖。族内利用小阳月(十月)的"享祀之时,公奉革薄,从宪

① 《禁止赌博》(嘉庆十五年正月二十七日),碑拓由张思青先生(已故)提供。

复整旧规,于是勒诸贞珉”,将戒赌碑记镶嵌在祠堂街房门楼的左壁。① 既是“合村仝立”的名义,又是同族公立的事实。这个例子表明,当单姓宗族和村落基本叠合,村落的告诫便成为族内的训诫。因此,本来属于村落的活动在党氏宗祠内举办也就很自然了。

四、民间信仰设施的营建

受时代认识的局限,民间信仰是基层民众精神生活的核心。或可以说,神祇灵怪几乎占据了他们的全部精神世界。所以,信仰设施的创建和修葺是民众地方事务的重要选项。每个村落都有自己信奉的神灵,有的还不止一处。不同的街道,或者被称为社的更具体的村庄分割,也都有自己的神灵归属。

温县西北部东口村(今属番田镇)西北隅,有玉皇庙(太清观)。“形势高嵷,殿宇辉煌”。济水从西北而来,山明水秀。太行北矗为屏,岭峻堂清。庙内原有老君殿一座,不知何年创建,中间也曾重修。然年远物敝,在所不免。乾隆六年(1741),村人王璘生不避重任,纠集会首17人各施己财,缘门募化。革故殿宇,作新神像。② 其施银名姓、数量如下:

功德主:王璘生施银一两三钱。

会首善士:王元杰施银一两、王元甲施银一两三分、王士举施银一两、王纪施银一两三钱、王瓛生施银五钱。

会首:王耀宗施银□□、王正己施银一□、施瓦□□、王宗望施银□钱九分、王继孟施银一两、王宗保施银一两一分、王生扬施银一两、王贵扬施银五钱、王臣施银一两、王文惠施钱二百四十七、王贵周施银一两、王□秀施银五钱、王朋信施银一两、王士达施银五钱二分。

善友:王集九□□、王继□□□……王文来施银一两、王作栋施钱八百文、王怀侯施银一两五分、王□侯施银一两六□、王□侯施银一两一钱、王□传施银六钱、王乙遇施银四钱、王颖生施银□□、王文聚施银二□、王继业施

① 《碑记》(嘉庆二十二年小阳月),此碑嵌于梧桐村党氏祠堂街房门楼东壁。
② 张从命:《又重修老君殿志》(乾隆七年三月初七日),此碑立于东口村玉皇庙。

银三钱、王继孔施银五钱。

庙前中段地九分有零，系丁酉科举人王森。睹善友往来出入不便，愿施为官地，钱粮并不排于合社。特志。

从施财名单看，无论是发起人，还是会首和善友，皆为王姓。其中提到举人王森，康熙五十六年获此身份。族谱上显示，他是武魁，或为武举。其祖王永慈（字化宇）、父王京（字文命）皆为生员，可见其为具有一定财力的小士绅家庭①。在庙前中段他有一块九分地，影响善友出入，他便施舍出来，声明钱粮由己承担。可见，老君殿的重修虽以村人名义和信仰社团发起，也未强调宗族背景，但王姓在其中是发挥了作用的。乾隆十二年（1747），该庙内又修建了戏楼。村西有济水经过，地势稍低。远处虽有太行，但缺近屏。所以，从风水角度看应建一戏楼填补。作碑记者系本村县学生员王乙遇，他特别提到首事者的不易，说族祖王纪作为总承领，年虽六旬，不惮烦难，倡率20余人接手祖师圣会，“苦积钱粮”，把戏供和花木使费剩余的7两银子作本，“或买卖赢赚，或出放滋息，不数年至于百金焉”。于是在副承领王瓏生、王继孟的襄助下，置备物料，选择工匠，月余之内即成戏楼。② 此次工程的总承领和副承领，在6年前重修老君殿时已为会首，而撰记者当时也为善友，说明这些信仰活动具有前后的连续性。仍须留意的是，此次17位会首皆为王姓，且撰记者特别提到王纪的族祖身份，表明在信仰设施营建中，作为王姓村的活动与王姓宗族的活动是相互纠缠的。

河内县利上乡四图义庄村（今属沁阳市西乡镇），在县治西北30里。该村占据第四图的3个甲，即第四、第六和第十甲。同治、光绪时已达“数千人”，属于较大村落。因此，全村又细分为西李社、东李社、西尚社、马社、大社等八社。每社“各有公所大庙”，“轮流执事”。其中属于第十甲的某社，以胡姓居多，也有属于自己的社庙资庆寺。该寺未设住持，由本社负责征收丁粮的大粮会的首事代管。依据同治六年（1867）六月该村明善义学首事石德顺等禀文中“厶村资庆寺并无住持，迄今七十余年”的记载逆推，该寺至晚应在嘉庆初年建成。为维系社寺运转，置有寺田若干。计有属于水田的村南中地15亩，属于旱地的坡地40余亩，另有山根地13段。除每年缴纳3.8两税银外，其余粮钱皆归寺院运营，或

① 王维涣：《王氏宗谱》卷3《甲世第八宗·王桃》，民国八年纂修，抄本。

② 王乙遇：《创建戏楼碑志》（乾隆十二年六月日吉旦），此碑置于东口村新修戏台后仓库内。

以多余积蓄用于丁粮征解中缺额的弥补。道光初年,寺务归胡孝选掌管。同治年间,由胡元琮(学名胡玉辉)掌管。光绪年间,归监生身份的胡步鳌掌管。[①] 据讼词材料知,三人间的世次是祖、父、子的关系。然据家谱资料,胡孝选系胡步鳌的曾祖[②]。胡孝选是曾祖抑或是祖父并不紧要,然上面的史实应该可以说明,资庆寺始终是被该社的胡姓掌控的。应与其他社的情况雷同,资庆寺的归属虽是村社性质,然其运行背后确有胡氏家族的因素。若某村社集中为某姓,其涉村社事务的宗族势力的介入是再自然不过的了。尽管如此,宗族面目毕竟被遮盖了,而是以村社名义呈现,说明地缘性组织村社在当时的作用是强势的和被广泛认可的。

更多信仰设施的修建和维护,则是超越了某个家族范围的地缘性村落来操作和实施的。在与武陟县相接的河内县东北地方,有村曰南西尚(今属博爱县阳庙镇)。该村由前社、后社组成,原有佛殿三间,"昭奉佛之仪"。因历年久远,栋宇残坏,妙相颓败。乾隆五年(1740),会首陈有、和玠、陈受学、陈子喜、邱勇、陈楷、张自典、陈子富等人集众倡修,社众慨然"喜施杖头之余,乐取囊中之有",共施银 10 两、人工 100 个,南边较远的武阁寨村的皇甫锡和儿子皇甫天星也施银 4.6 两,几乎占社中施银的一半。作为会首身份的和玠施地 3 分(折银 2.9 两),连同后社捐地 3 分,庙地共 6 分(0.6 亩)。[③] 可见,该庙主要系该村的前社百姓捐资修缮。会首中陈姓数量稍占优势,但从碑记作者河内县儒学生员和维裁与书丹人和楚生以及捐地者和玠的情况看,和姓在其中的地位似不少让,还有外村人皇甫氏的捐助,因此该佛殿的修护看不出某姓从中左右局面的情形。

修武县新店(今属焦作市解放区)村东,原有火神庙(或称火德真君行宫)。"素称威灵",故远近男女"靡不在所感应"。康熙十年(1671)前后,梁、张、刘、杨四氏"舍己财,劝人施,不惮日夜以维持焉",因此有捐财者,有捐力者,有捐土木石者,不数年即成壮观,过往官商士民莫不称叹。四姓虽有倡率之功,也赖众人共襄之力。除个别男性会首外,也有女性会首。然颇具特色的是,此次捐助的

---

① 《河内县义庄村办理义学寺费遭侵讼案抄单》,抄本。

② 《胡氏家谱》,2017 年纂修,内部印本,第 351 页。

③ 和维裁:《重修兴佛殿前社碑记》(乾隆五年四月),此碑立于南西尚村佛祖寺。

数十人中,女性竟占九成以上,表现形式为某人妻某氏,个别也有某人母某氏。① 后来,此庙规模又有增扩。中为真君大殿3间,前有拜殿,后有寝宫。左右塑群神,环列配飨。每年正月初八日,"牵羊赛神甚夥"。后因远近皆立火神祠,进香者较之往昔只有什一,然而每年"不约而至者犹数万众"。到道光间,因岁久风雨摧蚀,渐有损坏。庙祝程永资与上了年纪的武生身份姬守贞、监生身份王铭文商议修葺。二人慨然自任,遂输钱钞百有余千,纠合七社中老成练达20余人担任执事,敦请四方信友捐资,"数十里内环庙而居者,靡不如期而至,乐勷大功"。"有愿领原工者,相工酌费;愿出布施者,随意捐施。率皆踊跃争先,不吝输将"。秋初卜吉开工,不数月功竣,真君大殿、穿廊、寝宫、拜殿、神鼓、配殿、钟鼓楼、东西辕门、前后山门,以及祖师殿、东顶拜殿、灵宫庙、舞楼、道院,"坏者修补,颓者新立。庙宇巍然,神像焕然"②。重修火神庙的捐助者虽以本村七社为主,然环庙数十里的居住者也竞相参与,说明具有共同的精神信奉。残碑中能够看清的捐助村社者有山川会前社、山川会后社、南大社,还有位于新店西北士林村的名字,已超越新店村的范围,可以印证环居者的说法。

河内县西北常乐村(今属沁阳市西向镇)和县东南北住村(今属沁阳市王召乡)的情况更为典型和独特,神祠建筑成为本村诸社或附近诸村的共同捐建之物和神灵信奉中心。常乐村的西北方有药王庙,中有十代名医献殿(即拜殿)。在百姓缺医少药、医疗条件极端落后的过去,寄托药神的庇护是无奈的选择。献殿因历年久远,为风雨摧剥。每值会期,人感凄惨。乾隆五十二年(1787),本村前社信士原国正,与本社掌神原士修等商议,愿做首领,募化重修,群相称善。于是,原国正通过总执事和执事人层层落实的机制,在本社和附近的鲁村、长沟村、清河村化缘,每村参与者皆有数十人,各村共捐65621文。此外还有个别商号和个人的施钱。如嵩县王封蛟捐款200文、南作村秦国佐和孙成士分别捐款200文和400文,永兴庄施银3.96两。南范村洪福寺僧定福因系本庙住持,施钱400文。直隶保定府可兴号和祥兆号、陕西广顺号也各施钱100文,商号捐额只及一般住户的水平。要么出于吝啬,要么经营额不大。在捐款资金的保证下,该殿重

① 王滋德:《火神庙总名碑记》(康熙十三年四月十八日),此碑立于新店火神庙。

② 程丙炆:《重修火德真君庙记》,此碑立于新店火神庙。按,此碑残缺,无署时。据道光《修武县志》卷7《选举考·岁贡题名》知,程氏系道光十二年岁贡,故知此碑大体立于道光间。

修顺利告竣。[①] 此殿鼎新可谓常乐村和周边三村协同共建的结果,是以村落地缘联合力量为基础的。其中姓原的不少,但他们只是村落化缘组织者的身份。

北住村有二仙菩萨庙。二仙信仰是从晋东南地区输入的信仰产品,在怀庆府一带广为流行,河内县境内尤其如此。主要目的是通过举办祈水仪式达到防旱的效果,后渐扩展到保佑百姓生活的各个方面。结合现存碑文和与当地村民访谈内容大体可以获知,在晚清时,北住村和周边其他五村各建二仙庙,几乎类于复制,轮流使用玉瓶到传说中的二仙家乡山西潞安府壶关县真泽庙灌取圣水一道。"六村轮流奉神,朝山取水"。[②] 每年前后村的玉瓶交接仪式在四月初九日举行。值年村落取得圣水后,于四月十三日举行行水仪式。届时伴有大型庙会,其他五村皆来捧场。堪称祈求法雨,一方均沾。说明此六村构成了一个具有共同追求和相互扶持的精神联合体。轮流取水和举办仪式的顺序是:马铺村、兴福村、北住村、彭城村、龙涧村、冯翊村。北住村二仙庙在村的东南方,由东西大殿构成,东大殿祀二仙,西大殿祀关帝,[③]庙内还有祖师殿和广生殿。咸丰三年(1853),因火灾诸殿烧毁。同治四年(1865),本村善人周福贵发起,鼓动本村四社捐款,并利用庙中柏树、柳树重修二仙庙。继而修建祖师殿。民国元年十二月,由三社广生会和首事为主体,头社、二社、三社、四社共同参与,皆为捐助。从捐资名单看,除头社全为李姓外,其他各社皆为杂姓。[④] 我们不仅要从修建参与者的角度,还要从作为他们共同的活动场所,更要从他们精神信奉的深层来看待和理解这种现象。这种村社联合体的信仰方式,决定信仰建筑已成为远超出家族血缘甚至是村落个体的更大地理单元的精神家园。

综上可以看出,在清代河南西北部地缘社会的运转和日常生活中,村落、具有某种共同志趣(如信仰、互助等)的社团组织、以国家代言的地方政府,是发挥作用的经常性和主导性因素。在诸如赋税征收和解纳、水利设施修建、地方社会秩序维系和民间信仰设施营建等方面,村社、保甲等基层组织作用明显,地缘性社团活跃,而血缘性宗族只是副角和陪衬。当单一宗族和村落叠加的时候,宗族

---

① 张子光:《重修十代名医献殿记》(乾隆五十二年□月),此碑立于常乐村药王庙。按,此碑无题额,据内容拟定。

② 《重修二仙菩萨殿碑序》,此碑置于北住村二仙庙。因碑残断,撰者不清。

③ 周福茂:《重修祖师殿志》,此碑置于北住村二仙庙。

④ 《重修广生殿碑序》(民国二年四月),此碑置于北住村二仙庙。因碑尾残,撰者不清。

影子不时闪现,但它并非主体参与角色,从总的态势上看也是微弱的。这是作为华北区组成部分的河南一隅的情况,是否反映了近世中国宗族的总体走向和状况,具有更大区域的代表性,不敢断定,但它至少提供了一个本区域内比较和南北地区比较的重要参照。

边疆与藩封

明代西域经营方略

赵　毅

西域是历史上东亚、中亚、西亚、亚欧经济文化交流的枢纽，是众多部族、国家、宗教、文明展示自己的大舞台，也是许多民族、政治集团、国家军事竞争的角力场。波斯、东罗马、阿拉伯、大食、天竺、近世的沙俄都不曾在这里缺席，而历史上中国的中原王朝和北方草原游牧民族匈奴、突厥、回纥、契丹和蒙古更是积极参与了西域的开发、经营，尤其是对西域管控的争夺战争。

不同历史时期，西域的地理范围有盈有缩，中西方史家认知各异。法国历史学家鲁保罗认为，"我把'西域'理解为蒙古和南西伯利亚、今天形成哈萨克斯坦和其他四个独联体共和国（乌兹别克斯坦、塔吉克斯坦、土库曼斯坦、吉尔吉斯斯坦）的主要地区、阿富汗的北部，与赫拉特和木鹿相联系的伊朗呼罗珊和中国的西藏、新疆、甘肃"。① 巴基斯坦北部的旁遮普北部和白沙瓦也应纳入"西域"范畴。明末清初中国历史学家认定的西域地理范围为：哈密卫、柳城、火州、土鲁番、西宁河州洮州岷州等西番诸卫、安定卫、阿端卫、曲先卫、赤斤蒙古卫、沙州卫、罕东卫、罕东左卫（关西七卫）、哈梅里、朵甘卫、乌斯藏卫、长河西鱼通宁远宣慰司、董卜韩胡宣慰司、撒马儿罕、沙鹿海牙、达失干、赛蓝、养夷、渴石、迭里迷、卜花儿、别失八里、哈烈、俺都淮、八答黑商、于阗、失剌思、俺的干、哈实哈儿、亦思弗罕、火剌札、乞力麻儿、白松虎儿、答儿密、纳失者罕、敏真、日落、米昔儿、黑娄、讨来思、阿速、沙哈鲁、天方、默德那、坤城、鲁迷等，大者称国家，小者称地面。② 笔者认为，朵甘、乌斯藏、长河西鱼通宁远宣慰司、董卜韩胡宣慰司等均属

① ［法］鲁保罗著，耿昇译：《西域文明史》，北京：中国藏学出版社，2014 年，第 6 页。

② 张廷玉等：《明史》卷 329—332，《西域一》《西域二》《西域三》《西域四》，北京：中华书局，1984 年，第 8511—8627 页。按，朵甘、乌斯藏后由卫改行都指挥使司。

西藏地理范畴，早在元朝便已纳入中国版图；西宁河州洮州岷州等西番四卫在明初已归明王朝有效管辖；因此，这些地域不在笔者重点考察视野之内。笔者拟重点考察的地域，主要在嘉峪关以西的撒里畏兀儿地，天山北麓伊犁河流域的蒙兀斯坦，天山南麓喀什噶尔、疏勒、龟兹、于阗等地，以及葱岭以西地处中亚的河间地、撒马尔罕、哈烈、天方等。笔者将围绕明王朝对这一广袤地域的政治、军事、文化、外交政策所构成的西域经营方略展开讨论，不妥之处在所难免，请方家不吝赐教。

一、西域在不同历史阶段，对不同国家、部族、政治集团而言是一片移动的边疆

早在旧石器时代、新石器时代的西域，就已经有人类活动，并留下了遗址和遗物。根据考古学和人类学的资料，“西域史前文化的人种成分是比较复杂多样的，既有欧罗巴种，也有蒙古利亚种，同时还有欧罗巴与蒙古利亚种的混杂型。”①见于中国史书记载公元前 3 世纪，大月氏、大宛、乌孙、康居、楼兰可能是西域的早期居民，部落联盟或城邦国家已经出现，但无统一强大的政权。西域幅员辽阔，物产丰富，自然环境虽不算优越，但不乏绿洲和草原，可为游牧民和定居民提供生产生活的基本保障。多支活动于蒙古草原的游牧民族先后进入西域。

最早闯入西域的是匈奴人。公元前 176 年，匈奴冒顿单于击败大月氏，大部分大月氏被逐出故地，匈奴势力伸入西域。此后又兼并乌孙，降伏康居、楼兰和阿尔泰山南麓的呼揭国，自今日之哈密，到伊犁河流域，再到迤西的伊朗高原，皆被其控制。匈奴征服西域目的是奴役和掠夺，还为了以此为基地，与西汉、东汉王朝开展更大规模的角逐。汉武帝在位期间，曾与匈奴展开数十年的战争。东汉初年匈奴内讧分裂，北匈奴仍是东汉政权的心头之患。匈奴从公元前 209 年冒顿单于建立政权，到公元 91 年北匈奴政权瓦解，在西域、在大漠南北纵横 300 年，在西域的影响力、控制力与西汉王朝不分伯仲。

公元 4—5 世纪，吐谷浑、柔然的势力进入西域，占领于阗，控制准噶尔盆地，

① 余太山：《西域通史》，郑州：中州古籍出版社，1996 年，第 33 页。

扩张至伊犁河流域,与北魏在西域进行激烈角逐。

公元6—7世纪,突厥族崛起。这支游牧民族原来臣服于柔然,被柔然汗称为“锻奴”。西魏废帝元年(552),突厥首领阿史那土门率兵击败柔然,以于都斤山为中心,建立突厥汗国,自称伊利可汗。建国不久,土门汗之弟室点密,统领十大首领10万余众,攻占了西域各地,自立为可汗,建牙帐于鹰娑川为冬都,建牙帐于碎叶河流域的千泉为夏都。突厥一分为二:以土门汗为首的东突厥和以室点密为首的西突厥。两大突厥势力,表面上以土门汗的东突厥为宗主,但为争夺大汗宗主之位展开了激烈的军事角逐。东突厥得到隋唐王朝的支持,却没有取得主动。到达头可汗时西突厥独立建国,称西突厥汗国。[①] 突厥在西域的巨大影响力持续近两个世纪,公元6世纪中叶到7世纪中叶的百年,“西域基本上由突厥政权统治的”。表现为“西域城郭诸国普遍接受了突厥政权授予的官号”,“突厥政权派遣官员对西域国家进行‘摄领’统治”,“交纳贡赋是西域诸国必须向突厥政权履行的义务”。[②] 除此之外,突厥政权还与西域高昌国、焉耆、龟兹、疏勒、于阗、坚昆、康居保持联姻关系。隋朝、唐朝两代,特别是唐太宗、武则天时期对西突厥的斗争投入大量人力、财力和兵力,直到高宗显庆二年(657)攻灭了西突厥政权。但突厥另一部族突骑施兴起建立突骑施汗国,东突厥(或称后突厥)余部纷纷进入西域,仍使唐王朝疲于应对。

笔者还要谈一谈吐蕃在西域的活动。吐蕃是“高地亚洲”青藏高原的部族,公元7世纪初,部族首领松赞干布称“赞普”,建立国家,与唐王朝和亲入贡,友好交往,传为历史佳话。可惜,好景不长。公元7世纪中叶,因吐谷浑内附唐朝,吐蕃军队由南向北深入西域,吐谷浑战败,请求内徙,吐蕃军队便直面唐王朝在西域的势力了。唐蕃正面交锋几年后,到公元670年,吐蕃军队迫使唐朝放弃龟兹、疏勒、于阗、碎叶安西四镇,逼迫唐王朝将安西都护府撤往西州。又胁迫十姓可汗阿史那都支归附吐蕃,联合成军侵扰西域各地。公元790年吐蕃与葛逻禄联军攻陷庭州。与唐朝在葱岭地区展开争夺战,并与唐朝针锋相对争夺大小勃律,毫不退让。吐蕃势力全盛时,河西走廊亦不获安宁。[③]

回纥原系活动于蒙古草原的游牧民族,相传由9个氏族组成,而以药罗葛氏

① 林幹:《中国古代北方民族史新论》,呼和浩特:内蒙古人民出版社,2007年,第27—28页。

② 余太山:《西域通史》,第126—128页。

③ 余太山:《西域通史》,第167—176页。

为尊。先后臣服于薛延陀和后突厥汗国,受其役使。回纥曾配合唐王朝攻灭薛延陀,壮大发展了自己的实力。公元744年,回纥首领骨力裴罗自称可汗,建牙帐于于都斤山,创立漠北回纥汗国。788年得唐王朝允许,改称“回鹘”。回纥汗国与唐王朝一直保持着友好交往,并经常入贡,事大以诚。“安史之乱”爆发,回纥出兵,助唐平乱,收复长安、洛阳二京。回纥自恃功高,勒索女子玉帛,贪欲无限膨胀,竟不把唐王朝放在眼里。回纥汗国内统治集团上层和国内不同部族矛盾日益尖锐,国力渐衰。公元840年,回纥贵族句录莫贺勾结黠戛斯,掩袭回纥城,可汗被杀,回纥各部余众四处逃散。有进入长城以南,融入当地居民之中者;有东投库莫奚,后又投室韦者。主要有3支回纥部族西迁,进入西域。一支迁居河西,称河西回鹘,建立甘州回鹘汗国;一支迁居西州,称西州回鹘,建立高昌回鹘汗国;一支往投葛逻禄至葱岭以西,征服了葛逻禄,壮大了自己,在10世纪末,建立了喀喇汗国。喀喇汗国改信伊斯兰教,国力极盛时,辖境包括怛逻斯、讹打剌、喀什、莎车、于阗、和田等地。喀什噶尔是其第二都城。后来汗国内部分裂成东喀喇汗国和西喀喇汗国,实力仍不容小视。到12世纪中叶相继败亡。[①] 喀喇汗国从唐末到宋末大约立国200年。

西域缺少强大统一王权的控制,使许多部族得以破门而入,甚或通行无阻。公元12世纪初,曾经不可一世的契丹王朝,在宋金的联合攻击下,风雨飘摇。在辽朝覆亡前夕,皇族耶律大石率部众北走漠北,建立政权,史称西辽。耶律大石没有满足偏安漠北,而是率部西征,进入西域。先后征服高昌回鹘汗国、东喀喇汗国和西喀喇汗国、花剌子模国,并同葛逻禄、塞尔柱争夺霸权。西辽王朝存续88年,到公元1211年,在成吉思汗西征时消亡。

自公元13世纪初蒙古西征起,西域迎来了一个空前强大的政治、军事力量——察合台汗国在西域具有绝对的控制支配权力,几乎无与争锋者。到公元14世纪中叶,察合台汗国分裂为两部分。以阿姆河、锡尔河之间广阔地域为中心的河中地区,突厥化伊斯兰化的蒙古巴鲁剌思部拥立帖木儿为汗,建立帖木儿帝国。帖木儿,也称瘸子帖木儿或驸马帖木儿。帖木儿帝国实力强劲,数次进攻金帐汗国,争夺疆土和人口,攻灭伊利汗国,在中亚引起震撼,是14世纪中叶到16世纪末一个半世纪足以与东亚明王朝交相辉映的中亚强国。明朝人以哈烈、

① 参见林幹:《突厥与回纥史》,呼和浩特:内蒙古人民出版社,2007年,第155—185页。

撒马儿罕称之。以阿克苏、喀什噶尔地区为中心，蒙古朵豁剌惕氏扶持察合台后裔秃黑鲁帖木儿为汗，建立东察合台汗国。明朝人称之“别失八里”或“亦力八里”。关于东察合台汗国有两个问题要交代清楚。其一是秃黑鲁帖木儿汗不甘心当朵豁剌惕贵族的傀儡，为了寻得强大的伊斯兰教社会力量的支持，在即位后第六年，即1353年宣布信奉伊斯兰教，引导他皈依的是额什丁大毛拉。虽有异教徒反对，经过较量，都以失败告终。据称“人们大声欢呼，当天有十六万人剪掉长发皈依了伊斯兰教”。于是，“伊斯兰教在察合台汗国的这一整个地区传布开来……”①其二是东察合台汗国分分合合，国中有国，别失八里——亦力八里、阿克苏——喀什噶尔、土鲁番、哈密政权有联系、合作、互助，也有矛盾和争斗。其间，歪思汗、羽奴思汗（阿力汗）、阿黑麻、满速儿一脉相承，他们以土鲁番为支撑，不断东扩，向明王朝控制的哈密等关西七卫发动宗教战争，迫使明王朝放弃嘉峪关外的政治存在。

15世纪末，东察合台汗阿黑麻第三子以叶尔羌为中心，创立叶尔羌汗国。伊斯兰化的察合台后裔蒙古、畏兀儿、哈萨克等族并非铁板一块，内部纷争不断。同为伊斯兰教的信徒，内部的白山派与黑山派冲突仍很惨烈，对外无大作为。

研究明史者都知道，在明代三部蒙古中，瓦剌部活动在蒙古草原西北地区，与喀尔喀蒙古、察哈尔蒙古合作较少，纷争却几乎不断。明王朝设陕西行都司，辖肃州、甘州、山丹、永昌、镇番等15卫所，部署重兵，防御瓦剌部势力突破进入天山北麓是军事目的之一。但到17世纪中叶，明王朝败亡在即，军力锐减，瓦剌部（厄鲁特部）还是进入了天山北麓的伊犁河流域，建立了准噶尔汗国。1680年攻灭叶尔羌汗国，南疆、北疆皆在掌控之中。进而又将势力扩张到西藏，自任藏王，西藏政教大权尽落掌中。待到噶尔丹任准噶尔汗时，出兵攻掠喀尔喀蒙古和察哈尔蒙古，兵锋直逼长城脚下，为遏制噶尔丹的政治野心和分裂图谋，清王朝不得不接受挑战，与准噶尔进行近百年的艰苦卓绝的斗争。

当然，中亚、西亚和中东欧的部族与国家对西域事务的参与影响也不容忽视。东罗马帝国、波斯帝国、拜占庭帝国及大食都曾染指西域，与西域地区的部族、国家和中国中原王朝有过利益争夺甚或军事冲突，但逻斯之战，是唐王朝与

---

① 米儿咱·马黑麻·海答儿著，新疆社会科学院民族研究所译：《中亚蒙兀儿史——拉失德史》，乌鲁木齐：新疆人民出版社，1983年，第165页。并请参见余太山：《西域通史》，第369页。

大食之间的大规模战争。

通过前面大量的叙述，笔者发现这样一个带有某种规律性的历史真相：不同历史时期活动在蒙古高原的部族、国家，或为寻找新的生存空间、或战败避敌远徙、或为征讨敌国开辟军事地理通道，都能进入、通过或立足西域得遂其愿。北匈奴、西突厥、吐蕃、回鹘、契丹、蒙古莫不如此。中西的外交家、旅行家张骞、陈诚、马可·波罗，中西方的宗教人士像法显、玄奘等西行高僧和伊斯兰教、聂斯脱利教传教士也能在西域地区自由通行，无大阻碍。中原与中西亚的骆驼商队，行驶于“丝绸之路”，虽有风餐露宿之艰辛，却也很少遭际剪径之强盗。西域似乎是个开放的空间，来者不拒。

王国维曾这样议论：“西域人民，以国居东西之冲，数被侵略，亦遂专心职业，不复措意政治之事。是故希腊来则臣希腊，大夏、月氏来则臣大夏、月氏，嚈哒来则臣嚈哒，九姓昭武来则臣九姓昭武，突厥来则臣突厥，大食来则臣大食。虽屡易其主，而人民之营其生活也如故。”①为什么会这样呢？

其一，西域幅员辽阔，人口密度极低。多绿洲，水肥地沃，可农耕可树艺，适合定居生存；草原广袤，牧草丰美，可牧可猎，是游牧民的天堂。西域是农业和畜牧业两宜之地。

其二，西域部族众多、文化多元、信仰多样，虽曾出现过许多城邦国家和流动的游牧政权，却极少有强大统一的王权。匈奴、突厥、回鹘虽曾强盛一时，但也未能统一西域、掌控全西域。且统治阶层内部权力之争不断，内耗巨大，不能有大的展布。

其三，西域塔里木盆地北缘和南缘有两条中西交往的“丝绸之路”，孕育着无限商机，也引诱着东西强国介入西域事务。

其四，在世界古代文明史的上古和中古时期，强大的国家和雄才大略的君主，有开疆拓土的意识，但缺少明确清晰的领土边界观念。在最高统治者看来，领土可以转让、交易，被强于自己者抢占，更显得符合弱肉强食的丛林法则。边界明确、领土神圣不可侵犯，是近代民族国家概念形成后的理论认知。所以 17 世纪后，尤其是在沙俄介入西域事务后，围绕该地区的斗争更加尖锐复杂。

---

① 王国维：《观堂集林》卷 13，《西胡续考》，载谢维扬、房鑫亮主编：《王国维全集》第 8 卷，杭州：浙江教育出版社，2010 年，第 398 页。

基于以上4点，笔者认为古代西域是占有权不断变化的一片移动的边疆。它的最终所有权（不是全部可能是局部）的归属取决于介入国家的经济辐射力、文化渗透力和军事威慑力。

古代中国历届王朝对西域的经略及最后的成果，也证明了笔者上述认知是符合历史实际的，中国中原王朝经略从西汉开始。公元前139年，汉中人张骞应募，奉汉武帝之命，出使西域（主要目的国是大月氏），此事非同凡响，意义重大，研究较多，不再赘述。笔者要强调的是，张骞凿空西域宣告西汉王朝政治、经济、文化、军事力量不容忽视的西域存在。自此以后，东汉、隋、唐、元、明、清历代统一的中国中原王朝都不缺位，不管付出多大代价，也从不言弃，尽力经营。尤以汉唐两朝经略成就最大。西汉军队多次战败匈奴骑兵，设立西域都护管辖西域政治军事，设戊己校尉管理西域屯田，掌控西域80余年，挑战了匈奴霸权。唐代亦极力经略西域，与西突厥、吐蕃、突骑施和大食的势力反复较量，反复争夺，虽有所失，亦有所得。安西都护府和北庭都护府的设立及在西突厥地区、塔里木盆地、葱岭以西大批羁縻府州的设置，彰显了唐王朝在西域的影响力和控制力。元代西域是察合台汗国的一统天下，其独立经营，不甚服从中央皇权之命令，很像独立王国。清王朝自康熙中叶至乾隆中叶，历时百年，同准噶尔及大小和卓分裂势力斗争较量，几乎耗尽国帑，边疆抵定，归入版图的是“新疆”。“新疆”不是西域，或说不是完整的西域，葱岭以西包括河中地、撒马尔罕以及哈萨克草原皆属他人。“新疆”是微缩版西域，是中国中原王朝1800余年连续经营的结果，是经济辐射力、文化渗透力、军事威慑力比拼的结果。这也证实了古代的西域是一片移动的边疆。

明王朝对西域的经营方略，与汉唐和清朝有承接有延续，也有巨大的不同。这将是笔者下面考察的重点。

二、明代的西域经营方略

在展开明代的西域经营方略前，有必要考察一番元末明初西域基本政治势力的格局。察合台汗国在元末解体一分为二，驸马帖木儿称汗，建立帖木儿帝国，主要控制地域在撒马尔罕、哈烈等中亚地区，喀什噶尔地区也曾被基本控制。

秃黑鲁帖木儿称汗，建立东察合台汗国，以阿克苏为其政治中心。这两个政权有很深的政治渊源，联系较密切，土地人口资源的争夺也很激烈。公元1363年秃黑鲁帖木儿死后，东察合台汗国大乱，伊斯兰化的东察合台后裔各霸一方，不相统属。《明史》评述西域形势"元亡，各自割据，不相统属……地大者称国，小者止称地面"。① 择其大者有如下五个政权、阿克苏—喀什噶尔政权、别失八里—亦力把里政权、土鲁番政权、哈密政权和叶尔羌政权。哈密的地理位置十分重要，在元代即引起最高统治者的关注，以威武王寻改肃王镇之。《元史》诸王表清楚记载，肃王不属于察合台一脉，哈密王自然不属于东察合台后裔，元代哈密应为中央直辖，这是以往研究关注不够的。

笔者认为明王朝对西域的经营远不及汉唐，也不如清代，不仅表现在所投入的财力、人力和军力上，就是对西域各个政治势力和他们的分合兴衰、相互关系、信仰取向都缺少准确的认知。研究这个课题笔者多遍阅读《明史·西域传》，发现许多错误。有学者会说《明史》的错误是清修《明史》由清代学人造成的，无关明人责任。又不可否认清修《明史》所依据的是明代实录、档案、疏牍、文集、方志，明人自然难辞其咎。

其一，《明史·西域传》除去西番四卫、关西七卫和乌斯藏、朵甘行都司外，立传西域国家和地面共37个，却没有叶尔羌汗国传。叶尔羌汗国是不可轻忽的一支西域重要力量。

其二，哈梅里即哈密，兀纳失里即纳忽里，元末肃王。不知何故，哈梅里与哈密分别立传，让人费解。

其三，撒马儿罕、哈烈、俺的干、俺都淮、失剌思都是帖木儿帝国所属地面，却分立传。给人的印象是帖木儿只领有撒马儿罕。

其四，将东察合台汗国与帖木儿帝国区分不清。东察合台汗国的一些事件被写入了撒马儿罕传中。

其五，《明史·西域》为沙哈鲁立传，那么沙哈鲁显系国家或地面，与帖木儿帝国国王"沙哈鲁"3字完全一样。还言之凿凿"沙哈鲁，在阿速西海岛中"。② 西域国家和地面皆处于欧亚内陆，四至皆不临海，怎么出了个海岛国家，四面

① 张廷玉等：《明史》卷332，《西域四》，第8616页。

② 张廷玉等：《明史》卷332，《西域四》，第8621页。

汪洋。

公元1368年，朱元璋在应天即皇帝位，建立明王朝，随即发布《北伐檄文》："自古帝王临御天下，中国居内以制夷狄，夷狄居外以奉中国……中原气盛，亿兆之中当降生圣人，驱逐胡虏，恢复中华，立纲陈纪，救济斯民……欲遣兵北逐群虏，拯生民于涂炭，复汉官之威仪。"[①]元顺帝君臣见大势已去，未作大规模抵抗，便退走漠北，伺机卷土重来。故元余部梁王占据云南，丞相纳哈出盘踞辽东金山，均掌握数十万兵力，尤其是矢志效忠元朝且颇有兵韬战略的扩廓帖木儿（王保保）扼守河西走廊，是明王朝的一大威胁。明初统治者的当务之急，是打击追剿元顺帝及消灭盘踞国内的故元势力，虽有明确的天下观念，却无暇顾及西域事务。洪武二年（1369），明太祖致书元顺帝，称其北遁大漠，"能顺天道，归我中国故土，上策也"，"方今中国封疆尽为我有，全二千城之富庶，握群雄累岁之劲兵，华夏已平，外夷咸附。"[②]故元势力不可招致，对抗到底的决心满满。明将徐达、常遇春、冯胜、蓝玉等数次出师，重创北元军事实力，特别是扫荡了扩廓帖木儿河西走廊的元军，为明朝进入西域廓清了道路。

洪武十三年（1380），"都督濮英练兵西凉，袭虏故元柳城王等二十人，民一千三百余人，并获马二千余匹，遣使以所获符印来上"。[③] 旋又"请督兵略地，开哈梅里之路，以通商旅"。[④] 同年五月"濮英兵至白城，获故元平章忽都帖木儿。进至赤斤站之地，获故元豳王亦怜真及其部属一千四百人，金印一"[⑤]，七月"兵至苦峪，获故元省哥失里王、阿者失里王之母、妻及其家属，斩部下阿哈撒答等八十余人，遂还兵肃州"。[⑥] 明军西出嘉峪，进入西域东部的撒里畏兀儿地区，使哈密等地的东察合台势力感受到了明朝的逼人之力，有些部族和地面，表示愿意向化来朝，纷纷与明王朝联系，主动示好。洪武二十四年（1391）八月，"命左军都督佥事刘真、宋晟率兵征哈梅里。先是，西域回纥来朝贡者，多为哈梅里王兀纳失里所阻遏。有从他道来者，又遣人邀杀之，夺其贡物。上闻之，乃遣真等往征

① 《明太祖实录》卷26，吴元年冬十月丙寅条，台北："中央研究院"历史语言研究所校勘本，1962年，第401页。按本文所引明各朝实录皆出此版本。

② 《明太祖实录》卷46，洪武二年冬十月是月条，第926—927页。

③ 《明太祖实录》卷131，洪武十三年四月甲申条，第2078页。

④ 《明太祖实录》卷131，洪武十三年四月丁亥条，第2078页。

⑤ 《明太祖实录》卷131，洪武十三年八月壬寅条，第2087页。

⑥ 《明太祖实录》卷132，洪武十三年七月甲辰条，第2104页。

之。真等由凉州西出哈梅里之境，乘夜直抵城下，四面围之，知院岳山夜缒城降。黎明，兀纳失里驱马三百余匹突围而出，我军争取其马，兀纳失里以家属随马后遁去。真等遂攻破其城，斩豳王列儿怯帖木儿、国公省阿朵儿只等千四百人，获王子别列怯部属千七百三十人，金印一，银印一，马六百三十匹”。[①] 这可能是明代在西域最大的一次军事胜利，《明史》评价“自是番戎慑服，兵威极于西域”。[②]什么是明王朝西域经营方略呢？有哪些重大战略举措呢？下面将分别叙述之。

（一）河西诸卫——西域经营方略的后方基地建设

明王朝一直将防御蒙元余部作为国防重点，在东起辽左西至嘉峪关重点设防，布置了九边重镇。对西北尤其是西域基本上采取守势，无开疆拓土的雄心气概，保持与西域国家地面的和平交往是明初所定的基调。对瓦剌、鞑靼突破防线进入西域、河西高度警惕。所以，明初先设肃州卫，继设甘州五卫，山丹卫、永昌卫、镇番卫、凉州卫、镇彝所、高台所，合称河西卫，隶属开府甘州的陕西行都司，是明王朝经营西域的后方基地，肃州卫和甘州卫作用尤大。

首先，西域国家地面朝贡使团进入嘉峪关，由督抚、行都司向北京呈文汇报情况，获准后负责护送使团抵京。

其次，嘉峪关的关西七卫，若有紧急军情战况，可以挥军出关援救，先机制敌（此情况极少发生）。

再次，平时练兵备战，不轻启边衅，防范瓦剌、鞑靼的西进和南下。

最后，当关西七卫或被强敌掳掠或遇自然灾荒，残破不堪，难以自存时，则开关延纳其部众，在肃州卫或甘州卫安置，拨给衣食、牛种，使其安养生息恢复元气。成化、弘治、正德年间，这种情况极为常见，河西诸卫成为关西七卫难民收容安置基地。

（二）关西七卫——西域东缘的羁縻卫所

所谓关西七卫，是指明初在嘉峪关以西、原撒里畏兀儿地、西域东缘设立的七个羁縻卫所。设立的初衷有二：一是作为河西诸卫的“藩篱”，七卫联比，形成

---

① 《明太祖实录》卷 211，洪武二十四年八月乙亥条，第 3138 页。

② 张廷玉等：《明史》卷 155，《宋晟传》，第 4246 页。

一缓冲地带，可"屏卫"明朝西北门户嘉峪关；二是与明朝所立"扼西域之咽喉，当中西之孔道"①的哈密卫声气相求，使哈密这个明王朝与西域国家地面联系交往的前哨阵地，更加巩固稳定，坚如磐石。

洪武七年(1374)，原元朝宗室宁王卜烟帖木儿遣使来贡，献铠甲刀剑诸物，明年复贡，"上元所授金、银字牌，请置安定、阿端二卫。从之"。② 洪武三十年(1397)，罕东(今克里雅)蒙古酋长"锁南吉剌思遣使入贡，诏置罕东卫，授指挥佥事"。③ 洪武时，曲先"酋长入贡。命设曲先卫"，旋"遭朵儿只巴之乱，部众窜亡，并入安定卫"，永乐四年(1406)复其卫。④ 永乐二年(1404)，沙州蒙古酋长困即来率众来归，置沙州卫。同年，赤斤蒙古酋长塔力尼率部来归，设赤斤蒙古千户所，永乐八年改千户所为卫。成化十五年设罕东左卫，因此前沙州卫已衰亡，罕东左卫即开府沙州卫故城。安定、阿端、曲先、罕东、罕东左、赤斤蒙古、沙州便是突出嘉峪关外的关西七卫。为论述方便，笔者依据《明史·西域二》的记载，编制了关西七卫兴废表，供读者参阅(见表1)。

表1 关西七卫兴废

卫所名	设立年代	解体年代	解体原因
安定卫	洪武八年 洪武二十九年复立	洪武十年 正德中	安定王卜烟帖木儿被杀，属下头目朵儿只巴掠去金印，叛走沙漠，安定卫解体 蒙古大酋亦不剌、阿尔秃斯杀掠，部众散亡
阿端卫	洪武八年 永乐四年复立	洪武十年 正统以后	为朵儿只巴所掠，其卫残破遂废 "正统时数入贡。后不知所终"
曲先卫	洪武时 永乐四年复其卫	洪武时 正德七年	因朵儿只巴之乱，并入安定卫 被蒙古大酋阿尔秃斯、亦不剌蹂躏，其卫遂亡
赤斤蒙古卫	永乐二年设赤斤蒙古所，永乐八年诏改千户所为卫	正德八年	土鲁番复占据哈密，大掠赤斤蒙古卫，夺其印信，部众不能自存，尽徙肃州南山

① 曾问吾：《中国经营西域史》，上海：商务印书馆，1936年，第222页。

② 张廷玉等：《明史》卷330，《西域二》，第8550页。

③ 张廷玉等：《明史》卷330，《西域二》，第8562页。

④ 张廷玉等：《明史》卷330，《西域二》，第8554页。

续表

卫所名	设立年代	解体年代	解体原因
沙州卫	永乐二年	正统十一年	部族内乱,部众多欲投瓦剌,首领持两端,不能止乱。明镇将任礼收其所留部众入塞,居之甘州。沙州遂空,为罕东酋所有
罕东卫	洪武三十年	正德中	蒙古大酋入青海,罕东遭抢掠,其众益衰;土鲁番陷哈密,掠周边,罕东复残破,部众相率内徙。其城弃不守
罕东左卫	成化十五年置卫于原沙州卫城	正德十一年	土鲁番据哈密,以兵胁左卫降附,左卫不克自立,相率徙肃州塞内。所留部众臣服土鲁番,岁供妇女、牛马。因不堪征求苛急,嘉靖七年,余众诣嘉峪归明。沙州城为土鲁番所有

关西七卫,不同于内地卫所,不隶属任何都司和行都司,没有固定的军额和器械、军饷给付,各卫首领的职级或指挥佥事、指挥使、都指挥、都督佥事、都督乃至王号,虽要经明王朝授予,却无分文俸饷,充其量只算羁縻卫所,与内地卫所不可同日而语。关西七卫基本上皆设立于洪、永时期,唯罕东左卫系成化年间设立,从洪武八年(1375)第一个卫设立,到正德十一年(1516)最后罕东左卫垮掉,关西七卫存在近140年,各卫集中于正统至正德时期瓦解。摧毁关西七卫的力量有3支:一为屡陷哈密极力东扩的土鲁番,二为被明人称为“海寇”的占据青海湖肥美草场的鞑靼土默特部“蒙古大酋”,三为漠西瓦剌蒙古。而七卫内部不同种族或同种族不同部族间的矛盾倾轧和同室操戈,也是七卫解体的重要因素。

内部劫掠仇杀事件司空见惯,文献记载俯拾皆是。洪武十年,安定“王为沙剌所弑,王子板咱失里复仇,诛沙剌。沙剌部将复杀王子,部内大乱。番将朵儿只巴叛走沙漠,经安定大肆杀掠,夺其印去”。① 正统九年(1444),安定卫指挥“那南奔率众掠曲先人畜。朝廷遣官谕还之,不奉命”。② 正统十四年,罕东左卫首领斑麻思结“潜与瓦剌也先通好,近又与哈密构兵,宣令还居本卫。天子再赐敕宣谕,亦不奉命”。③ 正统四年(1439),“罕东、安定合众侵西番申藏族,掠其

① 张廷玉等:《明史》卷330,《西域二》,第8550页。

② 张廷玉等:《明史》卷330,《西域二》,第8552页。

③ 张廷玉等:《明史》卷330,《西域二》,第8565页。

马牛杂畜以万计”,“帝切责二卫,数其残忍暴横、违国法、毒邻境之罪”。①

劫掠西域各处朝贡使团,更是关西七卫首领的拿手好戏,频频上演。洪熙元年(1425),“亦力把里及撒马儿罕先后入贡,道经哈密地,并为沙州贼邀劫”。②正统元年(1436),赤斤蒙古卫“指挥可儿即掠西域阿端贡物,杀使臣二十一人”。③

最为令人发指的是关西七卫的某些首领竟邀劫杀戮朝廷使臣。永乐二十二年(1424),“中官乔来喜、邓诚使乌斯藏,次毕力术江黄羊川。安定指挥哈三孙散哥及曲先指挥散即思等率众邀劫之,杀朝使,尽夺驼马币物而去”。④ 而阿端卫指挥锁鲁丹作为从犯亦卷入其中。明王朝忍无可忍,命都督史昭为大将,率众往征,造成极大震动,散即思远遁。

关西七卫并未如明王朝预期的那样“屏卫河西”和支撑哈密。对明王朝来说麻烦不断,负面影响不小。其所发挥的正面积极作用有两点,不可不知。第一点,成化九年(1473),“土鲁番陷哈密。都督李文西征,罕东以兵来助。后都督罕慎复哈密,亦藉其兵……”⑤第二点,征收差发马,装备明军骑兵。史载,明初设安定、阿端、罕东、赤斤诸卫,“给之金牌,令岁以马易茶,谓之差发”。⑥ 永乐二年,安定卫指挥朵儿只束来朝,“愿纳差发马五百匹,帝命河州卫指挥康寿往受之”。康寿以安定辽远,从河州运茶甚难,请给布帛。成祖特准“上马给布帛各二匹,以下递减”,“其后仍给茶”。⑦ 关西七卫,草原宽阔,牧业发达,牛马保有量较大,明朝从关西七卫所得差发马数量不会太少,很有深入研究之必要。

(三) 哈密卫——掌控与交往西域的前哨阵地

哈密卫,地理位置十分重要,体量大、地位高,关西七卫中任何卫都不能与其比肩而立。哈密,地处天山东段、塔里木盆地东缘,“扼西域之咽喉,当中西之孔道”(前面已出注),是古丝绸之路的枢纽,具有十分重要的战略地位。历代帝制

---

① 张廷玉等:《明史》卷 330,《西域二》,第 8563 页。
② 张廷玉等:《明史》卷 330,《西域二》,第 8556 页。
③ 张廷玉等:《明史》卷 330,《西域二》,第 8556 页。
④ 张廷玉等:《明史》卷 330,《西域二》,第 8551 页。
⑤ 张廷玉等:《明史》卷 330,《西域二》,第 8563 页。
⑥ 张廷玉等:《明史》卷 330,《西域二》,第 8555 页。
⑦ 张廷玉等:《明史》卷 330,《西域二》,第 8551 页。

王朝经营西域均高度重视哈密建设。元末明初为元肃王纳忽里、安克帖木儿兄弟所据。明代平定河西地区后，西域国家或地面，纷纷来朝，却“多为哈梅里（哈密）所遏。有从他道来者，又遣兵邀杀之”①，成为明王朝与西域交往的障碍。洪武二十四年，刘真、宋晟攻破哈密城，纳忽里用计脱逃。明军撤回，纳忽里重回哈密。次年，遣使贡马请罪，与明王朝关系向好。永乐元年（1403），哈密新王安克帖木儿（纳忽里弟）遣使贡马4740匹。永乐二年复贡请封。明乃封安克帖木儿为忠顺王，赐金印。“已而迤北可汗鬼力赤毒死之，其国人以病卒闻。三年二月遣官赐祭，以其兄子脱脱为王，赐玉带。”②脱脱自幼俘入中原，“帝拔之奴隶中，俾列宿卫，欲令嗣爵。恐其国中不从，遣官问之，不敢违，请还主其众”。③ 脱脱像是明王朝刻意选拔的代理人，令掌哈密，但他却像扶不起的阿斗。主政不久，被其祖母驱逐。成祖闻而大怒，敕责其头目曰：“脱脱朝廷所立，即有过，不奏而擅逐之，是慢朝廷也。老人昏耄，头目亦不知朝廷耶？即迎归……”④明王朝力挺脱脱，永乐四年（1406）三月立哈密卫，授三部族首领都指挥、指挥等官，以周安为忠顺王长史，刘行为纪善。可见对哈密的特殊重视。笔者依《明史·哈密传》编制哈密卫忠顺王、忠义王及主国事者年表，供参考（见表2）。

表2　哈密卫忠顺王、忠义王及主国事者年表

年代	名字	封号	与前任关系	结局
元末—洪武中	纳忽里	元肃王		洪武二十四年后卒
洪武末—永乐初	安克帖木儿	袭肃王	纳忽里弟	
永乐二年—永乐二年	安克帖木儿	明封忠顺王		同年被鞑靼可汗鬼力赤毒杀。王妻投鬼力赤
永乐三年—永乐八年	脱脱	袭忠顺王	安克帖木儿兄子	永乐八年暴疾卒。任上曾被祖母驱逐
永乐八年—洪熙元年	兔力帖木儿	封忠义王	脱脱从弟	洪熙元年卒

① 张廷玉等：《明史》卷330，《西域二》，第8567页。

② 张廷玉等：《明史》卷329，《西域一》，第8511—8512页。

③ 张廷玉等：《明史》卷329，《西域一》，第8512页。

④ 张廷玉等：《明史》卷329，《西域一》，第8512页。

续表

年代	名字	封号	与前任关系	结局
宣德元年—正统二年	卜答失里	袭忠顺王	脱脱子	正统二年卒
宣德三年—正统二年	脱欢帖木儿	袭忠义王	兔力帖木儿弟	正统二年卒
正统二年	脱脱塔木儿	袭忠义王	脱欢帖木儿子	未几卒
正统二年—天顺元年	倒瓦答失里	袭忠顺王	卜答失里子，也先甥	天顺元年卒。曾秘赴瓦剌，暗通款曲
天顺元年—天顺四年	卜列革	袭忠顺王	倒瓦答失里弟	天顺四年卒
天顺四年	弩温答失里	主国事	卜列革母	成化八年为吐鲁番掠去
成化二年—成化八年	把塔木儿	右都督摄行国王事	脱欢帖木儿外孙（畏兀儿）	成化八年卒
成化八年—成化末	罕慎	右都督摄行国王事，成化十年权主国事	把塔木儿子	
弘治元年	罕慎	封忠顺王		旋被土鲁番酋阿黑麻诱杀于哈密城下
弘治五年—弘治六年	陕巴	封忠顺王	忠顺王脱脱族孙，安定王族侄	弘治六年春，被土鲁番酋首阿黑麻掠去，弘治十年始放归
弘治七年—弘治十年	奄克孛剌	总理哈密事	罕慎弟	
弘治十一年—弘治十八年	陕巴	回哈密，仍其旧封忠顺王		弘治十八年卒
弘治十八年—正德八年	拜牙即	袭忠顺王	陕巴子，土鲁番酋满速儿表弟	不称忠顺王，自称速檀，与满速儿往来密切，为其引诱，在正德八年叛入土鲁番、放弃哈密王位

哈密卫的设立，忠顺王的册封，意义重大。明代史官认为“中国立哈密有三要焉，断北夷右臂而破散西戎交党，一也，联络夷狄而控之，二也，设险于敌戍边无患，三也”。[①] 话讲得很有深意。哈密地处东西交通枢纽，“凡有夷使入贡者，悉令哈密译语以闻，而诸国之向背虚实因赖其传报”。[②] 这两项具体任务非同小可，必得忠诚明王朝者为之。把诸国进贡表译成汉语，送报嘉峪关内；与诸国使臣交谈接触，掌握其对明朝的向背及国力强弱情治消息，待哈密入京朝贡时向上峰汇报。完成这两项任务的人才须要具备回鹘、波斯、蒙古、汉语的天赋，而哈密卫中经常往返于北京和西域之间的“回回”乃合适人选。哈密战略地位如此重要，关注它的自然不会仅此一家。谁呢？这便是北方、西方与哈密相去不远的瓦剌和土鲁番。在永乐末年到景泰年间，瓦剌对哈密抢掠、冲击不时发生。从天顺到正德年间，主要是突厥化伊斯兰化的占据土鲁番的东察合台势力。此段时间里，明与土鲁番争夺激烈。明王朝与哈密处于守势，土鲁番对哈密掠夺人畜、抢劫财产、掳走或杀死忠顺王、占据哈密城，冲击巨大持久。最终明王朝弃哈密不守，土鲁番占领哈密地面。明王朝“闭关绝贡”似乎是宣告明王朝在西域影响的消逝，最起码可以认为是放弃了对西域的争夺。

分析前表，可以获得许多信息。自永乐二年（1404）始封第一任忠顺王，四年设哈密卫，至正德八年（1513）最后一任忠顺王叛逃土鲁番，共计 110 年，其间主持哈密事务者忠顺王 8 人、忠义王 3 人、其他主国事者 4 人。这百余年，对忠顺王和哈密卫是灾难性的百余年。二任忠顺王被杀、一任忠顺王被掠去 5 年、一任主国事之王母被掠不知所终，哈密城被瓦剌、乩加思兰袭破 3 次（掠去“王母妻及弟二次”），哈密城被土鲁番攻破不下 6 次，被长期占据（每次 4 年或 9 年），迫使明王朝将哈密卫移至苦峪，劳民伤财另建新城。成化八年（1472），“土鲁番速檀阿力（即羽奴思）乘机袭破”哈密城，“执王母，夺金印，以忠顺王孙女为妾，据守其地。”[③]明王朝遣锦衣千户马俊奉敕往谕，阿力“抗词不逊，羁俊月余”。寻遣都督同知李文等赴甘肃经略此事，文等不敢进兵，“无功而返”。[④] 移哈密卫

① 马文升：《许襄毅公经略西番录引》，载沈节甫：《纪录汇编》卷 37，北京：中华全国图书馆文献缩微复制中心，1994 年，第 351 页。

② 许进：《平番始末上》，载沈节甫：《纪录汇编》卷 38，第 353 页。

③ 张廷玉等：《明史》卷 329，《西域一》，第 8516 页。

④ 张廷玉等：《明史》卷 329，《西域一》，第 8516 页。

于苦峪，以右都督罕慎权主国事，到成化十八年，罕慎“纠罕东、赤斤二卫，得兵一千三百人，与己所部共万人，夜袭哈密破之……”。① 至此，哈密被土鲁番强占近九年。弘治元年（1488），土鲁番速檀阿黑麻“伪与罕慎结婚，诱而杀之”，掠去金印，占据哈密城，至弘治四年（1491）才以城印归明。② 这次哈密城被强占达4年之久。弘治六年（1493）春，土鲁番速檀阿黑麻“潜兵夜袭哈密，杀其人百余，逃及降者各半”，执忠顺王陕巴以去，擒其将阿木郎肢解，留兵据守哈密城。③ 这一事件，对明朝震撼巨大，丘濬力主由兵部尚书马文升亲自出马处置善后，因本兵不可轻去远行，遣兵部右侍郎张海、都督同知缑谦率兵西征。二人“皆庸才，但遣土鲁番人归谕其主，令献还侵地，驻甘州待之”，而不敢进兵，弘治八年（1495）被劾下吏贬秩，④哈密终不复。马文升锐意恢复，荐用许进巡抚甘肃以图之。许进偕大将刘宁等统军四千，潜师夜袭哈密，土鲁番守将牙兰逸去，然而哈密屡被残破，人皆穷窘难守，尽焚室庐，走肃州求济。⑤ 弘治十年（1497），“诸番以朝廷闭关绝贡不得入，咸怨阿黑麻，阿黑麻悔，送还陕巴及哈密之众，乞通贡如故。”⑥陕巴被放归，暂居甘州，至弘治十一年（1498）才恢复忠顺王爵位，回到哈密城。此次哈密被土鲁番占领长达5年。陕巴于弘治十八年（1505）病死，其子拜牙即自称速檀，明朝封其为忠顺王。此时，土鲁番速檀为满速儿，二人系表兄弟，且宗教信仰一致。满速儿与其通好，且诱拜牙即叛明。“拜牙即素昏愚，性又淫暴，心怵属部害己，而满速儿又甘言诱之”，遂于正德八年（1513）秋“弃城叛入土鲁番”，⑦哈密为土鲁番所据守。自然，明朝失去了其西域经营的前哨阵地，关西七卫也荡然无存。

哈密三立三绝，明朝暂未放弃兴复之希望，从正德八年至嘉靖八年（1529）的十余年间，围绕兴复哈密曾采取过军事手段，朝臣就复与弃亦有尖锐争论，甚至为人利用，打击异己，兴起“封疆之狱”。哈密初失，明朝命右都御史彭泽提督甘肃军务，谋兴复哈密。彭泽不动用武力，而是遣使持彩币贿买满速儿，令其还

---

① 张廷玉等:《明史》卷329,《西域一》,第8517页。
② 张廷玉等:《明史》卷329,《西域一》,第8517—8518页。
③ 张廷玉等:《明史》卷329,《西域一》,第8518页。
④ 张廷玉等:《明史》卷329,《西域一》,第8519页。
⑤ 张廷玉等:《明史》卷329,《西域一》,第8519—8520页。
⑥ 张廷玉等:《明史》卷329,《西域一》,第8520页。
⑦ 张廷玉等:《明史》卷329,《西域一》,第8521页。

城印,送回拜牙即,满速儿伪许之。彭泽则奏番酋愿悔过效顺,事态已平。彭泽还京,哈密城及拜牙即皆不还。彭泽的做法为政敌留下了口实。正德十一年(1516),满速儿率大军万人犯肃州,肃州兵备副使陈九畴调兵劫其老营,满速儿吃了败仗,狼狈逃走,肃州城安然无恙。战前,陈九畴杀掉一些潜伏肃州的土鲁番间谍,扣押了满速儿的谋主、原哈密都督写亦虎仙械送京师。陈九畴的做法也为政敌的构陷提供了素材。时兵部尚书王琼与彭泽有隙,又妒陈九畴之功,"日谋倾之"。正德十二年(1517),被陈九畴杀掉的奸细失拜烟答子马黑麻入贡来京,闻王琼与彭泽有隙,突入长安门喊冤。王琼借机劾彭泽纳币贿寇、陈九畴擅杀激变,陈九畴被削籍,彭泽在阁臣杨廷和力保下得免死削籍。而满速儿的谋主写亦虎仙无罪开释,深受武宗宠信,赐国姓,授锦衣指挥,扈驾南征。武宗死,杨廷和草遗诏,"并数其罪,并其子婿伏诛"。[①] 谪王琼于榆林,起彭泽兵部尚书,陈九畴以佥都御史巡抚甘肃,谋哈密兴复计。满速儿得陇望蜀,对明骚扰侵夺日甚一日,嘉靖三年(1524),"土鲁番速檀满速儿二万人攻入嘉峪关,掠肃州",[②]又分兵进围甘州,赖陈九畴及总兵姜奭力战破之。嘉靖初年,土鲁番"屡犯边城,当局者无能振国威,为边疆复仇雪耻"。嘉靖六年,"大礼议"中议礼派与护礼派的胜负虽已分明,但护礼派代表人物杨廷和尚未被赶出朝堂,影响力犹在。"而一二新进用事者反借以修怨。由是,封疆之狱起。"[③]锦衣百户王邦奇因私事恨杨廷和、彭泽,嘉靖六年(1527)春,王邦奇上疏言:"今哈密失国,番贼内侵,由泽赂番求和,廷和论杀写亦虎仙所致。诛此两人,庶哈密可复,边境无虞。"[④]桂萼、张璁借此兴起大狱,彭泽斥为民,陈九畴在刑部尚书胡世宁力保下免死戍极边,"尚书金献民、侍郎李昆以下,坐累者四十余人"。[⑤] 此事,成为彻底压垮杨廷和的最后一根稻草,封疆事大,杨廷和被赶回四川老家。王琼起复为兵部尚书总督三边,尽反陈九畴之作为,主张弃哈密,放弃兴复的可能。

对哈密到底是兴复还是放弃,自拜牙即叛逃后朝堂便存在两种意见。马文升、王越、彭泽、霍韬等主张兴复哈密,王琼、胡世宁等持放弃哈密的意见。刑部

---

① 张廷玉等:《明史》卷329,《西域一》,第8523页。
② 张廷玉等:《明史》卷204,《陈九畴传》,第5380页。
③ 张廷玉等:《明史》卷329,《西域一》,第8524页。
④ 张廷玉等:《明史》卷329,《西域一》,第8524页。
⑤ 张廷玉等:《明史》卷329,《西域一》,第8525页。并请参看《明史》陈九畴、桂萼等人传。

尚书胡世宁认为兴复哈密无益，嘉靖七年(1528)三月上疏言："哈密忠顺王速檀拜牙即自归土鲁番，其裔族概可立。回回久入於于番，哈剌灰、畏兀儿二族逃肃州久，即驱之不可，然则哈密何所复也。纵得城印，助兵食，谁与为守。土鲁番狡甚，欲间我谋臣，则言内犯皆陈九畴所致。夫拥兵径入，又潜内应，使非陈九畴应变，则肃州难保。惜其言奸回之诈报，妄奏满剌儿、牙木兰之死，稍可罪。臣愚以先朝和宁交阯故事，置哈密不问，毋再辱王命。究诘城印，中彼要索之计。如其不扰则许贡，否则绝之。"①疏中有为陈九畴辩诬之言辞，当出于其刑部尚书之职责和个人良知，但奏疏核心是"置哈密不问"的放弃论。詹事霍韬则力主兴复哈密，同年十一月，上疏说："遽置哈密不问，彼愈得志，边患益滋。牙木兰拥帐二千来降，今称不知所往，安知他日不曰我纳叛报复也。若拥众叩关，遣之不去，纳之恐为内应，臣窃虑之。或以甘肃孤危，哈密可去，臣则曰保哈密所以保甘肃也。若曰哈密难守则弃哈密，然则甘肃难守亦弃甘肃乎。"②话讲得到位，很在事理，但应附者无多。同年十二月，胡世宁由刑部尚书改任兵部尚书，他认为今"甘肃之忧不在土鲁番，而南有亦不剌，北有瓦剌，最骁劲近边，此甚可忧也"。③ 在胡世宁看来，当时明朝河西诸卫(指甘肃)的强大对手，南边是占据青海的土默特蒙古亦不剌部，北面是占有北山广阔地域的瓦剌部，吐鲁番疥癣小疾耳。嘉靖八年(1529)，甘肃巡抚唐泽上疏亦言哈密不易兴复，并提出五个缘由，获得世宗皇帝批准。④ 到此，兴复哈密之事便不再议论了。嘉峪关外的关西七卫与哈密卫均荡然无存。

三、明代西域经营方略的再检讨

为什么称再检讨，原因在学界对此有过相关论述与探讨，⑤对笔者有启发，但并不能完全被笔者所接受，颇有深入研究之必要，故曰再检讨。

---

① 谈迁:《国榷》卷 54,嘉靖七年三月庚寅条,北京:中华书局,1958 年,第 3375 页。

② 谈迁:《国榷》卷 54,嘉靖七年十一月辛酉条,第 3389 页。

③ 谈迁:《国榷》卷 54,嘉靖七年十二月己丑条,第 3392 页。

④ 张廷玉等:《明史》卷 329,《西域一》,第 8526 页。

⑤ 参看田卫疆:《论明代哈密卫的设置及其意义》,《西北民族大学学报(哲学社会科学版)》1988 年第 1 期;蒿峰:《明失哈密述论》,《山东师大学报(哲学社会科学版)》1984 年第 1 期。

（一）明王朝缺少开拓精神，西域经营思想偏于保守

朱元璋统一中国后，集中精力强化内部统治，对边疆经营较为保守。“凡四夷来贡者不拒，不来者不强，其于西域者亦然”，①虽也曾遣使诏告各国，传递其登极建国之信息，希望向化来朝，“不来者不强”，是任其自然的态度。成祖朱棣是气魄较大的帝王，他对边疆经营较乃父积极很多，遣使“广为招来”，满足于一时“四夷八蛮，罔不来贡”②的虚荣，没能利用强大国力恢复汉唐时期在西域的影响力和控制力。要说对洪武朝西域经营方略有什么推进，仅增设了哈密卫、封了个忠顺王而已。仁宣时期，扔掉了成祖仅存的气魄而更趋保守。仁宗即位诏书自认通西域、下西洋等举措皆得不偿失，破费财力、民力，对国家失多利少。决定“下西洋诸番国宝船悉皆停止……往迤西撒马儿罕、失剌思等处买马等项及哈密取马者悉皆停止。将去给赐缎匹、瓷器等件，就于所在官司入库”。③ 更何谈向外开疆拓土。同年十二月，礼科给事中黄骥言：“西域使客多是贾胡，假进贡之名，藉有司之力，以营其私……臣又窃见西域所产，不过马、硇砂、梧桐、碱之数，惟马国家所需，余无裨于国。乞自今有贡马者，令就甘肃给军，余一切勿受，听其与民买卖，以省官府之费。”④上嘉纳之。

明王朝对西域的经营方略还体现在对西域国家和地面派遣使团上，邦交邦交，有来有往。笔者依据《明实录》《明史》编制了明代出使西域国家与地面使团表，仅供研究参酌（见表3）。

表3　明代出使西域国家与地面使团表

洪武二十四年	命主事宽彻、御史韩敬、译事唐钲使西域宽彻在别失八里被扣。余二人放还	《明史》卷332《西域四》页8606
洪武二十八年	遣兵科给事中傅安，郭骥出使撒马儿罕，傅安被扣十三年	《明太宗实录》卷68洪武二十八年六月癸卯

① 马文升：《兴复哈密王国记》，载沈节甫：《纪录汇编》卷37，第347页。

② 马文升：《敦怀柔以安四夷疏》，载陈子龙等编：《明经世文编》卷62，北京：中华书局，1987年，第505页。

③ 《明仁宗实录》卷1，永乐二十二年八月丁巳条，第15—16页。

④ 《明仁宗实录》卷5上，永乐二十二年十二月丁未条，第160—161页。

续表

洪武三十五年	成祖遣使诏谕哈烈、撒马儿罕、别失八里	《明太宗实录》卷15洪武三十五年十二月甲寅
永乐四年五月	遣鸿胪寺丞刘帖木儿赍敕及彩币往劳沙迷查干,并赐所过哈剌火州、土鲁番、柳陈三城王子	《明太宗实录》卷54永乐四年五月戊戌
永乐五年四月	遣中官把泰、李达,鸿胪寺丞刘帖木儿,赍玺书往谕别失八里沙迷查干	《明太宗实录》卷66永乐五年四月丁酉
永乐五年六月	遣指挥白阿儿忻台往祭帖木儿	《明太宗实录》卷68永乐五年六月癸卯
永乐六年正月	遣太监王安等往别失八里	《明太宗实录》卷75永乐六年正月甲子
永乐六年四月	遣给事中傅安送撒马儿罕头目归国	《明太宗实录》卷78永乐六年四月壬午
永乐六年七月	遣内官把泰、李达往谕八答黑商、哈实哈儿等处开通道路	《明太宗实录》卷81永乐六年七月丁未
永乐七年	傅安送哈烈等处使臣么赉归国	《明太宗实录》卷93永乐七年六月己巳
永乐八年	遣都指挥白阿儿忻台赍敕往谕哈烈沙哈鲁王	《明太宗实录》卷101永乐八年二月丙午
永乐十一年	遣中官李达、吏部员外郎陈诚、户部主事李暹等护送哈烈使臣归国	《明太宗实录》卷143永乐十一年九月甲午
永乐十四年	遣中官鲁安、郎中陈诚出使西域哈烈、撒马儿罕等多国与地面及失剌思、俺都淮等	《明太宗实录》卷177永乐十四年六月
永乐十六年	遣中官李达赍敕往赐哈烈、撒马儿罕、沙哈鲁、兀鲁伯等	《明太宗实录》卷204永乐十六年九月戊申朔
永乐十七年	遣中官鲁安、叶光等送失剌思、亦思弗罕使臣归国	《明太宗实录》卷212永乐十七年五月己巳
永乐十八年	遣广东右参政陈诚、中官郭敬等出使西域哈烈诸国	《明太宗实录》卷226永乐十八年六月己酉
宣德二年	赐奉使哈烈等处指挥同知也忽等千余人钞、币、表里有差,可能是对也忽等出使之嘉奖	《明宣宗实录》卷31宣德二年九月戊申
宣德三年	遣内官李信、林春、李贵等赍敕及织金、文绮、表里往使亦力把里、别失把里、亦夕阔、哈烈、马绰儿、八剌黑城、把达失罕、撒马儿罕、扫郎城、达失干城、失剌思等处	《明宣宗实录》卷35宣德三年正月癸巳

续表

宣德七年	遣中官李贵等出使西域哈烈等国	《明宣宗实录》卷 86 宣德七年正月丁卯
宣德八年	遣中官李贵送哈烈贡使归国	《明宣宗实录》卷 100 宣德八年三月戊辰
天顺元年	命都指挥马云等出使撒马儿罕及赤斤蒙古	《明英宗实录》卷 282 天顺元年九月戊辰
天顺七年	命都指挥同知海荣、指挥马金使哈烈,指挥詹昇、葛春使撒马儿罕,指挥同知刘福、普贤使哈失哈儿,都指挥佥事白全、百户白暹使阿速,都指挥同知桑斌、正千户刘沦刘海使土鲁番,都指挥同知古儿赤、都指挥佥事金贵使哈密,都指挥同知柏贵、副千户杨贵使乩加思兰	《明英宗实录》卷 349 天顺七年二月辛未

表 3 不包括明王朝向哈密和关西七卫所派使团,因为其与明已为一家,不分彼此,也不包括遣往乌斯藏和瓦剌的使团,只包括派往哈密以西国家和地面的使团。最早派出使团始于洪武二十四年,天顺七年(1463)以后就很少有主动派出的使团。使团分招抚、往谕、赏赐性质者,还有伴送来贡使团回国性质者。这其中,洪武朝使团 2 个,永乐朝使团 14 个,宣德朝使团 4 个,天顺朝使团 2 个,共派遣使团 22 个,其中含伴送来贡使团回国 4 次。有明一代享国 276 年,经营西域显然用力不多。洪武二十四年派往西域的使团,正使主事宽彻至别失八里即被扣留,副使御史韩敬、评事唐钲被放还。洪武二十八年遣使撒马儿罕,正使傅安被扣留 13 年之久,副使郭骥放归,均未见皇帝雷霆震怒,这口气算是忍了。遣使太少,是缺少开拓精神、经营思想保守的明证。

(二) 明王朝对西域经营,仅限于西域一隅,未曾向哈密以西推进半步

打开郭沫若或谭其骧的《中国历史地图集》便一目了然,安定、阿端、沙州、罕东、罕东左、赤斤蒙古、曲先等关西七卫及哈密卫均在西域东部一隅之地,其中阿端卫、曲先卫略近于阗。总体而言,不出撒里畏兀儿范围,总面积超不过明代西域的五分之一或更少些。明王朝的军队洪武二十四年,由刘真、宋晟统兵攻下哈密,但不留军驻守,很快还师。另一次是弘治朝许进率军四千夜袭哈密,攻克城池即还军嘉峪关内。其余时间基本是哈密卫、关西七卫与土鲁番的对峙,处于守势的是哈密卫，被动挨打，多次城破被掠、金印被夺、忠顺王被杀被俘。土鲁番究竟有多大实力，让对峙状态下的哈密吃尽苦头，而明王朝的河西诸卫也奈何不得呢？

明初的土鲁番城方一二里，人口不多，隶属于别失八里政权，其首领是察合台系蒙古宗王的后人，经常向明王朝进贡，双方保持着较友好的关系。别失八里政权西迁伊犁河流域后，土鲁番逐渐强大，在 15 世纪中叶，吞并了柳城、哈剌火州，人口和军力增加不少，扩张的目标指向哈密。土鲁番在阿力、阿黑麻、满速儿祖孙三速檀统治时期实力最为强盛，四次占领哈密城，将明朝关西七卫扫荡殆尽，迫使明朝势力收缩回嘉峪关内，皆这 3 人所为。据陈高华研究，明代史家王世贞说“土鲁，强番也，控弦可五万骑”的说法与事实相去太远。阿力为速檀时，土鲁番全部人口不到万人，所部精兵不过三百，马步兵满二千，合计战力二千三百余人；阿黑麻速檀时，戈甲不满三百，兵马不满三千，总战力三千三百余人；满速儿速檀时，土鲁番总人口接近二万，可以用来作战的不过三分之一，总兵力不能超过七千人。其进攻肃州，号称“二万骑”，除本部人马外，尚有胁持的沙州、瓜州及姻连瓦剌之兵力，借名诸番，张大声势而已。[①] 以哈密孤军对抗土鲁番劣势明显，若关西七卫能够和衷共济与哈密联手共抗土鲁番，谁胜谁负，尚不可知。事实关西七卫乃羁縻卫所，散沙一盘，不太听从明朝调遣，什么力挺哈密，不趁火打劫就算好样的了。河西诸卫是明王朝西域经营方略的战略后方，陕西行都司所属卫所总兵力达 12 万人左右，仅肃州卫、甘州五卫额军就有 7 万人。以肃州、甘州之兵力西出嘉峪，力挺哈密完全可保哈密屹立不倒，若有足够的魄力与勇气，突破哈密，挺进哈密以西的西域地界，也并非不可能。成化、弘治及正德时期是土鲁番东向侵扰的最严重阶段，而此期明王朝的最严重边患，即南倭、北虏问题尚没形成。明王朝的西域经营方略仅凭孤悬关外的哈密卫和关西七卫，是很难理解的。这是你的地盘、你的卫所，为何不设衙署、为何不设流官、为何不驻一兵一卒？

（三）明王朝对哈密以西广大西域地面的基本情况和信息知之甚少

初设哈密卫，其有掌握西域各番虚实向背及时通报朝廷的情治功能，因所见

---

① 陈高华：《关于明代土鲁番的几个问题》，《民族研究》1983 年第 2 期。

文献较少,不知完成得怎样。了解西域资讯的另一种渠道是派出使团回京后的汇报。总体而论,明王朝对西域广大地面的信息知之甚少。葱岭以西的中亚,在察合台汗国解体后有帖木儿帝国,这是个强大的国家,所控制的地域广阔,哈烈、撒马儿罕均属其领地,明王朝却认为是两个国家。分裂后的察合台汗国形成东察合汗国,其后分裂为阿克苏—喀什噶尔(哈实哈尔)汗国、别失八里—亦力八里汗国、土鲁番—火州汗国等,他们所控地域多大、人口多少、兵力几何、互相关系怎样? 都不甚了解。尤其对从喀剌汗国以来,回鹘伊斯兰化的问题不太知晓,而自东察合台汗国建立伊始,秃黑鲁帖木儿即率众 10 万余皈依伊斯兰教的教徒,开始了察合台蒙古后裔的伊斯兰化进程。而对土鲁番东扩侵占哈密这种具有宗教战争的属性,也毫无警觉。叶尔羌汗国,是明代西域的巨大政治存在,好像明王朝不知其矗立于自己身旁,不闻不问,视若无物。这些似乎离明王朝相对遥远,我们再看一看近在身边的情况。15 世纪中叶正值明正统、景泰、天顺、成化时期,土鲁番吞并哈剌火州、柳城,壮大自我,是东扩之始,明代文献少有记载。哈密是明王朝控制的藩属,忠顺王被明朝予以重寄,可忠顺王与瓦剌、土鲁番皆有政治联姻,有时又暗通款曲,诸如忠顺王倒瓦答失里秘赴瓦剌数月方归,事过境迁后明朝才获知此事。哈密"回回"、畏兀儿多数部众改宗伊斯兰教,忠顺王拜牙即自称速檀,伊斯兰化已经很深,却毫无觉察,直到他成功叛逃。明王朝对西域地面的基本情况和信息了解太少了,仅满足所谓的四夷来贡,以为来贡即是归化来朝,不考虑来贡之经济取利目的、国情探察目的,完全将其上升为政治从属高度对待。有一桩史事,可称贻笑大方。

洪武二十七年(1394)八月,帖木儿贡马 200 匹。"其表曰:'恭惟大明大皇帝受天明命,统一四海,仁德洪布,恩养庶类,万国欣仰。咸知上天欲平治天下,特命皇帝出膺运数,为亿兆之主。光明广大,昭若天镜,无有远近,咸照临之。臣帖木儿僻在万里之外,恭闻圣德宽大,超越万古。自古所无之福,皇帝皆有之。所未服之国,皇帝皆服之。远方绝域,昏昧之地,皆清明之。老者无不安乐,少者无不长遂,善者无不蒙福,恶者无不知惧。今又特蒙施恩远国,凡商贾之来中国者,使观览都邑、城池,富贵雄壮,如出昏暗之中,忽睹天日,何幸如之! 又承敕书恩抚劳问,使站驿相通,道路无壅,远国之人咸得其济。钦仰圣心,如照世之杯,使臣心中豁然光明。臣国中部落,闻兹德音,欢舞感戴。臣无以报恩,惟仰天祝颂圣寿福禄,如天地永永无极。'照世杯者,其国旧传有杯光明洞彻,照之可知世事,故云。”①这是中亚与东亚两大帝国间首次国书交往,帖木儿帝国大汗竟极度卑躬屈节,阿谀颂圣,自称臣下,将大明皇帝比作能洞悉一切的照世之杯。笔者大胆质疑其真实性,极有可能是哈密或四译馆译员胡乱翻译编造的故事。明太祖得表,嘉其有文,心理满足莫大,第二年即派遣给事中傅安、郭骥为正副使,率团出使撒马儿罕,傅安竟被帖木儿扣留 13 年,到永乐五年方归故国。而此时的帖木儿正训兵备战,准备择机亲征中国。据当时效命于帖木儿帝国的欧洲人约翰·细尔脱白格(Johann Schiltberger)所写的《游记》记载:“契丹国大汗,遣使带马四百匹,至帖木儿之廷,责取贡赋,盖帖木儿不入贡者,已五年矣。帖木儿引使者至其都(即撒马尔罕),继乃遣之回国,告以归后须报告契丹大汗,帖木儿自此不复称臣纳贡于大汗。不久彼将亲来见大汗,使之称臣纳贡于帖木儿也。使者归,帖木儿下令全国,亲征契丹。”②消息传到中国,已是明永乐初年。一条史料尚属孤证,不可遽信。民族史专家张文德在称引这条史料后,继续发掘素材,又引用《帖木儿武功记》的相关记录:“当异密帖木儿在南北西三面开疆辟土,于愿已足的时候,曾准备远征东方各国,特别是要进攻东方最大的国家——契丹……异密帖木儿征集了一支八十万人的军队,并按伊剌克和鲁木军队的习惯供给他们足够七年应用的粮秣。由于契丹和马维兰纳儿之间这段地区耕地很少,人烟稀薄,所以他命令每个人除本分的给养以外,另带两头乳牛和十头乳山羊,并且告诉他们说,给养完的时候先挤奶,奶挤干了的时候再宰了吃肉。”③公元 1405 年,帖木儿病死,亚洲东西两大帝国的军事碰撞得以幸免。

(四)明王朝放弃主动派遣使团和闭关绝贡政策出台,即放弃以邦交手段、经贸交流对西域的影响力和管控力

在古代世界,不同地区的国家、部族之间的交往,在没有现代通信技术的情况下,派遣使团远赴异邦是唯一办法,别无选择。和睦亲善、彼此倾轧及对某些争议事件的看法,都要靠外交的国际话语表达,遣使出行,代表着国家或政治集团对国际或区域问题的影响力和管控力。明初洪、永、熙、宣四朝对西域经营还算比较主动,派出使团赴西域各地,最远到达撒马儿罕和哈烈。但是,到天顺以

① 张廷玉等:《明史》卷 332,《西域四》,第 8598 页。

② 张星烺:《中西交通史料汇编》第 1 册,北京:中华书局,1977 年,第 322 页。

③ 张文德:《明与帖木儿王朝关系史研究》,北京:中华书局,2006 年,第 38 页。

后，则极少主动遣使西域，连伴送朝贡使团回国的使臣也极少派遣。这个问题，前面已有论述，此不重复。下面主要考察明代对西域"闭关绝贡"政策实施所造成的经贸影响力急剧下降，对西域经营方略带来的消极影响。为清晰明了，编制"明代西域国家地面入贡年表"（见表4）。

表4　明代西域国家地面入贡年表

洪武七年	撒里畏兀儿入贡
洪武八年	撒里入贡
洪武二十一年	撒马儿罕入贡
洪武二十三年	墨剌、哈梅里入贡
洪武二十四年	别失八里、撒马儿罕入贡
洪武二十五年	哈梅里入贡
洪武二十七年	撒马儿罕入贡
永乐二年	别失八里入贡
永乐三年	火州"回回"入贡
永乐四年	别失八里入贡者三、"回回"结牙曲入贡，于阗入贡
永乐五年	别失八里、阿鲁、撒马儿罕入贡
永乐六年	于阗、撒马儿罕入贡
永乐七年	哈烈、撒马儿罕、火州入贡
永乐九年	阿鲁、别失八里入贡
永乐十一年	别失八里入贡
永乐十三年	忽鲁谟斯、哈密、哈烈、撒马儿罕、火州、土鲁番、俺都淮、失剌思入贡
永乐十四年	忽鲁谟斯入贡
永乐十五年	哈烈、撒马儿罕入贡
永乐十六年	哈烈、沙哈鲁、千里达、撒马儿罕入贡
永乐十七年	哈烈、土鲁番、失剌思、亦思弗罕、哈烈、阿鲁、八答黑商入贡
永乐十九年	忽鲁谟斯、阿鲁入贡
永乐二十年	哈密、土鲁番入贡
永乐二十一年	忽鲁谟斯、阿鲁、失剌思入贡
永乐二十二年	于阗、哈密入贡
洪熙元年	哈密"回回"入贡
宣德元年	撒马儿罕、土鲁番、哈密入贡
宣德二年	哈密、亦力把里、撒马儿罕入贡

续表

宣德三年	哈密、曲先、土鲁番、亦力把里、撒马儿罕入贡
宣德四年	哈密、土鲁番、亦力把里、撒马儿罕入贡
宣德五年	哈密、罕东、土鲁番、撒马儿罕、亦力把里入贡
宣德六年	哈密、亦力把里入贡
宣德七年	哈密、哈烈、亦力把里入贡
宣德八年	天方、哈密、撒马儿罕、亦力把里入贡
宣德九年	哈密入贡
宣德十年	哈密入贡
正统二年	撒马儿罕、土鲁番、哈密入贡
正统四年	哈密入贡
正统五年	哈密入贡
正统六年	哈密入贡
正统七年	哈密、土鲁番入贡
正统八年	哈密入贡
正统十年	哈密、亦力把里、撒马儿罕入贡
正统十一年	“回回”、哈密、亦力把里、撒马儿罕入贡
正统十二年	哈密入贡
正统十四年	撒马儿罕入贡
景泰二年	哈密入贡
景泰三年	哈密入贡
景泰四年	哈密入贡
景泰六年	哈密入贡
景泰七年	撒马儿罕入贡
天顺元年	哈密入贡
天顺二年	哈密入贡
天顺三年	哈密入贡
天顺四年	哈密入贡
天顺五年	哈密、亦力把里入贡
天顺六年	哈密入贡
天顺七年	哈密入贡
成化元年	哈密入贡
成化二年	哈密入贡

续表

成化三年	哈密入贡
成化四年	哈密入贡
成化五年	哈密、土鲁番入贡
成化六年	哈密入贡
成化八年	哈密入贡
成化九年	哈密入贡
成化十年	土鲁番入贡
成化十一年	土鲁番入贡
成化十二年	土鲁番、撒马儿罕入贡
成化十四年	撒马儿罕入贡
成化十六年	土鲁番、撒马儿罕入贡
成化十八年	哈密、土鲁番入贡
成化十九年	撒马儿罕贡狮子
成化二十年	哈密、土鲁番入贡
成化二十一年	哈密入贡
成化二十二年	哈密入贡
成化二十三年	哈密、土鲁番入贡
弘治元年	撒马儿罕入贡
弘治二年	土鲁番入贡、撒马儿罕贡狮子，却之
弘治三年	哈密、撒马儿罕、天方、土鲁番入贡
弘治五年	土鲁番入贡
弘治六年	土鲁番入贡
弘治七年	以土鲁番据哈密，却其贡
弘治十一年	土鲁番入贡
弘治十二年	土鲁番、撒马儿罕入贡
弘治十三年	土鲁番入贡
弘治十六年	哈密、土鲁番、撒马儿罕入贡
弘治十七年	撒马儿罕、哈密入贡
正德元年	哈密入贡
正德三年	哈密、撒马儿罕入贡
正德四年	哈密、土鲁番、撒马儿罕入贡
正德五年	哈密、撒马儿罕、土鲁番入贡

续表

正德六年	哈密入贡
正德七年	哈密入贡
正德八年	哈密入贡
正德九年	哈密入贡
正德十年	哈密、撒马儿罕入贡
正德十一年	天方入贡
正德十三年	天方入贡
正德十四年	撒马儿罕入贡
正德十五年	土鲁番入贡
嘉靖二年	撒马儿罕、土鲁番、天方入贡
嘉靖三年	鲁迷国贡狮子、犀牛
嘉靖四年	天方入贡
嘉靖六年	鲁迷入贡
嘉靖八年	天方、撒马儿罕、土鲁番入贡
嘉靖十一年	哈密、土鲁番、天方、撒马儿罕入贡
嘉靖十二年	土鲁番、天方入贡
嘉靖十六年	土鲁番、天方、撒马儿罕入贡
嘉靖十七年	土鲁番入贡
嘉靖十八年	哈密入贡
嘉靖二十二年	土鲁番、撒马儿罕、天方入贡
嘉靖二十五年	土鲁番入贡
嘉靖三十三年	土鲁番、天方、撒马儿罕入贡
嘉靖三十八年	土鲁番、天方、撒马儿罕、鲁迷、哈密入贡
嘉靖四十三年	西番、哈密入贡,鲁迷国贡狮子
嘉靖四十五年	土鲁番入贡
隆庆三年	土鲁番入贡
隆庆五年	土鲁番入贡
万历三年	土鲁番入贡
万历四年	土鲁番、天方、撒马儿罕、鲁迷、哈密入贡
万历九年	土鲁番、天方、撒马儿罕、鲁迷、哈密入贡
万历十年	哈密入贡
万历十三年	土鲁番入贡

续表

万历十四年	土鲁番入贡
万历十五年	哈密入贡
万历二十年	土鲁番入贡
万历三十年	哈密入贡
万历三十七年	哈密入贡
万历四十二年	土鲁番入贡
万历四十六年	土鲁番、天方、撒马儿罕、鲁迷、哈密入贡
天启元年	土鲁番入贡
崇祯十一年	土鲁番入贡
崇祯十六年	哈密入贡

表4根据《明史》卷1—23《本纪》材料统计编制而成，不敢说数据十分全面，毫无遗漏，但其完全能够反映明朝与西域经贸交往的总体趋势是不容怀疑的。明朝与瓦剌、乌斯藏的朝贡贸易不在统计之中，特予以声明。

以嘉靖八年"闭关绝贡"政策出台为分界线，把明王朝与西域经贸关系分作前后两期。自洪武元年(1368)至嘉靖八年(1529)161年时间，西域来华朝贡贸易192次；自嘉靖八年(1529)至崇祯十七年(1644)115年时间，西域来华朝贡贸易56次，减少明显、反差巨大。第一阶段中永乐、宣德两朝32年，西域来华朝贡贸易78次，是最为频密热络时期。第一阶段，西域来华朝贡贸易的国家、地面共24个，而第二阶段来华朝贡贸易的国家、地面只有6个。"闭关绝贡"不能简单认为彼我双方的纯经济问题，经贸关系深含政治、文化、邦交诸多因素，"闭关绝贡"象征着在国际或区域交往中放弃自己的影响力，是明代西域经营方略之一项不智选择。

嘉靖八年，放弃兴复哈密的打算，"闭关绝贡"政策出台，客观评价，并非一刀两断，绝对放弃与西域经贸往来，"如其不侵扰，则许之通贡"①，是有条件的继续通商，要严格限制。如时人所讲："彼绝贡路，彩段不去则彼无华服，铁锅不去则彼无美食，大黄不去则人畜受暑热之灾，麝香不去则床榻盘虺蛇之害。彼日用

① 张廷玉等：《明史》卷329，《西域一》，第8525页。

之所不可无,又不止此,一旦贡绝,一物不出,彼其不受害乎!”[①]以绸缎、铁锅、大黄等生活物资相要挟,是否有失大国风度呢?见仁见智,可留待评说。

明王朝经营西域,不设任何官署机构,不派一位流官(脱脱为忠顺王时派长史、纪善辅导,但不见有何作用,其后不再派出),不驻一兵一卒,不见屯垦一亩土地。当然明王朝的三尺之法也不见行于哈密和关西七卫,而以各族习惯法处理民事、刑事纷争。最为明王朝瞩目的哈密卫在正德七年(1512)被土鲁番占领,兴复无计,明王朝势力完全收缩到嘉峪关内,偌大西域便放任自流了。有学者评价:“哈密卫则是明朝统治者专为治理边疆事务而独设的一种军政合一的地方政权。它不同于明朝置设的其他卫所,而与在此以前历代中原王朝所置设的西域都护府、戊己校尉、西域长史、安西、北巡(为庭)都护府,乃至清代一度设置的伊犁将军含意一样。”[②]这一评价似乎高过实际作用许多。不过,他提醒笔者,要恰如其分评价明代西域经营方略,有必要将其与汉唐和清代的西域经营方略做些对比。

西汉初年饱受匈奴骑兵的蹂躏,被迫和亲,局面仍不得好转。汉武帝是极具进取精神的一代帝王,他派遣张骞出使西域,宣告了中原华夏文明在西域的政治存在,挑战匈奴汗国的西域霸权,激烈的军事斗争持续数十年,至宣帝神爵二年(前60)匈奴日逐王与单于不和,率众降汉,西汉又击败车师,匈奴霸权从此结束,西汉在西域取得主导性控制权。如何经略西域呢?神爵三年(前59),设西域都护府在西域中央地带,即现在轮台县境的乌垒。任命郑吉为西域都护,为西域最高行政长官,“职在统领大宛及其以东城廓诸国,兼督查乌孙、康居等行国(游牧各处,无定居城廓之国家或部族之谓),颁行朝廷号令,诸国有乱,得发兵征讨”。[③] 副校尉是都护的副手,也由朝廷任免。都护之下丞一人,司马、侯、千人各二人,由都护自辟。连续设置西域都护前后凡18位,任期一般为3年。汉元帝初元元年(前48)置戊己校尉,隶都护节制,主管屯田事务,其属官有丞、司马各一人,侯五人,在车师(今吐鲁番地区)、轮台等地皆拓荒屯田,解决军需和

---

① 杨一清:《杨一清集》下册,《关中奏议》卷17,《为捉获奸细拘引大势回贼犯边夺取地方等事》,北京:中华书局,2001年,第655页。

② 田卫疆:《论明代哈密卫设置及其意义》,《西北民族大学学报(哲学社会科学版)》1988年第1期。

③ 余太山:《西域通史》,第56页。

衙署办公之经费。汉代在西域的主导控制力维持不超百年。

唐代初年的西域是西突厥的天下，唐朝正式向西域用兵从贞观十四年(640)平定高昌开始，旋又攻克突厥可汗的浮图城，控制了西域东部。唐太宗力排众议，设立伊州、西州、庭州三州。在西州设立安西都护府，每年调发1000多士兵守卫。伊西庭三州和安西都护府的设立，扼制了西突厥在西域东部的扩张势头。贞观二十一年(647)，唐太宗再次大规模用兵西域，与西突厥、吐谷浑、吐蕃联军战于龟兹。唐军一路克处月、处密，下焉耆，平龟兹。战役胜利后，唐朝把安西都护府由西州迁到龟兹，府治设在了西域中心地带，并设立龟兹、于阗、疏勒、碎叶四个军镇，[①]派兵驻守。这就是史称的"安西四镇"，隶属安西护都府。唐朝在西突厥地区、塔里木盆地乃至葱岭以西设置大量羁縻府州，以少数族酋首管理。长安二年(702)，武则天在庭州设立北庭都护府。强大如盛唐，在西域的主导控制权，可能不超100年，在突骑施汗国、大食等势力的攻击下，唐朝在西域的控制力极度衰减。

明代自放弃哈密兴复，关西七卫也荡然无存，经营了百余年的西域撒里畏兀儿之地尽为土鲁番所掌控，除保留了对西域有限的朝贡经贸交往外，再没更大的影响力，控制力更无从谈起。明末清初，厄鲁特蒙古进入北疆伊犁河谷，建立了准噶尔汗国，又吞并南疆回部，灭亡叶尔羌汗国，控制了全疆。其势力扩展进入西藏，操纵藏区政教大权，一个强大的野心勃勃的准噶尔汗国即将对中原的清王朝提出挑战。这就是明王朝留给清王朝的历史遗产。清王朝康、雍、乾三朝百年间，对西域用兵，驱准保藏，扫平准噶尔分裂政权，遏制了回部大小和卓的多次叛乱，稳定了局势。为加强对这一广袤地域的管控，清王朝在伊犁设立伊犁将军，总管全疆事务，在喀什噶尔设参赞大臣，其余各城设领队大臣、办事大臣、协办大臣等掌握实权。蒙古地区的札萨克制，回部的伯克制虽被保留，但已无实权。清军两支主要力量八旗、绿营驻扎各战略冲要，既为抵御外敌入侵，也为威慑心有不甘的分裂势力。军屯、民屯在在皆有，为军饷军粮和衙门公费提供补充。在平定阿古柏叛乱之后，新疆设省，府州县普遍建立，管辖进一步加强。清王朝倾尽国帑付出巨大代价，划入版图的"新疆"，不是汉代完整的西域，也不是唐代完整的西域，是压缩版的西域，这是自汉朝以来近2000年历代中原王朝对西域连续

① 余太山:《西域通史》，第154页。

经营的结果。西域是古代历史上一片移动的边疆。它的全部和其中的部分地域的归属,在近代民族国家理论出现后,竞争或说争夺更为激烈。谁也没有力量得到完整的历史上的西域,得到的只能是或大或小的西域之一部分。是什么力量决定得到部分的大小呢? 三种关键力量,即经济的辐射力、文化的渗透力和军事的威慑力。历史上中国中原王朝对西域的"三力"影响最强,持续时间最久,新疆纳入中国版图完全符合历史逻辑。

明代的西域经营方略,缺少开拓进取精神,极少成就,颇多失误,不称其为失败的方略都是笔下留情。

撰写一部"历史的西域与中国的新疆",对西域人种、民族、文化、宗教、部族间的交往与争掠,中国中原王朝如何坚持历代经营西域,强化经济、文化、军事影响力及最后不容置疑抵定新疆等系列问题深入研究,是极有学术价值和现实意义的。年轻的历史学、考古学、民族学、人类学学者岂有意乎?

明代宗藩研究的问题意识

梁曼容

明代宗藩研究在20世纪后半叶一度兴盛，在进入本世纪之后，明显变得萧索。这一方面表现为研究成果从数量上大为减少，更重要的是在众多新的理论课题和研究视野中，总是踪迹难寻。这一状况与明代宗藩的历史境遇十分相似。明代宗室与分封制度，于洪武朝初立之时，便走向鼎盛；在短暂的辉煌之后，经明成祖与明宣宗的削藩，政治地位又迅速走向衰落。明代宗室在靖难之役后，因藩禁政策被隔离于朝堂之外，除了几次微不足道的叛乱，在政治上毫无存在感可言；加之老一辈史家对该人群和制度基于"特权"而展开的诸多论述，对宗室"腐朽"、"堕落"等形象的脸谱化评价几乎已成盖棺定论。因此，宗藩问题的研究时常显得无足轻重。对"中国现代性发生问题"的追问及其延伸出来的各种概念和问题，基本是以探索明代历史中可与西方现代性相比拟的诸多"新异性"现象为中心。这使得作为中国帝制时代"传统性"代表的宗藩，很难被纳入相关研究视域；更加剧了宗藩问题研究的边缘性。然而，明代宗藩问题的重要性又是不言而喻的。明宗室虽然在大多数时间的政治场域中"沉默寡闻"，却成为明中期以后，从地方到中央，各级政府都不得不面对的棘手问题。明代改革家张居正将宗室问题列为朝廷五大要政之首，并感慨生平虽能在一定程度上改善吏治、财用等问题，但于宗室问题却"未得其理"。[1] 宗禄的大幅增加导致财政开支膨胀，王府对土地的兼并实质是对中央财政收入的分割。二者加剧了明朝从地方到中央的财政危机，于明亡负有难以推卸的责任。故在此意义上，明代宗藩问题又至关重

---

① 张居正著，张舜徽主编：《张居正集》卷12，《论时政疏》；卷20，《答山东抚院李渐菴言吏治河漕》，武汉：荆楚书社，1987年，第1册第495—497页，第2册第549—550页。

要。明代宗藩问题的“无足轻重”和“至关重要”背后所反映的恰是问题意识之不同。故本文将结合明代宗藩问题的研究现状，对相关理论、方法、视域和内容进行总结和评析，从问题意识的角度，尝试提出一些不成熟的看法，以求教于方家。

一、理论、方法与困境

宗藩是明史研究中一个老生常谈的话题，学界对该问题的基本看法和问题意识与占据史学界主流的史学理论和方法密切相关。目前学界关于宗藩研究的成果于20世纪后半叶大量产出，这一时期正是马克思主义理论在史学研究中占支配地位的时期。马克思主义史学及斯大林的社会五形态说的问题意识、理论和方法，被广泛应用于历史研究，明代宗藩研究也因此带有鲜明的时代特征。在五形态理论视野下，明代恰处于封建社会晚期，即封建社会衰落或解体的历史时段。相关研究对于宗藩问题的讨论正是在这一历史基调下展开，加之对阶级分析法教条化地运用，明代宗室的形象被刻画得分外鲜明。一是在“阶级”与“阶级斗争”的研究思路下，宗藩以“剥削者”的面目出现在相关历史研究中，与人民大众泾渭分明；二是在明后期封建社会落后性质的研究立场下，宗藩成为“腐朽者”的典型代表；三是在被视为20世纪史学情结的“资本主义萌芽问题”中，宗藩因为其经济特权，自然而然是诸多扼杀因素的“共犯”和“帮凶”。这种对明代宗室及其制度的论述，不可避免地会将明代宗藩问题的讨论转变为对宗藩制度不合理性的论证。明代宗藩问题的复杂性与历史意蕴被彻底湮没在不同程度的理论预设和结论先行的历史写作之中。随着20世纪80年代以后学界对五形态说质疑的增多，五形态说解释力度的局限性和阶级分析法的教条化等问题也逐渐被学界所认知，这种生硬的理论模式和疏阔的研究方法亦基本被学界所扬弃。

另一种对中国古代史研究产生重大影响的史学观点是“中国古代专制说”。该说将秦至清的中国政体视为专制政体，并以此作为认识传统中国的概念工具。“专制”概念可以追溯到希腊思想家亚里士多德，后经中世纪和近代欧洲思想家的论述，发展成为一个系统的历史理论概念。这个概念的发展伴随着内涵从

“专制”到“专制主义”的加强和外延“东方”地理范围的扩展。① 清末,“专制”说由日本传入中国,以梁启超为代表的中国知识分子将之视为反省与批判中国传统政治的重要工具。② 专制说与五形态的封建社会说本是两种对中国古史截然不同的理论和看法,但在20世纪30年代的社会史论战之后,“专制”与“封建”逐渐变得暧昧,并且经常放在一起使用来指称秦以来的中国古代社会。③ “专制”由此逐渐成为对中国封建社会政治体制特征的概括。即使在五形态理论被扬弃之后,“专制”说仍旧被学界大多数学者所认同。明代被学界公认为君主专制强化的时代,因此,关于明代宗藩的研究基本是将明代“宗室”、“宗藩”及其所拥有的特权作为“专制皇权”的一种延伸和附庸来进行讨论。明代宗藩在靖难后的弱势更强化了学界的上述研究思路。作为对中国古代政治制度性质的一种论断,“专制”说具有巨大穿透力,但其高度概括性,使其解释力度一定程度上以牺牲宗室人群和宗藩制度的复杂性为代价。宗室与分封制先于帝制而存在,西周被认为是宗法制和分封制确立并且最为典型的时代。④ 因此,将宗室人群和分封制度附庸在“专制皇权”之下,就忽略了其独立存在的历史现象及内在逻辑。在“专制”说的视野下,明代宗藩问题便成为“东方专制主义”的一个并不充分的注脚。

对于中国现代性发生问题的追寻是明史研究中至关重要的话题,而在相关研究中,宗藩往往是不在场的问题,并始终扮演着负面角色。现代性伴随着西欧现代化的进程发展而来,其诸多属性是以西欧历史为依据,基于西欧在16世纪以来的突飞猛进而成为世界的“典型”。现代性视角,将传统与现代划分开来,蕴含着直线向前、永不可逆的意识,以西方的例证来衡量非西方国家的历史,是一种历史分析中的西方中心主义。在现代性视角下,自启蒙时代起,“贵族”和“世袭”就被视为“现代性”的对立面。⑤ 因此,作为世袭贵族的宗室,在绝大多

① 施治生、郭方:《“东方专制主义”概念的历史考察》,《史学理论研究》1993年第3期。

② 侯旭东:《中国古代专制说的知识考古》,《近代史研究》2008年第4期。

③ 李根蟠:《中国“封建”概念的演变和“封建地主制”理论的形成》,《历史研究》2004年第3期。

④ 王国维:《观堂集林》第2册,卷10,《殷周制度论》,北京:中华书局,1959年,第453页;童书业:《春秋史》,北京:商务印书馆,2017年,第10—11页。

⑤ [英]柯律格:《藩屏:明代中国的皇家艺术与权力》,黄晓娟译,郑州:河南大学出版社,2016年,第15页。

数追溯中国早期现代性的论述中，其落后性似乎不言自明。相较于明代商业、商人、贸易等方面大量而丰富的研究，学界对明代宗藩的认知多少带有先入为主的感情色彩，不免缺乏对明代宗藩问题更深入而周至的思考。

准确地说，学界虽然有数量庞大的宗藩研究成果，但对宗藩问题的讨论都存在不同程度的理论缺陷，更缺乏贯通中国古代史宗室和分封制度的长时段视野。近些年，一些海外学者力图摆脱过去囿于常俗的做法，尝试在宗藩研究中引入新的理论。牛津大学柯律格在《藩屏：明代中国的皇家艺术与权力》一书中，从克利福德·格尔兹的“典范中心”概念和杜赞奇对“封建”的相关论述出发，诸多看法见解令人耳目一新。但新理论的问题也非常突出。“典范中心”概念是美国人类学家格尔兹基于“剧场国家”巴厘的研究而形成的一个本土化理论。据格尔兹自己所言，巴厘这个国家从未走向专制，也根本无力促使专制权力走向全面集权化。[①] 这与中国帝制时期的情况截然有别。杜赞奇对“封建”的论述，是将19世纪后期康梁变法时提倡保护地方自治权利的“封建”概念与西方“市民社会”相提并论。[②] 康梁之所以提倡“封建”，是为了克制极权君主制弊端，而强调地方自治和提高地方知识分子的自主权力。康梁之“封建”，不仅与西方“市民社会”难以比附，而且与诸王“封建”大相径庭。因此，格尔兹的“典范中心”与杜赞奇关于“封建”的论述，存在与明代宗藩实际情形扞格难通之处。柯律格的尝试反而更加凸显了明代宗藩研究中理论和方法的创新困境。

二、步履维艰的宗藩经济问题研究

明代宗室虽然因藩禁而受到诸多严格限制，在明代政治场域中影响微弱，却占有大量的庄田，享受高额的宗禄，并且于盐政、商业、手工业多所染指，对明代财政影响甚巨。因此，经济相关问题的研究，在明代宗藩研究中具有重要地位。目前，学界围绕该问题的研究成果，特征亦非常突出：一是同样主要集中于20世

---

① ［美］克利福德·格尔兹：《尼加拉：十九世纪巴厘剧场国家》，赵丙祥译，上海：上海人民出版社，1999年，第12页。

② ［美］杜赞奇：《从民族国家拯救历史：民族主义话语与中国现代史研究》，王宪明译，北京：社会科学文献出版社，2003年，第143—145页。

纪后半叶,二是基本是在资本主义发生学的视角下进行的审视,将之视为一种“反动”的特权经济。[①] 就内容而言,大致又可以分为庄田、宗禄和其他经济性行为三个方面。对于王府庄田、牧马草场,王毓铨、郑克晟等学者曾进行过较为系统的专门性研究。[②] 但在此之后,相关研究数量大幅减少,研究深度也几乎难出前辈学者之右,王府庄田、牧马草场的地亩数额与来源、经营与管理、地租构成与额度、地方的互动与影响等具体细节,仍然朦胧不清。王府庄田的研究几乎处于停滞的状态。宗禄研究的成果相对较多,但也多系笼而统之。有明一代近300年,明中后期的宗禄实际额数、构成形式、折支比例、发放方式等,较洪武祖制已经大相径庭;宗室分封于各布政司,遍布南北,地区差异显著,各府宗禄的实际执行情况也千差万别;学界对这些细节的史实梳理都不尽如人意,对宗禄的时代性和区域性及其演变明显缺乏足够的关注。明代亲王还染指商业、手工业和盐政,经营私店、塌房,贩卖私盐,在论述资本主义萌芽的各种研究中,这些问题被作为资本主义萌芽的阻碍因素而被详略不同的谈及,但专门性的论述凤毛麟角,诸多细节和看法有待清晰呈现和深入探讨。可见,宗藩经济相关问题的研究成果与该问题的重要性不相比侔,呈现出步履维艰的状态。

这一方面与史料的存续状况密切相关。明代王府庄田并不记入有司册籍,各类方志在编撰时也少有记载;而王府的记录文册在经过明末的战火之后,也多已不存。明代宗禄虽有文书记载,但在实际执行过程中,一直处于变动之中;致使史料记载与实际情形差距较大;宗禄的实际情形,需要通过对多种史料进行调查、甄别和计算,方能获得。王府经营私店、贩卖私盐的行为,史料中并不乏见,却记载分散而疏阔。明代王府庄田的受益群体非常有限,多是作为帝子帝孙的初封亲王,继袭亲王所能获利者并不多。并且,明朝皇帝对王府庄田的扩张并非一以贯之的支持,其间多次下旨对王庄进行清查;朝廷士大夫对王庄持激烈的反对态度,在政策制订与实施中据理力争。本质上,王府庄田是对中央财政的分割,王府因之与朝廷、地方经常处于土地和人口的争夺之中。王府兼并导致的自耕农变为佃户和流民的过程,也是对明代赋役制度变化的侧面反映。宗禄是从地方存留中支取,大致正德以后,其惊人的数额使得地方不断寻求中央财政支

① 梁曼容:《20世纪以来的中国明代宗藩研究》,《中国史研究动态》2019年第4期。

② 王毓铨:《明代的王府庄田》,载《王毓铨史论集》上册,北京:中华书局,2005年;郑克晟:《明代政争探源》,北京:故宫出版社,2014年。

持,致使地方性的财政困境逐渐扩及中央,并蔓延至全国。宗室除宗禄外,还有大量婚丧祭祀开支。这些开支被摊派在地方赋役项目中。[①] 这些问题都是透视明廷中央财政和理解地方财政运转的有效且不可忽略的视角。王府还大量征用地方徭役,名目繁多,目前对其情形的研究也是浮光掠影。明代宗室奏讨盐引,贩卖私盐,对明代开中法和盐政的运行带来诸多弊端,王府深入盐政报中、支盐、掣验、运输、销售诸环节的具体情形有待细致梳理。王府经营大量的私店、塌房:"楚宗错处市廛者甚多,经纪贸易,与市民无异,通衢绸布店,俱系宗室。间有三吴人携负至彼开铺者,亦必借王府名色"。[②] 此外,宗室还拥有河泊课、湖课、市课和其他杂课,占有炭厂、窑厂、油房、水磨、竹厂、山场等。王府这些经营商业和手工业的行为,同样分割了朝廷的财政管理权力与经济收益,给朝廷财政收入带来巨大损失;这些都是明史研究中的应有之义。

另一方面,20 世纪以来历史学界的两种史观在明代宗藩经济问题的解读上有异曲同工之处。首先是从新中国成立以来到 20 世纪 80 年代以后,占统治地位的马克思主义史学的阶级史观。其特征是强调阶级划分与斗争,以阶级理论为主要分析方法,以农民革命为主要研究内容。在这种语境中,明代宗藩往往以"剥削地主"的面目出现,相关研究也以揭露王府对土地的大肆兼并与对佃户的残酷剥削为旨归。其次是学界长期以来对于中国现代性发生问题的追寻,这既包括改革开放以后流行的用近代、近世、现代、近代社会、近代经济、早期工业化等作为核心概念的研究,更包括 20 世纪中叶兴盛、80 年代逐渐退场的历史研究中"五朵金花"之一的资本主义萌芽问题。在中国现代性发生问题的诸多研究范式中,学者着力于对可能包含中国社会总体变革新异性因素的地区、现象和人群进行研究,宗藩经济问题因通常被视为贵族特权对商业、市场的严重破坏,相关研究故而被束之高阁。阶级史观与现代化史观虽然在问题意识、研究路数和方法上截然不同,却在宗藩经济问题上不约而同地达成了共识。宗室因其身份而特权,因特权而攫取经济利益,两种史观皆把宗室看做传统社会落后性的代表,宗室经济行为因此带有极大的破坏性。将宗室经济行为定性为特权经济看似没有问题,但这样的盖棺定论具有把经济问题高度简化为政治问题的嫌疑,进

---

① 佐藤文俊:《王府论》,载森正夫等编,周绍泉等译:《明清时代史的基本问题》,北京:商务印书馆,2013 年。

② 包汝楫:《南中纪闻》,北京:中华书局,1985 年,第 11—12 页。

而忽视个中的复杂情形。从现有的理论视角看,无论阶级史观还是现代化范式,对宗藩经济问题的阐释,都存在不尽如人意之处。王府的土地兼并,除了来自于身份特权的钦赐和侵占,还有许多是自耕农迫于政府赋役沉重的主动投献。这种投献的主动行为颇值得关注和深入挖掘。自耕农沦为佃农的过程,并不直接等同于"剥削"的加重,反而可能在一定意义上伴随着实际经济状况的改善;当然这种改善是以牺牲部分人身自由权为代价,意味着人身依附关系的加强而非松弛。如此,无论是特别注重强调阶级对立和冲突的阶级史观,还是强调人身依附性减弱、自由度增强的现代性史观,在阐释此种现象时,都不免存在一定程度的悖论。此外,对于过去宗藩与明中叶商品经济发达、市场贸易繁荣之间的"阻碍"关系也有待重新审视。虽然德国经济学家、社会学家维尔纳·桑巴特关于资本主义动力起源的追溯被学界广为诟病,但他关于"宫廷社会"和"奢侈问题"对市场、手工业、商业发展的论述具有很大启发性。桑巴特作为德意志经济史学派,有别于亚当·斯密的自由主义经济学和普遍的线性增长史观;以"宫廷社会"概念为分析框架,突破了市民阶层崛起的自由主义或唯物主义的单调叙事;与此同时,桑巴特将"奢侈"作为社会变革的动力。① 奢侈导致了社会生产与分工的精细化,原料生产的规模化,制造工序上的复杂化;奢侈之风的蔓延,也推动了消费市场的不断扩大。甚至,桑巴特把现代商业秩序视作宫廷社会肉欲和权势的产物。② 明代亲王大多富甲一方,生活奢华,他们对奢侈品有极大的消费需求,他们与手工业、商业和市场的密切勾连,以及产生的深远影响,似乎目前还停留在简单的判断之上。总体而言,目前宗藩经济问题研究从材料的丰富程度、内容的细致程度、视角的新颖程度、理论的阐释力度,都有大力推进的空间和前景。

三、中间视角的非江南/华南的区域研究

近二三十年间,江南和华南是明代所有区域性研究中受到最多关注的两个地区,相关研究成果层出不穷。江南和华南不仅是作为地理区域,呈现出与明朝

① 张巍卓:《桑巴特的奢侈研究:一个理解现代社会的视角》,《学海》2019 年第 4 期。

② [德]维尔纳·桑巴特:《奢侈与资本主义》,王燕平、侯小河译,上海:上海人民出版社,2021 年。

其他地方显著不同的特征,同时因江南研究与华南研究背后所关涉的问题指向和研究路数不同,各有特色,也成为历史研究中理论和方法被不断实践的区域。殊为巧合的是,地理区域上的江南和华南恰不是宗室分封的区域。江浙乃明廷财赋之地,例不封王。洪武时,朱橚初封为吴王于杭州,不待之国,便改封周王于开封。永乐时,宁王请封苏州、钱塘,均未获允。地域上的华南,主要包括今天的广东和广西两省。在明代历史上,仅有1位亲王被封于广东,为淮王朱瞻墺。淮王于宣德四年(1429)就藩韶州府,后因韶州多瘴疠,很快于正统元年迁往江西饶州。在淮王短暂的停留之后,便再无亲王被封于今天的广东。广西也仅有1个王府,即位于桂林的靖江王府。江南和华南研究的兴盛,衬托出其他地区区域性研究的相对薄弱;明代宗藩分封的地域偶然性,使其很少被纳入区域性研究的视野。作为概念和方法的区域,学界对于江南问题的讨论主要着眼于中国现代性发生问题,因此大量研究是围绕生产力、生产关系、生产技术、GDP、早期工业化等展开并进行各自阐释。① 此外,江南也是士绅研究的重要阵地。其内部研究虽然在概念、视角和看法上存在诸多分歧,但对"士绅"问题的研究,根本上都是试图从社会结构、阶层流动、地方权力与自治、中央与地方互动入手,对中国社会转型问题的探讨。② 因此,江南士绅研究与江南经济史研究实为一体两面的关系。作为理论和方法的江南,实为对中国现代性和明清社会转型问题的追寻;在这种追问下,明代宗藩研究的缺失似是不可避免。华南研究以历史人类学、田野调查、眼光向下为基本研究特色,以结构过程、礼仪标识和逆推顺述为核心概念,在对民间文献以及传说等口述资料收集、整理和利用的基础上展开③;"华南"虽然不是固定的研究区域,却是目前华南研究的重要试验场,成果亦是蔚为可观。华南研究以宗族为主要研究对象,将宗族的发展视为明代以后国家政治变化和经济发展的一种表现,以及国家礼仪改变并向地方社会渗透过程在时间和空间上的扩展。④ 华南研究采用自下而上的视角,从区域出发理解整体历史,

① 赵轶峰:《明清江南研究的问题意识》,《探索与争鸣》2016年第4期。

② 冯贤亮:《明清江南士绅研究疏论》,《中国高校社会科学》2014年第6期。

③ 赵世瑜:《结构过程·礼仪标识·逆推顺述——中国历史人类学研究的三个概念》,《清华大学学报(哲学社会科学版)》2018年第1期。

④ 张小也:《历史人类学:如何走得更远》,《清华大学学报(哲学社会科学版)》2010年第1期。

通过对地方性传统与王朝观念、制度互动过程的深入了解，最终指向对地方社会与国家关系及认同问题的探讨。可见，华南研究具有非常明确的问题指向性和相当自觉的研究方法，对文献材料也有特殊的要求。所以，当作为理论和方法的华南研究告别华南，尝试将视野放入更为广阔的非华南地区时，相关成果仍旧不出与基层社会密切联系的宗族、礼仪、村社等问题。[①] 历史人类学因其新理论、新方法与新视角引领了区域研究的繁荣，却不曾把同样身处于区域的宗室郑重其事地纳入研究视野。历史人类学的热潮，反而使宗室问题更为边缘化了。

众所周知的是，明代宗室分封，遍及明朝的8个布政司及近半百的府州县。况且，宗口规模庞大，他们与地方的紧密程度与互动关系远远超出目前学界的认知。正如柯律格所言："从统计学的角度说，一位明代山西居民见到一位宗室成员的机会要比见到一位官员的机会大得多"。[②] 事实上，在21世纪的头十年，随着社会史和地方史的热潮，确实涌现出一批试图从"地方社会"角度审视明代宗藩的学术论文。大概是一种偶然，这些论文绝大多数是以硕士学位论文的形式呈现，基本内容都是将20世纪的研究成果放入某一区域进行再观察，固然这些论文已经几乎没有"封建"、"阶级"、"剥削"这样意识形态化的字眼，并冠以"地方社会"的头衔，但其研究的内在路数、基本看法与20世纪的研究成果几乎没有太大差异；在研究资料和方法上也没有太多突破，实为"通史区域化"的典型代表。而且，区域、社会视角的宗藩研究在问题意识上纵然体现出新意，但中国学者基本回避对明代宗藩制度的整体性和结构性审视。

作为从中央进入地方社会的宗藩，他们的到来，将会在多个维度上给封地带来冲击和改变。地方的城址因王府的修建而不断扩大；改变了封地原有的城市形态、地域结构和土地利用规划。[③] 旧有的水利秩序也因王庄的介入而发生改变。[④] 宗室往往是当地庙宇道观的重要资助者，甚至惠及犹太教和伊斯兰教；并且与寺观田产有复杂的利益纠葛。数量不等的私阉之人争相涌入王府；许多自由民在王庄的土地兼并中沦落为王府佃户。宗室还是学士文人著作的资助人和

---

① 科大卫：《告别华南研究》，载华南研究会编辑委员会编：《学步与超越：华南研究会论文集》，香港：文化创造出版社，2004年。

② ［英］柯律格：《藩屏：明代中国的皇家艺术与权力》，第24页。

③ 吴朋飞：《明代周藩郡王的封废与王府的空间呈现》，《中国历史地理论丛》2015年第2期。

④ 胡英泽：《晋藩与晋水：明代山西宗藩与地方水利》，《中国历史地理论丛》2014年第2期。

出版者,文人士子乐此不疲地与藩王宴饮唱和。明代宗室多好文墨者,有数量丰富的个人书法绘画等作品产出。王府因此成为绘画作品收藏、评论、产生和流通的场所,是高等奢侈工艺品制作中心,也是宗室和士大夫们构建社会关系的一个场所。这些话题都是观察明代地方社会不可缺少的视角。

作为中央和地方之间的宗藩,因其特殊的地位,带有皇权的深刻烙印,很大程度上与地方社会迥然有别;从而形成一个相对独立的小社会。但诸王在之国后,在与地方社会的不断互动中,建立起密切的联系;二者的互动是彼此冲突、适应与塑造的过程。因此,在整体史自上而下和区域史自下而上之间,也许可以另辟蹊径,在“上”“下”之间寻找第三视角。王府宗藩介于中央和地方之间,同时兼具中央权力的属性和地方社会的特征。王府宗藩或许可以构成“中间”视角,达到从宗藩看中央、观地方的双重效果。在这一视角下,宗藩问题就不单是深入调查和精耕细作的社会区域史研究,而是具有了连接地方与中央、社会与政治的意义。

四、社会变迁视野下的明代宗藩问题

当明代的诸多变化被学界共识为具有社会变迁意义时,当学界对这些变化展开多维度多层次阐释时,我们有必要搞清楚被视为“传统”甚至是“落后”的明代宗藩,在社会变迁大势中究竟扮演了什么角色。

宗藩问题一定程度上显示出明代政治体系的“变”与“不变”。有明一代的宗室制度,在朱元璋去世之后,就一直处于变动之中,一些变化早已突破了“祖训”的限制。“靖难”之后,宗室被削夺军政权力,相较于其他王朝,贵族权力可谓处于中国历史上格外孱弱的状态。与此同时,明代又是士大夫政治相当活跃的时代。贵族政治与士大夫政治的一弱一强,表明了明代帝制体系中所蕴含的具有理性含义的精神;是为明代政治之“变”。但作为阶层的贵族,宗室人群即使已经令朝廷不堪重负,却自始至终是帝制体系的重要组成部分,具有不可或缺的结构性意义;而且,宗室“特权”一直在法律和经济领域发挥着深远的影响,表明相当程度的贵族制精神是明代帝制体系的内在组成部分。这二者是为明代政治之“不变”。“变”与“不变”及其之间的张力共同构成了明代政治制度的特色。当学者们投身于经济史领域去阐释社会变迁时,政治领域的上述变化理应不被忽视。

明代宗藩也是透视明代社会阶层结构演变的重要切入点。明中期以后,宗室人口庞大,致使朝廷面临沉重的财政负担和巨大的管控压力。《宗藩条例》是朝廷试图缓解宗室问题而制定的一项专门法。但从其内容看,《宗藩条例》的绝大多数条款是为约束郡王、将军而下的宗室成员所制定,并未触动亲王的特权,这反映出宗室内部权力的分化,显示出朝廷在对待不同宗室成员时具有不同的政治考量。[①] 由于大量宗室沦落为无名无封宗室,陷入身份、权利和生存困境;朝廷于万历时期开四民之业、城禁和入仕之禁,并将开禁范围逐渐由庶宗、无名粮花生传生宗人逐渐扩及中尉和将军。[②] 下层宗室是万历开禁的实施和受益对象。万历开禁虽然是在迫不得已之下,冒宗室干政风险而采取的无奈之举;却具有深刻的历史意蕴。其实质是想通过令下层宗室放弃爵位和宗禄从事四民之业的做法,来缩小特权人群的范围。这表明明廷已经难以维系庞大的特权人群,原先封闭的刚性的贵族阶层,在诸多困境中,有了一定程度的松动。

同样,正如明代的江南并非孤立于明代其他地区之外,我们也无法认为明代宗藩也与发达的江南经济相隔绝。然而,王府与明代江南经济的互动,学界知之甚少。王府的经济行为通常会被理解为对商人利益的损害。但事实是,王府与商人的关系颇为微妙。一些证据表明,由于王亲任官政策的限制,在许多士人不愿与王府结亲的境遇下,商人却乐于联姻王府。如陕西商人嵇氏,为关中巨族,三代联姻秦藩,因之"尝携巨资,为鹾贾,乃游淮南吴越,大获煮海之利"。[③] 王府受制于藩禁矩矱,商人青睐于王府特权,宗室与商人达成了互需共生的关系,并迅速结成了利益团体,"盐法系足边急务,祖宗且有成法。近来势要官员通同奸

① 参见梁曼容:《明代宗室法律特权及其上下分野》,《古代文明》2019 年第 2 期。

② 参看《明神宗实录》卷 224,万历十八年六月乙酉条,台北:"中央研究院"历史语言研究所校勘本,1962 年,第 4164—4165 页;《明神宗实录》卷 266,万历二十一年十一月辛未条,第 4956 页;《明神宗实录》卷 424,万历三十四年八月丁酉条,第 8006—8007 页。按:本文引用明代各朝实录皆出自此版本。沈德符:《万历野获编》卷 16,《科场 · 宗室应试之始》,北京:中华书局,1959 年,第 423—424 页。

③ 张蒙芝:《明嵇氏六志合考》,载西安碑林博物馆编:《碑林集刊》(十一),西安:陕西人民美术出版社,2005 年,第 74—82 页。

商，买窝卖窝，以致阻坏，流弊滋甚”。[①] 江南经济的繁荣与王府庄田的扩张均是明中期以后同时存在并行推进的历史现象，在社会变迁的问题意识下，如何理解这两种看似完全背道而驰的经济现象，至今尚未有令人信服的阐释。

总之，明代宗藩问题的研究还远未尽如人意，在史料挖掘、史实梳理、研究视角和理论方法上都有诸多需要持续用力的话题。这些问题的澄清不仅是宗藩研究本身使然，对于明代历史的解读和社会变迁问题的思考都有重要意义。

① 《明世宗实录》卷162，嘉靖十三年四月乙巳条，第3601页。

论明代永乐时期明蒙朝贡体制的建构

胡　凡

明蒙朝贡体制是明代与周边少数民族建立的朝贡体制的重要组成部分。明王朝建立后,朱元璋采取了允许接受封号的各少数民族首领定期入朝进贡、明廷给以丰厚的赏赐并可在会同馆进行一定程度的互市贸易的政策,由此而形成周边少数民族对明廷的朝贡体制。朝贡体制的根本点是朝贡者对明王朝政治上的认同,接受明朝的册封,向明廷贡献方物并接受明廷的赏赐。但是由于洪武时期明朝与残元势力的斗争,蒙古族没有纳入朝贡体制之内。朱棣即位后,在他悉心谋划、精心布局、全面调控下,蒙古三大部先后接受了明廷的册封,与明廷建立了朝贡关系,蒙古族全部纳入明代朝贡体制之内。

一、兀良哈部与明廷朝贡体制的建立

兀良哈,曾以嗢娘改、斡朗改、兀良孩、兀良罕、兀良合、乌梁海及乌浪汉等不同译名见诸辽金以后的汉籍。蒙古文献中均以兀良哈见称。元代兀良哈有广狭两义。广义的兀良哈,是指蒙古草原以北,从贝加尔地区至叶尼塞河以西这一广阔地区里的所有部落,因其居地山岳连绵、森林密布,被称为兀良哈人或“林木中百姓”;狭义的兀良哈,则是一个古老部落的名称。大约在公元9、10世纪成吉思汗第九祖和第十祖时,这支兀良哈部落走出森林,南迁到不儿罕山(今肯特山)一带过着游牧生活。到了成吉思汗分封东方诸王时,一部分兀良哈人又奉命东迁到大兴安岭东麓,在朵颜山居住下来。洪武二十二年(1389)五月,朱元璋置泰宁、朵颜、福余三卫指挥使司于兀良哈之地,兀良哈这个部族名变成了地名,它同“泰宁等地”指的是同一个地方。随着三卫的设置,兀良哈这个名称的使用范围更扩大了,成了三卫的共名和总称。

关于三卫的具体位置,泰宁卫是汉文地名,来自元代的泰宁路,其卫治所在地有二说:一说设在黑龙江省泰来县塔子城,一说设在今洮儿河流域的四家子古城(吉林省洮安县东30里)。泰宁的蒙古文写作“往流”,又作“罔留”,意为“王的人民”。据《元史》记载,这个王应该是成吉思汗幼弟铁木哥斡赤斤后裔。据其世系,铁木哥斡赤斤的嫡孙塔察儿嗣袭祖父封爵为国王,称“塔察儿国王”。元仁宗延祐三年(1316)塔察儿的孙辈、著名的叛王乃颜的从子——脱脱,受命承袭辽王。元文宗天历二年(1329)牙纳失里受命嗣辽王,并赐予脱脱故印。洪武二十二年首任泰宁卫指挥使的阿札失里,就是辽王脱脱和牙纳失里的后裔。明初,作为兀良哈三卫首卫的泰宁卫,其居地在嫩江西岸的一条重要支流洮儿河流域的下游、嫩江和松花江汇合处以下一段(今第一松花江西段)的以北平原地带。福余卫为汉文地名,福余一名当来自金代蒲与路,路治在今黑龙江省乌裕尔河北岸克东县大古城。明初,福余卫在三卫的东面,位置以嫩江为中心,东自乌裕尔河流域,西到绰儿河流域。朵颜卫为汉文地名,来自境内的朵颜山,此山又名“多延温都儿”。据有关学者推定,朵颜卫的卫治可能设在今内蒙科右前旗乌兰浩特东北25里的前公主岭古城。明初,朵颜卫在三卫的西边,位于洮儿河、归流河上游的山区地带,即著名的索岳尔济山(又名朵颜山)一带。

明初洪武时期,朱元璋对蒙古各部主要采取的是政治招抚和军事征讨相互为用的两手策略。随着洪武二十一年(1388)四月明朝在捕鱼儿海之役获得全胜,当年八月,“纳哈出故部属行省平章朱高、枢密院同知来兴、陕西行省右丞阿里沙、岭北行省参政孛罗、辽阳行省左丞(末)[朱]方、河南行省左丞必剌秃、甘肃行省右丞哈剌、中政院使脱因、宣政院使脱怜、太史院使邦住、省都镇抚完者秃、太常礼仪院使台里帖木儿、翰林院学士哈剌把都儿、行枢密院知院纽怜、将作院使梁三保奴、通政院使扯里帖木儿、太府监卿怯都古、都护府都护速哥干、宣徽院同佥灰里赤、行宣政院同知怯古里不花、千户朵儿秃秃甲、爱马忽鲁答、司农司丞孛罗不花、兴和路府判哈剌帖里温、海西宣慰司同知(剌八蒸)[利八丞]、太仆寺少监末里赤、(内)[通]政司丞蛮歹、大宁路同知张德林、中瑞司卿李不颜、内(史)[使]佥院哈剌曲赤、山东宣慰[使]司同知也提、河东宣慰司同知帖木儿不花、大都督府总管失列门、太医院同知(忭)[忻]都、长秋司丞失兰歹、御史帖木儿等一千余人,自辽东来降”①。这是自脱古思帖木儿被也速迭儿杀死之后,元朝残余势力瓦解的表现,也是北元权力机构瓦解的标志,此后北元不复存在。因此,九月十四日的《明太祖实录》记载道:“辽东都指挥使司送故元来降辽王并其臣属四十九人来朝贡马”;九月二十二日又记载道:“故元将哈剌海等并阿劄失里来降,赐白金五十两,钞三百五十锭,绮衣四十二袭。”②这里我们看到,八月间残元势力的35位高官投降明朝,九月里有辽王来降,且有阿劄失里来降的记载。十一月,又有“故元辽王阿札失里命宁王塔宾帖木儿来降,先遣人赍脱思古帖木儿旧降诏书,赴京来献,以表其诚”③。这里的记载互有抵牾之处,且阿劄失里与阿札失里有一字之差,我们不能确定辽王是否亲自到南京,但他“命宁王塔宾帖木儿来降”则是可靠的,朱元璋在洪武二十二年五月设置泰宁、朵颜、福余三卫指挥使司于兀良哈之地,两天后遣使赍敕往谕故元辽王阿札失里等曰:“覆载之间,生民之众,天必择君以主之。天之道福善祸淫,始古至今无有僭差。人君能上奉天道,勤政不贰,则福祚无期;若怠政殃民,天必改择焉。昔者二百年前,华夷异统,势分南北,奈何宋君失政,金主不仁,天择元君起于草野,戡定朔方,抚有中夏,混一南北。逮其后嗣不君,于是天更元运以付于朕。自即位来今二十余年,尔阿札失里等知天命有归,率众来附,朕甚嘉焉。朕每于故元来归臣民悉加优待,况尔本元之亲属者乎!今特于泰宁等处立泰宁、福余、朵颜三卫,以阿札失里为泰宁卫指挥使,塔宾帖木儿为指挥同知;海撒男答溪为福余卫指挥同知;脱鲁忽察儿为朵颜卫指挥同知;各领所部,以安畜牧。自古胡人无城郭,不屋居,行则车为室,止则毡为庐,顺水草、便骑射为业,今一从本俗,俾遂其性,尔其安之。”④这就是明代兀良哈三卫的设置之始。这里我们要注意的是,在任命的四个人中,只有阿札失里是指挥使,塔宾帖木儿、海撒男答溪、脱鲁忽察儿都是指挥同知,显示出辽王的地位要高于其他三个人。八月里“故元丞相失烈门潜通塔失海牙等,率其部下袭劫捏怯来至也速迭儿佥院安达纳哈出所,杀之”,捏怯来先已投降明朝,朱元璋为其设立全宁卫,现在捏怯来被杀,部下溃散,朱元璋“诏

① 《明太祖实录》卷193,洪武二十一年八月癸亥条,台北:“中央研究院”历史语言研究所校勘本,1962年,第2897—2898页。按:本文所引明代各朝实录皆出此版本,不再一一注出。

② 《明太祖实录》卷193,洪武二十一年九月乙酉条、癸巳条,第2903、2905—2906页。

③ 《明太祖实录》卷194,洪武二十一年十一月辛卯条,第2915—2916页。

④ 《明太祖实录》卷196,洪武二十二年五月辛卯条、癸巳条,第2946—2947页。

令朵颜、福余等卫招抚之,送大宁给与粮食,仍还全宁居住"①,这正是兀良哈三卫归明朝统辖的标志。

但是,历史的发展并非一帆风顺,就像长江大河遇到阻碍会发生折流和漩涡一样,历史的发展也会由于历史人物的情感与抉择不同而发生反复和跌宕。

根据《明太祖实录》的记载,洪武二十四年四月,朱元璋"遣使命今上(即朱棣)督颍国公傅友德收捕番将阿失里等,且谕之曰:'今上天垂象甚切,须体天心,凡北平护卫及都司各卫隘口,必当整备士马,励精器械,严为守御,不可怠肆'"②;洪武二十五年三月,朱元璋"遣使敕今上(即朱棣)曰:'朔漠虽平定,而残胡散处绝塞,聚必为患。其选北平都司并护卫骑兵之精锐者六七千人或万余人,间以乃儿不花等所部军士,列为队伍,各裹糇粮,命北平都指挥使周兴为总兵官,远巡塞北,搜捕残胡,以绝弭边患。其乃儿不花部曲谙知地形,令为乡导,必多擒获'",由此而有四月里"北平都指挥使周兴统兵出居庸关"③;到了八月,"总兵官都指挥使周兴遣人送所俘胡兵至京。先是兴率师至斡难河,转至兀古儿札河,按视安达纳哈出之地,见车马迹,遂追至兀者河,得空车百余辆,将还,适永平卫百户汪广报言:'哨遇胡兵,与战败之,追奔八十余里,胡兵弃辎重溃去。'兴乃遣燕山左护卫指挥谢礼率轻骑疾追之,至彻彻儿山,又大败之,生擒五百余人,获马驼牛羊及银印、图书、银字铁牌等物,悉送京师。上令择胡兵有可用者卯罕、阿鲁温沙二人赍檐北还,招谕虏将阿札失等"④。以上几条史料反映出,明廷征讨的对象是蒙古族,但具体是谁呢?这里有两个人名:阿失里、阿札失,联系到前述的阿剳失里、辽王阿札失里,个人认为应该是阿札失里,阿剳失里的剳与阿札失里的札是汉字的同音异写,而阿失里和阿札失则都是实录誊抄者的笔误,一个抄丢了札,一个抄丢了里,这样看来,朱元璋此番征讨行动的主要对象应该是辽王阿札失里。证之清人谷应泰的记载:洪武二十四年三月,"元辽王阿扎失里寇边,命颍国公傅友德率列侯郭英等讨之。五月,至哈者舍利王(即阿扎失里王)道,友德遽下令班师,敌闻信之。越二日,忽趋师深入。六月,至黑岭鸦山等

① 《明太祖实录》卷197,洪武二十二年八月是月条,第2956页。

② 《明太祖实录》卷208,洪武二十四年四月癸未条,第3102页。

③ 《明太祖实录》卷217,洪武二十五年三月甲申条,第3188—3189页;四月戊午条,第3193页。

④ 《明太祖实录》卷220,洪武二十五年八月庚申条,第3223页。

处洮儿河,获人口马匹”[①]。黑岭鸦山(或朵颜鸦山),即朵颜山。正是辽王阿札失里的降而复叛,所以朱元璋设置的兀良哈三卫也就随着辽王阿札失里的叛逃而在史籍中再无记载,因而才有后来永乐时期三卫的重设。

朱棣起兵靖难时,曾得到兀良哈三卫骑兵的支持。因此,朱棣即皇帝位后,于当年九月就“遣使赍诏,抚谕兀良哈大小头目”[②]。十一月,又派遣百户裴牙失里再往招抚,史载:“遣使赍敕谕兀良哈、鞑靼、野人诸部曰:‘朕(命)[今]统承天位,天下一家,薄海内外,俱效职贡。近边将言尔诸酋长咸有归向之诚,朕用嘉之,特令百户裴牙失里赍敕谕尔,其各居边境,永安生业,商贾贸易,一从所便。欲来朝者,与使臣偕至。’”[③]在刚刚即皇帝位、百务丛杂的情况下,朱棣在两三个月的时间里,两次遣使招抚兀良哈蒙古,反映出他对兀良哈三卫的重视。从朱棣的招抚敕谕中我们看到,明廷执行的是和平友好、互通有无、共享太平的政策。

朱棣的招抚政策很快就得到了回应。永乐元年五月五日,朱棣“敕谕兀良哈官军人等曰:‘朕嗣位之初,已尝诏谕尔众。后辽东守臣言尔等俱欲来朝,今遣指挥萧尚都、镇抚刘忽鲁秃、百户和尚往谕朕意:但来朝者,悉授以官,俾仍居本地,岁时贡献,经商市易,一从所便。前阿哥歹、那海帖木儿、纳哈出来寇广宁,守臣禽送至京,朕矜其远人,各有父母妻子之思,曲宥其死,就令尚都等送还,并谕尔知之。’”[④]从敕谕中我们看到:兀良哈三部接到朱棣去年的敕谕后“俱欲来朝”,所以朱棣再派萧尚都等人宣明:“但来朝者,悉授以官,俾仍居本地,岁时贡献,经商市易,一从所便”,这里的对来朝者“悉授以官”,是把他们纳入明朝的统辖之下,而“俾仍居本地”则是这些接受明朝官职的少数民族首领仍在原居住地统辖其族众,他们只是要听从明廷的号令,这是明朝统治权在边疆地区得以实现的界标。同时,朱棣又放回了因为入掠而被擒获的兀良哈人,这对安定边疆、收揽人心无疑会有积极作用。

果然,在朱棣的感召下,永乐元年十一月二日,“兀良哈头目哈儿兀(反)

---

① 谷应泰:《明史纪事本末》卷10,《故元遗兵》,北京:中华书局,1977年,第146页。

② 《明太宗实录》卷12下,洪武三十五年九月乙未条,第216页。

③ 《明太宗实录》卷14,洪武三十五年十一月壬寅条,第262页。按:《明实录》中常有错字、衍字、多字、缺字,本文在使用中进行了校订,需要改动、删除的字一律用( )扩出,需要增补、改正的字一律用[ ]扩出。非引用《明实录》史料者不在此例。

④ 《明太宗实录》卷20下,永乐元年五月乙未条,第369页。

[歹]遣其部属脱忽思等二百三十人来朝贡马,命礼部赐钞币、袭衣,并偿其马直:上马每匹钞五十锭,中马四十锭,下马三十锭,每疋仍与彩币表里一。”十七日,朱棣再次对兀良哈三部阐明政策:“朕承天眷,君临天下,赏[尝]遣使赍诏谕尔,尔等闻命,即遣人来朝,其诚可嘉。今仍旧制,设泰宁、福余、(孕)[朵]颜三卫,俾尔等统属军民,镇守边境,旧尝授官者,列名以闻,咸复之。若头目人等,前未授官,于今当授者,亦第其名来闻,朕即授之,俾世居本土,安其生业。”①他明确告诉兀良哈部,恢复三卫的设置;所谓“旧尝授官者”,显然是指洪武二十二年五月初设三卫时,就已经任命了的一批官员,对此朱棣要全部“复之”;至于各级头目以前没有授官而现在应当授者,报上名来,“朕即授之”。

在朱棣明确表态之后,永乐二年四月十九日,“指挥萧上都等自兀良哈还,鞑靼头目脱儿火察、哈儿兀歹等二百九十四人随上都等来朝贡马,命脱儿火察为左军都督府都督佥事、哈儿[兀]歹为都指挥同知,掌朵颜卫事;安出及土不申俱为都指挥佥事,掌福余卫事;忽剌班胡为都指挥佥事,掌泰宁卫事;余及所举未至者总三百五十七人,各授指挥、千、百户等官,赐诰印、冠带及白金、钞币、袭衣。脱儿火察言:‘有马八百余匹留北京,愿易衣物。’命北京行后军都督府及太仆寺,第其马之高下给价偿之。”②从这条史料的记载顺序看,朵颜卫第一,福余卫第二,泰宁卫第三。

重新设立的兀良哈三卫,从行政级别上要比洪武时期高。朱元璋设立的兀良哈三卫在明廷的军政结构中属于卫一级,其长官是指挥使,且只有阿札失里是指挥使,塔宾帖木儿、海撒男答溪、脱鲁忽察儿三人是指挥同知。朱棣重新设立的三卫则是都司一级,且脱儿火察更是以左军都督府都督佥事的职衔掌朵颜卫,这是五军都督府层级中的第三级职衔,和他同掌朵颜卫事的哈儿兀歹为都指挥同知,这是都司层级中的第二级职衔;安出、土不申、忽剌班胡则为都指挥佥事,为都司层级中的第三级职衔。另外,个人认为这里的脱儿火察很有可能就是洪武时期的脱鲁忽察儿,两个名字的不同乃是翻译或抄写成汉字时的音转之误。脱鲁忽察儿为当时朵颜卫的指挥同知,现在脱儿火察以左军都督府都督佥事掌朵颜卫事,他们同出于朵颜卫,在当时三卫的其他首领均已物故后,脱儿火察是

---

① 《明太宗实录》卷25,永乐元年十一月丙子条,第450页;辛卯条,第454页。

② 《明太宗实录》卷30,永乐二年四月己丑条,第550—551页。

尚还健在的老资格首领，所以朱棣才授予他左军都督府都督佥事职衔。同时，授官的还有357人，自指挥以下至千、百户不等，并赐有诰印、冠带、袭衣、白金、钞币等等。

朱棣在招抚兀良哈三卫后，除了对他们进行授官外，还明确宣布："岁时贡献，经商市易，一从所便"，由此开启了兀良哈三卫定期朝贡的大门，在其后明代200余年的历史发展中，三卫与明廷始终保持着朝贡关系的制度化运行。

二、瓦剌部与明廷朝贡体制的建立

瓦剌是我国古代北方一个古老的部落，"在鞑靼西"。① 它在元代被称作斡亦剌，复数作斡亦剌惕，又有猥剌、外剌、外剌台、歪剌歹等异译，明人称之为瓦剌，入清以后通译为卫拉特。瓦剌人原居住于叶尼塞河上游，古称谦河及其八条支流的"八河地区"，②即今锡什锡德河一带，本是森林民族。成吉思汗曾于1207年派其长子"拙赤将右手军，征森林百姓……斡亦剌惕之忽都合别乞先于万斡亦剌惕来降，来而引拙赤，入其万斡亦剌惕之失黑失惕之地"。③ 斡亦剌部自此归入蒙古帝国，开始见之于史册。他们"与蒙古贵族世代联姻，并结成'安答'即义兄弟关系。蒙哥汗(元宪宗)的正后斡兀立海迷失便出身于这个部落"④。成吉思汗将斡亦剌部众编为四个千户，全部由忽都合别乞统辖，并由他自行指定千夫长，"这就足以使斡亦剌自成一块相对独立的领地"⑤。随着历史的发展和部众的繁衍，到元朝末年，斡亦剌已从蒙古高原西北隅的叶尼塞河上游"南下进入今新疆北部的准噶尔盆地，由狩猎转营畜牧，也经营部分

---

① 张廷玉等:《明史》卷328,《外国九·瓦剌》,北京:中华书局,1974年,第8479页。

② 拉施特曾讲道:"这些斡亦剌惕部落的禹儿惕和驻地为八河地区……诸河从这个地区流出,[然后]汇为一条名叫谦河的河"。见拉施特著,余大钧、周建奇译:《史集》第2编,北京:商务印书馆,1983年,第192—193页。

③ 道润梯步:《新译简注〈蒙古秘史〉》卷10,呼和浩特:内蒙古人民出版社,1978年,第269页。

④ 贾敬颜:《鞑靼　瓦剌　兀良哈　明朝蒙古人的历史——兼说"都必·都尔本"一词》,《内蒙古社会科学》1993年第3期。

⑤ 曹永年:《蒙古民族通史》第3卷,呼和浩特:内蒙古大学出版社,1991年,第75页。

农业”①。及至残元朝廷退入漠北草原以后，他们跟随着阿里不哥的后裔也速迭儿，卷入了争夺蒙古大汗权力的激烈斗争中。

明廷在对鞑靼部实行军事打击的同时，对瓦剌主要采取了扶植的政策，使其与鞑靼部互相制衡。洪武时期军事征讨脱古思帖木儿获胜后，元朝强臣猛可帖木儿凭据瓦剌部不断发展，到“靖难之役”时，他已经成为与鞑靼可汗坤帖木儿分别掌管东西蒙古的重要人物。② 及至猛可帖木儿死后，“众分为三，其主曰马哈木，曰太平，曰把秃孛罗”③。三部中马哈木最为强大。

早在朱棣刚刚即位的八月下旬，就“遣使赍诏谕和林、瓦剌等处诸部酋长”④，反映出朱棣对于漠北以及瓦剌等地区的重视。到了永乐元年四月，朱棣又“遣镇抚答哈帖木儿等赍敕，往瓦剌谕虏酋马哈木、太平、把秃孛罗”⑤。这两次遣使瓦剌均无收获，但是和兀良哈的朝贡关系却进展顺利，再加上西部其他属卫的朝贡关系也已展开，十月里朱棣又发布命令：“敕辽东及陕西行都司：凡外国使臣朝贡及来归者，皆(晏)[宴]待之，以都司官主(晏)[宴]，其正、副使及从人供具各有差。”⑥这应该看作是朱棣对朝贡体制设计中的一个重要环节，由地方的都司官主持宴席接待来朝者，展示着朝廷对来朝贡之人的欢迎态度。

为了尽快实现与瓦剌的沟通，永乐二年四月，朱棣再次“遣指挥完者秃等赍敕，往瓦剌谕马哈木等曰：‘朕承天命，主宰生民，惟体天心以为治，海内、海外一视同仁。今天下底定，四方万国罔不来廷，皆已厚加抚绥，欢忻感戴。惟迤北诸部，犹观望进退，出没边境，未有归诚。今遣指挥完者秃、那海、百户亦斯等往谕朕意：夫天下一统，华夷一家，何有彼此之间？尔其遣人往来相好，朕即授以官

① 王辅仁、陈庆英编著：《蒙藏民族关系史略（十三至十九世纪中叶）》，北京：中国社会科学出版社，1985年，第84页。

② 《明太宗实录》卷6，建文二年二月癸丑条载：“谍报胡寇将侵边，上（即成祖朱棣）遣书谕鞑靼可汗坤帖木儿并谕瓦剌王猛哥帖木儿等，晓以祸福。”（第56页）足证坤帖木儿与猛可帖木儿并掌东西蒙古的情况。

③ 张廷玉等：《明史》卷328，《外国九·瓦剌》，第8497页。

④ 《明太宗实录》卷11，洪武三十五年八月丁丑条，第190页。

⑤ 《明太宗实录》卷19，永乐元年四月壬子条，第340页。

⑥ 《明太宗实录》卷24，永乐元年十月戊申条，第432页。

赏,令还本地,射猎畜牧,安生乐业,永享太平之福。'并赐马哈木等文绮表里"。[1]这里的政策非常明确:只要你们来,我就授予"官赏",这是两个内容:一为官,它自然是属于明廷的职官系列;二为赏,它主要是对来朝者进行的物质赏赐,即纺织品等等;然后你还在本地区自由自在地生活,我们共享太平之福。朱棣描绘了一幅合作互惠的和平图景,但是当时瓦剌正与鞑靼部互争雄长,以致在三年的时间内并未给明廷以积极的回应。

永乐五年五月,朱棣又"遣千户亦剌思、那速儿丁及舍黑撒答等使瓦剌"。这次遣使的背景情况是"时虏中来降者言:鬼力赤为部下所废,其众欲立本雅失里。遂遣亦剌思等赍敕,往谕马哈木等以天命有归及福善祸淫之意,并赐马哈木、太平、把秃孛罗及其所部撒都等金织文绮有差"。[2] 从数次遣使瓦剌可以看出,明廷与瓦剌之间朝贡体制的建立,是朱棣悉心经略的必然结果。这一次遣使,朱棣终于有了收获,亦剌思在瓦剌停留了近一年半的时间,到永乐六年十月二日,"瓦剌马哈木等遣暖答失等,随亦剌思等来朝贡马,且致诚恳,请印信、封爵。上嘉其意,命礼部宴劳暖答失等,赐之金织绮文袭衣"。[3] 这是永乐时期瓦剌派往明朝的第一个朝贡使团。

经过一番筹备之后,永乐七年五月二十四日,朱棣终于以极限方式兑现了"授以官赏"的承诺——"封王":"封瓦剌马哈木为特进金紫光禄大夫、顺宁王;太平为特进金紫光禄大夫、贤义王;把秃孛罗为特进金紫光禄大夫、安乐王;仍命所司给赐印、诰。"[4]至此,瓦剌与明廷的朝贡体制正式建立,此后的朝贡关系日益发展,到明英宗时形成了明蒙朝贡体制运行的高潮。

永乐七年六月十二日,朱棣"赐瓦剌使臣暖答失等彩币并袭衣,遣归。命亦剌思等赍印、诰赐顺宁王马哈木、贤义王太平、安乐王把秃孛罗,与之偕行"。[5]这里的印、诰是明朝皇帝颁发给顺宁王、贤义王、安乐王的藩王印和委任状,任命他们代表明朝皇帝以实现对其本地的统治,这有重要的政治意义,它是明廷主权在瓦剌地区实现的标志。

---

① 《明太宗实录》卷30,永乐二年四月辛未条,第533—534页。

② 《明太宗实录》卷67,永乐五年五月丙寅条,第937—938页。

③ 《明太宗实录》卷84,永乐六年十月丙子条,第1117—1118页。

④ 《明太宗实录》卷92,永乐七年五月乙未条,第1224页。

⑤ 《明太宗实录》卷93,永乐七年六月癸丑条,第1235页。

三、蒙古主体鞑靼部与明廷朝贡体制的建立

忽必烈所建立的元王朝，由于其后代的腐败而丧失了对全国的最高统治权。

洪武三年，妥欢帖木儿死后，元人为其加谥号为惠宗，蒙古语称为"乌哈噶图"汗，明人加其谥号为"顺帝"。其子爱猷识理达腊即位，改年号为"宣光"，元人称为"昭宗"，蒙古语为"必力克图"汗。① 洪武十一年，爱猷识理达腊也"崩于金山，群臣上庙号曰昭宗皇帝"。② 继爱猷识理达腊即帝位的是脱古思帖木儿③，他继续任用哈剌章、蛮子、纳哈出等人，勉强维持着漠北的残元朝廷。

在这期间，蒙古内部的各种矛盾逐渐发展起来。诸如元室北迁后与原来居于漠北的宗王、部长们的矛盾，残元君臣之间的矛盾，蒙古内部各派系之间的矛盾，等等。由此而使其号令不一，再也无法积聚起足够的力量和明王朝进行军事对抗，只能对明朝的北部边境进行小规模的掠夺和袭扰。与此同时，朱元璋自洪武五年战败之后，经过十几年的恢复和准备，终于在洪武二十年出动大军，首先平定了辽东纳哈出的势力，接着在洪武二十一年由蓝玉率领十五万大军长驱捕鱼儿海，"给脱古思帖木儿的北元政权以近于毁灭性的打击"④。这一战役明廷"大破其军，斩太尉蛮子(以下)数千人。脱古思帖木儿以其太子天保奴、知院捏怯来、丞相失烈门等数十骑遁去，获其次子地保奴及妃主五十余人、渠率三千、男女七万余，马驼牛羊十万，聚铠仗焚之。又破其将哈剌章营，尽降其众。于是漠

---

① 道润梯步：《新译校注〈蒙古源流〉》卷5，呼和浩特：内蒙古人民出版社，2007年，第227页。

② 柯劭忞：《新元史》卷26，《惠宗昭宗纪》，上海：上海古籍出版社，1989年，第96页。

③ 关于脱古思帖木儿的出身有两种说法：一说是爱猷识理达腊之弟，《蒙古源流》主此说，王世贞《弇州史料》前集卷18《北虏始末志》亦然；一说是爱猷识理达腊之子，《明史·鞑靼传》主此说。今人为此也进行了许多探讨，日本学者和田清辩其为弟，见［日］和田清：《明代蒙古史论集》，潘世宪译，北京：商务印书馆，1984年，第174页。本田实信赞同之，见［日］本田实信：《早期北元世系》，《蒙古学资料与情报》1986年第2期。国内学者薄音湖辩其为子，见薄音湖：《关于北元汗系》，《内蒙古大学学报(哲学社会科学版)》1987年第3期；曹永年《蒙古民族通史》采纳其说；留金锁主编《蒙古族通史》中此部分的作者乌日娜则回避表态。

④ 曹永年：《蒙古民族通史》，呼和浩特：内蒙古大学出版社，1991年，第17页。

北削平”①。脱古思帖木儿在克鲁伦河中下游的根据地被明军一举荡平，他本人又于西逃途中在土剌河遭到阿里不哥系的也速迭儿的袭击，和其子天保奴一起遇害。② 也速迭儿杀死了脱古思帖木儿父子，“夺走大印”，接着就在西部瓦剌势力的支持下登上了蒙古大汗之位。从此，由中原退居漠北的元朝廷宣告灭亡，蒙古族的历史“开始进入长期的分裂割据时期”③。随着蒙古族势力的衰落，汗位的传系也不再清晰，“自脱古思帖木儿后，部帅纷拏，五传至坤帖木儿，咸被弑，不复知帝号。有鬼力赤者篡立，称可汗，去国号，遂称鞑靼云”④。大致从这个时候起，蒙古族就开始以鞑靼、瓦剌、兀良哈三大部的名称活动于长城以北的蒙古高原上。

朱棣即位后，密切关注蒙古三大部的形势，随时随地做出各种政策调整，其目的就是要将蒙古各部尽快纳入朝贡体制，以求北部边防的安宁，其中重点经略的方向就是号称蒙古本部的鞑靼部。还在“靖难之役”进行期间，边防传来谍报：“胡寇将侵边”，朱棣于是“遣书谕鞑靼可汗坤帖木儿，并谕瓦剌王猛哥帖木儿等，晓以祸福”⑤。从他致书给坤帖木儿和猛哥帖木儿的记载来看，朱棣对蒙古各部的情况是了然于胸的。或许是对朱棣致书的回应，建文三年十一月，“鞑靼可汗遣使来输款”⑥，反映出当时明蒙双方是有着信息交流渠道的。

正是在这样的背景下，朱棣一即位，就马上“遣使赍诏，谕和林、瓦剌等处诸部酋长”。⑦ 永乐元年二月，朱棣再次

> 遣使（赉）［赍］书往迤北，谕鞑靼可汗鬼力赤曰：“元运既衰，我皇考太祖皇帝受天（下）［命］，抚有天下。朕太祖嫡子，奉藩（子）［于］燕，恭承天眷，入继大统，嘉與万邦，同臻安乐。比闻北地推奉可汗正位，特差指挥朵儿只恍惚等赍织金文绮四端，往致朕意：今天下大定，薄海内外，皆来朝贡，可

① 张廷玉等：《明史》卷327，《外国八·鞑靼》，第8466页。该书点校者将太尉与蛮子之间加一顿号断开，是将官号与人名分而为二，不准确，应该连在一起读。

② 《明太祖实录》卷194，洪武二十一年冬十月丙午条，第2910页。又见《华夷译语》，《涵汾楼秘笈》第四集。

③ 达力扎布：《北元初期史实述略》，《内蒙古社会科学（文史哲版）》1990年第5期。

④ 张廷玉等：《明史》卷327，《外国八·鞑靼》，第8466—8467页。

⑤ 《明太宗实录》卷6，（建文）二年二月癸丑条，第56页。

⑥ 《明太宗实录》卷8，（建文）三年十一月辛亥条，第104页。

⑦ 《明太宗实录》卷11，洪武三十五年八月丁丑条，第190页。

汗能遣使往来通好,同为一家,使边城万里烽堠无警,彼此熙然,共享太平之福,岂不美哉!"并遣敕谕虏太师右丞相马儿哈咱、太傅左丞相也孙台、太保枢密知院阿鲁台等以遣使往来之意,赐马儿哈咱等文绮各二,及赐朵儿只恍惚等白金、钞币、衣服有差。①

从朱棣的举措中我们可以看到:一则,鬼力赤当时刚被推举为大汗不久,因为在"靖难之役"期间朱棣通信的对象是坤帖木儿,刚即位时诏谕的对象是和林、瓦剌诸部酋长,显然鬼力赤是新近继承汗位,可见朱棣掌握情报是非常准确的;二则,朱棣向鬼力赤伸出了和平之手,现在海内外皆来朝贡,"可汗能遣使往来通好,同为一家,使边城万里烽堠无警,彼此熙然,共享太平之福",他描绘了双方和平交往、共享太平的前景。

四个月后,永乐元年七月十五日,朱棣再一次给鬼力赤发出和平的书信:

遣指挥革来等赍书,谕虏主(宛)[鬼]力赤,书曰:"自昔有天下者,必得天命,故运祚兴衰,事机成败,人心去留,皆非智力所能与,冥冥之中实有为之主宰者。宋失天命,元世祖入而代之,立国垂统将及百年,得天命也。逮后嗣荒纵,致以乖乱,天命不畀,海内兵起,国势土崩,天乃眷求有德,命我皇考太祖高皇帝削平祸乱,统御华夷,立纲陈纪,制礼作乐,治道昭明,万方宁谧。此岂人力所能?实天命所在也!肆朕仰承天休,入正大统,尝遣使臣朵儿只等赍书币往报,重念帝王之治,以天下为家,可汗远处沙漠,当知天命废兴之故,遣[使]往来,讲好修睦。窃闻有所觊覦,是特自生衅端,盖违天逆命,非善[保]者也。古语:顺天者昌,逆天者亡。可汗博古知今,宁不鉴此?今再遣指挥革来、完者帖木儿等赍书谕意,并致仪物,可汗其审之。"遂遗鬼力赤文绮、彩币、表里各二,仍赐所部马儿哈咱、也孙台、板台、阿鲁台、干里不花、脱脱不花、阿怜帖木儿、脱火赤、朵儿只藏(百)[卜]、哈失帖木儿、失干、千家奴、打兰、麻罗呵、脱老温等彩币表里各一。②

在这封书信中,朱棣首先用历史事实向鬼力赤阐述了天命在我大明的道理;其次,奉劝鬼力赤当知天命废兴之故,"遣使往来,讲好修睦",这是正道;最后,"窃闻有所觊覦"一段话,向鬼力赤表明:你想南下意图与我作对是"自生衅端",

① 《明太宗实录》卷17,永乐元年二月己未条,第306—307页。
② 《明太宗实录》卷21,永乐元年七月庚寅条,第397—398页。

是违逆天命的行为,非善保之道。

此后,朱棣对于鞑靼部的情况一如既往地密切关注,当鬼力赤、阿鲁台与瓦剌马哈木在漠西大战、鬼力赤战败后,朱棣马上就得到了情报,对北边防卫及时做出部署。永乐二年四月,朱棣遣指挥完者秃等赍敕往瓦剌,同时,他还“遣使敕谕和林等处鞑靼头目亦如之”。[1] 应该说,朱棣的和平召唤最终是获得了相当的效果,永乐三年四月,朝廷“赐琉球、朝鲜、麓川及鞑靼使臣宴于礼部”。[2] 从这条简短的信息中,我们看到鞑靼使臣是到了明廷的,明廷按朝贡礼制的规定宴待于礼部,可见鞑靼使臣已来到明廷。当年年底,“甘肃总兵官西宁侯宋晟奏:‘欲遣人通问迤北鬼力赤及马儿哈咱等,以宣示朝廷(送)礼待(遣)[远]人之意’,从之,仍给织金文绮、彩绢四十匹,以资其用”。[3] 宋晟与朱棣乃是儿女亲家,他的这一建议显然是得到朱棣支持的,并且给以织金文绮、彩绢四十匹,反映出朱棣积极经略鞑靼部的良苦用心。

永乐四年三月十一日,朱棣又一次致书鬼力赤:

遣指挥哈先、千户火儿忽答、恍惚儿、阿忽来赍书,谕鞑靼可汗鬼力赤曰:“朕嗣天位抚天下,体天心以为治,惟欲万方有生之众,咸得其所。今海内、海外万国之人悉已臣顺,安享太平,尝遣使致书可汗,谓宜通好往来,共为一家。而可汗不晤,拘我使臣,掠我边境,自阻声教之外。夫天之所兴,孰能违之?天之所废,孰能举之?昔者天命宋主天下,历十余世,天厌其德,命元世祖皇帝代之;元数世之后,天又厌之,命我太祖皇帝君主天下,此皆天命,岂人力之所能也!不然,元之后世自爱猷识里达剌北从以来,至今可汗更七主矣,土地人民曾有增益毫末者否?古称顺天者昌,逆天者亡,况尔之众,甲胄不离身,弓刀不释手,东迁西从,老者不得终其年,少者不得安其居,今数十年矣。是皆何罪也哉?可汗聪明特达,宜敬天命、恤民穷,还前所遣使者及掠去边境之人,相与和好,且用宁息尔众,同享太平之福,顾不伟哉!若果负倔强之性,天命人穷,有所不顾,必欲以兵一较胜负,朕亦不得独已。中国士马精强,长驱迅扫之势,恐非可汗所能支也,可汗其审度而行之。文

① 《明太宗实录》卷30,永乐二年四月辛未条,第534页。
② 《明太宗实录》卷41,永乐三年四月辛未条,第669页。
③ 《明太宗实录》卷49,永乐三年十二月乙亥条,第740页。

绮二表里,往致远意。"①

朱棣再一次对鬼力赤进行了历史观的启发和天命观的教育,同时对其拘我使臣、掠我边境的行为进行了批评,要求鬼力赤"敬天命、恤民穷,还前所遣使者及掠去边境之人,相与和好",最后对鬼力赤也进行了武力威慑。

鉴于鬼力赤对和平的呼唤缺少回应,朱棣又把眼光放在了鞑靼权臣阿鲁台的身上,于永乐四年五月八日:

> 遣忽都帖木儿、答赖罕赍敕,谕鬼力赤部下阿鲁台曰:"曩者丑闾回,具言尔聪明识天命,有归诚之心。近忽都帖木儿至,又言尔母子同心归诚,有加无替。自古名世之臣,怀先见之明者,能审时议、识去就,如王陵、陈平去楚归汉,尉迟恭、李靖舍隋归唐,曹彬、潘美委身事宋,此数人者,皆知天命去留之几,是以功成名遂,福及子孙。况尔明达不下古人,既知天命所在,则当决之,或遣尔子来见,或率部属同来,听择善地以处,荣膺王爵,世守其地,传之子孙,永永无穷。盖趋吉避凶、就安去危,在此一举。且难得易失者时(几)[机]也,时(几)[机]一失,他日进退两难,虽悔莫追,尔宜审之。"赐阿鲁台织金文绮二端。②

朱棣娴熟地用历史知识对阿鲁台进行了一番开导,同时用"荣膺王爵"对其加以吸引,意图分化鞑靼统治集团,可谓悉心谋划。或许他的分化计策真的起了作用,十月里朱棣得到消息:"虏酋也孙台为部下所杀,马儿哈咱往归瓦剌,阿鲁台往居海剌儿河之地。"③

在和阿鲁台进行沟通后不久的永乐五年三月,朱棣对鬼力赤的悉心招抚终于得到了回应,"鞑靼僧耳亦赤、也儿吉、你儿灰等来朝,各赐银钞、文绮、袭衣,命礼部宴劳之"。五天后,"遣鞑靼僧耳亦赤、也儿吉、你儿灰等还,命赍彩币赐鞑靼太师右丞相马儿哈咱及头目脱火赤等"。与此同时,朱棣又连发两道敕书,一敕宁夏总兵官何福说:"耳亦赤、也儿吉、你儿灰等还,道经边城,宜厚待而遣之,令人护送出境。"一封密敕再给何福及甘肃总兵官宋晟说:"耳亦赤乃鬼力赤之师,或言此必鬼力赤所遣,盖鬼力赤欲西向与瓦剌战,将徙其家属近南,而畏备

---

① 《明太宗实录》卷52,永乐四年三月辛丑条,第778—779页。

② 《明太宗实录》卷54,永乐四年五月丁酉条,第803—804页。

③ 《明太宗实录》卷60,永乐四年十月乙卯条,第879—880页。

边官军袭之,故遣来以缓官军之出;或言鬼力赤欲归附而未决,故先遣来窥觇朝廷之意;又有言虏将后至剽掠边境者;卿等更当审计备之。”①这段史料表明,在朱棣的不懈努力下,鬼力赤做出了谨慎的回应,派他的老师耳亦赤等来朝,或许仅仅是礼节性的拜访,因为没有关于马匹的记载,但不管具体目的如何,总是迈出了可喜的关键一步。

随后,蒙古族内部很快又发生了新的变化。“时虏中来降者言:鬼力赤为部下所废,其众欲立本雅失里。”②朱棣得知信息后,一方面派千户亦剌思、那速儿丁、舍黑撒答等出使瓦剌,另一方面马上给西宁侯宋晟发出敕谕:“敕甘肃总兵官西宁侯宋晟曰:朝廷遣使为虏拘留未归,未知其意何如?近回回[沈]安(命)[名]帖木儿等来言,‘鬼力赤数遣人至哈密市马,本雅失里亦遣人与鬼力赤往来’。今沈安(命)[名]帖木儿去,尔可选人与之同往,察彼处动静以闻。”本雅失里这个当时明蒙关系最大的变数出现了,朱棣心中非常不安,五天后再次敕谕宋晟:“惟沙漠鬼力赤等倔强未顺,为患边境,当俟衅驱除之。尔有谋略,宜具来闻。”③太宗朱棣焦虑的心情溢于言表。

本雅失里的消息同样也由兀良哈三卫反馈到明廷。“时鞑靼[察]罕部下哈儿答歹至兀良哈,言:‘完者秃王将(卒)[率]众合别失八里之众南掠,而先掠其东北诸部落。’兀良哈之人闻之惊惧,有来朝者具言其故。上曰:‘完者秃,元[之]遗裔,名本雅失里者。比指挥丑驴至撒马[儿]罕,见其部属不过百人,且(勿)别失八里远在西北,安能相合?其哈儿答歹之来,必鬼力赤令张虚势,惑我边境耳。’遂遣使赍敕,谕福余、朵颜、泰宁三卫官军各安边境,毋听浮言。并敕东北诸边将,令悉知之。”但是,此时的朱棣对漠北鞑靼部的情况毕竟不明就里,于是在安抚兀良哈三卫的同时,他又敕谕甘肃总兵官左都督何福曰:“鞑靼子耳力自迤(比)[北]来,具言鬼力赤事,今遣此人同百户(旱)[早]花等,赍书与鬼力赤,问其不报之故,因觇虏情,可遣人护送出境。”同时,太宗朱棣也“赐书谕鞑靼可汗鬼力赤曰:‘前遣使致书可汗,本朝通好,共享太平,乃拘留信臣不报,今再遣百户早花等审求其故,祸福之机,天有显道,惟可汗省之。’”④朱棣从多种途

① 《明太宗实录》卷65,永乐五年三月己巳条,第919页;甲戌条,第921页。

② 《明太宗实录》卷67,永乐五年五月丙寅条,第937页。

③ 《明太宗实录》卷68,永乐五年六月戊子条,第956页;癸巳条,第958—959页。

④ 《明太宗实录》卷72,永乐五年十月壬辰条,第1003—1004页。

径入手，试图弄清漠北由于本雅失里上位而发生的变化。

永乐五年十二月十七日，太宗朱棣一年半前对阿鲁台的布局收到了效果："北虏阿鲁台遣回回哈费思来朝，且奏求药，命太医院使如奏赐之。"①阿鲁台是鞑靼部的权臣，执掌兵柄，在鬼力赤和本雅失里换位之际，他能派人来朝且奏求药品，说明朱棣的经略初见成效，它成为后来阿鲁台封和宁王的铺垫，同时也反映出蒙古族内部的矛盾。

永乐六年三月十二日，太宗朱棣对本雅失里发出了和平呼唤。他遣使赍书谕本雅失里曰：

"鸿胪寺丞刘帖木儿不花等回，知尔自撒马儿罕脱身居别失八里，今鬼力赤等迎尔北行。以朕计之，鬼力赤与也孙台(文)[久]结肺腑之亲，相倚为固，今未必能弃亲就疏矣。况手握重兵，虽或其下有附尔者，亦安敢与之异志？今尔与鬼力赤势不两立矣。夫元运既讫，自顺帝之后传爱由识里达腊至坤帖木儿凡六辈，相代瞬息之间，且未闻一人遂善终者，此亦可以验天道。然则尔之保身诚不易也，去就之道，正宜详察善处。古之有天下者，皆于前代帝王子孙封以爵土，俾承宗祀，如周封舜之后胡公满于陈，封夏之后东楼公于杞，封商之后箕子于朝鲜、微子于宋，汉、唐、宋亦皆封前代之后。我皇考太祖高皇帝于元氏子孙存恤保全尤所加厚，有来归者皆令北还，如遣妥古思帖木儿还，后为可汗，统率其众，承其宗祀，此南北之人[众]所共知也。今朕之心即皇考与前古帝王之心，尔元氏宗嫡，当奉世祀，吉凶二途宜审思之，如能幡然来归，加以封爵，厚以赐赉，俾于近塞择善地以居[之]，惟尔所欲。若为下人所惑，图拥立之虚名，虽祸机在前有不暇顾，亦惟尔所欲。朕爱人之诚，同于皦日，今再遣刘帖木儿不花等谕意，并赐织金文绮衣二袭、彩币四端，尔其审之。"敕总兵官左都督何福，令遣人护送刘帖木儿不花等出边，就密探虏中事以闻。②

在这封书信中，太宗朱棣首先分析了鞑靼统治集团内部的矛盾，讲到鬼力赤与也孙台的相倚为固，指出了本雅失里与鬼力赤、也孙台的势不两立；其次，他以朱元璋遣还妥古思帖木儿为例，对本雅失里进行了历史的开导；最后，他奉劝本

---

① 《明太宗实录》卷74，永乐五年十二月丙申条，第1026页。

② 《明太宗实录》卷77，永乐六年三月辛酉条，第1043—1044页。

雅失里不要贪图虚名，如能幡然来归，必定给以封爵，厚以赐赉，令其“近塞择善地以居之，惟尔所欲”。朱棣的这些说法，其实和当初劝导鬼力赤的内容基本一致。

永乐六年十二月，鬼力赤和本雅失里关于鞑靼部最高权力的争夺终于有了结果，朱棣得到情报：“时鬼力赤为众所戕，北虏迎立本雅失里，有不相附而奔溃者”①。为了继续争取本雅失里，永乐七年四月五日，太宗朱棣遣都指挥金塔卜歹、给事中郭骥赍书往虏中，谕本雅失里曰：

“边将得尔部下完者帖木儿等二十二人来，其言众已推立尔为可汗，尔欲遣使南来通好，朕心甚喜。今遣都指挥金塔卜歹、给事中郭骥等赍书谕意，可汗诚能上顺天心，下察人事，使命来往，相与和好，朕主中国，可汗主朔漠，彼此永远相安于无事，岂不美哉！彩币六表里，用致朕意。完者帖木儿等，朕念其有父母妻子，均给赐赉，就令使臣送归，可体朕至意。”并赐其臣阿鲁台、马儿哈咱、脱火赤、哈失帖木儿等彩币各四表里。②

看起来本雅失里似乎也有与明廷通好之意，即信中所说“尔欲遣使南来通好”，所以朱棣表现得比较乐观，闰四月里还给皇太子写信说：“近得北虏二十余人，遣(送)[使]送还本雅失里，与之讲好。或边地有来归者，径送至京，宜选重厚寡言之士馆伴，毋令浮薄者近之。昔太祖高皇帝时聂克(勤)[勒]归附，有马数匹鬻于边，买马者绐之曰：即不鬻，官且拘之。聂克(勤)[勒]惊疑叛去。一言败事，此可为鉴。”③这里既有太宗乐观心情的流露，也有对选择“重厚寡言之士馆伴”的重视，说明他对经略鞑靼部的小心翼翼。

但是，本雅失里实在是个让人无法恭维的人物，他无视太宗朱棣的一应和平呼吁，转而采取了与明廷敌对的态度。永乐七年六月，他杀害了太宗朱棣的使臣给事中郭骥，邱福的十万大军亦被其以计消灭，由此而引发了永乐八年太宗对鞑靼部的第一次北征。在这次明廷大军压境的形势下，本雅失里与阿鲁台发生了分裂，“本雅失里已西奔，阿鲁台东奔，余部落亦离散。今本雅失里至兀古儿(礼)[札]之地，将奔瓦剌矣”。④ 在明军的打击下，本雅失里以七骑逃奔瓦剌，

① 《明太宗实录》卷86，永乐六年十二月癸巳条，第1143页。

② 《明太宗实录》卷90，永乐七年四月丁丑条，第1186—1187页。

③ 《明太宗实录》卷91，永乐七年闰四月辛未条，第1198页。

④ 《明太宗实录》卷104，永乐八年五月甲戌条，第1347页。

后被马哈木所杀，阿鲁台战败远遁，太宗朱棣的第一次北征获得了圆满成功。

永乐八年十二月初一日，“鞑靼太师阿鲁台遣平章脱忽歹等来归贡马，命宴劳之，赐袭衣彩币”。① 这是阿鲁台独立派遣其平章脱忽歹来归贡马，也是永乐时期鞑靼部的第一个朝贡使团，他比瓦剌入明的朝贡使团晚了两年多的时间。值得注意的是，一则在时间上距离太宗朱棣的第一次北征才相隔半年的时间，说明阿鲁台态度转变之快；二则“来归贡马”，这里的潜台词应该是阿鲁台对明廷表达了归附的心迹，是明廷与鞑靼部朝贡关系建立的又一铺垫。关于这一点，十二月十五日太宗朱棣对阿鲁台发出的敕谕可证：

敕谕鞑靼太师阿鲁台(田)[曰]：“尔遣脱忽歹等来言：元氏子孙已绝，欲率部属来归，尔此心朕具悉之。朕奉天命为天下君，惟欲万方之人咸得其所，凡有来者皆厚抚之，初无远近彼此之间。脱忽歹又致尔言：谓瓦剌之人非有诚心归附，如诚心归附，当遂献传国之宝矣。彼诚否固不可必，而朕未尝重此宝也。自昔尧、舜、禹、汤、文、武数圣人主天下，岂有此宝？盖帝王之宝，在德不在此，如必以此为宝，则元氏得之，当永保天位，福及子孙，何至衰败凋落如今哉！(朕)[脱]忽歹等回，特遣指挥岳山、镇抚丁全等偕行，谕朕之意，并赐尔彩币，至可领也。”②

这是阿鲁台接受太宗朱棣朝贡通好要求的信号，此后明廷与鞑靼部的朝贡关系逐渐展开，同时这段记载也反映出鞑靼部和瓦剌部之间的对立，都想在明太宗面前对对方进行离间、攻击，意图借明朝之手达到消灭对方的目的。

永乐九年六月初一日，阿鲁台的使臣再次来到明廷，“鞑靼太师阿鲁台遣国公忽鲁秃等，随指挥岳山等来贡马，赐宴劳之”。这是鞑靼部在永乐时期的第二个朝贡使团。六月十二日，“阿鲁台使者忽鲁秃等辞归，赐白金文绮，仍遣蓟州卫指挥使霍阿鲁秃等偕行，赐阿鲁台彩币二十表里，别赐其母彩币八表里”。③此后，阿鲁台与明廷的朝贡关系得以持续发展。

永乐九年十二月初三日，“鞑靼太师阿鲁台遣使彻里帖木儿等贡马千匹，命礼部给马直，赐彻里帖木儿彩币有差”。这是鞑靼部在永乐时期的第三个朝贡使团。接着，明廷“赐鞑靼太师阿鲁台使臣彻里帖木儿……等宴”；十二月十二

① 《明太宗实录》卷 111，永乐八年十二月癸巳条，第 1415 页。

② 《明太宗实录》卷 111，永乐八年十二月丁未条，第 1419—1420 页。

③ 《明太宗实录》卷 116，永乐九年六月庚寅条，第 1475 页；辛丑条，第 1476 页。

日，“鞑靼太师阿鲁台使臣彻里帖木儿等辞归，遣中官云祥、指挥岳山等赍敕，赐阿鲁台织金文绮表里，并送其兄阿力台及其妹归。二人者，阿鲁台同产兄妹，洪武中，官军至捕鱼儿海，悉俘以来，后有闻于上者，召至厚遇之，至是因其使至，皆重赐遣归”。① 太宗朱棣将洪武年间捕鱼儿海之役俘获的阿鲁台之兄妹均送还给阿鲁台，其争取人心归附的意图不言自明。但是我们要说明的是：从洪武二十一年到永乐九年底，二十三四年的时间过去了，战役发生时的朱棣还是驻守北平的藩王，此时已是当朝皇帝，他什么时候知道阿鲁台兄妹被俘的事情我们无法确定，我们要注意的是当他知道了这件事情后，即将阿鲁台兄妹“召至厚遇之”，直到彻里帖木儿使团返回时将他们“重赐遣归”，其经略蒙古族的深谋远虑、维护北边安宁和平局面、促成民族和好相处的良苦用心确是实实在在的。

永乐十年十二月二十六日，“鞑靼太师阿鲁台遣所部把秃、答兰不花等贡马二百匹，赐把秃等钞币有差”。② 这次的把秃使团是鞑靼部的第四个朝贡使团，他们在明朝一直待到永乐十一年正月十五日以后才返回。

> 鞑靼太师阿鲁台使臣把秃等归，遣指挥徐晟等与俱，赐敕谕阿鲁台曰：“把秃来贡马，礼意之勤可嘉，然察尔心，尚未释然。岂非有慊于邱福之事乎！人各为其主，朕于尔何责？尔所处去京师甚远，迩如能自来、遣子来，庶见朕诚意。昔呼韩邪入朝，汉与之高官；突厥阿史那社尔归唐，亦授显爵；二人皆福及子孙，名光史册。尔聪明特达，岂下古人哉，朕待尔盖将有过于汉唐之君者。今遣使指挥徐晟等谕意，并赐尔及尔母彩币，至可领也。”赐阿鲁台织金文绮二十五匹，其母文绮十二匹、彩绢三十匹。③

从这封书信中可以看出，太宗朱棣对阿鲁台的心理把握得很准确，为了打消阿鲁台对邱福事件的顾虑，他特意用汉待呼韩邪和唐待阿史那社尔作为例子，鼓励阿鲁台放下包袱，所谓“朕待尔盖将有过于汉唐之君者”，明确表示了自己的态度。

阿鲁台的使团前脚刚走，永乐十一年二月一日，“鞑靼太师马儿哈咱等遣使

---

① 《明太宗实录》卷122，永乐九年十二月己丑条，第1535页；丙申条，第1537页；戊戌条，第1537页。

② 《明太宗实录》卷135，永乐十年十二月丁丑条，第1650页。

③ 《明太宗实录》卷136，永乐十一年正月乙未条，第1654—1655页。

阿鲁帖木儿等贡马,优赐之遣回”。① 这是鞑靼部的第五个朝贡使团,马儿哈咱的遣使贡马,表明太宗朱棣对鞑靼部的经略大见成效。五月二十二日,阿鲁台再次遣使奏事:“鞑靼太师阿鲁台遣撒答失里等来奏:‘马哈木等弑其主,收传国玺,又擅立答里巴为主,请发兵讨之,愿率所部为前锋。’赐撒答失里等文绮袭衣遣还。”②这里向我们传递的信息一是马哈木等将本雅失里给杀了,虽然具体时间无法确定;二是擅立答里巴为主,表明马哈木为了能够号令蒙古大众,再立一个傀儡。阿鲁台的这一举动进一步拉近了鞑靼部与明廷的关系,于是在七月初一日,太宗朱棣封鞑靼太师阿鲁台为和宁王,制曰:

“朕恭膺天命,奄有寰区,日照月临之地,罔不顺服。尔阿鲁台,元之遗臣,能顺天道,幡然来归,奉表纳印,愿同内属,爰加恩数,用锡褒扬,特封尔为特进光禄大夫、太师、和宁王,统(为)[属]本处军民,世守厥土,其永钦承用光宠命。”是日,遣指挥徐晟等持节往封之,仍赐金印、金盔、鞍马、织金文绮二十端、绒锦二端。又封其母为和宁王太夫人,妻为和宁王夫人,俱赐诰命冠服。③

经过朱棣持续不断的悉心经营,终于完成了对阿鲁台的册封,标志着鞑靼部与明廷间朝贡体制建构的完成。十一月初一日,“和宁王阿鲁台遣使把帖木儿、乃不花等贡马,谢封爵恩。赐把帖木儿等钞及文绮表里,阿鲁台奏举所部头目忽鲁秃等二千九百六十二人,列其弟,请授职事,命兵部如所,授以都督、都指挥、千、百户、镇抚之职”④。这是鞑靼部的第六个朝贡使团,阿鲁台接受了明廷的封爵,鞑靼部各级首领2960余人,由此成为明朝职官体系中的成员,它标志着明廷主权在鞑靼地区的落实,这对明代的历史发展有重要的意义。

永乐十一年十二月九日,“和宁王阿鲁台遣使阿剌帖木儿等贡马,贺明年正旦”⑤。这是鞑靼部的第七个朝贡使团,至此,明廷与蒙古三大部的朝贡体制正式建构完成。

---

① 《明太宗实录》卷137,永乐十一年二月庚戌条,第1661页。
② 《明太宗实录》卷140,永乐十一年五月庚子条,第1684页。
③ 《明太宗实录》卷141,永乐十一年七月戊寅条,第1691页。
④ 《明太宗实录》卷145,永乐十一年十一月丁丑条,第1713页。
⑤ 《明太宗实录》卷146,永乐十一年十二月甲寅条,第1720页。

四、结 语

从以上朱棣经略蒙古三大部的历史进程与举措中,我们可以得到如下认识:

首先,蒙古三大部的首领先后接受明廷的封号,标志着蒙古族对明王朝政治上的认同。特别是三大部的各级首领均纳入了明朝的职官体系,更是明王朝主权在蒙古地区实现的标志。如朵颜三卫的脱儿火察任为左军都督府都督佥事、哈儿兀歹为都指挥同知,掌朵颜卫事;安出及土不申俱为都指挥佥事,掌福余卫事;忽剌班胡为都指挥佥事,掌泰宁卫事;其余更有357人各被授为指挥、千户、百户等官,且赐诰、印,由他们代表朝廷实现对地方的管理。瓦剌部马哈木被封为顺宁王、太平被封为贤义王、把秃孛罗被封为安乐王,明廷所给赐的印、诰,就是给他们的委任状,让他们代表明廷实现对瓦剌的治理。同样,鞑靼部太师阿鲁台受封为和宁王,阿鲁台所举奏的各级头目忽鲁秃等2962人也被授以都督、都指挥、千户、百户、镇抚等职,他们也是明廷在鞑靼地区的各级官吏。这是当时历史条件下高度的民族自治,对于明廷实现国家的统一和安定团结有重要的现实意义。

其次,明蒙朝贡体制建构的过程,无不是在太宗朱棣的精心谋划下展开的。作为明廷的最高统治者,朱棣既有运用武力对蒙古三大部的军事打击,即"五出三犁",更是殚精竭虑地谋划北边的安宁与和平,为此他充分发挥了其政治才能,娴熟地运用天命观及丰富的历史知识,对蒙古三大部的统治者加以开导和劝说,使他们认清当时的历史趋势,做出正确的抉择。这既反映出他对文武之道的相互为用,又反映出他对周边少数民族地区执行的是促进民族和好、共享太平之福的政策导向,相比较而言,武力是为了保证和平的稳定实现,这对明代以后的历史发展产生了深远的影响。

最后,蒙古各部对明廷的贡马及明廷的赐宴、赏赐并偿其"马直",是双方主要的物质文化交流。马匹是游牧经济的特产,因此成为他们和中原农业民族交流的主要物资。当蒙古各部的朝贡使团进入明朝后,会同馆接待、赐宴、赏赐以及"给马直",成为明朝提供给他们的主要物资,尤其是赏赐和"马直"都是以布帛等纺织品的形式来体现,这对于有其天然缺陷的游牧经济来说是最好的补充,因此这种朝贡体制下的物质文化交流对于蒙古族有着极大的吸引力，这也是明蒙朝贡体制得以发展并走向繁盛的根本原因。尤其是在明英宗时期，当明蒙朝贡体制运行到高潮时突然发生了“土木之变”，英宗被俘，但是在一年之后蒙古族又把明英宗送回了明朝，成为历史上绝无仅有的一件事情，究其根本，则是和平的、互通有无的朝贡体制对蒙古族产生了决定性的影响。

弘治时期的藩王赏赐及其影响*

赵中男

明代的藩王是一个特殊的寄生集团,生活来源几乎完全依靠国家供给。虽然弘治以前这个集团也曾得到大量的赏赐,但弘治时期对藩王的赏赐,总体上比前一时期大为增加,表现为孝宗大量赐予藩王土地、盐引、税课钞以及修府造坟的费用,加上部分亲王之国的高额费用,数量之大前所未有。在这种情况下,藩王集团尤其是孝宗的亲兄弟们总体收入增加了不少,国家的财政收入却因此而减少了。为地方藩王的赏赐支出较多的省份,首先受到了巨大的财政压力。国家财政的压力随着土地、盐引、课钞的流失而增加,引起了官僚士大夫们的不满和担忧。但孝宗几乎完全不顾中央和地方的财政压力,不顾大臣们的反对,顽固地坚持把国家控制下的土地、盐引等大量赏给藩王,尤其是他的亲兄弟们,名义上是奉行传统的厚待亲王的"亲亲"之道,但实际上却是分割和掠夺了大量的国家财政收入,这同孝宗大量赏赐并加封外戚、支持并纵容宦官多方增加宫廷财政收入,具有相同的性质。孝宗大量赏赐藩王等等分割和掠夺国家财政收入的活动及其后果,反映出他本人"家天下"的理念和明帝国的私有性质,同时也反映出"弘治中兴"不过是官方的粉饰之词。与史学界对明代前期、后期的研究相比,对明代中期尤其是弘治朝的研究成果相对较少,对这一时期财政问题的研究同样较为薄弱,本文尝试从藩王赏赐的角度来探讨弘治时期的财政危机。

* 本研究成果得到国家社会科学基金重大项目"明代价格史研究与数据库建设"(批准号:17ZDA192)资助,并承高寿仙、鲁大维等学者提出宝贵建议,特此致谢。

一、赏赐的主要内容:土地与盐引

(一) 土地的赏赐

弘治时期用以赏赐藩王的主要是土地,赏赐的次数和面积都大大超过前朝。成化二十三年(1487)十一月,孝宗赏给辽府镇国将军“当阳县孔家湾洲地一段”。① 弘治三年(1490)闰九月,赐予“淳安大长公主饶阳县庄田一百六十顷有奇……赐秀府顺义郡主永清县庄田二十七顷”。② 弘治四年(1491)十月,“赐益王顺天府望军台地五百亩”。③ 弘治五年(1492)二月,赐予益王“望军台地二百顷”。④ 同年九月,又赐予秀府顺义郡主东安县地27顷。⑤ 弘治七年(1494)四月,孝宗的兄弟衡王上奏,“以前赐丰润县庄田有不堪耕种者”,孝宗于是下令“于余田内再拨一百五十顷给之”。⑥ 同年九月,孝宗下令将“郢、梁二王香火田地四百四十九顷先属襄府带管者,改属兴府带管”。⑦ 兴府即兴王府,也是孝宗一个亲兄弟的王府,带管同赐地差不多,这样兴府一次就得到了近500顷土地。弘治十年(1497)五月,“户部奏先赐寿王永清县庄地五百五十余顷,乃牧马草场地,今王已辞归于官,请给以涿州等处空地五百四十余顷,从之。”⑧可见寿王辞还多少地,朝廷就补赐多少地。弘治十一年(1498)六月,“赐岐王德安府田三百顷”。⑨ 同年十一月,“命以寿王辞还涿州等处庄田赐泾王管业”。⑩ 寿王辞还的庄田并未收归国有,而是为孝宗一转手赏给了另一个亲兄弟。弘治十二年(1499)

---

① 《明孝宗实录》卷6,成化二十三年十一月庚子条,台北:“中央研究院”历史语言研究所校勘本,1962年,第99页。按本文引用明代各朝实录皆出自此版本,不再注出。

② 《明孝宗实录》卷43,弘治三年闰九月乙未条、丙申条,第884页。

③ 《明孝宗实录》卷56,弘治四年十月丙辰条,第1085页。

④ 《明孝宗实录》卷60,弘治五年二月戊辰条,第1158页。

⑤ 《明孝宗实录》卷67,弘治五年九月壬午条,第1282页。

⑥ 《明孝宗实录》卷87,弘治七年四月丁亥条,第1620页。

⑦ 《明孝宗实录》卷92,弘治七年九月癸巳条,第1689页。

⑧ 《明孝宗实录》卷125,弘治十年五月庚戌条,第2228页。

⑨ 《明孝宗实录》卷138,弘治十一年六月乙酉条,第2401页。

⑩ 《明孝宗实录》卷143,弘治十一年十一月庚申条,第2505页。

六月,孝宗"命以衡州府蒸湘水等山场湖塘十处赐雍王,从其请也"。[①] 弘治十三年(1500)正月,"赐寿王四川保宁府田四百三十顷有奇"。[②] 弘治十三年二月,赐予兴王近湖淤地1352顷,[③]突破了藩王赐地千顷的纪录。弘治十五年(1502)三月,赐予汝王河南获嘉、辉县地26顷,赐予衡王"山东寿光潍县地一千二百十四顷有奇"。[④] 同年(1503)七月,"命以岐王所遗德安府田土赐荣王管业"。[⑤] 这又是一个将藩王田产转手赏赐另一亲兄弟的事例。同年八月,"命郢、梁二府所遗庄田,并供祭人丁及清出起科地二十余顷,俱与兴王府为业"[⑥],等于将二王的部分土地遗产转赐给了兴王。弘治十七年(1504)十月,孝宗将"岐王所遗田赐寿王三百顷,荣王六百顷"。[⑦] 这次则是将岐王的土地遗产给了寿、荣二王,可见岐王原有的土地应为近千顷。地方藩王拥有如此数量的土地及其收入,是前几朝几乎没有的。

弘治中期,已经得到不少赐田的衡王"再奏乞前齐府所遗青州等府田,户部言此田先已赐德王,今不宜更易,以起争端"。孝宗同意,并下令"今后诸王府凡赐有庄田者不许再乞"。[⑧] 但这个诏令发出之后,许多藩王仍然请乞不断,孝宗也照样赐予土地。到了弘治十三年五月,五府六部等部门上奏:"天下各处空闲地土,多被王府并内外勋戚之家奏为庄田。"[⑨]到了弘治末年,有人上奏,土地有定数,不可能再增加了,而宗室人口则不断增加,并且不断请求赐地,所有的费用"皆出于民,将来供用无穷,何以处分?"请求孝宗下令"宗支请求地土及一应出办于民者,俱杜绝之"。于是孝宗下令"各王府再不许分外陈乞田地课程等项"。[⑩] 但是,此时藩王占田已相当多了,孝宗的话只是一纸空文。

不仅如此,孝宗还打破了以前的定例,批准王府在新赐予的土地上自行收

---

① 《明孝宗实录》卷151,弘治十二年六月乙亥条,第2667页。
② 《明孝宗实录》卷158,弘治十三年正月戊午条,第2837页。
③ 《明孝宗实录》卷159,弘治十三年二月辛丑条,第2862页。
④ 《明孝宗实录》卷185,弘治十五年三月辛巳条,第3407页。
⑤ 《明孝宗实录》卷201,弘治十六年七月庚寅条,第3740页。
⑥ 《明孝宗实录》卷202,弘治十六年八月丙辰条,第3765页。
⑦ 《明孝宗实录》卷217,弘治十七年十月壬戌条,第4080页。
⑧ 《明孝宗实录》卷145,弘治十一年二月乙巳条,第2536—2537页。
⑨ 《明孝宗实录》卷162,弘治十三年五月丁卯条,第2920页。
⑩ 《明孝宗实录》卷212,弘治十七年五月己未条,第3991页。

税,这样不仅减少了国家的部分收入,同时也大大加重了当地百姓的负担。原来此前赐予王府及内外勋戚的庄田已有定例,即每亩由官府征银 3 分,交足了王府应得的数量之后,其余部分归国家。当地百姓往往以这块土地上的剩余收入来支付官府的其他赋役,而一旦皇帝下令这块土地完全归王府"管业",就意味着该地的全部收入都要归于王府。王府可以任意规定相当高的收税额,当地的百姓则几乎没有剩余的土地收入来支付其他赋役,生活负担大大加重。

弘治十三年(1500)二月,孝宗赐予兴王近湖淤地 1352 顷,户部尚书周经等人认为,这块土地上的"住种之人"有 1750 余户"世代为业,虽未起科,然藉此以贴办税役,若归王府必生怨尤,今宜从轻,每户征杂粮二升,岁计二千七百四石,以补岁支不足之数"。但孝宗却下令全部"与王管业"。周经等人据理力争,并进一步建议,"乞将前地每岁所征杂粮内以一千石输府,则皇上亲亲、仁民两得之矣"。孝宗仍不同意。周经等人甚至推测,如果此地完全归王府管辖,百姓很可能因为王府的逼迫而"从贼造反",但孝宗还是顽固坚持自己的命令。①

弘治十三年(1500)五月,五府六部等部门一齐上奏,其中"处庄田"一项即向孝宗建议,新赐予王府的庄田应该按照过去的定例,每亩征银 3 分,由当地官府收贮,业主即王府可差人来领取,但决不允许王府军校"违例自征"。② 同年七月,户部在复议上述建议时,也认为这个办法"宜行之,毋变"。但孝宗却对这个建议不置可否③,很显然是在纵容王府自行征收赐地的租税。

弘治十六年(1503)四月,户部奉命会同文武大臣及科道官员,"议上足国裕民之策十二事",其中"均禁例"一项指出,各王府不按每亩 3 分的定例征税,"有奏征五分或乞自收者,民不胜困",因此重申并强调"宜令悉照旧例,每亩征银三分"。孝宗将这一奏疏扣压了几个月才做批示,称"均禁例已有旨行"。④ 实际上仍是没有明确的指示,还是找个借口继续纵容工府自行收税。各工府则凭借孝宗的纵容和庇护,从国家和百姓那里不断分割、掠夺了更多的土地收入。

---

① 《明孝宗实录》卷 159,弘治十三年二月辛丑条,第 2862—2863 页。

② 《明孝宗实录》卷 162,弘治十三年五月丁卯条,第 2920 页。

③ 《明孝宗实录》卷 164,弘治十三年七月丁巳条,第 2972 页。

④ 《明孝宗实录》卷 198,弘治十六年四月丁未条,第 3663、3666 页。

（二）盐引的赏赐

弘治时期赏赐藩王的盐引，是赏赐给藩王的仅次于土地的重要利益，同样是分割国家财政收入以增加藩王收入的举措。弘治五年六月，孝宗赐给兴王两淮余盐每年1000引。[①] 同年十月，赐予岐王两淮余盐一万引，"助岐王婚礼之用"。[②] 弘治六年(1493)八月，赐予益王两淮余盐一万引，"以助婚礼之费"。[③] 弘治十二年(1499)九月，孝宗下令出售两淮余盐一万引，"以其价助泾王婚礼之用"。[④] 弘治十三年(1500)三月，赐予衡王两淮盐每年1000引。[⑤] 弘治十四年(1501)八月，孝宗又下令出售两淮盐一万引，拿这笔费用来资助申王婚礼之费。[⑥] 由此可见，上述藩王得到了高额的婚礼资助。弘治十五年二月，"赐泾王食盐一千引，命两淮运司岁以价银千二百两给之"。[⑦] 弘治十六年(1503)三月，"先是，命两淮运司岁给汝王食盐价银一千二百两，至是，运司以盐少不足变卖，王府久不得价，户部请于河南布政官库银内暂给三年之数，此后别议奏处。"孝宗同意。[⑧] 可见赏与藩王价银的办法，已使盐运司无法卖出足够的食盐来凑够价银了。弘治十七年(1504)二月，孝宗又赐予泾王府弘治十六年的食盐价银1200两。[⑨] 这似乎已形成了一种惯例。

对王府盐引的过多赏赐，早已引起了政府官员的不满。弘治十一年(1498)十一月，五府六部等部门应诏上言政务，其中就有"清盐法"一项。他们认为应将"累年王府奏讨各运司食盐一切停罢，听其照旧自买食用"。户部认为这一建议完全可行，劝孝宗批准，但孝宗却下令王府奏讨盐引之事"俱如旧行"。[⑩] 弘治十三年(1500)五月，五府六部等部门再次提出类似的建议，指出"各处王府例不给盐，有之亦一时特恩，后来比例奏乞，遂以为常。而两淮价高，奏乞尤多……盐

---

① 《明孝宗实录》卷64，弘治五年六月壬戌条，第1239页。
② 《明孝宗实录》卷68，弘治五年十月庚戌条，第1293页。
③ 《明孝宗实录》卷79，弘治六年八月癸亥朔条，第1511页。
④ 《明孝宗实录》卷154，弘治十二年九月癸酉条，第2743页。
⑤ 《明孝宗实录》卷160，弘治十三年三月乙丑条，第2870页。
⑥ 《明孝宗实录》卷178，弘治十四年八月丁未条，第3268页。
⑦ 《明孝宗实录》卷184，弘治十五年二月丙寅条，第3399页。
⑧ 《明孝宗实录》卷197，弘治十六年三月癸酉条，第3635页。
⑨ 《明孝宗实录》卷208，弘治十七年二月乙卯条，第3872页。
⑩ 《明孝宗实录》卷143，弘治十一年十一月壬子条，第2497；乙卯条，2503页。

法因之大坏……伏望将累年王府奏乞食盐一切停罢”。孝宗只是让各有关部门查奏定夺,未有明确指示。[①] 同年七月,户部奉命商议上述建议的可行性,认为“王府陈乞食盐,每府岁千引,将来分封无穷,何所取给?”建议“乞罢食盐之例”。孝宗竟下令“王府食盐仍旧”。[②]

弘治十六年(1503)四月,户部奉旨会同“文武大臣及科道官,议上足国裕民之策十二事”。其中一项仍旧是清盐法。这些官员认为,“祖宗时各运司盐专备边饷,正统间庆府始乞食盐,亦不过与灵州盐五十引而已,近年遂有至千引者……成化以来或给引盐或与盐价,前后已支盐九万余引,价十万余两,所司甚困,盐法大坏”。即使是各王府于当地政府和盐运同官库支取价银,“亦非良法。今宜令各王府蒙赐食盐者岁各三百引本色”,不同地区的王府则各于附近盐运司支取食盐,“而停先拟关价之例”。几个月后,孝宗才批了“更议以闻”四字,仍未同意文武官员的建议。[③] 可见孝宗根本不想改变重赏王府盐引及盐价的政策。

二、赏赐的其他内容:税课钞等

(一)税课钞的赏赐

对藩王税课钞的赏赐量虽不及土地、盐引,但在弘治朝的王府赏赐中仍占有一定的比重。弘治六年正月,孝宗同意岐王的请求,将汉阳府刘家隔税课钞收入赐给他。[④] 同年四月,“先是,以济南府税课之半赐德王府,至是王辞之,而乞临清州课钞,下户部议,谓临清课钞比之济南十倍,将以备官军俸粮之用,不宜滥予。上重违王意,命以济南者全给之”。[⑤] 德王想得到10倍于济南府的临清税课钞,孝宗迫于户部的压力未同意,但却将济南税课钞全部赏给了德王。这样德王的税课钞收入就增加了一倍,一种得寸进尺的收获。

---

① 《明孝宗实录》卷162,弘治十三年五月丁卯条,第2920—2921、2925页。

② 《明孝宗实录》卷164,弘治十三年七月丁巳条,第2972—2973页。

③ 《明孝宗实录》卷198,弘治十六年四月丁未条,第3660、3662—3663、3666页。

④ 《明孝宗实录》卷71,弘治六年正月丙子条,第1333页。

⑤ 《明孝宗实录》卷74,弘治六年四月戊申条,第1391页。

弘治九年(1496)四月,“以湖广孝感县东山崙河泊所岁课赐岐王府”。[①] 弘治十一年四月,孝宗的兄弟雍王请求“裁革衡州府税课司及衡阳县河泊所原设官吏,而以二处岁办课钞赐本府管业供祀,下户部议,谓亲王岁禄万石,足给公私之费,而二衙门税课例充本处文武官折俸,此祖宗成宪,万世不可改者,宜勿许。”孝宗也觉得雍王的请求很过分,于是下令:“自今诸额办钱粮衙门,各王府不得请求,著为令”。[②] 但仅仅1个月后,雍王即不顾孝宗的命令再次乞求“衡州府税课司衡阳县河泊所为业。上以王乞奏不已,重违其意,命岁赐衡州府课钞一万贯,衡阳县课钞三千贯”。[③] 雍王一个劲地乞求终于有了好结果,每年得到13000贯的税课钞。至于“本处文武官折俸”,朝廷只好另想办法弥补了。

弘治十一年(1498)六月,孝宗又赐给另一个兄弟寿王“重庆府及泸州二税课司岁课钞二万贯”。[④] 弘治十六年(1503)六月,“赐汝王卫辉府所属税课三分之一”。[⑤] 但汝王贪得无厌,“复请所属六县税课”,孝宗竟批准了他的请求。[⑥] 这样做的结果,至少是减少了部分地区税课钞的收入。虽然税课钞作为明政府发行的货币之一,在明代中期已很少流通于市场,但藩王们可以凭借手中的特权,将钞贯兑换成值钱的东西。因此,孝宗大量赐与藩王税课钞,同样增加了他们的财政收入。

(二)亲王之国的费用

弘治时期亲王之国的费用同样是王府得到政府赏赐的重要内容,也是藩王利用特权获取财富的机会。弘治八年(1495)八月,吏科给事中胡易上奏:“往者亲王之国,王府官属及军校分为四运,先后启行,经过府县恣意需索,多者费至二三百金。至于驿递衙门应付之外,亦皆馈遗六七十两。又多买私盐渡江,假重亲王,令有司领卖……”[⑦]这样一来,之国的亲王就利用特权获得了一些额外收入。

弘治十三年(1500)五月,五府六部衙门上奏:“近该司礼监递出印信揭帖,

---

① 《明孝宗实录》卷112,弘治九年四月丁亥条,第2034页。
② 《明孝宗实录》卷136,弘治十一年四月辛卯条,第2384页。
③ 《明孝宗实录》卷137,弘治十一年五月戊午条,第2394页。
④ 《明孝宗实录》卷138,弘治十一年六月甲午条,第2403页。
⑤ 《明孝宗实录》卷200,弘治十六年六月甲子条,第3724页。
⑥ 《明孝宗实录》卷216,弘治十七年九月乙丑条,第4063页。
⑦ 《明孝宗实录》卷103,弘治八年八月癸丑条,第1879页。

成造预备各王之国所用屋殿帐房、床张铺陈等件，合用白绵羊等毛三万五千斤，白硝山羊皮千五百张，白山羊绒三百斤，俱分派陕西等处买办，乞暂停止。”孝宗对此只是让各部门“查奏定夺”，并未同意停止买办这些材料。① 因此，这些材料作为宫廷财政的一笔临时收入，至少有一部分用到了藩王身上。亲王之国所用船只数量也逐渐增多。“旧例，亲王之国，用船不过五百艘，除王府及各官应付车辆人夫，其军校人等船令其自备，在途亦自曳送，不起人夫。至吉王始，奏乞护送人夫，然每船不过五名；兴、岐二王之国，分外陈乞，至用船九百余，沿途起夫至数万。”②因此有关部门建议今后应加以控制，用船数量应为 700 艘左右，但即使这个数字，仍比原来的 500 余艘增加了 200 艘左右。

弘治十六年（1503）八月荣王之国，本来已定好之国的日期，但荣王却因为王妃刘氏有身孕，上奏请求推迟之国的日期。礼部认为，亲王之国“辎重甚多，一举动间劳费甚大，今已二次起运，自京师至常德府，不下六千里，有司一切供应与夫朝谒席殿之数，俱为备日久……若欲改择日期，未免前功尽弃，重为劳费”。但孝宗仍然批准了荣王推迟之国的请求，只是下令沿途守候的人员可以先期前往常德。③ 即使这样，仍然造成沿途守候人员和供应船队的极大浪费。

弘治十七年（1504）五月，内阁大学士李东阳从外地回京，沿途探访社会问题。其中讲道，“亲王之国供亿之费每至二三十万”。④ 这是个相当高的消耗数字。

（三）造府价银之赏

修建王府的费用同样由中央和地方政府共同负担，弘治时期由于王府人员增多，过去的王府建筑年久朽坏，以及部分王府追求建筑上的奢华，因此修建的费用不断增加，成为这一时期整个国家财政的支出项目之一。

王府建筑年久朽坏或新建王府，朝廷按惯例给予一定数量的价银。如弘治元年（1488）七月，给宜春王“修造府第价银八百四十两，以本府房屋年远朽

① 《明孝宗实录》卷 162，弘治十三年五月丁卯条，第 2923、2925 页。
② 《明孝宗实录》卷 201，弘治十六年七月癸未条，第 3736—3737 页。
③ 《明孝宗实录》卷 202，弘治十六年八月辛酉条，第 3767—3768 页。
④ 《明孝宗实录》卷 212，弘治十七年五月甲寅条，第 3981 页。

坏而王乞盖造故也”。[①] 弘治四年(1491)九月,“命所司给建安王造府价银七百五十两”。[②] 弘治十六年(1503)七月,赐予伊府济源王“造府价银五百五两”。[③] 同年十二月,周府堵阳王修造府第,孝宗“命如例给与价”。[④] 但许多王府并不满足于已有定例和有限的造府价银。弘治七年(1494)时即有人上奏:“宗室日繁,郡王等府第已有给价自造之例,近又陈乞军卫、有司为之起造。仪宾之居第如周、唐等府旧皆自造,近又定拟工料价银,此端一开,其害不可胜言。”因此建议仍按旧例,“一切裁省,以纾民力”。[⑤] 而王府较多的省份如山西等省“分封宗室独繁于他省,亲王、郡王、将军至郡县等主,毋虑千余……递年修治第宅,工价亦至数万,况地临各边,州县供亿刍粮动以百万计,频年被灾,军民疲弊已极”,因此建议按照周、唐二府的先例,“第宅令其自造”,可以节省一大笔费用。[⑥] 但朝廷并未因此而严令各王府遵守先例,在得到价银的基础上自行修造王府。这样一来,各王府在建筑方面追求奢华的风气便逐渐形成了。弘治八年(1495)十月,礼部尚书倪岳等人上奏,“永乐、宣德间,造各王府规制俭约,近来务极宏丽,伤财害民”。[⑦] 弘治九年二月,巡抚湖广都御史徐恪上言:“永乐宣德年间营建伊、赵等府,规制丰俭适中,近皆任情增造,工役无期,且营建未久者又复缮修……”[⑧]这样一来,各地修建王府的费用迅速增长,尤其是首次建府的藩王,更是耗费巨大。

弘治十一年(1498)八月,巡抚山东都御史何鉴上奏:“近年以来山东地方灾伤,兹者沂州建泾王府第,费用不赀……工役迭兴,人无空丁,库无余积,乞取各项在官财物以助修府之用。户、工二部复奏,请以临清州税课局每岁额办银一万八千余两,自今年十月至十三年止,及山东运司盐银一千四百九十六两,及变卖、开卖未尽盐一十六万一千三百余斤,并修河余银六万两有奇,俱存留修府,其兖州府各色人匠亦留沂州应役,仍于直隶邳、徐、海等州并宿迁、赣榆、沭阳等县,起

---

① 《明孝宗实录》卷16,弘治元年七月己丑条,第407页。
② 《明孝宗实录》卷55,弘治四年九月壬午条,第1071页。
③ 《明孝宗实录》卷201,弘治十六年七月辛卯条,第3744页。
④ 《明孝宗实录》卷206,弘治十六年十二月乙亥条,第3842页。
⑤ 《明孝宗实录》卷84,弘治七年五月庚戌条,第1578页。
⑥ 《明孝宗实录》卷100,弘治八年五月己亥条,第1839页。
⑦ 《明孝宗实录》卷105,弘治八年十月庚申条,第1913页。
⑧ 《明孝宗实录》卷109,弘治九年二月己酉朔条,第1989页。

派夫匠一万协济。”孝宗批准这一方案。① 在上述为泾王修建王府的方案中，临清税课局两年多的额办银、山东盐运司的盐银及变卖等项银两、修河余银等至少8万两，都用作修建王府的费用。兖州府的各种工匠和直隶部分州县的1万名工匠人夫都被抽调来，作为修建泾王府的工人。因此泾王府的修建工程可能是弘治朝规模最大、耗银用工最多的一次王府修建活动。

初建王府如此，局部改建王府同样追求奢华，令地方财政压力不小。弘治十三年(1500)六月，重修雍王府第。“初，巡抚等官言，衡州土性不宜烧造琉璃，乞照吉府例，用素白瓦可以经久”。但孝宗不同意，当地只好用琉璃瓦建府。“及王之国后，即奏宫宇疏漏，工部移勘，谓土性果不宜琉璃，必如吉府例修葺，庶免后患”，孝宗这才同意工部的建议。② 雍王的虚荣、摆阔加上孝宗的顽固、外行，使雍王府在加盖了琉璃瓦之后又改用素白瓦才免于渗漏，又费了一次工，官府又花了一笔钱。弘治十六年(1503)五月，巡抚江西都御史林俊上奏：“宁王累乞用琉璃瓦盖造宫殿，有旨于各府县路引钱内支二万两给换。缘江西地方公私匮竭，人民滋困，盗贼未息，及益府宫殿近因蚁炉修盖，约用银三万余两，若宁府改换琉璃，事在可已。”工部也同意林俊的建议。孝宗却下令“仍照前旨行”。③ 完全不顾地方的社会困境，严令当地政府挤出部分经费来为宁王换瓦。

总之，弘治时期修建王府的费用是相当高的，尤其是泾王等孝宗的亲兄弟，加上孝宗的纵容和支持，这些人耗费的白银和人力物力，远远超过了以前的先例。

（四）其他赏赐

除土地、盐引、税课钞、王府修建费用、之国费用之外，弘治朝对藩王的其他赏赐大体可分为3部分。

其一为即位之初按惯例给藩王的赏赐。成化二十三年九月孝宗即位后，赐予宁、唐、沈、庆、周、襄、郑、岷、肃、辽、蜀、楚、晋、淮、代、伊、鲁王各白金300两，纻丝罗15表里，纱15匹，锦3匹，钞2万贯；德、崇、吉、徽、荆、赵、韩、镇安

① 《明孝宗实录》卷140，弘治十一年八月辛巳条，第2429—2430页。原文为“费用不訾”，校勘记阁本作“费用不赀”，据此改。

② 《明孝宗实录》卷163，弘治十三年六月辛亥条，第2966页。

③ 《明孝宗实录》卷199，弘治十六年五月乙未条，第3698页。

王各白金300两,纻丝罗10表里,纱10匹,锦3匹,钞2万贯;靖江王白金200两,纻丝罗10表里,纱10匹,锦3匹,钞1万贯。[①] 但这次即位之初的例行赏赐对象中没有公主或长辈公主,只有亲王,此后也未见对哪位公主补发赏赐品。

其二为赏给一些特殊的亲王较为高级的米种。弘治元年(1488)闰正月伊王上奏,其先祖简王"旧有恩赐禄麦五百石,既薨住支,至于悼王陈请,复给其半,乞全赐如简王之旧"。孝宗予以批准。[②] 弘治六年(1493)二月,当初唐王的"禄米本色三千石,俱给粟米,后改给粳米四百石,至是复加粳米六百石"。[③] 弘治十一年(1498)十一月,"命岐王岁禄一万石内,纳白米二千石,从王请也。"[④] 这些藩王得到了一些高级米种的赏赐。

其三为按照先例赏给一些藩王亲属绢布一类的纺织品,主要是赏给那些因罪被废为庶人的亲属、仆人等。如弘治三年,给晋府庶人济熿孙女及奴婢"米月二石,绢布岁各一匹"。[⑤] 弘治四年九月,命给晋府庶人已故庶人妻子"月粮并折支布绢绵花如例"。[⑥] 弘治二年(1489)十月,命给鲁府庶人"幼子及女仆等米麦、布绢各如例"。[⑦] 弘治十四年(1501)九月,命给晋府庶人"幼女并女仆十九人月各米一石,岁各绢布共二匹"。[⑧] 弘治朝赏给藩王的布绢等纺织品虽不多,但前几朝按定例赏给这些人的布绢数量却不少。到了弘治朝仍在继续执行这样的先例,上述文中多次出现"如例"字样,即表明朝廷是按先例行事。

即位之初对藩王的赏赐,特殊藩王高级米种的赏赐加上部分藩王亲属所得到的布绢之赏,构成了弘治朝数量不多但不容忽视的一种特殊赏赐。

---

① 《明孝宗实录》卷2,成化二十三年九月戊申条,第30—31页。

② 《明孝宗实录》卷10,弘治元年闰正月庚戌条,第233页。

③ 《明孝宗实录》卷72,弘治六年二月庚戌条,第1351页。

④ 《明孝宗实录》卷143,弘治十一年十一月壬子条,第2502页。"纳"字,校勘记广本、阁本、抱本作"给"。

⑤ 《明孝宗实录》卷43,弘治三年闰九月乙巳条,第887页。

⑥ 《明孝宗实录》卷55,弘治四年九月乙酉条,第1073页。

⑦ 《明孝宗实录》卷130,弘治十年十月丙申条,第2310页。

⑧ 《明孝宗实录》卷179,弘治十四年九月戊子条,第3304页。

三、赏赐的特点及原因

同前几朝相比,弘治时期对藩王的赏赐虽然具有一定的继承性,尤其是继承成化朝政策的成分较多,但也有几个大致的特点,其一,前几朝的同类赏赐基本上是以禄米、钱钞、纺织品为主,弘治时期对藩王的赏赐内容基本上是以土地、盐引、价银及特殊待遇为主,其中特殊待遇包括亲王之国的费用等等。需要说明的是,一方面成化朝已增加了藩王禄米总量,除了那些临时的赏赐之外,对部分藩王钱钞、纺织品的赏赐已形成定例,到了弘治时期并未减少;另一方面,禄米、钱钞、纺织品的征收量也没有减少,但这些作为宫廷财政的收入并未大量赏赐给藩王,而是将国家财政收入中的部分土地、盐引、价银等赏赐给他们。因此,弘治时期的藩王赏赐实际上是分割、侵夺了一部分国家财政收入。

其二,赏赐的数量较为庞大,同前几朝相比,土地的赏赐动辄几百顷甚至上千顷;盐引的赏赐过千引也是常事,有几次已达到上万引;部分王府初建和维修的费用高达数万两白银,还有人力、物力的相关消耗;亲王之国的待遇曾有用船近 1000 艘的纪录,远远超过了前几朝 500 艘到 700 艘的旧例。

其三,前几朝对于各地藩王的生活困难普遍给予照顾,基本上是根据实际情况而采取不同的赏赐措施,对于地位特殊的藩王赏赐只是略有增加,而弘治时期则是不顾实际情况减少对于藩王生活困难的照顾,同时却一味慷国家之大慨,大大增加了皇帝亲兄弟、亲叔叔的各种赏赐。

造成上述情况的原因较为复杂,大体说来有几个原因:其一,孝宗刻意维护由新受封的亲王、新结外戚和新任高职宦官组成的新贵族群体的总体利益,这是他即位以后始终坚持的重要政策之一,不仅对与他关系密切的藩王大加赏赐,并且对外戚、宦官这些新贵族的种种贪欲也都大为纵容,导致皇家宫廷财政对国家财政的分割和掠夺也大大超过前代。

其二,贵族势力膨胀的经济要求,明代藩王集团自宣德以来军事、政治、经济实力大为削弱以后,新贵族在孝宗的支持和纵容下势力不断膨胀,要求更多地分割社会财富,弘治时期给予藩王的各种赏赐,有很大一部分是这些藩王自己提出的要求。

其三，弘治时期整个社会经济的发展尤其是商品市场的发达，有力地刺激了贵族阶层的贪欲，同时整个社会尤其是上层社会风气向奢华的转变，也导致了藩王在内的新贵族积极地竞相追求这种风气，比如一些地位特殊的藩王不仅大力追求各种财富，并且还要在翻修王府时追求一种奢华的建筑样式。

其四，这一时期整个官僚士大夫集团实力相对较弱，宦官参政的程度比前一时期进一步加深，宫廷贵族集团的势力相对加强，官僚集团的上层人物对孝宗过度赏赐藩王之举并未进行激烈的抗争，因此仅仅是部分内阁、言官以及有关部门负责官员的意见，根本无法阻止孝宗大量赏赐藩王之举。

其五，孝宗本人的政治才干平庸，不仅对过分赏赐藩王的严重后果缺乏认识，即使是对藩王犯罪、宦官作恶、外戚贪暴等严重事件，孝宗的处理也大都比较幼稚、欠妥，甚至令人不可思议，因此，对于反对过分赏赐藩王的建议和警告，孝宗总是敷衍、推脱，很少也不可能给予认真考虑，相反却有鼓励或纵容的含义。

四、藩王赏赐造成的影响以及明廷的相应措施

（一）藩王赏赐造成的影响

弘治时期的藩王赏赐，给当时的社会带来了巨大的影响，首先，这种赏赐给中央和地方财政造成巨大的压力。明代对藩王的赏赐大体上可分为两部分，一是按生活需要的赏赐，二是按惯例的赏赐，从整个弘治时期的情况来看，孝宗对藩王的赏赐大大超过了上述范围，不仅超过了藩王及其家属正常生活的需要，并且也打破了许多惯例，尤其是对那些亲兄弟的赏赐，动则食盐万引、庄田千顷，给中央和地方财政造成巨大的压力。

弘治时期的一个重要支出项目，即为朝廷大量赐予藩王土地、盐引、税课钞以及修府、之国的费用，并且数量之大前所未有。名义上是奉行传统的厚待亲王的“亲亲”之道，但实际上却是分割和掠夺了大量的国家财政收入，使整个国家的财政收入相对减少，支出却不断增加；并且孝宗本人完全不顾大臣们的激烈反对，顽固坚持厚赏亲王的政策，不断地加重了国家财政支大于收的恶化趋势。与此同时，孝宗还大量赏赐并加封外戚，支持并纵容宦官多方侵夺国家财政收入以增加宫廷财政收入，造成了国家财政运行机制的衰退和下降。当时国家财政的

总体情况已是支出大于收入,"一岁所入不足以供一岁支用"①,这种收支不平衡的情况在弘治以前是未曾有过的。因此,弘治时期是明代国家财政状况恶化的重要转折点,至少从国家财政的角度来看,"弘治中兴"的说法很难成立。

其次,孝宗大量赏赐藩王,极大地纵容了新贵族的贪欲,以及对于奢华生活的追求,直接或间接地鼓励和助长了这些人对社会财富的掠夺。整个弘治朝,十几个皇帝的亲兄弟等贵族不断地提出土地、盐引、税课钞等方面的请求,孝宗则不断地满足他们的要求,而孝宗对藩王的各种大量赏赐,往往会引起复杂的连锁反应与后果,比如一些之国的藩王向有关部门要了近千艘船、几百辆车,除了载运王府物品外,其余的船只用来贩运私盐获利;剩余的车辆则要索足雇银后才能退还。土地的赏赐更是助长了藩王等新贵族对土地的兼并和掠夺,因为除了赏赐的数量之外,各地藩王往往会利用权势大量掠夺耕地、草场,因此,他们实际得到的土地几乎完全超过赏赐的数额。另外,一些藩王要求并得到赏赐的所谓"退滩地、湖淤地",仅仅是掩人耳目的借口,实际上几乎都是农民佃种的赖以生存的输税之田。

再次,孝宗大量赏赐藩王,极大地加重了许多地方百姓的社会负担,破坏了社会的正常秩序,给地方和百姓造成了很大的危害。本来赐予王府及内外勋戚的庄田已有定例,即每亩由官府征银三分,交足了王府应得的数量之后,其余部分归国家,当地百姓往往以这块土地上的剩余收入来支付官府的其他赋役,而弘治帝竟然不顾户部官员的一再劝告,下令赐予兴王、岐王等王府的土地完全归该王府"管业",这就意味着该地的全部收入都要归于王府,王府可以任意规定相当高的收税额,当地的百姓几乎没有剩余的土地收入来支付其他赋役,生活负担大大加重。亲王前往封国即之国的过程中,许多王府不仅索要车船过千,并且王府军校沿途骚扰官府和百姓,对地方官员捆绑拷打,敲诈勒索,甚至公然捣毁民居、抢掠财物,给地方和百姓造成了很大的危害。一些藩王修建王府虚荣摆阔,本身就花费巨大,再加上返工等消耗,除了获得孝宗的大笔赏赐之外,还要动用中央和地方的大批人力物力,更是加重了中央和地方的财政困境以及百姓的劳役负担。

弘治以前,王府的消费和赏赐已经给中央和地方财政造成巨大的压力,弘治

① 《明孝宗实录》卷192,弘治十五年十月辛酉条,第3549页。

朝在土地、盐引、税课钞等方面大量赏赐各地藩王，导致中央和地方的财政负担大为加重，尤其是像山西这样藩王相对集中的省份，财政压力更为突出。成化二十三年(1487)十月，孝宗刚即位不久，就命户部“运银六万两于大同”，其中的1万两就是发给代府作为当年的禄米份额，这项措施是应巡抚都御史叶淇的请求而采取的[①]，至少说明成化末和弘治初山西当地已无力负担代府的禄米了。弘治二年(1489)四月，镇守山西的太监刘政等人上奏，“山西连年灾伤，岁用不足”，请求挪用几笔收入“以补王府禄米及文武官军俸粮”。户部建议挪用其他几项收入，其中就有京储银4万两运往山西应用，孝宗批准[②]。

上述情况还只是山西一省的情况，弘治十五年(1502)十月，户部奉命从财政的角度总结全国当时的收支情况，尤其谈到山西、河南、湖广等省份诸司和王府每年消耗的税粮已完全超过存留的部分，包括各王府每年支取食盐价银1280两，内府以税粮折纳黄金、并以太仓银来购买黄金，用于打造王府亲属所用的金宝金册等，都是一笔相当大的支出。[③]

（二）明廷的相应措施

面对上述情况，明廷采取了几项措施加以应对。

1. 关于王府禄米不足供应之事，有人提议“今后亲王岁该一万石者，量收本色二千石，余每石折银一两；郡王、将军一百五十石，其余每石折银八钱，如不愿收本色者俱与折色”，孝宗批准。[④] 这是以折银的方式缓解了本色禄米供应不足的问题。

2. 针对内库黄金不足的问题，有关部门建议禁止装饰和修造武当山等处神像等浪费活动，以保证内库黄金用于打造上供之物和王府宝册，孝宗同意。[⑤]

3. 针对“各处岁用独王府之费浩繁”的情况，有关部门建议：“除亲王禄米本色折色如旧，其郡王至中尉以十分为率，若本色过五分者，俱本色、折色中半兼支。其郡县主等禄米，本色四分、折色六分。庶人使女口粮量减五年，俱自弘治十六年为始，著为令。若旧额屯田各王府有见种者，将所收子粒量准禄米……”

---

① 《明孝宗实录》卷4，成化二十三年十月壬申条，第67页。

② 《明孝宗实录》卷25，弘治二年四月丙午条，第568—569页。

③ 《明孝宗实录》卷192，弘治十五年十月辛酉条，第3551—3552页。

④ 《明孝宗实录》卷196，弘治十六年二月壬寅条，第3613—3614页。

⑤ 《明孝宗实录》卷198，弘治十六年四月丁未条，第3661页。

这一建议同样得到了孝宗的批准。①

4. 为了减少本色禄米的支出，保证王府亲属的粮食供应，明廷一再减少王府仪宾禄米的本色部分，相应增加折色部分，早在弘治七年(1494)十月，明廷即下令："各王府仪宾岁支禄米俱本色四分、折色六分，著为令。"②弘治十三年(1500)四月，巡按河南监察御史杨纶等人上奏，各王府仪宾人数众多，应将其本色禄米按各卫所军官的等级拟定数量发放，其余部分给予折色③，目的同样是为了减少仪宾禄米的本色部分。弘治十六年(1503)十月，有关部门建议，各王府郡、县主死后，虽然仪宾的禄米不可全部革除，但也不能按旧例本色四分、折色六分发放，而是进一步减少本色的数量，增加折色的数量，郡、县主仪宾禄米改为本色二分、折色八分，郡、县、乡君仪宾米则改为本色三分、折色七分，得到孝宗的批准。④

5. 关于王府其他消费情况的对策，弘治十四年(1501)六月，府、部等机构的官员上奏，建议将"各王府自镇国将军以下房屋、坟圹、冥器价银除已减半外，每百两再减二十两，不及百两者减十两，祭葬外斋粮麻布通行革免"。孝宗让"所司县奏定夺"。⑤ 弘治十五年六月，有人建议大同一城中的郡王、将军、仪宾等人太多，"其军民遂至无所容，粮储亦几于尽，宜择近便州县以处郡王、将军、仪宾及其亲属，不然亦当增大同粮额，并展其城池。"得到孝宗的批准。⑥

总之，针对王府消费产生的财政问题，明廷想出一些办法和措施给予补救，但从整体上看，这些措施收效不大，藩王赏赐的后果已是积重难返。并且补救的办法和措施基本上都是弘治朝末期，对于整个弘治时期藩王赏赐造成的严重后果几乎是杯水车薪，国家财政支出大于收入的不利困境没有也不可能得到缓解。

五、结　语

弘治时期的藩王赏赐予前几朝相比，在赏赐的内容、数量、对象等方面都有

① 《明孝宗实录》卷198，弘治十六年四月丁未条，第3665—3666页。
② 《明孝宗实录》卷93，弘治七年十月己卯条，第1714页。
③ 《明孝宗实录》卷161，弘治十三年四月甲辰条，第2893页。
④ 《明孝宗实录》卷204，弘治十六年十月辛酉条，第3806页。
⑤ 《明孝宗实录》卷175，弘治十四年六月丙午条，第3203、3205页。
⑥ 《明孝宗实录》卷188，弘治十五年六月庚戌条，第3468页。

相对的特点，其中赏赐的重点是孝宗的十几位亲兄弟和叔父，数量之大，对象之集中，内容之多，对国家财政侵夺之严重，都是前几朝所罕见的。究其原因，孝宗为维护贵族的总体利益而顽固坚持厚待藩王的政策，新贵族势力膨胀的经济要求，上层社会风气向奢华、腐朽的大规模转变，这一时期官僚士大夫集团整体实力相对较弱，宫廷贵族集团的势力相对加强，以及孝宗本人政治才干较为平庸，等等，都导致了弘治时期的藩王赏赐大大超过了前代。

弘治时期藩王赏赐的内容大体上有 5 类，即土地、盐引、税课钞、之国费用及王府修建费用等，其中对部分藩王土地的赏赐也包括将该地的所有收入征收权，遂使佃种该地的农民完全失去了负担国家其他赋役的来源，生活和生存条件进一步恶化。对部分藩王盐引的赏赐除了盐引本身外，还将盐引折成相对数量的白银赏赐给藩王。藩王之国费用及王府修建费用的赏赐，都使有关部门和百姓增加了劳役及实物负担，甚至受到了较多的侵害。

面对藩王赏赐活动带来的一系列严重问题，明廷不断采取一些办法和措施给予补救，但从整体上看，这些措施收效不大。孝宗大量赏赐藩王的活动，导致了国家财政收入被大量侵夺，当时国家财政的总体情况已是支大于收，这种情况是弘治以前未曾有过的。因此，弘治时期是明代国家财政状况恶化的重要转折点。孝宗大量赏赐藩王的政策和做法，极大地纵容和鼓励了新贵族集团对社会财富的掠夺，并形成了一种恶性循环的效果。

同时，这类赏赐活动极大地加重了许多地方百姓的负担，破坏了社会的正常秩序包括盐法的运行等。在一定程度上可以说是孝宗的平庸，加重了明王朝的隐患与衰落，而藩王赏赐活动带来的一系列严重问题尤其是财政问题，则是这种隐患的重要标志之一。虽然明代国家财政恶化的状况不是从弘治时期开始的，但这一时期支出大于收入的现象，却与孝宗大量赏赐藩王之举有着直接的关系。从这个意义来说，“弘治中兴”的说法实际上很难成立，不过是明朝官方的一种空想、粉饰之词。①

---

① 此处参考了郭厚安的观点，参见郭厚安：《弘治皇帝大传》，沈阳：辽宁教育出版社，1994 年。

壬辰战争出兵与乞师言说中的政治伦理

刘晓东

明朝万历年间,在东亚发生了一场关涉中日韩三国、影响深远的区域战争。中国历史上多称之为“万历朝鲜之役”,朝鲜称为“壬辰、辛酉倭乱”,日本则称之为“文禄、庆长之役”。近年来,海内外学界更加倡导尽量摆脱民族国家理念的苑囿,从东亚整体视域的角度,来观察这场战争对东亚区域社会的历史影响,因而也越来越多地将其统称为“壬辰战争”。[①] 这场战争起源于日本丰臣秀吉的侵略朝鲜,扩展于朝鲜的“乞师”与明朝的出兵应援,终结于参战方的势均力敌与战争的社会摧残。对于这场没有“胜者”的国际战争,海内外学界给予了极大的关注,并取得了十分丰硕的成果。[②] 不论出于何种目的,战争中的各方对自身的行为举措,都在当时东亚区域“华夷”政治理念的框架内,进行过种种的宣传与言说。其中之虚实真假,自有需要商讨检视之处,但这种言说本身,对于我们进一步理解东亚“华夷秩序”体系的内涵及其演变趋向,或许另有一番意义所在。因此,本文拟以参战诸方关于出兵、乞师的政治言说与修饰为中心,对此问题略作阐释与分析,以就教于方家。

---

① 鄭杜熙:《日本語の\序言》,鄭杜熙、李璟珣編著,小幡倫裕訳:《壬辰戦争:16 世紀日・朝・中の国際戦争》,東京:明石書店,2008 年,第 3—6 頁。

② 参见陈尚胜、赵彦民、孙成旭、石少颖:《地区性历史与国别性认识——日本、韩国、中国有关壬辰战争史研究述评》,《海交史研究》2019 年第 4 期;孙卫国、孙中奇:《近百年来中国对万历朝鲜之役研究的回顾与总结》,《史学月刊》2020 年第 2 期。

一、"恤远字小"与"守在四夷"：明朝出兵的伦理抉择

万历二十年(1592)四月，日本侵略军渡过对马海峡在釜山登陆，而后兵分三路，长驱直入，并预定于五月中旬会师汉城。沿路朝鲜守将或逃或败，溃不成军，日军势如破竹，很快攻克尚州、忠州，汉城门户洞开，朝鲜国王李昖慌忙弃城北遁。五月三日，日军攻占汉城，比预定时间提前了十多天。之后又继续北进，数月间相继占领平壤、开城，直达会宁，朝鲜"八道几尽没"①，李昖也被逼走至明与朝鲜边界的义州。走投无路的朝鲜君臣，不得不将"复国"的希望寄托在了宗主国——明朝的身上。五月二十九日，朝鲜急遣"圣节使"柳梦井、闵梦龙前往明朝请援，情急中使臣将"方物尽皆抛弃，独持表文而来"。② 六月十一日，又派遣大司宪李德馨到辽东，向辽东巡抚郝杰告急。自此，"请援之使，络绎于道"。③

接到奏报不久，万历皇帝就明确表示"朝鲜素效恭顺，为我属国，有寇岂宜坐视"，命令辽东巡抚郝杰"即发精兵两支应援"，并云"如或势力不支，不妨请兵策应，刻期歼贼，作我藩篱"。④ 但对于是否大举兴兵入援朝鲜，还是在明朝官员内部引发了一番激烈争论。七月三日，针对兵部意欲"遣文武二大臣，率师往朝鲜剿倭"的建议，兵科给事中许弘纲上疏坚决反对，使万历皇帝不得不令兵部"会议具奏"。在这次由兵部主持的"九卿科道官"会议上，双方展开了激烈交锋，据朝鲜史料《壬辰日录》记载：

> 九卿大臣会议，众皆言朝鲜远在藩服之外，猝被倭侵，至于丧国鸟窜，必有自取之殃。至于伊国情形，俱未谙知，不可轻动军旅，远事外夷。令敕辽左将领，严使防守，勿致疏失。独兵部尚书石星以为朝鲜素称礼义，侔拟中

---

① 张廷玉等：《明史》卷302，《外国一》，北京：中华书局，1974年，第8292页。

② 朴东亮：《寄斋史草》下，《壬辰日录一》，《大东野乘》九，载释尾春芿主编：《朝鲜群书大系》第12辑，京城：朝鲜古书刊行会，1914年，第263页。

③ 张廷玉等：《明史》卷302，《外国一》，第8292页。

④ 《朝鲜宣祖实录》卷27，宣祖二十五年六月甲寅条，载国史编纂委员会编：《朝鲜王朝实录》，汉城：探求堂，1971年，第504页。按：本文所引朝鲜王朝各实录均出自此版本，不再一一注出。

> 华，首尾二百年，恭慎无他。以是祖宗朝优礼朝鲜，不与他外藩比。况此被兵曲折，前既题奏，明有次序，决非挟诈觊觎之计。若折而入倭，则封疆之忧，不可胜言，亟请发兵救之。①

可见，以兵部尚书石星为首的主援派大臣，侧重从“国益”的角度，论述了出兵朝鲜以解“封疆之忧”的必要性。正如辽东巡抚郝杰所言：“朝鲜傥陷，螫必中辽，则固我藩篱，壮彼声势，亦势不可已。”②浙江道御史周孔教也称：“朝鲜吾之藩篱也，朝鲜失则辽阳危，辽阳危则神京震，或谓朝鲜当弃者，谬也。”③山西道御史彭好古不仅认为日本的真实目的在于“实欲坐收中国以自封”，而且其之所以“先寇朝鲜者”，是害怕朝鲜断其后路，目前御倭之计，当以“迎敌于外，毋使入境”为上策。④ 就连内阁大学士王锡爵也主张：“倭奴本情，实欲占朝鲜，以窥中国。中国兵之救朝鲜，实所以自救，非得已也。”⑤

这似乎让人感觉明朝的出兵应援，完全是出于固我藩篱的利益考量。但事实上，无论任何时候，这样一种大规模的军事征伐，除了实利性因素外，也还需要更深层次的政治伦理的支撑与考量。正如主援派兵部侍郎宋应昌所云：“关白（丰臣秀吉）之图朝鲜，其意实在中国。我救朝鲜，非止为属国也，朝鲜固，则东保蓟、辽，京师巩于泰山矣。”⑥也就是说，明朝之所以应该出兵，主要基于两方面考虑：一方面固然是因为朝鲜为我藩篱，朝鲜固则中国安；但另一方面还在于朝鲜为我“属国”，“恤远字小”是“天朝”难以推卸的政治责任。也正因为如此，石星在出兵援朝的言说中，才一再强调朝鲜“首尾二百年，恭慎无他”，有其他“外藩”难以比拟的特殊性，目的也是为了在论争中抢占“华夷”政治秩序的伦理与道义制高点。

不过，此时的明王朝并非一片太平盛世，宁夏总兵官哱拜的叛乱，势头正盛，

---

① 朴东亮：《寄斋史草》下，《壬辰日录三》，第287—288页。

② 《明神宗实录》卷205，万历二十年七月癸酉条，台北：“中央研究院”历史语言研究所校勘本，1962年，第4660页。

③ 周孔教：《东封误国亟赐议处疏》，载陈子龙等：《明经世文编》卷451，《续修四库全书》第1662册，上海：上海古籍出版社，1995年，第113页。

④ 宋应昌：《经略复国要编》卷首，《四库禁毁书集刊》史部第38册，北京：北京出版社，1998年，第14页。

⑤ 王锡爵：《请处降倭疏》，载陈子龙等：《明经世文编》卷395，《续修四库全书》第1661册，第126页。

⑥ 谷应泰：《明史纪事本末》卷62，《援朝鲜》，北京：中华书局，1977年，第968页。

已然消耗了明朝大量的军力、物力。如若东、西两线同时用兵，其后果无法不令人担忧。而一败涂地的朝鲜，不仅无兵，甚至连粮饷都需明朝军队自备，如此巨大的经济消耗，又将给国家财政带来怎样的压力？这都是明朝君臣们无法回避的现实问题，正如石星对朝鲜使臣所云："皇上亦怜尔国，而宁夏方用兵，以此恐力分耳。"[①]同时，关于朝鲜"引倭入寇"的传言在明朝内部也流播甚广，而朝鲜出人意料的快速溃败，也引起了明朝君臣的猜疑与担心，甚至专门派人至朝鲜打探虚实，"辽左之人，煽动讹言，或传朝鲜实与倭奴同叛，伪为假王，道倭以来。中朝乃遣镇抚崔世臣、林世禄等，托以探审贼情，驰至平壤，愿与国王相会，其实欲知其真假也"。[②] 因此，很难说反对派大臣的意见，就不是从明朝"国益"角度的考虑，就没有政治伦理的理论支撑。正如兵科给事中许弘纲在针对主援派"中国御倭当于门庭"的意见所反驳的那样：

> 夫边鄙，中国门庭也，四夷则篱辅耳，闻守在四夷，不闻为四夷守。朝鲜虽忠顺，然被兵则慰谕，请兵则赴援，献俘则颁赏，尽所以待属国矣。望风逃窜，弃国授人，渠自土崩，我欲一苇障之乎？夫倭未弱于虏也，在虏则欲抚之大军之前；在倭则欲歼之累胜之后。倏重倭也，即虞内地不支；倏轻倭也，即欲立功异域。又臣等所大惑矣。[③]

许弘纲的意见归结起来，大体如下：(1)日本的势力未必弱于"北虏"，对于"北虏"明朝尚且心有疑虑，倾向采取军前招抚的策略；而日本声势正盛，却力图迎其锋芒正面征讨，实在是有点搞不清到底是重视日本，还是轻视日本；如果重视日本，就应该考虑到两面作战所导致的"内地不支"，以及对日军事征讨失败可能造成的国家"内外交困"的危局。(2)"恤远字小"固然是华夷秩序体系的一个重要理念，但"守在四夷"同样也是一个基本原则，"天子有道，守在四夷，言以德怀之，以威服之，使四夷之臣，各守其地，此为最上者也"；[④]朝鲜虽然忠顺有加，但一被敌兵则望风逃窜，本身就没有履行"篱辅"之职，况且明朝业已派兵赴

---

① 朴东亮：《寄斋史草》下，《壬辰日录三》，第 288 页。

② 申炅：《再造藩邦志》一，《大东野乘》六，载释尾春芿主编：《朝鲜群书大系》第 9 辑，京城：朝鲜古书刊行会，1914 年，第 420 页。

③ 《明神宗实录》卷 205，万历二十年七月庚申条，第 4649 页。

④ 桂彦良：《上太平治要十二条》，载陈子龙等：《明经世文编》卷 7，《续修四库全书》第 1655 册，第 148 页。

援，给予各种军需物资，可以说已经尽到了“字小”的道义责任；如果再倾举国之力兴兵动师，就已经不是“援”的可控范畴，而是出自天子的“大征伐”了，这无疑是突破了“守在四夷”而不是“为四夷守”的基本秩序原则。不过，反对派的意见总体来说，也绝非是对朝鲜坐视不管，而是希望朝鲜能先反击自固，明朝再根据形势相机区处。

可以说，无论是主援派还是反对派的意见，都有从“国益”角度考量的一面，也都有充分的政治伦理予以支撑。换言之，无论出兵还是不出兵，在一定程度上都符合明朝的国家利益，及“华夷”秩序的伦理规则。兵部在综合权衡双方的言论后，做出了一个折中性处置方案：

> 臣等初议特遣文武大臣称兵征讨，不独彰我字小之仁，且以寝彼内犯之念。兵贵先声，意盖有在。至于道路难知、刍饷难继，诸臣所议，固为有见。念国王方寄命于我，望救甚急，彼为向导，道路不患难知；彼资粮饷，军需不患难继。又该臣等曾遣精细人员，深入平壤，目睹倭奴招抚人民，整顿器械，名曰二十余万，实亦不下数万。以此情形，宁容轻视。但辽东镇抚，业已发兵往应，特遣文武，似应有待，以辽镇足以当之也。今据诸臣所议，言人人殊，均忠于谋国。内如宣谕朝鲜，号召义兵，犹为振亡首策。乞赐涣发纶音，驰传一使，面谕朝鲜国王，传檄八道陪臣，大集勤王之师，亟图恢复旧业。我则增遣劲兵，共图殄灭，倭奴若先遁去，我亦毋容深入。如其收集盘据，意灭朝鲜，以与我抗，则大彰天讨，断断乎不可已者。①

也就是说，派遣文武大臣兴兵征讨，不仅是防范日本借机“内犯”的现实需要，更是天朝“字小之仁”的大义名分所在，这点作为中华上国来说，还是需要坚持的。但从目前形势来看，首要之策还在于宣谕朝鲜国王，迅速集结兵马、勤王自固，以图恢复。明朝也要适量增派援兵，予以支持。如果日本因此遁归，也就没有必要进一步深入了。反之，日本如果确有吞并朝鲜及对抗天朝之心，明朝就只有选择兴兵征伐，“大彰天讨”了。

但此时的万历皇帝，似乎心中已有了一定的谋划。就在九卿科道官员集议的同时，他派遣行人薛藩出使朝鲜，在获知朝鲜“忠顺之诚”的汇报后，最终作出了出兵朝鲜的圣裁，“上念朝鲜被陷，国王请兵甚急，既经会议，宜速救援，无贻

---

① 申炅：《再造藩邦志》二，第479—480页。

他日边疆之患。”①可见，在“恤远字小”与“守在四夷”的政治伦理纠葛中，万历皇帝最终还是选择了前者。这一抉择，被朝鲜王朝视为恩深如海的“再造藩邦之恩”②，但在明朝内部，一些官僚士大夫们却已私下里将其讽称为“高丽皇帝”。③

对于万历皇帝如此抉择之心路历程，史无明载，难以详知。但从之前他令薛藩带给朝鲜国王的敕书中，我们或可略窥一斑：

> 尔国世守东藩，素效恭顺，衣冠文物，素称乐土。近闻倭奴猖獗，大肆侵凌，攻陷王城，掠占平壤，生民涂炭，远近骚然，国王西避海滨，奔越草莽。念兹沦荡，朕心恻然。昨传告急声息，已敕边臣发兵救援。今特差行人司行人薛藩，特谕尔国王。当念尔祖宗世传基业，何忍一朝轻弃？亟宜雪耻除凶，力图匡复。更当传谕该国文武臣民，各坚报主之心，大奋复仇之义。朕今专遣文武大臣二员，统率辽阳各镇精兵十万，往助讨贼，与该国兵马，前后夹攻，务期剿灭凶残，俾无遗类。朕主天明命，君主华夷，方今万国咸宁，四溟安静，蠢兹小丑，辄敢横行……夫恢复先世土宇，是为大孝，急救君父患难，是为至忠。该国君臣，素知礼义，必能仰体朕心，光复旧物，俾国王还都，仍保宗庙社稷，长守藩屏，庶慰朕恤远字小之意。④

万历皇帝这份政治宣言的叙述逻辑，是十分清楚的，既然朝鲜“素效恭顺”做到了“事大以诚”，那么作为“主天明命，君主华夷”的大明天子，也必须尽到“恤远字小”之责。其背后自然隐含了未能明说的对明朝国家利益的考量，这是毋庸置疑的。但如前所述，无论出兵与否，在一定程度上都符合明朝国家利益的状态下，“恤远字小”的政治伦理显然成为促使万历皇帝作出“出兵”圣裁的一个重要因素。正如明人张岱所云：“朝鲜为我明属国，而平秀吉一旦剪我藩篱，使坐视不救，亦不成其为天朝矣。越江奔命，跋踄为艰，然而兴灭继绝，师名则甚正也。”⑤

---

① 《明神宗实录》卷205，万历二十七年七月癸未条，第4665页。

② 《朝鲜肃宗实录》卷40，肃宗三十年九月癸丑条，第108页。

③ 《朝鲜宣祖实录》卷109，宣祖三十二年二月丙子条，第584页。

④ 《朝鲜宣祖实录》卷26，宣祖二十五年九月丁巳条，第628页。

⑤ 张岱：《石匮书》卷218，《盗贼列传·关白》，《续修四库全书》第320册，上海：上海古籍出版社，1995年，第327—328页。

二、“事大以诚”与“兴灭继绝”：朝鲜乞师的道义诉求

一败涂地的朝鲜虽然形势岌岌可危，但在是否“乞师”明朝的问题上，还是有着很大的争议。刑曹判书李恒福在与备边司官员的会议中，首先提出了乞师的主张：

> 今八道溃裂，无复收拾，虽有智者，亦未知为国家计。昔以孔明之智，及荆州失守，刘先主无托身用武之地，则请求救于孙将军，卒成赤壁之捷，以基鼎足之势。以我国之力，无可为之势，不如急遣一使，吁告天朝，请兵来援，以冀万一，则此策之上也。①

他以中国三国时期刘备与孙权的故事为例，认为在“八道溃裂”的形势下，朝鲜基本丧失了“自救”能力，因此请兵明朝才是解救国家危机的首要之策。但这一建议，遭到了多数大臣的反对。他们认为请兵之举，未必能得到明朝的应允；即便应允，所派之兵大概是明朝的辽东军队，这些“辽左之人，与獭无异，必有凭陵横暴侵扰之患”，目前朝鲜只剩下平安道这一片“干净地”，如果再被明朝军队蹂躏，则连立足之处都没有了，更何谈恢复大计。李恒福无奈找到吏曹判书李德馨，表达了“痛陈危迫形势，抵死请援，以决一死”的意愿，并得到李德馨的支持。在李恒福与李德馨的坚持下，备边司官员的态度终于有所松动，建议将意见上呈国王听取上裁。国王李昖在接到奏报后，很快作出了请兵天朝的决定，“乃遣陪臣郑崑寿等，驰往皇京，以请援师”。②

事实上，在朝鲜国王李昖的心中，似乎对“请兵”之事早就有所盘算。还在日军攻占汉城之时，他就公开声言“予之失国，非有他罪，特以尽节天朝，取怒于狂贼耳”。③ 七月二日，在接见明朝使臣夏时、黄应阳、徐一贯时，更涕泣陈言致变之因，“上年倭奴欲犯上国，令小邦向导，而小邦斥绝假途之谋，故肆毒蹂躏”，

---

① 申炅：《再造藩邦志》一，第 417 页。

② 申炅：《再造藩邦志》一，第 418 页。

③ 《朝鲜宣祖实录》卷 26，宣祖二十五年五月壬戌条，第 485 页。

并云“自古藩邦守臣节，遭如此祸难者，有之乎”。[①] 换言之，朝鲜今日之难，并非自身的问题，而是由于坚守“事大”之节，竭尽藩属职责，没有答应日本“假道入明”的请求，才招致丰臣秀吉大举军事入侵。李昖对朝鲜“事大以诚”的强调，实际上为要求明朝履行“兴灭继绝”的“字小”义务，埋下了伏笔。

“兴灭继绝”一语出自于《论语》：“兴灭国，继绝世，举逸民，天下之民归心焉。”[②]这一理念也成为后世儒家政治伦理的一个基本原则，“自古受命及中兴之君，必兴灭继绝，修废举逸，然后天下归仁，四方之政行焉”。[③] 西晋时，杜预又进一步将其阐释为“勤而抚之，五伯之所以役王命”的“帝王远典”。[④] 因此，“兴灭继绝”也日渐成为中华秩序体系的重要伦理典则，“兴灭加乎万国，继绝接于百世”，[⑤]也是“天子”得以“统御华夷”的义务与标志，“天子为华夷之主，必敦兴灭继绝之仁；圣人为纲常之宗，必彰讨叛除凶之义”。[⑥] 深受中原儒家文化影响的朝鲜半岛，至迟在新罗时期就已经有了“兴灭继绝，天下之公义也，惟大国是望”[⑦]的认识。而从明朝出兵相援后朝鲜儒林诸如“兴灭继绝，字小为仁；王师十万，如霆如雷”[⑧]之类的赞誉来看，“兴灭继绝”作为“圣王之典”，[⑨]在朝鲜王朝的士林中可以说具有很高的认知度。因此，在面临国破家亡的状态下，朝鲜君臣显然是不可能不将“兴灭继绝”的政治伦理，纳入自身应对危机的思考范畴之内。

颇为耐人寻味的是，朝鲜国王李昖完全不顾群臣反对，很快作出了“以退避

---

① 《朝鲜宣祖实录》卷28，宣祖二十五年七月己未条，第510页。

② 刘宝楠：《论语正义》卷23，《尧曰第二十》，载国学整理社编：《诸子集成》第1册，北京：中华书局，2006年，第415页。

③ 班固：《汉书》卷18，《外戚恩泽侯表第六》，北京：中华书局，1962年，第677页。

④ 杜预：《春秋释例》卷2，《灭取入例》，《丛书集成初编》第3628册，上海：商务印书馆，1936年，第31页。

⑤ 张悛：《为吴令谢询求为诸孙置守冢人表》，载萧统编：《文选》卷38，长沙：岳麓书社，1995年，下册，第1387页。

⑥ 毛伯温：《正名倡义以防夷方檄谕》，载陈子龙等：《皇明经世文编》卷159，《续修四库全书》第1657册，第292页。

⑦ 李种徽：《修山集》卷11，《东史列传·高勾丽宗室列传》，载国史编纂委员会编：《影印标点韩国文集丛刊》第247册，汉城：景仁文化社，2000年，第526页。

⑧ 车天辂：《五山集》卷6，《送李提督诗并引》，《影印标点韩国文集丛刊》第61册，汉城：景仁文化社，1991年，第458页。

⑨ 《朝鲜中宗实录》卷91，中宗三十四年七月庚子条，第317页。

为大计”①的决定，毅然弃京逃难，并接受左议政尹斗寿的建议，前往北部与明朝接界的宁边道，声言借此“以观贼势，脱有危急，渐向龙湾，得近天朝，兼请救兵”②。他的这一举动，引发了朝鲜大臣的极大猜疑，认为“退京城一步，则海西而已；退海西不已，则关西而已；退关西不已，则惟有辽耳。殿下其可渡辽乎？”③果然，在到达宁边后，他又意欲移驻定州，并试探性地提出了进入辽东、寻求“内附”的意向。此言一出，立刻引起随行朝臣的强烈反对，备边司官员李山甫、李诚中、韩准、沈忠谦等，不顾国王李昖的拒绝，径直闯入行宫进行劝阻。他们认为国土尚未尽失，可避之处尚多，骤然弃国内附，不惟有失国体，且无益于恢复大计，毕竟“入辽之意出，而人心解体，况真入辽乎”。④

面对群臣的诘难，朝鲜国王李昖表现出了相当强硬的态度，数度声言“予死于天子之国可也，不可死于贼手”，“与其死于贼手，无宁死于父母之国”，并决然宣布“必渡鸭绿江”。⑤ 但备边司官员并未退缩，直指入辽“内附”之事，明朝疑虑颇多，未必允许，终将李昖逼入死角。直到此时，李昖才不得不披露了内心深处的隐情：

> 赴辽，非但避乱。安南国尝亡其国，自为入朝，天朝发兵送之，安南得以复国。予亦虑其如此，故欲入也……予以去我国，事大以至诚，天朝必容而受之，不至拒绝矣……入中国则请兵求救，容有恢复之理。⑥

“安南复国”之事，发生于永乐时期。当时的陈氏政权为权臣黎季犛所篡夺，诡称陈氏绝后，自立为王。不料，原安南国王之孙陈天平，历经艰辛来到明朝，遂使真相大白。明成祖朱棣派遣使臣护送陈天平归国，又被黎季犛半路截杀。永乐皇帝大怒之下，下诏兴兵征讨安南黎氏政权，要“扑凶焰于方张，兴陈氏于既绝”。⑦ 可见，永乐皇帝征讨安南，所依据的正是“兴灭继绝”的政治伦理。对于明朝的“勤兵远伐”，永乐皇帝似乎比较关心朝鲜的反应，他在召见朝鲜使者时，不仅特意询问是否看过“平安南”诏书，还详细讲解了事情的来龙去

---

① 《朝鲜宣祖实录》卷 82，宣祖二十九年十一月辛亥条，第 114 页。
② 《朝鲜宣祖实录》卷 27，宣祖二十五年六月己亥条，第 497 页。
③ 《朝鲜宣祖实录》卷 82，宣祖二十九年十一月辛亥条，第 114 页。
④ 《朝鲜宣祖实录》卷 27，宣祖二十五年六月辛丑条，第 498 页。
⑤ 《朝鲜宣祖实录》卷 27，宣祖二十五年六月辛丑条，第 498 页。
⑥ 《朝鲜宣祖实录》卷 27，宣祖二十五年六月辛丑条，第 498 页。
⑦ 《朝鲜太宗实录》卷 13，太宗七年五月甲寅条，第 392 页。

脉,并要求朝鲜使者回国后,“为朕详告于王”。① 因此,安南复国之事在朝鲜内部,有着较为深刻的历史记忆。

朝鲜国王李昖以安南故事为榜样,寻求内附明朝,实际上也是想从“兴灭继绝”的伦理层面,将明朝捆绑至自身的利益战车之上。正如朝鲜大臣李恒福所言:“方今乞兵天朝,万一得请,天朝大兵,一朝出来,则平安一路,已为空虚,无人迎接,天子闻之,谓我为何如?不如直抵义州,迎接天兵,以图万一。不幸窘迫,则君臣上下,归死天朝,求为内附,徐观事势,以为再举,未晚也。”②明朝正式出兵后,朝鲜君臣欣喜万分。在收复平壤时,朝鲜儒臣车天辂特作《破平壤城倭贼露布》,对明朝的“兴灭继绝”之恩大加赞颂:

> 自古蛮夷之患,常为暮夜之戎。或倔强而乱华,或凭陵而猾夏……逖矣日本,迺在海中……负固不服,在历代而常然……新关伯平秀吉,梓匠小儿,仆隶遗种。劫明知而夺位,踵信长而效尤,拟假翼而速飞……幸赖主上卧夫差薪,尝勾践胆……大德媚于天子,至诚感于神明。是以,圣天子垂兴灭继绝之仁,严内夏外夷之义。谓诸侯亡而不救,齐桓尚耻;谓卫国灭而复兴,春秋所与也……虎符点辽左之雄兵,龙节征蓟门之坚甲……出颇牧于禁中,来卫霍于塞外。③

文章通篇辞藻华丽、文采飞扬,而且大量引用了中华典故与儒家道义伦理,对明朝的“兴灭继绝”之功,“中华上国”及“圣天子”之“华夷”共主的崇高地位,大肆褒扬。这确实真实反映了朝鲜君臣对明朝能够履行“字小”之责并救属国于危难的欣喜若狂、感恩至深的心态。但如果我们稍作反向思考,不难发现,倘若明朝不能尽到“兴灭继绝”的职责,那么其基于儒家文化道义所构建的“事大字小”之华夷政治伦理,也就失去了支撑的基础,这恐怕也是朝鲜国王李昖所谓

---

① 《朝鲜太宗实录》卷14,太宗七年八月庚戌条,第411页。原文为:“帝又曰:尔见平安南诏否?眉寿对曰:臣离京数日,遇使臣于途,然其纤悉,陪臣何知?帝曰:喏。为尔详告之。初安南贼臣黎苍请嗣位,乃曰国王陈日煃绝嗣,而臣为其甥。朕以为国不可一日无长,爰命立后。厥后日煃之孙来奔,乃知黎贼诳朕窃位也。既黎贼知陈孙在京,请立为后。朕老实武人,听以为真,令朝官率陈孙复国,黎贼伏兵杀之,其暴益肆。朕不获已,命将讨之,久乃得贼魁以来。朕闻尔王读书人也,未知黎贼顽甚,必谓朕勒兵远伐矣。尔还,为朕详告于王。”

② 申炅:《再造藩邦志》一,第426页。

③ 车天辂:《五山集》卷6,《破平壤城倭贼露布》,第461—462页。

“去郊存大计”[①]的谋划所在吧。

三、“交邻以信”与“通贡见拒”：丰臣秀吉的政治诡辩

万历十九年（1591）三月，即壬辰战争的前一年，丰臣秀吉在致送朝鲜国王的书信中，就隐晦地表达了其意欲出兵朝鲜的盘算与真实目的：

> 日本国王秀吉，奉书朝鲜国王阁下。雁书薰读，卷叙再三……余当托胎之时，慈母梦日轮入怀中，相士曰：日光所及，无不照临。壮年必八表闻仁声，四海蒙威名者，何其疑乎……本朝开辟以来，朝政盛事，洛阳壮丽，莫如此日也。人生一世，不满百龄焉，郁郁久居此乎？不屑国家之远、山河之隔，欲一超直入大明国，欲易吾朝风俗于四百余州，施帝都政化于亿万斯年者，在方寸中。贵国先驱入朝，依有远虑无近忧者乎？远方小岛在海中者，后进辈不可作容许也。予入大明之日，将士卒望军营，则弥可修邻盟，余愿只愿显佳名于三国而已。[②]

按照朝鲜使臣黄允吉、金诚一等人的理解，这封国书将朝鲜国王由原来的“殿下”改称“阁下”、将所送“礼币”看作是“方物”，无疑大大降低了朝鲜的地位。尤其是其中种种“慢胁之辞”，显然是“欲取大明，而使我国为先驱也”。因此专门向日本外交僧人玄苏提出抗议，要求修改书信内容，但玄苏“诿以撰书者失辞”，只是“改书殿下、礼币等字”，对于“一超直入大明国，贵国先驱”等话语，则拒绝修改，并辩称所谓“入取大明”乃是“入朝大明”之意。[③]

玄苏的辩解自然不足为信，只是一种政治修饰罢了。不过，这种举动也反映出丰臣秀吉意欲“誓将唐（明）之领土纳入我之版图”[④]的志向，在当时的历史环境中显然是难以占据政治道义的制高点。因此，在论证自身出兵正当性的诸多政治宣传中，丰臣秀吉一方也不得不进行种种政治修饰。这些修饰，也主要是围

---

① 申炅：《再造藩邦志》一，第431页。

② 《朝鲜宣祖修正实录》卷25，宣祖二十四年三月丁酉条，第601页。

③ 《朝鲜宣祖修正实录》卷25，宣祖二十四年三月丁酉条，第601页。

④ 张声振：《中日关系史》，长春：吉林文史出版社，1986年，第290页。

绕东亚区域华夷秩序体系的伦理内涵而展开。

在中国传统华夷秩序理念中,虽然有所谓"人臣无外交"的基本原则,"为人臣者,无外交,不敢贰君也"。① 但这里的"无外交"并非"无往来"的意思,而是指人臣的往来要合乎于"礼"的基本规则,"朝覲,大夫之私觌,非礼也。大夫执圭而使,所以申信也;不敢私觌,所以致敬也"。② 也就是说,大夫作为诸侯国君之"人臣",如果以私人的名义拜见他国国君,是不合于"礼"的。如果是奉本国国君之命,则是申信义于邻国,是可行的。大夫不私下拜见他国国君,也是对本国国君的一种敬重。因此,"人臣无外交"并非对邦国"邻交"行为的完全禁止,这在现实政治生活中也是不可能实现的,而是要控制在一定的范畴之内,即"应接羁縻"而非"媾款约盟"。正如清代学者盛世佐阐释的那样:"凡言诸侯之邦交,亦惟同方岳者耳,非千八百国而相为朝聘也。夫同在方岳之内,而一往一来,以亲仁善邻、恤小事大,此情之所不能已,而礼之最钜者也。"③于是,在"事大"的前提下,东亚区域也衍生出了各种各样所谓"交邻"的准外交形态,并确立了"事大以诚,交邻以信"④的基本伦理原则。

丰臣秀吉在谋划出兵朝鲜之初,就已经围绕"交邻"问题展开了对朝鲜的政治攻势。万历十五年(1587),他认为"我使每至朝鲜,而朝鲜使不至,是卑我也",非"善邻"之举,遂派遣对马岛橘康广出使朝鲜,要求朝鲜加强与日本的"通信"交往,且"书辞甚倨,有天下归朕一握之语"。⑤ 朝鲜君臣对此甚为反感,以"水路迷昧"及日本"丁亥损竹之役,掳我边民"为由,予以拒绝。⑥ 丰臣秀吉大怒,以包护朝鲜为名诛杀橘康广,另立小西行长的女婿平义智为对马太守,并于次年再度派遣平义智、玄苏出使朝鲜,"来求信使通好"。⑦ 在丰臣秀吉的不断施压下,朝鲜国王不得已于万历十九年,派遣黄允吉、金诚一、许筬出使日本,并带

① 戴圣、陈澔注:《礼记集说·郊特牲》,上海:上海古籍出版社,1987年,第143页。

② 戴圣、陈澔注:《礼记集说·郊特牲》,第143页。

③ 盛世佐:《仪礼集编》卷15,《聘礼第八之一》,《景印文渊阁四库全书》第110册,台北:台湾商务印书馆,1983年,第544页。

④ 《朝鲜太宗实录》卷26,太宗十三年八月壬子条,第680页。

⑤ 《朝鲜宣祖修正实录》卷21,宣祖二十年九月丁亥条,第570页。

⑥ 申炅:《再造藩邦志》一,第345页。

⑦ 《朝鲜宣祖修正实录》卷22,宣祖二十一年十二月己卯条,第577页。

回了那封"欲超入上国,而望吾国之为党"①的"国书"。

耐人寻味的是,玄苏在明面上坚决否认了"入取大明"的侵犯意蕴,而是要"入朝大明"。但在私底下,却有意无意地向朝鲜使臣透露了丰臣秀吉"欲起兵端"的企图,并以"蒙古来袭"之仇对朝鲜施加压力:

玄苏密语诚一曰:中朝久绝日本,不通朝贡。平秀吉以此心怀愤耻,欲起兵端。朝鲜若先为奏闻,使贡路得通,则必无事,而日本之民,亦免兵革之劳矣。诚一等,谕以大义不可。苏又曰:昔高丽导元兵,击日本。以此欲报怨于朝鲜,势所宜然。其言渐悖,诚一不敢复问。②

这看似不经意的言语,既表达了丰臣秀吉"超入上国"并威逼朝鲜予以协作的真实意图,又占据了"通贡中朝"的政治道义的制高点,也将朝鲜拉入"通贡"成功与否的政治旋涡中。换言之,能否帮助日本"成功"地"通贡"明朝,也成为朝鲜是否尽到"交邻"之义的一个重要表现。当然,这里所谓的"通贡",只是一种冠冕堂皇的说法而已。当时的朝鲜君臣,自然还很难理解其背后的复杂内涵,但在后来日本关于出兵朝鲜的政治修饰中,这却成为其正当性塑造的核心所在。

日本兴兵侵入朝鲜后,朝鲜大臣李德馨曾面见玄苏,指斥日本的背信不义之举,希望日本能够退兵讲和,但玄苏却回答道:"日本本欲借道,朝贡中原,而朝鲜不许,故事至于此。"③随着战争陷入僵局,双方不得不走上讲和之路,"通贡见拒,不得已入犯"④则成为日本一方最为常见的政治修饰与外交辞令,甚至将责任完全归结为朝鲜"交邻不诚":

日本与朝鲜,交邻久矣,别无结怨之事,初非为朝鲜而起兵。前者通信使之还也,请开中原之路。后举兵到釜山,挂书于城外,使之通禀朝廷。则釜山将官,反加乱射,故未能通情,势不得已攻陷釜山,后移到东莱,又挂书于城外,则亦与釜山同。吾等不胜愤怒,欲杀我者,不得不杀。因此转成攻斗,残灭朝鲜,此实朝鲜失待之所致也,何怨于我国乎?⑤

也就是说,日本的本意是想借道朝鲜,"通贡"于中原大国。但朝鲜不仅"拒

---

① 《朝鲜宣祖修正实录》卷25,宣祖二十四年五月乙丑条,第607页。
② 《朝鲜宣祖修正实录》卷25,宣祖二十四年闰三月丙寅条,第605页。
③ 《朝鲜宣祖修正实录》卷26,宣祖二十五年六月己丑条,第618页。
④ 《朝鲜宣祖修正实录》卷28,宣祖二十七年十一月己亥条,第652页。
⑤ 《朝鲜宣祖实录》卷57,宣祖二十七年十一月壬辰条,第403页。

日本之请”,不将日本求贡之意转达“圣聪”。① 还不由分说出兵阻挠,致使双方“未能通情”,残杀顿起。因此,其根本责任在于朝鲜“失待”,即未履行交邻之道所致。

于是,在日本的叙述语境中,也就呈现出这样的政治修饰与诡辩:日本与朝鲜本为交好之邻邦,日本一直差使不断,但朝鲜却“阙使者久矣”②,显然未能尽到“交邻以信”的义务。尤其重要的是,日本意欲“通贡”天朝,但朝鲜不仅不予转达也不“借道”,还以兵相向,阻挠小邦向化之心,已然背弃了“怀绥接待”③的邻交之道。从这一角度来说,日本出兵朝鲜,也并非完全不符合华夷秩序体系的政治伦理。这一叙述逻辑,也贯穿于所谓丰臣秀吉的“降表”之中:

> 日本前关白臣平秀吉,诚惶诚恐,顿首顿首,谨上言称谢者……恭惟皇帝陛下,天祐一德,日靖四方……日本献微,咸作天朝之赤子。屡托朝鲜以转达,竟为秘匿而不闻。控诉无门,饮恨有自。不得已而构怨,非无谓而用兵。且朝鲜诈伪存心,乃尔虚渎宸听。若日本忠贞自许,敢为迎刃王师?游击沈惟敬,忠告谕明,而平壤愿让。丰臣行长等,输诚向化,而界限不逾。诈谓朝鲜反间,构起战争。虽致我卒死伤,终无怀报。第王京惟敬,旧章复申。日本诸将,初心不易。还城郭献刍粮,益见输诚之悃;送储臣归土地,用伸恭顺之心。今差一将小西飞弹守,陈布赤心,赀得天朝龙章赐,以为日本镇国恩荣。伏望陛下……比照旧例,特赐册封藩王名号。臣秀吉……世作藩篱之臣,永献海邦之贡。④

当然,这份“降表”也被学界认为并非丰臣秀吉授意,而是小西行长与沈惟敬共同伪造的。⑤ 其中真伪我们姑且不论,至少可以肯定的是,这封“降表”是在明朝与日本共同作用下形成的。因此,其中也自然包含了日本方面关于出兵问题的政治修饰与解释逻辑。而这一解释逻辑,从文中内容来看,则完全是在东亚区域华夷秩序体系“事大交邻”的基本政治伦理范畴之内。

如果说“降表”尚不足以反映丰臣秀吉的诡辩理路,那么万历二十四年

---

① 《朝鲜宣祖实录》卷 57,宣祖二十七年十一月壬辰条,第 403 页。

② 《朝鲜宣祖实录》卷 171,宣祖三十七年二月甲辰条,第 572 页。

③ 《朝鲜明宗实录》卷 13,明宗七年十一月甲辰条,第 106 页。

④ 《朝鲜宣祖实录》卷 48,宣祖二十七年二月庚申条,第 221 页。

⑤ 北島万次:《秀吉の朝鮮侵略》,東京:山川出版社,2002 年,第 68 頁。

(1596)八月,明朝使臣赴日册封期间,其与沈惟敬关于"兵兴缘由"的一番问答,或可更真实地反映出丰臣秀吉政治修饰的逻辑所在:

惟敬至关白驻寓,差代笔僧人来见,言惟敬:为两国息兵,不惮劳苦,远涉沧溟。惟敬即诘以兵扰朝鲜之故,彼说:日本先年,欲赴天朝纳款,转咨朝鲜,代奏无音,且言语不平,拒绝太甚,因以构怨。今游击亲至,荷蒙大典,日本感恩,仍旧与朝鲜相好云云。惟敬诘问兵兴缘由,回云:朝鲜拒我纳款,天朝轻我日本,命将攻之。先奉天朝命,退兵王京,还王子,朝鲜当感天朝大恩。①

也就是说,日本希望纳款天朝以求"事大",朝鲜不仅不予代奏且拒绝太甚,难谓"交邻"有道;而明朝也因朝鲜未能"代奏"而有"轻我日本"之心,也多少有失"恤远字小"之义。从这一角度来说,日本兴兵朝鲜,或许固然有失,但也绝非"无谓而用兵"。这自然是丰臣秀吉的政治诡辩,但其与"降表"中的叙述逻辑,可以说是如出一辙的。

四、结　语

前近代东亚区域的华夷秩序体系,是"由'卑下'和'边缘'(夷)依附'尊贵'和'正统'(华)的华夷规则……用中原王朝影响所及范围按照血缘关系的浓淡、地政关系的远近、文明程度的高下、武备能力的强弱、经济实力的大小和道德水准的高低诸标准,构成了一个时空庞大的'权力—责任'关系网"。② 因此,除了册封、朝贡等方式外,基于彼此权力与责任关系的"事大字小"之政治伦理,也成为这一体系得以维系的重要支撑。这种政治伦理,一般包含着这样几个基本的逻辑范畴与关系:恤远字小与守在四夷、事大以诚与兴灭继绝、交邻以信与人臣无外交。这些权力与责任关系的履行情况,也成为东亚区域对关系各方进行道义评判的重要标尺。

① 《朝鲜宣祖实录》卷78,宣祖二十九年八月壬寅条,第40页。

② 韩东育:《"华夷秩序"的东亚构架与自解体内情》,《东北师大学报》2008年第1期。

“壬辰之役”这场大规模的区域战争,显然已经超出了儒家“慎征伐”①的道义范畴。因此,参战诸方都不得不对自己出兵、乞师的正当性进行阐释与解说。对于明朝而言,从“恤远字小”与“守在四夷”的角度来看,出兵与否都具有政治伦理上的正当性,也都在一定程度上符合明朝的国家利益需求,但最终万历皇帝还是基于“恤远字小”的伦理义务,决定出兵援朝。朝鲜方面则通过对自己“事大以诚”的强调,不断通过请兵、内附等方式,希望明朝履行“兴灭继绝”的职责。日本方面则对自己“一超直入大明国”的真正目的不断进行修饰,并形成了本欲通贡天朝却被朝鲜所阻,因朝鲜“交邻无信”与“通贡见拒”才不得已兴兵相向的政治诡辩。

这些政治言说的真实性,自然未必全然属实。但从其叙述的逻辑脉络来看,还都没有超出华夷秩序体系的基本政治伦理范畴。这也为后来三方“和谈”得以推进打下了一定的政治基础,正如万历皇帝在颁给丰臣秀吉的册封敕谕中所云:

> 朕恭承天命,君临万邦,岂独乂安中华,将使薄海内外,日月照临之地,罔不乐生而后心始慊也。尔日本平秀吉比称兵于朝鲜,夫朝鲜,我天朝二百年恪守职贡之国也,告急于朕,朕是以赫然震怒,出偏师以救之,杀伐用张原非朕意。乃尔,将丰臣行长遣使藤原如安来,具陈称兵之由,本为乞封天朝,求朝鲜转达,而朝鲜隔越声教,不肯为通。辄尔触冒,以烦天兵,既悔祸矣。今退还朝鲜王京,送回朝鲜王子陪臣,恭具表文,仍申前请。②

可见,在这封敕谕中,万历皇帝统合了三方的不同立场,力求在“事大交邻”的政治伦理范畴内,对这些政治言说都给予相对合理化的解释,并在华夷秩序的框架内,予以进一步融通,从而为“和谈”的展开创设更多可能。这种解说,在很大程度上,也为诸方所认可与接受,也才有了明朝对丰臣秀吉的“册封”之举。这也从一个侧面,向我们展现出明朝初年建立的华夷秩序体系,在此时的东亚区

---

① 范祖禹:《帝学》卷2,《宪宗昭文章武大圣至神孝皇帝》,《景印文渊阁四库全书》第696册,台北:台湾商务印书馆,1983年,第741页。

② 该“敕谕”原件,收藏于日本宫内厅书陵部图书寮文库。相关研究参见大庭脩:《豊臣秀吉を日本国王に封ずる誥命について——我が国に現存する明代の誥勅》,《関西大学東西学術研究所紀要》第4号,1971年;中村栄孝:《豊臣秀吉の日本国王冊封にかんする誥命・勅諭と金印について》,《日本歴史》第300号,1973年。

域内还具有较强的政治与文化影响力。不过，于此之中所呈现出来的一些特殊现象，诸如丰臣秀吉“天下人”的政治想象①、日朝交邻问题的浮出水面等，也在一定程度上反映出这一体系的潜在裂隙及其渐趋解构的趋向。

① 丰臣秀吉以“天下人”身份统一日本后，又将目光投向海外，构思了占据朝鲜、天皇移驾北京、自己隐居宁波，以及南下攻略天竺的狂野计划。这种构想，显然已经突破了“事大交邻”的基本政治与伦理框架。参见参謀本部編:《日本戦史・朝鮮役》第36号、第38号，東京:偕行社，1924年，第36、40—41頁。

王阳明从祀孔庙与朝鲜王朝的应对

刁书仁

王阳明及所创立的阳明学，适应明中叶社会思潮多元化发展的需要，以其新的精神风貌和较强的感召力博得世人的信赖，而居社会思潮主导地位。稍后，阳明学说东传朝鲜等国，成为对周边国家产生较大影响的社会思潮。由于王阳明对明中叶以降的社会难以克服的诸矛盾，从理论与实践层面加以阐释，表现出其构建心学体系的出色才能，受到朝野的青睐。因此，有人建言其从祀孔庙。孔庙为代表国家意识形态的圣殿，在帝制时代孔庙恰是国家"治统"与"道统"的交集。[①] 这意味着，一经获准从祀孔庙，其人将成为"万代之典"，其学说将被朝廷认定为国家正统之学。为此，明廷一些恪守程朱理学的官员，反对王阳明从祀孔庙。这就使得王阳明从祀过程充满曲折，历时18年，经历由否定到肯定，最终在万历十二年(1584)得以从祀孔庙。王阳明从祀孔庙的信息东传朝鲜，在笃信朱子学的朝鲜引起了风波，以李滉、李珥为代表的性理学者掀起斥王风潮。接下来就王阳明是否从祀朝鲜孔庙，即朝鲜是否遵明孔庙祀典厘正本国孔庙祀典，李朝君臣展开了讨论，至肃宗朝才确定东国孔庙祀典。朝鲜孔庙祀典并未遵嘉靖以来明孔庙祀典，其中王阳明不予从祀朝鲜孔庙，其他从祀人物与明孔庙也有不同。王阳明从祀孔庙为何在明朝与朝鲜会出现两种不同的结果，不能不引发思考：朝鲜孔庙祀典基本遵从明朝嘉靖以前的祀典，而肃宗朝所定朝鲜孔庙祀典，为何与明祀典有较大的不同？值得深入讨论。有关王阳明从祀明孔庙的讨论，

---

① 王夫之曾言："天子之位也，是谓治统；圣人之教也，是谓道统。"王夫之：《读通鉴论》卷13，北京：中华书局，1975年，第925页。

国内学界已有些成果问世。① 但在朝鲜引发的讨论及朝鲜的应对,除韩国、日本学者有所涉及外,国内学者尚无专文讨论。② 为此,本文拟就上述问题加以讨论。

一、王阳明从祀明孔庙争议引发朝鲜的讨论

明朝关于王阳明从祀孔庙的讨论是在隆庆帝即位之初。③ 隆庆元年(1567)六月,御史耿定向首请已故的王守仁从祀孔庙,而给事中赵軏、御史周弘祖则主已故礼部侍郎薛瑄从祀。④ 十月,户科都给事中魏时亮又疏言:“薛瑄、陈献章、王守仁均得圣学真传,并宜崇祀孔子庙庭”。⑤ 由于高拱等人的激烈反对,被暂时搁置。

朝鲜是从隆庆元年赴朝的明使臣那里获悉王阳明从祀孔庙讨论的。是年七月,翰林检讨许国与魏时亮赴朝鲜颁布隆庆即位诏书。⑥ 两人都笃信阳明学,在朝期间,就阳明心学与朝鲜儒臣进行了讨论。时接待使奇大升给礼曹判书李滉

① 参见朱鸿林:《阳明从祀典礼的争议和挫折》,《中国文化研究所学报》1996年第5期;朱鸿林:《王阳明从祀的史料问题》,《史学集刊》2008年第6期;杨正显:《王阳明〈年谱〉与从祀孔庙之研究》,《汉学研究》第29卷第1期,2011年;黄进兴:《道统与治统之间:从明嘉靖九年孔庙改制论皇权与祭祀礼仪》《学术与信仰:论孔庙从祀与儒家道统意识》,收入黄进兴:《优入圣域:权力、信仰与正当性》,台北:允晨文化实业股份有限公司,1994年。

② 高桥亨:《朝鲜的阳明学派》,《朝鲜学报》第4辑,1953年;李能和:《朝鲜儒界之阳明学》,《青丘学刊》第25号,1936年;韩正吉:《儒学中的正统与异端——以阳明学对朱子学道统论的回应为中心》,首尔:栗谷研究院,2010年;中纯夫:《朝鲜的阳明学——初期江华学派研究》,东京:汲古书院,2013年。

③ 参见中纯夫:《朝鲜的阳明学—初期江华学派研究》第十章。该章围绕王守仁从祀孔庙问题——中国与朝鲜异学观的比较文中,详细梳理了万历十二年前后王阳明从祀问题以及明朝关于阳明学的争议,对阳明从祀的讨论在朝鲜群臣间引起的争议也有所涉及。

④ 参见《明穆宗实录》卷9,隆庆元年六月丁未条,台北:“中央研究院”历史语言研究所校勘本,1962年,第261页。

⑤ 《明穆宗实录》卷13,隆庆元年十月丙申条,第351页。

⑥ 《朝鲜宣祖修正实录》卷1,即位年七月庚午条载:“诏使检讨官许国、给事中魏时亮入都,国等以新皇帝颁登极诏来。”《朝鲜王朝实录》第25册,首尔:韩国国史编纂委员会影印本,1986年,第403页。

的奏报中，谈及对明使的印象："两使皆禅学，难可与言。"[①]儒臣郑弘溟也言："两使俱以中朝名儒，时有问难。"[②]明使在王京拜谒了孔庙，随后又"求见东国文章"，并以"东国亦有知孔、孟心者"为题与朝鲜儒林进行讨论。儒臣李滉(1501—1570)心知肚明，向两明使录示：高丽朝禹倬、郑梦周；李朝金宏弼、郑汝昌、赵光祖、李彦迪等"先正臣十余人姓名"，[③]并以书答：本朝"士之诵习，无非孔孟程朱之言"。[④] 许国与魏时亮本欲与朝鲜儒臣就阳明心学展开讨论，但李滉等避而不谈阳明心学，大谈一以贯之的朱子学，表明朝鲜对阳明学的排斥态度。其实，王阳明(1472—1529)的《传习录》东传伊始就遭遇朝鲜排斥。[⑤] 史称："王阳明文字，东来未久，东儒莫知其为何等语，先生(朴祥，1472—1530)与金十清(世弼，1473—1533)见其《传习录》，斥谓禅学。""辨王阳明守仁《传习录》于辛巳"。[⑥] "辛巳"年为1521年(正德十六年，中宗十六年)，说明《传习录》至少1521年已东传朝鲜。[⑦] 金世弼为朴祥挚友，其有论《传习录》的诗句："阳明老子治心学，出入三家晚有闻。道脉千年传孔孟，一毫差爽亦嫌云。"[⑧]明宗八年(1553)六月，儒臣洪仁佑得到《传习录》读后，斥责阳明学说："大概务为好异，专以一心为内，天地万物为外，以格致为非，径约为是。故罗钦顺著《困知记》，以攻其失。"[⑨]罗钦顺《困知记》东传朝鲜确切时间难以确定，但该书在朝鲜刊行为

---

① 李滉：《退溪集考证》卷4，《第十七卷书》，《韩国文集丛刊》第31册，首尔：景仁文化社，1989年，第360页。

② 奇大升：《高峰集》附录卷1，《韩国文集丛刊》第40册，首尔：景仁文化社，1989年，第284页。

③ 《朝鲜宣祖修正实录》卷1，即位年七月庚午条，《朝鲜王朝实录》第25册，第403页。

④ 金允植：《云养集》卷13，《行状》，《韩国文集丛刊》第328册，首尔：景仁文化社，2004年，第464页。

⑤ 林月惠：《朝鲜朝前期性理学者对王阳明思想的批判》一文，重点论述了朝鲜性理学者针对东传朝鲜的阳明学著作文本进行了批判，本文与其论述的角度完全不同。参见《东亚文明研究学刊》第10卷2期，2013年12月。

⑥ 朴祥：《讷斋集》附录卷2，《叙述》，《韩国文集丛刊》第19册，首尔：景仁文化社，1989年，第106页。

⑦ 参见李甦平：《韩国儒学史》，北京：人民出版社，2009年，第470页。

⑧ 金世弼：《十清集》卷2，《又和讷斋》，《韩国文集丛刊》第18册，首尔：景仁文化社，1988年，第221页。

⑨ 洪仁佑：《耻斋遗稿》卷2，《日录钞》，《韩国文集丛刊》第36册，首尔：景仁文化社，1989年，第53页。

1560年。[1] 可见，时为朱子学所支配的朝鲜一开始就视阳明学为异端，持排斥批判态度。

朝鲜获悉王阳明从祀孔庙的讨论后，掀起了斥王风潮。宣祖元年(1568)，时已68岁的朱子学泰斗李滉，率先对阳明学展开批判：

> 王阳明之学，皆出于象山，而以本心为宗，盖皆禅学也……如释氏所为，于是创为心即理也之说，谓天下之理只在于吾内，而不在于事物，学者但当务存此心，而不当一毫求理于外之事物……使若人者，得君而行其志，则斯文斯世之祸，未知其孰烈于秦也。邪说之陷人，一至于此。可胜叹哉！[2]

时，李滉正以官儒的身份支配着朝鲜思想界，他对阳明学的批判，代表了朝鲜主流意识。[3] 在其影响下，弟子纷纷斥王。[4] 其高足柳成龙(1541—1596)以为阳明"专以致良知为学，而反诋朱子之论为支离外弛，正释氏之说也"。[5] 宣祖二年(1569)，他以书状官的身份赴明，曾与明诸生就明代"道学之宗为谁"展开辩论。据其《年谱》载：当他听到诸生皆曰"王阳明、陈白沙也"时，立即辩驳："白沙见道未精，阳明之学，专出于禅，愚意当以薛文清为宗耳"。[6] 归国后，他上书其师李滉，"略陈在燕京时，与诸生问答语"，李滉复书赞云："公能发此正论，点检其迷，诚不易得也。"[7]

明朝廷臣关于王阳明从祀孔庙的讨论，乘隆庆逝世，万历即位之际再次展开。万历元年(宣祖六年，1573)正月，赴明贺登极使议政府右议政朴淳(1523—1589)回国，奏报在明所见礼科都给事中宗弘暹和浙江道监察御史谢廷杰等人上奏，要求会议王阳明应从祀孔庙的情形。奏文如下：

---

① 参见林月惠：《朝鲜朝前期性理学者对王阳明思想的批判》，《东亚文明研究学刊》第10卷2期，2013年12月。

② 李滉：《退溪集》卷41，《杂著》，白沙诗教传习录抄传，《韩国文集丛刊》第30册，首尔：景仁文化社，1989年，第419页。

③ 李滉据《传习录》文本，从"在亲民"、"心即理"、"知行合一"三个维度展开批判。参见林月惠：《朝鲜朝前期性理学者对王阳明思想的批判》，《东亚文明研究学刊》第10卷2期，2013年12月。

④ 李丙焘：《韩国儒学史略》，汉城：亚细亚文化社，1986年，第266页。

⑤ 柳成龙：《西厓集》卷15，《杂著》，《韩国文集丛刊》第52册，首尔：景仁文化社，1990年，第294页。

⑥ 柳成龙：《西厓集》，《西厓年谱》卷1，第497页。

⑦ 柳成龙：《西厓集》，《西厓年谱》卷1，第497页。

> 浙江巡抚[1]谢廷杰，请以原任尚书王守仁配享文庙。大概以为尊德性、道问学非两事也……守仁师陆九渊，而今观九渊之论，未尝不及于读书，朱某之教门人，未尝不以身心为务。则彼分朱、陆而二之者，非知二子之学者也。[2]

朴淳的上述奏文，除个别文字有些改动，内容基本与谢廷杰原奏疏一样，说明他在京师亲见谢廷杰的奏疏。谢廷杰以为，朝廷迟迟不允王阳明从祀，原因在于阳明学专主尊德性，与朱熹学专主道问学不同。为此，他疏中重点阐释尊德性与道问学并非矛盾，两者相辅相成，进而指出："孔孟周程之后，所谓大儒未有过于守仁者。"[3]正因为如此，王阳明应从祀孔庙。

朴淳的奏报再次引发朝鲜的斥王风潮。是月二十一日，经筵席上，特进官佥知柳希春（1513—1577）进曰："今闻皇朝谢廷杰欲以王守仁配享孔庙，至为朱、陆同道之说，变乱黑白，此甚邪说。"[4]朴淳也言："王守仁学术之不正，误了中土学者之弊。"[5]三月十七日，朴淳、柳希春、柳成龙等入朝侍讲。讲毕，朴淳谈及王阳明曰："王守仁自圣无忌，诋毁朱子，中国好经者，从而和之。陈建著《学蔀通辨》[6]，此实辟异端之正论。"[7]柳希春接着批评道："王守仁资性狠戾，强愎不逊，谓：'五常有亦可，无亦可，划而去之亦可。'又称秦始皇焚书，以为合于禁册述之意。又毁朱子著书，立言曰：'惨于洪水猛兽之灾。'其为邪说甚矣"。宣祖则加以反问："谓之邪，无乃过乎？"希春辩解："守仁当初厌事物之于心，而为乖僻之论，然言之不正，至于此。"[8]十一月，圣节使书状官李承杨归国，在其赴京《闻见

---

① 据《明神宗实录》卷13万历元年五月戊戌条载，应为"浙江道监察御史"。

② 《朝鲜宣祖实录》卷7，宣祖六年正月戊戌条，《朝鲜王朝实录》第21册，第253页。

③ 谢廷杰：《崇祀大儒以明正学以育真才以隆圣泽疏》，载吴亮辑：《万历疏钞》卷35，《崇儒类》，《续修四库全书》史部469册，上海：上海古籍出版社，1997年，第359页。

④ 《朝鲜宣祖实录》卷7，宣祖六年正月壬寅条，《朝鲜王朝实录》第21册，第253页。

⑤ 朴淳：《思庵集》卷5，《附录》，《韩国文集丛刊》第38册，首尔：景仁文化社，1989年，第348页；宋时烈称："壬申（1572），拜右议政，赴京师，贺神宗皇帝登极……癸酉（1573），还朝，极陈王守仁学术之非。升左议政"。见宋时烈：《神道碑铭并序》，载《韩国文集丛刊》第38册，首尔：景仁文化社，1989年，第358页。

⑥ 陈建《学蔀通辨》成书于嘉靖二十七年，是书恪守程朱，以纠陆王之偏，东传朝鲜后，为官儒所赞许。

⑦ 《朝鲜宣祖实录》卷7，宣祖六年三月丁酉条，《朝鲜王朝实录》第21册，第258页。

⑧ 《朝鲜宣祖实录》卷7，宣祖六年三月丁酉条，《朝鲜王朝实录》第21册，第258页。

录》中亦云:“中朝有邪臣魏时亮,请以王守仁从祀文庙,南京御史石檟,奏中极驳守仁之邪淫,宜斥去,真为正道立赤炽者也。”①魏时亮奏请王阳明从祀,石檟则上疏反对,万历帝批给礼部处理。可见,李承杨在明应看过石檟奏疏的,所以其才有如此激烈的抨击言辞。

明廷关于王阳明从祀的讨论也引起使臣的关注与讨论。万历二年,赵宪、许篈赴明期间,就阳明从祀与明士子展开了辩论。② 赵宪(1544—1592),字汝式,号重峰,史载其“平生不观杂书,学词章,惟读经书,逐日背诵《朱子大全》,信笔作疏章、书札,明白峻整,皆可传世矣。”③是年,31 岁赵宪以质正官身份出使明朝。许篈(1551—1588),字美叔,出身名门阳川许氏,父许晔、弟许筠皆享誉盛名。是年,24 岁许篈自请为书状官赴明。④ 书状官负有监督使团成员之责,并记录出使见闻,归国后向王廷奏报。二人出使的使命,是赴京贺万历 12 岁生日。⑤

如前所述,明朝关于王阳明从祀的讨论,在朝鲜已引起较大反响。赵宪和许篈赴明,向明士人询问王阳明从祀问题是有备而来。时正值明廷讨论王阳明是否从祀最激烈时刻。六月二十六日,赵宪和许篈入明境第十天,在辽东正学书院,结识四位明生员。两人通过笔谈询问王阳明从祀信息。许篈先入为主,提出:“近日王守仁之邪说盛行,孔孟程朱之道郁而不明云,岂道之将亡而然耶?愿核其同异,明示可否?”明生员答:“本朝阳明老先生学宗孔孟,非邪说害道者比,且文章功业俱有可观,为近世所宗,已从祀孔庙矣。⑥ 公之所闻,意昔者伪学之说惑之也。”许篈看了其回答,疾书写下长文,批评阳明学为伪学,甚至断言,

---

① 《朝鲜宣祖实录》卷 7,宣祖六年十一月丁酉条,《朝鲜王朝实录》第 21 册,第 279 页。

② 张崑将《十六世纪末中韩使节关于阳明学的论辩及其意义——以许篈与袁黄为中心》一文从东亚交流史的视角,就出使明朝信奉朱子学的许篈与出使朝鲜笃信阳明学的袁黄在异地所展现的朱子学与阳明学的学术交锋进行了梳理,本文论述内容虽与此文有些交叉,但问题意识则有所不同。见《台大文史哲学报》第 70 期,2009 年 5 月。

③ 《朝鲜宣祖修正实录》卷 26,宣祖二十五年八月戊子条,《朝鲜王朝实录》第 25 册,第 624 页。

④ 许篈:《荷谷集》,荷谷年谱,《韩国文集丛刊》第 58 册,首尔:景仁文化社,1990 年,第 485 页。

⑤ 有关赵宪、许葑此行使团出使人数、日期、路线及所见中华文化水平的低落而加以批判,夫马进《万历二年朝鲜使节的“中华”国的批判》一文有详细论述。见夫马进:《朝鲜燕行使与朝鲜通信使——使节视野中的中国与日本》,伍跃译,上海:上海古籍出版社,2010 年。

⑥ “已从祀孔庙矣”此句有误,时明国内正在讨论王阳明是否从祀孔庙,至万历十二年朝廷才允准。

王阳明若从祀孔庙“必不能久于天地间也”。明生员不甘示弱，论辩道：王阳明“从祀孔庙，乃在朝诸君子舆议，非山林僻见也。且学以良知良能为说，非有心得者，其孰能知之。所闻不若所见之为真，诸君特未之察耳”。[①] 许篈又争辩：“顷于赴京友朋之还，得见御史石君槚、给事中赵公思诚等题本，可谓正论。”御史石槚、兵科给事中赵思诚皆上疏反对王阳明从祀，为反对派代表。对此，明生员驳斥道：“此人皆伪学者之后，故其言如是其乖戾也。”双方论争相持不下。最后，许篈、赵宪以对方信奉阳明学，“固滞鄙贱，不可与辨”，乃书“承教，不胜缺然。古云‘道不同，不相为谋’，我宗朱门，君耽王学，尔月斯迈，吾日斯征，终无可望于必同也，奈何！奈何！”[②]不欢而散。回至馆舍。

八月二日，赵宪、许篈一行在蓟州途中夏店小憩时，遇浙江籍国子监生叶本，遂邀请他树荫下叙话。许篈直奔主题：“今闻王阳明从祀文庙，而命其裔袭爵云，未审此事定于何年？而出于谁人之建明乎？”叶本亦是笃信阳明学者，对王阳明给予很高赞誉：“天赋挺秀，学识深纯，阐明良知圣学，又有攘外安内之功……宜从祀孔子庙廷，圣旨谕礼部，尚未复，此其大较也。”[③]而许篈力图将其主张强加对方，撰写长文与叶本辩难。其针对阳明良知说，认为是“弃事物，废书册，兀然独坐”的“释氏之流，而不可以为训者也”。叶本复辩：阳明“良知即体，良能即用”有体有用，并非禅学，阳明“亦建有许多事功”可资证明。[④] 双方辩论看似心平气和，其实针锋相对，互不退让。翌日，赵宪、许篈在通州又遇陕西籍举人王之符。笔谈中，两人十分惊喜，在京师终于寻觅到将阳明学斥为伪学的知己。许篈日记详载了他们之间的笔谈：

余曰：“近世有为陆子静、王阳明之学者，异于程朱所为说，后生莫不推以为理学之宗，先生其亦闻之否？陕西之人亦有慕仰者乎？”之符曰：“陆子静是禅教，王阳明是伪学，吾地方人则皆辟之矣。”余曰：“阳明良知之说，是乎？非乎？”之符曰：“良知之说，倚于一偏，非伪而何？……迩来请从祀者，徒以阳明之弟子多在朝者，故欲尊其师，而廷议或不直之，是以巡按御史上

① 许篈：《荷谷朝天记》（上），第425页。
② 许篈：《荷谷朝天记》（上），第425页。
③ 许篈：《荷谷朝天记》（中），第445页。
④ 许篈：《荷谷朝天记》（中），第445—446页。

本已久,而礼部尚未定夺矣。”①

王之符是位固守程朱理学的士子,将阳明学斥为伪学,这对朝鲜使臣来说是莫大的欣慰。许篈日记中写道:“方今人人皆推王氏之学,以为得千古之秘,而之符独排之,可谓狂流之砥柱也。余行数千里,始得此人,岂非幸哉。”②

八月四日,许篈、赵宪到达北京。十七日,进皇宫谒见万历帝,完成了贺皇帝生日的使命。二十日,两使臣拜谒孔庙时,结识应天府高淳县儒生杨守中。笔谈中,两使臣问:“王阳明之学何如?”守中言:“阳明单说良知,正是伪学。”又问:“然则今日何以推崇阳明者众,至欲举从祀之典乎?”守中答:“此亦非天下之通论,南人皆尊阳明,而北人则排斥之,故从祀之议,今尚未定也。”③在孔庙与杨守中笔谈,令赵宪、许篈无比欣慰,在他们看来,中华大地并未完全变成阳明学的天下。

参观孔庙时,赵宪对明孔庙从祀先儒的位次提出质疑。他指出,宋儒周敦颐、二程、朱熹“俱生绝学之后,远接洙泗之统,度其德,则固不在七十子之后,而言其功,则亦不下于孟氏,疑若升祀于配享之列,而犹齿于文中子、安定之下”。④质疑周、二程、朱四位宋儒位次为何在王通、胡瑗之下?对孔庙新增从祀人物,为何不增宋儒罗豫章、李侗、黄直卿,反增陆九渊也提出质疑。他认为九渊“尽废讲学,不取人善,自信太过,拍头胡唤之病,则不惟一时英才为其所误,而流弊益远,至有偏守良知之见,坐俟顿悟之机”。⑤ 赵宪、许篈一行九月六日踏上归国之途。十月十日,渡过鸭绿江达义州。十一月,赵宪以质正官名义,据赴明见闻向宣祖提出复命报告。⑥ 其中“切于时务者八条;关于根本者十六条,皆先引中朝制度,次及我朝时行之制,备论得失之故”。如在“圣庙配享”条中,极言陆九渊、王阳明之流不宜从祀孔庙。其云:“陆九渊之学,不事讲问,专务顿悟,当时朱子固忧其说之为害,而流传益久,人惑愈甚,举世靡然,胥归禅学。如王守仁之敢为

---

① 许篈:《荷谷朝天记》(中),第446—447页。

② 许篈:《荷谷朝天记》(中),第448页。

③ 许篈:《荷谷朝天记》(中),第458页。

④ 赵宪:《重峰集》卷9,《书》,《韩国文集丛刊》第54册,首尔:景仁文化社,1990年,第328页。

⑤ 赵宪:《重峰集》卷9,《书》,第329页。

⑥ 对赵宪复命报告的研究,参见夫马进:《朝鲜燕行使与朝鲜通信使——使节视野中的中国与日本》,伍跃译,上海:上海古籍出版社,2010年,第22—32页。

横议，诋谤朱子者，而尚请其从祀……以至上误朝廷，下误斯学。如此之流，臣恐不可效尤而苟从者也。”[①]使臣赵宪、许篈就王阳明从祀与明士子的论争，从另一侧面反映朝鲜对王阳明从祀孔庙的态度。

二、朝鲜孔庙厘正之议与王阳明不予从祀

孔庙是中华文化的象征，朝鲜仰慕中华文化，以“小中华”自居，所以朝鲜孔庙祀典多遵从中国规制。万历十二年，王阳明获准从祀明孔庙，按理王阳明也应获准从祀朝鲜孔庙，然而事实并非如此，朝鲜孔庙厘正之典并不准王阳明从祀。对此，有必要加以讨论。

朝鲜孔庙奉祀孔子始于新罗时期。[②] 高丽王朝仍崇信儒学，成宗十一年(992)，高丽立文宣王庙于国子监(后改称成均馆)。文宗二十七年(1073)，太仆卿金良鉴“奉使入宋，摹国子(监)图而来”。[③] 高丽朝立国400余年，对孔子的尊崇与日俱增，孔庙陆续有十哲、先贤、先儒等从祀。[④] 李氏朝鲜以儒教立国，尊孔之风更盛。太祖元年(1392)，在开城文庙举行释奠。七年建孔庙。孔庙的神位大成至圣文宣王正位；配享有颜子、曾子、子思、孟子四圣；殿内从享有闵损、冉耕、冉雍、宰予、端木赐、冉求、仲由、言偃、卜商、颛孙师十哲；东西两庑从祀各50余人。[⑤] 以上孔庙“从享诸贤，一遵中国之制”。[⑥] 如正统元年(1436)，明廷“刊定从祀名爵位次，颁行天下”。[⑦] 朝鲜孔庙则“遵仿中朝正统元年刊定之制”。[⑧]

---

① 《朝鲜宣祖修正实录》卷8，宣祖七年十一月辛未条，《朝鲜王朝实录》第25册，第450页。

② 《增补文献备考》卷202，《学校考一》，首尔：明文堂，2000年，第353页。

③ 《增补文献备考》卷202，《学校考一》，第353页。

④ 据《增补文献备考》卷204，《学校考三》载：“东国自丽初立庙于国子监。《三国史》虽不言立庙，而新罗圣德王时，奉安夫子像于太学，则亦必有享礼矣。唐开元二十七年(739)，尊为王，谥‘文宣’；宋真宗大中祥符元年(1008)，加谥‘玄圣’；五年以玄字犯讳，改为‘至圣’；元武宗加谥‘大成’。我国亦遵用焉。”第371页。

⑤ 《增补文献备考》卷204，《学校考三》，第370页。

⑥ 《增补文献备考》卷203，《学校考二》，第361页。

⑦ 申时行等：《明会典》卷91，《礼部四十九》，北京：中华书局，1989年，第520页。

⑧ 李廷龟：《月沙集》卷60，《南宫录》上，《韩国文集丛刊》第70册，首尔：景仁文化社，1991年，第392页。

翌年,明廷以宋儒胡安国、蔡沈、真德秀从祀孔庙。正统八年,明廷追封元儒吴澄为临川郡公,从祀孔庙。[①] 成化十四年(成宗九年,1478),朝鲜始闻此事,遣千秋使金永坚"问诸中朝国子监以来"。[②] 成化十七年(1481),李朝"依中朝之制,以先儒吴征(澄)、真德秀、胡安国,从祀孔子庙庭"。[③] 然而,至嘉靖九年(1530),明廷厘正孔庙祀典,尤其是万历十二年王阳明从祀孔庙后,朝鲜孔庙"依中朝之制"的情形发生了改变。

万历十二年,王阳明获准从祀明孔庙,在朝鲜引起较大反响。万历十七年(宣祖二十二年,1589),以圣节使赴明的尹根寿拜谒孔庙,见王守仁、胡居仁、陈献章已从祀,颇为不解地说:"王守仁则即所谓致良知之学者也,不论其他,守仁敢以朱子比杨(朱)、墨(翟),凡尊崇朱子者,所当辞而辟之之不暇,尚安忍使其晏然于两庑之祀乎?"[④]李珥也借弟子向其问学,对王阳明从祀予以贬斥:"王守仁则以谓朱子之害,甚于洪水猛兽之祸,其学可知。而中朝至乃从祀于圣庙云,中朝之学可知。"[⑤]从上述朝鲜儒臣对王阳明从祀孔庙的反应,不难看出朝鲜对王阳明从祀东国孔庙的态度。

当时,朝鲜孔庙仍遵从明嘉靖孔庙厘正之前的祀典。如礼曹所言:"我朝文庙之制,传自前朝,其初亦必取法于中朝,初非我东之所自为礼也。厘正之举,至我皇明嘉靖年间,始克就正,其有异同,盖由于此也。"[⑥]明世宗即位后,对明诸多礼仪加以更定,嘉靖九年(1530)孔庙改制便是其礼制改革的重要内容。嘉靖孔庙改制的内容,据万历十五年刊行的《万历会典》[⑦]载:孔子位号"大成至圣文宣王"改为"至圣先师";孔庙从祀人物,公伯寮、秦冉、颜何、荀况、戴圣、刘向、贾逵、马融、何休、王肃、王弼、杜预、吴澄 13 人被罢黜从祀;林放、蘧伯玉、郑众、卢

---

① 申时行:《明会典》卷 91,《礼部四十九》,第 520 页。

② 《朝鲜成宗实录》卷 91,成宗九年四月壬寅条,《朝鲜王朝实录》第 9 册,第 578 页。

③ 《朝鲜成宗实录》卷 126,成宗十二年二月丁未条,《朝鲜王朝实录》第 10 册,第 192 页。

④ 尹根寿:《月汀集》卷 4,《收议》,文庙从祀议,《韩国文集丛刊》第 47 册,首尔:景仁文化社,1989 年,第 232 页。

⑤ 李珥:《栗谷全书》卷 31,《语录》上,《韩国文集丛刊》第 45 册,首尔:景仁文化社,1989 年,第 259 页。

⑥ 《朝鲜宣祖实录》卷 180,宣祖三十七年十月癸亥条,《朝鲜王朝实录》第 24 册,第 677 页。

⑦ 嘉靖朝续修《会典》未刊布,万历四年申时行等奉敕重修《会典》,除校订补辑弘治、正德两朝《会典》外,又增入嘉靖朝所行事例。嘉靖孔庙改制祀典自然增入《会典》中,并于万历十五年刊行。

植、郑玄、服虔、范宁7人降格，各祀于其乡。同时，增入一批从祀人物，嘉靖朝增后苍、王通、欧阳修、胡瑗、陆九渊；隆庆朝，增薛瑄；万历十二年，增王守仁、陈献章、胡居仁。[①] 可见嘉靖改制后的明孔庙祀典与嘉靖之前祀典有很大的变化，而朝鲜孔庙祀典仍遵从嘉靖改制前的祀典。

朝鲜孔庙祀典厘正之议始于宣祖三十三年（万历二十八年，1600）。是年三月，"壬辰之役"后，奉命留守朝鲜的钦差都察院右佥都御史万世德拜谒孔庙时，见孔子位号仍书"大成至圣文宣王"，便向成均馆同知事郑昌衍提出："俺见位版所题乃宋制，非皇明之制也。"郑昌衍答："自古如是，故外国因循乃尔。"万世德听后，颇为不满地说："天子未有拜王之礼，以此嘉靖年间改定，不书文宣王之号，只称至圣先师孔子之位，尔邦虽外国，今则一遵华制，可改之。"[②]翌年正月，万世德就朝鲜孔庙厘正事项咨文朝鲜。咨文内容归纳如下：（1）孔子神位仍称"大成至圣文宣王"，"殊属缺典"，应改为"至圣先师"；（2）应仿明建启圣公祠；（3）胡居仁、陈献章、王守仁、薛瑄四贤，明廷准令从祀孔庙，朝鲜作为属国，"俱宜遵守"；（4）孔庙两庑只有"周、程、张、朱，而无七十二贤"，"均属缺典"。咨文最后指出："该国久习文风，尊崇先贤，固无间于天朝，而其中有应改，应增者……俱照天朝制度改正，则庶祀典隆，而文化益弘矣。"[③]可见，万氏咨文除欲朝鲜孔庙更改孔子称号外，又增入新的改正事项，其中最引起关注的是要求王守仁等四贤从祀朝鲜孔庙。

万世德的咨文在朝鲜引起较大反响。礼曹给宣祖启文云："伏见万经理咨文，文庙先圣位版名号及启圣公祠与七十二贤、中朝胡、陈、王、薛四贤应祀之事，皆系祀典重事，不可轻易回答。请令礼官，博考详讲，定夺后"，再作回答。[④] 宣祖极为赞同，令礼曹详加集议。半月后，礼曹再上启文，针对万世德提出的朝鲜孔庙厘正事项，除七十二贤外，奏报内容如下：（1）孔子"大成至圣文宣王"名号，"是宋朝之制[⑤]，而至我皇朝（明朝——引者注）亦因不改，我国祀典悉遵洪武颁

---

① 申时行等：《明会典》卷91，《礼部四十九》，第521页。

② 《朝鲜宣祖实录》卷123，宣祖三十三年三月辛酉条，《朝鲜王朝实录》第24册，第48页。

③ 《朝鲜宣祖实录》卷132，宣祖三十四年正月辛丑条，《朝鲜王朝实录》第24册，第172页。

④ 《朝鲜宣祖实录》卷133，宣祖三十四年正月癸亥条，《朝鲜王朝实录》第24册，第187页。

⑤ "大成至圣文宣王"名号，其实为元武宗大德十一年（1307）七月即位所定。

制，故《五礼仪》①亦以此为定矣。”而至嘉靖九年明廷厘正祀典，孔子位版改称“至圣先师孔子”。而当初，孔子称“文宣王”之号“必非偶然讲定，论以万世素王之义，亦有所据”，今天朝既已改正，朝鲜理应“以遵时制，似为宜当”。（2）建启圣公祠。颜子、曾子、子思俱享于正殿，而其父颜无繇、曾点、孔鲤却从祀两庑，“子在父上，亦似未安”，天朝别设启圣祠，以叔梁纥为首，由颜无繇、曾点、孔鲤、孟孙氏配享，这样于“父子等级，理势亦妥”，只是“今则圣庙，亦草草权设，后日重建大学及两庑之时，别设启圣祠，恐或无妨”。（3）王守仁等四贤从祀孔庙，“天朝虽因一时之议从祀圣庙，而其学问、事业之浅深，外国有未及详知，而其中亦不无醇正之可议，则恐难轻议也。”②综上所述，对万世德提出孔子位牌改王号为师号，礼部以为“以遵时制，似为宜当”；对设启圣公祠，虽表示“理势亦妥”，但需留待后日实施；至于王守仁等从祀孔庙，礼曹则持质疑态度。况且从祀孔庙事关朝鲜国家祀典，未必就完全遵天朝祀典。奏文最后建议：“事系重大”，希望交付群臣讨论，宣祖遂令群臣商议。③

群臣在讨论时，以议政府左赞成尹根寿（1537—1616）为代表，不赞同朝鲜孔庙遵从明嘉靖厘正祀典。他说：“臣窃闻文庙从祀诸贤，以万经理移咨，将有所升黜。臣虽未详其曲折，亦有所见闻者矣，敢陈臆说，以备采择。”④接着对明孔庙于嘉靖九年将公伯寮等13人罢黜，林放等7人降格乡祀，陆九渊等5人增入⑤当否，一一加以品评。如对陆九渊从祀，云：明廷“以薛侃之议，进陆九渊从祀。朱陆之辨，虽未易遽言，而我国既专尚朱子之学，而朱子谓陆子静分明是禅。今乃进陆于从祀之列，使与朱子并列于两庑之间，未见其可也”。⑥ 不赞成陆九渊从祀孔庙，进而对王守仁从祀孔庙尤加抵制：

臣于嘉靖丙寅，以书状赴京时，随例拜圣于国子监而见之，到今追记，虽

---

① 洪武三年（1370）六月，朱元璋在诏令中，明示国家祀典，其中关于孔子称号，诏曰：“所有封爵宜仍其旧”，即承认元以来孔子的称号。明廷编纂的《大明集礼》《洪武礼制》等礼制法典都本洪武诏书精神。礼曹奏文中所言“洪武颁制”，即指颁降朝鲜的《洪武礼制》一书，朝鲜依《洪武礼制》所定《国朝五礼仪》一书，亦以此称谓。

② 《朝鲜宣祖实录》卷133，宣祖三十四年正月癸亥条，《朝鲜王朝实录》第24册，第187页。

③ 《朝鲜宣祖实录》卷133，宣祖三十四年正月癸亥条，《朝鲜王朝实录》第24册，第187页。

④ 尹根寿：《月汀集》卷4，《收议》，文庙从祀议，第231页。

⑤ 参见申时行等：《明会典》卷91，《礼部四十九》，第520页。

⑥ 尹根寿：《月汀集》卷4，《收议》，文庙从祀议，第232页。

未莹然，而其时本朝先儒，似只是薛瑄从祀。其后万历己丑年赴京拜圣，则薛瑄之下追入者，又有胡居仁、陈献章、王守仁三人。王守仁则即所谓致良知之学者也，不论其他，守仁敢以朱子比杨（朱）、墨（翟）。凡尊崇朱子者，所当辞而辟之之不暇。尚安忍使其晏然于两庑之祀乎？①

尹根寿曾四次赴明，第一次"嘉靖丙寅"（明宗二十一年，1566），为圣节使书状官；第二次万历元年（宣祖六年，1573），为奏请副使；第三次"万历己丑"（宣祖二十二年，1589），为圣节使兼奏请使正使；第四次万历二十二年（宣祖二十七年，1594），为奏请正使。引文中所言，实为第一、三次赴明的记忆。明廷允薛瑄从祀系隆庆五年，允王守仁等3人从祀为万历十二年。因此，薛瑄从祀不是他第一次赴明，应为第二次赴明的记忆。至于王守仁等从祀是其第三次赴明拜谒孔庙亲眼所见。王守仁从祀孔庙对尹根寿而言是无法接受的。他认为："王守仁从祀，盖出于万历以后，虽未及载于《会典》，既曰升黜当从天朝，则此亦未可异同。而倡言力诋者，又有如徐即登者（徐阶——引者注），则又未可谓天下公共之论也。其可苟然而从之乎？"进而指出，明廷获准"王守仁从祀，盖出于不尊尚朱学而然也，尤不允众心"，因此，他明确表示："臣之妄意，我国文庙从祀典式，姑依我国之旧，以待后日之公论，似或无妨。"②领议政李恒福（1556—1618）在奏疏中，对王阳明等从祀朝鲜孔庙也提出异议："世多言王守仁主于致知，或讥其差之而落于慧，陈献章主于持敬，或讥其差之而落于寂，如此处，皆臣尝所疑而未定者也。"③宣祖对群臣的意见颇为赞同。下教曰："省札良用嘉焉，但此事难于举行耳。"④

宣祖三十七年（万历三十二年，1604），朝鲜对孔庙加以修缮后，又引发孔庙祀典厘正的讨论。是年八月，成均馆上奏："今当文庙重新，两庑奉安之时，凡干先师位号、从祀黜陟、启圣庙及他可举节目，当于此时，定夺施行"，奏请国王"博考中朝礼制，参商处置"。⑤ 宣祖令礼曹商议。时礼曹判书许筬、参判申湜、参议

① 尹根寿：《月汀集》卷4，《收议》，文庙从祀议，第232页。

② 尹根寿：《月汀集》卷4，《收议》，文庙从祀议，第232页。

③ 李恒福：《白沙别集》卷3，《议》，《韩国文集丛刊》第62册，首尔：景仁文化社，1991年，第407页。

④ 《朝鲜宣祖实录》卷137，宣祖三十四年五月戊戌条，《朝鲜王朝实录》第24册，第242页。

⑤ 《朝鲜宣祖实录》卷177，宣祖三十七年八月壬辰条，《朝鲜王朝实录》第24册，第636页。

宋骏等言:"天朝既为定制,载诸《会典》,颁之藩国",我国孔庙厘正之典,应"一遵天朝成式,似不当复有他议。先师位号、从祀升黜,一从《会典》所载,施行似当"。① 建议朝鲜孔庙祀典应从明孔庙定式。宣祖将礼曹意见交由群臣讨论。群臣对本国孔庙遵明孔庙改先师位号及升黜人物多无太大争议,只是对陆九渊、王守仁从祀持有异议。如领议政尹承勋、左议政柳永庆、右议政奇自献等言:"从祀中,如陆九渊、王守仁辈,皆以异学得罪于圣门,其流之害甚于洪水猛兽,而因一时一二人强执所见,寘之卫道酬功之中,实非天下公共之论。"②宣祖认为:孔庙祀典"俱系国家大制度,百世之所观瞻",既然群臣意见如此,"姑待后日,更议处之"。③ 朝鲜孔庙仍遵明嘉靖前旧制。

仁祖四年(天启六年,1626),朝鲜孔庙祀典厘正再次引起讨论。这年六月,礼曹在奏请厘正孔庙祀典启文中云:

> 我国仪章文物,悉遵华制,至如文庙从祀之典,则尤当一依中朝成宪。臣等谨考文庙祀典,与《大明会典》所载,位号升黜,大不相类……今之所定祀典,不过考质于中朝旧制也,《会典》未颁降前,则因循宜矣。今则《会典》既已厘正,颁布天下,我国特惮改,苟度未及举行耳。④

礼曹认为,孔子位版仍书"大成至圣文宣王之号"不妥,应依"皇朝定制",改书"至圣先师";至于明孔庙从祀人物,"升黜之中,不无可议者",如后苍、杨时、王通、欧阳修、胡瑗、薛瑄、胡居仁,既然从祀明孔庙,也可从祀我国孔庙;但王阳明、陆九渊绝不允从祀我国孔庙。王阳明等"至比朱子之学于洪水猛兽之害,门路既差,流为异端,似难尊崇圣庙,以误趋向"。⑤ 仁祖对礼曹从祀孔庙人物取舍升黜颇为赞同,也认为陆、王"则趋向即差,流为异端,不宜崇奉,以误士习"。⑥ 亦不赞同陆、王从祀本国孔庙。此外,仁祖对孔庙改孔子位牌则与礼曹意见相左,坚持仍称旧号。他说:"孔圣位号,则一朝猝改,殊甚重难,仍称前号,勿为改定,未知如何?"⑦随后,令群臣商议定夺。左议政尹昉则主张朝鲜作为属国,孔庙祀

① 《朝鲜宣祖实录》卷180,宣祖三十七年十月癸亥条,《朝鲜王朝实录》第24册,第677页。
② 《朝鲜宣祖实录》卷180,宣祖三十七年十月癸亥条,《朝鲜王朝实录》第24册,第677页。
③ 《朝鲜宣祖实录》卷180,宣祖三十七年十月癸亥条,《朝鲜王朝实录》第24册,第677页。
④ 《朝鲜仁祖实录》卷13,仁祖四年闰六月甲子条,《朝鲜王朝实录》第34册,第118页。
⑤ 《朝鲜仁祖实录》卷13,仁祖四年闰六月甲子条,《朝鲜王朝实录》第34册,第118页。
⑥ 《朝鲜仁祖实录》卷13,仁祖四年闰六月甲子条,《朝鲜王朝实录》第34册,第118页。
⑦ 《朝鲜仁祖实录》卷13,仁祖四年七月甲戌条,《朝鲜王朝实录》第34册,第122页。

典无理由不遵明制。他认为:我国孔庙“取舍、升黜,则当此天下同文之日,似当一遵时王盛制而为之,安可以偏藩臆见,有所裁正乎?”①而右议政申钦则持相反意见,坚持朝鲜孔庙位牌仍称旧号为宜,并阐述明孔庙位牌改“至圣先师”后,在祭祀上带来的弊端。② 可见,朝鲜孔庙是否遵明祀典有所厘正,君臣还存在较大争议,孔庙祀典厘正尚需时日。

直至肃宗八年(康熙二十一年,1682),朝鲜孔庙祀典厘正才最终议定。肃宗七年十一月,吏曹判书金锡胄(1634—1684)疏请厘正孔庙祀典。其云:“今因八路同声,多士申请……举前日未遑之事,完一代莫大之典者,亦安知其不有待于今日乎?”③肃宗深表赞同,遂令群臣议定孔庙从祀人物升黜。其中,领议政金寿恒的上疏备受群臣关注,他不赞同“今之论者,或以为大行升黜,一遵中朝之制”,认为朝鲜孔庙从祀人物升黜取舍,“亦有不可一遵中朝之制者。”其上疏内容如下:(1)明孔庙所增从祀者,我国未必都遵从。“如陆九渊、王守仁异端之学,惑世诬贤者,其可以中朝之增祀,而一例苟从乎?”④言外之意,我国孔庙不得其入祀。(2)明孔庙罢黜者,我国孔庙未必都罢黜。如明罢黜的公伯寮、秦冉、颜何、荀况、戴圣、刘向、何休、贾逵、马融、王肃、王弼、杜预、吴澄 13 人中,秦冉、颜何“恐难断其为当黜”,即罢黜从祀证据不足;戴圣著《大戴礼》为礼家所宗,其功亦不小,不宜轻黜;刘向“经术博洽,在汉儒亦鲜其比,诚有可惜者”。此 4 人,应留我国孔庙,不宜罢黜,其他 9 人,可从明罢黜。至于明廷将林放、蘧瑗、郑众、卢植、郑玄、服虔、范宁 7 人降格于乡祀,而“我国无可祀之乡”,仍可从祀我国孔庙。⑤ 其他廷臣,如左议政闵鼎重、行判中枢府事金寿兴、司业朴世采等所奏,多与金寿恒意见相同,皆云:“金寿恒之议,有稽先儒定论,庶几得中。”⑥肃宗在广

---

① 《朝鲜仁祖实录》卷 13,仁祖四年七月甲戌条,《朝鲜王朝实录》第 34 册,第 122 页。

② 据《朝鲜仁祖实录》卷 13 仁祖四年七月甲戌条载:“嘉靖年间,张孚敬建白,称以先师,遂为时王之定制。我国则乃藩邦也,所当一遵时王之制,而但今文庙祀典,乐用王者之乐,若改以先师,则不可仍用王者之乐。神不享非礼,所当先讲此节目,以定祭礼,然后方可议其称号也。且京中文庙若改王号,则八路州府郡县乡校,当一时修正,举措甚大,不可草草讲定。”《朝鲜王朝实录》第 34 册,第 122 页。

③ 金锡胄:《息庵遗稿》卷 15,《疏箚》,《韩国文集丛刊》第 145 册,首尔:景仁文化社,1995 年,第 367—368 页。

④ 《朝鲜肃宗实录》卷 12,肃宗七年十一月戊午条,《朝鲜王朝实录》第 38 册,第 562 页。

⑤ 《朝鲜肃宗实录》卷 12,肃宗七年十一月戊午条,《朝鲜王朝实录》第 38 册,第 562 页。

⑥ 《朝鲜肃宗实录》卷 13,肃宗八年四月己亥条,《朝鲜王朝实录》第 38 册,第 587 页。

征群臣建议的基础上，令礼曹制定孔庙从祀升黜之典，朝鲜史上称“肃宗壬戌从祀之典”。此祀典与嘉靖朝以降明孔庙祀典有很大的不同。对此，《增补文献备考》记载如下：

> 汉后仓，隋王通，宋欧阳修、胡瑗、陆九渊，明薛瑄、王守仁、陈献章、胡居仁，明朝所从祀，而我国则不为从祀。文质公罗从彦、文靖公李侗、文肃公黄幹，我朝肃庙壬戌从享，而明朝则不列祀典。长山侯林放、内黄侯蘧瑗、中牟伯郑众、良乡伯卢植、高密伯郑玄、荥阳伯服虔、新野伯范宁，明朝则黜于从祀，祀于乡，而我朝则仍旧从祀。新息侯秦冉、堂邑侯颜何、考城伯戴圣、彭城伯刘向，明朝并黜享，而我朝则仍旧不黜。寿长侯公伯寮、兰陵伯荀况、任城伯何休、岐阳伯贾逵、扶风伯马融、司空王肃、偃师伯王弼、司徒杜预、临川公吴澄、淄川侯申党，明朝嘉靖黜享，而我朝则肃宗壬戌黜享。[①]

肃宗八年五月二十一日，朝鲜“以文庙从祀升黜礼成，颁教中外”。[②]

综上所述，朝鲜孔庙厘正之典经宣祖、光海君、仁祖、孝宗、显宗五朝，至肃宗朝议定。肃宗朝所定朝鲜孔庙祀典，并非完全遵明嘉靖以来孔庙从祀之典而与之有很大的不同。其中王守仁等虽从祀明孔庙，但朝鲜孔庙却不予从祀，其他从祀人物与明孔庙也有所不同。

三、王阳明从祀孔庙与朝鲜的应对引发的思考

王阳明从祀孔庙为何在明朝与朝鲜会出现两种不同的结果，不能不引发如下思考。

首先，王阳明得以从祀明孔庙与 15 世纪后期至 16 世纪明代社会，特别是明代社会思潮多元化有密切关联。王阳明从祀，反映阳明学说适应明中叶社会思潮多元化的需要。[③] 嘉万时代，明初建立的帝制统治的控制力渐趋松弛，经济发达的城镇市民意识开始张扬，传统礼教观念受到冲击，人们受程朱理学长期禁锢

---

① 《增补文献备考》卷 202，《学校考三》，第 372 页。

② 《朝鲜肃宗实录》卷 13，肃宗八年五月戊辰条，《朝鲜王朝实录》第 38 册，第 590 页。

③ 黄进兴：《学术与信仰：论孔庙从祀与儒家道统意识》，收入黄进兴：《优入圣域：权力、信仰与正当性》。

后，感受到思想解放的气息，表明明代社会已进入多元社会。这种多元社会特征体现在政治、经济、文化乃至价值观念等方面。[①] 如社会价值标准，由单一的符合国家意识的官本位向仕途、财富、精神文化多元标准演变。三重价值标准依次出现并存，并相互影响、相互渗透。由政府意志主导的官方社会思潮演变为多元的社会思潮。阳明学正是在这样背景下出现的，并向居于正统地位的程朱理学发起冲击与挑战。王阳明因平定“宁王叛乱”之功，在朝野享有较高威望。他与弟子通过建书院授课讲学的方式，影响社会士气与舆论，所讲授的多为“离经叛道”的“异端”之说。如他提出不必以儒家四书五经和先圣作为衡量是非的标准。[②] 特别是其提倡的“致良知”说，使人们开始怀疑“存天理，灭人欲”命题的真理性，发现天理与人欲可以合二为一，圣人与平民都具有“良知”上的平等地位。这意味着向程朱理学的正统地位挑战，对明代社会的思想解放产生较大影响。所以阳明学一出现，便以极强的感召力博得世人的追捧，成为社会主导思潮。如顾炎武所言：阳明“以绝世之资，倡其新说，鼓动海内。嘉靖以后，从王氏而诋朱子者，始接踵于人间”。[③]《明史》也云：“嘉、隆而后，笃信程朱不迁异说者，无复几人矣。”[④]

王阳明从祀经历了由否认到肯定的过程，也充分体现明朝对社会思潮的多元化由抵制到承认的过程。围绕王阳明是否从祀，明廷内出现了分歧与对立，其中南方籍官员多力主王阳明从祀，而北方籍官员多持反对意见，最终明廷允准其从祀，从某种意义说明南方籍官员对国家决策的影响力。[⑤] 有明一代，江南地区商品粮和手工业产品占全国较大份额，给国家提供的赋役也往往高于其他地区；

---

① 参见赵轶峰：《明清帝制农商社会研究》，北京：科学出版社，2017 年，第 213—217 页。

② 诸如“虽其言之出于孔子，不敢以为是也”。王守仁：《王阳明全集》卷 2，《语录二》，上海：上海古籍出版社，1992 年，第 76 页。

③ 顾炎武：《日知录集释》卷 18，《朱子晚年定论》，上海：上海古籍出版社，2006 年，第 1065 页。

④ 《明史》卷 282，《儒林传》，北京：中华书局，1977 年，第 7222 页。

⑤ 笔者统计，从隆庆元年至万历十二年，围绕王守仁是否从祀，明廷官员所上奏疏十份，赞同者 8 人：御史耿定向（湖北黄安）、户部都给事中魏时亮（江西南昌）、礼科都给事中宗弘暹（浙江嘉兴）、江西巡抚徐栻（南直隶常熟）、浙江道监察御史谢廷杰（江西新建）、户科给事中赵参鲁（浙江鄞）、工部办事进士邹德涵（江西安福）、巡按浙江监察御史萧廪（江西万安），皆为南方籍官员；反对者 2 人：兵科给事中赵思诚（陕西乐平）、南京福建道御石槚（河南汝阳所），皆为北方籍官员。

同时,教育发达,经科举进入仕途的人数也最多,在明代内阁辅臣中也位居首位。[①] 出身浙江余姚,有着游学南北、宦海沉浮、潜心默坐曲折经历的王守仁所创的具有批判精神的阳明心学,对代表国家正统的程朱理学敢于批判与责难,因而引起恪守程朱学派官员的不满和攻击。有人攻击他诋毁朱熹,“号召门徒互相唱和”,请求朝廷“禁邪说,以正天下之人心”,嘉靖帝遂下诏追夺守仁爵位,停止恤典,其子不得嗣封。[②] 然而,由于阳明门人热心讲学,信奉王学的官员日益增多,朝廷对王阳明的看法也发生改变。隆庆帝即位伊始,追封王阳明为新建侯,谥号文成。同年六月,御史耿定向首请王守仁从祀孔庙,至此揭开长达 18 年的王阳明从祀的讨论。万历十二年,万历帝面对阳明学说日益影响整个社会的强大趋势,朝廷中力主其从祀的强势舆论,最后下谕旨:“守仁、朱熹学术,互相发明,何尝因此废彼。”[③]王守仁从祀由否认到肯定,深刻地反映了明廷对 15 世纪后期至 16 世纪社会思潮乃至政治理念的“官方认定”。

其次,朝鲜将阳明学视为“异端”,不允王阳明从祀孔庙,所反映出的也并非学术之争,其深层次的原因是关涉朝鲜国家意识形态建构与社会稳定问题。程朱理学从高丽末期始传入半岛,经历了被朝鲜接受变容与本土化、民族化的过程,形成有别于中国与日本极具特色的朝鲜朱子学(也称朝鲜性理学)。李朝建国后,以朱子学为指导,将国家的官僚制与身份制和宗法制合法化,完成了以两班为主体的集权官僚体制的建构。[④] 因此,朱子学被奉为朝鲜国家唯一的正统之学。15 世纪末至 16 世纪朝鲜社会出现统治危机,由于大土地私有制的发展,迫使农民失去土地,农民与国家的矛盾尖锐,造成社会动荡不安。同时,统治集团党争愈发激烈,先是士林内部东人、西人之争,后东人内部又分裂为南人、北人之争,严重地削弱王权统治。[⑤] 这便促使朝鲜进一步强化朱子学在国家意识形态上的作用。时,被誉为朝鲜“朱子学双璧”的李滉、李珥分别进呈治国之策。李滉进《圣学十图》,他针对社会矛盾,突出强调“主敬”的实践功夫。认为,国家

---

① 李洵:《下学集》,北京:中国社会科学出版社,1995 年,第 218 页。

② 《明世宗实录》卷 98,嘉靖八年二月甲戌条,第 2299 页。

③ 沈德符:《万历野获编》卷 14,北京:中华书局,1959 年,第 363 页。

④ 李成茂:《朝鲜初期两班研究》,杨秀芝译,台北:“中华民国”韩国研究会,1996 年,第 57—59 页。

⑤ 参见姜孟山:《朝鲜封建社会论》,延吉:延边大学出版社,1999 年,第 92—100 页。

治理之策,“俱不离乎一敬……而敬又一心之主宰也。”①通过“主敬”,使社会保持君臣名分、父子义理,正统大义的局面。而李珥进呈的《圣学辑要》也具有上述目的。其云:“凡帝王为学之本末,为治之先后,明德之实效,新民之实迹,皆粗著其梗概,推微识大,因此明彼,则天下之道实出此。”②朱子学对稳定社会秩序、巩固王权及在意识形态上的作用由此可见。与此同时,朝鲜对不利朱子学正统地位的学说,一概斥为“异端”,加以排斥诋毁。如前文所述,朝鲜获悉王阳明从祀孔庙的讨论后,立即掀起了斥王风潮。李滉率先对阳明学展开批判。他从国家生死存亡的角度,指出,国王若信王学“则斯文斯世之祸,未知其孰烈于秦也”。③ 特进官佥知柳希春也借入朝侍讲之机,痛斥阳明学说为异端邪说,将王阳明视为“乱政”之人④,其从祀孔庙与否关系到朝鲜国家是否“乱政”的大问题。

由于朝鲜将传入的程朱理学本土化、民族化后,最终将其绝对化、权威化,奉为朝鲜独尊的,位居国家正统地位的唯一官方哲学。这就意味着,任何有损于朱子学权威独尊地位的异己学说,朝鲜都将视为“异端”,而加以排斥抵制。如李朝君臣视阳明学说为“异端”,加以排斥抵制,万历十二年,王阳明从祀明孔庙,朝鲜认为“中朝取舍,未必尽当”⑤,从朝鲜君臣对王阳明从祀孔庙态度,可以看出朝鲜程朱之学排他性与独尊性。

再次,朝鲜不准王阳明从祀孔庙与明清易代,清朝推崇理学有直接关系。16世纪中叶以降,居“中华”地位的明朝,随着国力下降,其维系东亚共主地位的经济前提不再坚挺,随之政治、文化上的优越地位也逐渐减弱。而处于“属夷”地位的朝鲜,则通过“用夏变夷”改变了自身地位。尤其是随着朱子学逐渐深入,其仿自中华主义的意识不断增强。这时的朝鲜始以从明朝学到的中华价值为武器,往往以批评的眼光来观察与思考明朝现实社会。万历以来,李朝围绕朝鲜孔庙祀典厘正是否遵从明制的讨论,君臣认为朝鲜孔庙祀典未必就从明制,不从明

---

① 李滉:《退溪文集》卷7,《劄》,进圣学十图劄并图,第29册,首尔:景仁文化社,1989年,第197页。

② 李珥:《栗谷全书》卷19,《圣学辑要》,第420页。

③ 李滉:《退溪集》卷41,《杂著》,白沙诗教传习录抄传,第419页。

④ 《朝鲜宣祖实录》卷7,宣祖六年三月丁酉条,《朝鲜王朝实录》第21册,第258页。

⑤ 《朝鲜宣祖实录》卷5,宣祖四年十二月辛卯条,《朝鲜王朝实录》第21册,第238页。

制也并非不可。换言之,朝鲜孔庙祀典厘正不遵明孔庙祀典并非异常事情。

清代明后,推崇理学而非心学,朝鲜作为清朝属国,理所应当排斥心学,推崇理学。特别是康熙即位后,崇宋儒,尤重程朱理学,他曾以“御纂”的名义令理学名臣熊赐履、李光地等刊行《性理大全》,亲自参与裁定《性理精义》。[①] 他推崇朱子道:“惟宋儒朱子注释群经,阐发道理,凡所著作及编纂之书,皆明白精确,归于大中至正,经今五百余年,学者无敢疵议。朕以为孔孟之后,有裨斯文者,朱子之功最为弘巨”。[②] 在《朱子全书序》中,更是赞誉朱熹“集大成而继千百年绝传之学,开愚蒙而立亿万世一定之规,穷理以致其知,反躬以践其实,释大学则有次第,由致知而平天下”。[③] 康熙五十一年(1712),康熙下诏将朱熹从祀孔庙的位置提升,由东庑先贤之列,升至大成殿,列在四配、十哲之次。上述康熙对理学的修为,清楚地表达了清朝国家推崇理学而非心学。朝鲜作为清朝属国,秉承程朱之学,“效中国君臣之为治而治,学中国圣贤之道而道焉,法中国伦常礼乐制度文物之为则而则焉,读中国六经四子之为文而文焉”,一切以程朱理学为本位,“无不自中国而法焉”。[④] 由此可见,朝鲜“肃宗壬戌从祀之典”不予王阳明从祀朝鲜孔庙,其他从祀人物与明孔庙也有所不同,应是情理之中事情。

---

① 黄进兴:《优入圣域:权力、信仰与正统性》,第 103 页。

② 《清圣祖实录》卷 249,康熙五十一年四月丁巳条,北京:中华书局,1985 年。

③ 朱熹撰,李光地、熊赐履等编:《御纂朱子全书》,《御制朱子全书序》,《景印文渊阁四库全书》第 720 册,第 2 页。

④ 柳麟锡:《毅庵集》卷 30,《杂著》,《韩国文集丛刊》第 338 册,首尔:景仁文化社,2004 年,第 292 页。

清朝入关前"西北边"的拓展和"北边"的收缩

张士尊

在后金占领辽东的初期，西部和西北部边境变化不大，基本是以辽河下游干流和明代辽东边墙为边，在辽河左岸和辽东边墙东侧驻军戍守，同时因为人口稀少，北部防线从明辽东边墙向南收缩到铁岭附近。天命末年，努尔哈赤迁都沈阳，开始考虑经营蒙古，改换攻明路线。皇太极即位以后，向西北方向拓展边境，在辽河西岸建设新边，修建城堡，其防御前沿远至饶阳河畔，同时把铁岭以北的开原地区赐给敖汉、奈曼部驻牧，以怀柔蒙古。

一、清朝入关前西北边境的拓展

天命七年(1622)初，努尔哈赤率军进攻辽西，明军丢盔弃甲，溃不成军，基本失去了收复辽东的能力，后金虽连战连捷，但短时间内夺取这么多土地，也需要消化和调整，故辽东辽西没有太大的战事。此时，努尔哈赤开始把目光移向辽河中上游，也就是后金占领区的西北方向，考虑"于北方蒙古沿边一带择沃地耕田，开拓边界"，进而经营与蒙古各部的关系。天命八年(1623)正月初六日，努尔哈赤带着家眷从东京城出发，沿着辽河岸边视察围猎，直到正月十四日才返回东京城，总共用去 9 天时间。①

---

① 中国第一历史档案馆编译:《内阁藏本满文老档》(太宗朝)，沈阳:辽宁民族出版社，2009年，第 147 页。

这次努尔哈赤率队沿着辽河视察和围猎,具体地点在哪里?《满文老档》的记载较为简略,仅留下初十日晚在“达岱塔之南郊”住宿这一条具体信息。“达岱塔”在哪里?“达岱塔”是满汉混合语,“达岱(dadun)”,是满语破旧的意思,“塔”是汉语宝塔的意思,“达岱塔”就是破塔的意思,也就是说,当天晚上努尔哈赤一行在破塔南面露宿。按照常识理解,既称“破塔”,说明当时此塔可能已经相当残破,尽管如此,作为寺庙的附属建筑,今天应该留有残迹。笔者曾沿辽河两岸实地考察,知道今天沈阳西北辽河两岸仍然保留有两座“破塔”残迹。其中一座是位于辽河北岸的辽滨塔。据《沈阳市文物志》记载:辽滨塔位于新民市公主屯镇辽滨塔村,西傍秀水河,南临辽河,“建立在高约 2 米的平岗上,塔通高约 44 米,为八角十三层实心密檐式砖塔……底部由于长年风雨剥蚀,青砖脱落多层,已内凹 2 米左右……因年久失修,有的佛像已脱落……塔刹高约 4 米,只剩刹身露盘,刹杆和宝珠早已无存……从当地出土的塔铜铃铭文有‘沈州辽滨县主簿温迪罕’字样”,由此看来,辽滨塔应修建于辽代。《沈阳市文物志》出版于 1993 年,当时塔底部已经“内凹 2 米左右”,后金时期虽没有如此严重,但肯定也已残破,称其为“破塔”,应该说实至名归。

另一座塔为石佛寺塔。石佛寺塔位于辽河南岸石佛寺镇七星山上,据《沈阳市文物志》记载:此塔原为六角七层密檐砖塔,现仅存南、东南、西北三面塔基及部分塔身。“民国时期沈阳县公署档案卷中曾记载:铁岭南石佛村有古塔,耸立山巅,高四五丈,虽劈陷三分之一,然犹不峙不欹,兼以山水相连,风景宜人,游赏者泛舟其下,临波观览,真有塔影遥开山雾重,笛风清澈水风凉之感。由于山形奇特,背倚辽河,塔立山巅,塔影映河,形成‘拉塔湖’自然景观。”1982 年,文物工作者曾对地宫进行发掘,曾发现舍利子及两通石碑,从其铭文可知,此塔为辽代双州双城县时家寨净居院舍利佛塔,辽咸雍十年(1074)修建。① 另外,七星山顶东侧有莲花湖村,村中有湖,称“莲花湖”,因有塔影倒映湖面,故此湖也称“拉塔湖”。“拉塔”何意?与“达岱塔”有无关系?值得研究。辽滨塔与石佛寺塔东西相距 40 余华里,究竟何者为“达岱塔”,需要探讨,但两者都在沈阳西北辽河岸边,且相距并不遥远,由此来确定努尔哈赤准备拓边的方向还是没有问题的。

天命八年四月,努尔哈赤再次从东京城出发,用了 6 天时间,沿着辽河岸边

① 沈阳市文物管理办公室编:《沈阳市文物志》,沈阳:沈阳出版社,1993 年,第 124—125 页。

《沈阳市文物志》辽滨塔老照片

视察、围猎、捕鱼，考虑拓展西北边界等事。据《满文老档》记载：四月十四日，努尔哈赤为“边外沿辽河耕田开边事”，率领诸贝勒等从东京城出发，晚上在彰义站附近住宿；四月十五日，“出边察视耕田之地并行围狩猎”，晚上在“布尔噶”渡口住宿；四月十六日，“自彰义站以西察视耕田设围打猎”，晚上在辽河渡口住宿；四月十七日，“于辽河张网，寻鱼未得，又将网舟移于大池，寻鱼仍未得”，晚上在大池岸上住宿；四月十九日，溯辽河而上，弃船登陆，“在都尔鼻山岗附近勘视，拟定在此修城”，晚上在“达岱塔”南住宿；四月二十日，在“达岱塔”附近视察耕地，晚上在十方寺以南水甸住宿。① 追寻努尔哈赤如上的活动轨迹，起点是沈阳西南的彰义站，终点是沈阳以北的十方寺，大体在沈阳西北沿着辽河东岸画了一道弧线。其中“彰义站”，即明边堡长勇堡，旧址在今沈阳西南60华里彰驿站

① 中国第一历史档案馆编译：《内阁藏本满文老档》（太宗朝），第170页。

今石佛镇七星山上的宝塔残址

镇彰驿站村，辽东边墙在其西部通过。“十方寺”，即明边堡十方寺堡，遗址在沈阳市西北90华里的石佛镇，辽东边墙在其北部通过。

在这次努尔哈赤的活动轨迹上，有几个生疏的地点，如“布尔噶”渡口、“大池”、“都尔鼻”山岗、“达岱塔”等，有略加考证的必要。首先是“布尔噶”渡口：“布尔噶”是满语柳树的意思，“布尔噶”渡口，是个叫柳树的辽河渡口，具体位置今天已很难考证。其次是“大池”：“大池”在哪里？辽河西距彰义站70华里，中间有蒲河故道，地势低洼，水泡众多，时人称其为“滥蒲河”。今蒲河故道珍珠湖湿地自然保护区中有团结水库，应是当年努尔哈赤捕鱼和住宿的“大池”遗迹。最后是“达岱塔”：关于“达岱塔”，上文已经考证，“达岱塔”在辽河岸边。当我们把如上这些地点定位以后，就可确知：努尔哈赤此次考察和畋猎活动都发生在辽东边墙和辽河之间，可以肯定，经过这次考察活动，努尔哈赤已经决定越过辽东边墙，把边界向西北方向拓展30—60华里，直达辽河东岸。

据《清太祖实录》记载，天命十年(1625)三月，努尔哈赤不顾众人的反对迁都沈阳，他给出的理由中就有“沈阳形胜之地，西征明，由都尔鼻渡辽河，路直且近；北征蒙古，二三日可至”这样的话。[①] 很显然，此后后金无论是西征明朝，还是北征蒙古，通道主要是“都尔鼻路”，所以西北边的建设就显得越来越重要。检索清代的文献档案，清初在西北方向拓边，从而保证远征明朝和蒙古大道的畅通，在辽河西岸共建设4座城堡，即都尔鼻城、巨流河城、旧辽阳城和嘎海城，这4座城堡都在“都尔鼻路”附近，都与“都尔鼻路”的开辟有关，所以我们应该首先考证一下“都尔鼻”在哪里。

“都尔鼻(durb)”，是个满语词汇，汉字亦可写成杜尔比或杜尔弼等，满语原意是四方或方形的意思，使用比较普遍，蒙古高原多有称“都尔鼻”地名者。综合清初的各种相关记载，在沈阳西北方向称“都尔鼻”者，不外乎“都尔鼻地方”、“都尔鼻路”、“都尔鼻城”3种特别指向。

首先，我们看“都尔鼻地方”：上文我们提到天命八年努尔哈赤在沈阳西北畋猎考察时，曾到过“都尔鼻山岗”并初步拟定在此修建“都尔鼻城”。那么，这个方形的山岗具体在什么地方呢？从努尔哈赤考察活动都在辽河东岸和辽东边墙之间的情况来看，这个“都尔鼻山岗”应该在辽河东岸，只是辽河东岸地形起伏，并无高耸的山峰，故“都尔鼻山岗”当为辽河东岸近似方形的岗地。据《满文老档》记载：正当努尔哈赤在都尔鼻考察时，蒙古喀尔喀部酋长斋赛属下有三人叛逃前来，到了辽河对岸，努尔哈赤马上命人把他们接过河来，这说明努尔哈赤视察的“都尔鼻山岗”在辽河的东岸。

另据《满文老档》记载：天聪元年(1627)六月，察哈尔所属敖汉和奈曼两部贝勒率部来归。二十五日，皇太极率领八旗官兵前往迎接。二十六日，在“都尔鼻山岗驻跸”。七月初四日，为表示对来归者的尊重，皇太极率军“从都尔鼻山渡辽河前行，至十里外驻跸”。初五日，“引来归蒙古诸贝勒朝见”。[②] 很明显，这个“都尔鼻山岗”在辽河以东。那么，这个“都尔鼻山岗”的具体地点在哪里呢？根据笔者实地考察，把其定点于新民市辽河东岸沈家岗子。

其次，我们看看“都尔鼻路”：在清初满洲人的词汇里，“路”是通道的意思，

---

① 《清太祖实录》卷9，天命十年三月己酉条，《清实录东北史料全辑》(一)，长春：吉林文史出版社，1988年，第96页。

② 中国第一历史档案馆编译：《内阁藏本满文老档》(太宗朝)，第471—473页。

可以同地方互换，与汉语中“一带”的意思相近，如虎尔哈路、鸭绿江路等等。据《满文老档》记载：天聪六年(1632)四月，皇太极亲征察哈尔，四月初一日：“率大军出西门，至蒲河驻营”；初二日：“大军启行，至辽河，值辽水涨，每旗给船二只，汗与诸贝勒于午时渡河，至养息牧河驻营”；初三日：“汗驻跸养息牧地方以候营兵至”；初四日：“驻跸都尔鼻”。① 很清楚，四月初二日，皇太极就已渡过辽河，四月初四日驻跸的都尔鼻当然在辽河以北了。另据《清太宗实录》记载，天聪八年(1634)五月，皇太极再次亲征，五月二十一日：出盛京抚近门，“大军西行，出上榆林口，至达代塔前驻营”；二十二日：“大军渡辽河，抵阳石木河，沿河立二十营”；二十三日：“大军至都尔鼻地方”。② 这个都尔鼻也在辽河以北。同样的一个地名，分别出现在辽河南北，这是造成后世认知混乱的重要原因，但就像上文所提到的，“都尔鼻”是个普通的地名，很多地方叫都尔鼻，这里不同的是，两者都处在“都尔鼻路”上。此前，辽河以北没有开辟之前，人们关注的是辽河东岸(或南岸)的“都尔鼻山岗”，但随着这条路成为通衢大道，辽河以北的“都尔鼻”得到关注，清人后来可能为把两者区分开来，开始在文献中把河北的都尔鼻叫“大都尔鼻”。那么，辽河以北的都尔鼻究竟在哪里呢？据《满文老档》记载：天聪五年(1631)七月，皇太极亲率军远征明朝，分别送信给蒙古敖汉等各部，约定“会兵之期，于本月二十七日抵养息牧之都尔鼻地方即可”。③ 这里说得非常明确，都尔鼻在养息牧河附近。

再次，我们看看“都尔鼻城”：都尔鼻城修建在哪里？肯定地说，没有修建在都尔鼻山岗，都尔鼻山岗位于辽河东岸，迁都沈阳之前，努尔哈赤计划在此筑城，但迁都沈阳以后，此事不了了之，可能是因为当时后金已经把防御前沿移到辽河以北。《满文老档》太宗朝史事只记载到崇德元年(1636)底，并没有都尔鼻城的记载。除《满文老档》之外，记载崇德初年史事的还有纂修于顺治年间的《清太宗实录稿本》残卷，在其第14卷“崇德元年丙子四月登基议定会典”中提到：“沈阳称天佑盛京，老城称天佑兴京，句卢湖州筑的新城称开城，杜儿必新城称屏城，旧辽阳新城称藩城。”④这里提到的三座新城，其中“句卢湖州”，即句丽河或巨

---

① 中国第一历史档案馆编译：《内阁藏本满文老档》(太宗朝)，第628页。

② 《清太宗实录》卷18，天聪八年五月丙申条，《清实录东北史料全辑》(一)，第395页。

③ 中国第一历史档案馆编译：《内阁藏本满文老档》(太宗朝)，第576页。

④ 《清太宗实录稿本》，沈阳：辽宁大学历史系(内部印本)，1978年，第9页。

流河;"杜儿必",即都尔鼻;"旧辽阳",即旧辽阳河。分别把巨流河城改为开城;都尔鼻城改为屏城;旧辽阳城改为藩城。《清太宗实录稿本》虽然把三城记载于崇德元年,但此年三城却并没动工。

都尔鼻城或屏城是哪年开建的呢?据《清太宗实录》记载,崇德二年(1637)二月,皇太极给镇守噶海城贝勒阿巴泰的上谕中说道:"其镇守噶海之前锋与镇守开城之前锋,著合为一队,于大都尔鼻地方,不拘前后,相其有草处驻营。驻营之地止可离都尔鼻一二十里。"①这说明,皇太极准备,甚至已经着手在都尔鼻修筑城堡了。十余天后,皇太极亲率"诸王贝勒等出地载门巡视都尔鼻筑城处"。不久派遣达代"统每旗护军校各一人,每牛录甲士各一人携家口往都尔鼻驻防"。② 同年七月,皇太极在责备大贝勒代善时又提到都尔鼻筑城事,"念疆宇褊小,宜图式廓以奠民居,故筑都尔鼻城"。③ 都尔鼻城正式动工在崇德二年八月,据《清太宗实录》记载:崇德二年八月,"以筑都尔鼻城,命和硕睿亲王多尔衮相度基址,多罗饶余贝勒阿巴泰,率八固山额真,每甲喇章京一员,每牛录甲士二十二人,夫役十名,前往兴工。又遣甲喇章京伊尔德、讷尔特、敦拜、席翰、马克图、禧福、伊成格、俄里堪等,率护军四百人防卫筑城工役。"④崇德三年(1638)三月,皇太极命令国内"每三丁出夫一名,竣都尔鼻城工",同时把都尔鼻城改为"屏城",并恩赐两个门额:一是"安边门",二是"广边门"。⑤ 这样,经过短短一年多时间,都尔鼻城基本建成,此后,人们往往称其为屏城。崇德三年七月,工部对屏城工程质量进行全面验收,并把渎职情况转送刑部追责,最后送皇太极决定,其结果部分保留在盛京刑部档案中。

具体来说,都尔鼻城在哪里呢?在日本人1913年编写的《满洲历史地理》中,箭内亘认定"都尔鼻地方"在辽河以东;书中又有内滕湖南《都尔鼻考》专文,其利用朝鲜世子《沈阳日记》中提供的线索,认定都尔鼻城在彰武县西50华里的新城基附近。新中国成立后谭其骧主持编写的《中国历史地图集》,把都尔鼻

① 《清太宗实录》卷34,崇德二年二月癸巳条,《清实录东北史料全辑》(二),第196页。

② 《清太宗实录》卷35,崇德二年二月丁未条、己未条,《清实录东北史料全辑》(二),第107—108页。

③ 《清太宗实录》卷37,崇德二年七月辛未条,《清实录东北史料全辑》(二),第147页。

④ 《清太宗实录》卷38,崇德二年八月丙辰条,《清实录东北史料全辑》(二),第162页。

⑤ 《清太宗实录》卷41,崇德三年三月甲子条,《清实录东北史料全辑》(二),第194页。

城定位在彰武县城。

让我们看看有关都尔鼻城的清代文献记载：较早的文献有《嘉庆一统志》，其在养息牧场部分记载：“杜尔比山，牧场设其下”。同书古迹条记载：“杜尔比城在牧场东南五里，周一里一百七十步有奇，东西各一门。”①晚些时候的文献有咸丰年间张穆撰《蒙古游牧记》，其在科尔沁左翼前旗部分记载：“左翼前旗牧地当法库边门外，养息牧场之东，旧作阳什穆，又作杨柽木，在锦州广宁县二百十里，牧场设杜尔比山下。太祖征明，大军必由都尔弼入边，即是地也。天聪元年，受敖汉、奈曼两部落降人于此……盖我朝未入关之前，以此为全辽筦钥矣。城在牧场东南五里，周一百七十步有奇，高三丈，东西各一门。”②综合这些文献，明确了两个地点：一是都尔鼻山：养息牧场在都尔鼻山下；二是都尔鼻城：在都尔鼻山东南5华里，也就是牧场东南5华里。根据如上的记载，要想确定都尔鼻城，首先要确定都尔鼻山，那么，都尔鼻山究竟是今天哪座山呢？

养息牧场之所以称养息牧场，是因为牧场设置在养息牧河两岸，而如上所引用的史料中曾提到都尔鼻山在养息牧河附近，即所谓“养息牧之都尔鼻地方”，看来寻找都尔鼻山的位置不能离开养息牧河太远。今天，我们渡过辽河，沿着养息牧河北上，数十里内基本上都是平原旷野，只有高山台山独立于柳河西岸。高山台山海拔160余米，东距彰武县城6华里，东距养息牧河道26华里，是辽河北岸最为明显的地标。另外，高山台西北山下5华里有马账房村，当为清代养息牧场管理机关驻地，这与清代文献“养息牧场在都尔鼻山下”的记载完全相符，由此反证了今天的高山台山就是当年的都尔鼻山，其附近就是大都尔鼻地方。

至于都尔鼻城所在，据《彰武县文物志》记载：今天高山台山附近有两座古城址，即四方城遗址和王家屯遗址。四方城遗址位于高山台山东南5华里多的柳河东岸，彰武县西六家子乡烧锅坨子村后四方城屯西。20世纪40年代，城址西部被柳河冲毁，现只存3面城墙，其中东墙较为完整，长160余米，坍墙最高处6米余。据当地文史工作者回忆：四方城的“建筑布局，背山面水，雄伟独特，城郭呈方形，人们称它为四方城，城内有好多建筑遗迹，地面瓦，砖、石、瓮、罐等残

---

① 谭其骧：《〈中国历史地图集〉释文汇编》（东北卷），北京：中国民族出版社，1988年，第300页。

② 张穆：《蒙古游牧记》，北京：商务印书馆，1938年，第13页。

物甚多。据说,时常还有人拾到铜钱、金、银,以及铜印,以及刀箭马镫等古物。"[①]因为此城遗址称"四方城",附近两个屯子随之称前四方城和后四方城。除四方城遗址外,高山台山附近,还有一个城址,称"王家屯城址"。王家屯城址位于高山台山西南2华里高山台村王家屯北,城为土筑,平面呈长方形,南北长170米,东西宽240米,城墙均已倾圮,唯北墙明显,存高3.5米,西北角有角台。在此城遗址北,还有一个辽朝的城址,王家屯城就是利用辽城南墙来作为自己的北墙。[②] 对于这两座城址,哪个更可能是都尔鼻城呢?多数人认定四方城,因为距离和名称都与都尔鼻城相符,但也有人认定王家屯城遗址为都尔鼻城的,如《彰武县文物志》等。

开城和巨流河城:在《清太宗实录稿本》中提到的"句卢湖州",即句丽河或巨流河,也就是今天的辽河,目前来看,开城、屏城、藩城这三座新城中,只有开城地点是比较明确的。据《新民地名概览》记载:开城,传说旧称"牧养城"、"独木关城",[③]旧址位于新民市市郊巨流河村东约200米的土山上。城为长方形砖筑,南北长110米,东西宽86米。南、北、西三面有门,西为瓮城,有上下马道。传说为高句丽古城。如今城墙早已倾圮,城内已经拓为良田,20世纪80年代文物普查时,城内外发现有辽金时期文物。说此城是高句丽时期就有所谓"唐城",未必可信,但说辽、金、元时期曾经利用完全可能。后金占领辽东以后,把防御前沿推进到辽河西岸,曾在此城驻军屯守则是肯定的。天聪十年(1636),后金仿照明朝的边堡在开城附近新修了座城堡,这就是巨流河城。据《沈阳市文物志》记载:巨流河城旧址在开河城西北200米处,"城呈方形,周长1940米,城墙里石外砖,中夹夯土,高7.2米,宽4.4—5.5米。城门有三:东称嘉定门,西称镇西门,南称拱固门。该城于民国初年仍保存比较完整"[④]。据《清太宗实录》记载:天聪十年三月,后金"仿明制拟新筑开城,城门名曰扬威门、昭德门、永安门、兴化门、定远门,进呈御览。上曰:'此等矜夸僭越之字,素与朕意不合,兴之、扬之、定之,悉在于天,非人力所能强得也。凡事莫贵于务实,今当以字义切

---

① 刘宪国:《都尔鼻城考》,载《彰武文史资料》第2辑,内部出版物,1985年,第88—89页。

② 张春宇等:《彰武县文物志》,沈阳:辽宁民族出版社,1996年,第80页。

③ 新民政协委员会编:《新民地名概览》,沈阳:辽宁科学技术出版社,2014年,第619页。

④ 沈阳市文物管理办公室编:《沈阳市文物志》,沈阳:沈阳出版社,1993年,第60页。

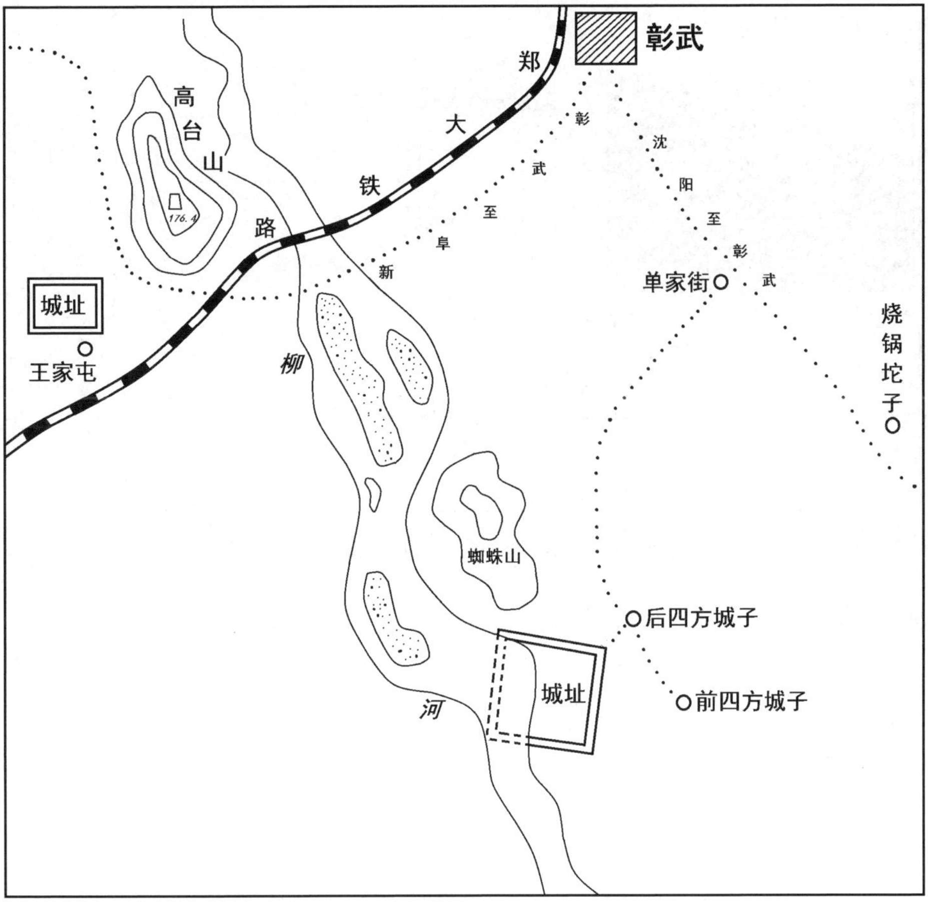

《彰武县文物志》所载“高台山及附近城址位置简图”

当者书之。’遂更其名曰巩固门、靖远门、镇西门。”①天聪十年巨流河城修筑以后，仍然称开城，皇太极曾多次在此城驻跸，顺治皇帝迁都北京时也曾在此住宿。康熙年间在此设巨流河巡检司，故开城之名逐渐为巨流河城所取代。

藩城的考证：藩城，也称辽阳城、辽阳河城、旧辽阳河城。据《清太宗实录》记载，崇德三年正月，皇太极亲征蒙古喀尔喀部，命代善等人留守盛京，临行时向代善等人交代的一项重要任务，就是“监筑辽阳、都尔鼻城”。② 这里提到的“辽

① 《清太宗实录》卷28，天聪十年三月庚申条，《清实录东北史料全辑》（一），第17页。
② 《清太宗实录》卷40，崇德三年二月丁酉条，《清实录东北史料全辑》（二），第191页。

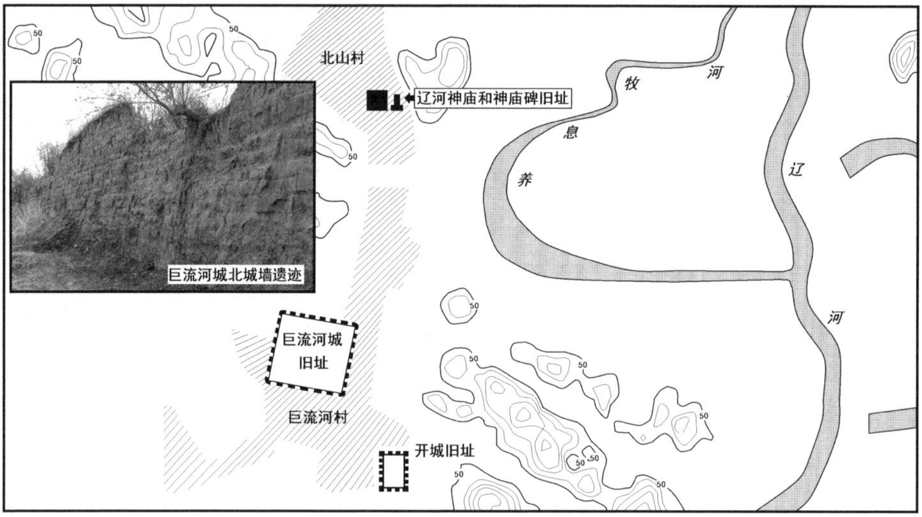

开城、巨流河城和辽河神庙位置示意图

阳”就是辽阳城、辽阳河城或藩城。同年三月,远征路上的皇太极到新筑的都尔鼻城和辽阳城“阅视新筑城垣”后,在留给盛京留守诸王的敕谕中说道:“朕曾有上谕,命仿都尔鼻城规模筑辽阳城,今观都尔鼻城甚小,朕思大军出征之后,辽阳乃驻防地,士马繁众,城小何以能容,今城基未筑,可每面再广十丈。朕筹画再三,故有是命。”①皇太极在出征路上,看到都尔鼻城太小,所以才有了扩建城垣的指示,同时从“城基未筑”的叙述中也可以看出,此时辽阳城动工时间不久。崇德三年七月,工部验收藩城的工程质量,并把渎职情况转送刑部追责,最后呈皇太极裁决,看来此时藩城建设大体竣工。

藩城修建在哪里?答案很简单,修建在辽阳河畔或旧辽阳河畔,故称辽阳城或辽阳河城,所以要确定藩城的位置,首先要搞清当时所说的辽阳河究竟是现在的哪条河。据《满文老档》记载,天聪元年,蒙古敖汉和奈曼部酋长琐诺木等投降后金,准备迁移到辽东居住。六月辛亥,琐诺木派遣三人到达沈阳,“言归降诸贝勒已至辽阳河”。庚申,皇太极率诸贝勒大臣统兵前往迎接。辛酉,皇太极驻跸都尔鼻山岗。戊辰,皇太极“自都尔鼻山冈渡辽河十里外驻跸”。② 从实录

---

① 《清太宗实录》卷41,崇德三年三月甲子条,《清实录东北史料全辑》(二),第194页。
② 《清太宗实录》卷3,天聪元年六月辛亥条,《清实录东北史料全辑》(一),第12页。

这条史料记载,我们不难得出结论:辽阳河在辽河以西10华里开外。

据《满文老档》记载:天聪六年七月,皇太极率军从大同返回。七月十九日,率众围猎,但收获很少,当天晚上“驻跸呼浑”。皇太极“率诸贝勒率带领精兵前行至旧辽阳,复由辽阳前行时遇自沈阳运粮来迎之英古尔岱等”。七月二十三日,皇太极率众渡辽河,在老边外二里处驻跸。① 从这段记载里,我们无法判断旧辽阳河距离辽河有多远,但可以肯定,两者相距很远。

据《满文老档》记载:天聪五年七月,当后金获得明朝准备把防御前沿推进到大凌河西岸,命总兵祖大寿督修大凌河城的消息后,皇太极决定亲征。七月二十七日,清军出发;七月二十八日,渡辽河;七月二十九日,没有记载;八月初一日,“大军次旧辽阳河,蒙古诸部落贝勒各率所部兵来会”。② 如果这次清军在七月二十七日早上从沈阳城出发,八月初一日晚上到达“旧辽阳”,那么共用去4天时间,前两天在辽河以东,后两天在辽河以西;如果过辽河以后,清军在巨流河城住宿,这样我们就可以找出一条清军最为便捷的行军路线,即从沈阳城经巨流河画条直线,旧辽阳河就在这条直线上。根据图上测量,从沈阳城到巨流河城直线距离大约48公里,即96华里,也就是前两天的路程走了96华里;那么沿着这条直线再走两天,也是96华里,我们看到的是哪条河流呢?应该是绕阳河。

从如上这些记载中,尽管我们不知道辽阳河的具体位置,但我们大体知道辽阳河在辽河以北,在养息牧河以西,距离辽河有相当一段距离。如今,在当年辽河以北共有三条河流,即养息牧河、柳河和绕阳河。如果把养息牧河排除在外,剩下的只有柳河和绕阳河。柳河,辽、金、元代称“羊肠河”,清代称“养息牧河”,光绪初年,河水在彰武县城北杨家附近冲出一条新河道,人们称其为“新开河”,日伪时期始称“柳河”,后来养息牧河故道上游淤塞,下游仍然畅通,就成为现在的养息牧河。如此看来,清朝初年柳河还没有形成,清军行进方向上只有两条河流,一条是养息牧河,另一条就是绕阳河。

绕阳河,也称岳洋河、鹞鹰河等,其自成水系,从古“辽泽”中部南行,在盘山

---

① 中国第一历史档案馆编译:《内阁藏本满文老档》(太宗朝),沈阳:辽宁民族出版社,2009年,第653—654页。

② 中国第一历史档案馆编译:《内阁藏本满文老档》(太宗朝),沈阳:辽宁民族出版社,2009年,第578页。

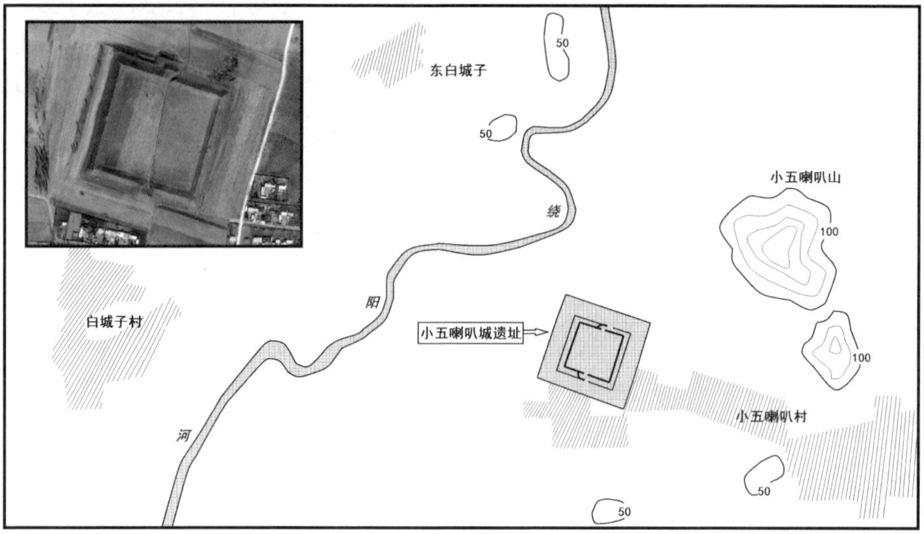

彰武县小五喇叭城遗址位置示意图

县汇入双台河入海。明代档案文献中屡屡提到的“旧辽阳”应该指的是这条河流。至于现在的“绕阳河”是“辽阳河”的变音，还是“辽阳河”是“绕阳河”的变音就很难考证了，但有一点可以肯定，清初档案文献中所出现的“辽阳河”或“旧辽阳河”就是现在的绕阳河。

既然绕阳河就是“辽阳河”，那“辽阳河城”或藩城就应该到绕阳河两岸去找。到目前为止，在绕阳河两岸只有一座城址，那就是小五喇叭城址。据《彰武县文物志》记载：小五喇叭城址位于彰武县西南43华里两家子乡小五喇叭村附近。西距绕阳河约1华里，东北方向2华里有小五喇叭山。城为正方形，边长250米，周围约1000米，比四方城（都尔鼻城）要大些。以土夯筑，四面城墙保存完好，城墙存高4.4—5.7米不等。城四角有角台，南北城门都有瓮城，门与瓮城均为砖砌，白灰砖砌缝筑成，因此过去人们称此城为“白城子”，附近村屯也以白城子得名。城外有两道护城河，第一道护城河距离城墙12米，用条石砌成，上宽下窄，现条石已无，河岸坍塌，残深1.4米，宽11.5米。第二道护城河离第一道护城河68米，河宽12米，现已大半淤平。城内遗物较少，据群众介绍，城外西南角曾出土刻有“大辽国□□城”字样的石碑，后被河水淤埋。除此之外，城内还出土过头冠、铁流星、铁箭镞、石臼、石杵、铜钱等，考古工作者认定其为辽代城址,但被清代沿用。① 如此坚固的城池,定然是清初防守西北的重要军事城堡藩城。

屏城(都尔鼻城)、藩城(辽阳河城)、开城(巨流河城)是清初辽河北岸都尔鼻路上形成的一个完整防御体系,其中屏城和藩城东北—西南直线距离约35华里;屏城东南距开城约100华里;藩城东南距开城约100华里,三座城堡恰成一个等腰三角,互为犄角,控制着养息牧河到绕阳河之间的都尔鼻走廊,成为清朝西北方向前伸的桥头堡和前进基地。据《清太宗实录》记载,崇德三年十月,皇太极在锦州南指挥战斗,“遣官谕屏城、藩城、开城守臣曰:尔等三城,每城止留官一员,兵二十名驻守,其余将士,俱至辽阳俄黑渡口,会集伺候,以便交收俘获人畜”②。崇德四年(1639)二月,皇太极再次调“屏城、藩城、开城守臣率本处兵护送俘获人口还”③。崇德四年八月:内大臣多尔济属下蒙古人和汉人携带马匹逃走,皇太极“命驻防镇国公扎喀纳、辅国公杜尔祜、宗室顾尔玛洪等,率官兵分布于藩城、屏城间伺之”④。为什么要在藩城和屏城中间设伏等待,因为这是从西北出边返回蒙古高原最为便捷的通道。

噶海城的考证:当我们把屏城、开城、藩城情况大体搞清以后,辽河西岸四城中就剩下噶海城了。据《清太宗实录》记载,天聪十年三月,皇太极“遣贝勒阿济格、阿巴泰率八固山额真每甲喇官一员,每牛录小拨什库一名,甲士十五人往噶海筑城”⑤。四月,又“命固山额真拜尹图、谭泰、叶克书、叶臣、伊尔登、阿山、额驸达尔哈、篇古、阿格等往阅噶海所筑城,并令筑台”。⑥ 由此看来,噶海城修筑于天聪十年三月,同年四月大体修筑完成。在如此短的时间内完成一个城堡的修筑,常规情况下是不可能的,估计是对前代遗留的城池进行修葺利用,并非另起炉灶。那么这个城址在哪里呢?

崇德元年十二月,皇太极准备亲征朝鲜,临行前安排留守人员,其中“和硕郑亲王济尔哈朗留守盛京,多罗武英郡王阿济格驻牛庄备边防敌,多罗饶余贝勒

① 张春宇等:《彰武县文物志》,沈阳:辽宁民族出版社,1996年,第66—67页。
② 《清太宗实录》卷44,崇德三年十月乙卯条,《清实录东北史料全辑》(二),第238—239页。
③ 《清太宗实录》卷45,崇德四年二月丙午条,《清实录东北史料全辑》(二),第255页。
④ 《清太宗实录》卷48,崇德四年八月辛亥条,《清实录东北史料全辑》(二),第298页。
⑤ 《清太宗实录》卷28,天聪十年三月乙卯条,《清实录东北史料全辑》(一),第17页。
⑥ 《清太宗实录》卷28,天聪十年四月庚寅条,《清实录东北史料全辑》(一),第35页。

阿巴泰驻噶海城收集边民防敌”[1]。另外,《清太宗实录》中有“留守盛京和硕郑亲王济尔哈朗、镇守西边牛庄多罗武英郡王阿济格、镇守北边噶海多罗饶余贝勒阿巴泰等遣恩格德、阿布达礼赍奏……”[2]此语表述得很明白:济尔哈郎镇守辽东首府盛京,阿济格镇守“西边”重镇牛庄;阿巴泰镇守“北边”重镇噶海。这说明在整个西部防线上,噶海与牛庄同等重要,牛庄防守南方大路;噶海控制西北大路,而从“收集边民防敌”这项特殊任务看,此城离边不远。崇德二年正月,远在朝鲜前线的皇太极命劳萨等率先锋军先行返回盛京,同时命令留守的济尔哈朗等人:“其右翼前锋到五日可令往噶海驻防;左翼前锋于辽河冰解时,可往开城驻防;辽河冰若未解,可往牛庄驻防,冰解后,并将驻防牛庄之护军取往开城一同驻防。”[3]从牛庄和开城驻防者可以互换这一点来看,噶海并不在牛庄和开城之间,而应该在开城以东。再者,据济尔哈朗等人的奏报:在大军远征朝鲜期间,曾命护军校喇巴什希等率“噶海守臣卦尔察尼堪率护军百三十人,驻守噶海骑兵十人,共百四十人,于初六日由噶海起行,初九夜入明境,初十日至锦州、义州界,获二步卒而还”[4]。从清朝西北边境走都尔鼻路到义州直线距离约400华里,这支步骑混合的小分队在路上耗时4天,这说明他们的出发地噶海城距离都尔鼻路不远。6天后,皇太极命令镇守噶海的贝勒阿巴泰:“噶海四旗护军驻防日久,尔可率之还京,以便遣兵更代。其镇守噶海之前锋,与镇守开城之前锋,著合为一队于大都尔鼻地方不拘前后,相其有草处驻营,驻营之地止可离都尔鼻一二十里。”又命令镇守开城的骑兵将领:“尔等八人,可率驻防开城之骑兵还。尔等还时,当径至盛京,不可旁入村堡。前锋著全往大都尔鼻,与硕翁科罗巴图鲁劳萨合营。”[5]如上的命令中包含两个内容:一是部分镇守噶海和开城的官兵可以直接返回盛京,以便及时换防;二是原来驻防噶海和开城的“前锋”北上都尔鼻附近一二十里“驻营”。驻防两城“前锋”同时开赴都尔鼻附近,说明两城距离不远。

到这里,我们虽然不能确指噶海城的具体位置,但可以圈定噶海城应该大体

---

① 《清太宗实录》卷32,崇德元年十二月辛未条,《清实录东北史料全辑》(二),第77页。
② 《清太宗实录》卷34,崇德二年二月丁亥条,《清实录东北史料全辑》(二),第104页。
③ 《清太宗实录》卷33,崇德二年正月丙辰条,《清实录东北史料全辑》(二),第90页。
④ 《清太宗实录》卷34,崇德二年二月丁亥条,《清实录东北史料全辑》(二),第104页。
⑤ 《清太宗实录》卷34,崇德二年二月癸巳条,《清实录东北史料全辑》(二),第106页。

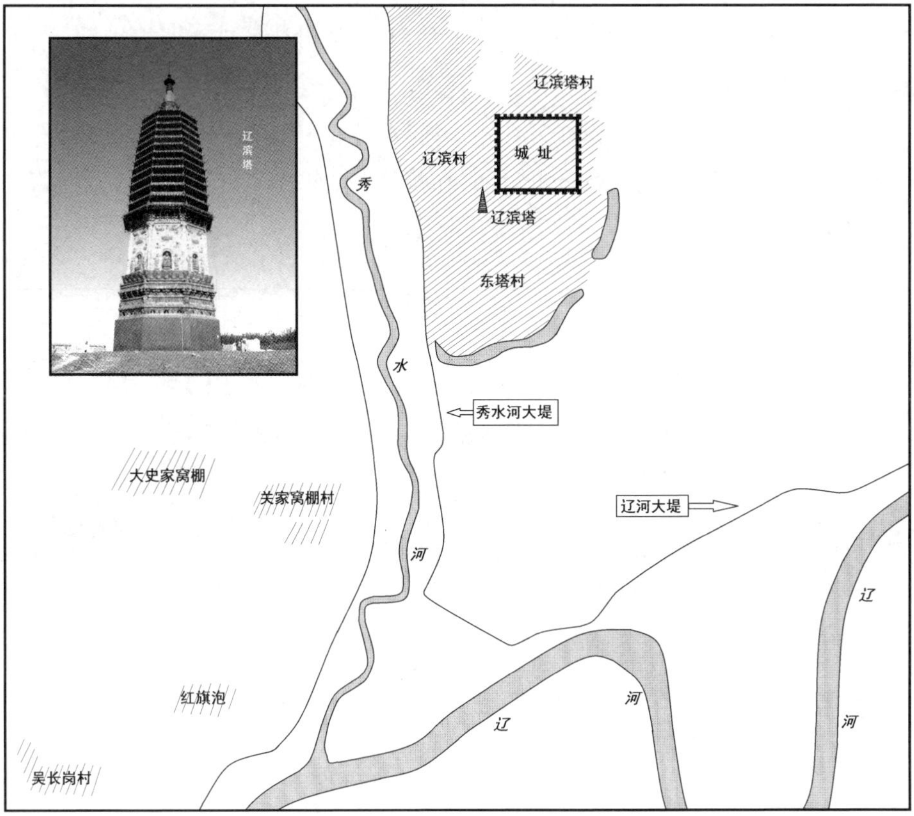

新民市辽滨塔城遗址位置示意图

在辽河以北,开城以东不远处。另外,从清初曾经在旧城基础上加以修筑并利用,而且是当时相当重要的军事城堡来看,噶海城的城址不可能完全消失。那么它是今天的哪座城址呢?我认为应该是辽滨塔城址。其原因有三:一是它位于辽河北岸,在老边之外,新边之内;二是西南距离开城30华里,两城互为掎角;三是扼守通往蒙古大路,为必经必守之地。从档案文献记载看:从沈阳西出,一是经蒲河到十方寺过河出边;二是经上榆林堡过河经辽滨塔秀水河出边;三是经老边到都尔鼻山岗过河出边。除此之外,更为重要的是辽滨塔村有座颇具规模的古代城堡,完全可以利用。

据《沈阳市文物志》记载:辽滨塔城址,位于新民市辽河北岸公主屯乡辽滨塔村内。“城址呈方形,用土夯筑,每面长约300米左右,城墙虽多已圮毁,但还留有夯土墙基和南北两个城门遗址。现在古城址内多为住宅和园田,农民经常发现灰褐色的沟纹砖、布纹瓦及辽金时期的白釉、褐釉瓷器残片。在城址西南面的平岗上,有一座高约45米,八角十三层的实心密檐砖塔,塔下原建有寺庙,已毁。"辽朝曾在这里设有辽州和辽滨县,隋朝大业年间征高句丽,曾在此设辽东郡和通定镇。① 可以想象,清朝初年,略加修缮,这座城堡完全可以满足清朝的驻军要求。

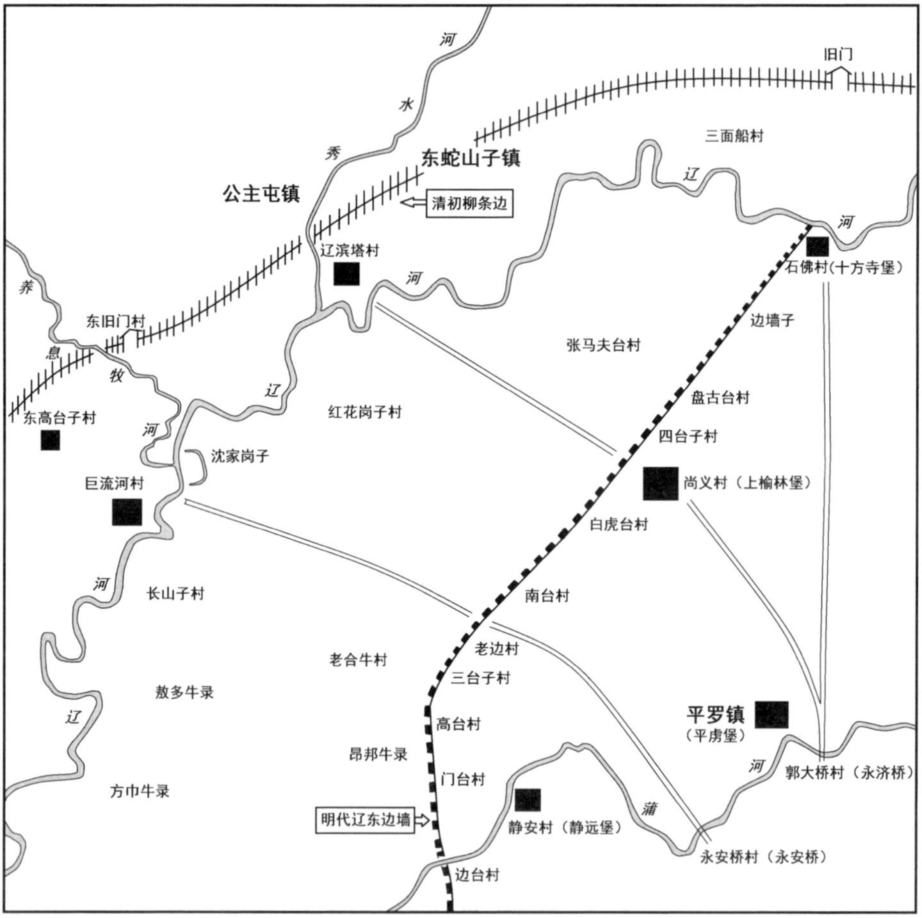

清初西北拓边示意图

① 沈阳市文物管理办公室编:《沈阳市文物志》,沈阳:沈阳出版社,1993年,第53—54页。

清入关前西北边境的柳条边：努尔哈赤统治的天命年间，后金的西北边境直接利用明代辽东边墙；天命末年，开始向外拓边，把边境前推30余华里，到达辽河东岸；天聪年间经营辽河以西，在巨流河城、辽滨塔城等城北建立新边，今天新民市高台子镇东旧门村有东西旧门两屯，当与此时设置的柳条边门有着直接的关系。崇德年间，清朝的西北边境进一步前移百余里，先后修建屏城（都尔鼻城）和藩城（旧辽阳城），并在柳河和绕阳河之间修建传烽墩台（彰武县境内高山台、二台子、三台子、四台子即其遗迹），从而把边境各种防御设施连成一个整体；同时为保证沈阳城与边境的信息、物资和人员输送的通畅，还征发大量人力物力修筑道路桥梁。关于清朝入关前大力修筑道路桥梁之事，《盛京通志》等官修志书往往把其归功于努尔哈赤。事实上，这是个误解，原因很简单，努尔哈赤在迁都沈阳后不久去世，生前还难以顾及此事，就是到皇太极统治的天聪年间，文献档案中也没有这方面的记载。据《清太宗实录》记载，天聪末年、崇德初年，为保证盛京经十方寺和辽滨塔出边过蒲河时的安全，清朝政府才在明代永利闸旧址修建了第一座大石桥，崇德二年七月，石桥竣工，皇太极赐名“永济桥”。① 按照当时的生产力发展水平，这座石桥应该算是相当宏伟的建筑了，所以石桥竣工以后，策划者臧国祚被提升为三等甲喇章京，职位世袭。在修建桥梁的同时，清朝政府开始修筑通往边外的道路。据《清太宗实录》记载，崇德三年四月，“修治盛京至辽河大路，两傍浚壕，中间增土高三尺，广十丈，令八家及八旗每牛录出甲兵六十，及三顺王下甲兵皆赴工，给羊六百犒之，命和硕睿亲王多尔衮、多罗饶余贝勒阿巴泰及固山额真等董其役”。② 崇德六年（1641）秋季，由皇太极“敕建”的蒲河上第二座石桥永安桥竣工，从而为从盛京出发经都尔鼻出边的道路畅通提供了保证。事实上，崇德年间，皇太极把建设和维护西北道路桥梁当作大事来抓，时常有官员因为工作不力而被追责和受到处分。

经过20余年的努力，清朝西北边境防御设施完全体系化了，基本建立起三道防线：一是老边，即明朝的辽东边墙、墩台和城堡；二是辽河北岸的新边，不但有了边和边门的概念，而且有了边和边门的设置；三是边外新建的屏城、藩城及附属烽火台等，可以说有了稳定的前进基地和桥头堡。看来清朝的防御前沿在

---

① 《清太宗实录》卷37，崇德二年七月辛未条，《清实录东北史料全辑》（二），第147页。

② 《清太宗实录》卷41，崇德三年五月癸酉条，《清实录东北史料全辑》（二），第206页。

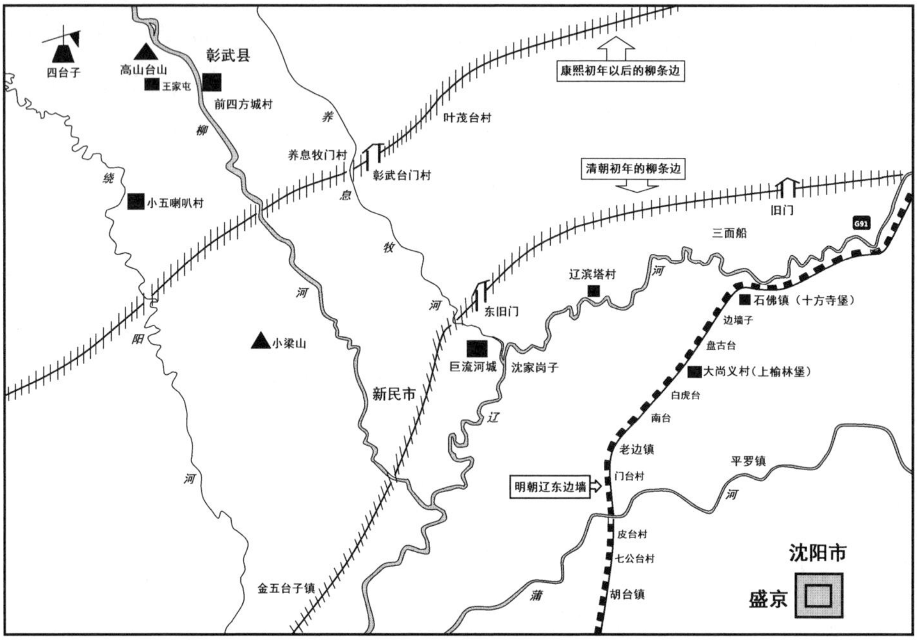

清入关前后沈阳城西北方向城堡和边位置示意图

崇德年间已经推进到绕阳河一线。值得注意的是，据民国《黑山县志》记载：在绕阳河以西，前代曾留有古边墙一道，“起县城东北百里之朝北营子、西南经邵岗子、上营城子、下营城子、又西南经迷子山、长岭子、孟屯，终于壕里”①。这道古边南北长百余华里，东距绕阳河20—45华里不等，它的主人是谁？如果是清朝人，那么清朝入关前的西部边界应该在绕阳河以西。另外据民国《台安县志》记载：常兴堡：“在县城东南二十九里，周一里二十步，东西门二。”大红旗堡：“在县东北三十里，周一里五十六步，东西门二。”小红旗堡：“大红旗堡东一里，周二百步。”“以上三堡皆天命八年所建立。”②如上三堡均在辽河以西，说天命八年所建，当来自传说，但于天聪、崇德年间建设则完全可能。由此看来，随着清朝西北方向边境的拓展，西部的边界也开始越过辽河，向西部拓展。

① 梁子贵修：《黑山县志》（1942年）卷1，《建置志》，黑山县铅印本，不分页。

② 孙维善修：《台安县志》（1930年）卷1，《疆域志》，台安县铅印本，不分页。

二、清朝入关前北部开原边境的变化

研究清初柳条边的形成，没法回避清初蒙古敖汉、奈曼等部入边驻牧开原这件事，而这件事，又与清初哈达公主和敖汉酋长琐诺木杜棱的一段姻缘有着直接的关系。哈达公主，名叫莽古济，努尔哈赤第三女，继妃富察氏所生。富察氏，共生两男一女，即后来的三大贝勒莽古尔泰、贝勒德格类及哈达公主莽古济。万历二十七年(1599)，努尔哈赤消灭哈达部，活捉哈达部酋长猛骨孛罗，不久后杀死。据《清太祖武皇帝弩儿哈奇实录》记载：明万历二十九年(1601)正月，努尔哈赤将莽古济嫁给猛骨孛罗的儿子吴儿户代为妻。[①] 从此，人们称莽古济为哈达公主。在档案文献中，吴儿户代也写成武尔古岱，其曾在后金政权中担任副将，为努尔哈赤三大额驸之首，于天命末年病死。

明代中期以后，蒙古敖汉部一直活动在辽西塞外，其酋长称小歹青(岱青杜棱)，不时南下侵扰锦州义州等地，后被明朝边将杀死。其长子琐诺木杜棱、次子塞臣卓哩克图继为酋长，初服属于察哈尔林丹汗，但后来与之分裂，倒向后金。据《满文老档》记载：天聪元年六月，敖汉、奈曼两部在酋长琐诺木等人的率领下投奔后金。二十一日，先遣使臣拜见皇太极，“言称：‘我察哈尔汗背弃兄弟，败坏道统，故来归附天聪汗。我等当居何处，悉遵汗命等语。’汗曰：‘尔等既与察哈尔汗背弃兄弟，败坏道统而前来归附我，我岂能限定地界，任尔居之可也。’”二十五日，皇太极率官兵前往迎接。七月初五日，敖汉、奈曼各部酋长朝见皇太极。第二天，皇太极率诸贝勒与敖汉、奈曼各部酋长对天盟誓，其誓词中有：“察哈尔汗败坏其道统，背弃亲兄弟，无故灭喀尔喀五部，以故敖汉及奈曼部诸贝勒与察哈尔汗交恶，来归天聪汗。若不念来归之情，迁入边内，视若其民，则天聪汗与大贝勒”等“皆遭天谴，不克永寿”。“若加之恩养，而杜棱洪巴图鲁、色臣卓里克图”等诸贝勒，“听信察哈尔离间之言，背我而怀二心，亦遭天谴，不克永年”。[②] 最后，“迁入边内”的敖汉部众被安排在开原。把敖汉部安排在开原，可

---

① 转引自孙文良先生：《满族崛起于明清兴亡论稿》，沈阳：辽宁民族出版社，2015 年，第 43 页。

② 中国第一历史档案馆编译：《内阁藏本满文老档》(太宗朝)，第 471—473 页。

能有如下三个原因：一是万历末年，明清战争爆发以后，后金首先夺取铁岭和开原，随后才占领整个辽东。在辽东站稳脚跟以后，后金的威胁主要来自辽西、辽南和辽东，故其防御的重点也放在这三个方向，铁岭和开原反而成了后院，人口稀少，土地荒芜，故天命六年（1621）八旗收揽各处档子时，就没有包括开原。二是开原距离草原较近，敖汉等部落牧业生产不会受到内迁的影响，同时也有利于与蒙古各部的联系。三是践行当初盟誓的誓言，可以随意居住，开原虽然荒芜，但仍在辽东边墙之内。

同年十二月，哈达公主莽古济下嫁敖汉酋长琐诺木杜棱。① 哈达公主是敖汉部酋长琐诺木的夫人，又是三大贝勒莽古尔泰和贝勒德格类的同胞姐姐，其两个女儿，长女为代善长子贝勒岳托妻，次女为皇太极长子贝勒豪格妻，多重亲属关系，故其地位十分显赫。哈达公主的特殊地位是建立在血缘和姻缘双重关系的基础之上，但在权力的诱惑和角逐中，这种基础并不那么稳固。努尔哈赤病逝，皇太极即位，最高决策仍然框定在"八王共治"这个传统结构下，四大贝勒同坐听政，皇太极的权威受到了极大的限制和挑战。所以，集权独裁就成为皇太极天聪年间追逐的主要目标。天聪五年，皇太极利用莽古尔泰莽撞的性格，把其降为多罗贝勒，第二年莽古尔泰郁闷而死。莽古尔泰的失势和死亡，对哈达公主莽古济是个沉重的打击，但皇太极表面上仍然保持着对这位同父异母姐姐的尊重。如天聪六年十月，皇太极率诸贝勒在开原附近围猎，"敖汉部落济农额驸琐诺木，哈达公主请上同诸贝勒幸其第"②。天聪七年（1632）十一月，皇太极率诸贝勒到叶赫地方围猎，曾经"驻跸开原，济农额驸琐诺木出城十里来迎"③。虽然如此，哈达公主与皇太极之间的裂痕却越来越大。

最终导致皇太极对哈达公主痛下杀手的事件是豪格再娶。天聪九年（1634）蒙古察哈尔林丹汗死后，其子额哲率部投降。按照部落传统，经皇太极批准，皇太极之子贝勒豪格迎娶林丹汗伯奇福晋为妻，因豪格先已娶了哈达公主的女儿，故哈达公主极为气愤，流露出强烈的不满情绪。此事使皇太极找到了清除莽古尔泰余党的借口和机会。经过诸贝勒诸大臣"审拟定案"："应革去（琐诺木）济农之号公主之名为民，仍罚济农夫妇银各百两，夺其满洲牛录及开原地方，其济

① 《清太宗实录》卷3，天聪元年十二月乙卯条，《清实录东北史料全辑》（二），第150页。

② 《清太宗实录》卷12，天聪六年十月乙丑条，《清实录东北史料全辑》（一），第301页。

③ 《清太宗实录》卷16，天聪七年十一月癸丑条，《清实录东北史料全辑》（一），第364页。

农所带蒙古皆没入官。"奏入,皇太极网开一面,把琐诺木带来的蒙古人还给琐诺木,但此后不允许哈达公主与亲戚往来。[①] 但此事并没有完,天聪九年十二月,哈达公主的仆人冷僧机向皇太极告发此前大贝勒莽古尔泰、哈达公主莽古济、敖汉额驸琐诺木济农、贝勒德格类等人结党谋反事,皇太极穷追不舍,结果哈达公主等千余人被杀,正蓝旗转归皇太极门下,莽古尔泰势力被彻底铲除。[②] 在这次事变中,琐诺木济农因为举报有功,只是被免去济农封号,虽《清太宗实录》中有"夺其满洲牛录及开原地方"的记载,但考虑到进入辽东前与敖汉、奈曼等酋长的誓言,封地开原似乎没有被收回。查《清太宗实录》,崇德七年(1642)九月,以"征明大捷",皇太极御崇政殿,蒙古各部落上表庆贺,其中就有"敖汉部落琐诺木杜棱"。[③] 崇德八年(1643)七月,以"征明大捷",蒙古各部酋长"上表庆贺,各献马匹"所列名单中仍然有"敖汉部落琐诺木杜棱"。[④] 琐诺木于顺治元年(1644)死去,顺治五年(1649)四月,清朝政府"赠敖汉部落贝勒索诺穆杜棱为

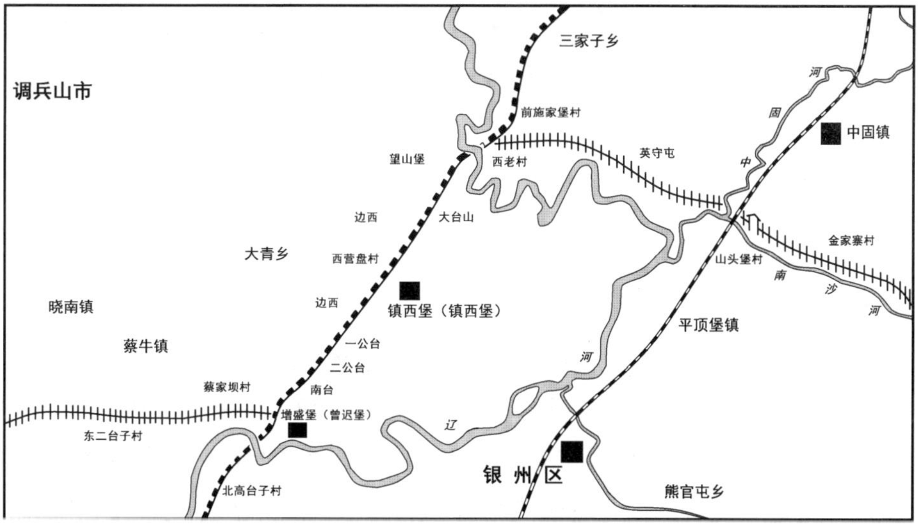

从增盛堡到山头堡柳条边示意图

① 《清太宗实录》卷25,天聪九年九月壬申条,《清实录东北史料全辑》(一),第504—508页。

② 《清太宗实录》卷26,天聪九年十二月辛巳条,《清实录东北史料全辑》(一),第516—519页。

③ 《清太宗实录》卷62,崇德七年九月甲戌条,《清实录东北史料全辑》(二),第500页。

④ 《清太宗实录》卷65,崇德八年七月辛亥条,《清实录东北史料全辑》(二),第545页。

郡王,以其子马济克袭职”。[1] 另据张穆《蒙古游牧记》记载:“诏卓诺木杜棱居开原,塞臣卓哩克图还旧牧,赐号都喇尔巴图鲁。后卓诺木杜棱以私猎哈达、叶赫山罪,夺开原地(顺治五年叙征明功,追封多罗郡王,世袭罔替)。”[2]由此看来,似乎开原在事变中确实被收回了。但无论收回与否,有一点可以肯定,自从此事结案到清朝入关,档案文献中再没有清朝经营开原的记载,直到康熙初年,清朝的“北边”都在铁岭以北山头堡一带,开原一直属于“边外”。

三、法库边门的最初位置

与铁岭开原密切相关的是法库边门的设置问题。“法库”也写成“发库”,是清朝入关后柳条边众多边门之一。多年来,有关“发库”的词源有各种各样的说法,其中以来源于满语“faku”(鱼梁)、来源于最早来到此地的“八户”移民、来源于今法库县境内的“八虎山”等最为常见,但权衡诸多说法,还是来源于满语“鱼梁”较为可靠。[3] 因为在清朝入关前的天聪、崇德年间,在《满文老档》中就出现了这个地名。另外,清朝初年,严厉禁止居民到边外居住,一旦被捉获,就是死罪,这样的案例在《清太宗实录》中有明确记载,故“发库”与移民根本扯不上关系。而“八虎山”西距清朝入关后法库门(今法库县城)35 华里,东南距清朝入关前法库门(今法库县依牛堡子乡旧门村)70 华里,而从盛京沈阳经十方寺堡(石佛镇)出边经旧门到法库门正是通往蒙古大道,偏离这个大道数十里,根本没有地标意义,所以“发库”一词来自“八虎山”也是不可能的。

据《满文老档》天聪六年五月十一日记载:皇太极亲征察哈尔部,结果察哈尔人逃走,皇太极与诸贝勒讨论后决定顺道征明,于是派遣孟阿图等人返回沈阳送信,并叮嘱留守沈阳诸贝勒:“着将我方所留粮米移贮辽河,掘壕严加守卫。再命杨古利额驸及巴布泰阿哥,自驻地撤回沈阳守城。曾令喀喇沁人入法库山

---

① 《清世祖实录》卷 38,顺治五年四月丙寅条,《清实录东北史料全集》(三),第 61 页。

② (清)张穆:《蒙古游牧记》卷 3,敖汉部,北京:商务印书馆,1938 年,第 56—57 页。

③ 关于“法库”一词来源的诸多说法,李勤璞先生曾从语言学角度进行过详细的考证和辨析。参见齐木德道尔吉主编:《蒙古史研究》第 8 辑,呼和浩特:内蒙古大学出版社,2005 年,第 309—334 页。

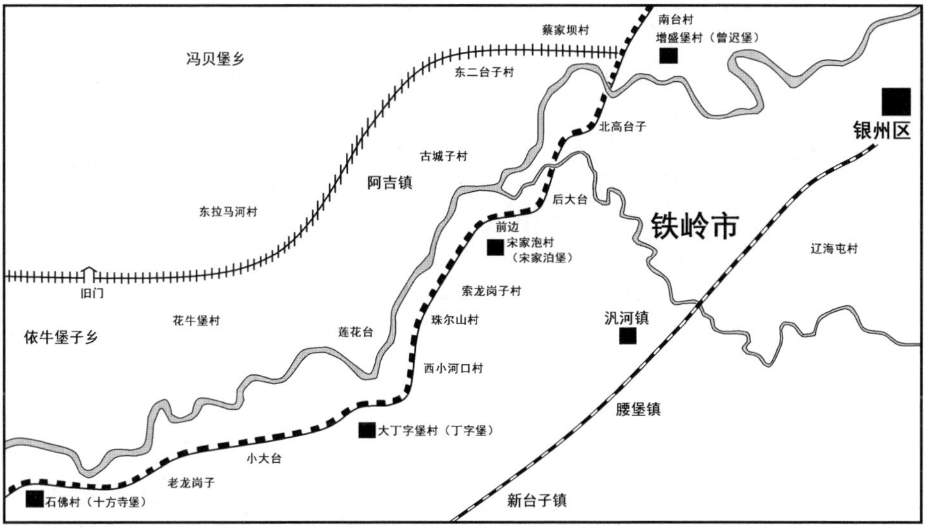

从旧门到增盛堡村边墙、柳条边示意图

耕种，今耕种完毕则已，倘耕种未毕，仍加意防守。”①由这段记载，我们可以作出两个判断：一是法库山应在旧边通往新边的道路上，也就是蒙古大道上；二是这里提到的喀喇沁是居住在边内已经降服的喀喇沁蒙古，也就是后来编为蒙古八旗的蒙古，不是边外的内附的蒙古部落，既然这样，在附近缺乏军事城堡的保护下，他们从事耕种的地方法库山离边也不会太远。另据《满文老档》记载：崇德元年八月十七日，“圣汗闻法库山喇嘛满珠习礼呼图克图卒，遣察汉喇嘛毕里克图囊苏往视之”②。同样这位喇嘛也不会过于离群索居，其修行的地方法库山也不会离边太远。探讨某个地名的起源，人们大都关注此地的地形地貌历史变迁，但边门未必是这样，如彰武台门，它的实际意义是前往章古台的边门。“发库”(faku)是满语“鱼梁”的意思。“鱼梁”为捕鱼的一种方法，即先在河沟上修筑一道土坝，或用木杆排成一道木栅，留出很窄的一个出口，设网或筐捕鱼，东北俗称其为“亮子”。既然这里称“发库”，就应该有这种环境，这是很大的误区。第一，此地称“发库”，可能实际上指通往发库的边门；第二，此地称发库，但这个发库未必是真正的鱼梁，也可能是像鱼梁的山，如《满文老档》记载的“法库山”。

① 中国第一历史档案馆编译：《内阁藏本满文老档》(太宗朝)，第631页。
② 中国第一历史档案馆编译：《内阁藏本满文老档》(太宗朝)，第747页。

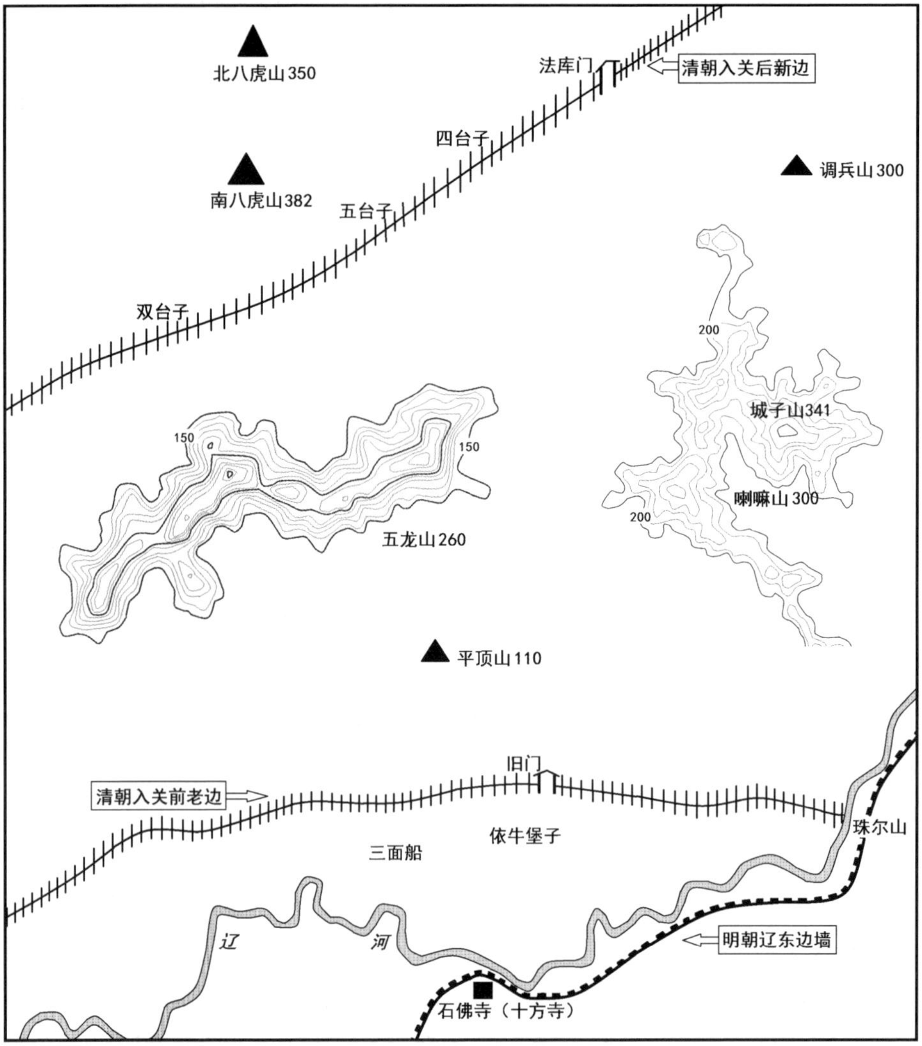

法库旧门、新门和法库山位置示意图

在今天的法库县境内，究竟哪座山是当年的“法库山”？比较通行的说法是“八虎山”；还有人认为是喇嘛山。我认为，要确定哪座山是当年的法库山，应该有3个标准：一是山形与“鱼梁”相似；二是在旧门通往法库县城的大道附近，是蒙古大道上的明显地标；三是距边不远。对照这3项条件，八虎山距离大道太远；喇嘛山山形凌乱没有特色；唯有五龙山，南距旧门25华里，远远望去如同一道河堰横亘在旧门通往法库门的蒙古大路旁，所以我认为五龙山最有可能是当年的法库山。

据《清太宗实录》记载，崇德五年(1640)三月，皇太极派人前往迎接远征索伦的官兵，临行时告诫说：“如相会回兵时，从哈尔必牙尔地方前来，当沿途严加提防，不可少懈。入境时，须从法库门入，不可由叶赫一路来，途中谨防逃人，恐彼习知路径，乘间再逸。”①皇太极说了些什么，官兵们怎么执行，都不是我们关注的重点，吸引我们注意力的是“法库门”这3个字。此时出现“法库门”，说明法库门在清朝入关前的崇德五年就已经出现了，当然有门的存在，说明边已经有了。法库边门来自法库山，其真正含义是通往法库山的边门。值得注意的是，这个边门不是在后来法库县城，而是在旧门村，柳条边也不在后来的位置，而是在以南60余华里的辽河北岸。

① 《清太宗实录》卷51，崇德五年三月癸巳条，《清实录东北史料全辑》(二)，第330页。

“官夺民田”之争与清嘉道间广西土司官田秩序的重塑

石　怡

嘉庆年间，面对广西土司官田典押情弊的日益严峻，清廷展开积极的清理与回赎举措，但却引发广西思恩、太平等府下土民以“官夺民田”为由的不断呈控。目前，学界有关清代广西土司社会经济诸问题的研究，①尚少借助档案文献。通过梳理相关土司官田产权争议纠纷的档案文献，可以看到清廷为确保广西土司官田秩序的恢复，投入了相当多的司法与行政力量。本文以清嘉道间土民“官夺民田”诸讼争为中心，以清宫档案为主，结合方志诸文献，对相关问题做以讨论。

一、广西土司官庄田亩典卖之禁

广西地处我国西南边地，长久以来为多民族聚居之地，自“明建广西省，瑶、

① 学界对清代广西土司社会经济诸问题的讨论，早期多侧重宏观层面的论证：覃树冠《清代广西的社会经济》（《广西师范大学学报》1984 年第 1 期）一文，以明清以来商品经济在广西民族地区侵入所导致的变化为背景，讨论了广西资本主义萌芽发展的困境与当时的土地占有及封建剥削诸问题；若谷《论清代中期广西人口的剧增》（《广西地方志》1996 年 4 月）一文，从红薯等粮食作物的推广、清廷“改土归流”等政策实施，以及当时外来人口的大量移入三方面，讨论清代中期广西人口剧增的成因。而近些年的研究，则侧重以碑刻及土地契约等，对清代广西土司社会的运行情况进行讨论；张江华《清代广西土司地区的“国家政权建设”与国家化》（《西南民族大学学报》2016 年第 10 期）一文，以广西安平土司的石碑记述，讨论自清雍正以来依据内地社会模式与社会价值对广西土司地区所进行的官僚化、制度化与法治化改造，并认为其最终推动完成了这一地区的国家化进程；杜树海《土地权与人身权：清代广西土司地区土地文书研究》（《中国经济史研究》2017 年第 2 期）一文，以抄录的光绪年间思陵土州 17 份土地交易契约，讨论明清时期广西土司地区土地权与人身权的变化及成因。

僮多于汉人十倍,盘万山之中,踞三江之险"①。明清以来,中央王朝因袭元时旧制,在南方少数民族聚居之地多设土司"因俗而治"、"以夷治夷",以维系边地稳定。进入清代,地处西南的云、贵、广西等省不断有大量汉民涌入,其带来较为先进的耕作技术与工商业经营理念,在汉夷百姓的不断交往中,促使西南民族地区原有经济面貌发生很大改变。其中,僻居南服之广西,因其界连滇、黔、楚、粤以及交趾的优越地理位置、温暖湿润的气候,各区域内的商品经济均得到不同程度发展。雍正年间,居于广西北部的首郡桂林"城内外商贾远集"②;而南部之南宁,亦"百货骈罗,商贾络绎,为东南一都会也"③。

自雍正年间展开大规模"改土归流"之后,广西所存土司为46个,多居于广西西部的南宁、太平、思恩、镇安、庆远等五府。各土司与各府属州县地址相错,交往繁多,商品交易往来日渐繁荣。咸丰以前,思恩府属之百色厅墟市异常繁荣。距厅西南一里远之较场墟"三日为期,乡民云集";而另一位于司署附近的那海墟,于成墟之日"近乡集趁,平世约逾千人"。④ 同样,与白山土司、那马土司地界相邻之上林县亦"商务渐臻繁盛,贸易主要之物以谷米、茶叶为多,桐子、八角亦有所售者"⑤。而与太平府下辖太平土州相邻之崇善县,亦因便利的陆路水道交通而"商贾云集,络绎不绝",清人视其为"非弹丸蕞尔可比"的"繁盛之区"。⑥

商品经济的繁盛虽活跃了地区经济,加强汉夷之间的沟通与交往,但同时也令居于相邻土境之上的土民与土官渐失俭朴旧习且生计日蹙。自乾隆二十年(1755)以后,广西各土司田亩多有典卖。⑦ 至道光年间更显日久玩生,时任江南道监察御史刘晟昌在指陈滇黔等西南边地时弊时曾痛斥:土民或被"诱之以酒

① 赵尔巽等:《清史稿》卷516,《土司五》,北京:中华书局,1977年,第14293页。

② 戴鞍钢、黄苇主编:《中国地方志经济资料汇编》,上海:汉语大词典出版社,1999年,第565页。

③ 戴鞍钢、黄苇主编:《中国地方志经济资料汇编》,第565页。

④ 戴鞍钢、黄苇主编:《中国地方志经济资料汇编》,第664页。

⑤ 戴鞍钢、黄苇主编:《中国地方志经济资料汇编》,第666页。

⑥ 黄旭初修,吴龙辉纂:《崇善县志》,台北:成文出版社,1975年,第123页。

⑦ 广西巡抚赵慎畛:《奏为遵旨申明武缘县土司民黄文行等京控土司黄忠炯等浮收苛派勒索等情一案按例定拟事》(嘉庆二十五年十一月十九日),中国第一历史档案馆藏,朱批奏折,档号:04-01-01-0610-038。

食,或夸之以衣饰",致使"踵事增华,所入不敷所出";而土司亦被"诱以纷华美丽,因奢致匮,因匮愈不能支",最终只得以田产作抵,导致"生计日渐穷蹙"。[①]清廷于立国之初曾明确:凡官地,例禁与民交易。[②] 为维护王朝边地社会秩序安定,不使土官因田地丧失而日益贫困,致使无力约束境土百姓,自乾隆四十二年(1777)起,清廷陆续制定相关禁例与措施,限制土司官庄田亩的流失。

首先,对广西官荒地土界址进行清厘。应广西布政使孙士毅所请,要求"各州、县亲身会勘,或建石碑、挖壕堑,使疆界分明,并取图结存案"[③];同时加大对地方清查官员的惩戒力度,对清查之后仍争控不清的案件,令将"从前查勘不实之州县官降一级调用,该管上司罚俸一年"[④]。上述措施力图减少边地汉夷百姓因田土界址不明引发的互争、械斗及匿匪等事,以进一步维护边地社会秩序。

其次,于乾隆四十二年颁定"土目土民不许私相典买土司田亩"禁令。明确:"如有违禁不遵者,立即追价入官,田还原主,并将承买之人比照盗卖他人田亩律,田一亩笞五十,每五亩加一等";而相关失察的知府与违例典卖的土司,也都将被交部议处。[⑤] 其后,针对广西庆远等五府属官庄田亩的典卖行为,清廷进一步给予限制,并加大对相关责任官员的惩处力度。要求:其一,将已经典卖的土地勒限回赎;其二,"嗣后如有土司土民典买,照盗卖律加一等治罪,田给原主,追价入官";其三,对违例典卖之土司"降一级留任",对缺失监管责任的该管知府"罚俸一年",并进一步声明"若上司倚势勒卖,降一级调用,该管知府降一级留任"。[⑥] 乾隆四十三年,针对广西庆远等五府属土司官庄田亩典卖之弊,清廷将四十二年所颁禁令的实施原则予以进一步明确与细化。首先,声明各官庄田亩为土司养赡之用,可以收取租息,但不许私行典卖。其次,明确土司对境内一切词讼钱粮事务的经管权限,要求其属下土目、土民于一切词讼钱粮之事,"皆听土官经理查办,尤不许互相交易"。再次,区别各土司的经济实力状况,要

---

① 江南道监察御史刘晟昌:《奏请饬禁滇黔两省客民盘剥苗人土司田产事》(道光十八年十一月二十一日),中国第一历史档案馆藏,录副奏折,档号:03-2808-041。

② 赵尔巽等:《清史稿》卷120,《食货一》,第3495页。

③ 《清高宗实录》卷1025,乾隆四十二年正月乙丑条,北京:中华书局,1986年,第734页上。

④ 《清高宗实录》卷1028,乾隆四十二年三月丁卯条,第779页上。

⑤ (光绪)《清会典事例》卷755,《刑部·盗卖田宅》,《续修四库全书》第798册,上海:上海古籍出版社,2003年,第327页。

⑥ (光绪)《清会典事例》卷165,《户部·土司贡赋》,《续修四库全书》第800册,第664页。

求有经济实力者，立即勒限回赎已经典卖的田亩；对暂无实力者，暂且保持现状。最后，对违禁不遵者，再次明确应如前惩。① 随后，为避免外来客民盘剥土民、土司田产，杜绝侵越而绥靖边疆，于乾隆四十六年进一步申明：“内地民人概不许与土司等交往借债。如有违犯，将放债之民人照偷越番禁例加等问拟。其借债之土苗即与同罪”。②

清廷上述举措与禁令的提出，一方面在厘清广西境内的官荒田亩数量、范围，划清界址，杜绝境内汉夷百姓因界址不清而产生不必要的纷争，扰乱边地社会秩序；另一方面从边地治理的角度，侧重维护各土司在辖域内的政治、经济掌控权力，不断重申土司官庄田亩典卖之禁，要求对已典卖田亩即刻定限回赎。同时，明立科条禁止私行典卖行为的出现，试图通过强化相关监管官员的责任追究，以确保禁令与措施的有效施行。但广西各土司境内田土交易、租佃情形由来已久且相当频繁。因此，乾隆四十二年、四十三年（1777、1778）条例虽致力于明确各土司对所管田土的所有权，明令有力土司将早年典押土地即刻回赎，但于现实中却窒碍难行。其核心问题在于：不论汉夷百姓，均已相当长时间占种土司出典田亩，若即刻全部收回且并无任何后续安置补偿举措，无疑会令长久耕种其上的百姓因田土尽失而失去生活来源，并终致流离失所，这显然并不符合王朝抚育绥远之意。同时，对于典出地亩的各土司而言，骤然令其备价回赎，也会使其因短期内失去大量银两而面临困顿境遇。况且，乾隆四十三年定例对无力回赎的土司地亩应做何处理，亦未给出具体说明。

针对此一现状，清廷一方面严禁土司横征科敛；另一方面严禁汉民重利盘剥，尤其对不良奸民加利放债、算及锱铢的行为进行严厉申饬。③ 并于嘉庆四年（1799）“广西土司典出地亩未便即令备价回赎”的不断争论中，最终采纳新任巡抚谢启昆提出的解决方案。④ 首先，严禁土司境内田土被重利盘剥，违者治罪；其次，要求将所有土司早年出典、买卖的官田悉数归还；最后，针对土司无力回赎

① （光绪）《清会典事例》卷589，《兵部·土司议叙》，《续修四库全书》第807册，第228页。

② （光绪）《清会典事例》卷764，《刑部·违禁取利》，《续修四库全书》第798册，第419页。

③ 《清仁宗实录》卷47，嘉庆四年六月丙辰条，第588页。

④ 参见《清仁宗实录》卷47，嘉庆四年六月壬子条，第582页。另，《清史稿·谢启昆传》有：“请禁重利盘剥，违者治罪。田产给还土司。其无力回赎者，俟收田租满一本一利，田归原主，五年为断”。见赵尔巽等：《清史稿》卷359，《谢启昆传》，第11358页。

的土地,视其占有之人田租收取是否已满一本一利,若符合,即将田土归还土司。清廷视谢启昆这一奏定章程“洵为妥协”,①并试图以土司官庄田土的清查回赎政策,恢复土司对境内所管土地的所有权与支配权,保证各土司获取田土收益的基本利益,缓解各土司将田产贷予客民,生计日绌的困窘局面,进一步确保其对境内土地、土民的有效监督与管理。但这一回赎政策与土民社会相沿已久的土地买卖及产权归属关系发生冲突,从而于嘉庆末年引发广西境内思恩、太平等府土民接连不断的“官夺民田”之诉,并最终以京控了结。② 该案诉讼过程,呈现多方利益博弈直至均衡的状态,也体现出清代国家对广西土司官田秩序重塑的渐进达成。

二、官夺民田之争与国家的司法调适

嘉庆二十四年(1819),广西署藩司继昌到任。由于在清查土司田产过程中发现广西各土司田产典押情况异常严峻,因恐各土司因田产抵押殆尽以致生计窘迫,并进一步造成“办公掣肘、无产资生”的严重局面,经时任巡抚赵慎畛与督臣阮元的批准,在广西展开针对土司田产典押情况的大规模清查。其以嘉庆五年谢启昆奏定章程为准,将土司官田,包括早年土司分给支庶已满五代的田产在内,核其田租已满一本一利,即予收回,以五年为断。③ 但清查刚一开始,便引发广西思恩、太平等府土民以“官夺民田”为由的不断呈控。

先是嘉庆二十四年四月,广西武缘县辖那马土民陆世英因其于嘉庆二十年、二十一年(1815、1816)等典受官族黄宏纹田亩在此次清查中被族目收回,先后赴武缘县及藩司衙门呈控;随后,又有广西旧城土民黄文行因上年田土清查中,

---

① 广西巡抚赵慎畛:《奏为遵旨申明武缘县土司民黄文行等京控土司黄忠炯等浮收苛派勒索等情一案按例定拟事》(嘉庆二十五年十一月十九日),中国第一历史档案馆藏,朱批奏折,档号:04-01-01-0610-038。

② 《清史稿·刑法志三》载:“有冤抑赴都察院、通政司或步军统领衙门呈诉者,名曰京控。”见赵尔巽等:《清史稿》卷144,《刑法志三》,第4211页。

③ 广西巡抚赵慎畛:《奏为遵旨申明武缘县土司民黄文行等京控土司黄忠炯等浮收苛派勒索等情一案按例定拟事》(嘉庆二十五年十一月十九日),中国第一历史档案馆藏,朱批奏折,档号:04-01-01-0610-038。

被土官收回其故叔于乾隆四十五年(1780)买有的官田一玮;广西百色厅定罗土民黄之臣在上年田土清查中,被土官饬令退回户内早年典受的官田,二人分别于嘉庆二十五年(1820)初,赴步军统领衙门呈控。而在四月初十日,那马土民陆世英因前案于思恩府审办过程中,抗不缴出买卖契约,致案未结,从而以其故祖曾于前土司任内当有官田,且其与嘉庆二十年、二十一年分别典受官族黄宏纹田亩,因被族目奉文清查收回,赴京具控。

因案关边省土司扰累土民,此三案经由步军统领衙门奏奉谕旨,合并交由时任广西巡抚赵慎畛秉公严审。经过调查,赵慎畛认为此三案均指向土官借田土清查之机占夺民田。因此,控案解决的焦点,在于确认土官所收回的土地是否在被要求清查回收的官田之列。经过对嘉庆二十年各土司呈送的“裁定应留各款印册”进行查核,赵慎畛发现各册内或称“土民并无自置田产”,或载“粮田为民户承耕之官田”,或记“所属并无民田”,从而确认那马、旧城、定罗三土司辖区内并无民田。因此,认为土官所收回田土,或为早年土司分给支庶的养赡田产被辗转典押,或为早年典出官田,均已满五代,且田租已满一本一利,本应予以清理收回。虽然旧城土民黄文行坚称:“土官将田卖出,即属民田”。但赵慎畛认为:民田应赴县完粮,官田应赴土司纳税。原告所呈并无赴县完粮印串,其所争田亩“为官田无疑”。且查核乾隆二十三年(1768)广西定罗土民呈控“官夺民田”旧案中,亦载明该土司辖域内并无民田。因此,认为:不能因土司及其官族因年久贫穷将田辗转典卖土民收租耕种,即影射民田,含混告占。将此三人“合依蓦越赴京告重事不实发边远充军例,发边远充军,援赦不准宽免,以儆刁风”。①

面对此番广西境内土民的频繁控争,赵慎畛从维护各土司在辖区内的政治、经济权益的角度,继续贯彻将早年土司典押官田分别赎回的基本政策,进一步强调“以五年为断,将土司当出官田分别赎回”的重要意义,②并令其下各级官吏加

① 广西巡抚赵慎畛:《奏为遵旨申明武缘县土司民黄文行等京控土司黄忠炯等浮收苛派勒索等情一案按例定拟事》(嘉庆二十五年十一月十九日),中国第一历史档案馆藏,朱批奏折,档号:04-01-01-0610-038。

② “查各土司当出田亩,前抚臣谢启昆奏定清查章程洵为妥协,无如各土司不知节俭,仍有典押之弊,且日久玩生,视章程为具文……若不予以查办,将来各土司势必更形窘迫。不但办公掣肘,且无产资生。”

强宣传，务必“示谕各土民知照”，避免刁抗。由赵慎畛的审断结果，可见其认真审办并遵照嘉庆四年谢启昆奏定章程办理之意。但土民以田为业，在常规的田土赎买原则之下，田土典当人虽有权收回及赎回田土，但前提是将田土典当金连本带息支付给典当权人；而为保护田土典当权人的预期利益，回赎田土必须在田土典当期限已到的情况下进行。虽然此次广西土司境内的田土清查与官田回赎多涉及早年已历数代的典押田土，且田土典当权人所收田租已满一本一利，但各土官骤然将土民长久占种的田土收回，还是会令其资本全无，且以后无田可种，无以为生，衣食无着。因此，赵慎畛甫将审断结果于嘉庆二十五年十二月奏报于上，道光元年(1821)五月，黄文行等即遣黄克修等为其抱告，仍以前情赴步军统领衙门翻控。

为确保审断公允，该案被奏交时任两广总督阮元审断，并最终仍依赵慎畛原拟，将黄文行等 3 人拟充军，于道光二年(1822)五月十七日具奏，奉旨依议。① 不料，道光三年(1823)六月，那马土民黄添保等再次以“前次委员审办不公，现任土官勒折浮收愈加横虐、占夺民田”等情，赴步军统领衙门具控。此次呈控，黄添保等坚称前被土官收回田土为民田，是“先有民，后有官，田非招揽佃种”。并呈出嘉庆十九年(1814)御史何彤然条奏内有关“民间置买产业之田是为民田”一语作为依据，认为前审官员所依据的乾隆年间奏案及土司田册内记述，与嘉庆十九年这一奏案所言前后不符，前次审断或有不公。②

面对土民的多番质疑，承审巡抚在仔细查核比对后，对前断所提及的该土司“所属并无民田”这一说法给出进一步的论证依据。首先，采纳那马土司黄河源追述先祖开辟之功的说法，以说明该土司家族对所管辖区域内土地权属占有的合法性，并在此基础上强调土民为土司后来招徕而来，对“先有民，后有官，田非招揽佃种”的说法予以反驳。其称：“那马土司本系土田州所辖，于前明时分出改设，维时民已逃亡，经该土司招揽，拨田给种。”其次，以乾隆三十三年(1768)

① 大学士管理刑部事务戴均元等:《奏为广西武缘县那马土司民黄添保京控土司父子勒折浮收不为公断等一案请归广西审办事》(道光三年六月十六日)，中国第一历史档案馆藏，录副奏折，档号:03-3714-009。

② 广西巡抚康绍镛:《奏为审明那马司土民黄添保等京控土官黄河源勒索苛派等各款案案例定拟事》(道光四年闰七月二十三日)，中国第一历史档案馆藏，朱批奏折，档号:04-01-01-0666-039。

前督臣李侍尧等原奏内所称佃种官田土民“系初设土官之时，招揽之人，给田耕种。无事纳租，听其役使；有事充兵，听拨征调。名虽土民，实同奴隶”，对土民的“民”之身份予以驳斥。并认为前御史何彤然所奏，是“当时未经详查旧案，误认为土民与流民一体”，其实并无依据。最终，那马土民黄添保被依蓦越赴京告重事不实发边远充军例，发极边充军。①

就在思恩府下土民不断京控的过程中，广西太平府下辖之太平土州土民李梦熊亦以“官夺民田”赴京呈控。② 其所争焦点，在于太平土州之“民造地”是否应为民有属性。所谓“民造地”又称“造地”，各土司内均有设置。多为土民于地角山头随时开垦成田，种植杂粮，土司酌地取租。因在山地畸零地方开发，不成片段，向不升科。太平土州内的民造地，“系土司开垦成田，向不升科”，由土司拨给官族用以养赡。嘉庆二十四年(1819)六月，在广西清查回赎土司官田的过程中，因太平土州土官李庆荣以“官族膳田俟五代已满即行撤回”，令承耕族田各佃丁将早禾收贮候办，遂引发李梦熊及食田族众、典田族人、辗转典押族田之生监土民等共 19 人抗阻割禾，并致李梦熊堂弟等 3 人受伤。李梦熊遂以“土官李庆荣占夺族业、督众抢割、殴伤子弟”等情，先后赴道、府及藩、臬衙门、巡抚衙门呈控，并最终于道光二年八月赴都察院呈控。

该案被道光帝明降谕旨，交抚臣赵慎畛秉公审办，并最终由继任巡抚成格审结。于调查中，李梦熊坚称：族膳粮田为昔日“各祖置造承粮之田”，并非由土官官田分出，历来买卖自由。并呈出相关印照，作为证明产权民有的依据：其一，为乾隆三十五年前土官李禔任内刊立的印批，其中称族田为“族置粮田”，并注明此项田土可以凭“钤印卖契”典卖予异姓。其二，为乾隆五十一年(1786)前任左州李清标所颁给的“永远管业执照”。其三，为嘉庆九年太平府批准的将膳田归族的印批，并于当时刊碑、列册、存祠。自康熙时期开始，“以契约形式证明土地权的观念”已在广西土司地区普遍树立，并受土官承认与

① 广西巡抚康绍镛：《奏为审明那马司土民黄添保等京控土官黄河源勒索苛派等各款案案例定拟事》(道光四年闰七月二十三日)，中国第一历史档案馆藏，朱批奏折，档号：04-01-01-0666-039。

② 广西巡抚成格：《奏为遵旨审明太平府土州卫千总职衔李梦熊京控土知州李庆荣灭祖夺族等情案按例定拟事》(道光三年五月十八日)，中国第一历史档案馆藏，朱批奏折，档号：04-01-01-0652-033。

保护。[①] 因此,在李梦熊看来,前土官李禔印批中的内容,无疑已经确认了各族众对族膳粮田民有权属的认可。而此项田亩在其后,也确被族众视为己业,买卖自由,历代相承,辗转典押。同时,前任左州李清标及嘉庆九年太平府颁给的印照,无疑进一步从官方及法律层面对此项田亩的民有属性予以认可。因此,在李梦熊看来,土官李庆荣不可"藉一'膳'字,将族田视为官田,希图影射占夺"。

对于李梦熊的上述理由,巡抚成格在查核比对相关案卷后给予驳斥:首先,其以乾隆五年土司造送的"额定田例租银应留应革清册"为基础,明确指出"造地一项,系土司开垦成田,拨给官族养赡",以此强调土司对此项田土的支配权利。其次,以强调土官家族对所管辖区域世代承袭的继承性,来说明争议田土的官田属性。其进一步指出"该土州田地俱属土官世业",即使田由官族垦置,但"尺地寸土悉属官基",理应断作公田。因此认为:"土官分土授职与内地州县田土给民管业不同。此项族田本由土官分给,不能混为祖遗私业。"针对李梦熊用来证明产权民有的印照依据,成格则认为:"其所执印批、碑摹,一在嘉庆五年(1800)未经奏定清查以前,一系嘉庆九年冒混详准立案,均应作为废纸,不得据以为凭。"[②]

自乾隆五年各土司额定年例租银以来,80余年间,广西土民繁衍日盛,而生计较以往亦更为艰难。因此,在成格看来,自嘉庆二十四年(1819)对广西土司官庄田亩进行清查回赎开始,土民接连不断的"官夺民田"之诉,实在于"自祖承食族田,并陆续典有田占,恐一并撤回,田价两空,无可营生",故常倚恃官府印批及票据希图控准,可以永远管业。出于永杜争端的考量,成格在对土民李梦熊控案的处理上,一方面遵循既有土司官庄田亩清查回赎定例;另一方面结合现实状况中土民的利益诉求,给出最终处理意见。首先,要求土官"将前项撤回田亩,仍给原佃土民耕种,给予执照",确保土民将土地所有权归还土官后仍可有田耕种;其次,结合乾隆五年额定土民应缴租钱,以"有减无浮"为原则,适度增

---

① 杜树海在"清代广西土司地区土地文书"的研究中曾指出:康熙时期以契约形式证明土地权的观念已在下雷土州树立,且当地人观念里,这种权利形式是受到土官公堂承认和保护的,如有人争夺,可将契约呈官理论。详见杜树海:《土地权与人身权:清代广西土司地区土地文书研究》,《中国经济史研究》2017年第2期。

② 广西巡抚成格:《奏为遵旨审明太平府土州卫千总职衔李梦熊京控土知州李庆荣灭祖夺族等情案按例定拟事》(道光三年五月十八日),中国第一历史档案馆藏,朱批奏折,档号:04-01-01-0652-033。

加土民应纳租额,以使“土官得其租以膳族,土民耕其地以食息”。同时,为避免土司官庄田亩的再度流失,强调承佃纳租之土民退田,或辗转佃耕,必须“呈明土官,换批给照”,且“只准卖佃,不准卖田”,在确保土司对官庄田亩绝对掌控的同时,也可惠及族众民生。①

广西土司地区官夺民田之争暂时告一段落,当事各方的利益诉求在屡次京控诉讼中充分展现,并最终使嘉庆年间有关土司官田清查回赎政策的执行,在与土民的反复诉讼博弈中被不断调适,并逐渐使国家法令同土民利益诉求相适应。这是一个紧张而平和的秩序达成过程,而京控程序及督抚重审在其中发挥了积极作用。

三、京控程序与督抚重审的积极意义

自嘉庆二十四年广西清查土司官庄田亩开始,至道光三年,短短 5 年间,土民呈控土官借田土清查占夺民田的京控词讼即达 7 起之多。这一定程度上展现出广西境内土民与土司田土争夺过程的激烈,同时也凸显出广西各土司境内田土产权关系的错综纷繁。

为谋求胜诉,各土民常以健讼、缠讼以及摭拾旧案夸大案情等方式扩大案件影响,并试图引发承审官员的恻隐之心。在那马土民陆世英的控案中,其先后赴县及藩司衙门呈控,并最终赴京至步军统领衙门具控。在案被审虚后,又与定罗土民黄之臣、旧城土民黄文行一同,各遣人抱告,赴步军统领衙门翻控;并于再度审虚后,令那马土民黄添保、黄成秀,第三次赴京翻控。在太平土州土民李梦熊的控案中,亦可见其在同土官争夺“民造地”的过程中,先后多次赴县、道、府、藩、臬衙门,并二次赴巡抚衙门及督臣衙门呈控,直至最终赴都察院具控。为防止不逞之辈藐视官长,并希图借端倾陷而赴京告讦,清廷要求民间赴京控告之案应按审级逐级上控。对“未经在本籍地方及该上司先行具控,或现在审办未经

① 广西巡抚成格:《奏为遵旨审明太平府土州卫千总职衔李梦熊京控土知州李庆荣灭祖夺族等情案按例定拟事》(道光三年五月十八日),中国第一历史档案馆藏,朱批奏折,档号:04-01-01-0652-033。

结案,遽来京控告者,即所告属实,仍当治以越诉之罪”。① 由上述广西土民的频繁讼争中,确可见其对赴京越诉禁令的遵循。但同时,更应注意到其试图以健讼、缠讼来耸动官府,彰显自身利益主张,并达成最终利益诉求的考虑。虽然频繁的诉讼同清代司法审判的特点相关,但也正是在土民接连不断的呈控之下,才迫使巡抚成格一改前任赵慎畛的做法,开始关注土民的民生诉求,将嘉庆五年谢启昆奏定“将广西土司典卖予土民田产,如过五年即撤归原主”的清查回赎政策进行调整,令“以原典卖之田撤归土司,仍给原佃土民耕种,俾免失业”。②

为避免出现土官因田土丧失而日益贫困,并最终无力约束境内土民,造成边地社会混乱无序的困顿局面。清廷自乾隆四十二年起,即开始通过厘清官荒土地界址,及颁定相应清查回赎举措与司法禁令等方式,积极构建并重塑边地土司官庄田亩产权归属的民事法秩序。而京控程序与督抚重审,在给当事各方提供了上诉及获得更为公正司法服务机会的同时,也令清廷透过京控案件的审办,进一步建立起直接管控边地土司社会的渠道。

面对土民的不断呈控,为澄清事实并公正审断,历任主审督抚均亲力亲为严格监管、认真稽核,以给出公允的解决方案。在审理旧城土民黄文行等及太平土州土民李梦熊的京控案中,为预防审办延误及有不公现象出现,抚臣赵慎畛于接到审理任命之初,便即刻飞饬委员驰往该管各府查核卷宗、提解人证来省。之后,亦亲自督同司、道,照依呈词及所控各款逐一严讯,从而发现被控土官黄忠炯及徐典章,确有处理政务诸事废弛及违例收受土民银两情事。③ 同时,面对土民的不断翻控,继任巡抚成格于审讯过程,并未仅依照前断草率结案,而是即刻派出委员到当地密访,获取土官是否存在非刑虐民的一手证据。而在面对土民提出新证据以质疑前审不公时,成格亦可做到“据以具奏溯查”,令土民打消质疑,

① (光绪)《清会典事例》卷816,《刑部·越诉二》,《续修四库全书》第810册,第34页。

② 广西巡抚成格:《奏为遵旨审明太平府土州卫千总职衔李梦熊京控土知州李庆荣灭祖夺族等情案按例定拟事》(道光三年五月十八日),中国第一历史档案馆藏,朱批奏折,档号:04-01-01-0652-033。

③ 广西巡抚赵慎畛:《奏为遵旨申明武缘县土司民黄文行等京控土司黄忠炯等浮收苛派勒索等情一案按例定拟事》(嘉庆二十五年十一月十九日),中国第一历史档案馆藏,朱批奏折,档号:04-01-01-0610-038。

俯首无词。[①] 正是多任督抚于京控重审中的细致查核比对，才最终厘清土民不断上控因由，澄清事实真相，并对嘉庆五年既定清查回赎章程加以适当调整，以使官民两得其益。

面对短短数年间频繁出现的广西土民"官夺民田"之控，道光帝曾认为："若非被害迫切，何以屡结屡翻，不远数千里来京控告不休！"[②]因事与"边徼舆情甚有关系"，要求承审官员彻底根究，做到"秉公审讯、毋枉毋纵"。[③] 由这一表述，确可看到君主希望承审督抚秉公执法、认真调查，尽快恢复边地社会秩序之意。为此，历任督抚也切实展现出尽快查核案情，恢复边地安宁的态度：其以嘉庆五年谢启昆奏定广西土司官田清查回赎章程为依据，细致查核争议田土的典卖年限，并在确保将符合要求的田土撤归土司管业的基础上，为避免土民失业，将原典之田仍给原佃土民耕种，以期尽快平息纷争。

自乾隆四十二年针对广西官荒土地界址政策的推行，及其后颁定"土目土民不许私相典买土司田亩"禁令的提出，到嘉庆四年"广西土司典出地亩未便即令备价回赎"争论下，谢启昆奏定清查章程的执行，再到嘉庆二十四年至道光三年间各督抚对谢启昆奏定章程的坚持与调适，虽然仅是围绕广西土司官田进行的讨论与清理，但不同于前朝的羁縻之制[④]，清廷重视维护边地社会秩序稳定，并将其不断纳入到大一统国家化的进程中来的努力是明显可见的。[⑤]

自雍正年间鄂尔泰在西南民族地区大规模展开"改土归流"运动以来，清廷针对西南边疆地区的社会治理日益深化。由清嘉道间"官夺民田"之争的诉讼

---

① 广西巡抚康绍镛：《奏为审明那马司土民黄添保等京控土官黄河源勒索苛派等各款案案例定拟事》(道光四年闰七月二十三日)，中国第一历史档案馆藏，朱批奏折，档号：04-01-01-0666-039。

② 《清宣宗实录》卷53，道光三年六月癸丑条，第952页。

③ 广西巡抚康绍镛：《奏为审明那马司土民黄添保等京控土官黄河源勒索苛派等各款案案例定拟事》(道光四年闰七月二十三日)，中国第一历史档案馆藏，朱批奏折，档号：04-01-01-0666-039。

④ 宋人范成大在《桂海虞衡志》中曾言："国朝开拓寖广，州、县、洞五十余所。推其雄长者为首领。藉其民为壮丁。其人物犷悍，风俗荒怪，不可尽以中国教法绳治，姑羁縻之而已"。见胡起望、覃光广校注：《桂海虞衡志辑佚校注》，成都：四川民族出版社，1986年，第179页。

⑤ 张江华在《清代广西土司地区的"国家政权建设"与国家化》一文中，曾对这一问题进行探讨，指出："自清代雍正以来，清政府依据内地社会模式与社会价值，对广西土司地区进行官僚化、制度化与法治化的改造。"见《西南民族大学学报》2016年第10期。

过程及官府处理此案的态度、原则、立法依据等,可以看到:为应对广西土司社会经济发展的不断变化,清廷运用国家力量适时立法、积极司法、清厘产权,努力重塑西南边地土司官庄田土产权归属的民事法秩序。在确保恢复各土司对域内有效管控的同时,兼顾土民利益诉求,并借由京控案件的审断,对国家立法予以调适改良。这进一步彰显出清廷在西南土司地区司法治理的不断深化,并透过这一重要途径,以达成其对西南边地社会治理与管控的不断深入与具体化。

政治与文化

礼制与仪式:明代国家政治研究的文化维度

李　媛

英国历史学家卡尔说,历史就是“历史学家与历史事实之间连续不断的、互为作用的过程,就是现在与过去之间永无休止的对话”①。历史学研究是受到现实影响最为明显的学科之一,历史学家的研究既需要置身历史之外,又不可避免地身处历史之中,无论是历史研究中关注的问题,还是运用的理论和方法,甚至语言叙述的风格,往往都会带有鲜明的时代色彩。因此,史学研究的推进势必紧密关联于现实社会的变迁,这赋予历史研究别样的魅力。明清史是中国传统社会最后的两个王朝,是中国古代史研究中距离现代社会最近的一个时段,是中国历史从传统走向现代的过渡和转变期,明清史的研究因此不仅更具有现实反思的意义,也是受到近代以来社会变革影响最为明显的领域之一。尤其是改革开放以后,各种新鲜的理论、方法和观念扑面而来,国内史学研究迎来发展最为迅猛的半个世纪,明清史研究也在许多领域因应了这场时代变革,获得了长足发展。限于笔者的研究,本文仅以近年来对明代礼制仪式的研究为例,对该研究的兴起和发展脉络做以总结和反思,进而阐明其对于拓展明代国家政治研究的可能性,加深对明清历史的研究和理解。

一、被忽略的史料与历史面相

孔颖达疏《春秋左传正义》称:“中国有礼仪之大,故称夏;有服章之美,谓之

① E.H.卡尔:《历史是什么?》,陈恒译,北京:商务印书馆,2007年,第115页。

华,华夏一也。”①自周公制礼作乐,用一套等级分明、内容丰富的礼乐制度作为社会运作的规范以来,中国的礼仪制度一直被历代王朝所重视,到唐代完备的五礼体系形成,吉凶军宾嘉五种礼制大致涵盖了帝制时代礼制的全部内容。从礼制的发展历史来看,固然有非常明显的继承性,但每个王朝礼制体系的具体内容皆有明显差异,需要结合当时的社会实际和不同的统治特点加以理解。明代在取代蒙元少数民族政权统治的过程中,以“驱逐胡虏,恢复中华”为目标,②在明朝建国后的几年间创建和完善了各种制度规定,建立一套体现中原文明特色和符合本国统治实际的礼制体系,就是其中最重要的举措。放在长时段视角下来看,明朝的礼仪制度也奠定了清代礼制的基本样貌,从这个角度来说,明代的礼制体系是中国帝制后期礼仪制度的关键环节。但是受到20世纪以来中国历史学研究的核心关注和主要导向的影响,明代礼制研究在很长一段时期并没有得到学者们的重视,成为明清历史研究中一个被忽略的历史面相。

20世纪初,在传统帝制时代终结的历史背景下,史学研究掀起了第一波新旧交替的浪潮,以梁启超为代表的新史学对传统旧史学进行了系统批判,他的核心主张是,传统史学虽发达,但只重视政治史,只记录帝王将相、精英人物,所做的历史也只是为维护封建统治服务,而不关注国家和民众,因此倡导挣脱传统史学的窠臼,进行史学革命,写全体国民之历史,并且在记述历史的同时更强调分析与阐释。然而如学者们所看到的,20世纪初的历史学尽管对旧史学有许多批判,但在问题意识、研究方法,以及书写模式、论著内容等方面,都带有深刻的旧史学印记,新领域的研究与新方法的运用尚未展开。③ 也就是说,新史学对旧史学的冲击更多是观念和思想上的。

如果说新史学着重从史学之功用上批判传统史学,并没有对历史研究对象有更为具体的影响,那么不久以后掀起的新文化运动,则将批判的矛头直指中国传统的专制主义文化,试图通过寻找和彻底批判传统社会的积弊,探索新的科学民主之路,在这个过程中则直接影响了对中国传统礼制的基本判断。站在社会

---

① 杜预注,孔颖达疏:《春秋左传正义》卷56,《定公十年》,载阮元校刻:《十三经注疏》,北京:中华书局,2009年,第4664页。

② 《明太祖实录》卷26,吴元年冬十月丙寅条,台北:“中央研究院”历史语言研究所校勘本,1962年,第402页。

③ 杨振红:《社会史论战与中国新史学的成长》,《历史研究》2020年第1期。

发展的角度来看,新文化运动在除旧破新之际,自有其反对尊卑等级、寻求个人解放,反对皇权专制、追求自由民主的重要意义,但在学术研究上,将礼制或礼教等同于专制与落后,却在客观上偏离和固化了“礼”的含义,这在史学思想上直接促成了影响深远的五四史观的诞生。① 进而,无论是研究话题,还是方法视角,五四史观都影响了20世纪上半叶史学研究的诸多领域,而其最为核心的内容就是将代表中国传统社会和专制文化特点的“礼教”树立为批判的靶心。诚然,“礼”带有浓厚的等级特点,礼制的发展与完善也始终与帝制时代的运转相始终,但对礼制研究更重要的意义在于,理解礼制之于中国传统社会的塑造作用,进而寻找中国政治文化的思想渊源。因此,在前述观念的影响下,对明代礼制的研究并没有洞悉其本质,而是呈现出一边倒式的批判,也偏离了客观意义上的学术研究。

20世纪20—30年代,在马克思主义唯物史观的影响下,中国史学界掀起了对中国社会性质的大讨论,社会史论战成为当时史学研究的基本主题。在对中国社会性质的讨论中,学者们普遍受到马克思主义唯物史观的影响,对中国历史阶段的划分提出自己的不同主张。马克思唯物史观主张关注生产力与生产关系,经济基础与上层建筑之间的关系,在二者之间生产力和经济基础起决定性作用,并与其他力量形成合力,是推动历史发展的主要动力。这一理论主张的直接影响就是,经济史、政治史,以及以探讨社会阶层和社会结构为核心的社会史成为绝对主角。论战前后,在马克思主义唯物史观影响下写就的一大批中国通史,以及到新中国成立以后,正式确立马克思主义唯物史观的领导地位后涌现的更多通史性著作,在书写方式和观念上都发生了重大变化。② 在这种背景下,无论是中国通史还是断代史著作,研究的主要问题包括朝代更迭、精英人物、国家机构、经济发展、社会阶层、农民运动等等,礼制几乎没有进入上述任何一个研究主题当中。

对近代明清断代史研究有开创之功的孟森先生,在治史路径上更接近于传

---

① 尽管后来不断有学者们分析和界定新文化运动所反对的礼教指的并非是以孔子为代表的儒家礼教之全部,而是其中体现专制传统糟粕的旧礼教,但当新文化运动在全社会范围内形成一种思潮的时候,这种扩大化的指向不可避免。

② 参见杨振红:《社会史论战与中国新史学的成长》,《历史研究》2020年第1期。

统史家,他在20世纪30年代初以北大授课讲稿集结而成的《明清史讲义》,[①]是20世纪早期明清史研究的代表著作,体现新旧史家相结合的研究和讲授方式,奠定了近代以来明清历史叙述的基本框架。在明史讲义的部分我们看到,基本以政治变动为线索引领历史书写,提及嘉靖议礼的部分,也是重在分析其背后体现的政治角力和人事纷争,而非关注礼制本身。到了20世纪50年代,李洵先生写就了国内第一部马克思主义理论指导下的明清断代史学术专著——《明清史》,[②]形成了新中国以后明清史研究独立系统的学科体系。该书对明清史框架的建构,除了以政治变动为核心外,也着重阐明经济发展和对外关系的变化,"以君主专制中央集权的消长和资本主义萌芽发生滋长迟滞为主线",勾勒明清时期的重大历史问题,[③]然于洪武和嘉靖时期的礼制建设也几乎没有着墨。以上情况显示出,早期的明清史研究的整体架构还处于起步阶段,对该时期社会总状况的讨论,也皆集中于政治变迁和经济发展。除了明清断代史以外,改革开放以前,有关明清礼制的专题研究也是成果寥寥,偶有一些篇幅短小的介绍性研究,并未形成有影响的研究成果。因此,20世纪上半叶,受到当时史学研究基本问题和理论方法的影响,礼制几乎不在学者们的研究视野内。

然而翻检史料可以看到,无论从何种意义上说,礼制与明清时代的政治和社会深度融合,是理解明清时代一个不能被忽视的重要面相。从有关明代礼制内容的史料来看,大量有关明代礼制的史料未被系统利用。比如在研究明史最重要的史料《明实录》中,礼仪制度是分量比较重的内容之一:以《明太宗实录》为例,在修纂凡例所列举的52项内容中,直接或间接涉及礼仪制度的条目大约占四分之一;[④]而在对礼制建设讨论最多的明太祖和明世宗两朝实录中,有关礼制的内容更是连篇累牍。李洵先生在晚年为研究生讲授明清史课程,尤其是明清史料的讲读过程中,也注意到了这个问题,他说:"实录里有很大一部分,现在看起来好像没有什么用,就是关于礼仪的内容……这些内容,粗看实录的话可以不看,细看还是很有用……我们说的那个封建等级制,一般从经济上或者政治上看

---

① 孟森:《明史讲义》,北京:中华书局,1981年。

② 李洵:《明清史》,北京:人民出版社,1956年。

③ 李洵:《下学集》,北京:中国社会科学出版社,2006年,"再版序言",第5页。

④ 《明太宗实录》修纂凡例,台北:"中央研究院"历史语言研究所校勘本,1962年校印,第1—11页。

它,其实这种体制在人的社会关系上,非得通过礼仪表现出来不可。这个礼仪就规定了封建等级制,而且相当详细,相当讲究。将来谁要是专门研究这个东西,是很有意思的。”再比如关于祭天礼仪,他也认为,祭天礼仪的变化,表面看来无所谓,不过是祭祀方式和程序上的问题,但其实里面包含很深奥的东西。[①] 除了实录以外,还有一批集中和专门记载礼制内容的典籍,如《明会典》《明集礼》《礼部志稿》等等;在丰富的明代地方史料和私人著述中,也能见到为数众多的有关地方礼仪制度内容的记载。这些曾经被忽略的史料都提示我们,礼仪制度生动鲜活地存在于明清时代的社会生活中,对于理解明清时期的历史,理解中国传统政治文化并非可有可无。

二、视角转换与文化取向

改革开放以后,历史学研究迎来了发展最为迅猛的40年,与20世纪上半叶相比,研究视野极大拓展,理论方法不断创新,研究成果大量涌现。有学者对改革开放以来的中国礼学与礼制进行回顾性研究,认为礼所涵盖的几大内容——传统礼学、庙堂礼制、乡里礼秩的各层面在这个时期都受到了学者们的瞩目,有关研究在近20年获得了重大发展。[②] 这一重要转变既受到社会发展现实的影响,也与史学研究本身在方法和理论视角上的转换有关。

20世纪80年代以来,随着全球化进程的不断深入,史学研究者之间的交流大为增强,史学界普遍意识到,以朝代更迭、帝王将相、精英人物为主要内容所书写的中国历史是存在缺陷的,甚至有可能是不真实的,因此主张关注普通大众构成的历史生活,以反映更为贴近真实和人们生活的历史,社会史逐渐兴起。社会史的兴起拓展了人们研究和认识历史的视野,使历史研究更为鲜活生动,也打破了原有过于僵化的解读。随着研究的深入,学者们也意识到,不管是政治史还是社会史,都需要打破单一视角的界限,在研究的方法上做文章,这就出现了文化的转向。文化史的研究方法并非迟滞于80年代才出现,英国史学家彼得·伯克

---

① 李洵:《明清史讲义》,“明清实录的史料分析”,载《李洵全集》第5卷(人民出版社2022年版)。

② 参见杨英:《改革开放四十年礼学与礼制研究》,《孔学堂》2018年第3期。

认为,20世纪70年代以后的文化史复兴不过是被重新发现的过程。文化史家强调复数形式"文化"的整体性,从而克服历史的碎化状态;强调在不同的研究领域,如政治学、地理学、经济学、心理学、人类学等领域发生文化研究的转向,关注特定群体在特定时代和地点的价值观是怎么样的;文化史学家的共同基础就是"他们关注符号以及对符号内涵的解释。符号,无论是有意识的还是无意识的,从艺术到日常生活,处处可见"①。

与社会史、文化史兴起同时起到作用的是微观史学的抬头,微观史学不满足于历史学家对人类发展进程的宏大描述,而是主张更加注重地方知识和区域文化。与此同时,在精细化的现代学科体系的影响下,微观研究更被学者们所推崇,逐步从对描述社会总体性质和整体结构,转向对微观的研究。这些微观史学的主张在一定程度上推动了社会史、文化史在研究对象上的巨大转变,进一步促使史学研究中的文化转向被更多的学者接受。这种转变的优长显而易见:它拓展了史学研究的对象和范围,重新发现了历史的多样性和复杂性。更重要的是,文化的转向使研究者们不再拘泥于单纯寻找未被研究过的领域,而是重在思考如何在传统研究对象和文化的解读之间建立起桥梁,进而将原有的研究话题推向深入。

以上研究视角的文化转向,改变了20世纪80年代以后有关中国传统礼制的研究方向。礼制不再被作为落后的需要被批判的传统制度,也不再被看作形式化的条文,而是充分注意到其展现的中国传统文化精神的内涵。在这样的背景下,对礼制的研究被纳入明代国家政治研究的范畴内,在多个层面推进了对明代政治文化的理解。

对明代礼制的研究首先是呈现这一体系的基本面貌。从纵向来看,明太祖时期的礼制建设和明世宗时期的礼制改革,是展现明代礼制变迁的重要关节点。在朱元璋的政治版图设计中,礼制建设体现了对华夏礼仪的复原,礼制定则秩序定、规范定,于是被置于与官僚体系建置、户籍与赋税体系、学校与教育政策、军事与卫所制度等同等重要的位置。虽然明代礼制来源于前代传统,具有突出的文化继承性,但明初的国家礼制还是展现了很多时代特色,与元制相比,表现出

① 彼得·伯克:《什么是文化史》,蔡玉辉译,杨豫校,北京:北京大学出版社,2009年,"导论",第1—3页。

更为全面的儒家化倾向,并且这种倾向得到了儒家士大夫的普遍认同。明初礼制突出的儒家人文主义精神提示我们,“在经历了中古时代(唐宋时期以后)的狭义宗教活跃和民族文化融合以后,在14世纪之后的一个时期,(儒家人本主义的政治文化)得到了更明确的认定,并与国家政治生动结合”①。而对嘉靖时期以“大礼议”为核心的礼制改革的研究,也不同于以往将之视为政治权力和人事纷争的背景,关注到此时礼仪制度上较明初的重大转变,以及这些转变背后的文化含义。嘉靖时期不仅在庙堂礼制上颇多变革,在地方上也出现了家礼的普遍化倾向,民间礼仪丰富多样,构成了16世纪明代礼制的重要变动。从对礼制结构的呈现来看,不仅有对明代礼制庙堂层面的设计,即结合政治变动对五礼体系的全面梳理,还有对精英礼学及其思想,以及民间庶民家礼的拓展研究,展现出多层次的明代礼制全貌。

在呈现明代礼制结构的基础上,探讨礼制对明代政治文化精神的塑造,则更进一步体现了研究视角的文化转向对明代礼制研究的影响和启示。传统社会的礼制与国家政治密切结合,从文化视角的解析,会看到礼制对于塑造传统中国政治理念的深远影响。礼仪制度是国家制度,皇帝及其臣僚是礼仪制度的制定者和主导者,因此其背后的设计理念首先体现的是统治者的政治理念和政治文化:明代礼制从明初的全面制定,到其后历代皇帝都或多或少的有所调整,其中的突出特点是外在形式上虽掺杂有狭义宗教化内容,如道教人员与仪式,但始终秉持传统儒家人文精神的内核,这种精神在皇帝与士大夫之间取得了共识,成为屡次修订礼制的基本精神和原则;礼仪制度涵盖祭祀、丧葬、婚冠嫁娶、宾主相见、军事礼仪等内容,对皇室、贵族、士大夫,以及普通民众生活的诸多侧面皆有规定,是明朝政府规范从皇室到民众、从宗藩到朝贡、从庙堂到乡间各类群体秩序的有效手段,礼制既服务于政治权威,是统治者对内对外、对上对下推演权力的方式,也潜移默化地影响和规范着明人的生活,这一特点显示出帝制时代权力体系架构中比较柔性的层面;与此同时,礼制也在一定程度上发挥制约与规范皇权的作用,比如明代的国家祭祀活动,即对皇权的范围提出要求,以约束皇帝在现实中的政治权威,皇帝的合法性也需要通过祭天这种礼仪活动得以确认和昭示,同时提示皇权政治的合法性是有条件的,也是变化着的,天既可以显示权威于世间,

① 李媛:《明代国家祭祀制度研究》,北京:社会科学出版社,2011年,第308页。

也可以对不符合天道者进行惩罚，以此达到对皇权本身的监督。这些礼制背后丰富的文化内涵无不体现理解传统政治文化的关节。

与前述社会史研究的勃兴相同步，明代礼制研究还表现出对民间社会礼仪的重点关切。首先，对民间礼制和礼仪活动的研究丰富了对明代下层社会生活，尤其是明代百姓的文化生活、精神信仰、宗族活动、婚丧嫁娶等内容的认识，展现出帝制时代后期民间社会礼制影响下民众生活的活力，体现了明代礼制的多层次性，这都与社会史研究所提倡的对普通民众生活的研究相吻合；其次，民间礼制并非脱离上层社会而存在，其发展变迁与国家礼制关系甚为密切，因此对民间礼制的研究会关注礼制的流动路径，及其反映出的权力关系，主要表现在探讨各种民间礼仪制度如何在国家礼制的框架下运行，如何进入或被剔除出国家礼制体系，甚至是反过来影响国家礼制的变动等问题，这也是探讨帝制后期朝廷与地方社会权力关系的一个重要侧面；最后，对地方礼制的研究也充分体现了社会文化史研究中以小见大的视角和方法，将对某一礼仪行为的微观研究置于对明代社会整体的宏观理解中，见微知著。

整体来看，近年来的明代礼制研究不仅拓展了传统明代政治史研究的范畴，也深化了原有国家政治研究的维度，加深了对明代国家权力运作与政治文化含义的理解，这都与研究视角的转换和文化取向的强化密切相关，充分展现了全球化时代背景下理论方法的更新对史学研究的推进作用，体现出现代史学研究与传统史学的巨大差异。

三、明代礼制研究的多维度拓展

礼制研究长期以来不受关注的原因，除了有不同历史时期的社会背景、史学理论和观念的影响等因素以外，还有更显而易见的原因，那就是中国礼制传统悠久、内涵艰深枯燥，不易把握，这使得人们在研究过程中表现出样貌呈现有余，深度探讨薄弱的特点，因此在已有研究成果的基础上，提升与突破并非易事，深入结合中国传统礼制的特点，还可以从以下几个方面对明代礼制研究进行多维度、多层面的再思考。

首先是时间维度的拓展。明朝前后分别是两个少数民族统治下的王朝，在礼仪制度方面,明朝与元朝呈现出较大的文化差异,而与清朝的相似性更强。对比明代礼制在入清以后的延续与变化,可以看出两朝在政治文化理念上的异同,这对于凝练明代礼制的特点也是有帮助的。与变化相比,明清两朝礼制体系表现出更明显的继承性,这种继承性超越王朝的政治界限,从精神意蕴到具体制度层面呈现出较多的一致之处。如在吉礼方面,明清两代以宫廷为核心的国家祭祀体系一脉相承,清朝除了增加了一些有关本民族特色的祭祀活动外,如堂子祭祀,在祭祀内容和方式上与明朝的连续性更明显。因此,从时间的维度来看,对明代礼制的研究理应向下延伸,对明清时期进行整体观照,才能深刻认识帝制时代晚期礼制文化的特点,乃至厘清与近代以后礼仪文化的差异。在断代史研究大行其道的今天,通贯式研究尤其难能可贵,许多明清史研究的前辈学者也在学理层面指出了明清历史关联的重要性。如郑天挺先生一直强调将明清历史作为一个统一的时期进行研究,李洵先生也将此时期称为“明清时代”,充分强调对两个朝代的通盘理解。① 礼制就是非常能体现这种关联性的政治制度之一。从时间的维度向上回溯,虽然礼制在汉代以后发展为重要的国家政治制度,但从根源上来说,礼制与中国的礼学和经学深度融合,礼制的产生和发展不仅受到历代国家政治变迁的左右,更浸润于以经学为显学的传统社会,并受到其深刻的影响,故每一种具体的礼制均有其原初的文化内涵,这种追溯有助于理解“礼”之于中国传统文化的本源意义。在理解明代礼制变迁的讨论中,这种溯源也是有帮助的,比如在讲到嘉靖“大礼议”的时候,议礼两派均声称秉持古礼,从政治背景上来解释固然是一种角度,但从礼的来源和本意来看则会触及此种分歧内里的文化根源。

其次是结构维度的拓展。从体系化的五礼制度来看,前述有关明代礼制研究的成果中,对吉礼即祭祀礼仪的研究最多,也最为深入,这与吉礼在礼制体系中的地位最重,变动最多,与国家政治结合最为紧密有关。相比之下,对其他四类礼制的研究还有较大的拓展空间:嘉礼内容繁杂,尤其是涉及宫廷政治生活的君臣之礼、宫廷日常生活之礼、皇室家礼、节庆礼仪等内容,包括登极仪式、朝会仪式、册封仪式、宴飨仪式、婚冠之礼及修书、教育仪制等等,凸显了政治礼仪的

① 参见郑天挺:《明史讲义》,第一章“明清史之异同”,北京:中华书局,2017 年。李洵:《下学集》,“再版序言”,第 11 页。

等级秩序、仪式性和内外之别,对于理解明清时代的宫廷文化和政治行为均有助益;围绕皇室成员丧事而行之凶礼,内容主要包括山陵、寝庙、丧葬仪、谒陵、忌辰之礼等,目的在于体现对死去皇室成员的悼念和缅怀,伸展孝思之情,并依据其生时地位给以相应的丧祭礼仪制度,事死如事生,在繁复的仪式过程之外,凶礼突出地表现了传统社会的伦理精神意蕴;宾礼指中央王朝与周边藩国及少数民族交往过程中使用的礼仪,以朝贡及遣使之礼为主,涉及宾主之间的双向礼仪互动,对这一仪式的研究有助于理解主宾双方的政治立场,明清时期中央朝廷与藩属国之间外交关系的演变,以及当时的国际政治关系格局建构;军礼是以凸显军事象征意义为标的的仪式活动,以亲征仪、遣将仪、受降仪、奏凯献俘仪、论功行赏礼、大阅礼、大射礼等为主要内容。[①] 此五类礼仪制度的划分虽然十分明确,但在实际运行中交叉十分明显。比如册封、冠婚属嘉礼,皇帝亲征、遣将仪等属军礼,然这些仪式过程中,亦包含祭告天地、宗庙、社稷等属于吉礼的祭祀内容,陵祭虽属凶礼范畴,却与庙祭颇多关联,有时甚至会直接影响礼仪制度的实际运作。[②] 因此,从这个意义上说,明代礼制的研究应该是一个对结构性礼制的整体研究,其核心交叉点指向的是明代的国家政治文化。

再次是明代礼制研究应有空间维度的拓展。明代中国与前代的一个重大差异在于与外部世界的交往更为直接和密切,范围更广,这在对国家礼仪制度研究上的直接影响是,在比较的方法下通过域外视角对明清时代礼仪制度的审视,可以从另一个视角认识中国礼制文化的独特之处,看到其对中国传统精神的塑造作用。这一时期,相当丰富的异域史料,以及基于不同文化特点围绕礼仪问题出现的诸多讨论,均为这种空间上的拓展提供了可能。比如在儒家精神和中国传统文化认同度很高的朝鲜半岛,朝鲜王朝的礼仪制度就可能成为中国礼制非常具有参照价值的镜像,相关史料丰富而系统,这一点在 20 世纪 70 年代末,谢国桢先生讲到明清史料的拓展时,就曾反复强调此类域外史料的使用对于明清史

① 详细讨论参见李媛:《明代宫廷典制的结构与功能》,载赵中男等:《明代宫廷典制史》,北京:紫禁城出版社,2010 年,“绪论”。

② 如关于明懿文太子陵祭问题的讨论,参见王剑:《明懿文太子陵陵祭逾制考论》,《历史研究》2011 年第 6 期;高寿仙:《明懿文太子陵祭礼异常问题探微》,《北京大学学报》2015 年第 5 期。

研究的重要作用。① 在此基础上的对比研究,帮助我们进一步理解明清时代礼制体系的原则和特点。与之相反,来自欧洲的天主教文明与明清时代的中国在礼仪问题上的百年之争,则在相反层面上提供了异质文明对比研究的另一种可能。16世纪进入中国的天主教传教士,从一开始就面临如何处理与中国本土文化的关系问题,直到18世纪礼仪之争出现高潮,这一在当时国际关系中相当引人注意的冲突现象,从文化内涵的角度来看,意义深远。明清时代的中国和以天主教为代表的欧洲文化对"礼"的核心概念、制度、功用的理解,以及仪式文化上的巨大差异,都是这种冲突的具体表现。这场在中西方文明史上首次真正意义的接触过程中发生的旷日持久的礼仪冲突,背后体现了中西文化的深刻差异,对这一问题的拓展性研究,无疑具有更深刻的理论意义。

最后是对符号维度的解读——从理论建构回归理论实践。前述关于中国传统礼制研究中使用的新方法,已经让我们看到了一些颇有意义的探索,这在很大程度上拓宽了礼制研究的视域,增强了对礼仪文化的解释力度,显示出多学科交叉理论对历史学研究的影响力。新概念和理论的引入与建构固然令人瞩目,其间的窒碍也比较明显,故对明代礼制研究在方法层面的拓展,对此不可不察。礼制不仅仅是行诸文本的典制,更是着落于现实的行为,因此对明代礼制变迁的梳理必然结合其实践状态。礼制的实践以仪式活动的展开为外在标志,无论是庙堂典礼还是民间仪式,公开而有节奏的表现形式是明代人精神文化生活的日常,于是,仪式活动的解读成为明代礼制研究的关键部分。受到人类学对仪式符号象征意义解读的影响,对明代礼制仪式的解读主要从两个方面展开:一是对某一种或某一类仪式的象征性分析,如对明代礼仪活动政治合法性的解读,再与其他以皇帝为核心的政治活动结合起来观察,礼制仪式展示的政治文化意蕴更为凸显;二是对仪式程序过程中的某些环节或要素,结合其渊源,阐明其象征意义。这两种分析方式也存在着可能的问题,比如过度依赖于对仪式文本的解析,或者是解释方式的模式化,比如对仪式政治合法性的分析,表现尤为明显。这与近年来对多学科方法在历史研究中的应用,以及在历史解释过程中不自觉的概念先行有关。因此对明代礼制研究在方法上的拓展,反而应从理论建构回归到理论实践,回归到明代礼

① 谢国桢:《对于研究明清史的一点体会》,《中国史研究》1979年第3期。

制实际运行的复杂过程，着重于展示礼制仪式对明代政治和社会生活多层面的塑造作用。

结　语

由于礼制与中国传统文化相伴而生，并深深地根植和塑造了传统文化的内核，对明代礼制研究的多维度拓展最终指向的是，明清时期帝制中国如何建构自己的国家和国际秩序，中国传统文化精神的意蕴如何通过礼仪制度得到阐发和传承，明清时代礼仪研究的核心即探讨国家的统治秩序和传统文化的精髓。

以儒家文明为核心价值观念的明代中国，在国家统治秩序的建设上秉承帝制中国的传统，体现于政治、经济、军事等多个层面的显性存在，然于礼仪制度层面的权力与秩序关系则表现为隐性的、不易察觉的。隋唐以来，帝制中国在国家秩序的建构上秉持礼法合一，教化先行，体系化的礼仪制度涵盖帝制国家中的公共领域和私人领域，社会精英与下层民众，国内秩序与对外交往等诸多层面。在礼仪制度规范下的传统社会的人们，逐渐形成和强化了对帝制国家的认同感，由此进一步巩固了帝制国家的统治秩序，从这个角度说，礼制并非只是自上而下的国家的手在起作用。当论及明清时代的政府与地方社会的关系，以及帝制国家的统治效力问题时，需要顾及中国庞大的地域，巨大的地区间差异，以及复杂的社会结构。帝制晚期，地方社会的活力和自治，更是常常成为对帝制中国政府统治效力的质疑，但是从礼制在明清时代的推行情况却让我们看到了另一种图景和解释路径。近年，秦晖提出的中国传统社会是一个“大共同体本位”的判断，在分析礼制之于传统国家建立统治秩序的问题上，颇具启发意义。① 从国家权力对秩序维护的视角来看，皇权（国家权力）对地方社会的控制从来都在，礼制便是其中最为重要的手段和方式，朝廷乐于看到诸如公共仪式所建立起来的秩序感，在这期间，人们形成了临时构建的小共同体，而在这背后是国家大共同体在起作用。而类似家族（宗族）、乡绅、行会等有形的固定的小共同体组织，则容

---

① 秦晖：《传统十论：本土社会的制度、文化及其变革》，“传统中华帝国的乡村基层控制：汉唐间的乡村组织”、“‘大共同体本位’与传统中国社会：兼论中国走向公民社会之路”，太原：山西人民出版社，2019 年。

易在长期发展过程中削弱国家这一大共同体的权威,而始终是国家构建权力和秩序的次要选择。因此,我们看到了一个被礼仪制度所深刻塑造了的帝制中国。

从近年来对传统中国国家政治研究的趋势来看,礼制研究显然触及了中国史研究中更为根本的问题,即对中国传统文化精神内核的挖掘。无论从历史上曾经发生的重大事件来看,还是在当下的国际环境和全球视野中,对中国传统文化的探索,从来都是有魅力和切中要害的。塞缪尔·亨廷顿就认为,在当今世界,文化在塑造全球政治过程中发挥了最主要的作用,文化差异远比政治差异、经济差异更为重要和根本,而政治冲突从根本上说就是塑造了政治表象的文化冲突。[①] 从这个意义上说,礼制研究的深入和推进,不仅是历史学者们新的兴趣点,更具有重要的现实意义。

① 参见塞缪尔·亨廷顿:《文明的冲突与世界秩序的重建》,周琪等译,北京:新华出版社,2010年,"中文版序言"。

明代应天巡抚创设轨迹考

胡克诚

"应天巡抚",亦称"苏松巡抚"或"江南巡抚"①,是明代仁宣以降统辖南直隶应天、苏州、松江、常州、镇江、徽州、宁国、池州、太平、安庆、广德等十府一州,兼管浙江杭州、嘉兴、湖州三府税粮的江南实际最高长官。因其巡行区域为全国重赋之地,在明朝政治和地方统治史上具有极为重要的地位。

据《明史》《明会典》等正史、政书记载,明代应天巡抚的全称为"总理粮储提督军务兼巡抚应天等府地方",在其制度沿革过程中有几个重要的时间节点:一是永乐初年派遣尚书赴江南治水、兼理农务;二是宣德五年(1430)命侍郎总督税粮,兼巡抚应天等府,并强调"始有专职";三是景泰四年(1453)将巡抚本衔固定为都察院右(副/佥)都御史;四是嘉靖三十三年(1554),因防御倭寇需要,加提督军务;五是嘉、万年间,巡抚驻地曾在苏州、句容间反复调整。② 其中,永乐至宣德朝是其创制的关键期。

以往学界关于明代应天巡抚的研究,主要集中在对应天巡抚驻地、明中后期的应天巡抚群体,③以及周忱、海瑞等具体人物事迹及其在任期间主持的江

---

① 按,"江南巡抚"一词最早出现于唐宋时期,如名臣狄仁杰即曾担任"江南巡抚使"一职,在吴楚之间主持了"毁淫祠"之役。而明代的"江南巡抚"作为"应天巡抚"的别称之一,最早出现在宣德、正统时期,代表人物是周忱。

② 申时行等:《明会典》卷 209,《督抚建置》,北京:中华书局,1989 年,第 1040 页;张廷玉等:《明史》卷 73,《职官二》,北京:中华书局,1974 年,第 1775 页。

③ 范金民:《明代应天巡抚驻地考》,《江海学刊》2012 年第 4 期;段桦:《明代成化、弘治年间应天巡抚的一个考察》,南京大学 2006 年硕士学位论文;段新勇:《明代嘉靖、隆庆年间的应天巡抚》,南京大学 2007 年硕士学位论文。

南/南直隶赋役制度改革等专题考论上,[①]而关于应天巡抚的创制过程,多附带于明清督抚制的整体史中。[②] 笔者认为,应天巡抚的创设,既有明统治者对洪武以来地方省级行政管理体制(行省改三司)进一步完善的大趋势背景,更是对永乐北迁导致的政治中心同经济重心再度分离弊端的客观应对,以及重构江南财赋管理体制的制度需求。[③] 本文在前人研究基础上专注于对明代应天巡抚创设轨迹的细致梳理,旨在进一步推进明代制度史和江南区域史的研究进展。错漏之处,请方家指正。

一、永乐年间江南治水督农大臣之派

永乐初年,江南苏松等府遭遇了百年不遇的大水灾。[④] 明廷除了大规模蠲免江南受灾田粮外,先后多次派遣户部尚书夏原吉等部院大臣赴江南治水,兼督农务。以此为契机,逐渐形成了永乐至宣德初年的江南"治水督农官"管理模式。

永乐元年(1403)四月,朱棣以嘉兴、苏、松等府连年水患,屡敕有司督治,成效甚微,遂命户部尚书夏原吉以钦差大臣身份赴江南治水,兼督农务。[⑤] 六月,

---

① 代表性成果有伍丹戈:《明代土地制度和赋役制度的发展》,福州:福建人民出版社,1982年;赖惠敏:《明代南直隶赋税制度的研究》,台北:台湾大学出版委员会,1982年;郁维明:《明代周忱对江南地区的社会经济改革》,台北:台湾商务印书馆,1987年;唐文基:《明代赋役制度史》,北京:社会科学出版社,1991年;等等。其他相关论文较多,不一一列举。

② 代表性成果主要有林乾:《论明代的总督巡抚制度》,《社会科学辑刊》1988年第2期;罗冬阳:《明代的督抚制度》,《东北师大学报》1988年第4期;张哲郎:《明代巡抚研究》,台北:文史哲出版社,1995年;赵中男:《明代巡抚制度的产生及其作用》,《社会科学辑刊》1996年第2期;靳润成:《明朝总督巡抚辖区研究》,天津:天津古籍出版社,1996年;胡丹:《明代巡抚制度形成之初的若干史实问题》,《古代文明》2010年第1期等。

③ 参见胡克城:《逋赋治理与明代江南财赋管理体制的变迁》,北京:科学出版社,2019年。

④ 关于这次江南大水和治水经过,详见蔡泰彬:《明代五朝元老夏原吉治水江南》,《白沙人文社会学报》2002年第1期,第205—226页;李卓颖:《圣人复作 · 水归其壑——夏原吉治水江南与永乐政权正当性之建立》,《新史学》第22卷第4期,2011年,第55—108页。

⑤ 《明太宗实录》卷19,永乐元年夏四月己酉条,台北:"中央研究院"历史语言研究所校勘本,1962年,第339页。按,永乐三年八月,朱棣曾对夏原吉说:"向以部事付郁新,以浙农务委卿,庶内外克济。"可知,夏原吉自始即负有督农务之责。见夏崇文:《夏忠靖公遗事》,载夏原吉:《忠靖集 · 附录》,《景印文渊阁四库全书》第1240册,台北:台湾商务印书馆,1986年,第545页。

朱棣又命户部侍郎李文郁往江南辅佐夏原吉,“相度被水田地,堪种者趣民种之,后时者除今年租税”[①]。八月,又遣都察院右佥都御史俞士吉赍《水利集》赐户部尚书夏原吉,“使讲究拯治之法”,兼“督浙西农务”。[②] 随后,夏原吉奏上《治水疏》,并以此为纲领,组织十万民夫疏浚三江入海故道,暂时缓解了江南水患。夏原吉还朝复命时强调:“水虽由故道入海,而旧河港未尽疏通,非经久计。”于是,次年(1404)春正月,朱棣派夏原吉再赴江南,疏浚白茆塘、刘家河、大黄浦等处,以大理少卿袁复为之副。[③] 六月,又派出陕西参政宋性赴苏松协助治水。[④] 与此同时,朱棣还派出心腹重臣姚广孝(道衍)赴江南赈济灾民[⑤],并暗中考察夏原吉等人工作情况,“太子少师姚公广孝还自浙,上首询公政。姚公对曰:‘夏某温而不宠,威而不猛,古之遗爱也!’”[⑥]对夏元吉的工作给予充分肯定。夏元吉等三人于永乐三年(1405)四月还朝。不久,宋性被调任四川布政司[⑦]。六月,夏元吉、袁复、俞士吉以及新加入的通政司左通政赵居任四人受命再赴江南,赈济苏、松、嘉、湖饥民。临行前,朱棣谕之曰:“四郡之民频年厄于水患,今旧谷已罄,新苗未成,老稚嗷嗷,饥馁无告,朕与卿等能独饱乎?其往督郡县,亟发仓廪赈之,所至善加绥抚,一切民间利害,有当建革者,速具以闻。”[⑧]可知,除了赈济饥民外,四人还肩负了体察民情的职责,具有了后来“巡抚”的某些特征。此行,夏原吉等人“发粟三十万石,给牛种。有请召民佃水退淤田益赋者,原吉驰疏止之”[⑨]。其间,俞士吉还疏请蠲免了湖州府60余万石逋赋[⑩]。同年八月,夏原吉回户部接替病卒的尚书郁新,正式接掌户部大权。[⑪] 而这段江南

---

① 《明太宗实录》卷21,永乐元年六月辛亥条,第378页。

② 《明太宗实录》卷22,永乐元年八月戊申条,第405页;张廷玉等:《明史》卷149,《俞士吉传》,第4155页。

③ 《明太宗实录》卷27,永乐二年春正月乙巳条,第491—492页。

④ 《明太宗实录》卷32,永乐二年夏六月庚寅条,第571页。

⑤ 《明太宗实录》卷32,永乐二年夏六月乙未条,第573页。

⑥ 夏崇文:《夏忠靖公遗事》,载夏原吉:《忠靖集·附录》,《景印文渊阁四库全书》第1240册,第545页。

⑦ 《明太宗实录》卷41,永乐三年夏四月丙子条,第670页。

⑧ 《明太宗实录》卷43,永乐三年六月甲申条,第685—686页。

⑨ 张廷玉等:《明史》卷149,《夏原吉传》,第4151页。

⑩ 张廷玉等:《明史》卷149,《俞士吉传》,第4155页。

⑪ 张廷玉等:《明史》卷149,《夏原吉传》,第4151页。

治水的经历，也被学者认为是夏原吉一生事功最为显著的两件大事之一。①

《明史》称："初，夏原吉治水江南还，代以左通政赵居任，兼督农务。"②照此说法，赵居任从永乐三年（1405）八月起，即开始接替夏原吉主持江南治水督农工作。永乐四年（1406）二月，同夏原吉一起回朝的俞士吉、袁复二人，因在江南治水期间"贪受货赂"事发，被左都御史陈瑛弹劾，下狱治罪。③ 结果，袁复死于狱中④，俞士吉则很快被释放，降为办事官，并再次被派往江南治水，当年年底官复原职。⑤ 俞（右佥都御史，正四品）、赵（左通政，正四品）二人官品职位相当，并无明确从属关系。五年（1407）五月，俞士吉回朝，曲意逢迎，进献《圣孝瑞应颂》，引起朱棣反感，当即训斥道："尔以大臣出视民瘼，既归，其民情何如，年谷何如，水患何如，未闻有一语，而汲汲进谀词，都御史行事固如此乎？"命人将颂词掷还。⑥ 至此，永乐年间的江南治水督农官最终完成了由多人到一人，由临时性差遣向专人长期任职的过渡。⑦ 赵居任作为明代第一任常驻江南的专职治水督农官，其任期达十余年之久。⑧

总体看来，江南大型水利工程在夏原吉领导治水的永乐元年至三年（1403—1405）期间基本结束，这对稳定江南地方和刚刚建立的永乐政权都有至关重要的意义。⑨ 而此后，作为专职治水督农官的赵居任则主要负责提督江南府县治农官，带领各地民夫随时修筑、维护江南水利设施。⑩ 比如永乐五年六月，赵居任受命督民修筑"复沦于江"的杭州府沿江堤岸。⑪ 八年十二月，他又受

① 按，另一件是"反对明成祖北征漠北"。参见蔡泰彬：《明代五朝元老夏原吉治水江南》，第207—208页。

② 张廷玉等：《明史》卷159，《熊概传》，第4329页。

③ 《明太宗实录》卷51，永乐四年二月己丑条，第768—769页。

④ 《明太宗实录》卷56，永乐四年秋七月丁酉条，第828页。

⑤ 《明太宗实录》卷62，永乐四年十二月乙丑条，第895页。

⑥ 《明太宗实录》卷67，永乐五年五月辛巳条，第942页。

⑦ 参见胡丹：《明代巡抚制度形成之初的若干史实问题》，《古代文明》2010年第1期。

⑧ 《明太宗实录》卷209，永乐十七年二月庚寅条，第2123—2124页。

⑨ 李卓颖：《圣人复作·水归其壑——夏原吉治水江南与永乐政权正当性之建立》，《新史学》第22卷第4期，2011年。

⑩ 按，永乐二年，江南苏松常杭嘉湖六府曾添设府县佐贰为"治农官"，以配合治水督农大臣工作。参见胡克诚：《明代江南治农官述论》，《古代文明》2012年第2期。

⑪ 《明太宗实录》卷68，永乐五年六月庚戌条，第963页。

命督领37400余人修复了苏州府吴江县境内“连年土石坍塌,桥梁断坏”的石塘官路。[①] 此外,他还有逐年按时通报江南各地收成、灾荒情况的职责。不过,赵居任“佞上而不恤下”的作风很快暴露出来。如八年(1410)二月,巡按直隶监察御史刘焕上疏揭露赵居任隐瞒苏州、湖州等地“田之荒芜者甚众”的情况,“乃于乌程县熟田内简稻穗繁者,数其颗粒,及三百之上为秉以闻,谓为‘丰稔太平之瑞’”,要求降罪责罚。当时朱棣正北征蒙古,留守南京的皇太子朱高炽曰:“此人非独罔上,且残刻,为民所恶。然上之所使,未可擅易。其封此章示之,令自省。”[②]给予赵口头警告。不过,赵居任并未收敛,依旧我行我素。至永乐十年(1412),浙西大水,田苗无收,赵居任“匿不以闻,而逼民输税”,遭到浙江按察使周新的弹劾。朱棣就此事询问户部尚书夏原吉,原吉对曰:“比,赵居任奏民多以熟田作荒伤,按察之言未可悉信”。朱棣随即遣使复视灾情,要求“但苗坏于水者,蠲其税,民被水甚者,官发粟赈之”。[③] 十一月,赵居任上疏辩解,称苏州水灾的消息是不法逃军的妄言,目的是“乞免秋粮”——“且今岁苏田少水,而奸民多私决堤防,车水入田,以坏禾稼,冀苟免税粮耳! 请俱罪之。”但朱棣认为赵居任所言不符合常理,“盖与其劳力决堤车水,曷若劳力治田? 田中所入十分以一分入官,有九分入己,岂肯以一废九,自受饥馁耶? 殆非人情! 且前时浙江按察司亦尝言浙西水潦,赵居任不恤民隐。今居任此言未可信,仍遣官往视之。”[④]最终,朱棣蠲免了苏、嘉、湖等府受灾属县当年税粮30余万石,也证明了赵居任所言不实。[⑤] 等到永乐十三年(1415),赵居任再奏“苏、松等六府,自春及秋,雨旸不愆,民乐耕作,比之往岁,实为丰年”时,朱棣已全然不信,谓夏原吉等曰:“居任为人虽颇廉勤,然好佞上而不恤下,斯言殆未可信,宜遣人验视,毋为所欺。”[⑥]“不恤下”除了隐瞒江南灾情外,还有滥用民力一端,谓其“每霖雨没田禾,不待雨止,广集民男妇踏车出水,随去随溢,低田终不可救,高乡之民困于其役,不得尽力农事”。赵居任在江南十余年,民怨颇深,以至于永乐十七年(1419)病卒任

① 《明太宗实录》卷111,永乐八年十二月癸卯条,第1418页。

② 《明太宗实录》卷101,永乐八年二月癸丑条,第1318—1319页。

③ 《明太宗实录》卷129,永乐十年六月壬申条,第1601页。

④ 《明太宗实录》卷134,永乐十年十一月癸未条,第1635—1636页。

⑤ 张廷玉等:《明史》卷161,《周新传》,第4374页。

⑥ 《明太宗实录》卷168,永乐十三年九月癸丑条,第1876页。

上时,江南各地竟“民用慰悦”。①

既然朱棣早就开始怀疑赵居任“佞上而不恤下”的行径,却为何一直都不曾责罚或遣官替换呢?笔者认为,这与朱棣的用人习惯及其江南政策有关。

朱棣以藩王起兵,通过政变形式夺取政权,朝臣并非全部认同朱棣的统治。而朱棣藩邸没有足够的人才储备,不得不从建文旧臣中挑选。大体看来,朱棣的用人原则有三:一是忠,二是廉,三是才。其中忠是前提,廉和才是补充。从江南治水督农官由数人到一人的发展过程来看,大致也能证明以上推论:夏原吉、俞士吉、李士郁、宋性、袁复、赵居任六人皆是建文旧臣,在数次派赴江南的过程中,朱棣通过明察(陈瑛)暗访(姚广孝),基本了解到诸人的品行和工作能力,于是将忠、廉、才俱佳的夏原吉调回身边,赋予重任;将才能欠佳的李士郁、宋性调任外差;将“贪受货赂”的袁复、俞士吉下狱问罪。只有一向勤勉,富“清介”之名的赵居任得以久任江南。赵居任虽然才能平平,且有“佞上而不恤下”的缺陷,但其“报丰稔”、“献祥瑞”的举动,一定程度上迎合了朱棣好大喜功的个性,加上有夏原吉在朝中为之辩解,因而能久安其位。类似情况还有曲意献媚的俞士吉,虽曾遭朱棣训斥,却也并未遭太大责罚。

除此之外,还要考虑到朱棣的江南政策。朱棣登基伊始,首先将建文朝对江南地区的赋额减免政策推翻,继续维持太祖时期的“重赋”政策,这同朱棣“进取型”的内外政策息息相关。永乐一朝,征蒙古、征安南、下西洋、迁国都,势必需要江南“财赋之地”的全力支持。永乐一朝年平均3200万石的税粮收入创造了有明一代的最高纪录。当然,朱棣对江南地区的赋税蠲免力度在明代也首屈一指,此即商传先生强调的“手中有粮,心中不慌”的“高税收—高蠲免”型财政政策。② 江南官民由于重赋、天灾等压力,也寄希望于朝廷加大蠲免力度,因此在报灾时也存在高报甚至谎报的情况。赵居任代表朝廷利益,一定程度上打压地方的报灾级别,客观上有利于维持朝廷的重赋政策和财政收入,使蠲免政策更富弹性。基于上述原因,朱棣得以纵容“佞上而不恤下”的赵居任久任江南。而当

① 《明太宗实录》卷209,永乐十七年二月庚寅条,第2124页。

② 商传:《从蠲赈到减赋——明朝灾害政策转变的三个个案》,《史学集刊》2006年第4期。

赵居任病卒后,朱棣旋即升浙江布政司右参议岳福为通政司左通政,接替赵居任治水督农。而岳福也是个"老疾不任事"之辈①,对于江南水利和农务督理作用有限,②却也在任七年之久,直到宣宗即位后才被召还致仕。③ 以朱棣如此雄才伟略的英主,却接连挑选两位年老体衰、少有作为之人肩负江南治水督农大任,恐怕也跟永乐中后期忙于迁都和北征事宜,对江南地区疏于管理有一定关系。

永乐初年的江南治水工程结束后,朱棣即把主要精力放到北方。永乐七年(1409)北巡,八年(1410)、十二年(1414)、二十年(1422)、二十一年(1423)、二十二年(1424)接连五次亲征漠北,加上大规模营建北京城,朱棣在永乐朝中后期的大部分时间基本在北方度过,对江南的直接管理十分有限。留守南京的太子朱高炽,因陷于同汉王朱高煦的"储贰之争",自身难保,为免遭猜忌,也难有作为。尽管永乐朝在江南地区原有地方有司和巡按御史监管外,特别增设了治水督农大臣,但其实权有限,供职之人能力平平,不足以肩负起管控江南财赋的重任。管理失当加上原有江南官田重赋在迁都、通漕后更趋严重,田赋逋欠问题日益凸显。这也给仁、宣以降明廷的江南政策大调整,特别是应天巡抚的创设埋下伏笔。

二、洪熙元年周干等人巡视江南八府

永乐二十二年(1424)七月,戎马一生的永乐皇帝于第五次北征蒙古途中病逝榆木川。同年八月,太子朱高炽于北京登基继位,是为明仁宗。十二月,监察御史胡启先上疏,对当时以勋戚、太监、文臣三方守备南京的做法提出质疑:"南京龙蟠虎踞之势,长江天堑之险,国家根本所在,若使臣下镇之,是授以控御之

---

① 《明宣宗实录》卷6,洪熙元年闰七月丁巳条,第167页。

② 按,岳福在任期间主要事迹有:1. 永乐十八年奏请并组织民夫修筑浙江杭州府仁和、海宁二县被水灾损坏的堤坝,疏浚淤塞海道。见《明太宗实录》卷229,永乐十八年九月甲戌条,第2226页;2. 永乐二十二年和洪熙元年两次奏报江南灾情并请求蠲免税粮。见《明宣宗实录》卷3,洪熙元年秋七月戊辰条,第91页;卷9,洪熙元年九月戊申条,第231页。

③ 《明宣宗实录》卷8,洪熙元年八月癸未条,第206页;卷16,宣德元年夏四月丙子条,第431页。

柄,伏乞命皇太子留守,以系人心,以固邦本。"①在永乐朝的20余年间,长期留守南京的朱高炽对江南情况有一定了解,深知国都北迁后,难以对江南财赋区采取有效管控,江南逋赋日益严峻。是故,洪熙元年(1425)二月,仁宗就将还都南京提上日程:"戊戌,将还都南京,诏北京诸司悉称行在,复北京行部及行后军都督府。"②四月,以南京屡地震,派太子朱瞻基居守③,作为前期准备。而在此之前,仁宗沿用了乃父的老办法——遣官巡视,来调查江南社会的主要问题。

所谓遣官巡视,俗称"钦差",即派臣子代表皇帝巡行地方,以完成某项特殊使命。此种做法,自古有之,明洪武、建文、永乐诸朝均有先例。比如,永乐朝就曾多次派朝臣赴各地"巡视",其中规模较大的主要有两次,其一是永乐元年(1403)派遣监察御史袁纲、给事中朱亮等分诣直隶府州及浙江等布政司,抚按军民。④ 其二是永乐十九年(1421)派吏部尚书蹇义等26人巡行天下,安抚军民。⑤ 两次巡视都有其深刻的政治背景,前者伴随于"靖难"登基之后,后者则发生于迁都北京特别是三殿火灾之后,都有稳定政局、安抚民心之意。

洪熙元年(1425)正月,在即位五个月后,仁宗于北京颁布敕令,以南方诸郡"民众地远,情难上通"为由,特遣广西右布政使周干、广东按察使胡概、四川右参政叶春巡视应天、镇江、常州、苏州、松江、湖州、杭州、嘉兴等江南八府,"其军民安否何似,何弊当去,何利当建,审求其故,具以实闻"⑥。表面看来,周、胡、叶三人均为外省布、按正佐,与永乐年间尽遣部院科道等"朝臣"的做法有所不同,但实际上,三人还有另外一重身份——仁宗"旧臣"。其中周干在永乐初年担任山东道监察御史期间曾巡按北京,"宽厚有大体,见知皇太子",永乐七年(1409),朱高炽特擢周干为东宫官——左春坊左中允,留之左右。⑦ 胡概、叶春亦有类似经历。胡概,江西丰城人,本姓熊,幼孤,随母改嫁,遂冒胡姓,直到宣德四年(1429)奏请复熊姓。"仁宗监国时,尝命概以御史署刑部,知其贤,故有是

① 《明仁宗实录》卷5上,永乐二十二年十二月丁未条,第160页。
② 张廷玉等:《明史》卷8,《仁宗本纪》,第111页。
③ 张廷玉等:《明史》卷9,《宣宗本纪》,第115页。
④ 《明太宗实录》卷21,永乐元年六月癸丑条,第379页。
⑤ 《明太宗实录》卷236,永乐十九年夏四月癸丑条,第2269页。
⑥ 《明仁宗实录》卷6下,洪熙元年正月己亥条,第226页。
⑦ 《明太宗实录》卷92,永乐七年五月庚寅条,第1222页。

命。"①叶春，浙江海盐人，吏员出身，也曾在永乐二十二年(1424)得到太子朱高炽提拔，由两淮盐运使升任福建布政司右参政。② 因此，这次巡行江南者，均是仁宗心腹，肩负特殊使命，迈出了整顿江南财赋的重要一步。

此次巡行江南历时近八个月，当三人于洪熙元年闰七月还朝复命时，仁宗已于三个月前驾崩，于是周干等人向新君——宣宗朱瞻基详细汇报了这次江南之行的考察结果。

总体看来，周干等人认为，当时江南地区存在的主要社会问题是当地纳税人口的大量逃亡，而这一结果根源于"官府弊政困民，及粮长、弓兵害民"。所谓"官府弊政"主要指洪武年间遗留下来的官田重赋问题，具体表现为四个方面：其一是没官田重赋之弊；其二是还官田重赋之弊；其三是被海水侵蚀沦陷的官民田地并未豁除，仍然课税如故；其四是发给承租官田农户的牛、农具、车等生产资料随着时间推移而折损消耗之后，并未及时补充，导致农户生产效率大减，却依旧科以重税。以上诸种官田重赋导致小民难以负担，纷纷逃亡。前两项是制度问题，后两项是管理问题，四项皆官方责任。此外还有粮长、巡检司弓兵等"半官方"势力以权谋私、虐民害民的问题。针对上述问题，周干等人提出的解决之道，即减赋和加强对粮长、弓兵的管理。周干等提出，一方面"慎选贤才，授守令之任，抚字存恤"，以解决"府县多不得人"的问题；另一方面"命在廷大臣一员往来巡抚，务去凶顽，扶植良善"，来监督落实上述政策措施。至于永乐年间任职至今的那位"老疾不任事"的治农左通政岳福，"宜别委任"，如此则"耕种以时，民免饥馁，而流亡可归"了。③

周干等人的汇报引起宣宗高度重视，当即命行在吏部尚书蹇义与户部、兵部同议行之。宣宗君臣的商议结果是将赋役制度调整暂时搁置，先解决"有司不得人"和"土豪肆虐"的问题。同年八月，升胡概为大理寺卿，同叶春(仍挂参政职衔)一起巡抚直隶及浙江诸郡，召浙江治农事通政岳福还朝。临行前，宣宗在给胡、叶的敕谕中明确了二人此行的目的和职权范围：一是"兴利除弊"——"凡官吏粮里及公差官员，有贪刻虐害军民，及土豪恃强侵欺小民者，悉皆奏来，应合

---

① 张廷玉等：《明史》卷159，《熊概传》，第4329页。

② 《明太宗实录》卷271，永乐二十二年五月壬午条，第2454页。

③ 《明宣宗实录》卷6，洪熙元年闰七月丁巳条，第166—167页。

擒问者即擒问，不伏者量调所在卫所官军擒解，务除凶恶，以安良民”；二是提督农务水利——“其各处农务、水利悉从提督”。① 由此可知，胡、叶这次“巡抚”实质上就是在原有江南治水督农官的基础上，又增加了司法监察甚至武力弹压不法分子的权力。清人谈迁称之为“法治”②。之前一同巡行江南的核心人物周干则直接复任广西布政使原职，并未参与这次巡抚江南。③

三、胡概与“江南巡抚之始”

洪熙元年（1425）八月胡概、叶春的再巡江南，在一些明清史家看来，乃有明一代“设巡抚之始”④。民国学者吴廷燮的《明督抚年表》中亦将胡概视作明代首任应天巡抚。⑤ 而靳润成因其巡抚江南八府辖区地跨浙、直，称之为“南畿浙西巡抚”⑥。不过，此次“巡抚”仍以“群抚”形式出巡地方。除胡、叶二人一同奉敕出巡外，宣德元年（1426），朝廷还曾差行在户部主事马健等会同大理寺卿胡概巡视江南农事；⑦三年（1428），又派锦衣卫指挥任启（《国榷》作“胜”）、御史赖瑛、太监刘宁参与巡视江南。⑧ 这种文、武、内三方联合行动的方式，同永乐元年（1403）那次遣官出巡的形式如出一辙，宣德年间也曾施行于其他省区，故有学者认为，胡、叶二人本次“巡抚”同永乐年间的“巡视”、“抚安”并无实质区别。⑨ 不过，笔者认为，仅以此断定胡概并非“巡抚之始”，还有待商榷。

---

① 《明宣宗实录》卷 8，洪熙元年八月丁亥条，第 207 页。

② 谈迁：《国榷》卷 19，仁宗洪熙元年八月癸未条，北京：中华书局，1958 年，第 1270—1271 页。

③ 《明宣宗实录》卷 8，洪熙元年八月丁亥条，第 207 页。

④ 余继登：《典故纪闻》卷 9，北京：中华书局，1981 年，第 151 页；张廷玉等：《明史》卷 9，《宣宗本纪》，第 116 页。

⑤ 吴廷燮：《明督抚年表》卷 4，《应天》，北京：中华书局，1982 年，第 347 页。

⑥ 靳润成：《明朝总督巡抚辖区研究》，天津：天津古籍出版社，1996 年，第 76 页。

⑦ 《明宣宗实录》卷 21，宣德元年九月己酉条，第 560 页。

⑧ 谈迁：《国榷》卷 19，北京：中华书局，1958 年，第 1270—1271 页；张廷玉等：《明史》卷 159，《叶春传》，第 4331 页；《明宣宗实录》卷 49，宣德三年十二月丁酉条，第 1189 页；卷 103，宣德八年六月己酉条，第 2306 页。

⑨ 胡丹：《明代巡抚制度形成之初的若干史实问题》，《古代文明》2010 年第 1 期。

洪熙元年八月的胡、叶巡抚江南，可视作国都北迁后，明廷探索江南财赋管理模式的进一步尝试。同之前的历次“巡视”相比，其不同之处在于，胡、叶二人在任期间，对解决江南逋赋以及调整江南赋税征解体系进行了一系列实践：

其一，打击江南富户豪民。

胡概、叶春这次“巡抚”的主要任务即为镇压和抓捕为害江南的贪官污吏、盗贼、土豪劣绅。从宣德元年(1426)正月至四年(1429)九月间，胡概先后数次将松江、应天、常州、嘉兴等府的土豪及亡赖虐民者执械送京师，每次数十到数百人不等，大都予以处决或抄没家产。这些行动给江南富户豪民造成毁灭性打击，生活在明宣宗至孝宗年间的长洲人王锜曾对“胡(熊)概巡抚”有如下记忆：

长洲顾蒙、张玉被人诬于巡抚熊概，概不能审，即往籍其家，各有农具一屋，而冤号之声人不可闻。太监刘宁曰：“阴骘，不在我也。”蒙与玉皆入极典，子孙尽戍远方。①

江阴新塘陆氏家甚富豪，物在三十里外不用守者，有识者见之，曰：“陆氏祸将至矣。”其宾赵济川尝作诗讽之，陆不能省。未几，熊概籍其家，见赵诗，曰：“汝早依此言，何有今日？”尽没入其财产，陆氏全家赴京，无一人免者。②

胡概因其严酷的行事作风，被时人视为“肆作威福”，屡遭诟病。宣德二年(1427)夏四月，行在都察院劾奏大理寺卿胡概、右参政叶春奉敕巡抚畿内及浙江诸郡，“所至作威福，发兵护送，且纵兵扰民”③。宣宗不为所动，还降旨安慰。此外，明人王锜还曾记载几则关于胡概、叶春巡抚事迹的典故，其一曰：“嘉兴叶某(春)尝为府掾，后仕至通政参议。宣德中，与大理寺少卿熊概巡抚东南。一日，同至嘉兴公馆，概痛笞郡吏，犹辱骂不已。叶从容谓郡吏曰：‘诸兄当勉，某在此吃了多少打骂，今日至是。’概大赧。盖忘叶之为吏也。”④此借叶春典故暗讽胡概强横放肆的个性。再如：“宣德中，吉水罗公汝敬……过吴中，适大理卿熊概巡抚，肆作威福。大家巨族少被诬构，随至抄没，冤号之声，上闻于天。公见而不忍，且与概有乡里之好，出以阴骘为谕，概岸然不省，为之益甚。公至京谒

---

① 王锜：《寓圃杂记》卷10，《熊概滥冤》，第84页。

② 王锜：《寓圃杂记》，《补遗·陆氏被祸》，第91页。

③ 《明宣宗实录》卷27，宣德二年夏四月癸亥条，第702页。

④ 王锜：《寓圃杂记》，《补遗·叶参议》，第89页。

见,陈使事毕,具以概事奏上,其言甚切。上览之恻然曰:'事有甚于此者!'即日召概回,以周文襄往代。自此东南荐安矣。"[①]此条借罗汝敬典故暗讽胡概"肆作威福",镇压江南巨族。并点出正是罗侍郎的弹劾,使宣宗招回胡概,以周忱代之,也宣布明廷对江南的强压政策告一段落,转变为相对平稳的赋役改革。由下文可知,罗汝敬确曾于宣德四年受命赴江南催督漕运,其间同巡抚胡概难免发生交集,则弹劾一事似非捕风捉影。此外,江南甚至还流传熊概晚年被之前冤杀的江南富户鬼魂缠绕致死的传说。[②] 可见,胡概给江南人留下何其痛苦的记忆。

胡概所镇压之人,既有如溧阳县民史英父子、常州豪民王昶、海盐人平康那种"杀人取财,夺人妻女","恃富暴横,驱杀其乡人",贿赂官府甚至聚众为盗之徒,也包括"侵盗税粮,因公科敛,以一取十,老吏猾胥,逞奸肆毒"等"经济罪犯"[③],而他们正是造成江南逋赋的罪魁祸首之一。从某种程度上来说,宣德年间胡概等人抓捕江南土豪,与洪武年间朱元璋打击江南豪右的本质目的如出一辙,即方志远先生所谓"杀富济国"[④]。从这个角度来看,胡概的"暴力执法"在一定程度上为其后周忱进一步清理江南逋赋扫清了障碍。《明史》曾载:"先是,大理卿胡概为巡抚,用法严。忱一切治以简易,告讦者辄不省。或面讦忱:'公不及胡公。'忱笑曰:'胡卿敕旨,在祛除民害。朝廷命我,但云安抚军民。委寄正不同耳。'"[⑤]概言此意。

其二,重构江南税粮征解体系的尝试。

宣德二年(1427),胡概奏请恢复了永乐年间曾在江南府县设置过的江南治农官,并赋予其催粮之责。[⑥] 三年(1428)五月,他又提出设置司道级管粮官,统领府县治农官,以全面负责江南税粮催征解运的建议:"浙江嘉、湖、杭三府,人民蕃多,税粮浩大,府县有治农官理办税粮,宜增布政司官一员以总之,庶农务以时,粮税不欠。"不过,宣宗认为:"税粮自是常赋,国初以来,征敛输送,已有定

---

① 王锜:《寓圃杂记》卷2,《罗侍郎》,第12页。

② 王锜:《寓圃杂记》卷10,《熊概滥冤》,第84页。

③ 《明宣宗实录》卷19,宣德元年七月乙巳条,第504—505页;卷13,宣德元年春正月壬子条,第353—354页;卷49,宣德三年十二月丙申条,第1188—1189页;卷54,宣德四年五月辛亥条,第1290页;卷58,宣德四年九月丙辰条,第1383页。

④ 方志远:《明朝百年的社会进步与社会问题》,《吉林大学社会科学学报》2012年第5期。

⑤ 张廷玉等:《明史》卷153,《周忱传》,第4214—4215页。

⑥ 《明宣宗实录》卷27,宣德二年夏四月庚申条,第700页。

制,朕方裁抑冗滥,岂得复设? 古语:‘省事不如省官。’所奏不允。”[①]否决了胡概的设想。不过,明中后期江南等地税粮征解体系的演变趋势,一定程度上正是沿着胡概的构想逐步实现并不断完善。[②]

其三,推动江南逋赋折征。

逋赋折征,早在洪武、永乐年间即有施行。宣德四年(1429)九月,胡概奏请将江南贫民逋欠的永乐二十年(1422)至洪熙元年(1425)税粮、马草,折收丝绵等物。此议得到宣宗批准,令户部制定了具体折收办法:“绢一匹准粮一石二斗,绵布一匹准一石,苎布一匹准七斗,丝一斤准一石,钞五十贯准一石,绵花绒一斤准二斗,钞五贯准草一束。”[③]从某种意义来说,胡概的逋赋折征给后来周忱、赵新等人以金花银、官布改折来减轻江南等地重赋和逋赋危害的尝试奠定了基础。

其四,奏请江南分县。

宣德以前,明代浙江嘉兴府只设有嘉兴、崇德、海盐三县。胡概巡抚期间认为:“三县为里一千九百三十有九,民二十九万六千三百户,税粮八十五万余石,课程、军需等项视他府加数倍,政繁事冗,宜增设县治,建官分理”。宣宗对此表示赞同,在派员考察后,于宣德五年(1430)三月,增置嘉兴府秀水、嘉善、桐乡、平湖四县。具体办法是:以嘉兴附郭置秀水县,魏塘镇置嘉善县,崇德境内凤鸣乡置桐乡县,海盐境内当湖镇置平湖县。[④] 嘉兴府分县有利于加强对辖区内人口、土地、贡赋的管理。不过这次分县由于处理不当,留下了“疆界错壤”的弊病,造成明清两代持续不断的“争田”问题,也为明中后期嘉兴府“扒平田则”改革的施行埋下伏笔。[⑤]

宣德五年三月,升大理寺卿胡概(已改回熊姓)为南京都察院右都御史,四川布政司右参政叶春为行在刑部右侍郎。[⑥] 召二人还朝。同年四月,明廷即刻

---

① 《明宣宗实录》卷 43,宣德三年五月丙辰条,第 1045 页。

② 详见拙著《逋赋治理与明代江南财赋管理体制的变迁》中关于明代江南治农官、管粮官和苏松督粮道的相关章节。

③ 《明宣宗实录》卷 58,宣德四年九月壬子条,第 1378 页。

④ 《明宣宗实录》卷 64,宣德五年三月戊辰条,第 1522—1523 页。

⑤ 冯贤亮:《明代江南的争田问题——以嘉兴府嘉、秀、善三县为中心》,《中国社会经济史研究》2000 年第 4 期。

⑥ 《明宣宗实录》卷 64,宣德五年三月戊辰条,第 1522 页。

以南京署理刑部侍郎成均接任督理浙西农务兼“巡抚”。[①] 这说明,治水督农大臣并未伴随着胡概巡抚与否而裁撤。换言之,胡概“巡抚”可视为永乐初年以来,朝廷在江南设置治水督农专官办法的延续。

胡概以大理寺卿的职衔身份巡抚江南近五年之久,其间打击豪强富户,给明代江南人留下刻骨铭心的“记忆”。除此之外,与以往治水督农大臣不同的是,胡概“巡抚”开始将触角伸向江南赋税征解体系改革的范畴之内。在任期间,他实现了江南齿繁赋重的嘉兴府分县增置,推进了江南贡赋改折。更为重要的是,胡概为整顿原有税粮征解体系的弊端进行的实践和提出的设想,为之后周忱等人“总督税粮”、全面整顿江南财赋征解体系奠定了坚实的基础。

四、从总督税粮到“三权合一”:明代应天巡抚的基本定制

关于周忱巡抚江南的背景,《明史》有如下描述:“(宣德)五年九月,帝以天下财赋多不理,而江南为甚,苏州一郡,积逋至八百万石,思得才力重臣往厘之。乃用大学士杨荣荐,迁忱工部右侍郎,巡抚江南诸府,总督税粮。”[②]可见,宣德初年江南等地的严重逋赋,是巡抚定制的关键。

早在仁、宣二帝即位之初,在派出胡概、叶春巡抚江南,打击豪右,兴革利弊的同时,明廷还曾临时性差遣部院大臣参与江南等地税粮的催督解运。如洪熙元年(1425)闰七月,福建等道监察御史何楚莫等劾奏(南京)都察院左副都御史夏迪“催粮常州,纵旧同僚之子往来受武进县民白金,知有外议,始饰辞首官。又杖杀粮长朱辉,难任风宪,请正其罪”[③]。据查,夏迪是在永乐二十二年十二月才升任南京都察院左副都御史,故其催粮常州之事,当发生在洪熙元年上半年。[④] 宣德二年(1427)三月,行在户部奏:“浙江等布政司、直隶苏松等府秋粮,应纳淮安、徐州仓者为数甚多,恐催征稽缓,有妨儹运,请分遣廷臣督之。”于是

① 《明宣宗实录》卷65,宣德五年夏四月戊寅条,第1532—1533页。
② 张廷玉等:《明史》卷153,《周忱传》,第4212页。
③ 《明宣宗实录》卷6,洪熙元年闰七月壬戌条,第172页。
④ 《明仁宗实录》卷5下,永乐二十二年十二月己巳条,第192页。

宣宗命都察院右佥都御史李浚、通政司左通政朱侃、鸿胪寺少卿刘顺、王勉及巡抚苏松大理寺卿胡概、参政叶春分督。① 同年九月,行在户部尚书夏原吉奏:"京师文武官吏旗军并工作军士夫匠用粮数多,虑仓储不给,请以浙江、江西、湖广并直隶苏松等府今年定拨淮安、徐州秋粮发民运赴通州仓,其平江伯所运淮安等仓粮少,则于南京仓内关运上。"于是又命侍郎王让、曹本、金庠、苏瓒、副都御史陈勉往督其事。② 三年(1428)九月,又遣行在吏部右侍郎王让、兵部左侍郎曹本、都察院左佥都御史李浚、大理寺左寺丞杨复、鸿胪寺右寺丞焦循分督直隶、浙江、江西秋租。③ 四年(1429)八月,再次命行在工部右侍郎罗汝敬、都察院左佥都御史李浚、大理寺右少卿传启让、鸿胪右寺丞焦循、郎中赵新、胡添祺及员外郎张鉴、吴杰往苏松、浙江、江西等处督运粮赋。④ 从宣德二年至四年间,朝廷连续四次派遣部院大臣直接参与各省直地方督理税粮征解,这是"兑运法"创设之前保证漕运的一种应对措施。从中可见,在国都北迁后,江南等地因支运(或民运)漕粮负担沉重,逋赋严重,原有税粮征解体系出现运作不灵之势。

不过,宣德初年这种临时差遣部院大臣督理税粮征解的做法并非长久之计,特别是所用非人,反而事倍功半。宣德三年(1428)三月,宣宗曾敕谕行在户部:"遣官催粮,往往在外贪浊,岂无廉公可使?尔其审之!"⑤而利用外派之机,作威作福的部院大臣也大有人在,如宣德二、三年间两次受命催督浙江秋粮的兵部左侍郎曹本,"所至诸闸,作威肆虐,唯已所督运者得度,其他处运粮及军民商贾皆不得行",导致"舟楫积滞,雨水骤发,伤坏者多"。⑥ "(曹)本初督税粮浙江,催征颇勤,然挟势骄蹇,惟务便己,不恤下人,道路侧目,且恣肆贪求。有敕奏其罪者,本还朝,上切责之。行在户部奏本所督粮未完者多,仍命往督。至是,有告本恃恩非法,不改前过"⑦,于是宣宗将其降为山西布政司右参政。宣德四年(1429),宣宗对再次奉命外差督粮的部院大臣罗汝敬等人嘱咐道:"比来有司征

---

① 《明宣宗实录》卷26,宣德二年三月癸巳条,第675页。
② 《明宣宗实录》卷31,宣德二年九月己酉条,第812页。
③ 《明宣宗实录》卷47,宣德三年九月辛卯条,第1158页。
④ 《明宣宗实录》卷57,宣德四年八月丙子条,第1349页。
⑤ 《明宣宗实录》卷39,宣德三年三月丙戌条,第962页。
⑥ 《明宣宗实录》卷44,宣德三年六月丁未条,第1092页。
⑦ 《明宣宗实录》卷55,宣德四年六月辛丑条,第1324页。

收多弊，输纳违期，今命尔等往督之，催科当戒苛刻，持己当加廉慎，无效曹本所为也。”①不久，又对行在户部臣抱怨道：“各处税粮多有逋慢，督运之人少能尽心，奸民猾胥为弊滋甚，百姓徒费，仓廪未充，宜得重臣往莅之。”②可见，这种临时性差遣部院大臣催督粮运的效果难以令人满意。

宣德五年(1430)九月，在夏原吉、杨士奇、杨荣等重臣的推荐下，升行在吏部郎中赵新为吏部右侍郎、兵部郎中赵伦为户部右侍郎、礼部员外郎吴政为礼部右侍郎、监察御史于谦为兵部右侍郎、刑部员外郎曹弘为刑部右侍郎、越府长史周忱为工部右侍郎，分赴江西、浙江、湖广、河南、山西、北直隶府州县及山东、南直隶苏松等府县，“总督税粮”。临行前，宣宗赐敕谕曰：“今命尔往总督税粮，务区画得宜，使人不劳困，输不后期。尤须抚恤人民，扶植良善。遇有诉讼，重则付布政司、按察司及巡按监察御史究治，轻则量情责罚，或付郡县治之。若有包揽侵欺及盗卖者，审问明白，解送京师。敢有沮挠粮事者，皆具实奏闻。但有便民事理，亦宜具奏。尔须公正廉洁，勤谨详明，夙夜无懈，毋暴毋刻，庶副朕委任之重。”③从中可知，周忱等人的所谓“总督税粮”，既是对仁、宣以来差遣部院大臣催督税粮模式的延续，又存在明显的差别。一方面，周忱等人由宣宗君臣精心挑选，破格提拔，以督粮为首要任务和本职工作；另一方面，为便于常驻地方处理督粮相关事宜，周忱等人还被赋予了“巡抚”职能，对地方诉讼有一定程度的处置权，特别是对于涉及税粮逋欠问题的经济案件，可以便宜行事。这同之前临时差遣部院大臣督粮有本质区别，倒是同胡概、叶春巡抚期间的职权有相同之处。只不过，周忱等人的本职在督粮，而胡概则以捕盗和督理农务为主。在周忱之前，宣宗已任命刑部侍郎成均赴江南接替胡概督理浙西农务，也兼任“巡抚”。至此，江南地区再次出现两位巡抚，即“督农巡抚”成均和“督粮巡抚”周忱。④ 直到宣德七年(1432)三月调成均还朝改南京户部后⑤，周忱才职兼督粮、督农(治水)、巡抚三权于一身。其发展历程大体如表1所示：

① 《明宣宗实录》卷57，宣德四年八月丙子条，第1349页。
② 《明宣宗实录》卷70，宣德五年九月丙午条，第1640页。
③ 《明宣宗实录》卷70，宣德五年九月丙午条，第1640页。
④ 胡丹：《明代巡抚制度形成之初的若干史实问题》，《古代文明》2010年第1期。
⑤ 《明宣宗实录》卷88，宣德七年三月丁卯条，第2027页。

表 1　明前期江南巡抚创制轨迹沿革表

<table>
<tr><th>起始时间</th><th>永乐元年四月</th><th>永乐五年五月</th><th>永乐十八年</th><th>洪熙元年八月</th><th>洪熙元年中</th><th>宣德二年三月</th><th>宣德二年九月</th><th>宣德三年九月</th><th>宣德四年八月</th><th>宣德五年四月</th><th>宣德五年九月</th><th>宣德七年三月</th></tr>
<tr><td>人物</td><td rowspan="3">户部尚书夏原吉等</td><td rowspan="3">右通政赵居任</td><td rowspan="3">左通政岳福</td><td rowspan="2">大理寺卿胡概、参议叶春</td><td>左副都御史夏迪等</td><td>右佥都御史李浚等</td><td>兵部左侍郎曹本等</td><td>兵部左侍郎曹本等</td><td>工部右侍郎罗汝敬等</td><td rowspan="2">刑部侍郎成均</td><td colspan="2">工部右侍郎周忱</td></tr>
<tr><td rowspan="3">职权任务</td><td colspan="5" rowspan="2">临时差遣督粮</td><td>总督税粮</td><td rowspan="3">三权合一</td></tr>
<tr><td>巡抚</td><td colspan="2">巡抚</td></tr>
<tr><td colspan="10">治水督农</td><td></td></tr>
</table>

周忱在宣德至景泰年间先后在江南巡抚达 22 年之久，其间推动并落实了宣、正年间的江南减赋，促进田赋改折的制度化，参与漕运制度改革并创立与之相配套的论粮加耗的“平米法”（亦称“牵耗法”），建立济农仓制度，实现了对江南财赋管理体制的全面整顿，有效缓解了永乐以来江南地区的巨额逋赋，保证国家财政收入。① 据周忱自称：“直隶苏、松、常州各府，税粮繁重，自永乐初年至宣德七年以前，并无一年纳完者。臣受命以来，夙夜恐惧，是以不避嫌疑，违越常例，令各府县于水次置立仓场，将一应税粮连其食用船钱加耗米俱收于内，见数拨运，积有余剩，付有司赈济贫民，及买办军需公用，近八九年间，方得总足”②。随着周忱巡抚期间的大力整顿，从宣德七年（1432）以后，永乐以来日益严重的江南逋赋终于得到控制。“自宣德八年为始，至正统十四年止，通计一十七年，每年完过正粮四百余万，皆有通关销缴。苏州一府，未立法之先，每年欠粮一百余万，皆幸蠲免。既立法之后，每年完粮二百余万，又得余剩加耗别用。……苏松等府自宣德八年至正统十四年，因忱稽考加耗，税粮俱完，全无拖欠”③。可

① 按学界对周忱相关事迹、思想的研究成果相当丰硕，此不一一列举。

② 《明英宗实录》卷 116，正统九年五月壬申条，第 2349—2350 页。

③ 周忱：《双崖文集》卷 3，《求全得毁书》，《四库未收书辑刊》第 6 辑，第 30 册，北京：北京出版社，1997 年，第 327—329 页。

见,宣德八年至正统十四年间(1433—1449),确实达到了《明史》所称的"江南数大郡小民不知凶荒,两税未尝逋负"①的状态。清初长洲才子尤侗曾作《江南赋》一阕,歌颂周忱巡抚江南的历史功绩:

江南赋,民独苦,征一石,解万户。

周尚书,来何暮,减官田,十之五。

济农仓,不足补,浚六湖,成沃土。

二十余年歌且舞,谁其嗣之赤历簿?

尚书不来吏呼怒。民独苦,江南赋。②

此外,周忱在江南巡抚期间,还陆续肩负起清理军伍、督理盐政等职责,其巡抚辖区也基本固定为南直隶十府一州,兼管浙江嘉、湖二府税粮、水利,而"应天巡抚"遂成为定制。明代应天巡抚的辖区和职权范围变动情况如表2所示:

表2 明代应天巡抚辖区变动表③

起始时间	辖区	代表人物	备注
洪熙元年	苏、松、常、镇、应、杭、嘉、湖	胡概、叶春	
宣德五年	苏、松、常、镇、应、太平、宁国、池州、徽州、安庆、广德州④(+杭、嘉、湖)	周忱	宣德五年,杭、嘉、湖分属浙江巡抚管辖;宣德六年,周忱兼管杭、嘉、湖捕盗;正统初,兼理杭、嘉、湖水利;六年,兼理嘉、湖二府税粮,并兼理两浙盐政
景泰六年	苏、松、常、镇(嘉、湖)	邹来学	兼理浙江嘉、湖二府水利
天顺五年	苏、松、常、镇、应、太平、宁国、池州、徽州、安庆、广德州	刘孜	成化元年,安庆府别属凤阳巡抚,四年还属

① 张廷玉等:《明史》卷153,《周忱传》,第4213页。

② 尤侗:《江南赋》,载周忱:《双崖文集·附录》,《四库未收书辑刊》第6辑第30册,北京:北京出版社,1997年,第395页。

③ 本表主要依据靳润成《明朝总督巡抚辖区研究》中的应天巡抚辖区沿革资料制成,并对其中的错误和遗漏加以修正补充。

④ 按靳润成认为,宣德五年巡抚周忱只辖苏、松、常三府(《明朝总督巡抚辖区研究》,第77页),而笔者通过检索《明实录》发现,其实际统辖范围,已包括南直隶长江以南的苏、松、常、镇、应、徽、宁、池、太、安、广德等十府一州。(参见《明宣宗实录》卷75,宣德六年正月己卯条,第1738页;卷80,宣德六年六月辛丑条,第1851页;卷113,宣德九年冬十月己酉条,第2540—2541页;《明英宗实录》卷53,正统四年三月己酉条,第1014—1015页;卷69,正统五年七月辛丑条,第1324页)

续表

起始时间	辖区	代表人物	备注
成化二十年	苏、松、常、镇、应、太平、宁国、池州、徽州、安庆、广德州+嘉、湖	彭韶	增辖浙江嘉、湖二府
弘治六年	苏、松、常、镇、应、太平、宁国、池州、徽州、安庆、广德州+杭、嘉、湖	何鉴	增辖浙江杭州府
正德十四年至嘉靖元年	苏、松、常、镇、应、太平、宁国、池州、安庆、广德州	—	正德十四年徽州府别属浙江巡抚,嘉靖元年还属
嘉靖年间	苏、松、常、镇、应、太平、宁国、池州、徽州、安庆、广德州+杭、嘉、湖(+承天府)	—	兼理浙江杭、嘉、湖税粮①;嘉靖十四年增辖湖广承天府,隆庆元年至三年间,始别属郧阳抚治
崇祯十年	苏、松、常、镇、应、宁国、徽州、广德州	—	因析置安庆巡抚,以安庆、池州、太平别属之

由此可知,明代应天巡抚辖区范围大体以南直隶苏、松、常、镇四府为核心,以苏、松、常、镇、应、徽、宁、池、太、安、广德十府一州为常态,其间有数次明确规定兼管浙杭、嘉、湖三府或嘉、湖二府的税粮、水利。其职权范围涉及财政、司法、民政、军政等诸多领域。景泰四年之前,应天巡抚的本身职衔多为侍郎,史称"巡抚侍郎",②因其最主要职责在于"总督税粮",或称"总理税粮"、"总理粮储",又称"催粮侍郎"。③

总体看来,从永乐初年江南治水督农大臣之派,到宣德年间总督税粮巡抚之设,明代应天巡抚经历了由多人到一人,由"治水督农"到"巡抚"、"督粮"再到"三权合一"的创制过程,一定程度上缓解了国都北迁造成的经济重心同政治中心分离、江南财赋管理的制度性缺失等负面效应。而明代自仁宗洪熙元年至思宗崇祯十七年(1425—1644)的219年间,"应天巡抚"共计95位,其中最长的22

① 闻人铨、陈沂纂修:嘉靖《南畿志》卷2,《总志二·志命官》,《四库全书存目丛书》史部第191册,第145页。

② "巡抚侍郎"一词大概从宣德五年周忱、于谦、赵新、赵伦、曹弘、吴政等六侍郎之外派开始出现,后成为一专有名词,至《明神宗实录》中仍有是称。景泰四年后,巡抚改挂都察院右(或副或佥)都御史衔。

③ 《明宣宗实录》卷96,宣德七年冬十月辛酉条,第2174页。

年（周忱），最短的仅一个月（欧阳重、周季凤），平均任期约两年零四个月。[①] 正统以后，应天巡抚仅在正德年间遭短暂裁革，旋即复设，可见其对于江南财赋管理体制的不可或缺性。

① 详见吴廷燮《明代督抚年表》、张德信《明代职官年表》等相关资料。

“宸濠之叛”中的娄妃形象

——读李洵先生《明武宗大传》札记

丁　亮

近年学生有幸参与李洵先生全集的出版校订工作，阅读先生所著《明武宗大传》一书的部分章节，记起学生时代曾阅读此书以及先生《下学集》中《明武宗与猪禁》等三篇文章，深感先生对明中叶历史研究的深入。同时，再次阅读《明武宗大传》中“宸濠之变”相关章节时，对书中宁王妃娄氏以及娄氏一族在“宸濠之变”中的作用和记载颇感兴趣，遂搜集资料并梳理相关史实，写成一篇札记，以求诸位师长的指教。

“宸濠之叛”是发生在正德年间的重要历史事件，其对明中期的政治、财政、军事制度都有深远的影响，涉事人物的命运更因此而改变，即如成就了“三不朽”之功的王阳明。然而，就在《王阳明年谱》中却有关于宁王朱宸濠的如下记载：

> 濠就擒，乘马入，望见远近街衢行伍整肃，笑曰：“此我家事，何劳费心如此！”一见先生，辄诧曰：“娄妃，贤妃也。自始事至今苦谏未纳，适投水死，望遣葬之。”比使往，果得尸，盖周身皆纸绳内结，极易辩。娄为谅女，有家学，故处变能自全。①

被俘的宁王见到王守仁的第一句话竟是维护其妻娄氏，且嘱托王守仁厚葬之，这自然引起读者探究的兴趣。娄妃是宁王朱宸濠的王妃，在宁王反叛事败后投水自尽。无独有偶，《明武宗实录》在详细记述宁王被擒过程之后，同样加上了一段褒扬娄妃的话：

---

① 王守仁：《王阳明全集（新编本）》第四册，杭州：浙江古籍出版社，2010年，第1274页。

> 娄氏，上饶人，素贤。濠幼有禽兽行，其父康王屡欲杀之，以娄能内助，冀其改悔，乃止。濠既嗣，渐骄蹇淫虐，娄苦谏至涕泣，濠时为感动，既而狂纵如初。濠纵诸伶人入内庭与诸姬乱，独畏避娄，不敢犯以非礼。濠之杀孙燧、许逵也，娄曰：“奈何作此，如异日何？”濠曰：“妃居深宫，何自知之。”密捕时，在旁内侍十人皆斩之，缄送其首于娄。娄发之大惊，自后亦不敢复言。及兵败，濠泣与诀，娄曰：“不用吾言，以至此，尚何道？”濠既就执，见守仁无他言，惟以葬娄为属。居囹圄中，每饭，必别具馔祝之，言及辄叹曰：“负此贤妃。”①

这段史料表明，朱宸濠早有“禽兽行”，只因感畏妻子娄氏，才有所收敛。后日，果不可劝，终招杀身灭门之祸。而娄妃本人不但与“宸濠之叛”无涉，反而始终秉持贤德、忠贞之女德，做到处剧变能自全。身陷囹圄的宁王也不时追思贤妻，曾言“纣用妇人言而亡天下，我以不用妇言亡其国，今悔恨何及！”②

以上几种记载“宸濠之变”的史书中，都十分突出娄氏规劝夫君“迷途知返”的言语，突出其“处便自全”的贞烈行径。当然，《王阳明年谱》中给出了娄妃贤德的一个原因，“娄为谅女，有家学”。即娄妃是娄谅之女，有良好的家教，故有此德。当然，《年谱》中有一个错误需要纠正，1986 年江西上饶出土的娄性的墓志铭记载，娄性“长女为宁国妃，次女适铅山费寀。二子伯仲，出侧室翁氏，皆尚幼”③。据此可知娄妃实系娄性之女，娄谅之孙女。该墓志的作者正是王守仁之父王华，其与娄性“举进士同年，又生同甲子，非泛然一日之交，情则厚矣”。恐怕也正因为这层关系，王守仁才会在送夫人归家之时，拜访“娄一斋谅，语宋儒格物之学”，得到娄谅的点拨。④ 黄宗羲在著写《明儒学案》时，更是认为姚江之学发轫实在娄一斋。可见，娄王两家交谊匪浅，王氏两代与娄谅父子均有密切往来，这也能解释，为何朱宸濠要将安葬娄氏的后事托付给王阳明了。

存在娄谅、娄性父子这一层关系，作为平定“宸濠之乱”的核心人物的王阳明当然会对娄氏一族有所保护。朱宸濠谋反被俘，作为妻子的娄氏自杀可能是

---

① 《明武宗实录》卷 176，正德十四年七月丁巳条，台北：“中央研究院”史语所，1962 年校印，第 3437 页。按本文所引明代各朝实录皆出自此版本，不再一一注出。

② 谷应泰：《明史纪事本末》卷 47，《宸濠之叛》，北京：中华书局，2015 年，第 702 页。

③ 该墓志铭内容转见陈定荣、林友鹤：《娄妃之父辨》，《江西师范大学学报》1991 年第 1 期。

④ 王守仁：《王阳明全集》卷 33，《年谱一》，第 1002 页。

避免受辱的唯一选择了，未必能体现出高尚的妇德。同理，娄妃平日规劝朱宸濠的言论，包括其父康王因儿媳之贤德而不杀其子等情节，均乃宁府秘事，外人何从得知？恐怕对娄氏品行的描写是存在保护娄氏一族的目的。因为在宁王之乱中，娄妃之弟娄伯是有严重附逆情节的，“妃弟娄伯如进贤、广信各募兵”帮助朱宸濠，为进贤知县刘源清“执而戮之”。[①] 本来作为妃族的娄氏一门就已经牵扯进入谋反之中了，娄伯又确实有助逆情节，若不突出娄妃之德，恐怕娄氏一门早已陷入万劫不复的境地了。

明廷在处理“宸濠之叛”的附逆人员时是比较残酷的，如“陆完、钱宁等亦皆裸体反接，以白帜标姓名于首。死者悬首于竿，亦标以白帜，凡数里不绝”[②]。相比之下，对娄氏一门的处理是比较从轻的，如夏尚朴在为娄妃之叔娄忱所撰墓志铭中曾言：“宸濠叛逆，冰溪以妃族被逮，死狱中。圣天子御极，诏议狱开释无辜，娄氏皆得原宥。”[③]

宁王事后，娄氏虽然遭到清算，娄谅父子的著作也遭到了禁毁，娄氏亲族被逮下狱，娄忱甚至死于狱中。但是时隔不久，明世宗登基大赦，娄氏一门旋即得到原宥。这对于本不在赦免之列的娄氏一族而言，不得不说是一种最轻的处理了。果然，嘉靖元年（1522）九月，副都御史刘玉对地方政府处理娄氏的办法提出了质疑：“副都御史刘玉奏濠妃娄氏亲族助逆，罪在不赦，而广信府知府周朝佐勘问失出，未尽其辜。帝怒，夺朝佐官四级，边地序用。其娄星等各遣戍边，娄愉等削籍为民。”[④]

可见，广信府知府周朝佐欲借新皇大赦之机赦免娄氏一族之罪，这恐怕与已经加封新建伯、名噪一时的王阳明有密切关系。如果不是刘玉对此事的揭发，娄氏一族几乎躲过此劫。不过仍需深入思考的是，即便王阳明可能凭借自己的影响力尽力保护娄氏一族，但《明武宗实录》中娄妃之贤德形象的塑造恐怕就非其能力所及了。欲弄清此事究竟，还需从娄性两个女儿的婚配说起。

根据娄性墓志铭记载，娄性有两个女儿，除许配给宁王的娄妃以外，另一个

---

① 雷礼：《国朝列卿纪》，济南：齐鲁书社，1996 年，第 481 页。

② 《明武宗实录》卷 194，正德十五年十二月甲午条，第 3636 页。

③ 夏尚朴：《东岩集》卷 5，《冰溪娄先生墓志铭》，四库明人文集丛刊，上海：上海古籍出版社，1993 年，第 44 页。

④ 雷礼：《皇明大政记》，济南：齐鲁书社，1996 年，第 583 页。

女儿许配给了费寀，所以朱宸濠与费寀是连襟关系。朱宸濠蓄谋造反之时，费寀之兄费宏已经是武宗朝的内阁大学士，自然成为宁王拉拢的对象。《明史·费宏传》载：

> 幸臣钱宁阴党宸濠，欲交欢宏，馈彩币及他珍玩，拒却之，宁惭且恚。宸濠谋复护卫、屯田，輂白金巨万，偏赂朝贵，宁及兵部尚书陆完主之。宏从弟编修寀，其妻与濠妻，兄弟也，知之以告宏。宏入朝，完迎问曰：“宁王求护卫，可复乎？”宏曰：“不知当日革之者何故。”完曰：“今恐不能不予。”宏峻却之。及中官持奏至阁，宏极言不当予，诏卒予之。于是宸濠与宁合而恚宏，宁数侦宏事，无所得。以御史余珊尝劾寀不当留翰林，即指宏罪。中旨责陈状，宏乞休，命并寀致仕。宁遣骑伺宏后，抵临清，焚其舟，资装尽毁。宏归，杜门谢客。宸濠复求与通，宏谢绝之，益怒。会宏族人与邑奸人李镇等讼，宸濠阴令镇贼宏。镇等遂据险作乱，率众攻费氏。索宏不得，执所与讼者支解之，发宏先人冢，毁其家，劫掠远近，众至三千人。①

据此可知，宁王的确希望通过费寀这层关系结交费宏，助其恢复王府护卫及屯田，也确实有一批官员受到宁王的拉拢后在朝中为其说话，但并不包括费宏兄弟。费宏在恢复宁府护卫一事上始终持反对意见，终与宁王交恶，反而屡次受其诬陷，兄弟二人终于去职。正因如此，费氏一族并没有受到“宸濠之叛”的牵连，反而在明世宗即位后，“加少保，入辅政”②。

费宏为人沉稳持重，在接下来发生的“大礼议”事件中，他虽然与杨廷和等人持见相同，但并没有过于激烈的劝谏，因而得到明世宗的青睐。嘉靖三年（1524），杨廷和等阁臣去职，费宏成为内阁首辅。次年，《明武宗实录》修成，费宏自然以首辅的身份担任总裁官了。有趣的是，娄氏宗谱恰好在嘉靖三年重修完成，甫任首辅的费宏和王阳明均为之作序，明显表现出与娄氏一门的亲善关系。此时的娄氏族人很多因“附逆”之罪戍边、削籍，费宏虽然始终反对宁王所为，但娄氏一门毕竟和费寀是至亲，支持和维护娄家的形象同样关系到自家的声誉。因此，在《明武宗实录》的修纂过程中，在“宸濠之叛”整个过程的书写里刻意彰显娄妃的无辜和贤德形象，应当与费宏的不懈努力有密切关系。同时笔者

---

① 张廷玉等：《明史》卷193，《费宏传》，北京：中华书局1974年，第5108页。

② 张廷玉等：《明史》卷193，《费宏传》，第5108页。

也认为,娄氏刻意选择在嘉靖三年重修族谱并由费、王二人为之作序,当为有意制造舆论之举,意在影响国史修纂中娄妃的形象刻画。

王、费二人在"宸濠之叛"的整个过程中始终作为反对者出现,尤其是王阳明在平叛中又起到了关键的作用,但二人又实在与宁王妃娄氏一家有撇不清的联系。二人通过各自的努力,尽量将整个事件对娄氏一族的影响降到最低,"附逆"主犯娄伯自然无从辩驳,但通过对娄妃形象的塑造保住了其父祖娄性和娄谅的清誉,也保证了族内其余成员没有受到过分的株连。可以说,王、费二人无论作为娄氏的弟子、同年还是姻亲,都在娄门惨遭剧变之时尽到了自己的一份力量。

以上便是我在重读李洵先生《明武宗大传》一书时的一点体会,行文至此,忽追忆起求学之时阅读李先生文章的一些场景,赘叙于此,表达一下后学晚辈对李先生的崇敬之情。还记得那是2005年秋,恩师赵毅先生在辽宁师范大学学术报告厅为全校师生作一场"明清两朝历史地位"的学术报告,开场便提到他的观点延续了李先生《四十天与一百年》那篇文章。那时我还是一名大二的本科生,只觉得赵师的观点十分新颖,就在课间向赵老师借来了李先生的《下学集》阅读,不承想这一场报告和这一本文集让我和明史、李先生和赵老师结下不解之缘。

进入研究生学习阶段,我自知作为赵老师的学生必须要从阅读诸位师长的著作入门,所以开始认真学习李先生《下学集》、赵老师《明清史抉微》和赵轶峰老师《明代的变迁》三本著作。那时,赵老师又送了我一本新版的《下学集》,我每读一篇先生的文章,便用笔在篇名上画一个钩作为记号,如今每当翻阅《下学集》看到目录上保留的记号时,都不禁想起研究生学习的光景。上《明清政治史》这门课程的时候,赵老师常常讲起李先生的文章,如《论明代的官和吏》《大礼议与明代政治》等。尤其在讲到清代政治时,赵老师更是详细解读了先生《孙嘉淦与雍乾政治》这篇文章,仔细为我们分析了孙嘉淦的《三习一弊疏》。在东北师大读博士期间,赵轶峰老师在给我们讲课时也常常提到李先生的文章,记得轶峰师在讲到资本主义萌芽时说,为什么李先生要关注明代的流民,就是要考察明代最初的资本主义积累问题,也可以说他关注的是这个"萌芽的萌芽"。这些讲解让我更深入地理解了先生的学术思路,也让我体会到各位先生是在用自己的学术传承着李先生的思想。如今我在为学生讲课的时候,每每谈及各位老师的学术思想，恐怕也是在默默坚守着这份传承吧！

研究生二年以后，我开始阅读李先生《明史食货志校注》一书，同时阅读先生《〈明史食货志〉的编纂学》一文，按照先生在文中所提《食货志》的史料来源部分，逐一翻阅了解各种史书。先生在文中说其未见到朱健《古今治平略》的原书，后我在日本一电子图书网站下载到全书的照片，着实兴奋了一阵。先生在文中提到《食货志》实本于王原之《学庵类稿》，我那时就想如果有一日能去东北师大图书馆见此书一面，也算人生之一大幸事，可惜时至今日尚未实现。

后来，我在阅读《食货志》中“赋役”部分时，对明代的均徭法产生了很大的兴趣，跟赵老师谈起，赵师鼓励我由此作硕士毕业论文。不想，从阅读李先生《明史食货志校注》始至今日，我学习和研究明代徭役问题也有 13 年的时间了。作为我们历史学这门学科，13 年的学习恐怕只能称得上入门，但对我思想上的洗礼却是深刻的。每当我回忆起求学历程的点滴，都让我明白，选择明代徭役问题作为自己的研究方向，实在是学术传承的力量使然，更令我感受到作为一名李先生后学晚辈的一种自豪！

清初迁海在粤东

赵轶峰

为遏制郑成功抗清势力获得物资支援及周旋的空间，清朝于顺治十八年（1661）颁布迁海令，强制河北、山东、江苏、浙江、福建、广东6省沿海滨居民向内地迁徙30里至50里不等。其间，北方沿海地区基本只是将海岛居民内迁，而在福建、广东地区，则是强迫沿海居民全部内迁。康熙三年（1664）三月，福建、广东若干地方在先前已迁基础上，再向内迁。康熙七年（1668），粤东地方官吁请朝廷允许人民迁回家园，该地有展界举措。但实际上，直到康熙二十三年（1684），展界方才全面完成。粤东迁海强力实施8年，又以弱化方式延续十余年，数十万人民颠沛流离，经历了惨烈的民生灾难。潘莳、谢国桢、马楚坚、顾诚、李龙潜等学者较早对清朝迁海问题进行研究，呈现了清初迁海史事梗概。① 与此同时，仍有诸多相关情节未经厘清。本文在先前研究基础上，集中于粤东迁海前后若干主要亲历人物作为，对该事件原委进一步加以考订，以利更深入的研究。

---

① 参看潘莳：《清初广东的迁海与广东人民的反迁海斗争》，《华南师范学院学报》1956年第1期；谢国桢：《清初东南沿海迁界考》《清初东南沿海迁界补考》，载氏著《明清之际党社运动考》，北京：中华书局，1982年，第237—270页；马楚坚：《有关清初迁海的问题——以广东为例》，载氏著《明清边政与治乱》，天津：天津人民出版社，1994年，第257—277页；顾诚：《清初的迁海》，《北京师范大学学报》1983年第3期；李龙潜、李东珠：《清初"迁海"对广东社会经济的影响》，《暨南学报》1999年第4期；陈春生：《从倭乱到迁海——明末清初潮州地方动乱与乡村社会变迁》，《明清论丛》第2辑，北京：紫禁城出版社，2001年，第73—106页；黄挺：《清初迁海事件中的潮州宗族》，《社会科学》2007年第3期。笔者前亦作有《关于清初粤东迁海民生代价的思考》，《中国史研究》2014年第3期，然未深论。

一、屈大均笔下的粤东迁海

清朝实施迁海甚为坚决，但清代实录对此事的记载既不系统，也不详细。各类文集、传记中的相关记载不少，绝大多数也是语焉不详，龃龉之处亦复不少。目前可见比较具有首尾一贯性的文献，是康熙二十二年(1683)奉旨查勘粤闽地方展界事宜的工部尚书杜臻所写的《粤闽巡视纪略》，虽亦偏重为实施展界而需了解的迁海造成的田地荒芜、军事守备变更情况，但可提供梗概：

康熙元年，副都统觉罗科尔坤奉旨行定海疆。自闽界之分水关西抵防城，接于西粤，画界三千七百里，界外戍兵移之内地。于是大城、甲子、捷胜、海朗、海安、海康、永安、乐民诸所，柘林、黄冈、涠洲诸游汛，皆弃不守。更于内隘分设汛防兵余边界，五里一墩，十里一台，墩置五兵，台置六兵，禁民外出。情势又复一变。八年展界，议以海边为界，修复废毁诸营，听民出田界外。边境稍拓，然亦未能如旧至，边民之复业者尤寥寥仅见也。今所守诸汛，视八年所展之界，又复不侔。事经变乱，文书散失，不能详定焉。①

该书中又有诸臣所上《广东耕种防守事宜疏》，内称：

臣等会查，得广州、惠州、潮州、肇庆、高州、雷州、廉州等七府所属二十七州县、二十卫所沿海迁界并海岛、港洲田地，共三万一千六百九十二顷零。内原迁抛荒田地二万八千一百九十二顷零，额外老荒地三千五百顷零，应交与地方官，给还原主，无原主者招徕劝垦，务令得所外，有钦州所属之涠洲，吴川所属之硇洲，隔远大洋，非篷桅大船不能渡，仍弃勿开。臣等宣布皇仁，百姓欢呼载道。据州县卫所陆续呈报，复业丁口三万一千三百有零，承垦田地一万一百四十六顷有零。其丁口姓名及抛荒、老荒开垦屯田、盐田、灶田分别细数，应听该抚造册另报，照例起科。边界既开，无篷桅小船筏子，准其捕鱼，渔课、盐课亦应照例起征。惟海禁如旧，先因迁界，沿海多设墩台。今既展复，应将不紧要处兵丁归并紧要处。②

---

① 杜臻：《粤闽巡视纪略》卷1，《景印文渊阁四库全书》第460册，台北：台湾商务印书馆，1986年，第957页。

② 杜臻：《粤闽巡视纪略》卷3，《景印文渊阁四库全书》第460册，第1029—1030页。

这提供了清朝官方关注的粤东迁海后果大概及展界时的考虑，其中提到抛荒田地共31692顷，没有提到迁海造成多少人员死伤。据现代学者李龙潜等研究，粤东因此次迁海而死亡人民达20万人，抛荒土地460多万亩，比杜臻书中所说数量要多。[①] 清官方文献记载此次迁海，着眼于社会控制、海防、赋税，对民生苦楚虽只有零星提及，并无细节，主要只能从百姓闻听展界、“欢呼载道”之类笼统说法中，推测迁界时之无奈。

在所有文献中，屈大均《广东新语》中所载片段，是最具体的粤东迁海目击者说。屈大均(1630—1696)，字翁山，号莱圃，番禺人，曾参与反清活动，后避祸为僧，能诗，乾隆年间其书版被毁。《广东新语》对迁海情形做如下描述：

> 粤东濒海，其民多居水乡。十里许，辄有万家之村、千家之砦。自唐、宋以来，田庐丘墓，子孙世守之勿替，鱼盐蜃蛤之利，藉为生命。岁壬寅(康熙元年，1662)二月，忽有迁民之令。满洲科尔坤、介山二大人者，亲行边徼，令滨海民悉徙内地五十里，以绝接济台湾之患。于是麾兵折界，期三日尽夷其地，空其人民。弃赀携累，仓卒奔逃，野处露栖，死亡载道者，以数十万计。明年癸卯(康熙二年，1663)，华大人来巡边界，再迁其民。其八月，伊、吕二大人复来巡界。明年甲辰(康熙三年，1664)三月，特大人又来巡界。遑遑然以海防为事，民未尽空为虑，皆以台湾未平故也。先是，人民被迁者以为不久即归，尚不忍舍离骨肉。至是，飘零日久，养生无计，于是父子夫妻相弃，痛哭分携，斗粟一儿，百钱一女。豪民大贾，致有不损锱铢，不烦粒米，而得人全室以归者。其丁壮者去为兵，老弱者展转沟壑，或合家饮毒，或尽帑投河。有司视如蝼蚁，无安插之恩；亲戚视如泥沙，无周全之谊。于是八郡之民，死者又以数十万计。民既尽迁，于是毁屋庐以作长城，掘坟茔而为深堑。五里一墩，十里一台。东起大虎门，西迄防城，地方三千余里，以为大界。民有阑出咫尺者，执而诛戮，而民之以误出墙外死者，又不知几何万矣。自有粤东以来，生灵之祸，莫惨于此。戊申三月，有当事某某者始上展界之议，有曰：东粤背山而海，疆土褊小，今概于海濒之乡，一迁再迁，流离数十万之民，岁弃三千余之赋。且地迁矣，又在在设重兵以守，筑墩楼，树椿栅，岁必修葺，所费不赀。钱粮工力，悉出闾阎。其迁者已苦仳离，未迁者又愁科

① 参见李龙潜、李东珠：《清初“迁海”对广东社会经济的影响》，《暨南学报》1999年第4期。

派。民之所存，尚能有十之三四乎？请即弛禁，招民复业。一以补国用，一以苏民生，诚为两便。于是孑遗者稍稍来归，相庆再造，边海封疆，又为一大开辟焉。①

在屈大均以上记述中可得如下信息：

1. 迁海的时间节点：粤东迁海始于康熙元年，此后康熙二年、三年，连年发生，不曾停歇。

2. 迁海期间人民伤亡：康熙元年初迁时，“死亡载道者，以数十万计”；康熙二年、三年“八郡之民，死者又以数十万计”；再后“大界”形成，人民因越出该界限以外而被诛戮者“又不知几何万”。如此合计，死亡数十万。但是当时粤东地区新经战火，人口不及承平时代稳定，屈大均的观察，是概而言之，确数难知，但肯定提示死伤人数巨大，为粤东有史以来生灵最大灾难。

3. 迁海方式：强制推行，“有司视如蝼蚁，无安插之恩”，当地人民初以为会很快迁回，后来长期流离，而出界更遭屠戮，造成巨大民生灾难。

4. 迁海造成的民生灾难有阶层差别。贫弱之家遭遇最为凄惨，而“豪民大贾”则有趁机扩充隶属人口暨财富者。这提示今人在考察迁海问题时，于考虑“地方社会”与清朝二者关系的同时，还应考虑此种巨大灾难性冲击在地方不同阶层中产生结果的差异。

5. 屈大均提到戊申年即康熙七年（1668）展界的缘起，其中的“当事某某者”，当是广东巡抚王来任。详见后文。

6. 据实录，科尔坤当时为吏部侍郎，介山为工部侍郎。介山在顺治十八年就被派前往广州迁海立界，因处置不够严谨，受到处分。② 此事记在介山康熙九年（1670）就当年处分过重提起申诉事项下。《清实录》对迁海立界的决策过程和实施情况都不做系统记载，只可查见若干片段。

屈大均有明朝遗民情怀，就其心态而言，可能会在记述清朝举措时有渲染恶行倾向，但参酌其他文献所载，前文所述基本事实成立。道光《香山县志》亦载：

……龙岩都、小榄、古镇、黄圃诸乡皆徙。督迁兵士恣俘掠。知县姚启圣力争之，乃稍戢。初，黄梁都民奉迁时，民多恋土。都地山深谷邃，藏匿者

① 屈大均：《广东新语》卷 2，《地语 · 迁海》，北京：中华书局，1985 年，第 57—58 页。

② 《清圣祖实录》卷 33，康熙九年四月甲辰条，《清实录》第 4 册，第 442—443 页。

众。平藩左翼总兵班际盛计诱之曰：点阅报大府即许复业，愚民信其然。际盛乃勒兵长连埔，按名令民自前营入，后营出人即杀，无一人幸脱者。复界后，枯骨遍地，土民丛葬一阜，树揭曰"木龙岁冢"。木龙者，甲辰隐语也。①

晚于屈大均的钮琇记述的粤东迁海情形类似屈大均所记：

甲寅春月，续迁番禺、顺德、新会、东莞、香山五县沿海之民。先画一界而以绳直之，其间多有一宅而半弃者，有一室而中断者。浚以深沟，别为内外。稍逾跬步，死即随之。迁者委居捐产，流离失所。而周、李余党，乘机剽掠。巡抚王公来任，安插赈济，存活甚众。公以病卒于粤，遗疏极言其状，始得复界，流民乃有宁宇。②

康熙初甲寅年只有康熙十三年(1674)。王来任为广东巡抚是在康熙四年(1665)到康熙六年(1667)间，康熙十三年时已经去世。"周、李余党"当指周玉、李荣反叛势力，该势力在康熙十三年时的其他记载中也已不见踪迹，详见下文。因而，钮琇所说的"甲寅"，当是"壬寅"之误。壬寅年是康熙元年，王来任在稍后出任广州巡抚，其安插赈济地方人民的情况，可在其于康熙五年所上多份奏疏中看到迹象。详见下文。

稍后，清大学士李光地也提到迁海之害："当年迁海、禁海，使百万无辜室庐田产荡然不存，饥寒流离而死者不可胜数。其实海贼一切铜铁硝黄，何所不有？通海者就是耿精忠、王进功营弁、猾吏、贪兵、奸民。是但许耿精忠、王进功营弁、猾吏、贪兵、奸民通海，而不许良民下海也。何益之有哉？"③李光地虽然只是在事后追述中表达了这样的看法，仍然提示当初迁海举措的弊端。

《广东通志》仅零星记载了粤东迁海之事，语气平和如日常事："圣祖仁皇帝康熙元年壬寅夏，诏蠲顺治十八年以前逋赋。诏迁沿海居民，赈之。闽寇郑锦猖獗，因命内大人科尔坤、介山巡视滨海居民，令徙内地五十里，赈贫民之不能迁者。""康熙二年癸卯……夏五月，命内大人华某巡海界，再迁民。秋八月，复命内大人伊某、吕某巡界，以纾海患。"④

---

① 田明曜修，陈澧纂：(光绪)《香山县志》卷8，《事略》，《续修四库全书》第713册，上海：上海古籍出版社，2002年，第499页。

② 钮琇：《觚剩》卷7，《粤觚上·徙民》，上海：上海古籍出版社，1986年，第141页。

③ 李光地：《榕村语录》卷27，《治道一》，《景印文渊阁四库全书》第725册，第415页。

④ 鲁曾煜等编纂：《广东通志》卷7，《景印文渊阁四库全书》第562册，第282页。

二、周玉、李荣等的反叛

迁海引发了地方性反叛。《盛京通志》载:“圣祖即位,诏迁沿海民于内地。番禺疍户周玉者,自称恢粤将军,煽沿海民为乱,所至焚掠。可喜遣兵擒之。康熙三年,总兵苏利以碣石叛。躬率兵迎战海丰,阵斩利,复碣石卫城。”①此中周玉,当即前引钮琇记述中提到的屈大均同乡人周玉,为其同党者,还有李荣。另一个反叛者苏利原是明朝驻韶州军队将领,顺治七年尚可喜攻破该地时降清,至康熙初成为总兵。可知当时反叛势力的社会背景并不相同。周玉似乎具有一定政治意识,其所称“恢粤将军”名号,表示其具有恢复广东地方原有社会状况和反对清朝的诉求,这在钮琇关于周玉、李荣反叛事件的记载中可以看得更详细一些:

> 周玉、李荣皆番禺疍民,以捕鱼为业,所辖缯船数百,其上可以设楼栌,列兵械,三帆八棹,冲涛若飞。平藩尚可喜以其能习水战,委以游击之任,遇警辄调遣防护,水乡赖以安辑。自康熙壬寅(康熙元年,1662),奉有海禁之旨,于是尽掣其船,分泊港汊,迁其孥属于城内。玉等鹯獭之性,不堪笼絷,诈称归葬,请于平藩,可喜许之。即日携家出海,纠合亡命,声势大张。癸卯(康熙二年,1663)十一月,连樯集舰,直抵州前,尽焚汛哨庐舍,火光烛天,独于民居一无骚扰。复破顺德县,执县令王胤而去。可喜闻变,亟发舟师剿捕,获贼首周玉,余党解散。出王令于贼舟,释其缚,令得不死。是时尚藩与督、抚两院俱讳其事,王仅罢职而已。②

钮琇,字玉樵,吴江人,康熙壬子(1672)拔贡生,官至陕西知府,③也是迁海的同时代人。但与屈大均不同,他并无反清立场,也非粤东土著,如此,则他的记述当不含因现实立场而导致的故意诋毁清朝可能。据钮琇说法,周玉、李荣是番禺地方能够组织起数百船只且具有一定军事能力的疍民。清平南王尚可喜将之

---

① 阿桂、刘谨之等:《钦定盛京通志》卷80,《国朝人物十六》,《景印文渊阁四库全书》第502册,第679页。

② 钮琇:《觚剩》卷7,《粤觚上·两海贼》,第140—141页。

③ 《钦定皇朝文献通考》卷228,《经籍考十八》,《景印文渊阁四库全书》第637册,第333页。

收编,且给予官职,曾经一度相安。但迁海发生,周玉、李荣等船只被扣不能出海,家属也被收入城内。这些人显然不愿接受此种改变,遂纠众反叛。周玉自称“恢粤将军”,不仅打了一个有政治意味的旗号,而且体现在具体做法中。他们有攻略城池的目标,并不以自保为满足,而且,在声势浩大的时候并不骚扰人民,专门针对清朝政府。关于周玉的结局,《清实录》中有记载:康熙二年十二月,“平南王尚可喜疏报,官兵进剿疍贼,擒伪恢粤将军周玉、伪军师林辅邦及贼兵二百七十六名,斩首二千六百三十七级,焚贼船一百三十一只。下部察叙”①。如此则周玉的反叛持续了大约一年的时间,其失败之际,颇遭杀戮,后一点在钮琇的叙述中看不到踪影。但是《清实录》中关于清军击败周玉反叛的时间还有另一种说法。康熙三年七月:“广东总督卢崇峻疏报,平南王藩下参领孙楷、游击李勇等会同番禺知县彭襄进剿蜑寇周玉、李荣等,多所斩获,效命有功。下部察叙”②。这时距离前引同一文献中所记尚可喜俘获周玉的时间,已经过去7个多月,而且还没有提到周玉、李荣的反叛已经被剿灭。这应该不是叙功拖延造成的记载滞后,而是关于周玉反叛活动的两种记载。原因除了可能的记载舛误之外,很大可能是前报的剿灭其实并未彻底,其后同一反叛势力继续坚持活动。还是在《清圣祖实录》中,康熙四年四月,“广东总督卢崇峻疏报,官兵屡破海寇。贼首李荣往下四府海面奔逃,严督在事各官,追捕务获。下部察叙。”③这时周玉当已不在,但李荣还在活动。到此报入朝之时,这一反叛势力已经从康熙元年到康熙四年坚持了4年的反迁海斗争。

根据《清史稿》,当时因迁海而反叛的还有其他势力:

> 广东初定,又以令徙濒海居民,民失业去为盗。有邓耀者据龙门,入掠雷阳。又有萧国隆,与其徒洪彪、周祥、方泰、陈期新等,分据恩平、开平、阳江、阳春诸山寨,掠广州诸属县,并及肇庆。可喜先后遣兵讨之。耀走死,斩彪、祥、泰、期新及其徒千五百人,国隆投水死。又有周玉,故疍户,自号恢粤将军……四年,碣石总兵苏利叛,可喜遣潮州总兵许龙以舟师进击,利出降。玉余党谭琳高窜据东涌海岛,疍户黄明初等济以米粮。可喜遣部将佟养谟

① 《清圣祖实录》卷10,康熙二年十二月己酉条,《清实录》第4册,北京:中华书局,1985年影印本,第164页。

② 《清圣祖实录》卷12,康熙三年七月戊戌条,《清实录》第4册,第192页。

③ 《清圣祖实录》卷15,康熙四年四月甲子条,《清实录》第4册,第224页。

击琳高,舒云护等捕明初,皆就诛。①

《清史稿》成书时去迁海已远,所记是综合前人各类记载而成。如“缯船数百,三帆八棹,冲浪若飞”之类的语句,在更早的钮琇的相关记述中就出现过,还可见于其他文献。因而,前引《清史稿》的说法,主要是可以表明迁海前后激起的反叛非止一端。萧国隆反叛所波及的地域,就比周玉反叛还要广大。其中提到的碣石总兵苏利的反叛,可以肯定是因迁海而起。“康熙三年,海盗苏利复叛,抗迁界,据潮郡。圣祖仁皇帝以(王)国光知兵,加镇海大将军衔往讨平之。兵不血刃,鲸鲵授首。”②《清实录》中还有关于苏利势力被击溃的其他说法。其一,康熙三年九月,广东总督卢崇峻奏报,尚可喜部下在该年八月十二日“擒斩贼首苏利,俘获余党万余,贼寨荡平”。③ 其二,康熙四年二月,“广东潮州总兵官许龙疏报,舟师直抵碣石,逆贼苏利势穷,逆属及伪副将陈耀等就抚。获贼艘九十七只。”④这些记载显示,苏利势力庞大,部众至少“万余”,有船近百艘。《清实录》中还记有其他反叛:

> 广东总督卢崇峻疏报,广东香山等县,如黄梁都,三灶诸处,皆在海岛,为盗贼渊薮,驾艇剽掠。因遣发各营水陆官兵,令广州总兵官张国勋总统,分布搜剿。共擒斩逆贼赵劈石等二千三百余名,边界顿清……卢崇峻又疏报,粤东贼首李宗韬攻劫长乐、永安、兴宁等县界,臣会通提督杨遇明,遣官讨平。⑤

除前述外,当时反叛的还有杨二、杨三。“康熙二年癸卯春正月,平南王尚可喜剿海寇杨二、杨三,败之。”⑥直到康熙十八年(1679),这一势力仍然还在活动。⑦

---

① 赵尔巽等:《清史稿》卷 234,《尚可喜传》,北京:中华书局,1977 年,第 9413 页。按据《钦定盛京通志》卷 80,邓耀、萧国隆、洪彪、周祥反叛事在顺治十七年。

② 鲁曾煜等编纂:《广东通志》卷 42,《景印文渊阁四库全书》第 563 册,第 859 页。按《清圣祖实录》中关于消灭苏利势力的人,至少 3 个,时间亦不同,待考。

③ 《清圣祖实录》卷 13,康熙三年九月丙午条,《清实录》第 4 册,第 197 页。

④ 《清圣祖实录》卷 14,康熙四年二月庚申条,《清实录》第 4 册,第 211 页。

⑤ 《清圣祖实录》卷 10,康熙二年九月癸酉条,《清实录》第 4 册,第 157 页。

⑥ 鲁曾煜等编纂:《广东通志》卷 7,《景印文渊阁四库全书》第 562 册,第 282 页。

⑦ 《清圣祖实录》卷 79,康熙十八年正月癸卯条,《清实录》第 4 册,第 1003 页。

三、黄梧、尚可喜的角色

康熙元年,郑成功在东南沿海一带势力尚强,清朝连年用兵,甚觉局促。有多种文献记载,当时是投降清朝的原郑成功部下黄梧在密陈"灭贼五策"中提出了迁海的建议。"五策"内容,《台湾外记》所记较为详明:

一、金、夏两岛弹丸之区,得延至今日而抗拒者,实由沿海人民走险,粮饷、油、铁、桅船之物,靡不接济。若从山东、江、浙、闽、粤沿海居民尽徙入内地,设立边界,布置防守,则不攻自灭也。

二、将所有沿海船只悉行烧毁,寸板不许下水。凡溪河竖椿栅,货物不许越界,时刻瞭望,违者死无赦。如此半载,海贼船只无可修葺,自然朽烂;贼众许多,粮草不继,自然瓦解。此所谓不用战而坐看其死也。

三、其父芝龙羁縻在京,成功赂商贾,南北兴贩,时通消息。宜速究此辈,严加惩治,货物入官,则交通可绝矣。

四、成功坟墓现在各处,叛臣贼子诛及九族,况其祖乎?悉一概迁毁,暴露殄灭,俾其命脉断,则种类不待诛而自灭也。

五、投诚兵官散住各府州县,虚糜钱粮,倘有作祟,又贻害地方不浅。可将投诚官兵移住各省,分垦荒地,不但可散其党,以绝后患,且可蕃众而足国也。①

同书记载,黄梧"五策"上后,清廷即遣兵部尚书苏纳海前往福建勘察迁海事宜。邵廷宷《东南纪事》所记黄梧"平海策"比较简单,但确含迁海一策:"请发郑氏冢、诛求亲党、设五商及迁海等事。"②刘廷献《广阳杂记》记载黄梧策略略详:

海澄公黄梧既据海澄以降,即条陈平海五策。一迁徙沿海居民于内地,距海三十里不令人居住。一言郑氏祖坟风水甚美,当令人发掘。一郑氏有五大商,在京师、苏、杭、山东等处经营财货以济其用,当察出收拿。一郑氏

① 江日昇:《台湾外记》卷5,福州:福建人民出版社,1983年,第164—165页。

② 邵廷宷:《东南纪事》卷11,上海:上海书店,1982年影印神州国光社1951年版,第291页。

虽居海中，而其田产财贿皆在漳、泉等处，当察出收官。一造八桨小船数十只，无风时出海以取厦门，四面环攻，令彼疲于奔命。①

同书称，清朝当时推行了黄梧所上"五策"中除迁海之外的其他各策，"惟迁海一条未行"，后经施琅再度建议，"始行"。② 黄梧原为漳州平和县皂隶，其之所以投靠郑成功势力及后来转投清朝，是基于利害、恩怨，无涉家国立场、学术主张之类。沈云《台湾郑氏始末》甚至说，"初，黄梧艳沿海多富商大贾，劝(李)率泰奏迁海澄内地，民皆破产，哀号自尽。至是为成功所招。梧由是吞噬莫遂，大怨成功，与施琅计间成功守将"③。其事难以确证，但此人心机深刻，非常人可比。

不过，《清史列传》黄梧传中，虽然讲到黄梧曾向总督李率泰上"五策"，然而其中并没有迁海一款。④ 究竟是黄梧"五策"中原无迁海之说，还是《清史列传》刻意回避了其曾上迁海之策事，待考。但李率泰的确向清朝提出了迁海建议，当时有人反对。"康熙初，郑成功已死，其子锦屯厦门……福建总督李率泰议迁海滨居民，(余)缙复疏争之。略谓：'海滨之民，与贼狎处。一二冥顽贪狡，嗜厚利，通消息，以相接济者，固未必无之。但据所称排头、方田诸处，民或盗牧马，或缚穷民潜送厦门。当此两军相望，巡徼严密，虽有奸宄，安能飞渡？是其号令不肃，已可概见……'"⑤余缙反对迁海的要点，在于海滨人民中或有一些与郑成功势力来往者，但如军队严加防范，即可断其往来，无须将沿海人民尽行内迁。

如前文所述，粤东迁海引起的反叛主要是被尚可喜镇压的。尚可喜原是明辽东副将，崇祯七年(1634)投降后金，在清朝入关、南进中出力显著，清顺治六年(1649)受封平南王，征广东。其部队在顺治七年(1650)到达广州。广州在此3年前即1647年就曾被李成栋、佟养甲率领的清军攻占并遭血洗，但1648年李成栋反水，归附永历帝政权，广州遂归南明。尚可喜军抵广州时，广州守将杜永和坚持抵抗。据《行在阳秋》："……城中人亦婴城自守；男子上城，妇女馈饷。

① 刘廷献：《广阳杂记》卷3，北京：中华书局，1957年，第159页。按该版本仅有句读，且含不当处，引文重做标点。

② 刘廷献：《广阳杂记》卷3，第159—160页。

③ 沈云：《台湾郑氏始末》卷4，《续修四库全书》第390册，第456页。

④ 王钟翰点校：《清史列传》卷9，《大臣画一传档正编六·黄梧》，北京：中华书局，1987年，第602—608页。

⑤ 赵尔巽等：《清史稿》卷282，《余缙传》，第10167页。

清兵环围城外,自八月至十一月。初二日五鼓,北门观音山扎云梯,遂入城。城中惊惶相蹂践。炮铳相击,城门筑塞难开,百万人民尽死于内"①。近人《广州城坊志》转述前人说法,广州屠城或七日或三日:"顺治庚寅冬,耿精忠、尚可喜二王平广州,屠城七日。居民有避入六脉渠者,复值大雨淹毙。""尚、耿破粤,屠城三日,城前后左右四十里,尽行屠戮,死者六十余万人。相传城中人士窜伏六脉渠,约六七千人,适天雨,渎溺几尽。"②前引钮琇书称当时,

耿继茂、尚可喜兵入广州,屠戮甚惨,城内居民几无噍类,其奔出者,急不得渡,挤溺以死,复不可胜计。浮屠氏真修曾受紫衣之赐,号"紫衣僧"者,募役购薪,聚胔于东门隙地焚之。累骸成阜,行人于二三里外,望如积雪,即于其旁筑为大坎瘗焉,名曰"共冢"。乱定后,延侣结坛,设伊蒲之祭,番禺王孝廉有《祭共冢文》,颇行于世。③

意大利耶稣会士卫匡国(Martin Martini,1614—1661)在其《鞑靼战纪》中写道,清军最后在1650年11月24日拿下广州,

第二天,鞑靼人开始洗劫该城,一直抢劫到12月5日,不饶过男女老少,残酷地处死遇到的人,到处都听见喊声"杀,杀死这些反叛的蛮子!"……最后,在12月6日布告禁止抢劫,这时他们已杀害十万人,这还不包括围城期间死于种种因素的人。④

尚可喜部攻入广州时正在城中的葡萄牙耶稣会士曾德昭(Álvaro Semedo,1585—1658)记述了他自己的经历,并说道:"鞑靼人在城中屠杀了整整五天,至少有一万五千人被杀。第五天的下午,一份布告颁布了,宣布不再杀害更多人了。当整个城市更像一座坟墓、死的人比活的人还多之后,弯刀停下来了。"⑤清官方史籍中也有相关记载。如《满汉名臣传》:"初,耿继茂与可喜攻下广州,怒

① 佚名:《行在阳秋》(上),《台湾文献丛刊》第234种,台北:台湾银行,1972年,第43页。

② 黄佛颐:《广州城坊志》卷2,《双门底(承宣街)雄镇坊》,广州:暨南大学出版社,1994年,第115页。

③ 钮琇:《觚剩》卷8,《粤觚下·共冢》,第148—149页。按"王孝廉"即王鸣雷《祭共冢文》可见于九龙真逸辑:《胜朝粤东遗民录》卷1,《王鸣雷》,《清代传记丛刊·遗逸类五》,台北:明文书局,1985年,第98页。

④ 卫匡国:《鞑靼战纪》,载[西]帕莱福等著,何高济译:《鞑靼征服中国史·鞑靼中国史·鞑靼战纪》,北京:中华书局,2008年,第387页。

⑤ 曾德昭著,董少新译:《鞑靼人攻陷广州城记》。该记是复旦大学董少新教授在海外图书馆中查得并翻译为中文的,尚待刊布。感谢董少新教授向笔者提供该文中译本。

其民久相抗,凡丁壮辄诛戮,即城中驻兵牧马。”①稍后清朝因尚可喜部在广州扰害民生,对其进行了警告。②

四、李之芳反对迁海的“八不可”说

江日昇《台湾外记》在记述黄梧“五策”之后,接着记载了时任湖广道御史李之芳反对迁海的奏疏全文。李之芳提出,各个时代都有“山贼海寇”,朝廷应为之事,是以适当方法加以制驭,以保人民安宁,“未闻堂堂天朝,迁民避贼者也”。他认为迁海之事切不可行,理由条为八款:

圣朝仁政以得民为本;万民归心,以输纳为先。五省沿海一带,遭逆荼毒,正供、杂派,输将恐后。此足征顺民之大端,而深可怜悯者也。梁惠移粟,孟子短之。今诏谕欲徙五省沿海边民,何以垂训后世?此臣所谓不可者,一也。昔日民政不修,逆闯犯阙,北京沦没;我朝兴仁义之师,驱除逆党,救民水火,是以率土归心,满汉一家。今中左弹丸之地,不思征讨,遽迁以避,其如天朝体统何?所谓不可者,二也。郑成功江南大败,胆破心寒,今已远遁台湾;所有余孽,或剿或抚,呼吸可定。况沿海皆我赤子,一旦迁之,鸿雁兴嗟,室家靡定,或浮海而遁,去此归彼,是以民予敌。所谓不可者,三也。周成王亦有迁顽民于洛邑,尚得田宅以优养之,设庠序以教育之,使其民知礼义而无异心。今欲迁沿海一带,当日出示,谕限数日,官兵一到,遂弃田宅、撇家产、别坟墓,号泣而去,是委民于沟洫也。为民父母,岂忍若是?所谓不可者,四也。江南薄土,一夫受田不满三亩,一家聚食,尚捕鱼买贩以补不足。圣谕颁下,欲酌给田宅安插移民,然迁实多方,民无所措;且当道者未有处置,惟催赶日促,使民而逃。贫者得积数日之粮,富者亦但数月之储,逼处内地,无家可依,无粮可食,饥寒逼而奸邪生,不为海寇,即为山贼,一夫持竿,四方响应,其若之何?所谓不可者,五也。郑成功前年欲抚时,求海滨六府驻防,文武官长听其选择,税赋尽输军国之用,尚欲纳东西二洋船饷数万,

---

① 《满汉名臣传》卷7,《耿继茂列传》,国史馆原本,菊花书屋检字,第57页。

② 《清圣祖实录》卷14,康熙四年三月乙未条,《清实录》第4册,第218页。

时正以为不可。今五省之民，沿海已居其半，当道者不思制插安民，只欲尽以迁移，能使贼自毙乎？是贼未必能歼灭，未必能尽降，而国家先弃五省之土地、人民。所谓不可者，六也。江南鱼盐，为富强之资。沿海一带，鱼盐之利何啻数千万？土产之物，百倍其利。况鱼乃日用之需，盐更五谷之辅，一日无盐，物将日腐。且土产年例解京，从此而止。所谓不可者，七也。夫郡县内地，亦赖边界以捍御，故朝廷设边界，为郡县藩篱，亦以卫民。今兵不守沿海，尽迁其民移居内地，则贼长驱内地，直抵其城邑，其谁御之？不如分守内地之兵，拨一半守边界卫所，联络乡民以相助战守，使贼不敢睨视边界，如是则内地免守。所谓不可者，八也。当道者，不为深谋远虑，操一朝之权，弃百姓过于反贼，万一不顺，问谁之咎？臣今愚忠，冒陈天听，稍可济元元之命，万死不敢辞。或以臣言为可采，则臣死荣于生；倘以臣言无可用，虽不死何益于国？伏望颁除迁移之令，下哀痛之诏，使民沾恩惠，国享长宁。①

江日昇称此疏上后被“留中”。江日昇此书作于康熙四十三年（1704），去迁海之时不远，其《台湾外史》多为史家引用，通常认为可靠。不过，《台湾文献史料丛刊》第3辑中所收《李文襄公奏疏与文移》中没有该阻止迁海之疏。钱仪吉《碑传集》中所录赵士麟《相国李文襄公之芳传》、杜臻《李相国文襄公传》、张玉书《（李之芳）墓志铭》、沈德潜《李文襄公传》，亦皆不载其曾有谏止迁海事。②观前引李之芳疏，侃侃而论，其建议举措，不似空言，疏末言辞，尤为恳切。何以该疏不见于李之芳集，亦待考。据《清史列传》，李之芳是山东武定人，顺治四年进士，初授金华府推官，康熙二年八月补湖广道御史。康熙五年，巡视浙江盐政，康熙七年掌京畿道事，寻掌河南道事。其后历任左副都御史、浙江总督、兵部尚书、吏部尚书，康熙二十六年授文华殿大学士，康熙三十三年卒，谥文襄。③

五、王来任呼吁展界的遗言

迁海实行7年之后，重病在身的广东巡抚王来任向清朝递交题本，以遗言方

① 江日昇：《台湾外记》卷5，第165—167页。

② 钱仪吉：《碑传集》卷14，《康熙朝功臣上》，台北：明文书局，1985年，第737—771页。

③ 王钟翰点校：《清史列传》卷6，《大臣画一传档正编三·李之芳》，第417—425页。

式，建议结束广东地方迁海，让人民回返家园，内中说道：

粤负山面海，疆土原不甚广。今概于边海之地一迁再迁，流离数十万之民，每年抛弃地丁钱粮三十一万余两。地迁矣，又在在设重兵以守界内之地，立界之所，筑墩台、树桩栅，每年每月又用人夫、土木修整，动用不赀。不费公家丝粟，此皆出之民力。未迁之民，日苦于派办，流离之民，各无栖址，死丧频闻，欲民不困苦，得乎？臣请将原迁之界，急弛其禁，招徕迁民复业耕种与煎晒盐斤。内港内河撤去桩栅，听民采捕。将腹内之兵尽撤，驻沿海州县，以防外患。于国用不无小补，而祖宗之地又不轻弃，更于民生大有裨益。如谓所迁弃之地，丁虽少而御侮之患甚大，臣思设兵原以捍卫封疆而资战守，今避海寇侵掠，虑百姓而资盗粮，不思安攘上策，乃缩地迁民，弃其门户而守堂奥，臣未之前闻也。臣抚粤二年有余，亦未闻有海寇大逞侵掠之事。所有者，仍是内地被迁逃海之民相聚为盗。今若展其疆界，即此盗亦卖刀买犊矣。舍此不讲，徒聚以求民瘼，皆泛言也！①

该题本亦见于江日昇《台湾外记》，文字有少量差异。除表达王来任展界的主张以外，该本确认了粤东地区因迁海而至流离失所有“数十万之民”，人民迁出之地，构筑工事，设兵把守，每年征发民力修整，造成当地人民劳役、流离双重困苦。而且，该疏还透露出，王来任在广东任职的康熙四年以后的两年多时间里，并没有发生“海寇大逞侵掠之事”，只有迁海导致的地方性反抗。如此看来，粤东地方的这场带来巨大民生灾难的迁海，难言有什么切实的海防作用。除了复界之外，在王来任的这份题本中还有另外两个建议。一是裁减驻扎粤东的军队。省会广州驻扎的军队，除了平南王尚可喜本部以外，还有两翼总兵官兵、城守都司兵丁，顺德有水师提督兵，肇庆有总督兵，惠州有陆提督兵和水师左右二路兵，以及高、雷、廉、潮、饶、琼等各镇兵，潮州还有“续顺公甲兵”，此外各州县又有城守兵丁。“是无地无兵也。每年约费粮饷二百四十五万，本省起存地丁盐课杂税等项共计一百二十余万，尚需外省协济一百余万。”而且这些军队“不守其沿海边界，而尽在腹里之地”，国用耗蚀而无助于海防，民生困苦且受扰于

① 王来任：《抚粤条奏》，载陈建华、曹淳亮主编：《广州大典》第30辑第3册，广州：广州出版社，2015年，第323—324页。江日昇：《台湾外记》卷6，第202页。按王来任《抚粤条奏》全1卷，《广州大典》本为据国家图书馆藏康熙三十九年刻本影印，该书无目录，此题本亦未加标题。引文中“流离数十万之民”句，《八旗通志》中作“流离数百万之民”，详见后文。

兵。况且当时粤东“山海之伏莽已靖,所有者不过朝聚暮散鸡鸣狗盗之徒耳”,故当大幅度裁撤驻粤军队。① 另外一项建议是,撤出香山横石矶口子驻防。香山即今中山。康熙初迁界时,因为香山以外是彝人居住区,在香山地区已经数百年,内迁无处可去,故免其迁而在香山名横石矶处立一口子,计口、计日放出粮米售给其民为口食,但不许有其他物品从该口运出。此种安排,造成香山口子内外数万人口“断绝往来生业,坐食致困,愁苦难言”。如果继续如此,“虽云计口有米粮出粜,彼地之人既绝生计,何处有钱买米?臣谓不过数年,则其人皆枯槁矣!”故当开放横石矶口子,将军队前移至沿海地带,以有边防作用,而令口子内外居民能够往来生理。②

从王来任的这份题本中可以看到,当时王来任不仅已经病重,同时还处于在新近大计与京察中被判定为不称职,皇帝下旨将其革职的当口。从这个角度推测,不排除王来任上此题本以冀皇帝改善对他的印象用意。但从题本内容看,其事重大,其言剀切,改变已行政令,触怒皇帝或者朝中其他主政者的可能性反而更大,故王来任此本,当视为其“临终关怀”的真实写照。据江日昇所记,康熙皇帝见此题本,恻然而觉迁海造成的流亡凄惨,遂派两广总督周有德、都统特锦等去勘察实情。《广东通志》亦载,“康熙七年戊申秋七月,遣官巡视边民海界,议展复之。巡抚王来任遗疏请展复迁民海界,及御史杨雍建条奏。诏可之。遣都统特某、副都统鲁某、户部侍郎雷某等,会同平藩尚可喜、总督周有德巡勘,议撤排栅,改设各汛墩台”③。周有德初步考察之后具疏报称,广东人民闻得将要展界消息,不胜感恩戴德之至:

> 粤民闻之,远近悦服。臣等自潮城抵惠嘉,所过都邑,黄童白叟,无不焚香顶祝。迁民千百成群,欢呼载道,拥臣等马首号诉云:“自立界以来,尽失旧业,乞食无路。今闻皇恩开界安民,小民可望复业,有如甦生。但恳早开一日,早救一日之命。”立随泣下,处处皆然。④

他们随之提出措置方案。其中包括,“同该管府县,查照迁民旧籍,给与前业,亲行安插,不许豪强隐占欺凌,亦不许无赖匪类影射混冒……仍申饬郡县,严

① 王来任:《抚粤条奏》,载陈建华、曹淳亮主编:《广州大典》第30辑第3册,第323页。
② 王来任:《抚粤条奏》,载陈建华、曹淳亮主编:《广州大典》第30辑第3册,第324页。
③ 鲁曾煜等编纂:《广东通志》卷7,《景印文渊阁四库全书》第562册,第284页。
④ 江日昇:《台湾外记》卷6,第203页。

行保甲，时加稽察……至于无主荒田，列册汇报，酌议屯兵……”等等。康熙皇帝允准，并裁二路水师暨饶镇等兵。① 展界在次年即康熙八年(1669)二月实行，其他地方陆续效法。据说王来任、周有德也因此被粤东人民“感颂建祠，春秋祭祀”②。这样，一场数十万人民死亡的灾难，瞬间被一场浩荡皇恩洗刷净尽。不过，当时的展界似乎并没有很快完成。因为在清朝彻底消灭台湾郑氏势力之后，原来的民生格局才得以彻底恢复。

由于有王来任的临终遗言，粤东在康熙八年开始展界，这比其他地方要早许多。如在福建，康熙十七年(1678)还有上谕要求强化迁海：

> 谕议政王大臣等：海寇盘踞厦门诸处，勾连山贼，煽惑地方，皆由闽地濒海居民为之藉也。应如顺治十八年立界之例，将界外百姓迁移内地。仍申严海禁，绝其交通。但穷苦之民一旦迁徙，必弃其田舍，难以为生，殊可悯恻。可将本年地丁额赋、差徭杂项尽行豁除。该督抚拣委能员料理，俾安辑得所，勿致苦累。③

到康熙二十年(1681)，福建终于展界。“福建总督姚启圣、巡抚吴兴祚先后具疏，请开边界，俾沿海人民复业。得上旨：厦门、金门诸处已设官兵防守，应如所题，照旧展界。如有奸民借此通贼者，仍令严行察缉。”④康熙二十二年(1683)十月，

> 广东广西总督吴兴祚疏言，广州七府沿海地亩，请招民耕种。上谕大学士等曰：前因海寇未靖，故令迁界。今若展界，令民耕种采捕，甚有益于沿海之民。其浙闽等处地方，亦有此等事。尔衙门所贮本章，关系海岛事宜甚多。此等事不可稽迟，著遣大臣一员前往，展立界限应于何处起止，何地设兵防守，著详阅确议，勿误来春耕种之期。⑤

康熙二十三年(1684)，清朝派往东南查勘展界事宜的内阁学士席柱向康熙帝复命称：“臣奉命往海展界。福建、广东两省沿海居民，群集跪迎。皆云：‘我等离旧土二十余年，已无归乡之望。幸皇上威德，削平寇盗，海不扬波。今众民

---

① 江日昇：《台湾外记》卷6，第204页。

② 江日昇：《台湾外记》卷6，第204页。

③ 《清圣祖实录》卷77，康熙十七年闰三月丙辰条，《清实录》第4册，第928页。

④ 《清圣祖实录》卷94，康熙二十年二月辛卯条，《清实录》第4册，第1189页。

⑤ 《清圣祖实录》卷112，康熙二十二年十月丙辰条，《清实录》第5册，第156页。

得还故土,保有室家,各安生业,仰戴皇仁世世矣。'"①这距离康熙元年粤东的迁海,已经23年,距离王来任提交他的遗言,已经16年。康熙帝接下来与席柱有番对话:

> 上曰:"百姓乐于沿海居住,原因海上可以贸易、捕鱼。尔等明知其故,前此何以不议行?"席柱奏曰:"海上贸易,自明季以来,原未曾开,故议不准行。"上曰:"先因海寇,故海禁不开为是。今海氛廓清,更何所待?"席柱奏曰:"据彼处巡抚云,台湾、金门、厦门等处虽设官兵防守,但系新得之地,应俟一二年后,相其机宜,然后再开。"上曰:"边疆大臣当以国计民生为念。向虽严海禁,其私自贸易者何尝断绝?凡议海上贸易不行者,皆总督、巡抚自图射利故也。"席柱奏曰:"皇上所谕极是。"②

席柱此次勘察展界包括福建和广东,表明康熙八年广东展界没有彻底完成。康熙帝本人赞同在有"海寇"的情况下迁海、禁海,但认为一旦"海氛廓清"就应展界、开海。清朝上层官僚因不"以国计民生为念",所以没有及时主动提出展界、开海动议。康熙帝对守边大吏利用迁海、海禁进行私自贸易,"自图射利"心知肚明。与席柱同被派往广东、福建考察展界事宜的工部尚书杜臻将考察情况详细记录成《闽粤巡视纪略》6卷,可供查考。

王来任是汉军正黄旗人,在康熙四年(1665)三月开始担任广东巡抚,③两年多后就有前文提到的病重、上遗言题本事。在康熙五年(1666)七月间,他还曾经3次上疏为广东地方利益说话。

康熙五年七月壬午,兵部议复广东巡抚王来任条奏:

> 粤东盗贼窃伏,兵临其地辄称尽行剿洗,容有捕获或称负伤难行,或报已经斩首,从未有解审者。且善恶杂处,未必尽皆附盗。请严敕官兵,俘获贼犯,务必解审,以便根究余孽。亦须分别善恶,毋得妄害良民。应如所奏。嗣后如有官兵,借名剿贼,妄杀良民。该督提查取该管各官职名题参,不得徇庇。④

得旨"从之"。同月甲申,兵部议复广东巡抚王来任条奏:

---

① 《清圣祖实录》卷116,康熙二十三年秋七月乙亥条,《清实录》第5册,第205页。
② 《清圣祖实录》卷116,康熙二十三年秋七月乙亥条,《清实录》第5册,第205页。
③ 《清圣祖实录》卷14,康熙四年三月甲午条,《清实录》第4册,第217页。
④ 《清圣祖实录》卷19,康熙五年七月壬午条,《清实录》第4册,第274页。

粤东州县,因官兵防剿往来,滥派民夫,折征银两。又有棍徒假冒营旗,串同蠹役,私出牌票,勒索银两,恣行逼辱,深为民害。请永行禁革。应如所奏,严饬督抚,指名题参。如督抚徇隐、一并议处。①

得旨"从之"。次日又有兵部议复广东巡抚王来任条奏:

粤东武职各官借名军需,发银州县,采买谷米、稻草、牛皮、牛角、弓弰、箭竹、木炭等项,所发之价,十仅四五。州县不敢动其分文,照数缴还。谷米等项,俱派里排备完,仍用民夫民船、装运交纳。所差员役,勒索供应,稍迟鞭责,小民日见朘削。请通饬永禁。应如所请。②

得旨:"著该抚指名参奏"。再次日,"刑部议复广东巡抚王来任条奏,诬盗为粤民大害,应如所请。以后有司获盗,即时审究,不许迟延。营汛获盗,取具口供,即送有司,不许私行讯拷。所供伙盗,不许任写诨名,以滋影射。如有蒙混诸弊,督抚指名题参。"得旨"从之"。③

康熙六年六月丁酉,王来任又疏请免除粤东无征杂税四千有奇,以苏民困。部议不准。康熙皇帝特允之。④ 十月,王来任又上疏称,靖南王耿精忠从广东移镇福建时所用夫船,尚"欠给里民银两,应动用府州县见贮库银,照数给发"。康熙帝以耿精忠移镇已经数年,令将应给民银两数拨给驿传使用而免百姓应纳驿传银两。⑤

现在能够看到的王来任的在粤东的主张,都是以民心为心且对当地民众有利的。但是,康熙六年十一月,"广东、广西总督卢兴祖,广东巡抚王来任,自陈不职。并革任"⑥。后来康熙皇帝还曾对内阁学士席柱说,王来任是个贪官:"凡居好官之后者,最难胜任,善名亦未易得。居不肖官之后者,最易胜任。百姓苦前官不肖,后官稍有好处,即易显出。前广东巡抚内刘秉权居官稍优。至卢兴祖、王来任、金俊,品行贪劣,人民甚为受累。后李士桢到任稍优,所以称善。"⑦

---

① 《清圣祖实录》卷19,康熙五年七月甲申条,《清实录》第4册,第274页。

② 《清圣祖实录》卷19,康熙五年七月乙酉条,《清实录》第4册,第274—275页。

③ 《清圣祖实录》卷19,康熙五年七月戊子条,《清实录》第4册,第275页。

④ 《清圣祖实录》卷22,康熙六年六月丁酉条,《清实录》第4册,第312页。

⑤ 《清圣祖实录》卷24,康熙六年十月癸酉条,《清实录》第4册,第331页。

⑥ 《清圣祖实录》卷24,康熙六年十一月十七日条,《清实录》第4册,第338—339页。按原文该条未用甲子日。

⑦ 《清圣祖实录》卷116,康熙二十三年秋七月乙亥条,《清实录》第5册,第205页。

看来康熙皇帝对王来任印象甚为不佳,仅此一项,已足可导致其被革职。何况,前引王来任题本及其他陈说粤东利弊的建议,其实大多触犯粤东驻军势力利益,当时朝廷对该势力颇为忌惮。不过王来任为广东人民发声之事,不仅被当地人民记忆,而且也反映到庙堂之上。雍正十一年(1733)十一月十五日,广东总督鄂弥达和广东巡抚杨永斌一起向皇帝上奏,吁请表彰王来任。

> 窃查有原任粤东抚臣王来任者,念切民瘼,泽入人心,距今六十余年,老幼讴思,常如一日。臣等莅粤以来,滨海耆民屡经环辕攀舆,吁题加封。只因王来任曾因京察自陈罢免,从前历任督抚俱以与例不符,致下情未能上达。臣等伏查,王来任于康熙四年莅任粤东,兵燹甫靖,民困未苏,又平、靖两藩军兴,供亿征派浩繁,每岁虚糜国帑二百四十余万。复因海氛未靖,议者特严边界,滨海五十里禁民毋得居住往来。频年转徙,一迁再迁。荡庐舍为平原,弃膏腴为荆莽。采捕者谋生无策,煎晒者度日无资。缩地移民,因噎废食。王来任甫及下车,疏除六害,周详剀切,俱蒙圣祖仁皇帝俞允。其卓卓可述者,开数万顷良田而流民安集,裁百余万兵饷而国课充盈,汰杂派以恤民财而正供无缺,革夫役以纾民力而南亩有秋,严扳诬而善良安枕,禁抽剥而市镇宁居。诸如消弭反侧,善政多端。迨康熙七年间,王来任病笃垂危,遗疏展界。蒙圣祖仁皇帝恩准弛禁。哀鸿初定,共庆再生;凋瘵之余,群登衽席。宜其流泽绵长,环海尸祝也。及病卒之日,白叟黄童环辕号泣,家悬遗像,户供名牌,爱敬之诚,久而愈笃。兹复据各府州县纷纷呈详前来。臣等查王来任籍隶奉天,其子孙之贵贱有无,俱已无从稽访,而粤中耆老,匍匐再三,仰希纶诰之褒扬,冀显劳臣之功绩。民情如此,益信直道不泯,廉吏可为。伏念我皇上崇德报功,凡大吏实心爱民,勤劳为国,俱得入贤良祠,以昭恩眷。若王来任兴利除害,舆论佥同,布德当年,邀荣此日,似应恳恩优邮,复职加封,崇祀贤良,以慰舆情,以旌功德者也。缘王来任曾经自陈罢免,不便冒昧具题,可否不拘成例,格外褒崇,并应否另行题请之处,伏乞皇上批示遵行。臣等谨合词具奏。①

雍正帝朱批:“具疏题请可也”。此疏说法中,迁海是“因噎废食”的弊政。

① 《世宗宪皇帝朱批谕旨》卷215之3,《朱批鄂弥达奏折》,《景印文渊阁四库全书》第425册,第421—422页。

这与康熙时期的说法已全然不同。王来任也不再是人品不堪的贪官，而是流泽绵长、德在民心、功在社稷的模范官僚。只是王来任的后人“贵贱有无”，清朝政府竟然全然不知，王来任晚景如何凄凉凌乱，也再无人知了。不过，到乾隆时期，王来任就成了“名臣”了。《盛京通志》载：“王来任奉天人，隶正黄旗汉军，天聪八年汉书举人，崇德元年授工部启心郎，屡官至大理寺少卿。康熙元年，以副都御史抚治郧阳。四年，巡抚广东。时粤中屡经寇盗，军民未安。来任抵任，抚集流亡，咨询疾苦，复疏陈六大害，力请禁革。平反积案，囹圄一空。常微服游市间，察有司淑慝，兵厮横暴，严捕重惩，边疆绥靖。嗣卒于宦，祀名宦。”[①]《广东通志》所记略同。[②] 鄂尔泰等奉敕编纂的《八旗通志》，更将王来任列入“名臣列传”中，长篇记述，极尽褒扬之能事。其中包括，王来任疏陈当地弊政六事：“夫役为粤民第一大害”、“民船为粤民第二大害”、“采买为粤民第三大害”、“私抽税银为粤民第四大害”、“诬盗为粤民第五大害”、“擅杀为粤民第六大害”。据说他施政中公布的告示，被士民汇编成一部书，题为《仁政录》。内中详细记载了他的“遗疏”，其中要点有三：一是“粤东之兵多，宜速裁也”；二是“粤东之边□宜急展也”；三是“香山县之横石矶口子宜撤也”。内中第二点展界事，行文与前引《抚粤条奏》中基本相同，参差文字中仅一处比较重要，即称迁海导致“数百万”而不是“数十万”之民流离失所。该传末录康熙帝在听闻王来任事迹之后为其写的祭文，内有“性行纯朴，才能称职。因公诖误，军民吁称贤良，仍求留任。将即赐环，忽焉长逝。朕心悯恻，特赐祭葬，以慰幽魂，聿垂不朽之荣，庶享匪躬之报”[③]。看来康熙帝当初是已经准备将王来任赐死了的，后来知晓了他的事迹，也没有认为当初的处置不当，只是要对他的结局表示悲悯。王来任应是在雍正帝在位时得到重新看待，而到乾隆时期成为模范的。

前贤关于清初粤东迁海史事的研究有两个基本视角。一是将之作为清初征服者的罪恶史，二是将之纳入清初国家统一的宏大叙事中将之视为必要的牺牲。忽略的是，审视明清鼎革这样巨大的社会变动在地方社会造成的民生体验，以及

---

① 阿桂、刘谨之等：《钦定盛京通志》卷77，《国朝人物十三》，《景印文渊阁四库全书》第502册，第628页。

② 鲁曾煜等编纂：《广东通志》卷42，《景印文渊阁四库全书》第563册，第863页。

③ 鄂尔泰等：《八旗通志》卷195，《名臣列传五十五·王来任》，长春：东北师范大学出版社，1985年，第4565—4572页。

当时以不同身份亲历、参与或者观察了这场灾难性变迁人的心态。迁海的初意是切断郑成功势力与沿海人民的往来，这种举措对靠近郑成功大本营的福建说来，可能会有些实效，但在广东不同。从本文梳理的资料看，康熙元年至七年期间郑成功势力并没有在粤东沿海做大的军事举动，因而即使在清初两大政治势力角逐战略的角度看，迁海在这个区域的实施也是过当的。署名李之芳的“八不可”疏代表当时存在坚决反对的意见。王来任建议展界的奏疏中也直接指出迁海的军事意义不大而为害过多。李光地身为康熙时期的高级官僚，直言迁海缺乏实际意义。但是清朝最高统治者并不为这些意见所动。直到实施 7 年之后，才在粤东做部分展界，福建、浙江尚不在其中。到了雍正时期，庙堂之上关于迁海的言论已经发生深刻改变，一些官僚在奏疏中已直接将之称为“因噎废食”的举措，并将王来任这样在迁海期间呼吁展界的官僚，树立为典范。清朝官方文献对迁海的记载支离破碎，以至于很难复原这一政略的决策过程，也很难了解顺治末、康熙初实际控制最高决策者具体的思路。或许还有相关文献未经注意，当继续关注。在粤东迁海期间为民请命的官僚，此前未经史家研究，他们值得史家更多注意。最后，迁海显示国家在地方层面巨大的行为能力。与之相比，地方精英及其组织，包括官绅、宗族、商贾、地主等等，只能将就顺从，一些地方豪强对迁海做出了反抗，但亦不能阻止朝廷行为。清代地方社会、民间力量与国家的关系格局，于此可见一斑。

包世臣游幕经世初论

林　乾

嘉道时期上承雍、乾以来社会转型加剧的压力，在言路逐渐开放的背景下，诸多社会问题以危机的形式逐步呈现，同时也孕育时代变革的强大动能。包世臣游幕的近50年，基本涵盖这一时期，而其介于体制外的幕友身份，特别是基于对国计民生等问题的深入调查、敏锐思考所提出的"包世臣方案"，具有特殊的"第三方"价值，当时即受到封疆大吏的极高重视，有的并付诸改革实践。与同时代的"思想者"龚自珍、魏源不同，包世臣的"经世"偏重于如何解决"危机"的实际操作方面。正因如此，探讨其游幕经世生涯及其个人遭际，无疑是观察近代前夜中国诸多问题的一个独特视角。

一、包世臣游幕经世的个人遭际

嘉庆元年（1796），22岁的包世臣为徽宁道宋镕作幕，至道光二十六、七年（1846—1847），他七次写长信，就苏州知府桂超万主持的常熟、昭文均户收漕改革，提出详尽意见与建议。其间，除署理江西新喻县令一年外，包世臣的游幕生涯几乎贯穿一生，涵盖嘉、道两朝近半个世纪之久。他还多次婉拒受邀入京，其所有游幕均在地方一线，自述"转侧江、淮、燕、齐数十年，时时与当路论说民间疾苦，为补救之方"①。与其他作幕者有别，他一生致力于解决重大社

① 《包世臣全集》（二），《中衢一勺》之《附录序言》，合肥：黄山书社，1993年，第9页。

会、民生问题,“十二三岁时,则慨然有志于用世”[①],是游幕经世的代表人物。他至少向30多位幕主与当路者推广“包世臣方案”,甚至不惜强力介入幕主所在的地方治理;而他不曲从幕主,经常刊刻“包世臣方案”的做法,无疑让他所服务的幕主有相形见绌的压力感。他还多次拒绝幕主的保荐,以为进身之阶。以上种种,使包世臣与每一幕主的关系,维系时间不长,有的幕主甚至成为他的“落井下石人”[②]。在清中叶中央集权有所式微,封疆大吏主导的“疆政”体制下,他尴尬的幕僚身份,结局大多是“阴用其言,阳弃其身,虽有功而不究”[③]。为幕主出谋划策且多被采纳,而作为幕友的他却屡受打压、中伤、排挤,这在无幕不成衙的清朝主、幕关系中,实属罕见,也确实值得深入探讨。

包世臣对清朝各种体制运行的弊端进行过深入的剖析,他一再援引古人“穷则变,变则通”立论,认为“天下事必灼见弊之所极与致弊之源,而后能为救弊之策”。他特别冀望“有非常之人,以成非常之功”,通过“拔本塞源,一劳永逸之计”破解国家和社会的诸多危机。[④] 面对国家财政日蹙与民生日困,包世臣提出很多“言利”主张,意在纾解民困,顺应民情,节省不必要的支出,尤其要取消河、漕、盐等各种大政的“中饱”,以其利三分归国,七分归民。“其要尤在节帑”,但据他讲,“世臣生平为中外所中伤,在此二字”。“节帑”令以此牟利的各级官员大为不满。包世臣所参预的嘉庆十九年(1814)江宁赈灾,凸显他“为民请命”的抱负,也是透视他与幕主关系的典型事件。

包世臣最早参与的是嘉庆十一年(1806)夏季扬州赈灾。当时他寓居扬州,面对万余灾民进城,城市戒严,城外数万灾民蜂拥城下,他先拜谒盐运使,随即致信知府伊秉绶,力促后者主动向两江总督铁保请命,施行赈灾。此次赈灾,留养灾民32000多人,无一人骚扰市肆。其间患暑湿者上千人,死者仅五六人。扬州赈灾让包世臣得出“人定胜天”的乐观结论。[⑤] 嘉庆十六年(1811)六月,包世臣

---

① 《包世臣全集》(二),《中衢一勺》卷4,第92页。

② 包世臣在嘉庆十年前后自述“不合于世”,“于人世之术诚疏”有三,其中之一是“好匡纳友朋”。参见《包世臣全集》(一),《小倦游阁集》卷3,《答刘芙初书》,合肥:黄山书社,1991年,第22页。

③ 《包世臣全集》(二),《中衢一勺》之《序言》,第6页。

④ 参见《包世臣全集》(二),《中衢一勺》卷5、卷7上,第127、189页。

⑤ 参见《包世臣全集》(三),《齐民四术》卷2,合肥:黄山书社,1997年,第220—221页。

为新任两江总督百龄作幕，但时间仅维持两个月。① 主宾二人从相知到有隙，隐蔽的原因是江苏专以河、盐谋私利的官员，得知新督招其为幕友，以为一切上欺下虐之事，必将破露，遂百计阻挠，荧惑视听。后百龄采纳包世臣安淮之策而成功，欲行举荐，包世臣却以不受牢笼婉拒，这为总督身边之人横肆构陷提供口实，为阻止包世臣再得信用，他们竟捏写包世臣家书，谓其作札致京城权贵，菲薄百龄。百龄不明底里，震怒之余，给中外三品以上官员遍致书信，以包世臣为负主之幕友。这对包世臣的幕友生涯乃至以后的进身之路，有极大负面影响。

包世臣随后又为淮海道黎世序作幕，但因治河方案分歧而生嫌隙。嘉庆十七年（1812）八月，百龄弹劾江南河道总督陈凤翔擅开礼坝，致河运受阻，陈凤翔被革职枷号后，遣家人进京鸣冤，并揭报百龄委派盐巡道朱尔赓额总办南河苇荡，有舞弊误工等情。嘉庆帝即派松筠、初彭龄为钦差大臣前往审案。据包世臣讲，当时百龄除河事之外，两江三省巨案及兴革事宜，全部交给朱尔赓额办理，而朱尔赓额"专倚世臣"，包世臣"感其相知之深，治文书常至分夜"。因钦差松筠与朱尔赓额有旧嫌，遂故入其罪。查办案件期间，包世臣两次代狱中的朱尔赓额上书百龄。② 熟知内情的秦承业也认为朱巡道"功在南河而被倾陷"。朱尔赓额后被革职，发遣新疆伊犁。陈凤翔也在革职发遣不久即死亡。

由于朱尔赓额"专倚世臣"，这件大案牵连幕友包世臣，两淮盐政阿克当阿等劝他"及早寄顿箱笼，悉检各官幕书札焚毁之"。时包世臣母亲在寓，称其子所入，簿记明晰，往返书札皆斟酌公事，若钦差验出入账目，知无贿入；验来往书札，公事得明，何畏惧而为寄顿焚毁？

该案颇为复杂。据百龄向方维甸（字葆岩，桐城人，方观承之子）称：包世臣鹜傲不下人，为宾主数月，甚令人不快。其佐朱巡道司南河苇荡事，有啖以白金2万求收旧物而被坚拒，终使苇荡事成；包家甚贫，而临重贿不染指，吾自问不能，故畏之如虎，敬之如神。③ 查案其间，嘉庆帝命百龄、陈凤翔奏报河工外委幕友，或许是听闻包世臣包揽该事而来。

---

① 《言利》称包世臣自百龄出任江督后一直是他的幕僚，不确。参见［美］罗威廉：《言利：包世臣与19世纪的改革》，许存健译，北京：社会科学文献出版社，2019年，第84页。

② 参见《包世臣全集》（一），《小倦游阁集》卷3，第29—32页。

③ 姚柬之：《书〈安吴四种〉后》，载《包世臣全集》（三），《齐民四术》之《附录》，第555页。

案结后包世臣未受牵连，他携眷到江宁，随后参与嘉庆十九年江宁赈灾。江宁赈灾以义赈收功，包世臣是主要倡行者。需加指出的是，义赈本有成效，而百龄发现，“因事系旧友主持，不欲其布衣在局外成此大功”，遂有意阻挠。待灾民死者近8000人，包世臣冒渎上书百龄，有“迟延一日，此间必有非命者，谁执其咎”，如全十万灾黎性命，即便将世臣投于遐裔，心亦为愿之语。百龄不得已，纳包世臣之言，义赈得以赓续。

包世臣为民请命，不惜强力介入地方事务，加之“鸷傲不下人”的性格，这使得他与百龄等幕主的关系难以维系，也为自己的入仕前程付出代价。他十几次进京考进士，“讫无一遇”，并非文卷不及，而是有人故意阻之。嘉庆二十二年(1817)，他参加举人大挑，松筠阻之于成亲王邸；道光六年(1826)大挑，汪廷珍阻之于惇亲王邸。道光帝为皇子时，习闻师傅朱珪盛赞包世臣乃栋梁之材，即位后欲破格大用，又为蒋攸铦所阻。朝中高官与地方大吏，何以专意摧折一介举人，是为“遏之于登进之前，使不得有所建白，则既便己所欲为，又可不得罪后世”①。如此说来，包世臣不能出仕，非其个人不幸，实乃国家之不幸。

嘉庆十五年(1810)，浙江巡抚蒋攸铦出任南河河道总督，包世臣与其素昧平生，但他给这位未到任的新河督写信，推荐自己，信的开篇称赞此项任命“为圣主贺得人”，并称自己“以文游清江者五载”，自己的治河方案“卒无不验”，不经他人介绍，甘心放下尊严写信，是“诚欲以上纾宸廑，下拯时艰，而忖阁下之可与大有为也”。按惯常做法，包世臣又把他的治河策缮册以呈。② 但蒋攸铦以河工重大，他没有经验为由，再三向嘉庆帝恳辞，嘉庆帝命其回任浙江。包世臣与之“大有为”的设想，反而成为蒋攸铦忌恨的根由。

道光帝即位伊始，召其师傅秦承业进京，“冀其有所匡助”，包世臣视此为“千载一时”，寄望通过帝师之尊，一改嘉庆朝积弊。秦承业号易堂，出身江宁望族，是状元秦大士之子，名臣秦承恩之弟，他本人乃乾隆四十六年(1781)榜眼，道光帝的启蒙师傅。包世臣定居江宁时，与之交往密切，为其条画江宁荒政，并一同董理赈济事宜。道光帝即位当天，通过军机大臣，字寄两江总督孙玉庭：“传旨令其(秦承业)即行来京，其行装等件，该督妥为照料，俾得迅速起程”。道

---

① 姚柬之:《书〈安吴四种〉后》，载《包世臣全集》(三)，《齐民四术》之《附录》，第554页。

② 参见《包世臣全集》(一)，《小倦游阁集》卷3,《启蒋河督》，第19、20页。

光帝亟亟乎此举，是“冀其有所匡助”。包世臣知悉后与秦承业多次交流，称“阁下以师傅之尊，当圣主之笃念旧学，虚怀垂听，斡旋机枢，千载一时”，包世臣的诸多建议，在秦承业匡助道光帝的半年多时间里，前后所与“论说及代属辞事，如公私异指以防滑吏，题奏一辙以抑权臣，刑兵之公费宜设，西北之水利当兴，盐法宜饬以防患，摊捐宜禁以教廉，节见邸抄，多见施用”。

秦承业还向包世臣下访人才。包世臣向他推荐朱尔赓额，称其“能任艰巨”，也不避讳朱尔赓额是其子“旧居停”的关系。秦承业可能向道光帝举荐了朱尔赓额，因此他向当时在京的包世臣透露，“朱君殆必大用”，嘱咐包世臣“毋轻言出都”，包世臣回信称，“朱君若果起用，势不听世臣他去”。为离京找合适理由，以便将来为朱尔赓额作幕，包世臣应邀为江苏按察使诚端作幕。①

但秦承业在京匡助新君半载有余，受到很多排挤，道光帝谕责“其所敷陈，非迂阔难行，即执谬不通，率皆市井之谈”。而汪廷珍又奏，秦承业在上书房言语不谨。道光帝召询惇亲王、瑞亲王，二王称秦承业曾责备顾皋，督责大阿哥。道光帝为此将秦承业革职，即令回籍。② 从包世臣与秦承业的往来通信中可知，包世臣一再向秦承业推广他的改革方案，冀望道光帝即位之始，整饬朝纲，剔除嘉庆朝积弊。道光帝谕责秦承业“率皆市井之谈”，或许与包世臣的方案有关。道光六年包世臣大挑，为汪廷珍阻之于惇亲王邸，似是道光即位之初秦承业革职事件的后续发酵。

乾嘉时期由人口激增所牵引的社会转型，使得各阶层的社会分化呈现加剧的态势。在包世臣的笔下，官民对立所结成的“两条战线”催化了“士”的分化。作为“士”的下层，出仕为官的机会甚少，因而，作为“四民之首”的士，与“民”更为接近。包世臣经常告诫友生：“印到为官，印去即仍民也。故计一身，则为官之日少而为民之日多，计一家则为官之人少而为民之人多。”他认为吏治所以日下，是下层士人丧失基本“廉耻”，而官员们“居官而不知为民”。如果视民如己身，所做之事就会顺乎民情。③ 包世臣弟子范麟称其师造诣“得于学者半，得于问者亦半”，其于问也，“虽舟子、舆人、樵夫、渔师、罪隶、退卒、行脚僧道，邂逅之

① 参见《包世臣全集》(二)，《中衢一勺》卷4，《与秦学士书》，第91—93页。

② 参见《清实录》第33册，《清宣宗实录》卷23，道光元年九月己酉条，北京：中华书局，1986年影印，第411页。

③ 参见《包世臣全集》(三)，《齐民四术》卷3，《答姚伯山书》，第251—252页。

间,必导之使言"。[①] 只有下层之士,只有对生计的切肤之痛,只有存心救世的伟抱,才会如此结交"三教九流"人物。当有人责备他"交接品类不齐,下及屠贩"时,包世臣辩解说,"仆所交,其不着诸生籍者"为数极少。有人谓其心薄科第,不以举业为事,他极力辩解,称"先君子专精此艺,赍志以没。切心腐齿,欲博一第以慰泉壤"。[②] 说明他非常在意"士"的身份。在他的文集中,确有对科举制度不能选拔真才之论,[③]但他不鄙薄科举,相反,六试秋官(乡试),才于嘉庆十三年中恩科举人,十三次春官(进士)之试,仍不得售。[④] 包世臣的尴尬在于,他生活的年代,一介出身贫寒的汉举人而能登高位者凤毛麟角,这让"平生以陆忠宣(贽)、司马文正(光)自期"的包世臣,只能把伟抱寄望于当道。他自称"以法家佐幕自给",[⑤]但显然他不认同自己的"幕友"身份,而有意强化其"士"的身份,他经常以"总理"、"襄理"等称谓指代他的幕友职业。他对幕友的评价,整体也偏于负面。在早期作品《说储》中,他甚至提出"尽裁幕友",因"幕友大抵刻薄奢侈、贪污无耻之辈,长恶图私,当事者莫不知也",他曾与人讨论"去幕之说",则哑言莫应,因为官不知事十常五六,去幕友则无所适从。他建议复两汉之制,慎选士人而授之幕僚,精考课绩,优者累考而迁,劣者因事而黜,命以级,赋以禄,使天下无弃才,与地方贤士大夫共同治理。[⑥]

值得注意的是,与一般的私人著述不同,包世臣的著作大多标记明确的时间,即便有修改,也会特别说明。而他在类似专业性咨询报告集《中衢一勺》的"序言"、"附录序言"以及《安吴四种总目序》等中,对其"方案"为当道所采纳的情况,均有详尽记述。如果对照《包世臣全集》,会发现这些记述均有"来历"和依据。尽管在当道者的个人文集中,难以与"包世臣方案"进行对应或查证,[⑦]但

---

① 《包世臣全集》(三),《齐民四术》之《附录》,第 558 页。

② 参见《包世臣全集》(一),《小倦游阁集》卷 3,《答刘芙初书》,第 22、24—25 页。

③ 参见《包世臣全集》(三),《齐民四术》卷 5,《却寄戴大司寇书》,第 322—326 页。

④ 《言利》称包世臣从未中过科举,不确。参见[美]罗威廉:《言利:包世臣与 19 世纪的改革》,第 15 页。

⑤ 《包世臣全集》(一),《小倦游阁集》卷 3,第 32 页。

⑥ 参见《包世臣全集》(一),《说储》,第 178、179 页。

⑦ 有学者力图求证包世臣对陶澍等当道决策的影响,但都没有在二者之间直接建立确证。参看张岩:《包世臣经世思想研究》,北京:中国社会科学出版社,2016 年;段超:《陶澍与嘉道经世思想研究》,北京:中国社会科学出版社,2001 年。

丝毫不影响包世臣作品的独特价值。

康雍乾时期,皇帝乾纲独揽,国家制度完备,大吏奉行惟谨,构成王朝运行的三个有机整体。但嘉道时期积弊已深,原有的运行体制难以为继,经世学派在推动王朝变革中,逐渐集聚起一股力量。而包世臣作品在呈现嘉道时期诸多重大政治、经济、社会问题,所具有的广度和深度方面,是其他任何人的著述所不具有的价值。它既与皇帝发纵指示、陶澍等地方大吏施行的官方材料不同,也与纯学理的书斋派研究相区别,包世臣作品具有“第三方”价值。他深刻认识到嘉道时期王朝的危机,也愈发验证“包世臣方案”是挽救危机的“国医”良方。① 他“时时为有力者颂说闾阎所疾苦,积触隐怒,被排摒者数十年,不厌不悔,不改初度”②,他除直接通过幕主推动改革除弊外,不惜抓住一切机会,向中外高官主动推介他的方案。道光二十四年(1844),包世臣就旌德谭氏讲席,开始整理自己的著作,集为《管情三义》《齐民四术》,与旧刻《中衢一勺》《艺舟双楫》重加增益,名《安吴四种》。三年后他计划重新刊刻,估算“此事非四百金不办”。这一年,他通过旧交、军机大臣陈孚恩,向吏部尚书、内阁协办大学士陈官俊送呈《安吴四种》,他说:生平受虚名之累不薄,不欲自通于显贵,如果相国有所取阅,“以为惠闾阎”,③实有意义。

二、包世臣对“大政”的改革尝试

包世臣有关官制、司法、农业、漕运、盐政、货币等方面,均提出改革主张,为我们呈现了嘉道时期清王朝的体制壁垒所造成的诸多困境,和以包世臣为代表的经世思想家对解决弊政的改革尝试。而他所提出的包括河、漕、盐等大政的改革方案,因是“名利之丛”④,“然以是被声闻矣,然以是遭唇齿矣”⑤。说明即便

---

① 姚鼐族孙姚柬之读《安吴四种》后,称包世臣“乃国医也”。姚柬之:《书〈安吴四种〉后》,载《包世臣全集》(三),《齐民四术》之《附录》,第 553 页。

② 《包世臣全集》(三),《齐民四术》卷 5,第 337 页。

③ 《包世臣全集》(三),《齐民四术》卷 2,第 243—244 页。

④ 《包世臣全集》(三),《齐民四术》卷 2,第 235 页。

⑤ 《包世臣全集》(二),《中衢一勺》之《序言》,第 3 页。

是局部的某项改革,也会遇到极大阻力。在包世臣对王朝经济问题的关注中,他有一个梯度性判断和解决方案,即"漕难于盐,河难于漕"。他进而提出,河、漕、盐事虽分三,实合为一。晚年他提出,方今要务至急至大者,莫如银价。

包世臣对漕运弊政的认识来源于他任新喻县令的改革实践。包世臣称他"少小见官民相争必于漕,而无以已之"①。道光十九年(1839)三月,即漕运达于极弊之时,包世臣出任江西新喻县令,他经过详尽调查,采取"量出为入"的办法,"集新喻县之民力,了新喻县之公事"。他请全县绅耆与户书、粮书公同商酌,开出一年必须用账,经公算三日,漕费须库纹 19300 余两。由于比往届征漕减少近万两,故全县纳粮户,不分大小,皆踊跃输将。"米既干洁,而费用毕集。兑军时丁验米色,谓为生平所未见,一切规费皆如向例,而兑付加早。"现存的这份新喻漕运"改革书"通过南昌知府,先以"密禀清折"的形式送呈江西巡抚。该"改革书"透视了一个县域的漕额,所以逐渐增加并给地方秩序带来极不稳定的制度性病灶。由于包世臣不认同新喻有包漕闹漕者,对前任县令禀请省府捉拿的"漕棍"胡尚友等人采取宽容之法,而他的"密禀清折"又成为新喻百姓京控的主要依据,刊刻在京城街巷中,包世臣也因此被罢官。② 包世臣解职后,并没有对改革漕运体制失去信心,他将新刻《安吴四种》送给漕运总督程矞采一部,寄望"此贤漕帅痛抉漕弊"。同年,苏州知府桂超万治下的常熟因均赋改革成功而引发邻邑昭文民变,包世臣与桂知府往返七次通信,除详尽提出他的方案以指导苏州漕运改革外,③他不认同桂超万提出的昭文、镇洋民变在于滨海民风刁悍,复书称:"镇洋、昭文前后毁抢官吏、绅富之房屋数百千楹,使阁下募勇带兵,出省至再,其病皆由于漕。故漕政平,则刁悍皆从化;漕政不平,则良懦皆为敌"④。他甚至大胆预言,"东南大患,终必在此"⑤。稍晚的冯桂芬于咸丰初年引用当时谚语云:"江南必反于漕。浮收勒折,天怒人怨,将来患生不测。"⑥就此而言,包

① 《包世臣全集》(二),《中衢一勺》之《序言》,第 3 页。

② 参见林乾:《新喻漕案与包世臣罢官——探究文献背后的真相》,载《中国古代法律文献研究》第 9 辑,北京:社会科学文献出版社,2015 年,第 366—409 页。

③ 参见郭艳红:《从常熟均赋到昭文民变——清道光晚年江南社会危机透视》,《西南大学学报》2016 年第 3 期。

④ 《包世臣全集》(二),《中衢一勺》卷 7 下,第 202 页。

⑤ 参见赵尔巽等:《清史稿》卷 486,《包世臣传》,北京:中华书局,1977 年,第 13418 页。

⑥ 冯桂芬:《显志堂稿》(下)卷 9,《均赋说劝绅》,北京:朝华出版社,2018 年,第 929 页。

世臣是最早认识到漕运关系国家秩序稳定与否的重要学者。

道光六年(1826)的漕粮海运,是漕运体制的重大改革。综核史籍,海运改革之议,发之于包世臣,迨英和上奏,终为道光帝所纳,实行者为新任江苏巡抚陶澍,具体办法与包世臣的方案又不尽相同。

道光二年(1822)十月,包世臣为新任直隶布政使陆言作幕。是年冬,直隶总督颜检在大井行营,阅读了包世臣的《郭君传》,并向僚属推荐。翌年底,陆言调任四川布政使,包世臣转佐大名兵备道富祥幕府。后因富祥移调陇右,包世臣以母老不能远游,辞幕回到扬州。他断定高堰必决,以其寓所居扬州下游,当即移家高阜。待水势稍定,他前往吴门,访布政使诚端(道光四年二月至五年三月在任),极力建议预筹海运,诚端虽表赞成而力有不及。道光四年(1824)十一月,包世臣自扬州寓所前往夹濠而居的原兵备道熊方受之处,时高堰下注,包世臣倡议,"善谋国者,莫如暂举海运。依余前议而行之,不使人扰漕,不以漕扰河"。他还提出借黄以蓄清,专力治河,并作《漆室答问》以呈。[1] 当年十二月,颜检以仓场侍郎出任漕运总督,包世臣本想前往徐兖之郊迎接颜检,面陈试行海运,因岁末事冗,于二十四日写信给颜检,详细介绍他的海运主张,提出"为今日计,能举海运以专力治河者,上也;控制黄流以待清长,而不误全漕者,次也"。并将其旧作《海运南漕议》、近作《漆室答问》抄录一通,以备采择。信末明言漕督虽职专漕运,"然大臣忧国,无分畛域,漕事若有差池,河臣岂容坐视?况阻运虽由河道,而滞漕自有责成。为人分过,非所愿闻。凡此全局大计,阁下自有成算"[2]。但颜检没有采纳包世臣的海运建议,对道光帝交议英和的海运方案,迟疑不复,道光帝遂于五月二十二日将其调京。六月初一日,颜检接到回京谕旨,此前三天即二十八日上奏,对英和所奏海运、折色方案全盘否定。颜检随即以三品衔休致。

英和先后于道光五年(1825)四月初十、二十二日,两次奏请实行海运。[3] 庙谟既定,遂于五月十八日,调安徽巡抚陶澍为江苏巡抚,并命该抚等俱各带印起程,于途次交代,即赴新任,毋庸来京请训。陶澍接旨后奏称:苏省为江河要区,

---

① 参见《包世臣全集》(二),《中衢一勺》卷3,第73—78页。

② 《包世臣全集》(二),《中衢一勺》卷3,第79—80页。

③ 英和病逝前自订年谱,全文载入两次奏文,参见英和:《恩福堂笔记、诗钞、年谱》,北京:北京古籍出版社,1991年,第392—406页。

政务殷繁,财赋甲他省。目下议筹海运及漕米事宜,尤关紧要,责任甚重,报称尤难。① 陶澍于六月十五日在镇江府丹徒县地方,接巡抚印信,即顺路赴清江浦察看漕运情形,与两江总督、漕运总督、河道总督面商一切,然后赴苏。② 同日,陶澍上《筹议海运及暂收折色、停运治河各情形折子》。该折可见,军机大臣字寄道光帝五月二十二日因英和上奏海运所发上谕及英和折。陶澍肯定英和条议为"识时之要着,目前筹运之策,无逾于此,自属可行"。但他反对在江苏折漕、停运治河。提出海、河并运,广招商船,分两次装载,运米一百五六十万石,其余由运河而行。他还提出:海运是暂时试行,将来河道全通,自应仍由河运,并仿唐代转运之法,于沿淮、沿河一带建置仓廒。道光帝采纳了陶澍海、河并运的意见,但于建仓廒一节,谕令暂缓筹办。又因山东巡抚琦善赞成海运,五月二十二日,道光帝命大学士前任两江总督孙玉庭、漕运总督颜检来京,调两江总督魏元煜为漕运总督,以山东巡抚琦善为两江总督。完成了试行海运的人事部署。

包世臣于五月十四日从友人处得到英和四月初十日上奏通筹漕河一折稿本,四天后即十八日给英和写《上英相国书》,备述他极力主张海运颠末,其中言及他曾为江苏巡抚具海运奏章,"不知因何得彻左右,竟蒙采摘入奏",又言海运有二难,他皆筹之有素,策出万全,并详告海运具体操作方案;又录《漆室答问》旧稿,请进京赴试的乡人沈廷桂就便转呈。③ 据此,包世臣所具《南漕海运议》为英和部分采纳入奏,似无疑义。④ 陶澍与英和先后于道光十九年、二十年病逝。道光二十八年(1848),包世臣在重校《海运十宜》一文后附记称:"是时新抚(陶澍)至吴,茫无津涯,得此稿,依仿定章,海运事乃举。既举之后,船商大利,更邀优叙,米石全无漂失。新造大船五百余号,而督部以漕吏不便奏停。"⑤

道光二十六年(1846),包世臣在给族子孟开书中,不但明确"海运、海淤、票盐三事,发之收之,皆由鄙人",且专门谈及他所"言利"与其他人之不同:"三事

---

① 参见陶澍:《陶澍全集(修订版)》第1册,湖南:岳麓书社,2017年,第239页。

② 魏秀梅著作叙陶澍行海运颇详,言学者赞成海运者魏源、钱泳、施彦士,而一言不及包世臣。参见魏秀梅:《陶澍在江南》,台北:台湾"中央研究院"近代史研究所,1985年,第109—110页。

③ 参见《包世臣全集》(二),《中衢一勺》卷4,第101—103页。

④ 齐彦槐录包世臣稿,后收入《皇朝经世文编》,参见张岩:《包世臣经世思想研究》,第95页。张岩并论证魏源海运之议受包世臣影响,见同书第100页。段超也认为,包世臣的《海运十宜》大多为陶澍所采纳,参见段超:《陶澍与嘉道经世思想研究》,第176页。

⑤ 《包世臣全集》(二),《中衢一勺》卷3,第84页。

名利之丛也，而鄙人一无所与，杜门倚虹园中，但望其上益国而下益民耳。若票盐取利尤速，中外与陶安化（陶澍）有一面者，莫不骈集，安化与鄙人虽非心知，然所言多听从。又其中委员，多系鄙人指引者，而鄙人困守虹园，不涉其途，此足下所目击而深知者，是其言利也，绝无为己之意介其间，似与历来言利者有差别矣。”①道光十一年（1831），总理票盐总局事务的谢元淮写信给包世臣，嘱其召集亲友，行票盐以解决家食久困，包世臣回信表明，“前此召买海淤、倡行海运二案，皆仆始发其事而卒定其章，然两案仆皆置身局外，名利一无所染，足下知之最稔。今票盐之政，乃当事采仆议一节以筹办淮北者，是其事亦发于仆。发其事自深知其利，况重以足下雅爱耶？然仆非乐贫疾富，与人异性也。凡以生平所学，在搀论得失，宣达疾苦，所望当时君子，或加采择，惠我穷黎。其见弃目前者，仍望举于后世。而猜忌排挤，实繁有徒，若复随众行票，必讥仆托名为国为民，实以自私自便，则其说不为无状”②。在《上陶宫保书》③等信中，包世臣详细阐述了他的盐政改革主张，以及与陶澍等当道者的异同。这些都足以说明，包世臣参与并深刻影响了陶澍主政两江时期的盐政改革。需加补充的是，淮北票盐改革，具有一定示范意义。但由于各地情况不同，票盐改革的效果也有很大差别。且因盐课此长彼消，难以概论。浙江温州知府刘煜仿行淮北办法，自道光十四年（1834）十一月起，至十六年（1836）三月止，共行票盐 74900 余引，是改革前岁销额的数十倍，但因对处州等地引盐形成滞销，遂为巡抚参劾而革职。刘煜为此京控，直到道光二十年（1840）才结案，是为票盐改革中的一件大案。④

三、包世臣对嘉道危机根源的解读

包世臣晚年对白银外流引发的社会问题的思考，特别是给国家造成的财政

---

① 《包世臣全集》（三），《齐民四术》卷 2，第 235 页。

② 《包世臣全集》（二），《中衢一勺》卷 7 上，第 180 页。

③ 参见《包世臣全集》（二），《中衢一勺》卷 7 上，第 174—179 页。

④ 参见中国第一历史档案馆馆藏朱批奏折，浙江巡抚乌尔恭额：《奏为遵旨究出已革温州府知府刘煜试行票盐各弊据实奏明请旨饬审事》，道光十七年七月二十九日，档号 04-01-08-0129-009。

困难，以及官民的普遍贫穷，包括改革何以无法推进等一系列论述中，已经深刻触及嘉道社会危机的根源，即权贵阶层为维护其既得利益而阻碍任何改革。他说道光二十五年(1845)，政府欲行钞法而被阻，原因是触动其利益，包世臣概括为二，一是权要之家多藏镪(银锭)，行钞法后，会恢复铜钱一千银一两，是自减其所藏之半；二是白银更便于贿赂，因所入皆银，一旦变法，恐成故纸，大不便于子孙。[①] 次年，他致书前工部尚书许乃普，称方今要务，至急至大者，莫如银价。他算了一笔账，南方银一两皆以2000铜钱为准，北方闻更增于此，较定例增加一倍。又连年丰收，上米一石，价银7、8钱。而民户折漕，重者至银6两，就折条银重者而论，米2石方能完条银1两，米7、8石完漕额1石，田内所收，不敷两税，乐岁终身苦。包世臣还明确认识到，西方工业品的倾销，对中国农业特别是江浙农业所带来的破坏性，已动摇了清朝原有的赋税征收体制。他说，木棉梭布，东南杼轴之利甲天下，松江、太仓钱漕不误，全仗棉布，而今洋布盛行，价当梭布，而宽则3倍，是以布市销减。蚕棉丰岁而皆不偿本，商贾不行，生计路绌。推原其由，皆由银贵。[②]

在鸦片战争前的道光十二年(1832)，户科掌印给事中孙兰枝在《奏为条陈江浙两省钱贱银昂商民受弊各情及去除积弊办法事》[③]一折中，详尽计算了嘉庆以来银贵钱贱给各行业特别是国家财政造成的损失。仅江浙两省地丁银征收，与嘉庆十年(1805)相比，不包括明贴、火耗、解费、浮收等各项，民间多出钱211万余两。以1年4月之粮，完1年之赋。孙兰枝籍贯浙江，他以杭嘉湖三府征漕而论，完米1石，折钱五千三四百文。每届征漕开仓，典售衣物，甚至卖儿鬻女，闾阎饥寒交迫，贫累日深。江浙额征盐课银216万余两，现须制钱292万余两，商人每年多出钱75万余串，加上盐规、匣费、节省、耗羡等项，每年不下六百数十万两，多出钱二百数十万串。以数十百家之商人，每年暗耗300多万串，因此商力日疲。江浙关税加征，致使南北商贩歇业者日多。他还计算，江浙两省每年所来洋钱不下一百数十万两，但洋银低色，作价却比内地足色纹银高出许多。由于

---

① 参见《包世臣全集》(三)，《齐民四术》卷2，第235页。

② 参见《包世臣全集》(三)，《齐民四术》卷2，第237、238页。另外《言利》在第三章讨论了该问题，参见[美]罗威廉：《言利：包世臣与19世纪的改革》，第72—104页。

③ 参见中国第一历史档案馆馆藏录副奏折，户科掌印给事中孙兰枝：《奏为条陈江浙两省钱贱银昂商民受弊各情及去除积弊办法事》，道光十二年闰九月十一日。

孙兰枝所奏有翔实数字，道光帝以其所奏五款，皆弊之应除，遂通过军机处，著两江总督陶澍等悉心筹议，务当力除积弊，平价便民，不得视为具文，致有名无实。[①] 但正如包世臣所言，凡不便权贵而便于民者，必不能行。陶澍会同江苏巡抚林则徐上奏，几乎全盘否定孙兰枝的上奏。[②] 而道光二十五年的币制改革，包世臣听闻军机大臣、大学士穆彰阿持议甚坚，但他料定，“外吏亲近阻之者尤力”，以便其私。他痛心地说，“银价之于钱漕，如米之与饭，现在势如厝薪火上，故其毒必发，而发必烈”。[③] 晚年他对清朝的改革已不像中年那样乐观，而是充满悲凉之感。

罗威廉教授在其《中国最后的帝国：大清王朝》一书中，把包世臣作为 19 世纪初改革派思想家中最杰出且极具远见的三人之一，与魏源、龚自珍并列。[④] 刘广京先生则把包世臣归为传统知识分子之一个类型：希望借由建设性批评与方策，而求对人民生活有所补助者。[⑤] 邓之诚先生更认为，“世每以包、龚、魏并称”，而无论学术、人品，“魏、龚非其匹也”。[⑥]

与许多改革者以重振中央集权为依归迥然有别，包世臣改革的主旨是放松国家对经济活动的过分干预，“大要总在损上以益下”，“损上益多，则下行愈速”，“民若受损，亦未见其必能益上也”。[⑦] 他提出废止或减轻不合理的各种陋规，通过类似市场化改革，最大限度发挥商人群体的作用，他把“本末皆富”上升为“千古治法之宗，而子孙万世之计”的高度。他驳斥人口增长致使民食为艰的论调，认为“人多则生（产）者愈众，庶为富基”[⑧]，他是当时及 19 世纪中叶以后

---

① 参见《清宣宗实录》卷 221，道光十二年闰九月乙酉条，北京：中华书局，1986 年影印，《清实录》第 36 册，第 301 页。

② 参见林则徐全集编辑委员会编：《林则徐全集》第 1 册，福建：海峡文艺出版社，2002 年，第 267—270 页。

③ 参见《包世臣全集》（三），《齐民四术》卷 2，第 239 页。

④ 参见［美］罗威廉：《中国最后的帝国：大清王朝》，李仁渊、张远译，台北：台湾大学出版中心，2013 年，第 156 页。

⑤ 参见刘广京：《十九世纪初叶中国知识份子——包世臣与魏源》，《“中央研究院”国际汉学会议论文集》（中册），台北：“中央研究院”，1981 年，第 995 页。（注：此处“份”字依原文，不作改动）

⑥ 参见邓之诚：《桑园读书记》，北京：生活·读书·新知三联书店，1955 年，第 58 页。

⑦ 《包世臣全集》（三），《齐民四术》卷 2，第 219、220 页。

⑧ 《包世臣全集》（三），《齐民四术》卷 2，第 209、210 页。

更加广泛的重商思想的前哨，是 19 世纪上半期许多重要思想家的先行者。① 与包世臣多有交往，曾任兵部、工部尚书的许乃普，对包世臣评价极高，称"二百年来，惟亭林（顾炎武）、穆堂（李绂）可与鼎立"，激赏包世臣著作是"宇宙不可无之书"，宜速付刊刻，即便不能刊刻，也宜"多录副本，以广流传"。② 嘉、道 50 年，承古代中国之余续，启近代历史之先河，历来研究不足。而包世臣著作所呈现的诸多系统又有可操作性的主张，确是研究这一时期不可多得的材料，而其个人作幕的种种遭际，也可以作为嘉道时期改革何以无法推进、官民冲突何以加剧，中国进而无法向近代演变等诸多问题研究的一个独特样本。

---

① 参见胡寄窗：《中国经济思想史》（下），上海：上海财经大学出版社，1998 年，第 589、585 页。

② 《包世臣全集》（三），《齐民四术》卷 2，第 237 页。

章学诚学术论思中的心学色彩

——对学术个体性、主体性的自觉关切

董铁松

学界对章学诚"六经皆史"命题意涵的辨析和评价，或盱衡以重，或淡然视之，大多要将这一命题与包括王阳明"五经亦史"说在内的以往类似观念加以比较。这客观上启发了对章氏学术思想与王阳明心学关系的思考。章氏《文史通义》之《浙东学术》及《朱陆》篇，又似乎为这种关联作了某种标识：前者直接将陆九渊到王阳明的心学作为浙东学术的重要传统，后者就程朱理学与陆王心学异同，表达对学术门户之争的态度。虽于程朱、陆王无所轩轾，但毕竟表现出应有的关注。章氏不同义域的学术思考中，呈现出诸多成对概念，如道与器、理与事、经与史、学问与功力、性情与功力、性情与风趋、高明与沉潜、专家与通识、著述与纂类、学术与事功等，其中某些成对概念，一端关联着个体、主体，一端关联着普遍性的原理法则和主体对象。章氏在对这些关系的具体分析评论中，表现出对学术个体性、主体性的自觉关切。而强调个体性原则和主体性原则，恰恰是以"心即理"、"致良知"为标识的陆王心学区别于以"性即理"、"存理灭欲"为旨趣的程朱理学的重要表现。章氏自己在具体的学术论说中，也曾有所会心地以王阳明的"良知"说为解喻之资，他认为，虽然学术主体的性情、资质多所差异，但"资之所近而力能勉者，人人所有，则人人可自得也"。"高明者由大略而切求，沉潜者循度数而徐达"，不可"执定格而相强"，此即为王氏"致良知"的道理，且"王氏致良知之说，即孟子之遗言也"。[①] 这些蛛丝马迹，都启示着与本论题相关

---

① 章学诚著，叶瑛校注：《文史通义校注》卷2，《内篇二・博约下》，北京：中华书局，1994年，第165页。

的探讨。

从理气心性的义理思辨,到经典本位的文字音韵训诂、典制名物的考订、文献的辑佚与辨伪,“道问学”取代“尊德性”而成为主导学术的风趋。拙于记诵考据、兴致于史学、长于“神解精识”的章学诚,无论是证明自身学术的合理性,确立学术自信,还是揭示考据学的局限性、消解其学术傲慢,除了文史校雠知识、方法,也不免要从传统思想观念中有所汲取。思想观念有其历史因承性,在某种意义上说,也是学术展开的脚手架。

审视章学诚的学说主张,其学术思想赅括体用且贯通内外,蕴含着一种平衡观念:既表现出依循个体性、主体性构建具体学术形态的诉求,又表现出超越一曲之学,致力于融合义理、考据、辞章以尽道之全量的学术整体意识,以及打通学问、道德、事功以明体达用的学术理想,还以主体内在学术人格的修养,以及即器明道、即事言理的方法论原则,为学术——道的客观性提供保障。如果以性理之学的相关逻辑为鉴镜,则章氏学术思想既摇曳着程朱理学的影子,也呈现出陆王心学的色彩。而章氏反复强调个体自得之学在明道上所具有的“一致而百虑”价值,以此来纾解自我偏于义理的学术性向与经学考据风趋之间的紧张,与心学以关涉个体性的良知本体对普遍原则、道德理性压迫感的消解相比较,其境遇更具有相似性。因此,参照心学的思想理路,察识章氏所置身的学术社会生态,从历史和思想逻辑两个方面解读章氏学术论思中的心学色彩,不仅是可行的,也似乎更饶有兴味:可尝试从新的视角增进对章学诚学术思想体系的理解,思考心学思潮消歇后其思想观念发挥潜在作用的社会心理机制。是以不揣固陋,缀文如下,记录这一心程的荧光。

一、契性情以持风趋:为学个体性根基的强调

在弥漫的考据学风中如何自处?对于拙于记诵而长于“神解精识”以寻求“古人之大体”的章学诚来说,是个不能回避的问题。余英时认为,章学诚感受到考证空气的重大压力虽不始于戴震,但是丙戌年(乾隆三十一年,1766)与戴震初次会晤所受到的震慑最值得关注。对章学诚而言,此次会晤具有两方面的重要意义:一是考证方面的挑战,一是义理方面的印证。考证的挑战使他深切地

了解到不能“空谈义理”，并由此走上“先求实证，再议扩充”的途径。义理的印证对他意义更大，戴震最早对学术提出义理、考据、词章三分之说，其以考证为过程，以明道为极，以义理为归宿的学术观念，对章学诚又是一种鼓励，使他对自己的义理旨趣由犹疑彷徨而走向明确坚持。余英时还具体地推断章学诚《与族孙汝楠论学书》中所言及的“通人”就是戴震，所谈到的“考证即实此义理，而文章乃所以达之之具”就是受到戴震的启示而发展起来的①。正是这一观点，让章学诚意识到自我学术发展的可能性和价值合理性，并以之为指引，以《文史通义》的撰写为表现，在学术建树基础上重新挺立自信。以此，章学诚的相关学术论说大致可分为两个方面：发揭考据学的学术价值限度及考据学风趋对于学术的蠹蚀；说明为学从入要契合个体性情的合理性。对此，章氏立足于两个基本视域：学术整体的结构及明道的目标；战国以后学术风趋循环迭变的历史过程。其学理辨析就在此两种视域中展开。

在章学诚看来，君子为学以明道，典制名物的考订、义理的探索和文辞的宣达都只是学术中之一事一节，不能分别代表学术的全貌和本质，无论是作为方法还是作为知识成果，都有其限度。

道混沌而难分，故须义理以析之；道恍惚而难凭，故须名数以质之；道隐晦而难宣，故须文辞以达之。三者不可偏废也。义理必须探索，名数必须考订，文辞必须闲习。皆学也，皆求道之资，而非可执一端谓尽道也。君子学以致其道，亦从事于三者，无所忽而已矣②。

他认为，据以往学术情况看，考订之学与性理思辨之学及其风趋的形成都有其历史性，都是官失其守、官师政教分离以后，学术随一时盛衰而循环迭变历程中“因偏救弊”的产物。

考订之学，古无有也。专门家学尊知行闻，一而已矣，何所容考订哉？官失其守，百家繁兴，述事而有真伪，诠理而有是非，不得不有所辨别，以尊

① 参见余英时：《论戴震与章学诚》，北京：生活·读书·新知三联书店，2000年，第12—17页。关于章学诚受戴震学术观念的影响，除余英时所强调的证据，尚有值得关注的类似材料，如章学诚曾说道：“自有识者言之考索所以实其义理，而文采固藉以达者也，三者合一，而于学始有功。”见章学诚：《章学诚遗书》，《章学诚遗书佚篇·许可型七十初度幛子题词》，北京：文物出版社，1985年，第661页。

② 章学诚：《章学诚遗书》卷29，《与朱少白论文》，第335—336页。

一是。而辨别又不可以空言胜也，则推此证彼，引事切理，而考订出焉①。

古往今来……名为学业、事功、文章、性命而不可合并者，皆因偏救弊，有所举而昭示于人，不得已而强为之名，定趋向耳。后人不察其故，以谓是可自命其流品，而纷纷有入主出奴之势焉。汉学、宋学之交讥，训诂、辞章之互诋，德性、学问之纷争，是皆知其然而不知其所然也②。

“因偏救弊”，顾名思义，即以偏救偏。章学诚认为，历观古今学术，循环盛衰，互为其端。以一时风尚言之，有所近者，必有所偏。相对于理学“虚悬义理而无薄”的偏向，考证学也有它的偏向，即“征实太多，发挥太少，有如桑蚕食叶而不能抽丝”。③ 当这些出于救弊目的并为昭示趋向而有所定名的学术形成风气以后，便渐渐迷失方向，还以人所难移的强势，对学术、风俗人心所造成的负面影响。章学诚长于文史校雠，了解学术风趋变化及其情伪，故对考据学风的流弊认识较为深刻。他向钱大昕表达了对当下学风的看法：“达人显贵之所主持，聪明才隽之所奔赴，其中流弊，必不在小。载笔之士苟欲有所救挽，则必逆于时趋。时趋可畏，甚于刑曹之法令也。”④他对考据学风流弊的揭露和指斥大体上可条列为这么几个方面：其一，风气左右毁誉，学者不思风趋之偏，不问资之所近与力所能勉，群趋于考据一途，实同以火救火、以水救水。此有害于学术。其二，学者或认为学不随风趋就难以获得赞赏，或“误以补襞绩补苴谓足尽天地之能事也”。⑤ 博古而不知今，“浅者勤学而闇于识，深者成家而不通方。”⑥此为误导后学。其三，“毁誉重而名心亟”，“风气所趋，偏而不备；而天质之良，亦曲而不全。”“未有不相率入于伪也”。⑦ 伪人，伪学，此又为人心风俗之害。

虽然章学诚每每强调君子为学持风气而不趋风气，然而在风趋强于刑曹法令的学术生态中，章学诚颇感逆持风趋的学术不易为之：

学术岂易言哉！前后则有风气循环，同时则有门户角立，欲以一人一时之见，使人姑舍汝从我，虽夫子之圣，犹且难之，况学者乎。故要在期于明

① 章学诚：《章学诚遗书》，《章学诚遗书佚篇·史考摘录》，第655页。
② 章学诚著，叶瑛校注：《文史通义校注》卷3，《内篇三·天喻》，第310页。
③ 章学诚：《章学诚遗书》卷9，《与汪龙庄书》，第82页。
④ 章学诚：《章学诚遗书》卷29，《上辛楣宫詹书》，第332页。
⑤ 章学诚：《文史通义校注》卷2，《内篇二·博约中》，第162页。
⑥ 章学诚：《章学诚遗书》，《章学诚遗书佚篇·与史余村》，第643页。
⑦ 章学诚：《章学诚遗书》卷9，《答沈枫墀论学》，第84页。

> 道,兼善忘私,见恶知其善,见善而知其恶①。

标识明道的学术宗旨,培育学术主体兼善忘私公心,并不是发冠冕堂皇的高调,而是基于内在的感受,意图营造真诚自得、无伪无欺的学术社会,超越风趋之弊,超越流习俗见。

> 学问文章,聪明才辨,不足以持世,所以持世者存乎识。所贵乎识者,非特能持风尚之偏而已也,知其所偏之中,亦有不得而废者焉;非特能用独擅之长而已也,知己所擅之长,亦有不足以该者焉。不得而废者,严于去伪,而慎于治偏,则可以无弊矣。不足以该者,阙所不知,而善推能者,无有其人,则自明所短而悬以待之,亦可以无欺于世矣②。

与此愿望相关联,他不顾以言道说理为禁的强势风趋,不以良知说为讳,极力主张契于个体性情、才质而为学,即所谓"功力兼性情"。

> 夫学有天性焉,读书服古之中,有入识最初,而终身不可变易者是也。学又有至情焉,读书服古之中,有欣慨会心,而忽焉不知歌泣何从者是也。功力有余,而性情不足,不可以谓学问也。性情自有,而不以功力深之,所谓有美质而未学者也。③
>
> 高明者由大略而切求,沉潜者循度数而徐达。资之近而力能勉者,人人所有,则人人可自得也。岂可执定格以相强欤? 王氏致良知说,即孟子之遗言也。良知曰致,则故不遗功力矣。朱子欲人因所发而遂明,孟子所谓察识其端以扩之,胥是道也④。

王阳明致良知说,以人人心中有良知,人人有作圣之路,狂者从狂处去成就它,狷者从狷处去成就它。章学诚的功力加性情说,与之有相类似的旨趣,都在关注个体存在,借重个体的情意以实现成圣或为学进道的自觉、自愿,促成主体内在人格的确立。

章学诚的学术性情论,也包含着他对自身为学经历的反省。正如他自己所说:"吾读古人文字,高明有余,而沉潜不足。故于训诂考质,多所忽略,而神解

---

① 章学诚:《章学诚遗书》,《章学诚遗书佚篇·与孙渊如观察论学十规》,第 635 页。

② 章学诚著,叶瑛校注:《文史通义校注》卷 4,《内篇四·说林》,第 355 页。

③ 章学诚著,叶瑛校注:《文史通义校注》卷 2,《内篇二·博约中》,第 161—162 页。

④ 章学诚著,叶瑛校注:《文史通义校注》卷 2,《内篇二·博约下》,第 165 页。

精识,乃能窥及前人所未到处。”[①]此兴趣得于亲朋不经意的点拨、鼓励,在具体为学中发舒、成长,因学术自得而挺立起学术自信。正是有了这种学术理性培育的自信,才没有像别人那样逐风气,而真正做到“君子求诸己”。

《中庸》曰:“唯天下至诚,为能尽其性;能尽其性,则能尽人之性;能尽人之性,则能尽物之性。能尽物之性,则可以赞天地之化育。”章学诚以此说为据,主张为学因性情而定趋向,因趋向专而生自得,因自得而立学术——对自身为学经历的反省,使他于《中庸》的“诚”论有了切己而深刻的认识。他认为,学问当因人性情而为,而“人之性情,各有远近,平奇浓淡,不能易地为良。使得其意之所惬,而入于趣之最深,则神明变化,即在方圆规矩之中”。[②] 正因如此,施教者尤其是童蒙之师长必须关注到受教者的不同性情,顺其“天性”而施教。正所谓:“善为教者,达其天而不益以人,则生才不枉,而学者易于有成也。”[③]他在给清障书院写的留别条训中的第一条为:“凡天下事,必求其根本,得其本则功省而效多,失其本则功勤而效寡。”此其中,也蕴含着他的为学经验:为学本于性情,求其资之所近与力所能勉者。所以,从一定意义上说,依性情而定为学从入,就是学术自得的根本。他反对盲目舍己从人,视那些盲目追逐风趋或盲目模仿他人的人,仿佛“偕老之妇效杞梁妻哭其夫”,又恰似“同心一德之朝臣学屈原投汨罗”,[④]大致即有见于此。

他认为,风趋之迫,常常能汩没人之性情,学者对此当有清醒认识。“世之所尚,未必即我性之所安;时之所趋,何必即吾质之所近。舍其所长,而用其所短,亦已难矣。而毁誉之势眩其外,利钝之见惑其中,虽使十倍古人之力,而成功且不能以及半焉。况中才以下,本无所以自通哉!”[⑤]如果说,不顾性情所趋、资之所宜及力所能勉,而群趋考据学风,是缺乏自我学术理性定见的表现,那么,将学术建立在主体性情和才质上,成就自得之学,建立起学术自信,对于破除学术风趋的病弊来说,则更具有根本性。

---

① 章学诚:《章学诚遗书》卷9,《家书三》,第92页。

② 章学诚:《章学诚遗书》,《章学诚遗书佚篇·清漳书院留别条训》,第669页。

③ 章学诚:《章学诚遗书》,《章学诚遗书佚篇·论课蒙学文法》,第687页。

④ 章学诚著,叶瑛校注:《文理》,《文史通义校注》卷3,《内篇三·文理》,第287页。

⑤ 章学诚:《章学诚遗书》卷9,《与朱沧湄中翰论学书》,第84页。

二、“撰述”去取“记注”:主体精神的发挥

章学诚是一个极具自信心和强调学术自得的人,看重自家“神解精识”、“别识心裁”的本领,重视学者主体精神及其创造性的发抒,欣赏历史上那些能够体现主体精神及其创造性的学者或著作。他兴趣耽于史学,故常常从史学的视角看问题。他认为,自司马迁、班固以后,史家少有别识心裁,以《春秋》所具的“其事”、“其文”、“其义”来衡量,所求者大都在其事其文而已。而真正的历史著述,必须有体现史家史识的史义(又称“史意”或“义意”)。唐代开局修史,整齐故事,迷失著述之本而致史学绝绪。“其后如刘知几、曾巩、郑樵皆良史才,生史学废绝之后,能推古人大体,非六朝唐宋诸儒所能测识。”其他人于为史之道大都似是而非。“然郑樵有史识而未有史学,曾巩具史学而不具史法,刘知几得史法而不得史意。”①这也就是他撰作《文史通义》意旨所在。考据学风中,学界肯定马端临《文献通考》的赅博,讥贬郑樵《通志》(主要是其中“二十略”)的疏舛。而他却视郑樵为深明“史家著述之道”的人,珍视《通志》所蕴含的主体精神及其创造性。以为“郑樵生千载而后,慨然有见于古人著述之源,而知作者之旨,不徒以辞采为文,考据为学也”。然而,“惟郑樵稍有志乎求义,而缀学之徒,嚣然起而争之。”②在他看来,这是对史学本原的迷失,是对史学正见的缺乏。为破除似是而非之见,以正视听,他借用《易·系辞上》解释筮占、卦占的观点,着眼史籍的内容和功用,将其划分为“撰述”(著述)和“记注”(又在宽泛的意义上称之为“比类”和“纂类”)两类。

> 《易》曰:“筮之德圆而神,卦之德方以智。”间常窃取其义,以概古今之载籍,撰述欲其圆而神,记注欲其方以智也。夫知以藏往,神以知来,记注欲往事之不忘,撰述欲来者之兴起,故记注藏往似知,而撰述知来拟神也。藏往欲其赅备无遗,故体有一定而其德为方,知来欲其抉择去取,故例不拘常而其德为圆。③

---

① 章学诚:《章学诚遗书》,《章氏遗书外编》卷16,《和州志一·志隅自叙》,第552页。

② 章学诚著,叶瑛校注:《文史通义校注》卷5,《内篇五·申郑》,第463—464页。

③ 章学诚著,叶瑛校注:《文史通义校注》卷1,《内篇一·书教下》,第49页。

所谓撰述，就是形式不拘常例，内容上灌注了通变化主体精神，以创造性的观点启人智慧、指导方来的作品。惟其志在以义理启导方来，故能于史事的记载上抉择去取，于表达方式上不拘常例，而致力于阐发天人、古今之道。记注则是形式有一定之例，内容有具体记载范围的史籍。惟其志于藏录过往，故力求赅备无遗。章学诚还着眼于历史撰作的过程与环节，对撰述和记注及其关系作以具体且生动的解喻：

班氏撰《汉书》，为一家著述，刘歆、贾護之《汉纪》，其比类也。司马撰《通鉴》，为一家著述，二刘、范氏之长编，其比类也。两家本之相因而不妨害。拙刻《书教》篇中所谓“圆神方智”，亦此意也。但为比类之业者，必知著述之意，而所次比之材，可使著述者出，得所凭藉，有以恣其纵横变化。又必知己之比类与著述者各有渊源，而不可以比类之密而或笑著述之或有所疏，(以)比类之整齐而笑著述之有所畸轻畸重，则善矣。盖著述譬之韩信用兵，而比类譬之萧何转饷，二者固缺一而不可，而其人之才，固易地而不可为良者也①。

撰述与记注“相因而不妨害”：记注的丰富赅备，便于撰述者得所凭借而“恣其纵横变化”；记注者领会撰述之意，也利于完善记注并更好地发挥其作用。而且，史籍的撰述偏向和记注偏向，除了学术风趋的诱导，更因主体的性情、才质而各有所宜，“易地不能为良”。明白这个道理，也是破除偏见，正确对待不同学术旨趣的不可或缺的前提。要言之，不同趋向的学术之间，相知相济则相益，相昧相斥则相害——委婉地批评了学术风趋下的偏见和门户意识。将著述比拟为韩信用兵，是强调其“圆而神”——变化神妙的性质和作用；将比类（记注）比拟为萧何转饷，是强调其“方以智”——丰富充备的性质和作用。章学诚认为，以春秋战国时期官师治教的分离为界标，从形名的视角看，三代以上之为史与三代以下之为史，是有异同变化的，且关系到史学的兴衰。

三代以上，记注有成法，而撰述无定名；三代以下，撰述有定名，而记注无成法。夫记注无成法，则取材也难；撰述有定名，则成书也易。成书易，则文胜质矣。取材难，则伪乱真矣。伪乱真而文胜质，史学不亡而亡矣。②

---

① 章学诚：《章学诚遗书》卷9，《报黄大俞先生》，第77页。

② 章学诚著，叶瑛校注：《文史通义校注》卷1，《内篇一·书教上》，第30页。

此并非空洞的逻辑推导，善于观象索义、寻绎事理的章学诚，在对史学具体流变的考察中发现了一种趋势：前者即史书由无定例变成有定例，由年经事纬的径直单线叙述趋向于区分类例的综合叙述，舍贯通古今的通史叙述旨趣而趋向于断代为书。后者即由本具有主体创新精神和圆通神化特征的纪传体渐成为一种僵死的模式，依样葫芦的史书变得非驴非马，两无一长。

> 《尚书》变而为《春秋》，则因事命篇，不为常例者，得从属辞比事而稍密矣。《左》《国》变而为纪传，则年经事纬，不能旁通者，得从类别区分为益密矣。纪传行之千年有余，学者象承，殆如夏葛冬裘，渴饮饥食，无更易矣。然无别识心裁，可以传世行远之具，而斤斤如守科举之程式，不敢稍变；如治胥吏之簿书，繁不可删。以云方智者，冗复疏舛，难为典据；以云圆神，则芜滥浩瀚，不可诵识。盖族史但知求全于纪表志传之成规，而书为体例所拘，但欲方圆求备，不知纪传原本《春秋》，《春秋》原合《尚书》之初意也……先王之大经大法，转为末世拘守之纪传所蒙，曷可不思所以变通之道哉？①

他以三代以上与三代以后的这种变化为“法象”，寻绎其中的道理。认为三代以后相关变化呈现两种意义：一是史家记载历史欲求其详的诉求；二是史家主体精神及其创造性的弱化乃至于普遍缺失。而两者之间又有着一定的关联。三代以后记注无成法，史家撰述历史不得不留心并致力于史料的完备。如此一来，史家的用心、精力、不能不因兼顾而有所消耗，进而在一定程度上减少了创作的冲动。解决这个问题，就要效仿“三代记注有成法”，建立健全记注之法。这也是解决史家主体精神弱化乃至缺失的问题一种制度层面的设想。章学诚本着史学明道经世的宗旨，在改变史学病弊，恢复史家主体精神上做着切实的努力。他长期从事方志的编纂，不断进行相关理论探索和构建，并将相关理论付诸方志编纂。在理论上，他申明“方志乃一方之全史”的性质，以及为国史之取材、辅弼政教的功能。建议州县设立志科，以朝廷官司设置来使方志编纂制度化，自下而上建立起县志、州志、府志的修纂制度体系，“使登载有定法，典守有其人”改变临时“以史事责之于文学”的苟且积习。② 还对方志的体例及内容，以及采撰的途径、方法等作了详细的探讨，致力于改变方志“古雅者，文人游戏，小记短书；鄙俚者，文

① 章学诚著，叶瑛校注：《文史通义校注》卷 1，《内篇一・书教下》，第 51 页。

② 参见章学诚著，叶瑛校注：《文史通义校注》卷 6，《外篇一・州县请立志科议》，第 588—589 页。

移案牍，江湖游乞，随俗应酬之言”的局面。他认为，“盖方志亡而国史之受病也久矣”①。应该说，他在方志编纂和方志理论建设上，熔铸了自己对于完善“记注”的思考，而且在很大程度上，谋求依托王朝行政制度来保障“记注”的完备。

与完善记注的途径相对，章学诚没有把重振历史撰述的理想寄托于朝廷制度。在他看来，“综合前代，纂辑比类，以存一代之旧物，是则所谓整齐故事之业也。开局设监，集众修书，正当用其义例，守其绳墨，以待后人之论定则可矣，岂可语于专门著作之伦乎?”②故“传世行远之业，不可拘于职司，必待其人而后行”。并于一篇之中，再三致意。多少透散出几分空谷无应、独任斯道的慨叹。在他那里，重振史学，成就专家之学，复苏史家主体精神，重新接续史学本原等，有着内在的一致性。而核心在于恢复史家的主体精神——史意，或称之“史义”、“义意”（即正确、正当的理论观点）。史意是章学诚学术论思中一个极其重要的概念，乃至于他将其作为所撰《文史通义》与刘知几《史通》的重要区别。他说：“吾于史学，盖有天授，自信发凡起例，多为后世开山。而人乃拟我于刘知几。不知刘言史法，吾言史意；刘议馆局纂修，吾言一家著述，不相入也。”③表明自己关切史家主体精神，探讨如何成一家之言，立独断之学。他追溯史学的本原特征为“史义”的合理性和重要性张目。

> 史之大原，本乎《春秋》。《春秋》之义，昭乎笔削。笔削之义，不仅事具本末，文成规矩已也。以夫子“义则窃取”之旨观之，故将纲纪天人，推明大道，所以通古今之变，而成一家之言者。必有详人之所略，异人之所同，重人之所轻，忽人之所谨，绳墨之所不可得而拘，类例之所不可得而泥，而后微茫杪乎之际，有以独断于一心。及其书之成也，自然可以参天地而质鬼神，契前修而俟后圣，此家学之所以可贵也。④

> 孔子作《春秋》，盖曰其事则齐桓、晋文，其文则史，其义则孔子自谓有取乎尔。夫事即后世考据家之所尚也，文即后世词章家之所重也。然夫子所取不在彼而在此，则史家著述之道，岂可不求义所归乎?⑤

---

① 章学诚著，叶瑛校注：《文史通义校注》卷6，《外篇一 · 方志立三书议》，第574页。
② 章学诚著，叶瑛校注：《文史通义校注》卷5，《内篇五 · 答客问上》，第471页。
③ 章学诚：《章学诚遗书》卷9，《家书二》，第92页。
④ 章学诚著，叶瑛校注：《文史通义校注》卷5，《内篇五 · 答客问上》，第470—471页。
⑤ 章学诚著，叶瑛校注：《文史通义校注》卷5，《内篇五 · 申郑》，第464页。

《春秋》之史事、史文、史义三要素中，史义是核心，为孔子所重，体现出孔子明道经世的宗旨，后世史家当效法《春秋》，“求义所归”，在明道经世上，有具体明确的宗旨。据此，有学者认为，在章学诚的史学语境中，“史义，既是史学明道的途径，也是史学经世的关键所在。”[①]可谓一语中的。章学诚在其史学评论中，屡屡强调“史义”在历史撰述三要素中的核心地位，以及在成就专家之学并能够传世行远上所具有的作用。

> 史所贵者，义也；而所具者，事也；所凭者，文也。[②]
>
> 国史、方志，皆《春秋》之流别也。譬之人身，事者其骨，文者其肤，义者其精神也。断之以义，而书始成家。书必成家，而后有典有法，可诵可识，乃能传世而行远。[③]

综合“史义”在其他几处的使用，大致都具有史家撰述“宗旨”的意思，如：

> 记曰：“疏通致远，《书》教也；比事属辞，《春秋》教也。”言述作殊方，而风教有异也。孟子曰：“颂其诗，读其书，不知其人可乎？”言坟籍俱存，而作者之旨，不可不辨也。古者史官，各有成法，辞文旨远，存乎其人，孟子所谓其文则史，孔子以谓义则窃取。明乎史官法度不可易，而义意为圣人所独裁。[④]
>
> 志者，志也。其事其文之外，必有义焉，史家著述之微旨也。不为著作，则不能传世行远矣。[⑤]

凡称得上史家著述，则必有史义即宗旨，著述宗旨不尽相同，表达方式也有微有显，固有“微旨”之称，即事外之义、文外之义。然无论是微旨，还是显义，既是史家思想观点之所寄托，也是后人了解和把握其书其人的关键。

抛开“《春秋》文成数万，其指数千”之类的汉儒夸饰之言，仅从事与理的关系着眼，《春秋》恐怕也难免价值义理前置，史文、史事仅为义理蹄筌的整体形象。如此，以《春秋》为史学大原大本，把它作为效法的楷模，作为恢复史家主体

---

① 仓修良、叶建华：《章学诚评传》，南京：南京大学出版社，1996年，第198页。

② 章学诚著，叶瑛校注：《文史通义校注》卷3，《内篇三·史德》，第219页。

③ 章学诚著，叶瑛校注：《文史通义校注》卷6，《外篇一·方志立三书议》，第574页。

④ 章学诚著，叶瑛校注：《文史通义校注》卷6，《外篇一·和州志前志列传序例上》，第679页。

⑤ 章学诚著，叶瑛校注：《文史通义校注》卷8，《外篇三·为张吉甫司马撰大名县志序》，第882页。

精神的标识,则史家主体精神内涵便值得玩味了。章学诚所说的史家对史事的“抉择去取”,“得所凭藉,有以恣其纵横变化”,该是怎样的性质?所谓史家撰述所呈现的“必有详人之所略,异人之所同,重人之所轻,忽人之所谨,绳墨之所不可得而拘,类例之所不可得而泥,而后微茫杪乎之际,有以独断于一心”的状态,又该做怎样具体的理解?是史家依于自身兴趣,提出切己的意义论题,去确定史料范围,分析、选择史事,还是根据前置的意义,去选择、剪裁史实,使六经、诸史等成为“我心”的注脚?如果是前一种,便是诸子形态的史学;若是后一种或不免为后一种状况,那就真有些接近于王阳明心学的“意之所在便是物”(被主体精神赋予了意义的世界)——由“吾心”所构建的意义世界。心学思考心与物的关系,总是在自身存在和世界的关系中来考察世界。在心体的外化过程中,主体精神赋予外物以意义,外物作为意义的存在进入主体的意识领域,即所谓意义世界的建构。而且在这种意义世界的建构中,精神是体,外物是用①。章学诚所言的“恣其纵横”、“抉择去取”颇泛些心学“意义世界”建构的色彩。

三、“学私”达于“道公”:学术的一致而百虑

章学诚强调个体本于性情,就“资之所近而力所能勉”而为学,主张在偏而难全的个体天资基础上树立自得之学,如前所述。同时,又将探求“万事万物之所以然”的明道任务作为学术的终极关怀,如言“学术无大小,皆期于道”;又言:“盖学问之事,非以为名,经经史纬,出入百家,途轨不同,同期于道也。”(《与朱沧湄中翰论学书》,《文史通义》外篇三)于是,循着“学”的个体性、具体性与“道”的普遍性、整体性之间的关系,逻辑地导出了“学私”与“道公”关系的议题:“道,公也;言,私也。君子学以致其道,将尽人以达于天也。人者何?聪明才力分于形气之私者也。天者何?中正平直,本于自然之公者也。故曰:道公而学私。”②

① 参见杨国荣:《心学之思——王阳明哲学的阐释》,北京:中国人民大学出版社,2009年,第71—73页。

② 章学诚著,叶瑛校注:《文史通义校注》卷4,《内篇四·说林》,第347页。

他还推究了学私、道公两者关系状态的历史成因，认为如此状态并非自古而然，而是以春秋战国为界标的历史变化的结果。春秋战国以前，官师治教相合，“官守学业皆出于一，而天下以同文为治，故私门无著述文字。”①人心无越思，聪明才智皆入于范围，故“道艺于此焉齐，学问于此焉通”②。自春秋战国礼崩乐坏以后，官师治教分离，人心、道德、学术状态便发生了变化，人心不入于范围，人人自以为道德，而逞其私智。学人为学，因道不著于器物、学问文章与官司掌故相分离而增加了难度。

> 自官师分，而教法不合于一，学者各以己之所能私相授受，其不同者一也。且官师既分，而肄习惟资简册，道不著于器物，事不守于职业，其不同者二也。故学失所师承，六书九数，古人幼学，皆已明习，而后世老师宿儒，专门名家，殚毕生精力求之，犹不能尽合于古，其不同者三也。③
>
> 古人道寓于器，官师合一，学士所肄，非国家之典章，即有司之故事，耳目习而无事深求，故其得之易也。后儒即器求道，有师无官，事出传闻，而非目见，文须训诂而非质言，是以得之难也。④
>
> 盖官师治教分，而文字始有私门之著述，于是文章学问，乃与官司掌故为分途，而立教者可得离法而言道体矣。《易》曰：“苟非其人，道不虚行。”学者崇奉六经，以为圣人立言以垂教，不知三代盛时，各守专官之掌故，而非圣人有意作为文章也。⑤

“三代”以前，官师政教合一，士人学与思、知与行密切相关，平素所学非朝廷之典章，即有司之掌故。既有朝廷制度和官职的约束，又有事功考核。世代传承，业专而范围有定，人心少有分外想法，所学所思，易于切于治事，达于治体。所以为学明道比较容易。三代以后，官师政教分离，学术不专掌于官守，而逞于私智，所学与所习不相关，既乏师承传授，又没有职事要求，学者所思所想不在时王制度和职范围之内，不完全与现实政教相关。故为学明道变得困难起来。人

① 章学诚著，叶瑛校注：《文史通义校注》附《校雠通义》卷1，《原道第一》，第951页。
② 章学诚著，叶瑛校注：《文史通义校注》卷6，《外篇一·和州志艺文书序例》，第649页。
③ 章学诚著，叶瑛校注：《文史通义校注》卷2，《内篇二·博约下》，第165页。
④ 章学诚著，叶瑛校注：《文史通义校注》卷2，《内篇二·原道下》，第138页。
⑤ 章学诚著，叶瑛校注：《文史通义校注》卷3，《内篇三·史释》，第231页。

们不胜自用之私，乃至“道不足则争于器，实不足则争于文”。[①] 华辨伤理，虚伪乱真。更为严重的是，由于学问文章与官司掌故长期分途，长期离器而言道，渐渐成为积习，学者迷失了圣人即事言理、即器明道的精神方法，只知道诵先圣遗言，究心于经典，而不达于时王制度，不切于现实人伦日用。如此，即无当于明道，也无助于实用。所以，在擅长学术校雠、怀有人文关切的章学诚看来，官师政教分离是后世学术乃至于政教受病的总根源。为救弊学术计，为彰明学术明道经世宗旨计，有必要以官师政教之离合为法象，效法“三代”之意而思善化之法。

他以考察和诊断学术种种弊病为资据，并结合自身的为学经验，对于“学私”如何达于“道公”在理论上作了全面系统的探索，还对其要点予以高度概括：“学必求其心得，业必贵于专精，类必要于扩充，道必抵于全量。性情喻于忧喜愤悦，理势达于穷变通久，博而不杂，约而不漏，庶几学术醇固，而守先待后之道，如或将见之矣。”“心得”关乎学术的品质，也关乎学术的真伪。从理论上看，它是学术主体本于性情，就资之所近而力所能勉，施以学术功力的自然结果。业之专精，是学术主体确定趋向后，在一定的范围和领域积久而成的带有个性化的学术形态。扩充知类，就是在专业成就的基础上，扩大视野和学术领域，这是完善学术的要求，也是明道宗旨的要求。因为“业须专精，而道欲通方”[②]。所谓“性情喻于忧喜愤乐”，就是融入情意，使知情意协同作用，使进学致知呈现为一种生命形态过程，而非偏枯的知性活动。所谓“理势达于穷变通久”，就是在事物所以然的“道”的义域上，超越一事之理、一节之理、一时之理的局限，而达至于具有普适性的高度精微的义理（即道）。稍加玩味，便不难发现，其理论旨趣中包蕴了孟子的“深造自得”说、“尽心知性知天”说。[③] 王阳明引孟子“深造自得”说及《中庸》“率性”说，主张通过主体自身的体察和践履，使道德意识成为其内在的德性，使良知由知识形态的存在成为主体真实的存在。认为吾性自足，反对

① 章学诚著，叶瑛校注：《文史通义校注》卷5，《内篇五·答客问上》，第472页。

② 参见章学诚著，叶瑛校注：《文史通义校注》卷2，《内篇二·博约下》，第165—166页。

③ 《孟子·离娄下》：“君子深造之以道，欲其自得之也。自得之，则居之安；居之安，则资之深；资之深，则取之左右逢其原。”《孟子·尽心上》：“尽其心者，知其性也；知其性者，则知天矣。存其心，养其性，所以事天也。”见《孟子集注》，朱熹《四书章句集注》本，上海：上海书店，1987年，第110、179页。

外求辞章、训诂、工艺为此。[1] 可以看出，两人都重视主体性情，章学诚主张基于内在性情，向外求道。王阳明却以性自足而转向内在。起点相同，却南辕北辙。

表达这套充满生机活力又具有切实逻辑的进学明道要诀的《博约》下篇，是章学诚学术成熟期的作品，[2]前前后后的相关联的学术论说，或为其案据，或为其发挥，无有龃龉。可见其学术论思的内在一致性。系于此要诀的论说，多具有解蔽、提澌的用意。在章学诚看来，学术风趋循环迭变，皆偏行偏救，一时兴衰，其所毁誉，不足为凭。学术主体性有所近，必有所偏，罕能兼擅。那种私心膨胀，企图以一己之力占尽风趋的人是不仁不智之人。迷失了自家性情，风痹而不觉痛痒，是为不仁；思以单力偏才胜于风气循环之中，是为不智。君子求诸己，学术只有立在自家的性情和资力上，专定趋向，才会有学术自得，才会有利于成就专家之学。义理、考订、辞章是学术的大致分类，也是道体的基本表现形态。学者得其一，不得不缓其二，故专家之学不得道体之全。虽如此，可“因偏而会全”，可以兼采他人之长，趋向道体之全，正所谓“成己欲其精专，取人贵乎兼览”。[3]章学诚认为，学问文章，乃天下公器，学者当以公心待之，不可门户相倾。否则蠹学而害道。好名心、追逐风趋、门户意识以及源自积习的偏陋成见等，都是有待消解的学术障蔽。他认识到，追逐风气的人大都好名心重，很在意学术大风气的毁誉，失了性情，没了根脚，甚至入主出奴、虚声标榜。所以，他主张先戒名心，察识自家性情，找准为学从入，专定为学趋向。

> 故为学之要，先戒名心。为学之方，求端于道。苟知求端于道，则专其一，缓其二，乃是忖己之长，未能兼有，必不入主而出奴也。扩而充之，又可由此而及彼。风气总有循环，而君子之所以自树，毁誉不能倾，而盛衰之运，

---

① 王阳明称：“孟子云：‘君子深造之以道，欲其自得之也。自得之则居之安；居之安则资之深；资之深则取之左右逢其源。故君子欲其自得之也。’夫率性之谓道，道，吾性也；性，吾生也。而何事于外求？世之学者，业辞章，习训诂，工技艺，探赜而索隐，敝精极力，勤苦终身，非无所谓深造之者，然亦辞章而已耳，训诂而已耳，技艺而已耳。非所以深造于道也，则亦外物而已耳，宁有所谓自得逢源者哉！古之君子，戒慎不睹，恐惧不闻，致其良知而不敢须臾或离者，斯所以深造乎是矣。”见王守仁：《王阳明全集》卷7，《文录四·序记说·自得斋说》，北京：线装书局，2014年，第1册，第252页。

② 《博约》上中下三篇所言，应属于章学诚晚年成熟的学术思想。胡适推定其大致是乾隆五十四年所成的《姑苏夏课甲编》中13篇作品之一，是年实斋52岁。参见胡适：《章实斋先生年谱》与《戴东原的哲学》合编本，北京：北京师范大学出版社，2014年，第219—220页。

③ 章学诚：《章学诚遗书》卷22，《与周次列举人论刻先集》，第221页。

不足为荣瘁矣。①

凡人之性，必有所近，必有所偏，偏则不可以言通……惟即性之所近，而用力之能勉者，因以推微而知著，会偏而得全，斯达古人所以求通之方也。②

所谓君子求诸己也，世之所重，而非吾意所期与，虽大如泰山，不遑顾也。世之所忽，而苟为吾意所期与，虽细如秋毫，不敢略也。趋向专，故成功也易；毁誉淡，故自得也深……所谓途径不同，而同期于道也。③

个性所偏，亦是所长之所在。认准自家兴趣，看淡风气的毁誉，才有利于获取深刻的自得；趋向专而守持之，可成专家之学。在专家之学基础上扩充："推微而知著，会偏而得全。"章学诚还阐发"史德"、"文德"说和"据事言理"、"即器明道"论，对于以"学私"而达于"道公"构成了内外两种加持。前者属于学者的内在学术人格修养，后者属于学者究理明道的方法论。良史当"慎辨于天人之际，尽其天而不益以人也"。章学诚将这一问题诉诸史德。在他看来，史家的才、学、识，与历史撰述中的文、事、义相关联，包含真伪、是非判断的史义主要取决于史家的史识。但史识不是泛泛之识，"能具史识者，必知史德。德者何？为著述者之心术也。"他对历史认识的心理状态有细致的觉察：历史得失是非、盛衰消息，令人心生喜怒哀乐之情，有强弱、过与不及的变化，进而制约着史家的判断。其中有人有天，有私有公。他用理学家的概念逻辑来解释其中的道理：

气合于理，天也；气能违理而自用，人也。情本于性，情能汩性而自恣，人也。史之义出于天，而史之文不能不藉人力以成之。人有阴阳之患，而史文即忤于大道之公，其所感召者微也。④

通俗些讲，就历史撰述而言，史文当与事理一致，可史文却常常随史家情感的波澜而有所弛张，变得与事理不再一致。就史家而言，平素未与外物（史事）感应时，心体平静，情绪不起。一旦与外物感应，则生低昂轩轻之情，心之体用或者说情与性之间不再平衡。这种不平衡，外化为史文表达与事理的出入，甚至是乖悖状态，即所谓"史文忤于大道之公"。简言之，他的史德说，致力在完善历史撰述、发挥史学明道经世功能的意域上，确立可以自我省察的标准：知情意的协

① 章学诚：《章学诚遗书》卷9，《答沈枫墀论学》，第85页。
② 章学诚：《章学诚遗书》卷8，《通说为邱君题南乐官舍》，第77页。
③ 章学诚：《章学诚遗书》卷9，《与朱沧湄中翰论学书》，第84页。
④ 章学诚著，叶瑛校注：《文史通义校注》卷3，《内篇三·史德》，第220页。

调、才学识的协调、文事义的协调——史家的"心安"①、著述的"知来拟神"。

乍看章氏对史德的表述，似乎是程朱理学"在天为理，在人为性，主于一身为心"的性本体说，以及"已发"、"未发"之性情说的翻版，但细细觉来，此非简单格义所能了了。以程朱为代表的正统理学，既以性为体，视性与理为一，又以性说心，化心为性，强调天理——良知的先天性和外在于主体的道德律令。而且在由知善到行善的落实上，遵循"道问学"的路径，表现出道德知识优先的趋向。而王阳明则针对普遍存在的知善而不能行善的事实，主张以心为体，以主体诚意为要，以致良知为工夫，使心体在总体上表现为理性与非理性、先天形式与经验内容、普遍向度与个体之维的交融。如此，欲观照个体的差异性，凭借主体的情意及主体的自愿、自觉，化良知为主体的人格，以为实现成圣理想的内在根据。② 章学诚提出史德说，所针对的不是在一般道德上有亏欠者，而是"有君子之心，而所养未粹"者。冀望史家能够认识到史德—史识—史义的合理安顿对于史学明道经世的意义，而且于具体的历史认识过程中，能够在自我省察上体现应有的诚意，即所谓"苟允知之，亦足以称著述者之心术矣"。③ 可以说，史德是史家自我判断和选择的尺度，是史家心中的良知。它虽表现出程朱理学的性理逻辑，关联着历史的客观性，但毕竟是史家自我省察的标准，是"我心"对于客观性原则的自觉自愿。从这个意义上说，仍不免心学的色彩。

史家叙事言理不离于文，章氏由史而通于文，故又有《文德》之篇。他主张，"凡为古文辞者，必敬以恕。临文必敬，非修德之谓也，论古必恕，非宽容之谓也。敬非修德之谓者，气摄不纵，纵必不能中节也。恕非宽恕之谓者，能为古人而设身处地也"④。要言之，即检束心气，勿使过情凌节，能为古人设身处地。实际上欲加古文辞以史的精神韵致。

"据事言理"、"即器明道"说，是对反对理学空谈性理之思想取向的继承，是

① 章学诚曾言及自己为学经历和感悟："盖其始也，诵法先民成言，辄欲推其言之之意，久之似有所得，而世之同诵习者不为然也。蓄疑内愤，又求之于古人，则往往有先我而得。同时诵且习者，亦不为然。始知学业之事，求此心之安。苟不悖于古人，流俗有所毁誉，不足较也。"见章学诚：《章学诚遗书》卷9，《与朱沧湄中翰论学书》，第83页。

② 参见杨国荣：《心学之思——王阳明哲学的阐释》导论，北京：中国人民大学出版社，2009年，第2—6页。

③ 参见章学诚著，叶瑛校注：《文史通义校注》卷3，《内篇三·史德》，第219页。

④ 章学诚著，叶瑛校注：《文史通义校注》卷3，《内篇三·文德》，第278页。

对孔子“垂之空言不若见之于行事而深切著明”思想方法的继承,是对长期形成的对于六经谬见的一种解蔽,也是摆脱学术门户之争的最有效的方法,也是史学的规定性特征。

四、道论及经史关系论:与心学的委曲关联

学术明道经世,是章学诚所抱持的学术信念和为学宗旨,也是他学术论说的根本。他所身置的乾嘉时代,理学家空谈性理的病弊,早已成为社会的普遍认知而成为定论。正所谓风趋消逝,五尺之童亦可议其不足。名物训诂和经典考订风靡,学子追逐纷纷,唯恐不及。甚而以言说性理为风气之禁。借用理学的标志性话语,则学术风趋已然从“尊德性”天空转换为“道问学”的世界。道及明道的问题,或为考据学风淡化、悬置,或仍旧因各种各样的学术固见及积习所遮蔽所混淆。道在六经、六经载道、以诵读经典为学、以典制名物考订为学术大体,等等,不可避免地成为章学诚为阐发道要而致力解蔽的对象。道论、经史关系论也在其思想逻辑中自然展开。而且,这些论题在心学的视域下就以比较相近的形态崭露头角。

章学诚所强调的是可以体察的人道、治道,而不是先天的先验的普遍原理或道德理性。所以,他切于人文化生、发展变化的历程来论道。他认为,人类出现以后,才有人道。道寓于人人相需相与,人文制度从无到有、由简到繁的历程中,渐形渐著。“道是万事万物之所以然,而非万事万物之当然。人可得而见者,则其当然而已矣。”①或者说,人们可以“道可道”、“名可名”的都不是真正的道,而是道的存在方式或根据,即“道之故”。那么,如何求道呢?

> 道无所为而自然,圣人有所见而不得不然……众人无所见,则不知其然而然。孰为近道?曰:不知其然而然,即道也……不得不然,圣人所以合乎道,非可即以为道也。圣人求道,道无可见,即众人之不知其然而然,圣人所藉以见道者也。故不知其然而然,一阴一阳之迹也……学于众人,斯为圣

① 参见章学诚著,叶瑛校注:《文史通义校注》卷2,《内篇二·原道上》,第119—120页。

人。非众人可学也，求道必于一阴一阳之迹也。①

《易·系辞上》："一阴一阳之谓道，继之者善，成之者性也。"圣人以此为求道指南，于百姓不知其然而然——一阴一阳之迹上求道。不得不为而为之，求道于人事自然变化状态，古来圣人于此皆同，而所以为圣则不同。因为每位圣人都有其特殊的历史境遇，即所谓"时会使然"。譬如周公处法积道备之时，有德而居位，而集群圣治统之大成，孔子置身礼坏乐崩之际，有德无位，而明立教之极，"皆事理之不得不然。"孔子之所以"表彰六籍，存周公之旧典"，是因为"空言不可以教人，所谓无徵不信也。"孔子所述六经，"乃三代盛时，典章法度，见之于政教行事之实，而非圣人有意作为文字以传后也"。② 孔子悯先王之道绝续，故守先王经纶天下之器——六经以立教垂训，作《春秋》而躬身示法：不可离器言道。

夫子述六经以训后世，亦谓先圣先王之道不可见，六经即其器之可见者也。后人不见先王，当据可守之器而思不可见之道。故表彰先王政教，与夫官司典守以示人，而不自著为说，以致离器言道也。夫子自述《春秋》之所以作，则云："我欲托之空言，不如见诸行事之深切著明。"则政教典章、人伦日用之外，更无别出著述之道，亦已明矣。③

孔子表彰的六经，是三代政教典章法令，是先王经纶天下之器。孔子所学在是，即其器以明其道。又以"窃取之义"寄于《春秋》以具体示人"即器明道"之法。章学诚效法成象以推理，更进一步：蕴含于先王之器的先王之道是人文化生以来典章制度、人伦事物渐形渐著的产物，不是先天的先验的，而有其历史性；也不是人道、治道的全体全量，因为人类还要继续存在和发展。既然道的全体全量不囿于六经，那么，"继善成性"、阐理明道仍有待于后人。也正是在这一逻辑意义上，章学诚认为：

夫道备于六经，意蕴之匿于前者，章句训诂足以发明之。事变之出于后者，六经不能言，故贵约六经之旨，随时撰述，以究大道也。④

摄取六经要旨，随时撰述，以究大道，是继承中的创化发展，即《中庸》所谓

---

① 章学诚著，叶瑛校注：《文史通义校注》卷2，《内篇二·原道上》，第120页。

② 参见章学诚著，叶瑛校注：《文史通义校注》卷1，《内篇一·经解上》，第93—94页。

③ 章学诚著，叶瑛校注：《文史通义校注》卷2，《内篇二·原道中》，第132页。

④ 章学诚著，叶瑛校注：《文史通义校注》卷2，《内篇二·原道下》，第139页。

"继之者善,成之者性"的天地之德。后人明白此理,才是对天地、圣人的真正效法,才是真正懂得六经的价值及《春秋》所寄寓的意义。不难体会,圣人"即器明道"之方法论的揭示及阐扬,对长期以来人们在孔子、六经认识上所存在的浅陋甚至是谬见,对那些不识古人之大体,谓六经为载道之书,谓圣人空言垂训,舍当代典章及天下人伦日用于不顾,诵读六经以为道学的俗儒所为,无疑是强有力的针砭。同时,似乎也在为史学价值的提升和史学的改造预留了空间。

"三代"盛时,官师政教合一,道寓于器。战国以后,官师政教相离,道器相分,师儒各以己之所能私相传授,私相传授之学与国家政教典章、官司典守不相侔,不周于国计民生之所需。后儒据此积习固见,以私心看孔子,孔子成了立儒道之极而非立人道之极的圣人;六经成了圣人据一己之意而造作的载道之书。表面看是崇圣尊经,而实际上不过是流于言语容貌仪节的一派虚气客套。不知道六经乃"三代"盛时,有官司专守而见之于政教行事的典章法令,不知道孔子欲人即器明道而躬身示法的用心,以至于"以意尊之,则可以意僭之"。① 在章学诚看来,这些蒙在孔子、六经上的偏陋之见,是学术明道的障蔽。他也自觉认识到了"即器明道"之方法论在清除障蔽上的拔本塞源之功。

> 夫文章以六艺为归,人伦以孔子为极,三尺孺子能言之矣。然学术未进于古,正坐儒者流误,欲法六经而师孔子耳。孔子不得位而行道,述六经以垂教于万世,孔子之不得已也。后儒非处衰周不可为之世,辄谓师法孔子,必当著述以垂后,岂有不得已者乎?何其蔑视同时之人,而倦倦于后世?!故学孔子者,当学孔子之所学,不当学孔子之不得已。然自孟子以后,命为通儒者,率皆愿学孔子之不得已也。以孔子之不得已,而误谓孔子之本志,则虚尊道德文章别为一物,大而经纬世宙,细而日用伦常,视为粗迹矣。故知道器合一,方可言学。②

从逻辑上看,"即器明道"的方法论包含着"即事言理"的方法论,而"垂之空言不如见之于行事而深切著明"内蕴于《春秋》之中,于是作为以《春秋》为本原的史学自然就成了学术明道的正宗嫡子。兼之学术源流演变中的《诗》入于《春秋》《书》入于《春秋》、礼乐典章法令入于史之纪传(书、志记述源于官礼),以及

① 章学诚著,叶瑛校注:《文史通义校注》卷1,《内篇一·经解中》,第102页。

② 章学诚:《章学诚遗书》卷9,《与陈鉴亭论学》,第86页。

《易》为“王者改制之巨典,事与治历明时相表里”——《易》亦为史等,史学在内容范畴上几乎接收了全部经典遗产,体现出“经之流别,必入于史”①的趋势。这种经史源流演变趋势,史学应该而且也能够承担起明道的重任。章学诚以文史校雠的本领,竭力阐发这种学术流变,以至于在为人轻如麻雀的方志编纂上亦欲五脏俱全,以保存一方文献,建议立“三书”:“仿纪传正史之体而作志,仿律令典例之体而作掌故,仿《文选》《文苑》之体而作文徵。”②透出欲史学牢笼天地古今、涵纳群学的志意。其实,他不过是想继承正宗经学遗产,在精神和内容范畴上,丰富和改造传统史学,使史学真正在即器明道上发挥作用。

《方志立三书议》还提出了“古无私人著述,六经皆史也”的观点。其中的“史”无疑是指三代之史官及其职掌。官师政教合一制度下,法具于书,官守其书,无私学及私人著述。此观点与《原道》《经解》及《原学》等篇中的“六经皆先王之典章法令”的观点相比较,不存在冲突,也无内涵的增益。大约成于乾隆五十七年的《易教》篇对“六经皆史”的观点作了稍详的解释:“六经皆史也。古人不著书,古人未尝离事而言理,六经皆先王之政典也。”(《易教上》,《文史通义》内篇一)大意为:六经都为古史官所掌,古人学在王官,不像后世那样有私学私著;古人官师合一,官守职事即是所学,所学即以官守职事为范围,不存在离开官守职事而言理的学术。六经都是先王的政教典章,自然亦为史官所掌。无论是单独理解,还是与《方志立三书议》篇的相关表述相对比理解,把“史”解释为史官及其职掌,在意义逻辑上都是自洽的。章学诚累累言及官师政教分合,看重文章学问与官司掌故的合一及其作用:学与思统一,为学与习事统一,法显而易守,为学而易专,士大夫之学问文章足备国家之用。章学诚善于通过效法成象的方式推义阐理,循着他这思维特点,如果将官师政教合一制度下的学术作为成象来效法的话,那么,后世史家就应该以三代史官为效法对象,就应该明白“礼时为大”和“书同文”的道理,就必须切于当代典章制度和人伦日用,成就有体有用之学。这正如他在《史释》篇所期望的那样:

> 君子苟有志于学,则必求当代典章以切于人伦日用,必求官司掌故而通于经术精微,则学为实事而文非空言。所谓有体必有用也。不知当代而好

① 章学诚:《章学诚遗书》卷9,《与汪龙庄书》,第82页。

② 章学诚著,叶瑛校注:《文史通义校注》卷6,《外篇一·方志立三书议》,第571页。

古,不通掌故而言经术,则鞶帨之文,射覆之学,虽极精能,其无当于实用也。①

章学诚确实表现出继承经学遗产、改造史学,使史学承担明道经世重任的志意,甚至有些欲以史学夺经学之席的气势。此中原因,除了他本人兴致于史学,更是因为他耳闻目睹下的经学,已经处于唯典制名物训诂考订是务的偏枯状态,根本丧失了即器明道和回应现实需要的功能。尽管如此,但若以此为据而将"六经皆史"的"史"解释为"史料"或"史学"的话,则未免浅陋不通,没能读懂章学诚的学术思想逻辑及所寄寓的殷殷之意,实在是诬枉了他!他的"六经皆史"说,是欲师法三代,汲取三代官师政教合一的神髓,在官师政教早已相分的当代,从精神和学术内容范畴上改造史学,培养史家及学者的主体精神及不遗现实的品格,以发挥对现实的经世功能。他强调的"业贵专精"(专家之学)、"即器明道"(道器相合)、礼时为大(重时王制度)等,大都以三代官师政教合一下的学术状态为范型,就是最有力的证明。

章学诚的"六经皆史"与王阳明的"五经亦史"(实际上也是六经皆史),从表面上看相近相似,但意义旨趣相差很大。王阳明"五经亦史"观点,不过是由经典内容上的道、事相兼的特点,推导出六经的"亦经亦史"的性质,以及《春秋》与五经的通约性,即所谓"以事言之谓之史,以道言之谓之经,事即道,道即事。《春秋》亦经,五经亦史"。又进一步言:"五经亦只是史,史以明善恶,示训戒。善可为训者,时存其迹以示法;恶可为戒者,存其戒而削其事以杜奸。"②这是基于伦理道德的立场,去理解"史"之书法的道德训诫义象。至于是否先讲求其中的名物制度知识,他开示道:"人只要成就自家心体,则用在其中。如养得心体,果有未发之中,自然有发而中节之和,自然无施不可。苟无是心,虽预先讲得世上许多名物度数,与己原不相干,只是装缀,临时自行不去。亦不是将名物度数全然不理,只要'知所先后,则近道'。"③启发人们将正心诚意或成就心体放在熟悉名物度数之先,要人们认识到徒自熟谙名物度数,与成就自身德性关系不大。王阳明视六经为明道之资。他认为,"人人自有定盘针,万化根源总在

① 章学诚著,叶瑛校注:《文史通义校注》卷3,《内篇三·史释》,第231页。
② 王守仁:《王阳明全集》卷1,《语录一·传习录上》,第1册,第38页。
③ 王守仁:《王阳明全集》卷1,《语录一·传习录上》,第1册,第48页。

心”①。六经作为万化之一，其实质性内涵根源于人心，六经不过是“吾心”的“记账簿”，只要主体德性具足，于自家家什了然于心，不必硁硁然于六经。六经与道是筌与鱼、糟粕与醪的关系，可以得鱼忘筌、得醪而弃糟粕。他以是否有助于成就主体内在德性为标准，一定程度上表现出轻视经典的态度。

章学诚的“六经皆史”说，是要继承三代史官传统，关切当代典章制度及日用伦常，发挥史学明道经世功能。将当代史学的明道、经世的大知与大行视为一个统一的过程，三代有道，则继承之；三代道断，则续绝之；道为三代所昧，则创化之。此中的精神意趣确与王门后学以工夫说本体或悬置本体的“致良知”取向相近。王阳明肯定本体与工夫的统一，已经表现出扬弃本体超验性的趋向。王门后学在本体与工夫上的不断辨析，本体进一步为工夫所淡化、消解，以至于到黄宗羲那里，则把离开工夫谈本体，视为“想象卜度”的虚幻本体，而且明确提出“心无本体，工夫所至，即其本体”②。章学诚视道渐形渐著，三代之道非道之完型，经世明道相统一等，应该说是对王门后学超越本体先验性趋向的继承和发展。章学诚也视六经为明道之资，但并非视其源出于“吾心”，且据“吾心”进退之，更不欲糟粕六经，而是视六经为道寓之器，认为离开六经无以明先王之道。所反对的是不识古人之大体，而仅以诵读六经为学的观念和学行。

结　语

虽然对于个体性、主体性的重视和关切，不是心学的专利，但是在理学的视域下，它关涉着陆王心学与程朱理学的区别，显示着心学的重要特征。比较章学诚和王阳明都处于自我与时代风趋紧张关系中，以及主体精神对于两个人在思想学说破与立的意义，那么，将个体性、主体性作为观察的视角也未必不可理喻。只是在具体的比较中，不能单单局限于是否属于个体性和主体性的视域和意域，还要注意个体性、主体性作用的不同机制，以及德性与知性对于个体、主体要求的差别。

---

① 王守仁：《王阳明全集》卷 20，《外集二·诗》，第 3 册，第 103 页。

② 黄宗羲：《明儒学案·明儒学案序》，北京：中华书局，2012 年，卷首第 7 页。

王阳明处于程朱理学学说主导的风趋中,欲通过以心体转换性体,关切个体性原则,发挥主体精神,统一道德认知和道德践履,化解程朱理学学说中诸多内在紧张,以达成知善到行善的道德实效。章学诚置身于典制名物训诂考据学风靡的时代,强调学术个性价值,倡导学术主体精神及其创造性,欲借之以救正学术风趋的偏失,强化学术明道的功能以及对于时代需要的回应能力。

章学诚在为学上,提出性情加功力说,强调依循个体性情,确立学术趋向,以利于学术自得和成就专家之学,进而肯定了学术个性在明道过程中应有的价值。表现出对考据学风气驱天下学术入于一偏的抗衡意义。这和王阳明"致良知"说,以及"随才成就"说的旨趣相近。王阳明取孟子良知说,以为人人心中有良知,人人有作圣之路,狂者从狂处去成就它,狷者从狷处去成就它,肯定个体道德人格的"万殊"表现形式,具有抗衡程朱理学以普遍道德理性为至上而忽视个体现实存在的意义。

章学诚对于主体性的重视,主要表现为主体对义理的自觉阐发,对学术人格的自觉,以及对社会现实的关切。他肯定史家在历史撰述过程中,依据前置的意义,对史事抉择去取所显现出主体个性"恣意"情态,与王阳明"意之所在便是物"所关涉的意义世界构建相类。他以史德规制史家的史识,以保障史意"出于天而不益以人"。其所言史德,在性理逻辑内涵上属于程朱,但又是史家自我尺度——自我省察标准,是史家对于客观原则的内在自觉,以诚意为目的。故其史德说着实有些外陆王而内程朱的意思。其史德说与王阳明强调良知"系于人"(程朱一脉强调良知系于天),重视将良知化为主体人格,在思维路向上是趋同的。章学诚强调明道和经世的统一,由即器明道的方法论原则,逻辑地引出主体关切现实、经世致用的当然性。也就是说由知性的方法原则导出德性的当然。或者说,当代经世实践和学术明道是一个统一的过程。就此而言,在精神上与阳明心学"本体无内外"、"事上磨练"、"不离日用伦常"的旨趣最为契合。

章学诚和王阳明相比,都重视学与思、知与行、内与外的统一,只是达至的途径不同。王阳明以"吾心"收摄并打通学与思、知与行、内与外等一系列的关系。在德性修养上重视内向省察和当下即悟,强调实效实功。他近乎把"吾心"置于制度、规范、权威之上,以"吾心"判断一切,吞吐一切。"吾心"成了完善道德、成就事功的唯一决定者。而章学诚则倾向于从历史汲取经验,从制度上去解决这些关系。这从他对官师政教分合之意蕴的挖掘,对圣人"即器明道"方法论示范的强调上，都可获得相应的理解。这也明显表现出与王阳明不同的“道问学”或知性特征：趋向外在的汲取和效法，远胜于“吾心”的独断，尽管它在谈历史撰述时讲过“独断于一心”的话。

这些差别或许有诸多原因，但德性思维与知性思维的差别恐怕是难以免除的。心学思潮有其社会历史时段性，但心学思维作为思维的一种方式，不必随风趋而消散，只是它的具体表现因个体的人格特征及境遇差异而有所不同。所以，在比较的视野下，出现貌同神异和貌异神同的情况，也在常理之中。章学诚和王阳明同讲“六经皆史”，但思想内涵却大异其趣，对经的态度和立场也有很大差别。王阳明表现出以“吾心”进退规则、评判权威的狂者胸次；而章学诚的“六经皆史”则体现出知性思维的细致和周密。在道论上，章学诚承接了王门后学以工夫说本体乃至悬置本体的趋势，而且更进一步，赋予道以万事万物之所以然的性质，不仅否定道德先天性、先验性，而且还把道视为一个渐形渐著的过程，正视道的历史性和有限性，从而继承和发展了道论。由此也可以看出，尽管“尊德性”作为社会思潮已成明日黄花，但精神的内在逻辑仍在传承中演绎。

学术的预设是为了求得真相，而非滋长偏见。精神翻腾一度，求瓜得豆，或求豆得瓜，随之可也。

附　　录

李洵年谱*

李洵先生，字仲符，别号里盾。祖籍辽宁北镇（今辽宁省锦州市北镇市）。

1922年，先生1岁

是年7月1日，先生出生于北京。父子厚公，号乾斋，从学于著名文字训诂学家黄侃先生（1886—1935），精声韵，饶藏书。

据先生回忆："我的父亲在京师大学堂毕业后，入了北京大学国学门继续攻读，是当代古韵学专家黄侃先生的学生。虽然他的毕业论文写的是关于《文心雕龙》评价问题，可是一生都在孜孜不倦地搞他的古声韵学。"（见《李洵自传》）

1930年，先生9岁

9月1日，入沈阳省立第四小学学习，7天后退学，在家学习。

据先生回忆："父亲大部分收入都买了书。在我记事时，觉得家里到处都是书，枕头底下、窗台上都是书，线装的、平装的、精装的，还有不少碑帖拓片。住的三间屋，有一间专门是放书的。别人家给小孩启蒙，都是用《三字经》《千字文》作课本，我父亲给我启蒙却用的是《文字蒙求》。我没有入过小学和初中，在17岁之前，几乎每天和这些书打交道。当时觉得钻书堆是最愉快的事情。父亲的藏书中以有关文字学、语言学、古声韵学的书和清代考据学家的著作为最多，大约占三分之一，其次是历史书，二十四史、通鉴、三通、续三通之类俱全，还有一些文史学家的集子或作品。再有就是清人注经释子的著作。当时流行的梁启超、王国维、孟森、刘半农、夏曾佑的书种种俱全。书里还有《文选李善注》《全唐诗》之类，不少成套的丛书也堆在一起。父亲有个习惯，看书时用朱笔点句。我也学

---

* 因"文革"中遭遇抄家，有关资料保存不全，故1979年以前纪事相对简略。李洵先生"文革"后招收博士生、硕士生甚多，只记博士生入学、毕业情况，其余不记。本年谱编撰过程中，东北师范大学历史学院硕士研究生张翕然曾协助查找资料，谨致谢忱。

着点,好版本的不让动手,只准点局本的二十四史。记得从两唐书点起,《宋史》只点了部分列传,《元史》算点完了。后来父亲的朋友送来一部大字排印本的《清史稿》,也勉强点下来。而《明史》则是在上大学之后才读完的。”(《李洵自传》)

1939年,先生18岁

8月,考入北平私立求实中学高中一年级。

1940年,先生19岁

8月,转至北平盛新中学高中二年级学习,直到毕业。盛新中学旧址位于北海公园北门西侧教场胡同,今为北京四中初中部。1917年,法国天主教仁爱遣使会在旧址西侧建佑贞女师教学楼,不久改为佑贞女中。1923年在佑贞女中东侧增建一栋教学楼,即盛新男中。

据先生回忆:“我的中学生活是在一所北京的天主教会学校度过的。这个学校有两个特点:一是英语课抓得紧,但教师都是法国人或西班牙人,结果我学的英语成了南腔北调,不容易改过来;二是注重高中化学课,学校里设有可与大学化学系相媲美的化学实验室,因为这个中学每年要向辅仁大学化学系输送几个大学生。父亲本来要我学中国文学,而且是语言文字学。我不感兴趣,当时一心想学化学,觉得学文不如学理。”(《李洵自传》)

1941年,先生20岁

在盛新中学学习。

1942年,先生21岁

9月,入北京大学史学系学习。

据先生回忆:“高中毕业后报考了两所大学,一个是辅仁大学化学系,一个是当时日伪办的北京大学。结果两校都录取了我。我开始决心上辅仁大学化学系,但是辅仁大学的学费、书费、试验费之高,使人望而生畏。自从七七事变后,父亲失业,家中经济拮据,靠出卖书物度日,实在无法出这项费用。于是在不得已的情况下,只得去学不大情愿学的历史。所以我走上史学这条道路,总还有点偶然性。”(《李洵自传》)

1943年,先生22岁

在大学学习。

据先生回忆:“进入大学之后,总算遇上不少名师。先后给我授业的老师有

冯承钧、瞿兑之、谢国桢、刘盼遂、容庚等先生。‘九三’胜利后又亲聆陈垣先生的史料学的课程。”(《李洵自传》)

1944 年,先生 23 岁

在大学学习。

据先生回忆:冯承钧先生(1887—1946)早年留学法国,是伯希和的学生,给我们讲课时,患半身不遂,坐着轮椅,由儿女推送,并代写板书。冯先生是国内有数的研究中西交通史的专家,学问渊博,学风严谨,他既通中国式的考据,又懂得洋考据,治学自成体系,富有创见。他的西域南海地名考证,看上去枯燥乏味,但是却能从极小的地方,突破一个大缺口。他对自己从事的专业非常热爱,几乎把一生的精力全都倾注在上面。这种精神给我很大的教育。我对历史学产生情感,是与受冯先生对学术坚忍不拔精神的影响有关。

瞿兑之先生(1894—1973)家学渊源,给我们讲秦汉史很有见解。给我深刻的印象是他当时在整理地方志,用功颇勤,对青年学生,有问必答,答必详尽。

谢国桢先生是我后来搞明清史专业的启蒙老师。有一个学期,大约是 1943 年的下半年,系里公布了选修课的科目和教师,要求学生选修。我看中了谢先生的“史部目录学”一课,于是就选了,不料过几天后,教务科通知说,这门课只有我一个人选,一个学生怎么上课?准备不开这门课,要我重新选别的课。但这事让谢先生听说了,他坚持要开,就是一个学生也照样上课。于是我真的成了谢先生这门课唯一的学生。一位老师和一位学生占用一间教室上课,有点特别,于是谢先生主动约我每周四到他家中去上课。他当时住在西城,到他家上课就不仅是讲史部目录学了。谢先生学识渊博,但他讲课,往往有个主题,记得他从东汉的党锢之祸,“望门投止思张俭”开讲,一直讲到东林党、复社,讲到南明的历史。史部目录学未有讲多少,只是期末叫我写了一份作业交上去,他画个分,交上去就算了。但收获非常大,因为每次到他家上课,实际上是去看他的藏书。藏书的范围很广,不仅有南明史料,明清人的不常见的笔记、杂抄也很多,每次去总能读完不少种。有问题就地请教,当场解决。这一学期,不但看了谢先生的宝藏,也亲聆了谢先生关于明清史研究的一些见解和方法,这对我来说,影响是很深的。(《李洵自传》)

1945 年,先生 24 岁

在大学学习。

据先生回忆:容庚先生(1894—1983)是著名的古器物学专家,给我们上金文学课。容庚先生生活清苦,每次骑辆自行车来沙滩红楼上课,自行车后货架上捆了一大堆书,都是一些古铜器图录,书用白布包着,身穿肥大的蓝布大褂,说一口广东官话,但也能听得懂。他对古器物及铭文的研究,造诣很深,而且多有创见。

陈垣先生(1880—1971)是"九三"胜利后,来给我们讲课的,时间只有一学期,讲的是二十四史的编纂、读法、考证、特点等的史籍评论课。当时陈先生精神旺盛,讲得的确深湛,把自己多年研究心得,和盘托出,难题常是迎刃而解。他的治学方法,对我的启迪最深。

此外,还有莫东寅先生(1914—1956)和孙作云先生(1912—1978),都给我上过基础课。两位都是东北人,年岁比我大不了多少,因此比较熟悉。莫先生是专攻民族宗教史的,对满族的萨满教很有研究。孙先生是专攻中国古代神话传说的,对《楚辞》很有研究,但他不是从先秦文学的角度,而是从古代神话、古代图腾的民俗学角度去研究的。(《李洵自传》)

1946 年,先生 25 岁

7 月,先生自北平临时大学(抗日战争胜利后改此名)毕业。毕业论文为《辽宋金三史纂修考》。

据先生回忆:刘盼遂先生(1896—1966)是我毕业论文的指导老师。刘先生是文献学专家,当时给我们讲史料选读课。我的毕业论文题目是《辽宋金三史纂修考》,原由谢先生指导,后来他离开了学校,就改请刘先生指导了。他看稿子很仔细,不放过任何问题。我的这篇论文有 10 来万字,资料抄了 20 万字。经过刘先生的指教,我几乎把有关的重要文献都看过了,坐了 10 个月的图书馆,总算把毕业论文完成了。原稿上保存了很多刘先生的眉批,都是一笔不苟的蝇头小楷。他当时对我说过一句话,至今不忘,那就是写文章要做到"无一字无来历"。这句话,我每次写文章时都会自然地想到它。(《李洵自传》)

8 月,任北平私立西北中学女生部代课教师。

10 月至 12 月,任河北省良乡县立中学语文教师。

1947 年,先生 26 岁

春节后,前往东北。3 月,任吉林市永吉大学先修班语文教师。

1948 年,先生 27 岁

3 月 9 日,吉林市和平解放。4 月,解放区东北大学自佳木斯市迁到吉林市,永吉大学并入，先生转任东北大学历史系教员。10月，长春市和平解放。随后，东北大学迁到长春，先生随迁，任助教。

1949年，先生28岁

10月1日，中华人民共和国成立。本年秋冬，在杨公骥教授（1921—1989）率领下，参与吉林市船营区西团山青铜文化遗址的初步发掘，是为新中国成立后举行的首次考据发掘。

1950年，先生29岁

1月，晋升讲师。

1951年，先生30岁

本年，与王玉珍女士（出生于1929年2月6日，时年23岁，东北师范大学俄文系毕业）结婚。

本年始，先生教学重点转移到明清史。此前曾讲授中国通史3轮，以及中国原始社会史、宋元史、目录学、史学名著选读等课程。

3月，任历史系中国古代及中世纪教研室讲师，兼任图书馆分馆（后改为历史系资料室）主任。

据先生回忆：1948年，我在吉林市迎来了解放，很快就到由佳木斯迁到吉林来的东北大学任教。这是一所解放区的高等学校，感到一切都是新的。我这一年才26岁，大学毕业刚刚两年，就要走上新型大学的讲坛，心情很是激动，也很惶恐。一是年岁轻，业务浅，不知道能不能胜任。二是对马克思列宁主义的理论学习得很不够，用这样一点新知识去给解放区的学生讲历史课，怎么能讲好呢？当时也没有时间集中学习，集中准备，只能边教边学。好在有范文澜、吕振羽同志的中国通史，拿来做我的教学指导书。当时如饥似渴地学习马克思主义的经典著作，同时也得到党的领导和老同志的帮助，总算把中国通史讲下来了，反映还不错。于是我争取多教课，在教学中提高自己的理论水平。当时的学生有老解放区来的，也有“国统区”来的，论政治思想、理论水平我不如老解放区来的学生，“国统区”来的学生中也有不少是上了几个大学的，什么世面都见过。所以当时我备课十分吃力，常常工作通宵达旦。当时年岁轻，精力足，通过努力，总算完成了教学任务，实际上自己也提高了一大截。中国通史我完整地教了3遍，后来又发展成教中国原始社会史、宋元史、中国史、目录学、史学名著选读等等的课程。（《李洵自传》）

1952 年，先生 31 岁

11 月，长子李蒙出生。

1953 年，先生 32 岁

自本年始，至 1957 年被错划为右派前，与辽宋金史专家张亮采先生（1916—1983）合作培养了两届中国古代史研究班研究生。

据先生回忆："于五十年代曾与张亮采先生共同担任两届中国古代史研究班研究生的培养工作。"（《李洵自传》）

1955 年，先生 34 岁

10 月 5 日，与生活·读书·新知三联书店（当时与人民出版社合署办公，实为同一单位）签署《明清史》出版合同。

据先生回忆："1951 年以后，我才稳定在明清史的教学上。说来也很巧合，当时一些年岁大一点的同志，都愿意轻车熟路教先秦史、秦汉史、南北朝史或隋唐宋元史，而明清史是个冷门，只有我对明清史有兴趣，于是就加入了这断代史教学的行列了。教了一遍明清史，又写了一本明清史讲义。"（《李洵自传》）

发表论文《试论明末东林党的形成》（载《历史教学》1955 年第 10 期）。

1956 年，先生 35 岁

年初，加入民盟。

6 月，先生所撰《明清史》由人民出版社出版，初印 2 万册，翌年 7 月，加印 13000 册。先生此著为新中国首部将马克思主义历史观和方法论与中国传统历史学实证传统结合的明清史断代著作，初步建立起独特的明清时代的史学叙述体系。

开始重新系统研读马克思主义经典著作和明清史基本文献。

8 月，任历史系中国古代史教研室讲师，兼中国古代及中世纪史教研室副主任，主任是张亮采先生。

1957 年，先生 36 岁

5 月，在整风运动中被错划为右派分子。

自上年《明清史》出版后，校系命先生以讲师身份担任培养研究生的工作，并且校系两级学术委员会俱已通过晋升副教授的建议，然而久未得批复。至是，遂被划为右派。

据先生回忆：自己感到最大的不满意是，明清史没有自己的体系，没有特点。

为了提高教学水平，我下决心用它两三年工夫，重新学习明清史。我认真读了《共产党宣言》《政治经济学批判》《德意志意识形态》《资本主义生产以前各形态》和《资本论》的第一卷。这两年的工夫没有白花，理论水平有了提高。同时，我也下决心重新读《明史》和《明实录》。大约用了两年的工夫，通读了一遍《明实录》，自己给自己规定了进度，不完成决不休息。做了一批卡片，记了一些笔记。我是把《明史》和《明实录》对着看的，这样看懂了不少问题，也发现了不少问题。然后我计划读《清实录》，但只读到康熙，反右斗争开始了，从此我被错划为右派，读《清实录》的计划就这样取消了。(《李洵自传》)

6月13日上午，为研究生班作题为《明代社会思想(理学)研究》的专题讲座。

发表论文《明末东林党的形成及其政治主张》，载《东北师范大学科学集刊》(历史)1957年第3期。

1958年，先生37岁

2月19日，被撤销讲师职务，工资待遇自高教六级降为十级(教辅，78元)。5月至12月，任校图书馆馆员。

12月24日，被下放到长春市郊东风公社第二生产队劳动改造。虽然正常的理论学习和业务学习被中断，但在劳动改造和撰写思想汇报之余，先生仍要抓紧利用不多的业余时间，研读明清人的笔记、野史、诗文。

1959年，先生38岁

12月17日，因在劳动中摔断股骨，回校治疗。

1960年，先生39岁

因为腿伤，几乎卧床一年。在病床上，开始《明史食货志》校勘、注释工作。

新史学兴起以来，经济史即为显学，马克思主义史学以经济基础为解释社会发展变迁最重要领域，故20世纪50年代以降，经济史研究暨经济史料整理长足发展。在此背景中，历代《食货志》整理为学术界高度重视。先生既以明清史为职志且服膺马克思主义历史观，于《明史食货志》属意已久，虽因被划为右派而无法继续正常教学研究，竟在接受"改造"、腿骨伤折的艰难处境中，开始该志校勘、注释之事。

先生曾于朱偰先生(1907—1968，朱希祖先生之子)处，得到王原《明食货志》抄本。王原在清康熙时曾参与明史纂修，所作《明食货志》是成于《明史稿·

食货志》之前的稿本。先生再寻他本,以《明食货志》《明史稿·食货志》与《明史食货志》对勘,参以《明实录》及其他诸多文献,写成《三史食货志校勘记》数百条,10 余万字。当时整理文献,全凭手抄,且书籍搜求,困难重重,然而书稿竟于"文革"中失去。

据先生回忆:"当时虽然不想重理旧业,但长年读书的习惯又使我要做点什么。在看朱希祖先生(1879—1944)的遗著时,从中得到一些启发和线索,托朋友协助,得到王原《明食货志》的全本,开始和《明史食货志》《明史稿·食货志》对勘。当时正值三年经济困难时期,生活很清苦,自己的骨伤未愈,行动不便,再加上政治压力,困境可想而知,但是却竟然完成了这个艰巨的任务。写了 5 大本 3 种食货志的校勘记,约有 20 万字。后来以此为基础,用了一两年的时间,把《明史食货志校注》一书的草稿写出来。"(《李洵自传》)

先生腿伤初步痊愈后,留历史系资料室为资料员。系资料室藏有江苏国学图书馆刊印《明实录》一部,正资校勘《明史食货志》之用。

1961 年,先生 40 岁

在历史系资料室为资料员。

1962 年,先生 41 岁

在历史系资料室为资料员。

11 月,次子李普出生。

1963 年,先生 42 岁

在历史系资料室为资料员。

7 月 9 日,完成《明清时期的中国东北地区》讲稿。

1966 年,先生 45 岁

5 月,中共中央政治局扩大会议通过"五·一六"通知,8 月,中共八届十一中全会通过《中国共产党中央委员会关于无产阶级文化大革命的决定》,"文化大革命"全面发动,学校正常科研教学活动全部停止。在红卫兵运动中,先生遭遇抄家冲击,《三史食货志校勘记》稿本不知去向。

1969 年,先生 48 岁

自上年到本年底,被安排到校木工厂劳动。先生动手能力强,木工活很快上手。

12 月 25 日,经长春市文教办批准,摘去先生右派帽子。但待遇、工作并未恢复。

1970 年，先生 49 岁

1 月 9 日，自历史系被下放到吉林省通榆县团结公社建设大队第三生产队插队落户，走“五七道路”。

1972 年，先生 51 岁

2 月下旬，美国总统尼克松访华，中美关系开启正常化进程，迫使日本加紧寻求中日建交。先生敏锐感觉到领土问题是中日邦交正常化的重要问题，遂搜集资料，撰写了《钓鱼岛、黄尾屿、赤尾屿自古以来就是我国神圣领土不可分割的一部分——历史编年》长文，于 5 月 22 日完成初稿，30 日完成二稿。

1973 年，先生 52 岁

4 月 15 日，调回历史系。当时住房紧张，先生一家 4 口拥挤在青年舍（师大本部校区运动场东侧学生五舍中段）筒子楼的一间屋子里。

1976 年，先生 55 岁

10 月 14 日，中共中央公开宣布粉碎“四人帮”，“文革”宣告结束。本年开始，先生重检卡片和史料，再度着手《明史食货志校注》的撰著。

1977 年，先生 56 岁

筒子楼居住条件虽拥挤简陋，但住户众多，邻里往来方便，关系融洽。为了抢时间，早日完成《明史食货志校注》，先生于门上设“无访帖”：“暂时谢绝来访，恕不接待，请自重。”

1978 年，先生 57 岁

本年发表论文 2 篇：《明末农民战争历史作用初探》，载《吉林师大学报》（哲学社会科学版）1978 年第 2 期；《公元十五世纪到十七世纪中叶建州女真族社会性质问题的探讨》，载《吉林师大学报》（哲学社会科学版）1978 年第 4 期。

1979 年，先生 58 岁

1 月 15 日至京，提交《关于我在 1957 年反右斗争中的状况、思想等情况的说明》，申请撤销错划为右派的处分。23 日，书陈毅元帅诗《梅岭三章》前两首以自励。

3 月 16 日，根据中共中央〔1978〕第 55 号文件，经校党委复查，报长春市委批准，认定先生 1957 年右派问题属错划，即日起撤销原处分决定，恢复政治名誉、工作职务和工资待遇。同月，晋升历史系副教授，兼明清史研究室主任。工资待遇恢复到1950年1月评讲师时的水平(149.5元)。

先生再次登上大学讲堂。为培养明清史研究青年人才,先生特意鼓励七七级本科生有志者组成“明清史学习小组”,给予特别指导。小组召集人为赵毅,成员有赵轶峰、高二音、陈惠芬、冷东等。

7月,《明史食货志校注》又两易其稿,至是完成。书辛稼轩词《元夕》以表达心境:“众里寻他千百度,蓦然回首,那人却在灯火阑珊处!”

本年发表论文2篇:《〈明史食货志〉的编纂学》(载《中国史研究》1979年第3期);《从明代商品种类和价格变动看商品生产的发展》〔载《中国古代史论文集》(《吉林师大社会科学丛书》第一辑),吉林师大学报编辑部,1979年10月〕。

1980年,先生59岁

7月21日至27日,出席吉林省历史学会等单位主办的明清东北民族与疆域学术研讨会。

8月4日,赴天津参加南开大学主办的明清史国际学术讨论会。会期为5日至8日。

10月,晋升为教授。赴京参加中美史学交流会。该会议于10月26—27日举行,先生提交《论明代江南集团势力》论文。

先生深感时间紧迫,是年题诗自励:“盛年不重来,一日难再晨;及时当勉励,岁月不待人。”

1981年,先生60岁

5月4日至10日,出席南京中国资本主义萌芽问题学术讨论会。

本年发表论文2篇:《明代流民运动——中国被延缓的原始资本积累过程》,载《中国古代史论丛》(1981年第二辑),福建人民出版社,1981年;《明清时期资本主义萌芽发展的阶段性及其特征》,载《东北师大学报》(哲学社会科学版)1981年第6期。

1982年,先生61岁

1月,《明史食货志校注》由中华书局出版。

3月,招收1977年恢复高考制度后的第一届硕士研究生:赵毅、赵轶峰、冷东。

9月17日至23日,全国清史学术讨论会在北戴河举行。这是新中国成立以来首次全国性的清史学术讨论会。先生偕薛虹先生、赵德贵先生、陈作荣先生、姜守鹏先生出席。

本年发表论文2篇:《清首任台湾知府蒋毓英并妻诰命跋后》(载《历史人物论集》,吉林人民出版社,1982年);《公元十六世纪的中国海盗》(载《明清史国际学术讨论会论文集》,天津人民出版社,1982年)。

1983年,先生62岁

2月14日,中国人民大学清史研究所所长戴逸教授来信,邀请先生和薛虹先生担任《清史》第一卷主编,“力求在观点上、材料上、体例上能有所创造,写出水平”。来信中说:“第一卷最早出版,尤为观瞻所系,再三考虑,唯有你们力量雄厚,对此段历史研究有素,可以保证第一卷的质量和进度。”当时清史研究已被列入国家“六五”规划史学研究重点项目,拟纂修《清史》10卷、《人物传》20卷,在两个五年计划期间基本完成。这是新中国清史纂修工程的首先启动。两位先生慨然允诺。

本月,日本横滨大学教授鹤见尚弘先生来访。(鹤见1984年8月13日来信)鹤见先生战前出生于吉林省公主岭,对中国怀有特别的感情,专攻明清社会经济史,尤其擅长鱼鳞图册和里甲制的研究。

3月4日,作《挽张亮采同志千古》(见《文存》)。

同月,戴逸先生和同事罗明先生专程来长,与先生、薛虹先生商讨《清史》第一卷纂修事宜。

4月,与陈作荣先生一起率领硕士研究生赵毅、赵轶峰、冷东往北京、杭州、南京、苏州访学,拜会商鸿逵、许大龄、戴逸、韦庆远、马汝珩、王思治、王俊义、郭松义、洪焕椿、罗仑、沈嘉荣、季士家、吴奈夫、徐明德等先生。稍后参加在无锡举行的明史学术研讨会。

5月3日,戴逸先生来信,告知《清史》项目管理的调整:“为了贯彻责任制,我们和历史研究所作了分工。由历史研究所负责主持鸦片战争前的《清史》与《人物传》,由人大清史所负责主持近代部分……鸦片战争前我们不承担组织工作,也不承担《清史》的写作,只是在历史研究所的主持下,承担《人物传》几卷。”来信强调:“你们原承担的第一卷任务无变动,希能早日上马,按计划完成。”

5月17日,中国社会科学院历史研究所清史研究室主任王戎笙研究员来信告知清史项目管理变动情况。

5月20日,戴逸先生电报:东北师范大学历史系李洵,请速来长沙湖南宾馆参加全国史学规划会并电告飞机班次或火车班次。

9月20日至27日，全国第二次清史学术讨论会在沈阳召开，李洵先生偕薛虹先生出席。

9月30日，致书中国社会科学院历史所王毓铨先生（1910—2002）答复《明史食货志校注》所用校勘诸本等事。（见文存《书札十封·二》）

本年发表论文《论顾炎武在〈郡县〉等七篇政治论文中提出的社会问题》（载《史学集刊》1983年第1期）。

1984年，先生63岁

3月上旬，与薛师赴京参加《清代通史》（1—6卷）主编会议。（据1984年1月20日，王戎生先生来信）

10月18日，王戎生先生来信，告知："全国重点项目《清史》列入国家'六五'规划，财政部并未划拨专款。目前的经费，是社科院挤出来的，今年的拨款，仍为五千……你们那里，今年就不能再拨款了……经过多方努力，《旧满洲档》已托人从台湾购得。此事望勿外传，否则会招来许多麻烦。此中奥秘，想你们比我更能体会……初稿可据神田（信夫）译文，定稿时再据《旧满洲档》译校。"

12月，赵毅、赵轶峰、冷东硕士毕业。赵毅、赵轶峰留校工作，冷东就任于汕头大学。

本年发表论文《孙嘉淦与雍乾政治》（载《史学集刊》1984年第1期）。

1985年，先生64岁

1月，《中国历史大辞典》明史卷经济部分词条审阅修改完毕，寄回中国社会科学院历史研究所。先是，去年5月李世愉（时为历史所助理研究员）、毛佩琦（时为中国人民大学历史系讲师）来访，带来辞典稿件，至是完成审修。该卷由郑天挺先生（1899—1981）等主持编纂，1995年12月由上海辞书出版社出版。

2月，经学校批准，创立明清史研究所，兼任所长。先生外，研究人员有：薛虹先生（1925—1993），长于清史和东北地方史，精通日语；陈作荣先生（1927—1989），长于清史；赵矢元先生（1930—2004），长于中国近代史；赵德贵先生（1926—2020），专攻清代文献与城市经济；姜守鹏先生（1935—2007），专攻明清经济史；刘厚生先生（1941—　），专长满语及文献；赵毅、赵轶峰为近年毕业硕士研究生，专攻明代社会经济，纪英淳为资料员。按照先生建所设想，明清史研究的对象跨越古代史和近代史的学科界限，包括整个明清两朝。党组织关系、办公室工作由历史系兼管,承担历史系本科及函授明清相关教学工作,研究生培养自列计划。

5 月下旬,赴大连,与《中国史研究》编辑部等联合主办"中国古代城市经济史学术讨论会"。

6 月中旬,日本学者山根幸夫教授(1921—2005)来访,与先生、薛虹先生等会谈。山根先生系日本著名明清史和中日关系史专家,此番来访系应东北师范大学日本研究所邀请为研究生作为期三周的《近代日中交涉史》专题讲座。

7 月 7 日,抗战纪念日,先生于日历书二语自励:"胆欲大而心欲细;智欲圆而行欲方"。

8 月中旬,赴黄山出席由安徽师范大学主办的新中国成立后首次明史国际学术讨论会。

9 月 6 日至 12 日,由先生代表明清所主办的第三次全国清史学术讨论会在长春举行。时财政资金紧张,会议经费筹措甚为不易,先生与薛虹先生多方募集,终使会议圆满召开。

是月,先生与赵德贵先生合作主持点校整理的《八旗通志初集》由东北师范大学出版社出版。

10 月 7 日开始,与薛虹先生合作,为中国古代史助教进修班(学员共 22 人)讲授明清史课程。以专题讲座形式,先生讲授明史及明清文化,薛虹先生讲授清史。

12 月 27 日,王戎笙先生来信:"出席这次会议(香港国际明清史研讨会,先生因故未出席)的有 102 人,是一次大型的国际学术讨论会。我把《清代通史》第一卷定稿的时间和地点都公布了,颇有破釜沉舟的意味。"

本年发表论文 2 篇:《四十天与一百年——论明清两王朝交替的历史对中国社会发展的影响》(载《史学集刊》1985 年第 1 期);《满族史研究刍议》(载《满族研究》1985 年第 1 期)。

1986 年,先生 65 岁

1 月,《李洵自传》发表(刊于《文献》杂志编辑部、《吉林省图书馆学会会刊》编辑部编:《中国当代社会科学家(传记丛书)》第 7 辑,书目文献出版社,1986 年)。

6 月 28 日,正式加入中国共产党。上年,先生已被校党组织批准为预备党员，至是一年考察期满，转正。先是，1957 年 3 月 6 日，先生加入民盟（中国民主同盟）。1957 年 5 月 4 日，因被错划为右派，为民盟开除。1979 年 5 月，民盟长春市委因先生右派错划问题改正，通知恢复盟籍。先生不欲继续参加民盟，故一直未办理恢复手续。后积极向中共靠拢，终于获准入党。

本年，由国务院学位办批准为博士研究生指导教师。发表论文 2 篇：《论明末政局》（载《史学集刊》1986 年第 1 期）；《“大礼议”与明代政治》〔载《东北师大学报》（哲学社会科学版）1986 年第 5 期〕。

1987 年，先生 66 岁

1987 年 1 月 9 日，蔡美彪先生来信，商讨《中国通史》（明）第 8 卷撰写事宜。

9 月 14 日，赴哈尔滨出席第二届中国明史国际学术讨论会，作《论明代江南地区士大夫势力的衰落》的学术报告。

9 月 20 日、21 日，日本东洋文库清代史研究室研究员、弘前大学文学部教授细谷良夫（1934—2021）、加藤直人（日本大学法学部专任讲师）代表日本国满族史研究会（细谷先生为常务理事）来访明清所，商定来年 8 月在长春举行中日学者清入关前史学术讨论会。

本月，首位博士研究生李渡（1954—2020）入学。

12 月 14 日至 17 日，先生偕薛虹先生出席在深圳市小梅沙大酒店举行的“广州国际清代区域社会经济史暨全国第四届清史学术讨论会”。明清所为发起单位之一。会后，两位先生赴广州出席《清代通史》1—6 卷的分卷主编会议，会期 5 天。

本年发表论文《论明代江南地区士大夫势力的兴衰》（载《史学集刊》1987 年第 4 期）。

1988 年，先生 67 岁

4 月 4 日，国家教委批准东北师范大学举办“中日学者‘清入关前史’学术讨论会”〔（88）教外际字 197 号〕。

4 月 18 日下午，举行中日学术会预备会。

8 月，中日学者“清入关前史”学术讨论会如期举行。会期一个月，一周为长春圆桌会议，三周为东北三省清入关前史迹考察。中方代表 10 人，李洵、薛虹、赵德贵、刘厚生、孟昭信（吉林大学副教授）、王松龄（四平师范学院教授）、李澍田（吉林师范学院教授）、张璇如（吉林省民族研究所）、李治亭（吉林省社会科学院历史所所长)等。日方代表7人,细谷良夫、加藤直人、神田信夫(明治大学文学部教授、部长,东洋文库研究员、清代史研究室主任)、松村润(日本大学文理学部教授,东洋文库研究员,联合国教科文组织东亚文化研究所副所长)、香坂昌纪(东北学院大学教授)、中见立夫(东京外国语大学亚非语言文化研究所研究员)、石桥崇雄(国士馆大学讲师)。此次会议对中日双方清入关前史研究者相互了解甚有裨益。

本年发表论文《清前期广东督抚及其对地区发展的影响》〔载《东北师大学报》(哲学社会科学版)1988年第1期〕。

1989年,先生68岁

9月,招收博士生牛建强、罗冬阳入学。

12月,完成所承担《中国通史》第8卷统治制度与经济状况各节的撰写,5万余字。

本年发表论文2篇:《明代火器的发展与封建军事制度的关系》(载《史学集刊》1989年第3期);《祖大寿与"祖家将"》(载《社会科学辑刊》1989年第2、3期合刊)。

1990年,先生69岁

8月22日至26日,清史国际学术讨论会在长春举行,先生出席。

9月,招收博士生曹力强入学。

本年发表论文《论明朝的全辽政策》(载《郑天挺纪念论文集》,中华书局,1990年)。

1991年,先生70岁

2月,《中国封建社会晚期城市研究——施坚雅模式》由吉林教育出版社出版。美国学者施坚雅(G.William Skinner,1925—2008)将地理学的中心地学说应用于中国帝制晚期城市和区域经济研究,形成了"施坚雅模式",在国际学界影响甚大。先生早有迻译其著作以便国内学人的计划,在20世纪80年代末即委托赵毅先生组织人员汉译,适逢王旭先生留美回国襄助,遂挑选论文7篇翻译,于1989年11月完稿,至是出版。中国社会科学院经济研究所经君健先生9月14日来信中评价:"施坚雅的学说,在西方影响甚大,在我国也已受到重视。将其代表作翻译介绍,对学术发展和交流大有裨益。您做了一件很有意义的工作,深表敬佩。"

4月15日，蔡美彪先生来信："《中国通史》第八册稿费……实际以千字28元支付给著者。尊稿经济及制度部分共约5万字，今奉上稿酬1500元，请哂收。另寄书十册(平装、精装各5册)付邮，计日可达。"

7月10日至13日，南开大学举行第二届明清史国际学术讨论会，先生出席。提交论文为《明武宗和他所代表的封建贵族阶级》。

本月，先生和薛虹先生主撰的《清代全史》第1卷由辽宁人民出版社出版。"六五"规划史学重点研究项目"清史"的清代通史部分最终成果，至是定名为《清代全史》。

9月23日，先生指导的首届博士研究生李渡博士论文答辩会举行。答辩委员会主席为蔡美彪先生，成员除先生外，有山东大学历史系明清史专家黄冕堂先生(1924—2021)、吉林省社会学科院历史研究所明清史和东北地方史专家杨旸先生(1937—2014)、薛虹先生。李渡毕业后就职于上海师范大学。

是月，招收博士生韩世明入学。

本年发表论文3篇:《读〈明武宗实录〉条记》，载《明史研究》(中国明史学会主办)第1辑，黄山书社，1991年;《明代政界的地域性从政限制》，载《史学集刊》1991年第3期;《从王祯〈农书〉到徐光启〈农政全书〉所表现的明代农业生产力水平》，载《明史研究论丛》第四辑，江苏古籍出版社，1991年。

1992年，先生71岁

6月，牛建强博士毕业，后就职于河南大学。

7月1日，先生70周岁诞辰，赋诗明志："古稀之人何所求，文章明史尽风流。史学犹是名山业，阿堵岂能替大猷。"先生和师母王玉珍在东北师范大学学术活动中心设宴招待明清所同仁。

1993年，先生72岁

2月7日至10日，明史海峡两岸学术讨论会在吉林市江城宾馆成功举行。该讨论会由先生领导明清史研究所，联合吉林师范学院古籍整理研究所、吉林大学历史系、吉林省社会科学院历史研究所发起，筹备一年有余。讨论会组委会收到中国明史学会秘书处、中国社会科学院历史研究所明史研究室以及中国香港、美国、日本等国家和地区明史界同仁的贺电、贺信。来自海峡两岸的与会明史学者共58人，提交学术论文35篇，此外有因故未能参会学者论文5篇。与会学者围绕15—16世纪的中国社会结构、15—16世纪的中国与世界两个议题展开深入讨论。先生之外，台湾淡江大学郑樑生教授、辽宁大学孙文良教授（1933—1995）、台湾政治大学张哲郎教授、吉林大学孟昭信教授（1931—　）、台湾“中国文化大学”吴智和教授（1947—2012）、吉林省社会科学院杨旸研究员（1937—2014）、郑州大学王兴亚教授（1935—2020），分别在大会上作了专题学术报告。会后，由先生与吉林师范学院古籍研究所所长李澍田合作主编会议论文集《明史论集》，吉林文史出版社 1993 年 6 月出版。

3 月 21 日，就《顾炎武评传》写作大纲及薛虹先生病情，致信李渡，信末附写作大纲（见文存《书札十封·七》）。

7 月 1 日，薛虹先生病逝于吉林省肿瘤医院，享年 69 岁。薛虹先生原名杨呈祥，曾用名杨志洞，1925 年 8 月 5 日出生于吉林省双阳县（今长春市双阳区），1944 年考入长白师范学院史地系，1947 年改用今名。稍后入佳木斯东北大学学习，1948 年留校工作。此后数十年，历任干事、助教、教员、讲师、副教授、教授，与李洵先生成为毕生朋友和事业伙伴。

9 月，招收博士生张明富、张冬梅入学。

12 月 8 日，王戎笙先生任总主编的《清代全史》（李洵先生、薛虹先生负责第 1 卷的撰写）获中国社会科学院 1977—1991 年优秀科研成果奖。

本月，先生所撰《正德皇帝大传》由辽宁教育出版社出版。该书系《明代皇帝系列传记》中的一部，以明武宗为典型，深入解剖了中国封建社会晚期大贵族走向没落的特性。

本年先生发表论文 4 篇：《明武宗和他所代表的封建贵族阶级》（载《第二届明清史国际学术讨论会论文集》，天津人民出版社，1993 年）；《明武宗与猪禁》（载《史学集刊》1993 年第 2 期）；《论公元十五、六世纪明代中国若干历史问题》（载《明史论集》，吉林文史出版社，1993 年）；《明代内阁与司礼监的结构关系　明代官僚政治研究专题之一》（载《庆祝王钟翰先生八十寿辰学术论文集》，辽宁大学出版社，1993 年）。

1994 年，先生 73 岁

4 月，《清代东北阿城汉文档案选编》（署名为东北师范大学明清史研究所、中国第一历史档案馆合编）由中华书局出版。

6 月，博士生韩世明毕业，就职于吉林大学。

8 月 21 日，就编辑文集事致信赵中男先生（见文存《书札十封·八》）。

9月，招收博士生胡凡、王景泽、栾凡入学。

本年为清军入关350周年、郭沫若先生发表《甲申三百年祭》50周年，先生代表东北师范大学联合辽宁大学历史系、中国人民大学清史所等20个单位，发起中国第七届全国暨国际清史学术讨论会，8月30日至9月2日在沈阳召开。赵德贵先生一同与会。

本年发表学术论文2篇：《说"卢柟之狱"》（载《史学集刊》1994年第3期）；《论明代的吏》（载《明史研究》第4辑，黄山书社，1994年）。

1995年，先生74岁

4月22日，就中国古代史学科课程改革、开设大通史课问题致书中国古代史专业诸同事（见文存《书札十封·十》）。时历史系各二级学科召开教改会议，先生病势已重，无力赴会，以书面形式表达建议。

约5月初，撰《关于"后封建主义社会"》，体现先生晚年对明清时代中国社会理论诠释的新思考。

5月中旬入院前，向赵毅先生嘱托后事，大意：历史系中国古代史学科博士点要千方百计补充导师，扩大招生面，认真选拔中青年人才，要全力保持和发展中国古代史学科博士点；赵毅要继任明清史研究所所长；今后进人要讲求才、德，培养出几个在国外有知名度、作风好的带头人；不要搞内耗，防止互相拆台，也不要追逐金钱名利，把能安贫乐道的有志之士留下来；要形成自己的研究课题、研究特色、学术体系，自成一个流派；不要迎合一些国内外流行的观点，要在学术上闯出一条路来；国家教委委托编写的《明史》今后还要作成，要自创体例、特色，不要搞"旧瓶旧酒"；曾立意写一本《中国的明清时代》，把自己40多年研究明清史的结晶写出来，留给后世，其核心是把"明清时代"作为中国历史长河中一个有特殊意义的时代来认识，希望后人在这方面做些事情。

6月，博士生罗冬阳、曹力强毕业。时因先生病重住院，由赵毅代为组织答辩会。后罗冬阳留校工作，曹力强就职于外交部。

8月，《下学集》由中国社会科学出版社出版。全书40万字，收录先生一生代表性论文31篇。

9月2日，先生于白求恩医科大学第一医院（今吉林大学第一医院）去世，享年74岁。

是月，博士研究生任爽办理入学手续，因先生去世，转请南开大学杨志玖先生做专业方面指导。

1996 年 6 月

博士生张明富毕业,就职于西南师范大学(今西南大学)。先生去世后,由赵毅先生继为指导教师。

1997 年 6 月

博士生胡凡、王景泽、栾凡毕业。胡凡就职于黑龙江大学,王景泽留校任教,栾凡就职于吉林省社会科学院。先生去世后,赵毅先生继任三人指导教师。

2004 年 12 月

先生与赵德贵先生合作主持点校的《钦定八旗通志》由吉林文史出版社出版。

2016 年 12 月

18 日,先生终身伴侣王玉珍师母去世,享年 88 岁。师母与先生数十年濡沫扶持,相夫教子,殚精竭虑,先生之藏书、信件、作品,乃至只字片纸,皆妥为收存,并向众弟子开放,一如先生在时。

先生家学渊源,幼承庭训,稔熟经史典籍;高中时代攻读西学,奠定会通之基。大学时得诸名师亲炙,遂窥学术堂奥。恰逢历史转折,乃献身新中国教育与科研事业,虽遇挫折而矢志不渝,数十年如一日。科学研究上,先生秉持马克思主义与中国历史实际相结合的原则,创造性地构建了明清时代史的叙事模式,求真创新,一以贯之;教书育人上,先生坚守言传身教、德能并重、与时俱进,培养诸多科教人才,淡泊名利,呕心沥血。鉴于先生的巨大贡献,1991 年,国务院特授予政府特殊津贴,翌年,吉林省人民政府颁给“吉林英才奖章”。先生受之,诚无愧焉。如今,后来者正沿着先生确立的明清时代史范式的指引,砥砺奋进,谱写新篇章。

李洵著述目录*

专著与合作纂著

《明清史》，人民出版社 1956 年版。

《明史食货志校注》，中华书局 1982 年版。

《明清史》（与薛虹先生合作主编，首位，"大学自学丛书"之一），辽宁人民出版社 1985 年版。

《清代全史》第一卷（与薛虹先生合著，首位），辽宁人民出版社 1991 年版。

《中国通史》第八卷（与蔡美彪、南炳文、汤纲合著，第二位，负责统治制度与经济状况各节撰写），人民出版社 1993 年版。

《明史论集——一九九三年海峡两岸学术讨论会》（主编，合作，首位），吉林文史出版社 1993 年版。

《正德皇帝大传》，辽宁教育出版社 1993 年版。

《下学集》，中国社会科学出版社 1995 年版。

《中国的明清时代——李洵明清史讲义》，由赵轶峰教授据先生的博士研究生授课录音及相关讲课笔记整理而成，内含《中国的明清时代——中国后封建主义社会与前资本主义社会统合理论的新探讨》（大纲）、《明史学》《清史学》《16 至 18 世纪中国社会研究》《明清实录的史料分析》5 个部分，作为即将出版的《李洵全集》第五卷。

文献整理

《八旗通志初集》（主点校，合作，首位），东北师范大学出版社 1985 年版。

《清代东北阿城汉文档案选编》（署名为东北师范大学明清史研究所、中国第一历史档案馆合编），中华书局 1994 年版。

---

* 此目录根据《李洵全集》基本编定时编辑组收集到的各类著述资料编写而成。

《钦定八旗通志》(主点校,与赵德贵先生合作,首位),吉林文史出版社2002年版。

论文

《辽宋金三史纂修考》,先生北平临时大学本科毕业论文,撰于1946年,生前未刊手稿,曾收入《李洵先生纪念文集》,东北师范大学出版社2004年版。

《试论明末东林党的形成》,《历史教学》1955年第10期。

《明末东林党的形成及其政治主张》,《东北师范大学科学集刊》(历史)1957年第3期。

《钓鱼岛、黄尾屿、赤尾屿自古以来就是我国神圣领土不可分割的一部分——历史编年》,文末注“1972年5月22日初稿,30日二稿”,生前未刊手稿,曾收入《李洵先生纪念文集》。

《明末农民战争历史作用初探》,《吉林师大学报》(哲学社会科学版)1978年第2期。

《公元十五世纪到十七世纪中叶建州女真族社会性质问题的探讨》,《吉林师大学报》(哲学社会科学版)1978年第4期。

《〈明史食货志〉的编纂学》,《中国史研究》1979年第3期。

《从明代商品种类和价格变动看商品生产的发展》,《中国古代史论文集》(《吉林师大社会科学丛书》第一辑),吉林师大学报编辑部,1979年10月。

《明代流民运动——中国被延缓的原始资本积累过程》,载《中国古代史论丛》(1981年第二辑),福建人民出版社1981年版。

《明清时期资本主义萌芽发展的阶段性及其特征》,《东北师大学报》(哲学社会科学版)1981年第6期。

《清首任台湾知府蒋毓英并妻诰命跋后》,载《历史人物论集》,吉林人民出版社1982年版。

《公元十六世纪的中国海盗》,载《明清史国际学术讨论会论文集》,天津人民出版社1982年版。

《论顾炎武在“郡县”等七篇政治论文中提出的社会问题》,《史学集刊》1983年第1期。

《明代贵族大地主集团势力的社会等级构成——明代社会政治史研究之一》,文末署誊清日期为“1983年3月18日”,生前未刊手稿,曾收入《李洵先生纪念文集》。

《孙嘉淦与雍乾政治》,《史学集刊》1984 年第 1 期。

《四十天与一百年——论明清两王朝交替的历史对中国社会发展的影响》,《史学集刊》1985 年第 1 期。

《满族史研究刍议》,《满族研究》1985 年第 1 期。

《论明末政局》,《史学集刊》1986 年第 1 期。

《“大礼议”与明代政治》,《东北师大学报》(哲学社会科学版)1986 年第 5 期。

《建州女真人的农业生产、商业活动和所受到的邻近民族的影响》,约撰于 1984 年到 1987 年与薛虹先生合撰《清代全史》第一卷期间,生前未刊手稿,曾收入《李洵先生纪念文集》。

《明代江南集团势力的形成及其政治经济实力的消长》,约撰于 1987 年,生前未刊手稿,曾收入《李洵先生纪念文集》。

《论明代江南地区士大夫势力的兴衰》,《史学集刊》1987 年第 4 期。

《清前期广东督抚及其对地区发展的影响》,《东北师大学报》(哲学社会科学版)1988 年第 1 期。

《清太宗与祖大寿——史料中之祖大寿》,系先生提交给 1988 年 8 月(长春)中日学者“清入关前史”学术讨论会的论文,为《祖大寿与“祖家将”》初稿,但侧重点、行文与公开发表者有若干不同,生前未刊手稿。

《明代火器的发展与封建军事制度的关系》,《史学集刊》1989 年第 3 期。

《祖大寿与“祖家将”》,《社会科学辑刊》1989 年第 2、3 期合刊。

《论明朝的全辽政策》,载《郑天挺纪念论文集》,中华书局 1990 年版。

《清初与清末——论清代史的几个问题》,原文为提交给 1990 年(长春)国际清史学术讨论会的论文,生前未刊打印稿,曾收入《李洵先生纪念文集》。

《读〈明武宗实录〉条记》,载《明史研究》(中国明史学会主办)第 1 辑,黄山书社 1991 年版。

《明代政界的地域性从政限制》,《史学集刊》1991 年第 3 期。

《从王桢〈农书〉到徐光启〈农政全书〉所表现的明代农业生产力水平》,载《明史研究论丛》第四辑,江苏古籍出版社 1991 年版。

《明武宗和他所代表的封建贵族阶级》,载《第二届明清史国际学术讨论会论文集》,天津人民出版社1993年版。

《明武宗与猪禁》,《史学集刊》1993年第2期。

《论公元十五、六世纪明代中国若干历史问题》,载《明史论集》,吉林文史出版社1993年版。

《明代内阁与司礼监的结构关系——明代官僚政治研究专题之一》,载《庆祝王钟翰先生八十寿辰学术论文集》,辽宁大学出版社1993年版。

《说“卢柟之狱”》,《史学集刊》1994年第3期。

《论明代的吏》,载《明史研究》第4辑,黄山书社1994年版。

《明代地方官行政职责——〈万历会典〉吏部卷〈到任须知〉研究》,约撰于1995年初,生前未刊手稿,曾收入《李洵先生纪念文集》。

《论明代的官和吏》,载《商鸿逵教授逝世十周年纪念论文集》,北京大学出版社1995年版。

《关于“后封建主义社会”》,未刊手稿,约写于1995年5月上旬。

《论清初圈地、投充、逃人三事》,载《下学集》,中国社会科学出版社1995年版。

提纲与讲稿

《明清时期的中国东北地区(讲稿)》,原封面标注的日期为1963年7月9日,生前未刊手稿,曾收入《李洵先生纪念文集》。

《高等学校文科教材〈明史〉编写提纲》,未刊手稿,撰于1994年6月。

《明清学术概论》,系1987年至1994年为硕士研究生讲授的课程,由赵轶峰教授据仅存的前两讲录音和现存相关授课笔记整理。

《明清史料学》,系20世纪80年代后期为硕士研究生开设的《明清史料学》课程,由林乾教授据听课笔记整理。

自传与杂文

《李洵自传》,刊于《文献》杂志编辑部、吉林省图书馆学会会刊编辑部编《中国当代社会科学家》第7辑,书目文献出版社1986年版。

《治学的学风、方法和途径》,1986年5月为硕士研究生讲课笔记,笔记人为林乾。

《我治学的几点经验》,《文史知识》1991年第10期。

《浅谈吉林文化》,《文史知识》1994年第6期。

序言、讲话

《明清史》前言，为《明清史》（“大学历史系自学丛书”，辽宁教育出版，1985年）所作前言。

《明史论集》序，为1993年明史海峡两岸学术讨论会论文集《明史论集》（吉林文史出版社，1993年）所作序言。

《明代人口流动与社会变迁》序，1988年8月15日为牛建强著《明代人口流动与社会变迁》（河南大学出版社，1997年）所作序。

《明代皇权政治研究》序，为首位博士研究生李渡的博士学位论文《明代皇权政治研究》（中国社会科学出版社，2004年）所作序，写作时间约为1993年前后，原文为未刊手稿。

《八旗通志》点校说明，为点校本《八旗通志初集》（东北师范大学出版社，1985年）所撰。

中国古代城市经济史学术讨论会开幕词，1985年5月20日大连。

书函、唁电

致洪焕椿，1982年2月25日。

致王毓铨，1983年9月30日。

致朱诚如，1986年7月15日。

答王俊义，1983年1月11日，答复王俊义先生1981年12月20日来信，以“关于乾嘉学派的学术通信”为题，刊于《清史研究通讯》1983年第3期。

致叶显恩，1987年9月6日。

致张志斌，1988年4月15日。

致罗仑，1991年6月28日。

致李渡，1993年3月21日。

致赵中男，1994年8月21日。

就中国通史教学致同仁书，1995年4月22日。

潘群推荐书，1990年5月14日。

陈连庆先生著作申报出版基金推荐书，1991年7月26日。

牛建强推荐书，1992年4月30日。

谢国桢先生逝世唁电，1982年9月24日。

诗作

挽张亮采同志,1983 年 3 月 4 日。

七旬自励,1992 年 7 月 1 日。